中国国情调研丛书 · 企业卷
China's national conditions survey Series · Vol enterprises

主　编　陈佳贵
副主编　黄群慧

国网辽宁朝阳供电公司考察
——"社会责任+"的探索者与实践者

A Survey on State Grid Chaoyang
Electric Power Supply Company:
-the Explorer and Implementer of
Corporate Social Responsibility Integration

黄速建　肖红军　王欣／等著

经济管理出版社
ECONOMY & MANAGEMENT PUBLISHING HOUSE

图书在版编目（CIP）数据

国网辽宁朝阳供电公司考察/黄速建，肖红军，王欣等著. —北京：经济管理出版社，
2015.12

ISBN 978-7-5096-4168-2

Ⅰ.①国…　Ⅱ.①黄…②肖…③王…　Ⅲ.①供电—工业企业—概况—朝阳市

Ⅳ.①F426.61

中国版本图书馆 CIP 数据核字（2015）第 312253 号

组稿编辑：陈　力
责任编辑：杨国强　张瑞军
责任印制：黄章平
责任校对：超　凡

出版发行：经济管理出版社
　　　　　（北京市海淀区北蜂窝 8 号中雅大厦 A 座 11 层　100038）
网　　址：www. E-mp. com. cn
电　　话：（010）51915602
印　　刷：三河市延风印装有限公司
经　　销：新华书店
开　　本：720mm×1000mm/16
印　　张：32.75
字　　数：640 千字
版　　次：2016 年 2 月第 1 版　　2016 年 2 月第 1 次印刷
书　　号：ISBN 978-7-5096-4168-2
定　　价：120.00 元

国网辽宁朝阳供电公司考察
国情调研项目课题组

课题负责人： 黄速建　　钟凤华　　李　东　　刘志伟

课题研究设计： 黄速建　　钟凤华　　李　东　　刘志伟

课题报告总撰： 黄速建　　肖红军

课题组成员： 肖红军　　王　欣　　许英杰　　蒋秀兰

　　　　　　　　孙　婧　　邱　晔　　李鸿磊　　胡叶琳

　　　　　　　　褚佳峰　　王小溪　　孙国权　　窦靖波

　　　　　　　　张世伟　　孙　伟

《中国国情调研丛书·企业卷·乡镇卷·村庄卷》

序 言

　　为了贯彻党中央的指示，充分发挥中国社会科学院思想库和智囊团的作用，进一步推进理论创新，提高哲学社会科学研究水平，2006 年中国社会科学院开始实施"国情调研"项目。

　　改革开放以来，尤其是经历了近 30 年的改革开放进程，我国已经进入了一个新的历史时期，我国的国情发生了很大变化。从经济国情角度看，伴随着市场化改革的深入和工业化进程的推进，我国经济实现了连续近 30 年的高速增长。我国已经具有庞大的经济总量，整体经济实力显著增强，到 2006 年，我国国内生产总值达到了 209407 亿元，约合 2.67 万亿美元，列世界第四位；我国的经济结构也得到了优化，产业结构不断升级，第一产业产值的比重从 1978 年的 27.9% 下降到 2006 年的 11.8%，第三产业产值的比重从 1978 年的 24.2% 上升到 39.5%；2006 年，我国实际利用外资为 630.21 亿美元，列世界第四位，进出口总额达 1.76 万亿美元，列世界第三位；我国人民生活水平不断改善，城市化水平不断提升。2006 年，我国城镇居民家庭人均可支配收入从 1978 年的 343.4 元上升到 11759 元，恩格尔系数从 57.5% 下降到 35.8%，农村居民家庭人均纯收入从 133.6 元上升到 3587 元，恩格尔系数从 67.7% 下降到 43%，人口城市化率从 1978 年的 17.92% 上升到 2006 年的 43.9% 以上。经济的高速发展，必然引起国情的变化。我们的研究表明，我国的经济国情已经逐渐从一个农业经济大国转变为一个工业经济大国。但是，这只是从总体上对我国经济国情的分析判断，还缺少对我国经济国情变化分析的微观基础。这需要对我国基层单位进行详细的分析研究。实际上，深入基层进行调查研究，坚持理论与实际相结合，由此制定和执行正确的路线方针政策，是我们党领导革命、建设和改革的基本经验和基本工作方法。进行国情调研，也必须深入基层，只有深入基层，才能真正了解我国国情。

为此，中国社会科学院经济学部组织了针对我国企业、乡镇和村庄三类基层单位的国情调研活动。据国家统计局的最近一次普查，到 2005 年底，我国有国营农场 0.19 万家，国有以及规模以上非国有工业企业 27.18 万家，建筑业企业 5.88 万家；乡政府 1.66 万个，镇政府 1.89 万个，村民委员会 64.01 万个。这些基层单位是我国社会经济的细胞，是我国经济运行和社会进步的基础。要真正了解我国国情，必须对这些基层单位的构成要素、体制结构、运行机制以及生存发展状况进行深入的调查研究。

在国情调研的具体组织方面，中国社会科学院经济学部组织的调研由我牵头，第一期安排了三个大的长期的调研项目，分别是"中国企业调研"、"中国乡镇调研"和"中国村庄调研"。"中国乡镇调研"由刘树成同志和吴太昌同志具体负责，"中国村庄调研"由张晓山同志和蔡昉同志具体负责，"中国企业调研"由我和黄群慧同志具体负责。第一期项目时间为三年（2006~2009 年），每个项目至少选择 30 个调研对象。经过一年多的调查研究，这些调研活动已经取得了初步成果，分别形成了《中国国情调研丛书·企业卷》、《中国国情调研丛书·乡镇卷》和《中国国情调研丛书·村庄卷》。今后，这三个国情调研项目的调研成果还会陆续收录到这三卷书中。我们期望，通过《中国国情调研丛书·企业卷》、《中国国情调研丛书·乡镇卷》和《中国国情调研丛书·村庄卷》这三卷书，能够在一定程度上反映和描述在 21 世纪初期工业化、市场化、国际化和信息化的背景下，我国企业、乡镇和村庄的发展变化。

国情调研是一个需要不断进行的过程，以后我们还会在第一期国情调研项目基础上将这三个国情调研项目滚动开展下去，全面持续地反映我国基层单位的发展变化，为国家的科学决策服务，为提高科研水平服务，为社会科学理论创新服务。《中国国情调研丛书·企业卷》、《中国国情调研丛书·乡镇卷》和《中国国情调研丛书·村庄卷》这三卷书也会在此基础上不断丰富和完善。

中国社会科学院副院长、经济学部主任

陈佳贵

2007 年 9 月

《中国国情调研丛书·企业卷》

序　言

　　企业是我国社会主义市场经济的主体，是最为广泛的经济组织。要对我国经济国情进行全面深刻的了解和把握，必须对企业的情况和问题进行科学的调查和分析。深入了解我国企业生存发展的根本状况，全面把握我国企业生产经营的基本情况，仔细观察我国企业的各种行为，分析研究我国企业面临的问题，对于科学制定国家经济发展战略和宏观调控经济政策，提高宏观调控经济政策的科学性、针对性和可操作性，具有重要的意义。另外，通过"解剖麻雀"的典型调查，长期跟踪调查企业的发展，详尽反映企业的生产经营状况、改革与发展情况、各类行为和问题等，也可以为学术研究积累很好的案例研究资料。

　　基于上述两方面的认识，中国社会科学院国情调查选择的企业调研对象，是以中国企业及在中国境内的企业为基本调查对象，具体包括各种类型的企业，既包括不同所有制企业，也包括各个行业的企业，还包括位于不同区域、具有不同规模的各种企业。所选择的企业具有一定的代表性，或者是在这类所有制企业中具有代表性，或者是在这类行业中具有代表性，或者是在这个区域中具有代表性，或者是在这类规模的企业中具有代表性。我们期望，通过长期的调查和积累，中国社会科学院国情调查之企业调查对象，逐步覆盖各类所有制、各类行业、不同区域和规模的代表性企业。

　　中国社会科学院国情调查之企业调查的基本形式是典型调查，针对某个代表性的典型企业长期跟踪调查。具体调查方法除了收集查阅各类报表、管理制度、文件、分析报告、经验总结、宣传介绍等文字资料外，主要是实地调查，实地调查主要包括进行问卷调查、会议座谈或者单独访谈、现场观察写实等方式。调查过程不干扰企业的正常生产经营秩序，调查报告不能对企业正常的生产经营活动产生不良影响，不能泄露企业的商业秘密，"研究无禁区，宣传有纪律"，这是我们进行企业调研活动遵循的基本原则。

中国社会科学院国情调查之企业调查的研究成果主要包括两种形式：一是内部调研报告，主要是针对在调查企业过程中发现的某些具体但具有普遍意义的问题进行分析的报告；二是全面反映调研企业整体情况、生存发展状况的长篇调研报告。这构成了《中国国情调研丛书·企业卷》的核心内容。《中国国情调研丛书·企业卷》的基本设计是，大体上每一家被调研企业的长篇调研报告独立成为《中国国情调研丛书·企业卷》中的一册。每家企业长篇调研报告的内容，或者说《中国国情调研丛书·企业卷》每册书的内容，大致包括以下相互关联的几个方面：一是关于企业的发展历程和总体现状的调查，这是对一个企业基本情况的大体描述，使人们对企业有一个大致的了解，包括名称、历史沿革、所有者、行业或主营业务、领导体制、组织结构、资产、销售收入、效益、产品、人员等；二是有关企业生产经营的各个领域、各项活动的深入调查，包括购销、生产（或服务）、技术、财务与会计、管理等专项领域和企业活动；三是关于企业某个专门问题的调查，例如企业改革问题、安全生产问题、信息化建设问题、企业社会责任问题、技术创新问题、品牌建设问题，等等；四是通过对这些个案企业的调查分析，引申出这类企业生存发展中所反映出的一般性的问题、理论含义或者其他代表性意义。

中国正处于经济高速增长的工业化中期阶段，同时中国的经济发展又是以市场化、全球化和信息化为大背景的，我们期望通过《中国国情调研丛书·企业卷》，对中国若干具有代表性的企业进行一个全景式的描述，给处于市场化、工业化、信息化和全球化背景中的中国企业留下一幅幅具体、生动的"文字照片"。一方面，我们努力提高《中国国情调研丛书·企业卷》的写作质量，使这些"文字照片"清晰准确；另一方面，我们试图选择尽量多的企业进行调查研究，将始于 2006 年的中国社会科学院国情调研之企业调研活动持续下去，不断增加《中国国情调研丛书·企业卷》的数量，通过更多的"文字照片"来全面展示处于 21 世纪初期的中国企业的发展状况。

中国社会科学院经济学部工作室主任

黄群慧

2007 年 9 月

目　录

战略篇　承担社会责任　服务朝阳崛起

运营篇　践行社会责任　提升运营水平

管理篇　融合社会责任　优化企业管理

案例篇　开展议题管理　实现责任根植

总　论

"社会责任+"的探索者与实践者

国网朝阳供电公司是国家电网公司辽宁省电力有限公司所属国家大二型企业。2011年底和2012年5月，朝阳供电公司（以下简称"公司"）先后被确定为辽宁省电力有限公司（以下简称"省公司"）和国家电网公司（以下简称"国网公司"）全面社会责任管理试点单位。公司通过主动探索和积极创新，形成了独具特色的"社会责任+"实践新模式，取得了显著进展和卓越成效。

一、"社会责任+"是朝阳供电公司实现社会责任落地的必然要求和有效方式

履行社会责任、以负责任的方式开展运营是电网企业作为公共服务提供者的必然要求，也是基层供电公司充分发挥核心社会功能、推动企业与地方经济社会持续协调发展的客观需要。"社会责任+"作为企业推动社会责任理念与运营相融合的范式创新，是朝阳供电公司推动社会责任真正落地的有效途径和重要方式。

（一）正确理解"社会责任+"的内涵与特征是实现社会责任落地的基本前提

所谓社会责任，是主体对社会负责任的行为。如果主体是组织，那么组织社会责任就是特定组织以透明和道德的方式，有效管理其运营对社会和利益相关方的影响，追求经济、社会、环境综合价值最大化的意愿、行为和结果。由此可见，社会责任本质上是一种新的组织行为方式，在逻辑层面上是一种新的思维模式，在价值层面上是一种新的价值创造范式。正因如此，"社会责任+"是将社会责任作为一种理念要求、思维模式和价值创造范式，全面融入且根植于组织的决策与活动中，推动组织运行方式和

价值创造范式的变革，以实现组织更有价值地运行和社会更加健康并可持续发展。"社会责任+"具有五个方面的特征：一是创新性。"社会责任+"推动组织能够发现新的社会问题，或者寻找到社会问题的新的解决方案，抑或创新社会问题解决方案的实现方式。二是迭代性。"社会责任+"推动组织在决策或活动的不同维度上向前迈进一小步，实现决策或活动的持续改进、迭代改进和不断优化。三是根植性。"社会责任+"意味着组织要将社会责任理念和要求根植于每一项决策和活动中，推动社会责任与组织所有行为的融合。四是价值性。"社会责任+"推动组织与利益相关方能够发现新的"价值点"和价值空间，能够通过创新方式和途径创造增量价值。五是普遍性。"社会责任+"作为一种行为范式和价值创造范式的变革，是一种具有普遍性的变革模式和改进方式，能够应用于任何组织和组织的任何活动。

（二）实施"社会责任+"是朝阳供电公司顺应社会责任发展新潮流的客观要求

当前，世界企业社会责任发展正在经历重要转型，出现了方向性变化。首先，世界一流跨国公司对企业社会责任认识已经发生了根本性转变，关注的重点已从履行义务、回应利益相关方要求和担当责任，发展到将履责作为企业经营的新方式、竞争的新规则和核心竞争力塑造的新途径，并积极通过加强社会责任管理以增强企业的核心竞争力。也就是说，世界一流跨国公司履行社会责任的动力已经从外部力量推动发展成为企业的主动追求。社会责任竞争正在成为跨国公司继价格竞争、质量竞争、品牌竞争后新一轮国际竞争的重要手段，责任竞争力正在成为世界一流跨国公司核心竞争力的重要组成部分。其次，世界一流跨国公司开展社会责任管理的动力正在发生根本性转变，从外部力量推动和作为企业发展的制约因素，发展成为企业的主动追求和提升企业国际竞争力及可持续发展能力的核心要素，将企业社会责任作为推动企业制度创新、管理创新和业务创新的重要动力。最后，世界一流跨国公司的社会责任实践方式正在发生根本性变化：从关注界定责任内容，进一步转向建立健全有效的责任落实机制；从关注发布责任报告、改善社会沟通方式，进一步转向关注管理创新、转变企业发展方式；从关注局部的管理改进和加强社会风险管理，进一步转向整体的管理变革和探索实施全面社会责任管理模式。在全球企业社会责任发展发生方向性转折的背景下，朝阳供电公司实施"社会责任+"正是顺应这一转折的需要。

（三）实施"社会责任+"是朝阳供电公司落实国家电网公司和省公司社会责任推进的现实需要

自 2006 年以来，国家电网公司全面加强社会责任推进工作，探索提出全面社会责任管理模式，确定"试点先行、务求实效、根植基层、创造经验"的推进路径。2008 年，分别选择国网天津市电力公司、江苏无锡供电公司和浙江嘉兴嘉善县供电局开展试点，形成了公司总部、省公司、地市公司和区县公司的全面社会责任管理四级试点。2012 年起，在公司所属 27 个省级电力公司，各选择一个地市供电公司推行全面社会责任管理，实施"15333"工程。推进单位制定和实施"一个"可持续发展战略，推动社会责任管理融入"五大"体系建设①，推动决策管理、流程管理和绩效管理"三项"基础管理融合社会责任管理理念，开展公益管理、利益相关方管理、沟通管理"三项"社会责任专项管理，系统梳理特色履责实践、管理实践和履责故事"三方面"管理成果。2014 年起，国家电网公司开始探索社会责任根植项目制，选择公司工作或业务，应用项目管理方法，坚持问题导向、价值导向、变化导向、特色导向、品牌导向，以社会责任理念促进提质增效。2014 年公司确立根植项目 98 个，经过总结评估，2015 年又确立实施了 278 个根植项目，打造出一批具有示范效应、可借鉴、可推广、可传播的优秀成果。按照国家电网公司对实施全面社会责任管理和社会责任根植基层的部署，辽宁省电力公司也对全省市级供电企业的社会责任推进工作进行了统筹部署，而朝阳供电公司实施"社会责任+"正是对国家电网公司和辽宁省电力公司相关部署的落实。

二、朝阳供电公司探索形成独具特色的实践"社会责任+"新模式

自 2011 年底被确定为辽宁省电力公司全面社会责任管理试点单位以

---

① 自 2012 年起，国家电网公司在系统内全面推进"三集五大"体系建设。"三集"是指人力资源、财务、物资集约化管理，"五大"是指大规划、大建设、大运行、大检修和大营销。

来，特别是 2012 年 5 月被确定为国家电网公司的全面社会责任管理试点单位以来，朝阳供电公司主动探索和积极创新，打造形成独具特色的"社会责任+"实践新模式。

（一）实践"社会责任+"的"五维三层"模型

朝阳供电公司在实践国家电网公司全面社会责任管理模式过程中，考虑基层供电企业的特性与特点，结合公司的实际情况，构建形成了由方法层的理念维度和导向维度、应用层的运行维度和路径维度、载体层的载体维度构成的实践"社会责任+"的"五维三层"模型，如图 0-1 所示。

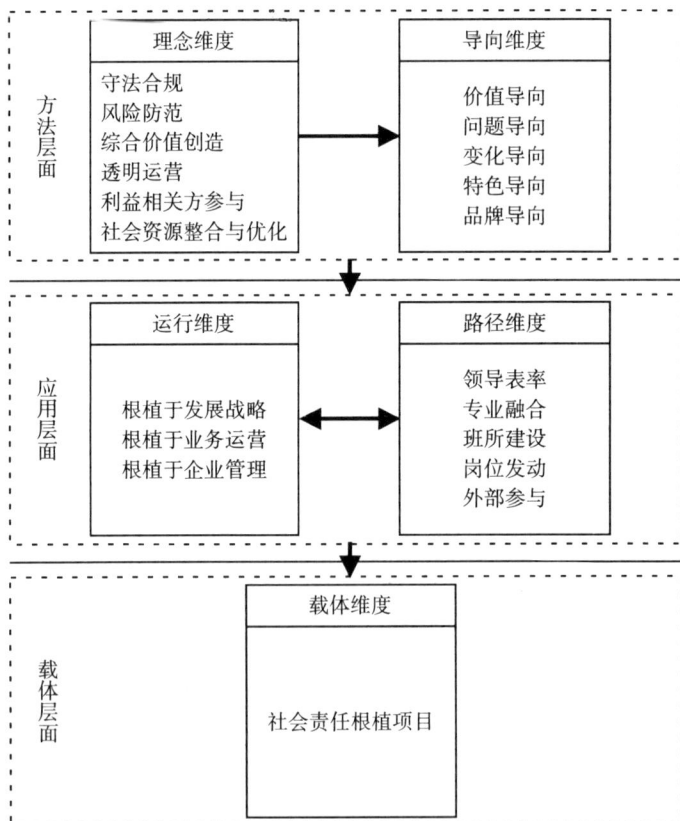

图 0-1　朝阳供电公司实践"社会责任+"的"五维三层"模型

（二）理念维度：全面根植六层次社会责任理念

朝阳供电公司基于对企业社会责任内涵与外延的深刻理解，在实施"社会责任+"过程中，将企业社会责任理念细化为六个层级，分别是守法合规、风险防范、综合价值创造、透明运营、利益相关方参与、社会资源整合与优化。

守法合规是企业履行社会责任的基础，构成了企业履行社会责任的基础边界。法律法规是道德准则的强制化，不仅是维护社会秩序的保障，而且限定了企业作为法人的基本权利和义务。守法合规是企业最基本的责任，不符合守法合规要求的企业根本就没有"资格"或者说根本谈不上履行更深层次的责任，这使得守法合规成为企业社会责任边界的基础内容。

风险防范是企业履行社会责任的重要领域，指企业在守法合规基础上，有效降低自身运营可能对经济、社会和环境产生的负面影响，减少"负外部性"，即最大限度地防范企业运营所带来的经济风险、社会风险以及环境风险，从而避免可能发生的经济、社会或环境灾难。

综合价值创造是企业履行社会责任的核心，指企业不仅要最大限度地消除其运营所可能产生的消极影响，而且要最大化对经济、社会和环境的积极影响，即最大限度地创造经济、社会和环境综合价值，实现与利益相关方的价值共享。

透明运营是企业履行社会责任的基础和根本要求，是确保企业持续健康发展的基本保障。企业履行社会责任不仅要"做"，而且要"说"，要让社会和利益相关方了解企业的意愿、行为和绩效。透明运营要求企业积极提升透明运营水平，主动与各利益相关方开展沟通交流，接受社会监督，保证利益相关方的知情权和监督权，最大限度地赢得利益相关方的理解、信任、支持和合作，为企业发展创造良好的外部环境。

利益相关方参与是企业履行社会责任的更高要求，要发挥利益相关方的主动性和积极性，使其参与企业运营全过程，利用双方各自的优势，实现利益相关方与企业的双赢合作，共同推进可持续发展。

社会资源整合与优化是企业履行社会责任的更高层次，要求企业不仅是自身履行社会责任，而且致力于搭建履行社会责任的平台，让拥有不同优势的社会主体在这一平台上贡献力量，实现各主体优势资源的整合，促进社会资源的更优配置。社会资源整合与优化配置将推动企业履行社会责任模式由"授人以鱼"转向"授人以渔",并朝着"搭建渔场"转变。

(三)导向维度:以"3+2"的导向模式实践"社会责任+"

朝阳供电公司在实践"社会责任+"的过程中,坚持以"3+2"的导向模式推动社会责任根植于各项决策与活动。"3+2"的导向模式是指价值导向、问题导向和变化导向三个基础导向以及特色导向和品牌导向两个拓展导向。

从价值导向来看,朝阳供电公司选择公司可以为地方经济社会发展和人民生活品质提升做出突出贡献以及可以为利益相关方创造显著综合价值的议题作为落实社会责任的推进重点。2013年以来,朝阳供电公司在全面梳理朝阳市经济社会发展未来规划的基础上,主动对接百个重点项目。截至2015年底,朝阳供电公司已对接项目244个,与政府共同编制项目清册,逐项跟进实施个性化服务,提前介入配套电力设施建设,助力项目早日落地投产。同时,公司积极促进利益相关方参与,加强电网规划与城市规划、土地规划、交通规划的衔接,明确政府在电网建设中的主体地位,破解施工受阻难题,优化电网发展环境。公司在燕都新城、京沈客专等重点工程的供电方案设计中,制订多套方案,征求城建、环保专家意见,减少环境扰动,实现了综合价值最大化。

从问题导向来看,朝阳供电公司选择与公司运营密切相关的社会问题以及运营过程中所存在和遇到的突出问题且运用社会责任管理可能带来突破的领域作为落实社会责任的推进重点。朝阳供电公司积极推动利益相关方参与,通过政府主导、社区参与、六方会商,成功破解了弃管小区①电力设施维护难题,变弃管为共管,被省民心网誉为"首开全省先河",管理案例被国家电网公司社会责任报告选用推广。2015年,朝阳供电公司试点探索引入社会维修队伍参与表后用户产权设施维护,成功解决了产权分界"一堵墙"问题。

从变化导向来看,朝阳供电公司选择通过引入社会责任管理思想和方法能带来明显变化的领域作为落实社会责任的推进重点。朝阳供电公司基于社会责任视角全面梳理了公司业务运营和企业管理中的重点工作,梳理

---

① 弃管小区是指没有物业管理、公共设施长期无人管理、无人维护的居民小区。

出 37 个改进点，实施综合价值评估等 12 个新的工作方式，对 23 个制度流程进行了重点融入，推动公司运营和管理不断优化。

从特色导向来看，朝阳供电公司选择具有地方特色和企业特色的领域作为落实社会责任的推进重点。2013 年以来，朝阳供电公司根据区域经济发展特征、城乡二元结构特质、供电社会责任服务特点，启动建立千个社会责任联系点工作。截至 2015 年底，朝阳供电公司已建成社会责任联系点 84 个，主要设立在社区、村委会、偏远山区，发挥宣传、联系、评议、风险管控和管理提升 5 项功能。公司通过社会责任联系点助力政府社会治理创新，对接网格化管理、乡村文化广场建设、"两代表一委员"工作室建设，实施定向精准服务，成为安全供电的保障点、群众路线的示范点、和谐沟通的共建点。同时，公司启动服务万户设施农业户工作。公司与市农经委、经信委、财政局等 23 个部门、单位共同组建了农民专业合作社服务联盟。截至 2015 年底，已建成社会责任实践设施农业示范区 31 个，服务农户超过 2 万户。公司专门发布了"告棚友书"，郑重宣示：始于棚友需求，终于棚友满意。公司还组建了"棚友圈"，组织了安全知识进农户、需求调研进农户、志愿服务进农户、技术支持进农户等活动，以优质服务助力农业发展、农民增收。

从品牌导向来看，朝阳供电公司以"责任品牌化"和"品牌责任化"的思维，选择能够形成有影响力的责任品牌的领域作为推进重点。朝阳供电公司发布了"朝（cháo）阳供电　朝（zhāo）阳之光"的履责宣言，确立了"履行社会责任，共建美丽朝阳"的七彩之光履责愿景，在朝阳市树立供电责任品牌。公司组建了朝（zhāo）阳之光共产党员服务队、青年志愿者服务队、巾帼爱心服务队、助农志愿者服务队，共实施扶贫助困、服务"三农"等公益项目 60 多个。朝阳供电公司在党的群众路线教育实践活动中、在落实辽宁省电力公司"传递信的温暖"活动中以及在"迎五一"登山比赛、"迎全运、爱家乡、建辽宁"万人徒步等活动中均融入"朝阳之光"品牌元素，形成了独特的朝电责任文化。

（四）运行维度：推动社会责任全方位融入公司决策与活动

朝阳供电公司科学把握"社会责任+"的核心要求，积极推动将社会责任理念和要求融入公司运行的各项决策与活动，推动社会责任与公司发展战略、业务运营和企业管理的深度融合，确保公司在发展方向、业务开展方式和企业管理模式上符合社会责任的要求。

从社会责任融入发展战略看,"十二五"初期,朝阳供电公司立足服务朝阳地区经济和社会发展,提出了支撑朝阳经济社会实现共享发展、协调发展、快速发展、跨越发展和绿色发展的"12310"战略目标,携手打造生态朝阳、信用朝阳、文化朝阳、幸福朝阳。2013 年,朝阳供电公司以编制新一轮三年发展规划(2014~2016 年)为契机,先后开展内外两次千人问卷调查,调研分析利益相关方期望,以"五个发展"对接朝阳市发展战略,确定了"38160"的公司发展目标。同时,公司制定了社会责任管理中长期规划,将远景规划至 2020 年。

从社会责任融入业务运营看,朝阳供电公司全面探索将社会责任融入"五大"体系建设。在推动社会责任融入大规划体系建设方面,朝阳供电公司明确了规划编制要注重测算综合价值和社会认可、内部规划要与地方规划有序衔接和深层融入、电网建设项目要保证环境安全和人身健康、积极推广和应用节能环保设备等要求,建立了公司与地方政府的双向沟通机制,颁布并实施了《电网规划工作管理办法》,新增社会责任管理要求 17条,为建设和谐电网翻开了崭新的一页。在推动社会责任融入"大建设"体系建设方面,朝阳供电公司针对朝阳地区"山多、土薄、植被不易恢复"的特点,综合考虑电网建设影响,实施了环境监理机制,修订了《基建项目管理实施细则》等 5 个专业管理制度和 11 个岗位工作标准,固化了绿色建设的理念。公司强化"朝阳电网是朝阳人民的电网"的理念,优化电网建设沟通机制,搭建政府主导的推动平台。朝阳市政府多次召开电网建设推进会,开辟电网建设"绿色通道",解决了电网项目规划、选址、路径、动迁、施工等方面的难题,绿色的"大建设"赢得了发展的大提速。在推动社会责任融入"大运行"体系建设方面,朝阳供电公司实施调控一体化后,"大运行"专业充分考虑利益相关方需求,完善电网调度管理制度和业务流程,及时、准确地披露"三公"调度信息,定期召开厂网协调会,征求电厂、地方、企业自备电厂对电网的要求,实施设备检修"九结合"制度。更可靠的"大运行",实现了企业和利益相关方的综合价值最大化。在推动社会责任融入"大检修"体系建设方面,朝阳供电公司在检修专业化和运维一体化建设中,以检修资源综合价值最大化为抓手,以提升检修综合效率为目标,修订了重大活动保供电制度,完善了"95598"与供电抢修服务工作实施细则,建立了市政工程建设与供电工程改造的联动机制，设立了抢修现场新闻发言人，促进了大检修更集约、更高效。在推动社会责任融入"大营销"体系建设方面，朝阳供电公司积极打造"责任供电，朝阳之光"的履责品牌，建设"阳光、责任、高效、透明"的"大营销"体系，使社会责任管理根植于日常管理之中，实现从业务导向型向客户导向型的转变，使"大营销"更透明、更温情、更感动。公司将社会责任理念融入11个供电服务管理制度，建成协同互动、高效运转的"95598"联动服务机制，同时将客户的评价、参与落实到各环节中，使流程更加规范、服务更加顺畅、客户满意度不断提高，收到了良好的成效。

从社会责任融入企业管理看，朝阳供电公司积极推动将社会责任理念和要求融入基础管理与职能管理。对于前者，朝阳供电公司主动探索和推动社会责任管理方法体系内化于公司的决策管理、流程管理和绩效管理，优化管理理念、管理目标、管理内容、管理标准、管理程序、管理方法和管理制度，全面提升公司基础管理水平。朝阳供电公司在优化决策管理中，要求从单纯考虑经济合理、技术可行、能力可及，向综合考虑社会认可、生态友好、综合价值优越转变。公司规定，凡是涉及利益相关方的文件必须由社责办（即"全面社会责任管理办公室"）会签，具有外部导向的工作和活动必须有社责办参与，重要涉外决策必须经过社会责任风险评估。对于后者，朝阳供电公司积极推动社会责任管理方法体系内化于公司的"三集"管理，对人、财、物的集约化管理进行重新审视、评估、改进、丰富和完善，为公司开展负责任的业务运营、实现可持续发展提供制度、资源和员工能力素质的全面支撑。

（五）路径维度：纵向到底层层落地的社会责任推进路径

朝阳供电公司积极探索和有效实践"领导表率、专业融合、班所建设、岗位发动、外部参与"的社会责任落地路径，努力在每个层次上推动社会责任全面融入各自的决策与活动中，实现"自上而下"和"自下而上"相结合的共同推动社会责任落地的良好格局。

从领导表率看，朝阳供电公司成立了以公司总经理、党委书记为组长的全面社会责任管理领导小组（以下简称"领导小组"），下设全面社会责任管理办公室（以下简称"社责办"）。领导小组负责公司社会责任工作的组织领导、决策部署，确定全面社会责任管理总体战略，领导和推进公司社会责任管理体系建设，审批公司社会责任工作方案、报告及评估报告。

朝阳供电公司坚持对公司社会责任问题研究部署的常态化工作机制，通过领导小组月例会、总经理办公会定期研究公司社会责任问题，公司领导班子多次听取社责办的专题汇报，决策部署有关工作，形成了落实社会责任工作的强大引擎。

从专业融合看，朝阳供电公司结合"五大"体系建设，研究制定了《社会责任管理融入和服务"五大"体系建设工作方案》和《社会责任管理融入专项工作推进方案》，在认真落实国家电网公司"15333"工程基础上，全面实施了"1335"（即在共性根植方面，制定 1 个五大体系建设价值传播提升的工作方案，实现社会责任管理融入制度、流程、标准的 3 个固化，加强社会沟通、利益相关方、风险应急 3 项管理；在专项根植方面，分别融入"大规划"、"大建设"、"大运行"、"大检修"、"大营销"之中）和"1463"（在凌源 1 个分公司开展全面融入示范；在建平、北票、朝阳县、喀左 4 个分公司分别开展融入安全生产、优质服务、供电所建设、服务地方经济发展示范；选择 6 个点进行重点根植，争取成功 3 个）两大工程，积极探索实践社会责任管理融入"五大"体系建设的途径和方法。

从班所建设看，朝阳供电公司推动将社会责任管理融入基层班所建设，与基层班所的主营业务、基础管理、优质服务、精神文明建设全面融合，积极推进全员、全过程、全方位履责，创新确立了社会责任管理融入班所建设"168"目标，即每个班所确立 1 个愿景、履行 6 方面社会责任、实施 8 项履责举措，自主编制了《供电企业基层班所社会责任根植 80 问》。朝阳供电公司创建的 11 个社会责任示范班所，通过创新供电服务、优化沟通管理，报修数量、投诉率实现双降，社会责任根植取得了实效。

从岗位发动看，朝阳供电公司积极推动社会责任根植岗位，将社会责任导入各层级岗位，重新梳理岗位职责，推动各个岗位员工思维方式从注重内部转向"内部工作外部化、外部期望内部化"，主动思索社会责任与岗位业务的结合点，变被动响应利益相关方为提前感知、主动服务，进一步提升各个岗位员工能动性，实现社会责任融入一线员工日常工作。与此同时，朝阳供电公司面向所有基层员工编写印发《社会责任培训丛书》、《百问百答读本》、《三字经》、《千字文》等各类材料 47 种、共 500 多万字，开办社会责任大讲堂 19 次，培训人员 8000 多人次；开展了社会责任宣言征集，全体员工积极参与，征集感言 272 篇，并结集出版，发放到班组供员工参阅，并综合提炼确立了"朝阳供电，朝阳之光"的履责宣言；开展社会责任知识读本学习活动，并组织 1947 名员工参与答卷，全面普及了社会责任理念和有关知识；开展岗位履责承诺、"我是责任人，我要负责任"等多项主题活动，深化各个岗位对企业社会责任的认识。

从外部参与看，朝阳供电公司针对政府、客户、伙伴、媒体、社区五类关键利益相关方，建立了完备的沟通管理体系，以沟通赢信任、增共识、促合作。公司建立与政府部门沟通机制、电网建设协同机制、电力设施保护会商机制、城建信息共享机制；实施社会责任观察评议制度，每年分层级召开利益相关方座谈会 20 余次；对接社区网格化管理，实现供电台区与社区对接；开展人大代表、政协委员看电力活动，邀请媒体、客户走进国家电网，深度体验电网企业，赢得了社会各界对公司发展的利益认同、情感认同、价值认同。

（六）载体维度：以社会责任根植项目为落地载体

朝阳供电公司以社会责任根植项目制为实施"社会责任+"的主要抓手，实现了推进方式项目化、根植领域多样化、预期成果目标化、步骤方式流程化，并在国网系统内全国首家编制了《社会责任议题管理手册》，系统梳理了社会责任议题管理的概念、流程、方法及工具。自 2013 年启动社会责任根植项目制以来，朝阳供电公司立项并实施社会责任根植项目 170个，其中涉及可靠供电 36 个、透明沟通 39 个、优质服务 29 个、服务"三农"34 个、公益管理 22 个、关爱员工 5 个、绿色环保 5 个，形成了 100 多项案例成果。其中，2 个案例入选国务院国资委主编的中央企业管理提升系列丛书《企业社会责任管理辅导手册》，4 个案例被国家电网公司《社会责任报告》选用，1 个项目被国家电网公司选为优秀根植项目，2 个案例被评为国家电网公司"三集五大"最佳实践，2 个案例荣获辽宁省管理创新二等奖，蝉联辽宁省电力公司 2013 年、2014 年社会责任管理优秀案例第一名。

三、朝阳供电公司开展"社会责任+"取得显著进展和卓越成效

经过 4 年多的努力探索与实践，朝阳供电公司开展"社会责任+"取得了显著进展，在保障可靠可信赖的电力供应、负责任地对待每一个利益相关方、努力做绿色发展的表率、保证透明运营和接受社会监督等方面均取得了显著成效，公司的内质外形获得快速提升。

（一）综合价值创造水平持续提高

通过实施"社会责任+"，朝阳供电公司在经济绩效、环境绩效和社会绩效方面均取得了显著成绩，综合价值创造能力和水平不断提高（见表 0-1）。

表 0-1　朝阳供电公司综合价值创造绩效

类别	指标	2012 年	2013 年	2014 年
经济价值	完成投资总额（亿元）	9.02	6.34	4.80
	固定资产原值（亿元）	75.31	82.67	90.78
	固定资产净值（亿元）	40.17	42.60	44.76
	售电量（亿千瓦时）	86.40	101.30	94.56
	营业收入（亿元）	47.04	53.96	51.26
社会价值	城市供电可靠率（%）	99.96	99.96	99.97
	农村供电可靠率（%）	99.89	99.94	99.93
	城市综合电压合格率（%）	99.93	99.98	99.999
	农村综合电压合格率（%）	98.26	98.65	98.77
	员工平均培训时间（小时/人·年）	80	82	85
	上缴税费（亿元）	1.86	2.01	2.05
环境价值	综合线损率（%）	5.16	5.20	5.47
	清洁能源装机台数/阵列（台/组）	398	632	642
	清洁能源装机容量（兆瓦）	633.55	940.55	950.55
	清洁能源机组上网电量（亿千瓦时）	8.9653	15.2142	15.6352
	消纳清洁能源减排二氧化碳（万吨）	7.2856	12.3628	14.7232

（二）内质外形建设获得持续进步

通过实施"社会责任+"，朝阳供电公司实现了社会责任与公司运行的深度融合，推动了公司发展方式、运营方式、管理方式、沟通方式的创新与变革，促进了员工素质和公司综合实力的持续提升。朝阳供电公司在实施"社会责任+"的过程中，坚持理念先导原则，将促进公司及全体员工树立科学的企业社会责任观作为开展"社会责任+"的起点，通过多种方式推动全体员工树立、增强和深化企业社会责任理念，实现了全体员工对企业社会责任的认识从"无知"到"略知"再到"详知"和"深知"的转变。"社会责任+"的实施，推动公司广大员工增强责任感、事业心，树立科学的世界观、人生观和价值观，转变思维模式和工作方式，增强系统思维、共赢意识和统筹协调能力，立足本职岗位为社会创造综合价值；树立利益相关方理念、和谐发展理念、绿色发展理念、运营透明理念，增强社会风险管理意识、环境友好发展意识和主动沟通意识，共同创造良好的公司发展环境。同时，朝阳供电公司在实施"社会责任+"的过程中，坚持将社会责任融入业务运营和企业管理为重点，推动公司的"大规划"、"大建设"、"大运行"、"大检修"和"大营销"等业务以更加高质量的方式开展，促使公司的基础管理和职能管理迈上一个新台阶，进而使得公司沿着"更安全、更经济、更清洁、可持续"的螺旋式上升轨道不断前进。在此过程中，公司积淀传承的"干就干成、干要干好"的价值理念，大力弘扬的"精益敬业、务实创优"的工作作风，努力营造的"上下齐心协力、充满激情活力"的生态氛围，为公司发展积累了宝贵财富、奠定了坚实基础。

通过实施"社会责任+"，朝阳供电公司深入传播公司重大履责实践，与社会各界实现理性、建设性的全面沟通，在社会上树立了负责任的良好公司形象，为电网发展和公司发展赢得了利益相关方的理解、信任和支持，实现了电网发展环境和公司发展环境的持续优化。在公司的积极推动下，针对朝阳市电网建设与运营，已经形成了政府对接机制、市政建设联动机制、保供电协作机制和重要利益相关方沟通机制。朝阳市政府多次召开全市电网建设推进会，市长亲自部署电网建设推进工作。与此同时，朝阳供电公司以负责任的方式开展电网建设与运营，也赢得了社会的广泛认可和赞誉，获得了全国文明单位、全国五一劳动奖状、辽宁省先进集体、辽宁省创先争优先进基层党组织、辽宁省文明诚信单位等一系列荣誉，人民网、新华网等媒体上百次报道朝阳供电公司履行社会责任情况，极大地提升了公司的社会形象。

战略篇

承担社会责任　服务朝阳崛起

朝阳供电公司成立于 1960 年 5 月，以建设和运营电网为核心业务，承担着保障更安全、更经济、更清洁、可持续的电力供应的基本使命。自成立以来，朝阳供电公司坚持改革创新，不断超越自我，实现了跨越式的大发展，公司由小型供电企业跨入了中型供电企业，电网由小规模电网跨入了中等规模电网。

按照国网公司对下属各级子公司实施"五统一"的要求，朝阳供电公司作为国家电网公司和辽宁省电力有限公司的"战略执行者"，紧密结合地方经济社会发展需要，制定并实施了"十二五"发展战略。作为服务朝阳全面崛起的先行者，2012 年，公司提前实现了"三年再造一个朝阳电网"的战略目标，很好地服务了突破辽西北战略的顺利实施，为朝阳经济社会全面崛起做出了重要贡献。作为支撑国网战略落地的表率者，在国网公司创建"两个一流"的宏伟目标指引下，朝阳供电公司立足自身发展实际情况，深入贯彻落实"三集五大"体系建设，使公司综合管理能力和管理效率实现大幅提升。目前，公司各项管理工作更加标准化、规范化、高效化，正朝着一流企业的目标持续迈进。

朝阳供电公司高度重视社会责任管理工作。自 2011 年底被确定为辽宁省电力公司全面社会责任管理试点单位以来，尤其是 2012 年 5 月被确定为国家电网公司的全面社会责任管理试点单位以来，朝阳供电公司在履行社会责任实践和探索全面社会责任管理模式上开展了大量卓有成效的工作，在理念认识、能力培育、顶层设计、组织建设、管理提升、实践创新和沟通强化等方面都取得了明显进展，为更进一步实施全面社会责任管理打下了良好基础，为同行业地市级供电公司开展社会责任推进工作树立了典范。

第一章　成长历程

　　朝阳位于辽宁西部，北与内蒙古自治区赤峰及通辽接壤，南与辽宁省葫芦岛及河北省秦皇岛毗连，东与辽宁省阜新、锦州为邻，西与河北省承德、秦皇岛市交界，下辖双塔区、龙城区、北票、喀左、建平、凌源、朝阳县七县区。朝阳市是一座有1700多年建城史的历史文化名城，作为三燕古都，拥有灿烂的红山文化，被誉为"世界上第一朵花绽放的地方，第一只鸟飞起的地方"，同时有着"东方佛都"的称号。

　　1960年5月，朝阳供电公司诞生于这片历史文化底蕴浓厚的土地。公司以建设和运营电网为核心业务，承担着保障更安全、更经济、更清洁、可持续的电力供应的基本使命。自成立以来，朝阳供电公司坚持改革创新，不断超越自我，实现了跨越式的大发展，由小型供电企业跨入了中型供电企业，由小规模电网跨入了中等规模电网。回顾其50余年的成长历程，大致可以划分为四个阶段：1960~1977年的艰苦创业阶段；1978~2001年的改革兴业阶段；2002~2011年的跨越发展阶段；2012年以来的转型提升阶段。在半个多世纪的成长、创新与发展过程中，公司多次获得国家级和省市级荣誉称号，获得了全国文明单位、全国五一劳动奖状、全国企业文化建设先进单位、全国精神文明建设先进单位、国家电网公司一流供电企业等荣誉称号，创造了可观的经济效益和显著的社会效益，为朝阳地区经济和社会发展提供了坚强的支撑和保障。

　　朝阳供电公司是国家电网公司辽宁省电力有限公司所属国家大二型企业。截至2014年底，公司共有员工4072人，固定资产原值90.78亿元，下辖朝阳县、北票、建平、凌源、喀左5个供电分公司，经营区域覆盖朝阳市全境，担负141万客户、341万人口的供电任务，供电面积1.97万平方公里，2014年售电量达到94.56亿千瓦时。公司管辖220千伏变电站13座，容量4500兆伏安；66千伏变电站64座，容量4681兆伏安；220千伏线路37条，总长1327公里；66千伏线路272条，总长3207公里。

第一节　艰苦创业（1960~1977 年）

朝阳地区电力事业是伴随着北票煤炭开发而兴起发展的。1924 年，锦州至北票铁路通车，为煤炭外运创造了条件。北票矿区扩大生产能力，机械化开采需要电力能源。当年，北票煤矿公司从德国购买 750 千瓦透平发电机组两台，发电所于 1926 年 6 月竣工，年发电量约 450 万度，主要供煤矿水泵、绞车、风扇、机修等生产用电。由此，朝阳地区进入了有电历史。此后，经历了"九·一八"事变等重要历史时期，朝阳电网先后由日本人、民国政府控制。总体而言，从 1926 年朝阳进入有电历史以来，30 多年的时间始终处于缓慢发展甚至停滞阶段。直到 1960 年 5 月成立朝阳市电业局，才真正开启了朝阳地区的电力创业。

1960 年 5 月，朝阳市电业局正式成立，共有职工 131 人。直到我国改革开放之前，都处于缓慢的起步创业时期。1969 年，朝阳第一条 220 千伏线路朝西线建成投运。1970 年，朝阳所辖各县均接入东北电网，朝阳地区电网逐步建立起来，尤其是朝阳西部电网已经初具雏形。在此期间，朝阳电业局采取直线职能制的组织模式，在电网建设、公司运营方面取得了多项进展。

一、组织沿革

1960 年初，辽吉电管局抽调 19 人，组成朝阳电力筹建处。1960 年 3 月，辽宁省人民委员会同意成立朝阳市电业局，业务上接受辽吉电管局指导。当年 4 月，朝阳市电业局正式成立。6 月，朝阳市电业局组织架构基本形成，包括朝阳市发电厂、电力工程处、朝阳供电管理所和修试所 4 个生产单位，以及办公室、用电管理科、供应科、计财科和生产技术科 5 个职能科室。10 月，辽吉电业管理局将锦州电业局北票供电所移交朝阳市电业局领导，由此生产单位扩展至 5 个。朝阳市电业局 1960 年组织机构如图 1-1 所示。

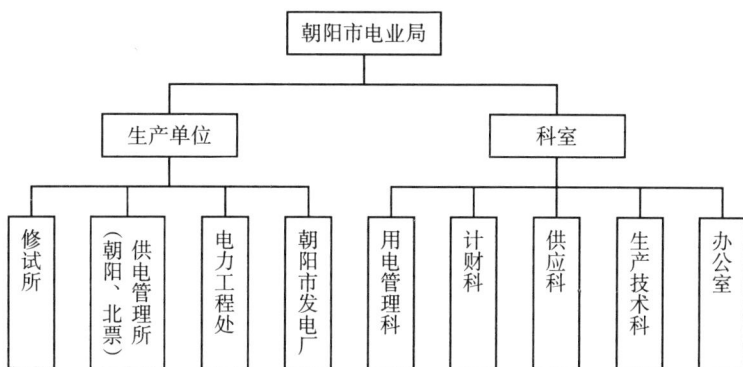

图 1-1 朝阳市电业局 1960 年组织机构

朝阳市电业局成立以后，根据经营管理和业务扩张的需要，不断调整和优化组织机构。一方面，撤销、合并或成立职能部门，减小管理幅度，提高管理效率。1961 年，撤销用电科和计财科，合并成立企业管理科；1962 年，撤销人秘科，成立人保科和办公室；1968 年，撤销各科室，设立政工、后勤（办事）、生产指挥 3 个组；1970 年，将调度、农电管理职能从生产组分离出来，同时将人事保卫工作从政工组分离出来，形成人保、生产、办事、后勤、农电、调度和试验 7 个组；1973 年，撤销机关各组，成立计划、用电、财务、人事工资等职能科室；至 20 世纪 70 年代末，逐步演变为 11 个职能科室。

另一方面，接收或筹建新的生产单位，并实现送电、变电的专业化分工。1964 年 4 月，东北电业管理局接管朝阳市电业局，并更名为朝阳电业局，由事业管理转变为企业管理；1968~1970 年，先后成立了建平、建昌供电所和修造厂，以及送变电工程队；1973 年，成立试验所、调度所和汽车队；1974 年，对送变电工程队实行专业化分工，成立送电工区和变电工区；1978 年，成立土建队；到 20 世纪 70 年代末，朝阳电业局共有 4 个供电所、1 个变电所以及 6 个生产单位。朝阳电业局 1980 年组织机构如图 1-2 所示。

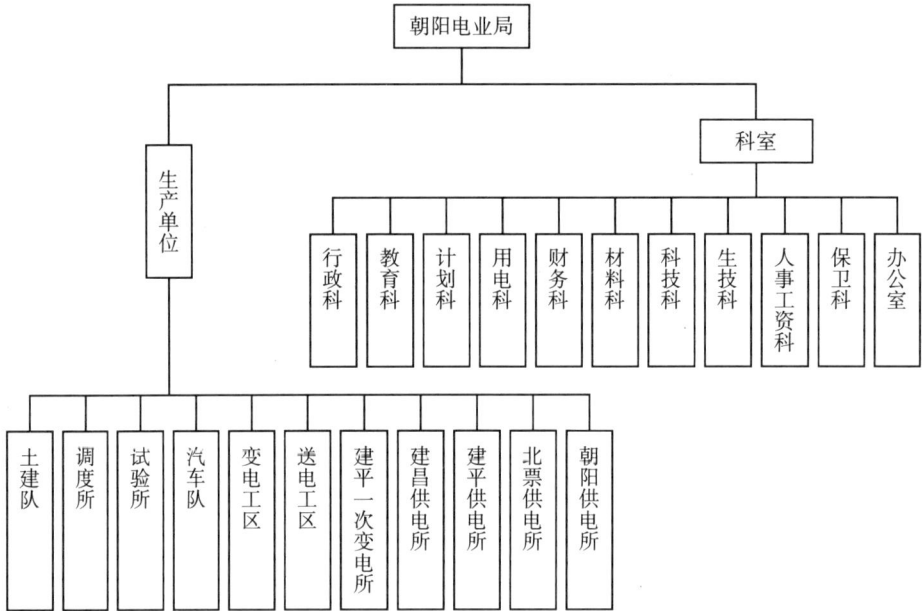

图 1-2　朝阳电业局 1980 年组织机构

二、电网建设

(一) 朝阳电网初具雏形

朝阳地区电网萌芽于 1933 年，当时只有一条高压线路，孤立电源供电。1938 年，义北线建成，1940 年，北票发电所投运，66 千伏朝北系统初步形成。1942 年，北票有 4 座 66 千伏变电所，3 条供电线路。直到 1959 年，朝阳地区电网发展十分缓慢，仅北票市区网内供电，北票发电厂通过一条义北线连接主网。

1960 年，朝阳电业局成立，北朝输变电工程建成投运，朝阳接入东北主网。但是，当时整个朝阳地区的电网还未形成，供电可靠性较差。网外小电厂孤立运行，不仅供电质量低，供电能力受到限制，而且效率低下，能耗较高。当时，每度电平均标准煤耗 1500 克，最高达 2160 克。1964 年底，朝木输变电工程投运，为朝阳电网的形成奠定了基础。

1965~1975 年，在辽宁省的总体发展规划推动下，朝阳地区新建和迁建了凌源钢铁厂、朝阳轮胎厂、凌华机械厂、向东化工厂、北方机械厂等大企业，用电负荷急剧增加。1965~1975 年，朝阳地区用电负荷增加了 3.3 倍，如图 1-3 所示。

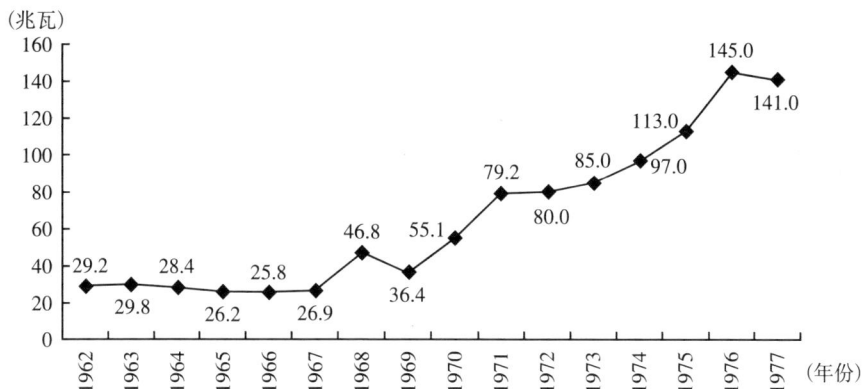

图 1-3　朝阳地区用电最大负荷变化情况

为满足工业发展用电需要，朝阳地区电网规模不断扩张。1967 年建成建凌 110 千伏输变电工程，由赤峰电厂和水电部十二列车电站供电，结束了凌源建平地区仅靠地方小火电供电的状态，朝阳西部电网初具雏形。1969 年，220 千伏朝西线投运，开辟了朝阳地区又一条电源，结束了朝阳多年来一直依靠义北线与主网连接的局面，缓解了朝阳电源紧张状况。1970 年，66 千伏建木线建成，实现了朝北电网与赤峰建凌电网相连并网。1970 年，66 千伏电网迅速发展，木化、化平、平昌输变电工程建成，电网扩展到喀左、建昌。至此，朝阳地区电网已形成北接赤峰、南通锦西、西至建平凌源、东达北票阜新的方圆数百里区域，各县均接入国家电网。但是，此时的朝阳电网仍然十分脆弱，电源严重匮乏，55%的电源都要从主网和赤峰输入，稳定性也较差，必要的保护装置和通信手段并不完善，存在诸多安全隐患。

1972 年后，区域内朝阳、凌河、刀尔登电厂相继发电，各县小火电厂陆续并网，使朝阳告别了依靠外部输入电力的历史。在此期间，为电源建设配套，配合电厂投运，进行了主干线和区域变电所的新建扩建。1971 年建设朝木二回线，与朝木一回线成环网运行，提高了南部电网的供可靠性。1972 年 110 千伏凌刀线建成，凌河刀尔登电厂联网，西部 110 千伏电网已横贯赤峰、建平、凌源、建昌，成环网运行。1972 年朝西线升压至 220 千伏运行，1975 年建成 220 千伏朝锦线，进一步加强了与主网的联系，为提高朝阳电网供电可靠性和运行经济性创造了条件。

1965~1975 年，为适应经济建设需要，朝阳地区电力工业取得较大进展。与 1965 年相比，1975 年变电所容量增加 6 倍，配变容量增加 17 倍，送电线路增加 5 倍，配电线路增加 8 倍，供电量增加 3 倍。朝阳地区电网已形成 66 千伏、110 千伏、220 千伏等几个系统互相衔接得比较灵活的电网结构。

（二）农村电网逐步兴起

由于自然条件差、自然灾害频发等多种原因，朝阳经济发展迟缓，长期处于贫困落后的局面，属于全国 10 个特困地区之一。朝阳市农电事业起步较晚，1949 年以后才逐步启动农村电气化进程，积极兴办农村电力事业。1950 年，朝阳县建成一台 10 千瓦汽动发电机组，供朝阳县机关和部分居民用电。同年，建昌县建成一台 20 千瓦柴油发电机组，供县机关、学校、棉麻、百货和部分居民用电。1952 年，建平县发电厂扩建，除供铁路用电外，还设专线向小铁工厂供电。

1953 年，我国启动第一个五年计划时期，朝阳农村自办电已经兴起。在此期间，建昌县先后在 11 个区办起了 10 千瓦柴油发电；1957 年，喀左县建成第一座水电站——洞上水力发电站，装机 70 千瓦；同年，凌源县建成西五家水电站，装机 48 千瓦；同年末，朝阳县建成一座 200 千瓦蒸汽发电机组。这些不同类型小机组的建成，使部分县城和农村有了电力。

20 世纪 60 年代初，朝阳农电重点发展电源建设。这个时期，除农村继续办小水电站柴油机发电以外，重点是以国家投资为主建设地方小火电厂，以解决辽宁西部电源问题。1960 年，朝阳从北票引进系统电源，建成 60 千伏朝北送电线路，各县地方电厂、变电所的建成和系统电源的引进，促进了朝阳市农电事业的发展。电力在农村不仅用于生活照明，而且开始用于电力灌溉等农业生产。

1964 年是朝阳农电发展的重要转折点。在此之前，农村办电主要是群众性的、地方性的，以各类小发电厂为主，同时靠朝阳电业局线路向农村延伸发电。1964 年，国家把农电建设工程纳入计划，朝阳农电开始兴建第一个朝木输变电工程，并于当年建成投运。这项输变电工程的建成，是朝阳农村高压电网建设的开端，是农电系统化建设新的转折点。

1966~1975 年，朝阳农村电网进入大规模建设的新阶段。这个时期，国家投资大力发展农田水利灌溉，大搞打井配套工程，输变电工程和打井配套工程被统一列入国家计划。在此背景下，朝阳农村电网建设速度明显加快。截至 1975 年底，农村供电设备已发展到：变电所 20 座，主变压器 25 台；送电线路 288.83 公里；高压配电线路 6373.7 公里；配电变压器 6172 台；低压线路 10569 公里；用电设备 246654.3 千瓦。至此，朝阳农村电网已经初具规模。

三、公司发展

（一）公司规模快速扩张

1. 职工队伍不断壮大

1960 年，朝阳市电业局成立时，职工人数只有 131 人，其中管理人员 20 人。随着生产规模的逐渐扩大，职工队伍也不断壮大。尤其是从 1969 年开始，职工人数进入快速增长阶段，仅 4 年时间就增长了 1 倍多，如图 1-4 所示。增加人员大部分来自于高校分配毕业生，还有一小部分是退伍军人。

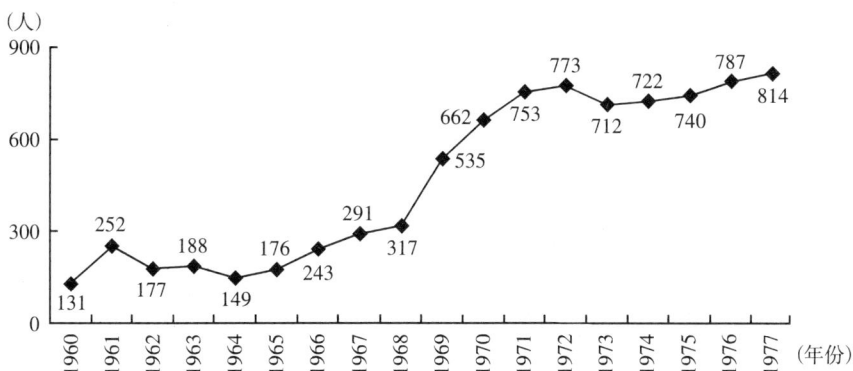

图 1-4　朝阳电业局历年职工人数变化情况

2. 固定资产规模持续增大

朝阳电业局成立后的 10 年间，电网发展较为缓慢，固定资产原值稳步小幅增长。进入 20 世纪 70 年代后，朝阳电网建设速度明显加快，固定资产原值呈现较大幅度增长，1972 年和 1973 年连续突破 2000 万元和 3000 万元，到 1976 年已经超过 4500 万元，如图 1-5 所示。

（万元）

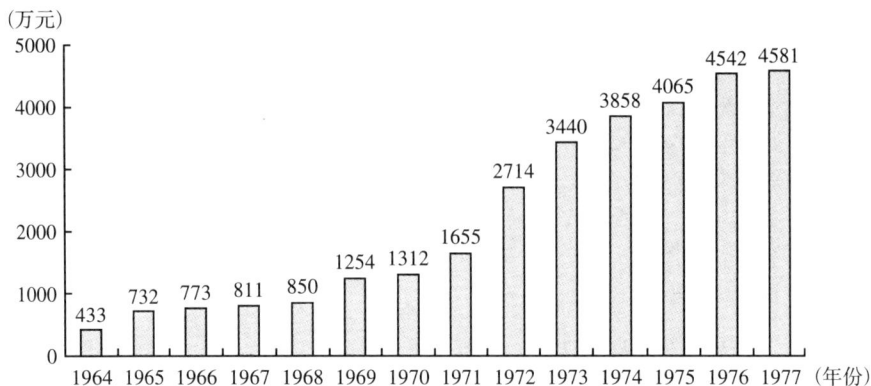

图1-5 朝阳电业局历年固定资产原值变化情况

（二）售电收入迅速增长

随着供电范围的扩大，工农业用电负荷的增加，朝阳电业局售电量和销售收入呈逐步增长趋势。1964年售电量仅为1.58亿千瓦时，到1968年突破2亿千瓦时，随后呈快速上升趋势，1976年已经突破7亿千瓦时，如图1-6所示。1964年全局电费收入613万元，1969年、1972年和1976年分别突破1000万元、2000万元和3000万元，到1977年累计增加了4.4倍，如图1-7所示。

（亿千瓦时）

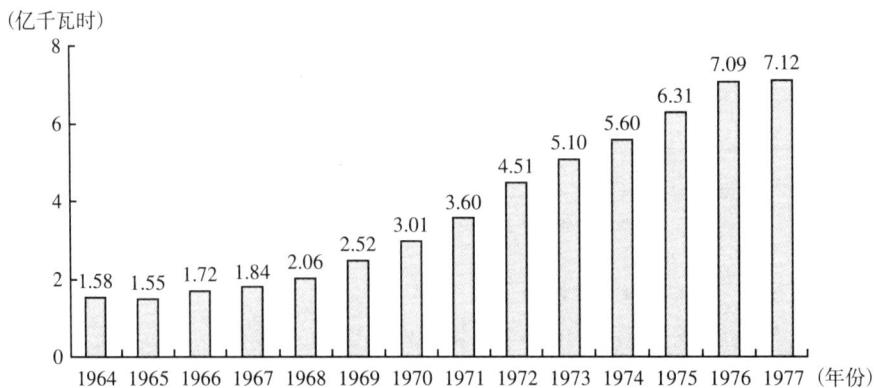

图1-6 朝阳电业局历年售电量变化情况

（万元）

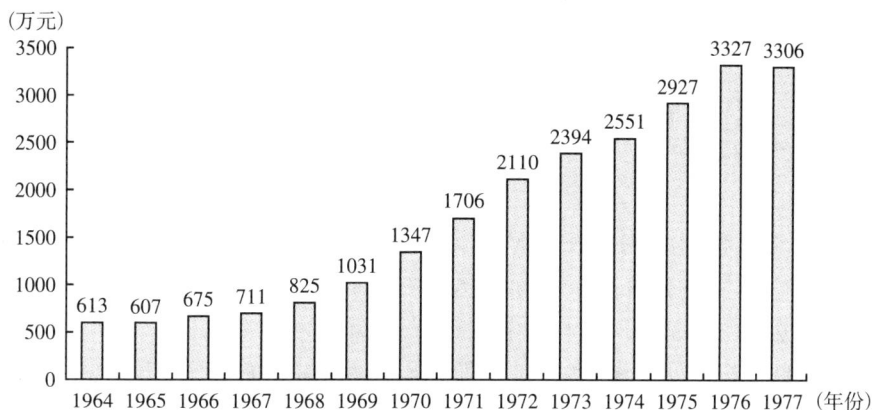

图1-7 朝阳电业局历年电费收入变化情况

（三）物料资源集约利用

朝阳电业局高度重视物资节约工作，多措并举降低钢材、木材和水泥等物资的使用量，始终超额完成东北电管局下达的"三材"节约任务。据统计，1973~1977年的五年间，朝阳电业局共节约钢材46吨，节约木材122立方米，节约水泥230吨，如表1-1所示。与此同时，朝阳电业局加强废旧物资回收利用，自1973年以来，每年按需用量和工程量指标下达给基层，基层回收缴库按退料办法冲减各项成本。入库后部分加以利用，其余全部上缴。截至1977年，五年共回收废钢92吨、废铜5.3吨、废铝44.2吨、废铅1.35吨，实现了废旧物资的循环利用。

表1-1 朝阳电业局1973~1977年"三材"节约统计

品种	合计	1973年	1974年	1975年	1976年	1977年
钢材（吨）	46	15	8	13	6	4
木材（立方米）	122	18	20	50	28	6
水泥（吨）	230	38	66	55	38	33

第二节　改革兴业（1978~2001 年）

1978 年，我国改革开放的春风吹到了朝阳，从而带动朝阳电业局迈入了改革兴业的发展新阶段。期间，借助一系列大刀阔斧的改革举措，实现了电网和公司的共同发展。在电网建设方面，1978 年 3 月，朝阳第一座 220 千伏变电站建平变投运，促使朝阳电网供电能力大幅提升。1997 年 6 月，全国第一座 220 千伏综合自动化变电站龙城变投运，标志着朝阳电网自动化水平迈上一个新台阶。在公司发展方面，1982 年开始，朝阳电业局启动了企业整顿工作，收到了明显的成效。公司探索实行局长负责制，建立起直线参谋制领导体制。在此基础上，1992 年，朝阳电业局实施了劳动、人事、工资三项制度改革，逐步走上了规范化管理的道路。1993 年 4 月 8 日，朝阳供电公司成立，正式开启了公司制改革的进程，公司经营管理的规范化程度进一步提升。

一、组织沿革

1982 年初，朝阳电业局启动了历时一年半的企业整顿工作。验收合格后，朝阳电业局以此为契机，进一步推进全面的企业管理变革。在此过程中，朝阳电业局对组织机构进行了深入调整，试行了局长负责制，建立起直线参谋制领导体制。具体而言，就是在局长下设两大系统，直线指挥系统和职能参谋系统，实行分级管理、层层负责的专责制度，强化了指挥系统，完善了制度体系。

与此同时，朝阳电业局进一步细化职能管理工作，确保各部门分工明确、职责清晰。主要职能机构调整包括：1982 年成立安全监察科，负责全局安全生产工作；1984 年成立设计室，负责全局 110 千伏及以下的送变电工程设计；1985 年将营业工作从用电管理科划出，单独成立营业科，负责营业管理和电能计量工作。截至 1985 年底，朝阳电业局共设 16 个职能科室、4 个供电局、6 个生产单位，以及 1 个集体企业——朝阳电力承装公司，此外，还有列局编制的朝阳市农电局 4 科 1 室。朝阳电业局 1985 年组织机构如图 1-8 所示。

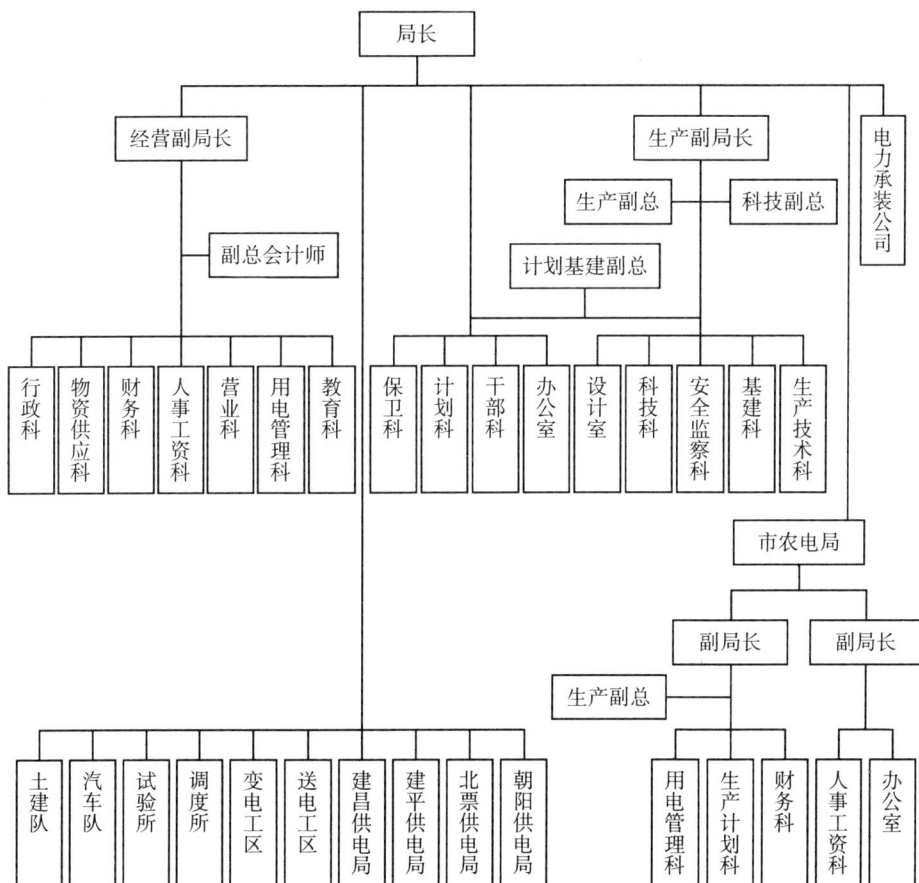

图 1-8　朝阳电业局 1985 年组织机构

　　1986 年开始，朝阳电业局根据生产、经营的需要，不断优化组织架构，几乎每年都有相应的机构调整，逐步形成现代化企业管理体制。1993 年，朝阳供电公司正式成立，与朝阳电业局一个机构、两块牌子，由此开启了公司制改革的进程。截至 1998 年底，公司组织机构的设置主要包括党委、工会、经营、生产、农电、多经（含后勤）六大部分，工作机构由处改为部（室）。朝阳供电公司 1998 年组织机构设置如图 1-9 所示。

　　此后，朝阳供电公司进一步优化组织架构，新设、撤销或合并了一些职能部门，并对其职责进行重新划分。例如，2001 年将原变电工区、试验所（电力试验中心）、调度通信所、电能计量所 4 个单位撤销，重新组建电力修试中心、电力调度中心、电力通信中心、电能计量中心；2001

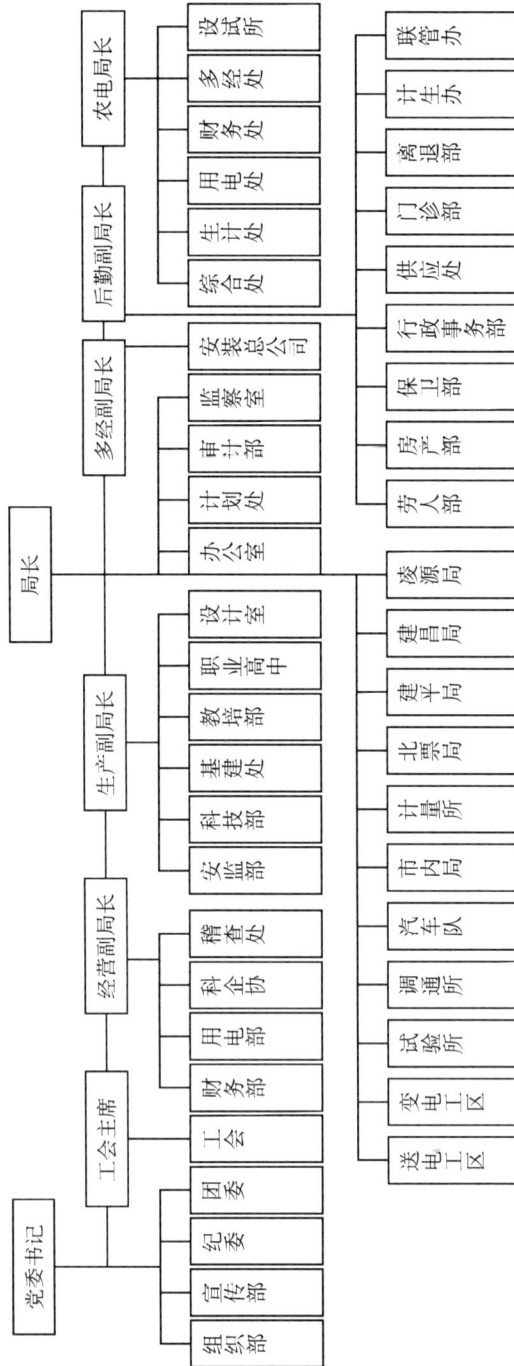

图 1-9　朝阳供电公司 1998 年组织机构

年，为提升客户服务质量，专门成立客户服务中心。

二、电网建设

（一）供电网络日臻完善

1978 年党的十一届三中全会以后，为促进朝阳经济建设，供电系统进行了大规模的建设与技术改造。全局累计完成大修、更改和业扩资金 4118 万元，电网布局趋于合理，供电能力进一步增强。1978 年，朝阳第一座 220 千伏变电站建平变投运，改善了朝阳地区供电条件，加强了辽西电网结构。朝阳地区电网形成以 220 千伏为网架主体，66 千伏、110 千伏等几个系统互相衔接得比较灵活的电网结构。

1984 年，朝北 220 千伏输变电工程投运，缓解了朝东地区用电紧张状况，使朝阳电网更加趋于完善。截至 1985 年，朝阳电网有 500 千伏送电线路 1 条，220 千伏线路 6 条，110 千伏线路 7 条，66 千伏线路 29 条；朝阳电业局所属 220 千伏变电所 2 座，110 千伏变电所 3 座，66 千伏变电所 15 座；所属朝阳、北票、建平、建昌 4 家供电局共维护管理 10 千伏配电线路 645 公里，配电变压器 282 台（40840 千伏安）。朝阳电力系统经过多年建设改造，形成了中型区域性电力网，呈现了多电源环形供电的安全经济运行方式。电网布局主要以 4 条 220 千伏线路和建平一次变为网架，连接锦州、赤峰电网。全区发电设备总容量达到 49.7 万千瓦，共有变压器 11000 台，电力线路 2.9 万公里，年最高负荷达到 210 兆瓦。

自 1986 年起，朝阳电业局启动编制第一份中长期电网规划，由此开始有计划地建设朝阳电网。在编制电网规划时，朝阳电业局始终坚持"电网规划与地区经济发展相适应、与城市总体规划相配合"的基本原则，并积极推动电网规划纳入总体城市规划和地方经济发展战略。在规划指导下，朝阳地区电网建设步伐加快。在规模扩大的同时，朝阳电业局更加着眼于提高供电可靠性，提高电网的科技含量，大量采用新技术、新工艺、新设备，使供电可靠率和电压合格率明显提升。

1988 年开始，朝阳电业局根据朝阳地区经济发展的需要，以及凌钢等大客户用电负荷的增长，开展了一系列的新建、扩建工程。1988 年，随着凌钢用电负荷的不断增加，凌源一次变的主变容量已无法满足凌钢的需要。在此背景下，朝阳电业局启动了总投资为 300 万元的扩建工程，并于

1990 年秋季投入运行。1989 年，朝阳电业局开始建设 220 千伏建平—建昌送变电工程，线路总长为 80 千米，总投资为 2162 万元，历时 3 年于 1992 年 7 月投入运行。1995 年，为了适应朝阳经济发展的需要，朝阳供电公司启动龙城一次变电站建设工程，总投资达到 6071 万元，历经 2 年于 1997 年 6 月投入运行。龙城一次变是当时全国第一座 220 千伏综合自动化变电站，标志着朝阳供电公司电网运行的自动化控制达到全国领先水平。

1998 年以后，朝阳供电公司抓住大规模城网改造的机遇，把城网改造工作作为重中之重，在组织上精心协调，在措施上狠抓落实，在工作上超前运作，成功完成了总投资 5.2 亿元的城网改造工程任务。这一工程加强了区域网架建设及设备治理，提高了配电网环能力，改善了中低压网架环境，提高了降损节能和增供扩销水平。源源不断的电力供应，为朝阳经济的振兴插上了翅膀，奠定了工农业发展的基础。与此同时，朝阳供电公司通过优化电网架构和提升运行管理水平，促使朝阳电网电压合格率和供电可靠率明显提升，供电质量和供电稳定性持续改进，如图 1-10、图 1-11 所示。

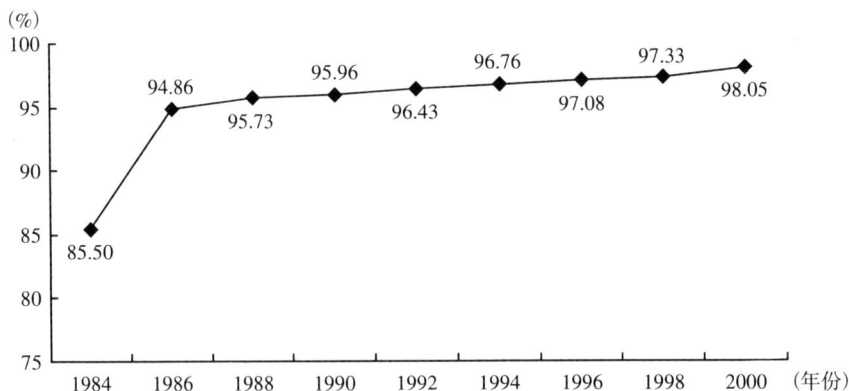

图 1-10　朝阳电网历年综合电压合格率变化情况

截至 2001 年底，朝阳地区共有 220 千伏变电所 5 座，容量 882 兆伏安，送电线路 8 条，总长度 390 公里；66 千伏变电所 26 座，容量 575.6 兆伏安，送电线路 53 条，总长度 957 公里。

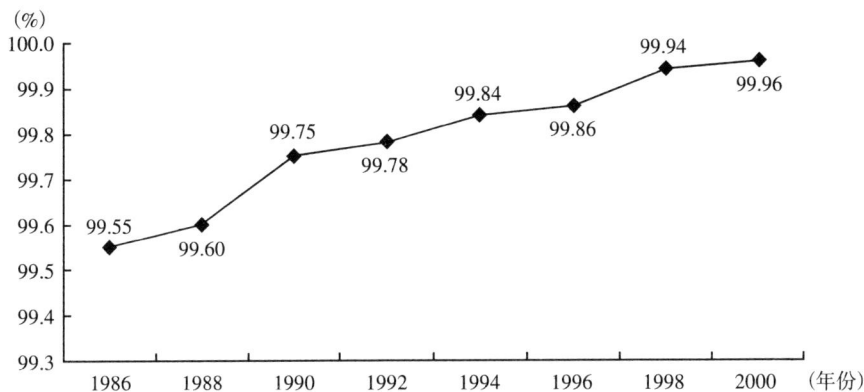

图 1-11　朝阳电网历年供电可靠率变化情况

(二) 农电改革驱动发展

1978 年我国改革开放以来，国民经济得到调整和恢复，朝阳农电事业又有了新的发展。这时农电发展的特点是，一方面加强农村电网建设，另一方面开始抓农电管理，实行建、管并重的方针。在国家补助资金的支持下，有计划地对低压电网进行改造，逐步解决了低压网事故多、停电多和损失浪费高的问题。与此同时，开展了配电台区标准化建设，1982~1985 年的三年时间里，共建成标准台区 141 个，收到了明显的经济效益。截至 1985 年底，朝阳地区已经建成较大规模的农村电网，促进了农业的稳定增长和农村产业结构优化。全市农网拥有变电所 36 座，主变压器 51 台；送电线路 34 条，总长度 419.17 公里；高压配电线路 9718.2 公里；配电变压器 10614 台；低压线路 17148 公里；农村用电设备 443149.2 千瓦。

与此同时，朝阳农网的覆盖面持续扩大，1985 年通电范围和有电率达到：全市 6 个县（市）和 2 个区全部通电；199 个乡、镇（包括 7 个国营农场）通电率为 100%；通电村达到 1988 个，通电率为 98.02%；通电农户超过 60 万户，通电率为 87.9%。1975~1985 年，朝阳地区农村用电量增长了将近 2 倍，其中工业用电量比重显著提升，从 24% 上升至 44%。农村电气化促进了农村经济发展，改善了农村人民的生活水平，家用电器进入了千家万户，农户生产生活的用电需求基本得到了满足。

随着农电事业的发展，农电管理工作也不断加强。1978 年党的十一届三中全会以后，在调整、改革、整顿、提高的方针指引下，市、县（区）

农电机构进一步健全和完善,并于 1981 年 6 月实现了对基层农电企业由市统一归口管理的重大变革。1983 年以后,通过企业整顿,建立健全各种规章制度和不同形式的经济责任制,农电管理工作逐步走上正轨,各项指标都达到了较好水平。截至 1990 年底,全市农村总用电量比 1985 年增长了 25.6%,占全市总用电量的 19.9%;全市乡、村、户通电率分别达到 100%、100% 和 97%。

1986~1990 年,我国正处于深化改革开放的大发展时期,朝阳市农电建设和管理也步入一个新的台阶。期间,为适应经济建设发展的需要,朝阳市农电企业改革领导体制,由党委领导下的局长分工负责制改为局长负责制。此后,对农村电网从设备、人员素质和管理等方面进行了全面综合治理,强化专业技术培训,实行工效挂钩和经济目标责任制,使标准化建设的目标在农电落到实处。

进入 20 世纪 90 年代后,朝阳市农电系统开展了农村电气化县建设活动,实施三项制度改革,打破了旧的经营管理模式,转换企业内部经营机制,建立了内部模拟市场。1996 年以后,为适应市场经济发展的要求,全市农电企业进一步加强了现代化管理,积极采用和消化新技术、新设备,优化农网结构,提高农网的现代化水平。1998 年,我国开始实施县乡电力一体化管理,全面理顺了县级农电企业与乡电管站的关系。国家决定投资约 1800 亿元,开展史无前例的农村电网建设和改造工程,并提出利用三年左右的时间,完成"两改一同价"(改革农电管理体制,改造农村电网,实现城乡电网同网同价),从而带动国民经济持续快速发展。

在国家总体战略部署的指导下,针对朝阳地区农村面积大、农村人口多的特点,朝阳供电公司自 1999 年初开展了一期农网建设与改造工程,投资总规模达到 5.75 亿元,占全省投资总额的 11.3%。截至 2000 年底,在乡乡村村通电的基础上,农户用电率提高到 99.18%,农村人均年用电量达到 278.8 千瓦时,是 1985 年的 2.9 倍。

(三)实现安全经济运行

1. 安全管理水平大幅提升

安全是电业的生命线,保证安全供电是供电企业的首要任务。朝阳电业局自成立以来,一直坚持"安全第一,预防为主"的方针,狠抓安全管理工作。1982 年,朝阳电业局加强安全管理的组织机构和制度建设,成立安全监察科，负责全局安全生产工作，包括编制安全工作规程和安全制度规定，统计建立安全记录簿等。截至1985年，全局共有安全工作规程20种，基本做到了人人有章可循。1990年，朝阳电业局形成了第一个《安全奖惩制度》，后来经过多次修订，考核指标不断完善，考核标准逐步提高，对全局安全生产工作起到了积极的促进作用。安全监察机构的建立和安全管理制度体系的逐步完善，使全局安全管理工作向制度化、标准化迈进，安全管理效果明显改善。

自1980年起，朝阳电业局正式开展"安全月"活动，并将其列为定期安全检查的重点内容之一，同每年的春秋检有机结合。1978～1985年，春秋季安全大检查中共发现重大缺陷958件，缺陷合计3万余件。其中，绝大部分缺陷得到了及时的处理，避免了经济和社会损失。同时，公司加强职工安全教育培训，创新安全生产工作方法，及时总结安全生产经验，促使安全生产工作进入一个良性循环。

经过多年的努力，公司安全管理水平不断提升，事故数量大幅下降。截至1985年底，朝阳电业局实现安全无事故运行2001天，连续三年被东北电管局评为红旗调度室。1995～2001年，朝阳供电公司创造了连续2373天无人身重伤事故、无人身死亡事故、无电网事故、无输变电设备事故的安全生产新纪录，达到了公司成立以来的最好水平。

2. 电网线路损失明显降低

1960年，朝阳电业局成立初期，朝阳电网结构相对简单，线损率处在一个较高的水平。直到1972年，线损率仍然高达10.64%。1974年开始，朝阳电业局开始加强线损管理，并对电网损失进行分类，当年线损率下降至9.1%。1977年，朝阳电业局在调度室设立1名送、变电损失专责人员，负责管理、统计、分析地区电网的经济运行工作，并建立了《电网经济运行管理办法》等制度，正式启动了调度经济运行管理。

1978年，建平一次变电所投入运行，改善了朝阳电网结构，调度经济运行人员根据新设备投网运行情况，结合朝阳电网布局，经过计算重新确定了电网运行方式，即：将朝阳地区电网分为东、西两部分系统的最佳经济运行方式。这一创新举措提高了电网安全供电的可靠性和经济性，全局送、变电损失率当年便从9.05%下降至6.85%，如图1-12所示。

(%)

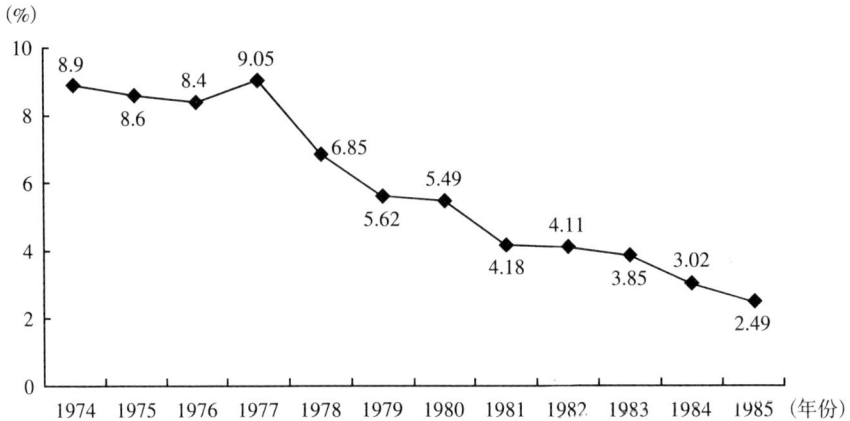

图1-12 朝阳地区电网送、变电损失率变化情况

截至1985年，朝阳地区电网已经具备了相当的规模，经济运行管理也日臻完善。调度室建立了送、变电损失定期分析制度，对地方电网内的3个小厂做出合理的电力调整，提高了朝阳电网的综合经济效益。1985年，朝阳电网送、变电损失率进一步下降到2.49%，创造出历史最好水平。此后，公司通过防窃电改造和电网改造等多种技术降损方法，以及成立稽查队伍、加大查处力度等管理降损方法，使朝阳电网综合线损率始终保持在3%~4%的较低水平。其中，送、变电线损率比配电线损率降低幅度更为明显，1998年以后基本处于1%左右的水平。

三、公司发展

（一）公司规模稳步增长

1. 职工队伍保持稳定

改革开放以后，朝阳电网进入平稳发展时期，朝阳供电公司的职工队伍基本保持稳定。1978~1986年，公司职工人数从867人增加至2038人，之后几年一直稳定在2000人以上。1992年以后，随着三项制度改革的推进，调整、精简了组织机构。1993年，朝阳供电公司正式成立，进一步规范机构设置和用人制度，职工人数维持在1600人左右，如图1-13所示。

（人）

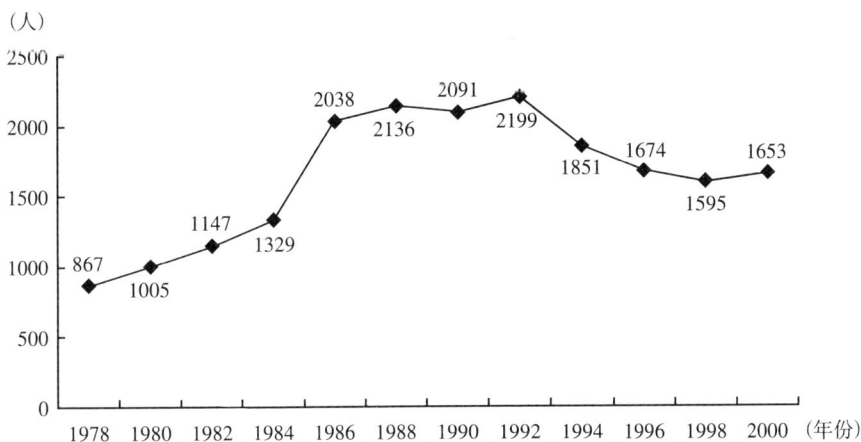

图1-13　朝阳供电公司历年职工人数变化情况

2. 固定资产规模稳步增长

1979~2001年，朝阳供电公司的固定资产规模稳步增长，从不到1亿元发展到超过9亿元。尤其是1993年朝阳供电公司成立以来，固定资产原值增长速度明显加快，截至1997年已经接近9亿元，2001年上升至9.36亿元，如图1-14所示。

（亿元）

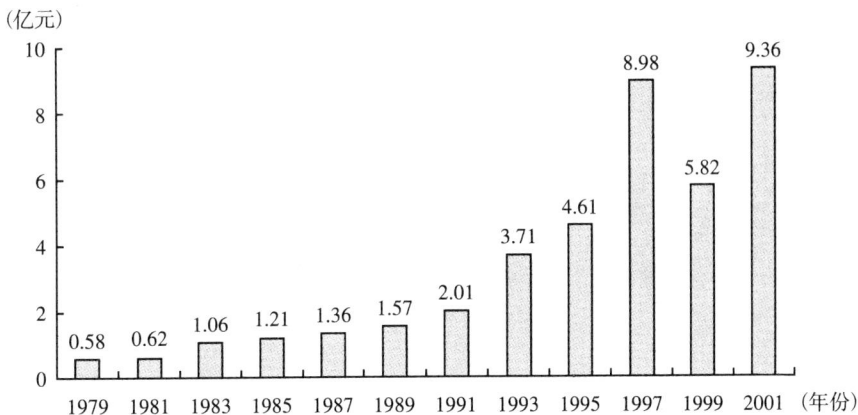

图1-14　朝阳供电公司历年固定资产原值变化情况

注：1999年固定资产原值下降，主要是因为元海线上划东电集团公司。

（二）利润水平大幅提升

改革开放以后，朝阳市迎来了一个经济快速发展时期，朝阳供电公司供电服务范围不断扩大，售电量和电费收入呈现快速增长趋势。尤其是1986~2000年，公司供电服务户数从5.4万户快速增长至13.4万户。1977年，售电量为7.12亿千瓦时，到1983年突破10亿千瓦时，到1995年又突破20亿千瓦时。2001年，售电量达到21.54亿千瓦时，比1977年增长了2倍多，如图1-15所示。电费收入自1990年突破1亿元之后，实现快速增长，到1996年已经突破了6亿元，2001年再创新高，达到了8.73亿元，如图1-16所示。与此同时，朝阳供电公司成立以后，一方面大力发展多经产业，另一方面加大增供扩销和成本控制力度，实现了利润水平的大幅提升。1986年利润仅为0.15亿元，1993年增长至3.04亿元，到2001年已经上升至5.90亿元，如图1-17所示。

（亿千瓦时）

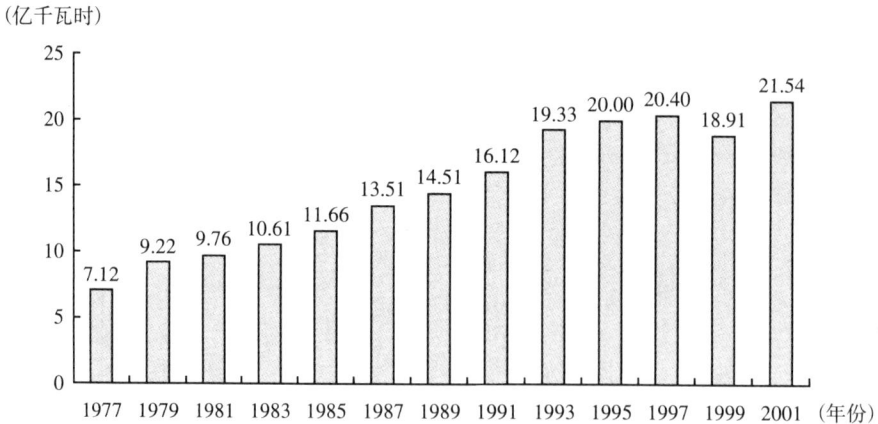

图1-15 朝阳供电公司历年售电量变化情况

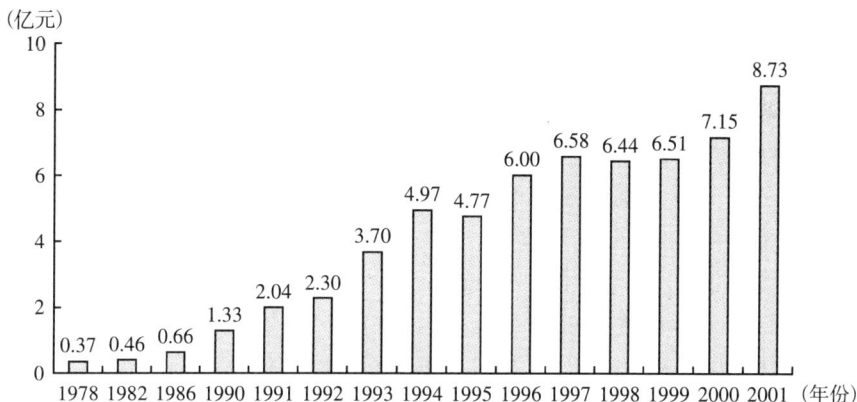

图1-16　朝阳供电公司历年实收电费变化情况

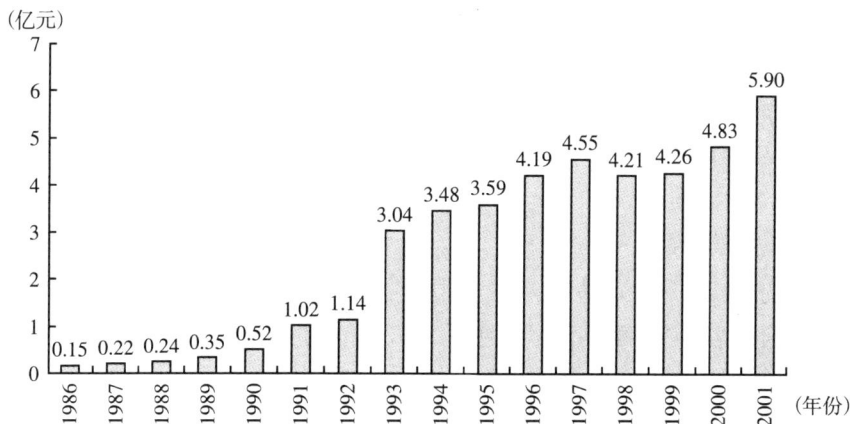

图1-17　朝阳供电公司历年利润总额变化情况

（三）改革促进规范管理

1. 企业整顿工作成效显著

1977年，朝阳电业局开展恢复性整顿，逐步建立健全党委领导下的局长负责制、总工程师为首的技术负责制、基层单位和个人的岗位负责制以及职工代表大会制，并开展了以"安全、经济、供好电"为主要内容的增产节约运动。1979年3月，朝阳电业局被水电部和辽宁省革委会命名为"大庆式"企业。1980年，朝阳电业局被辽宁省人民政府评为"先进企业"。

1982年2月，朝阳电业局启动了企业整顿工作，到1983年9月基本结束并通过验收。朝阳电业局企业整顿工作共分为四步：第一步是准备阶段（1982 年 2~5 月），主要是组织职工学习有关企业整顿文件，使职工明确"在安全第一前提下，以提高经济效益为中心，搞好企业全面整顿，进行综合治理"的指导思想；第二步是制订落实整顿规划（1982 年 6~12 月），摸清企业状况，提出整顿内容和措施，组织实现全局企业整顿规划，先后修订建立了各种规章制度和定额标准；第三步是进一步完善经济责任制，企业整顿收尾阶段（1983 年 1~5 月），主要是推行大连电业局经验，完善经济责任制；第四步是自检验收阶段，于 1983 年 6 月召开职工代表大会，对照四项标准逐条检查评分。

朝阳电业局企业整顿工作取得了显著成效，突出表现在以下方面：一是整顿和完善经济责任制。制定了全局 293 个工作岗位的责任制，明确了各部门职责范围。1983 年 4 月起实行经济责任制，按照考核结果分别确定各类人员奖金分配系数，对职工起到了有效的激励作用。二是加强劳动纪律，严格奖惩制度。制定了《违反局规局纪处理条例》、《职工守则》和《职工考勤管理办法》，建立了全局考勤管理网，职工全员出勤率有所提高。三是整顿财经纪律，加强财产物资管理。1982 年，朝阳电业局实行独立核算、利润包干后，实施了多项增收节支计划和措施，经济效益不断提高，线损率和成本大幅降低。四是整顿劳动组织，按定员定额组织生产。制定了各部门职责范围和联系制度，确立了 8 个工种、113 个项目、849 个不同内容的定额标准，杜绝了无人负责和互相推诿的现象，做到了有秩序有条理地工作。五是安全文明生产水平和设备健康水平有所提高。1982 年，公司消灭了五大事故及重伤事故，1983 年设备完好率达到 100%，设备检修质量合格率和设备缺陷消除率均有所提高，同时文明生产明显改观，局容局貌焕然一新。

2. 多项改革推进规范管理

企业整顿合格后，为巩固整顿成果，进一步实现企业"转轨变型"，朝阳电业局继续完善经营机制，开展了新一轮的企业改革工作。1984 年制定朝阳电业局《工作原则》，建立直线参谋制领导体制，实行分级管理、层层负责的专责制度，强化了组织内部指挥系统。同时，将目标管理与企业内部经济责任制相结合，建立了安全、利润双目标经济责任制。具体而言，是以安全和利润两大目标为核心，围绕这两个目标对全局的安全、经济指标进行分解，安全指标分解为五种重大事故、供电可靠率等 11 项指标，利润指标分解为售电量、线损率等 13 项指标。朝阳电业局将这些指标按工作责任分解到各供电局和生产单位，再分解到专业班组，班组再按工作性质、责任分解到个人。这样，全局上下就形成了比较完整的目标管理体系，使每个职工都有明确的经济责任和指标，每个人的经济利益同全局两大目标相联系，很好地激发了广大职工的积极性和创造性，对企业管理水平和管理效率的提升作用十分明显。

1985 年，朝阳电业局开始积极筹备试行局长负责制，拟定了《党委工作条例实施细则》、《局长工作条例实施细则》、《职代会工作条例实施细则》等制度，进一步理顺了党、政、工三者关系，明确了职责职权，厘清了三者在企业发展中的地位和作用。同时，还制定了实行聘任目标任期制干部管理制度，确定了行政组织机构的设置和定员方案，开展了行政干部的摸底和民意测验，并于次年正式进入实施阶段。

1992 年 5 月，朝阳电业局启动实施劳动、人事、工资三项制度改革，制定下发了《朝阳电业局劳动制度综合配套改革总体实施方案》，明确了改革的总体目标是：深化企业劳动人事、工资制度的改革，解决企业用人不活、分配不公的问题，打破"三铁一大"（铁饭碗、铁工资、铁交椅、大锅饭）格局，在企业内部逐步形成激励机制、竞争机制、风险机制和保障机制，做到干部能上能下、职工能出能进、工资能升能降，实现企业经营机制的转变，搞活企业。朝阳电业局分别从劳动制度、人事制度、培训考核制度、工资制度、养老保险制度和落实经营承包责任制 6 个方面进行改革。

1992 年 11 月，朝阳电业局三项制度改革通过东北电力集团公司验收，并取得了显著成效。一是劳动制度改革。一方面，遵循精干、高效的原则，采取撤销、剥离、合并等方式，调整、精简了组织机构，二级职能管理机构从 26 个减少为 19 个；另一方面，本着满负荷、高效率的原则，根据生产、经营实际需要，严格控制编制定员，改革后定员总数下降 13.2%，生产人员总数下降 14.4%，服务人员总数下降 37.2%，机关行政管理人员总数下降 42.4%。二是人事制度改革。制定了《干部人事制度改革实施方案及管理办法》和《第四届行政中层干部职务聘任的具体实施方案》，在人事管理中引进竞争机制，对干部的聘（任）用贯彻了平等、公开、择优的原则。采用了公开招聘、选聘、直接聘任、民主推荐聘任的办法，共聘任中层干部 96 人，原中层干部 10 人没有聘任。一般干部均实行聘用制，打破了干部工人界限，实行双向选择，从工人中聘用 15 人。专业技术干部实行了专业技术职务评聘分开的"双轨制"，根据实际工作能力和业务技术水平聘任，低职高聘 16 人。三是工资制度改革。制定了《基本工资制度改革实施方案》、《关于职工晋升工资的暂行规定》及《职工考试考核管理办法》、《工人岗位劳动评价实施办法》、《干部职位劳动评价实施办法》等多项制度，建立了对职工正常的技能工资考试考核晋升和岗位工资管理制度。工资由原等级工资制改为岗位技能工资制。工资构成包括岗位工资、技能工资、年功工资和辅助性工资 4 个部分。

随着公司不断发展壮大，如何发现、选拔、培养和使用人才，成为关系公司未来发展的重要课题。为此，朝阳供电公司开始大力推行全员竞聘上岗，并取得实效。1990 年，公司从团委书记岗位首次引入公开竞争的做法，并于 1998 年和 2000 年相继开展全员竞聘上岗工作，逐步形成了一套比较完整的内部职工竞聘上岗制度，打造出一条绿色的人才通道。1998 年，全公司主业部门共有 2100 人次参与了 1527 个岗位的竞聘。其中，有 8 名学历高、年纪轻的一般管理人员和工人被择优聘任为中层干部，有 7 名原中层干部落聘，中层管理岗的实际变动面达 42 人，占原中层干部总数的 30%；有 23 名文化层次高、管理能力较强的工人竞聘到一般管理岗，有 16 名原一般管理干部落聘，一般管理岗位变动面达 40%；有 17 人由工人岗位竞聘到班长岗位，29 名原班长落聘。2000 年，全公司共有 1862 人次参加了 1512 个岗位的竞聘。其中，有 4 人从一般管理岗位竞聘到中层管理岗，有 4 名原中层干部经民主测评被取消竞聘资格，有 3 名原中层干部落聘；有 34 名文化层次高、综合素质强的青年职工由生产岗位竞聘到一般管理岗，有 10 人由原来的一般管理岗被末位调整和落聘；有 6 名班组长因考核不合格落聘下岗和内部待岗。

第三节　跨越发展（2002~2011 年）

2001 年开始，朝阳供电公司进入了一个跨越发展时期，无论是电网建设还是生产经营，都取得了突破性的进展。2002 年 6 月，朝阳供电公司被国家电力公司命名为国家一流供电企业。2003 年 3 月，城乡和县城两期农网改造工程全面竣工，城乡居民用电实现同网同价。2006 年底，朝阳地区实现了户户通电，实现了全区电力普遍服务，极大地改善了生产生活条件。2009 年 11 月，朝阳第一座 500 千伏变电站燕南变建成投运，朝阳电网更加坚强、可靠。在这个阶段，公司着重推行标准化作业和调度自动化，促使管理规范性和管理效率都有了大幅提升，继而带动了服务质量的明显改善。2009~2011 年，在朝阳市委、市政府"三年再造朝阳"的总体战略部署指导下，朝阳供电公司制定并实现了"三年再造一个朝阳电网"的宏伟目标，为朝阳地区生产总值"三年翻一番"提供了坚强的能源保障。在此期间，朝阳供电公司也实现了一次"蜕变"，由小型供电企业跨入了中型供电企业，朝阳电网也由小规模电网跨入了中等规模电网。2011 年，公司实现了区域领先、省内争先，公司发展和电网发展都取得了历史性的重大突破，获得了多项荣誉。

一、组织沿革

2002 年底，我国电力体制改革取得重大突破，实行"厂网分开"，国家电网公司正式成立。次年，朝阳供电公司再次深化机构改革，使全公司二级机构由原来的 49 个精简到 37 个，其中，机关管理机构由原来的 32 个精简到 22 个；基层生产单位由原来的 22 个精简到 20 个；中层管理岗由 149 个精简到 111 个；一般管理岗由 268 个精简到 172 个。由此，实现了新的扁平化组织模式。

在这一阶段，朝阳供电公司从电网主业向产业链两端延伸，组建了一批多经企业，旨在为主业提供成本更低、质量可控的服务，同时为公司持续发展贡献更多的利润来源。例如，2005 年成立朝阳吉程汽车销售服务有限公司，2008 年成立朝阳正达电力建设有限公司。这些企业自成立开始，便按照现代企业制度要求，建立起规范的公司治理结构，设立了董事会和监事会，公司运行比较顺畅。

2008 年，随着公司制的日臻完善，朝阳供电公司已形成在公司经营者集团领导下的机关部（室）及基层生产单位、营销单位、多经单位的领导体制。截至 2008 年底，朝阳供电公司共有下属机构 50 个，如图 1-18 所示。其中，主业机关部室 15 个，包括总经理工作部、经营计划部、人力资源部、财务部、审计部、生产技术部、市场营销部等；辅助部门有 2 个，分别为培训中心和供应处；生产单位 15 个，包括送电工区、变电工区、电能计量中心、客户服务中心、电力调度中心、各地供电分公司等；多经单位 18 个，包括基建工程管理处、电力勘察设计室、农电部、正达

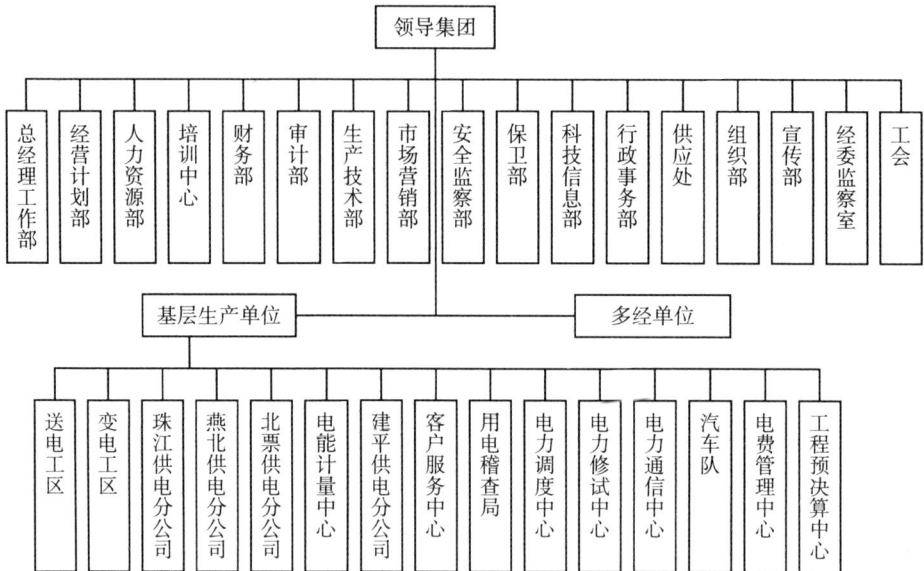

图 1-18　朝阳供电公司 2008 年组织机构

公司、结算中心、朝阳金桥典当行有限公司、朝阳电力变压器有限公司、博远电力公司等。

2009 年 10 月，辽宁省电力有限公司实施农电管理体制改革，朝阳市 6 家农电企业国有产权整体无偿划转给国家电网公司，资产由朝阳供电公司统一管理。① "农电上划"以后，原朝阳市农电局撤销，保留农电工作部，协调管理朝阳地区农电工作。随后，朝阳供电公司又对职能部门和下属单位进行调整，进一步细化分解职能，提高了专业化分工程度。截至 2011 年，朝阳供电公司共有 14 个机关部门、10 个辅助部门、4 个营销单位、7 个专业化生产单位、7 个供电分公司以及 8 个其他单位，如图 1-19 所示。

---

① 为进一步规范农电工管理，维护农电工队伍稳定，按照网省公司的统一部署，组建朝阳市农村电力服务有限公司（简称"农服公司"），于 2012 年 9 月 1 日正式运营，负责所有农电工的日常管理工作。

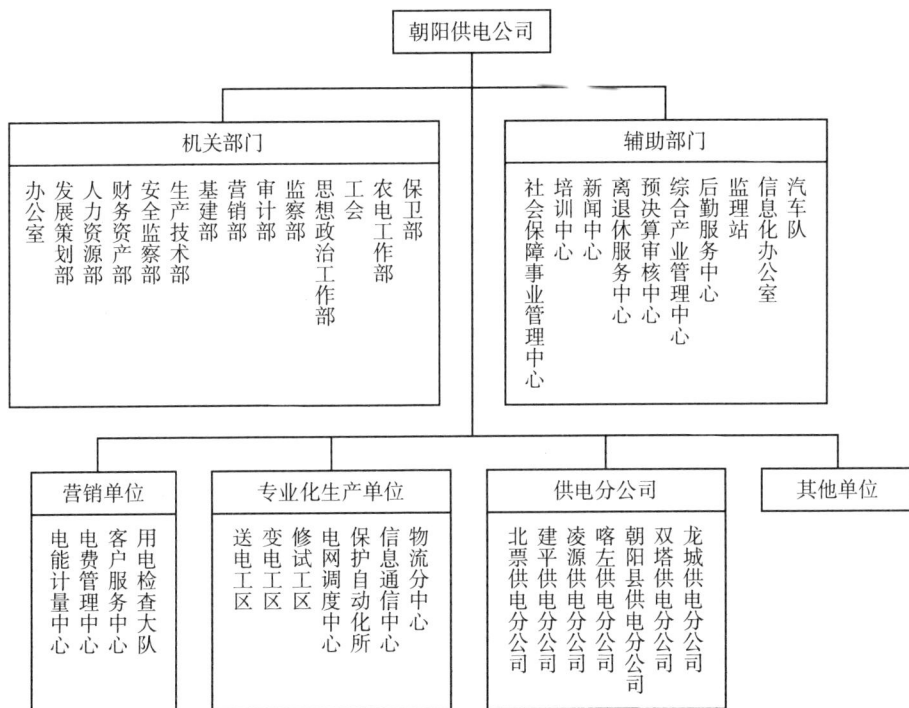

图 1-19　朝阳供电公司 2011 年组织机构

二、电网建设

（一）电网改造提升供电能力

2000~2002 年，朝阳供电公司实施城网改造工程，共完成计划项目 32 项，累计完成改造资金 4.9 亿元。大规模的城网建设和改造工程，显著改善了朝阳城区的供电环境，取得了可观的社会效益和经济效益。一是提高了城市供电能力。完善了电网结构，66 千伏系统形成了朝阳市区、建平、凌源、北票 4 个相对独立又相互支持的区域环网，城区变电所基本具备两路以上电源供电，220 千伏容载比由 1.5 提高到 1.9，66 千伏容载比由 1.57 提高到 2.08。二是提高了供电可靠性。220 千伏、66 千伏开关无油化率均达到 50%，10 千伏开关无油率达到 100%。配电低压主干网络导线绝缘化率达到 50% 以上。供电可靠率达到 99.98%，电压合格率达到 98.67%。三是提高了电网科技含量。城区新建的 4 座 66 千伏变电所全部实现了无人值守，特别是珠江变采用小型化全封闭组合电器，自动化程度和设备水平国内领先。通过实现通信光纤化、调度自动化、信息网络视频化和负荷管理现代化，提高了电网的整体设备水平和科技含量。四是降低了供电损失。通过实施计量装置改造以及加强管理，朝阳城网三年降损超过 1.7 亿千瓦时。此外，12 个二次变实现了无人值守，共减少运行人员70 人，每年减少成本性支出 182 万元。

由于县城电网游离于已安排的城乡电网改造之外，县城电网供电能力不足和供电质量差等问题日益突出，已不能满足县城地区用电增长的需要，成为制约县城经济发展的主要瓶颈。同时，由于电力设备简陋，严重威胁到生产生活用电安全，对电网系统的安全运行十分不利。此外，配电网结构不合理，加之计量装置比较落后，导致配网线损过大，线损率最高达到 25%，造成了严重的能源浪费。基于以上情况，在辽宁省电力有限公司的统一部署下，朝阳供电公司同步开展了县城电网改造工程。2002~2007 年，朝阳县城电网改造项目总投资超过 2.5 亿元。改造后的电力设施与城市环境相协调，供电可靠性和安全性大幅提升。其中，66 千伏电网重点解决了变电所双电源问题；10 千伏线路重点解决了安全供电问题，逐步将各导线改造为绝缘线路供电；0.4 千伏低压电网全部改造成绝缘线，全面淘汰国家明令禁止使用的落后设备。

（二）配套服务"三农"发展

2003 年，在一期农网改造工程取得阶段性成效的基础上，朝阳供电公司又启动了二期农网改造工程，投资规模增加至 7.64 亿元，两期农网改造工程总投资达到 13.39 亿元。新建与改造 0.4 千伏低压线路 2 万千米，改造客户数 75 万户；新建与改造 10 千伏配电线路 7158 千米，改造高耗能配电变压器 9558 台，容量 341.2 兆伏安；新建 66 千伏线路 2.79 千米；新建与改造 66 千伏变电所 17 座。历时 5 年的农网建设与改造工程，使朝阳农村电网网架结构得到极大改善，供电质量及服务水平有了明显提高，实现了城乡居民用电的同网同价，既减轻了农民负担，又促进了农村经济的快速发展。

2006 年，为响应党中央扎实推进社会主义新农村建设的号召，国家电网公司启动了"新农村、新电力、新服务"的战略部署，其中农村"户户通电"工程就是其中一项重要举措。朝阳市属于典型的山区，农村客户所占比例较高，且居住较为分散。尽管朝阳市农户通电率逐年上升，但是除双塔、龙城区以外，其余 5 个县市均存在无电农户。针对时间紧、任务重和地域广阔、施工分散的特点，为了顺利完成这项艰巨的任务，朝阳供电公司首先成立了"户户通电"工程领导小组，下设多个专业小组，组织相关科室和供电所人员深入供电区域仔细排查，确定无电农户，编制工程计划，批复后逐项工程制定施工方案。其次是组建了一支高素质的施工队伍，按不同岗位建立了工程质量责任制，并构建起可靠的安全保障体系。全市通过层层签订"户户通电"工程责任状，确保工程的质量、安全和进度。

在各级政府的支持下，朝阳供电公司于 2006 年 11 月圆满完成了朝阳市农村"户户通电"工程，共架设 10 千伏线路 322.16 千米，0.4 千伏线路 429.44 千米，安装配电变压器 167 台、5330 千伏安，完成工程投资 3875.81 万元，2433 户无电户全部实现通电。至此，朝阳市供电服务成为了一种真正意义上的普遍服务，大大促进了当地农户生活质量的提升。朝阳县供电分公司荣获国家电网公司授予的"户户通电"工程建设先进单位荣誉称号，北票供电分公司荣获辽宁省电力有限公司授予的"户户通电"工程建设先进单位荣誉称号。

朝阳供电公司在实现全市农村"户户通电"的基础上，开始致力于农村供电服务的质量提升。朝阳是一个农业大市，截至 2009 年底，共有农业人口 243.5 万人，占全市总人口的 71.1%，农村供电面积占 80% 以上。但是，朝阳气候特点却是十年九旱，农户经常要面临大田减产甚至绝收的灾害。尤其是 2009 年，当地遭遇严重旱灾，1/3 以上耕地绝收，传统农业遭受了重创。为了从根本上解决朝阳市农民历代靠天吃饭的难题，2010 年辽宁省委、省政府做出重大战略决策，提出了符合朝阳农业实际的发展之路——建设百万亩设施农业工程，即在朝阳新增 100 万亩设施农业，并拿出 10 亿元资金给予扶持。

自 2009 年辽宁省农电体制改革后，朝阳市供电、农电合二为一，因此，朝阳供电公司承担起全部的电力配套设施建设工程。为此，朝阳供电公司启动了新一轮的农网改造升级工程。仅 2010 年，农网改造升级总投资就达到 3.06 亿元，2011 年又投入资金 3.99 亿元。两年共改造 66 千伏及以上线路 12 条，总长度 36 千米；改造 10 千伏线路 700 条，总长度 2.6 万千米；改造变电站 182 座，变压器 338 台；改造 10 千伏配电变压器 2.4 万台。经过农网改造升级工程，朝阳农村电网网架更加坚强，供电能力和供电质量得到了大幅提升，2010 年到 2011 年，朝阳农网电压合格率从 99.65%上升至 97.52%，农网供电可靠率保持在 99.785%的较高水平。

截至 2011 年底，朝阳市设施农业面积发展到 185 万亩，占朝阳市耕地总面积的 31%。2011 年，朝阳市设施农业实现产值 105 亿元，亩产出达到 5670 元，高于全省农业平均产出的 3 倍以上。朝阳市农民人均纯收入达到 7536 元，同比增长 24.5%，增速位列全省第一，同比增加收入 1508 元左右，其中设施农业对农民增收的贡献率超过 70%。朝阳供电公司被朝阳市委、市政府授予"朝阳市百万亩设施农业建设优胜单位"，被省公司授予"农网工程建设管理先进单位"等荣誉称号，在整个辽宁省内产生了积极的示范和带动效应。

（三）电网规模实现跨越发展

2008 年 7 月，朝阳市委、市政府提出"奋战三年、再造朝阳"的战略部署。为了确保这一目标的顺利实施，2009 年，朝阳供电公司针对政府提出的"三年再造朝阳"的发展战略，相应制定了"三年再造一个朝阳电网"的规划，确定了创新发展、区域争先、站区域排头的发展目标。2009 年 11 月，500 千伏燕南变投运，实现了朝阳电网由以 220 千伏线路为主供电源转变为以 500 千伏变电站为主供电源、220 千伏电网的作用由输送电力逐步变为配送电力的一个新的历史阶段，城区电网以 500 千伏燕南变为核心形成了 3 个单环网架结构，220 千伏宁建线省间联络线开环运行，电网结构显著改善。在朝阳地区经济和电网负荷高速增长的情况下，确保了电力"送得出、落得下、用得上"，为全市经济社会发展提供了坚强的电力保障。2011 年 12 月 26 日，朝阳供电公司 220 千伏海丰变电站成功投运，从根本上解决了朝阳北部地区供电半径大、末端电压低的问题。至此，朝阳供电公司变电总容量已达到 3000 兆伏安，实现了三年内变电容量翻一番的目标。

2009~2011 年，朝阳供电公司共争取到电网投资 39.11 亿元，仅次于沈阳和大连，居全省第三位，投资总额和电网建设任务都开创了朝阳历史之最。三年间新建 220 千伏变电站 8 座（在建 4 座）、66 千伏变电站 16 座（在建 3 座），实现 220 千伏及以上电网变电容量翻一番，供电能力提高近 1 倍，相当于用三年时间再造了一个朝阳电网。如表 1-2 所示，截至 2011 年底，全市投入运行的 220 千伏变电站 9 座，容量 3000 兆伏安，66 千伏变电站 109 座，容量 3543.85 兆伏安，电网规模跨入全省中等水平，售电

表 1-2 朝阳供电公司 2003~2011 年电网建设情况

年份 指标	2003	2004	2005	2006	2007	2008	2009	2010	2011
220 千伏交流线路条数（条）	9	9	9	10	11	12	18	22	27
66 千伏交流线路条数（条）	53	53	54	54	56	59	141	109	115
220 千伏交流线路长度（公里）	391	391	391	439	504	525	680	938	1091
66 千伏交流线路长度（公里）	914	910	916	916	1003	1031	1810	2535	2580
220 千伏变电站数量（座）	4	4	4	4	4	5	6	8	9
66 千伏变电站数量（座）	25	25	26	26	28	30	100	105	109
220 千伏变压器数量（台）	8	8	8	8	8	9	11	15	17
66 千伏变压器数量（台）	44	45	47	46	50	53	183	197	205
220 千伏公用普通变压器容量（千伏安）	906000	906000	906000	1083000	1140000	1320000	1800000	2520000	3000000
66 千伏公用普通变压器容量（千伏安）	727700	736200	799200	740400	852400	979100	2355100	3020100	3543850

量从 2009 年的 56.27 亿千瓦时，增长到 2011 年的 88.05 亿千瓦时，2011 年增长率达到 27.98%，居全省第一，高出全省平均值 18.41 个百分点。至此，朝阳电网实现了从小规模电网向中等规模电网的转变，供电可靠率、电压合格率和电能质量均有实质性提升，为全市经济社会发展提供了坚强的电力保障。

经过三年奋战，朝阳市地区生产总值由 2007 年的 333.1 亿元，增长至 2010 年的 654.4 亿元，基本实现"三年翻一番"；财政一般预算收入由 21.8 亿元增至 66.3 亿元，实现了"三年增两倍"，如图 1-20 所示。在电网规划适度超前、电网建设进度加快的支撑下，2011 年朝阳市地区生产总值快速增长至 810.8 亿元，比 2008 年增长 81.5%，并仍然保持高速增长的态势。与此同时，朝阳供电公司也实现了区域领先、省内争先的目标，公司发展和电网发展都取得了历史性的重大突破，实现了供电企业与区域经济的共同发展。

（亿元）

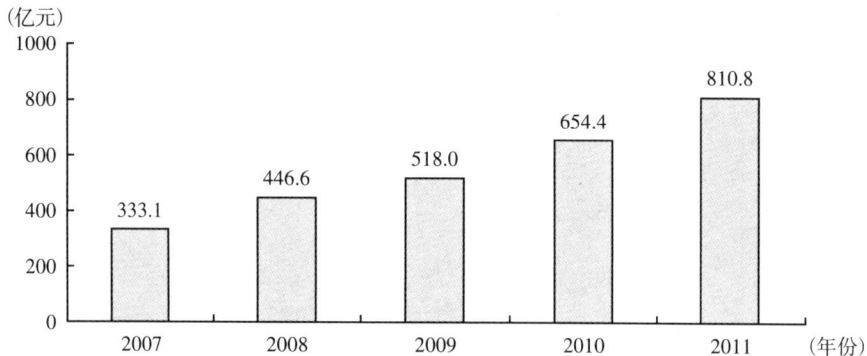

图 1-20　朝阳市地区生产总值增长情况

三、公司发展

（一）资产质量持续优化

1. 职工队伍结构优化

截至 2002 年底，朝阳供电公司共有职工 1626 人。按岗位分布，包括生产人员 966 人、管理人员 289 人、专业技术人员 280 人、其他人员 91 人。按年龄结构分布，包括 29 岁及以下 248 人、30~55 岁 1309 人、56 岁及以上 69 人。按文化程度分布，包括大专及以上 597 人、中专 248 人、技校 143 人、高中 178 人、初中及以下 460 人。

经过 10 年时间，朝阳供电公司通过人才引进、专业培训、竞赛考核等多项措施，促使职工队伍结构不断优化，如图 1-21 所示。截至 2011 年底，朝阳供电公司共有职工 2632 人。按年龄结构分布，包括 29 岁及以下 280 人、30~44 岁 1087 人、45~55 岁 974 人、56 岁及以上 291 人。按文化程度分布，包括研究生 11 人、大学本科 754 人、大学专科 669 人、中等职业教育 830 人、高中 127 人、初中及以下 241 人。按职称分布，包括高级职称 150 人、中级职称 470 人、初级职称 641 人。

2. 固定资产投资加速

2002 年国家电网公司成立以来，朝阳电网进入了一个加速建设时期。尤其是 2009 年启动"三年再造一个朝阳电网"规划以来，朝阳供电公司固定资产投资规模始终保持在较高水平。其中，2009 年公司 66 千伏及以上的新建和续建基建工程数量为 26 项，2010 年大幅增长至 37 项；年度完

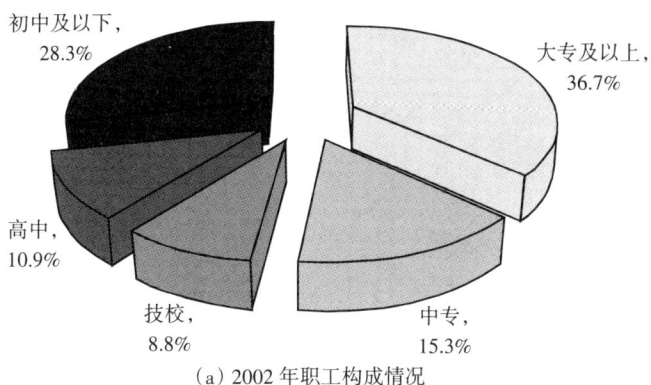

（a）2002 年职工构成情况

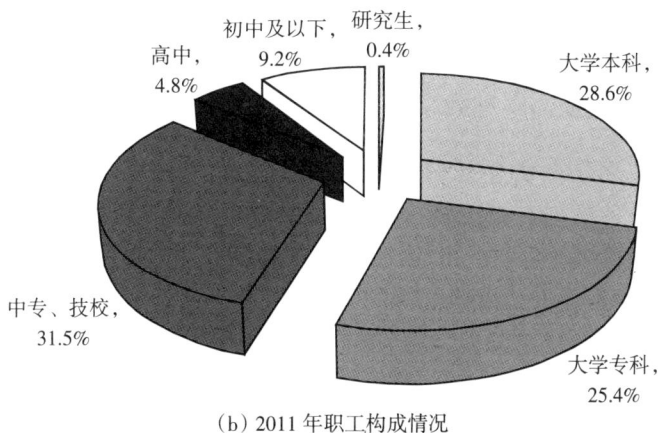

（b）2011 年职工构成情况

图 1-21　朝阳供电公司职工队伍构成变化情况

成固定资产投资总额从 2009 年的 9.36 亿元增加到 2010 年的 11.33 亿元。

（二）服务范围实现全覆盖

从 2002 年开始，朝阳供电公司逐渐步入一个高速发展阶段。特别是 2009 年辽宁省农电体制改革以后，农村电网的供电业务也由朝阳供电公司统一管理。由此，公司的供电服务范围覆盖了整个朝阳市。同时，公司售电量从 2002 年的 20.9 亿千瓦时增长至 2011 年的 88.05 亿千瓦时，如图 1-22 所示。

(亿千瓦时)

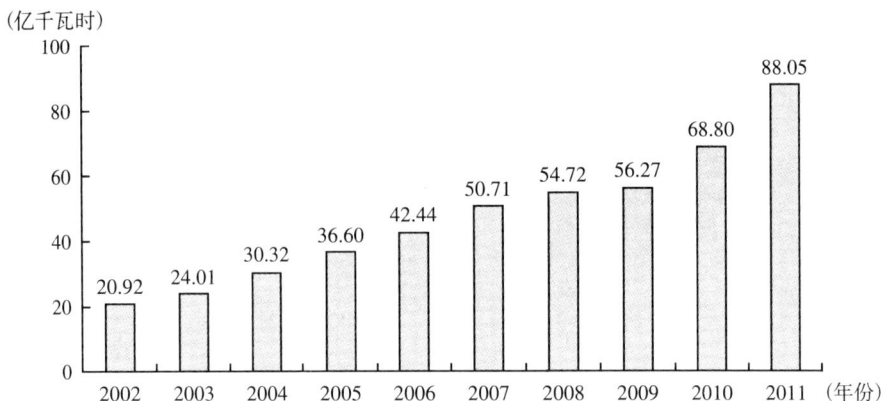

图1-22 朝阳供电公司历年售电量变化情况

（三）信息化提高管理效率

调度自动化是一类基于计算机、通信、控制技术的自动化系统的总称，是在线为各级电力调度机构生产运行人员提供电力系统运行信息、分析决策工具和控制手段的数据处理系统。朝阳供电公司的调度自动化最早起步于1975年，当时自动化仅限于模拟采集开关量及遥测量，自动化技术仅仅完成数据收集与监视（SCADA）的远动功能，实现了初步的自动化信息采集与传输功能。此后，又在建平220千伏变电站、凌河66千伏变电站和调度安装远动装置，实现了朝阳电业局调度对建平、凌河变电站的遥测、遥信监视，同时使朝阳地区功率总加可直接送到东北电管局总调，直至1988年开始建设微机远动自动化。2000年以后，朝阳供电公司引进多项先进技术，调度自动化水平得到大幅提升，安全、高效的自动化系统确保了朝阳电网的稳定运行。

1. 调度端自动化

2001年，公司采用多项先进技术，对调度自动化系统进行改造升级。朝阳供电公司自2001年12月系统升级以后，加大了调度自动化管理和投资力度，22座变电站全部实现了无人值守，远动覆盖率达到100%，实时信息全部进入企业网，提高了现代化管理水平。2004年开始，朝阳供电公司对电网调度自动化系统进行全面升级，系统功能日益完善，运行效率逐步提升，由此逐步走向智能化发展的道路。

2. 厂站端自动化

2002 年，朝阳供电公司掀起了一轮两网改造的热潮，一年时间完成 8 座变电站的自动化新增与改造工程，系统性能较以前也有比较明显的改进，然而仍然存在一些运行稳定性等问题。2004 年，新华 66 千伏变电站第一次引入 ISA300+综合自动化系统，创造了朝阳电网综合自动化发展的新纪元，标志着综合自动化系统逐步走向成熟。2007 年，朝阳供电公司又完成凌东、四新 66 千伏变电站 ISA300+综合自动化系统建设。2008 年，新建西山 66 千伏变电站 ISA300+综合自动化系统。2008 年，完成新建喀左 220 千伏变电站监控系统建设。调度自动化系统正发挥着越来越重要的作用。

3. 集控中心自动化

随着无人值守变电站改造与建设项目的开展，朝阳供电公司以建平集控中心、龙城集控中心取代已建成的 6 座集控站，实现了对变电站的集约化管理。其中，建平集控中心负责建平、喀左、凌源地区及各变电站的监视与控制任务，龙城集控中心负责朝阳市区、朝阳县及北票地区各变电站的监视与控制任务。集约化管理模式效果明显，加强并提高了公司调度自动化控制的整体协调，提高了运行效率。

第四节　转型提升（2012 年至今）

2012 年，对朝阳供电公司而言，是一个不折不扣的转型提升年。这一年，国家电网公司全面推进"三集五大"体系建设，朝阳供电公司对组织、制度、标准、流程都进行了较大调整，集约化管理模式明显提升了资源配置效率。同年，朝阳供电公司被确立为国家电网公司的全面社会责任管理试点单位，开始探索社会责任理念融入公司生产运营全过程，促使公司的业务和管理水平再上一个新的台阶，与利益相关方的沟通也更加融洽。在电网建设方面，燕山湖电厂并网 500 千伏利州变投入运行，为供电能力的提升创造了更广阔的空间。与此同时，220 千伏马山智能变和 220 千伏何家智能变的顺利投运，标志着朝阳供电公司的智能变电站建设保持在全国领先水平，智能化水平的提升也使朝阳电网更加坚强、可靠。

一、组织沿革

自 2012 年起，为落实"三集五大"体系建设，朝阳供电公司对组织机构进行了新一轮的调整。在集约化管理模式下，进一步缩短了管理链条，机构人员配置更加优化。"三集五大"体系建立以后，朝阳供电公司本部职能部门由 14 个精简到 8 个，精简了 43%；二级组织机构由原来的 37 个精简为 19 个，精简了 48.6%。中层干部由原来的 112 人精减到 76 人，精减了 32%，平均年龄下降 0.6 岁；全日制专科及以上学历中层干部 53 人，比以前提高了 3.2%。机关本部人员平均年龄下降 2 岁，大专及以上学历比例达 100%。公司一般管理人员由 464 人精减到 260 人，精减了 44%。与之前相比，管理人员队伍更加年轻化、知识化、专业化。朝阳供电公司实施"三集五大"体系建设后的组织机构如图 1-23 所示。

二、电网建设

（一）坚强电网获得有力支撑

电源匮乏一直是制约朝阳供电公司供电能力的主要瓶颈。中电投开发建设的燕山湖发电厂，很好地解决了这个难题。2011 年 12 月，燕山湖电厂第一台 600 兆瓦机组（2 号机组）并网发电。2012 年 3 月 21 日，该发电厂第二台 600 兆瓦机组（1 号机组）并网发电。燕山湖发电厂规划装机容量为 2×600 兆瓦和 4×1000 兆瓦，全部竣工投产后将成为东北最大的火力发电厂，并将带动朝阳电网供电能力和可靠性的提升。

2015 年底，新建 500 千伏变电站 1 号主变顺利运行，标志着辽西地区首座 500 千伏智能变电站正式投入系统运行。由此，朝阳电网形成了以利州、燕南 2 座 500 千伏变电站为电源支撑点，以 13 座 220 千伏变电站为骨架，121 座 66 千伏变电站为分布点的可靠电网，网架结构更加合理，供电能力明显增强，为朝阳经济社会可持续发展提供了更加坚强可靠的电力保障。

（二）电网规模实现稳步发展

2012 年以来，朝阳电网规模仍保持稳步发展，供电质量也得到了持续提升，基本满足了朝阳市经济建设和社会发展的电力需求。如表 1-3 所

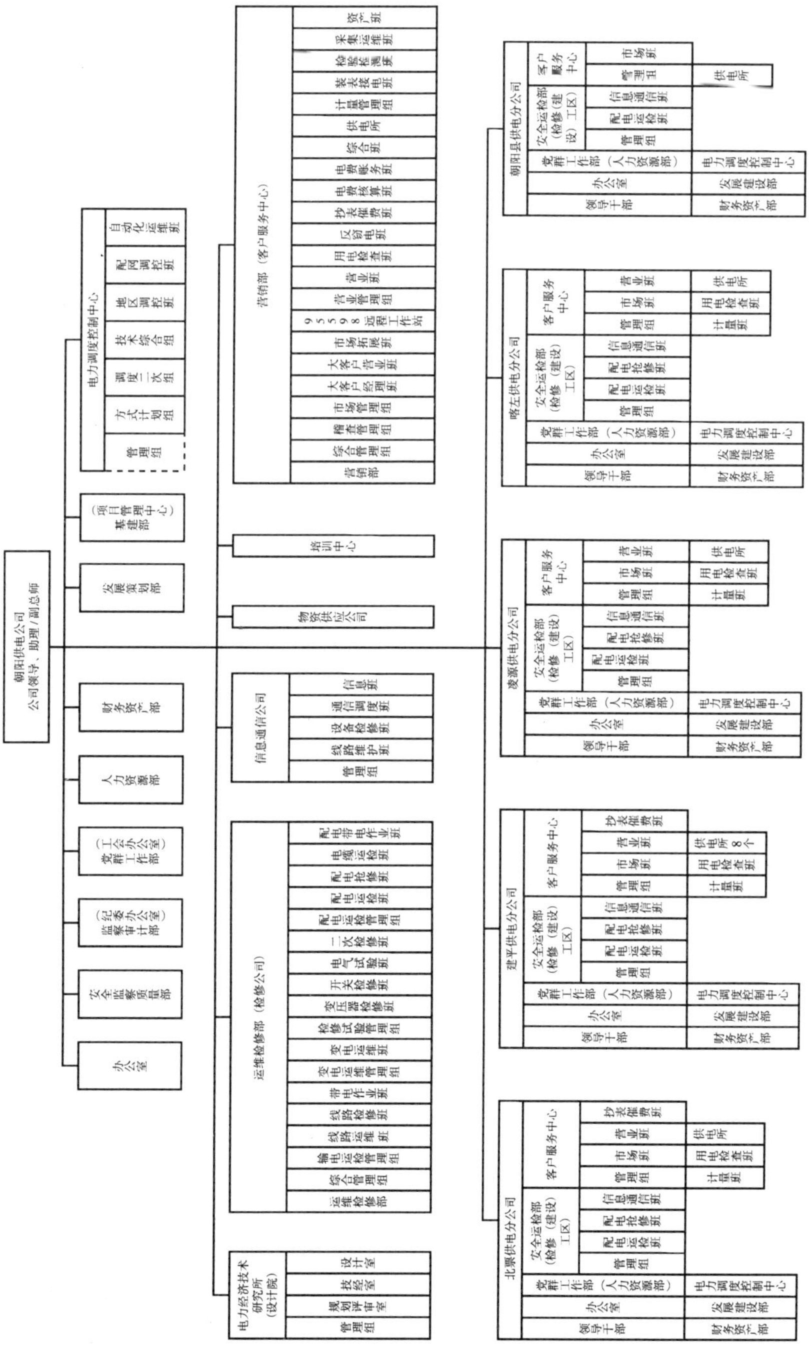

图1-23　朝阳供电公司"三集五大"体系建设组织机构图

表 1-3　朝阳供电公司 2012~2014 年电网建设情况

指标	2012 年	2013 年	2014 年
220 千伏交流线路条数（条）	29	35	37
66 千伏交流线路条数（条）	120	121	121
220 千伏交流线路长度（公里）	1107	1253	1327
66 千伏交流线路长度（公里）	2606	2616	2661
220 千伏变电站数量（座）	11	12	13
66 千伏变电站数量（座）	110	114	118
220 千伏变压器数量（台）	22	24	25
66 千伏变压器数量（台）	207	211	223
220 千伏公用普通变压器容量（千伏安）	3960000	4320000	4500000
66 千伏公用普通变压器容量（千伏安）	3819550	4193400	4681400

示，2012~2014 年，公司管辖 220 千伏交流线路从 29 条增长至 37 条，220 千伏交流线路长度从 1107 公里增长至 1327 公里，220 千伏变电站数量从 11 座增加到 13 座，220 千伏变压器数量从 22 台增加到 25 台，220 千伏公用普通变压器容量从 396 万千伏安增加到 450 万千伏安；66 千伏交流线路从 120 条增长至 121 条，66 千伏交流线路长度从 2606 公里增长至 2661 公里，66 千伏变电站数量从 110 座增加到 118 座，66 千伏变压器数量从 207 台增加到 223 台，66 千伏公用普通变压器容量从 382 万千伏安增加到 468 万千伏安。

（三）智能电网建设取得突破进展

在智能电网建设已上升至国家战略的大背景下，2010 年以来，朝阳供电公司按照国网、省公司电网总体规划要求，积极转变电网发展方式，加快推进电网智能化建设，着力把朝阳电网建设成为信息化、自动化的坚强智能电网，进而实现电网可靠、安全、经济、高效的目标。朝阳供电公司高度重视智能电网建设，攻关重点项目，实行项目负责制，协调推进项目研发进度，确保项目按计划有序实施，积极探索智能变电站运维新模式，强化运维人员的专业技能，提高智能变电站的运行稳定度，为智能变电站安全运行提供坚实的技术支撑和设备保障，推动朝阳智能电网建设稳步发展。

2012 年 5 月 30 日，国网公司第二批试点的 220 千伏马山智能变电站成功投运，部分技术填补了国内空白，智能化水平达到国内领先，标志着公司智能电网建设取得了新突破。马山 220 千伏变电站广泛采用了电气设备整体光纤智能化传输，以光信号代替传统电信号对继电保护进行在线监测和计量，同时实现了一次设备自检功能，为变电站由数字化向智能化转变提供了保障。

2012年11月28日，我国首座高度集成的智能化变电站——朝阳220千伏何家智能变电站一次投运成功。这是朝阳电网建设的功能最强大、自动化水平最高的变电站。何家智能变电站送电成功，标志着朝阳电网建设水平进入一个崭新阶段，标志着朝阳供电公司智能电网建设取得了实质性的新突破。该工程自2011年6月23日开工伊始，就被确定为辽宁省电力有限公司"两个示范"工地建设推广应用示范工地，采用国网公司标准工艺93项，其中土建工程52项，变电工程41项，施工过程中标准工艺应用率达到100%。

何家智能变电站的投运意义重大。2012年，朝阳市政府制定了大力推进工业园区建设的经济发展蓝图。何家变电站位于朝阳县东南部，占地面积20182.5平方米，是针对朝阳有色金属工业园区的电力需求而建设的一座220千伏智能变电站，建立了具有一键式控制、可视化监测、智能告警、智能分析决策、全景信息分级共享等特征的变电站高度集成系统，是国内首座集保护、测量、控制、计量于一体的高度集成的变电站。何家变电站的成功投运，有效弥补了朝阳东南部地区供电半径较大的短板，为朝阳有色金属工业园区建设提供了电力保障，同时也进一步改善了朝阳电网的框架结构。

三、公司发展

（一）集约管理优化资源配置

为实现资源的集约化管理，提高资源配置效率，国家电网公司在系统内启动了推进人财物集约化管理和"大规划、大建设、大运行、大检修、大营销"体系建设（以下简称"三集五大"体系建设）。2011年在江苏、重庆公司试点成功，2012年在包括辽宁公司在内的15家省公司实施第一批推广。"三集五大"体系建设的主要目标是：变革组织架构，创新管理模式，优化业务流程，整合五大业务模式，统筹公司内部资源，有效利用社会资源，加强本部管控能力，压缩管理层级，缩短管理链条，建立纵向贯通、横向协同、权责清晰、流程顺畅、管理高效的"三集五大"体系，大幅度提高公司管理水平和运营效率。

朝阳供电公司高度重视"三集五大"体系建设，严格按照省公司统一部署，科学编制"三集五大"体系建设实施操作方案，统筹协调推进，强化风险防控，初步建立了纵向贯通、横向协同、权责清晰、流程顺畅、管理高效的"三集五大"体系，有效提高了公司管理水平和运营效率。具体实践包括：一是成立了领导小组和综合协调办公室，健全了组织，明确了职责，细化了分工；二是充分利用内部刊物、讲座、网站等形式宣传和学习"五大"体系建设相关知识，做到全员培训，营造和谐氛围；三是对公司现有设备、定员、岗位等情况进行细致的调查和研究，召开"五大"体系建设座谈会和专题会，不断修订方案；四是严格按照省公司对"三集五大"体系建设实施方案的批复意见，规范操作，平稳过渡，截至 2012 年 6月 20 日，按照新的机构设置，所有人员全部到岗到位；五是对照"三集五大"新体制和新模式，对规章制度、职责界面、业务流程进行全面梳理，先立后破，快速导入；六是及时调整办公场所，修订各层级安全生产职责规范，加强内部审计监督和风险控制，建立健全督导检查机制，做到多措并举，有效保障；七是制定了人、财、物集约化管理实施方案，深化"三集"，提升管理；八是结合"三集五大"体系建设进展情况，按照省公司验收标准和评价考核实施细则进行了自检自评，不断磨合整改，完善提高；九是认真总结，归纳、整理相关资料，高标准通过网省公司专业验收和综合验收。

朝阳供电公司"三集五大"体系建设已经取得明显成效：一是构建了"五大"体系建设新格局，各专业协调运行更加顺畅；二是缩短了管理链条，机构人员配置更加优化，管理人员队伍更加年轻化、知识化、专业化；三是"大营销"业务集约化效果明显，业扩报装时间大大缩短，最大限度地方便客户及时用电；四是完成了"95598"业务全面上划，由国网公司集中管理；五是"大检修"体系运行后，实现了人、财、物集中管理，突发事件处置能力大幅提升；六是状态检修管理水平明显提高，减少了设备停电次数和时间，大大提高了供电可靠性。

（二）责任融入创造综合价值

2012 年，朝阳供电公司被确立为国网公司全面社会责任管理试点单位。此后，朝阳供电公司开始积极探索将社会责任融入"五大"体系建设之中，用社会责任管理的视角梳理流程，把社会责任管理理念固化到流程及规章制度中。截至 2014 年底，公司已经完成了《电网规划管理办法》等 10 项规章制度、《客户接入系统方案审批业务流程》等 10 个工作流程的融入工作。在此基础上，公司不断加强社会沟通、利益相关方、风险应急三项管理，努力建设负责任的"五大"体系。为了进一步提升社会责任融入"五大"体系建设的效果，朝阳供电公司着力实施"1335"和"1463"工程，从依法合规、利益相关方参与、综合价值最大化、道德透明运营、风险防控五个维度入手，实施综合价值评估等新的工作方式，提升了"五大"体系建设质量。

2013 年，朝阳供电公司立足行业特点、地域特色和产业特征，启动了社会责任实践"百千万"行动，即对接 100 个重点项目，建立 1000 个社会责任联系点，服务 10000 户设施农业户。朝阳供电公司通过实施"百千万"行动，助力全市工业化、城镇化、农业现代化，实现了对接提速、联系提质、服务提效。"百千万"行动实施一年的时间，朝阳全市 123 个项目供电方案批复时间累计缩短 500 天，为客户节省土地、设备资金及多创造产值 5500 万元；直接服务农户 1.1 万户，助力全市农民增收 1500 万元；联系点协助公司征集各类信息建议 100 多条，帮助公司抢险 270 多次。目前，朝阳供电公司已经成功打造"百千万"社会责任实践品牌，并决定将其作为一项长期行动坚持下去。

2014 年，朝阳供电公司将社会责任议题管理作为推进社会责任根植的重要抓手，将社会责任融入运营、管理实践工作推向深入。公司深化"1+X"项目化管理，完善机制，提出了"管理方式项目化、议题研究多样化、预期成果目标化、步骤方式流程化"的总体要求，并梳理确定了 170 个议题。经过近一年时间的探索实践，各部门、单位积极推进议题研究，运用社会责任管理的方式对"低电压"、"表后线路故障维修"、"棚户区供电服务"等民生问题进行了探索，形成了多项便民举措，获得了社会各界的广泛好评。2014 年 11 月，公司对议题研究成果进行了征集，精选其中 3 项上报省公司，均获得奖项。其中，"践行群众路线　履行社会责任"议题荣获省公司优秀社责议题评选一等奖，并被推荐为国网公司优秀社责议题。

朝阳供电公司推进全面社会责任管理以来，不断探索将社会责任理念融入电网建设与运营全过程，已经取得了明显的效果，经济、社会和环境综合价值创造能力得到显著提升。在创造经济价值方面，公司固定资产原值从 2012 年的 75.31 亿元增长至 2014 年的 90.78 亿元,实现了国有资产保值增值的目标。在创造社会价值方面,城市、农村供电可靠率和综合电压合格率不断提升,更好地保障了客户的用电需求。同时,2014 年员工平均培训时间达到 85 小时/人·年,促进了员工与企业共同成长。在创造环境价值方面,综合线损率得到有效控制,清洁能源装机容量大幅上升,达到了节能减排的效果。

第二章　战略与文化

发展战略是对未来一段时期内企业发展目标、发展方向、实现路径的描述，具有统筹和指导全局的作用。战略管理，已经成为企业运营过程中十分关键的管理工具，其主要功能是基于对企业内外部环境的测评，动态管理企业发展战略的制定、实施与控制。而企业文化是在一定的条件下，企业生产经营和管理活动中所创造的具有该企业特色的精神财富和物质形态。它包括文化观念、价值观念、企业精神、道德规范、行为准则、历史传统、企业制度、文化环境、企业产品等。其中，价值观是企业文化的核心。企业文化是企业的灵魂，是推动企业发展的不竭动力，更是实现战略目标的重要保障。

国网公司对下属各级子公司实施"五统一"的集中管理模式，即：统一价值理念、统一发展战略、统一企业标准、统一行为规范、统一公司品牌。朝阳供电公司作为国家电网公司和辽宁省电力有限公司的"战略执行者"，紧密结合地方经济社会发展的需要，明确自身在中长期发展中的战略定位、业务组合、战略重点、发展目标、实施路径以及具体举措，为公司未来发展指明了方向。与此同时，朝阳供电公司以国网公司统一的价值理念为指导，在国网公司和省公司的引领下，开展了丰富多彩的企业文化建设活动，增强了员工的凝聚力，保障了战略的顺利实施。

第一节　发展战略

作为国网公司统一发展战略的地市级执行单位，朝阳供电公司按照国网公司和省公司的战略部署，完成各项战略任务。公司在制定和实施可持续发展战略时，主要出于两方面的考虑：一是服务朝阳地区经济和社会发展，二是支撑国网整体战略实施与落地。"十二五"期间，公司主动对接突破辽西北战略和"奋战三年、再造朝阳"的战略部署，2012年提前实现了"三年再造一个朝阳电网"的战略目标，为朝阳全面崛起提供了及时的能源供应和优质的供电服务。在国网系统内，公司立足自身发展实际情况，深入贯彻落实"三集五大"体系建设，使公司综合管理能力和管理效率实现大幅提升。与此同时，作为国网公司全面社会责任管理试点单位，公司积极探索将社会责任理念全面融入"五大"体系建设之中，实现了机制优化、管理转型、品牌提升，走出了一条责任与管理融合、品质与价值契合、执行与创新结合的管理创新之路。

一、国网统一发展战略

国网公司推行统一的发展战略，目的是在全公司推行统一的战略目标、战略途径、工作思路和工作方针，自上而下保持战略的一致性和协同性，保证战略的贯彻落实。国网公司可持续发展战略如图2-1所示，朝阳供电公司的发展战略正是国网公司战略的承接和具体化。

图2-1 国家电网公司可持续发展战略

（一）战略目标

国网公司的战略目标是：建设电网坚强、资产优良、服务优质、业绩优秀（简称"一强三优"）的现代公司。

电网坚强指电网规划科学、结构合理、安全可靠、绿色低碳、灵活高效，建成坚强智能电网，大范围配置能源资源能力强，防灾抗灾和应急保障能力强，信息化、自动化、互动化水平国际领先。

资产优良指资产结构合理、布局优化，金融、产业和海外资产健康快速增长；资产质量好，盈利和偿债能力强；无形资产价值高。

服务优质指保障安全、经济、清洁、可持续的电力供应，提供规范高效的能源综合服务；服务理念先进，服务体系完备；品牌形象好，利益相关方综合满意度高，服务质量和效率在国际公共服务行业处于领先地位。

业绩优秀指安全、质量、效益指标在国内外同业中领先，创新成果突出，产业带动能力强，国际化水平高，企业经济、社会和环境综合价值高，社会贡献大。

现代公司指集团管控科学，治理结构完善，业务流程顺畅，管理集约高效；队伍素质高，企业文化优；自主创新能力、企业软实力和全球资源配置能力强，建成以电网业务为核心、相关产业协同发展的现代化大型能源企业集团。

（二）战略途径

国网公司的战略实施途径是"两个转变"，即转变公司发展方式，转变电网发展方式。

转变公司发展方式指建设统一的企业文化，建立科学的"三集五大"管理体系，建成具有一流创新能力、发展能力、服务能力和国际竞争力的现代企业，实现公司发展方式转变。

转变电网发展方式指建设以特高压电网为骨干网架，各级电网协调发展，具有信息化、自动化、互动化特征的坚强智能电网，实现电网发展方式转变。

（三）工作思路

发展是公司的第一要务，管理是公司发展的永恒主题，人才是公司发展的第一资源，一流是公司发展的前进方向和奋斗目标。"抓发展、抓管理、抓队伍、创一流"，是建设"一强三优"现代公司必须长期坚持的基本工作思路。

抓发展指以科学发展观为指导，以加快公司发展为目标，建设以特高压电网为骨干网架、各级电网协调发展的现代化国家电网。

抓管理指依法经营企业，严格管理企业，勤俭办企业，健全企业内部管理机制，加快信息化建设，实现公司效率和效益的全面提高。

抓队伍指坚持以人为本，以加强领导班子和干部队伍建设为重点，以作风建设和能力建设为突破口，实施人才强企战略，健全激励约束机制，实现员工与公司共同成长。

创一流指以国际国内先进水平为导向，以同业对标为手段，以内质外形建设为载体，促进公司创新发展，建设世界一流电网，建设国际一流企业。

（四）工作方针

"集团化运作、集约化发展、精益化管理、标准化建设"，是国网公司战略实施过程中确立的总体工作方针。

集团化运作，核心在公司党组的坚强领导下，充分发挥公司总部战略决策中心、资源配置中心、管理调控中心和电网调度中心的作用，推进机构扁平化，优化业务流程，科学配置资源，实行统一管理，建设"一个国家电网"。

集约化发展，核心是推进人力资源、财务和物资等重要资源的集约化管理，不断提升公司发展的效率效益。

精益化管理，核心是坚持又好又快，好字当先，质量第一，精益求精，严格依法治企，加强科学管理，不断改进、提高企业管理水平和公司发展质量。

标准化建设，核心是建立健全覆盖规划设计、生产基建、财务营销、人力资源等各业务领域的管理标准、技术标准、工作标准体系，严格执行标准，促进标准统一、规范有序、高效运转的企业经营管理体系建设。

二、公司战略定位与发展思路

(一) 朝阳供电公司在战略管理体系中的定位

朝阳供电公司是国网公司系统中的地市级子公司，在整个国网公司的战略管理体系中，其定位是国网公司和辽宁省电力有限公司的"战略执行者"。朝阳供电公司制定发展战略时，既要参照国网公司和省公司的总体战略部署，也要紧密结合朝阳地区经济和社会发展需要。一方面，经过目标层层分解，根据自身实际情况制定战略实施细则和执行方案；另一方面，充分考虑朝阳地区经济和社会发展需要，据此确定当期的战略重点和实施举措。朝阳供电公司在国网公司战略管理体系中的定位如图2-2所示。

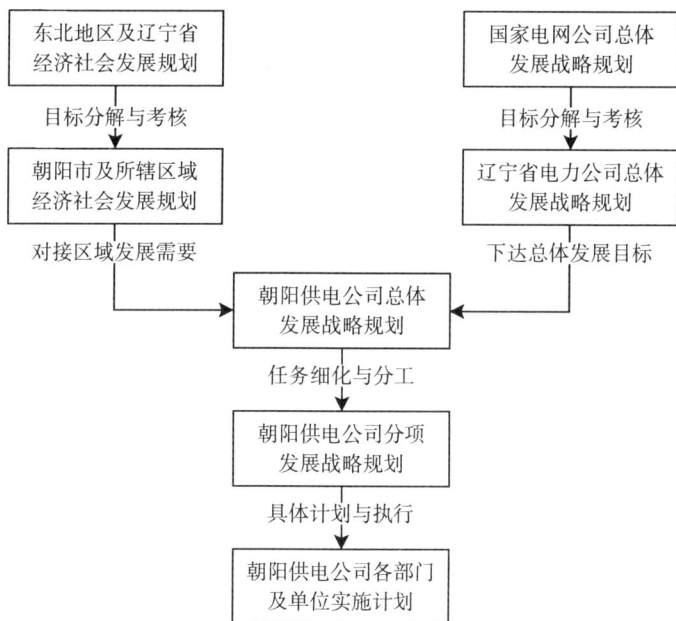

图2-2　朝阳供电公司在国网公司战略管理体系中的定位

(二) 朝阳供电公司可持续发展战略总体思路

朝阳供电公司在制定自身可持续发展战略过程中，始终遵循以下总体思路和基本原则：

第一，服务朝阳地区经济和社会发展。朝阳供电公司地处辽宁省朝阳市，以建设和运营电网为核心业务，自1960年成立之日起，其基本使命就是保障朝阳地区的生产、生活电力供应。随着朝阳的经济和社会发展，公司服务范围和客户规模持续增长。截至2014年底，公司经营区域覆盖朝阳市全境，担负着141万客户、341万人口的供电任务，供电面积1.97万平方公里，2014年售电量达到94.56亿千瓦时。为服务朝阳全面崛起和提升人民生活品质，公司主动与地方政府部门和客户进行沟通，积极对接工业园区等重点项目建设，不断对自身服务质量提出更高的要求，从满足客户"用上电"的基本需求到追求"用好电"的高端需求，为保障更安全、更经济、更清洁、可持续的电力供应做出了最大的努力。

第二，支撑国网整体战略实施与落地。朝阳供电公司作为国网公司的一家地市级子公司，是国网公司整体发展战略实施与落地的基层单位。国网公司的发展战略目标经过层层分解，最终需要依托各个基层单位加以实现。近年来，朝阳供电公司按照国网公司和省公司的战略部署，在"三集五大"体系建设、全面社会责任管理等各项战略任务中，都高质量、超额地完成了上级单位下达的考核目标。公司通过"三集五大"体系建设，初步建立了纵向贯通、横向协同、权责清晰、流程顺畅、管理高效的"三集五大"体系，有效提高了公司管理水平和运营效率。作为国网公司的全面社会责任管理试点，公司在利益相关方沟通、社会责任评价体系建设、社会责任根植项目和议题管理等多个领域，均走在了国网公司的前列，成为了地市级公司的表率。

第三，促进自身电网建设和公司发展。无论是服务朝阳地区经济和社会发展，还是支撑国网整体战略实施与落地，都要以朝阳供电公司自身的健康发展为前提。多年来，朝阳供电公司在国网公司"一强三优"目标和"两个转变"路径的指引下，在电网建设和公司发展两个方面，坚持改革创新，不断超越自我，实现了跨越式的大发展，公司由小型供电企业跨入了中型供电企业，朝阳电网由小规模电网跨入了中等规模电网。截至2014年底，公司共有员工4184人，固定资产原值90.78亿元，2014年营业收入51.26亿元，利润总额34.65亿元。公司现管辖220千伏变电站13座，容量4500兆伏安；66千伏变电站118座，容量4681兆伏安；220千伏线路37条，总长1327公里；66千伏线路121条，总长2661公里。

三、服务朝阳全面崛起的先行者

为了更好地服务朝阳地区经济和社会发展，朝阳供电公司积极对接朝阳总体发展规划，始终贯彻落实科学发展观，准确把握电网和企业发展规律，超前谋划，主动作为。近年来，公司有针对性地制订并实施了"十二五"发展规划以及三年滚动发展规划，较好完成了各项目标任务，为公司进一步发展奠定了坚实基础，也为朝阳经济社会全面崛起做出了重要贡献。2012年，公司提前实现了"三年再造一个朝阳电网"的战略目标，很好地服务了突破辽西北战略的顺利实施。

（一）战略分析

"十一五"末期，在"振兴东北老工业基地"、"突破辽西北战略"、"辽宁沿海经济带发展规划"等政策推动下，朝阳迎来了一个新的发展机遇期。2008年11月，为实现辽宁区域经济协调发展，辽宁省和朝阳市政府先后下发了《关于实施突破辽西北战略的若干意见》和《关于贯彻落实省委、省政府突破辽西北战略的实施意见》。两意见指出，辽西北地区（阜新、铁岭、朝阳）是全省区域经济的重要组成部分，突破辽西北战略的总体目标是：三年见成效，五年大变样。同年，朝阳市委、市政府明确提出"奋战三年、再造朝阳"的战略部署。2009年7月，《辽宁沿海经济带发展规划》获得国务院批准。至此，辽宁沿海作为整体开发区域被纳入国家战略。这些政策的出台，为朝阳市的经济社会发展带来了新的机遇。

此时，正值朝阳供电公司制订"十二五"发展规划之时。突破辽西北战略确定以后，朝阳供电公司立即组织开展调研和预测。伴随着省政府突破辽西北战略的全面实施，朝阳市委、市政府大力开展"产业集群化"建设，鞍凌钢的投运，各县区工业园区的不断建设，燕山湖电厂的建成投运，必将带动朝阳地区用电需求的大幅增长，同时也将对供电服务提出新的挑战。为此，公司的"十二五"发展规划，必须全面融入并适度超前于朝阳地区的发展规划。

在剖析外部环境的基础上，朝阳供电公司对自身发展状况进行了客观分析。一是公司具备加快发展的优势和潜力。公司通过多年的努力，实现了电网发展的历史性跨越，企业管理能力也得到明显提升，综合实力正在逐步增强，为公司的持续发展奠定了坚实的基础。公司内部形成了自强不息、追求卓越的共同信念，艰苦奋斗、苦干实干的务实作风，勇于突破、敢为人先的创新品质，以人为本、诚信和谐的文化氛围。这些是企业宝贵的精神财富，是实现跨越发展的力量源泉。二是公司需要进一步提升运营和管理能力。虽然经过近几年的电网建设和改造，朝阳电网有了较大改善，但与省内其他地区相比，在设备装备水平、网架布局合理性等方面仍存在诸多不足。随着电网规模的不断扩大，高技术含量设备的不断增加，对公司的安全管理水平和人员综合素质提出了更高的要求。

综合内外部分析，"十二五"时期将成为公司加快发展的机遇期、战略调控的提升期、企业管理的转型期。遵循"经济发展，电力先行"的客观规律，朝阳供电公司积极与相关政府部门进行沟通，将公司发展规划与地区发展规划紧密结合，本着加快电网发展、提升企业软实力的战略目标，最终形成了公司的"十二五"发展规划。面对未来五年重要的战略发展机遇期，力争把公司打造成为辽宁省范围内电网坚强、资产优良、业绩优秀、管理优异的供电企业。

（二）战略规划

1. 战略目标

"十二五"期间，公司发展的战略目标是：利用三年时间完成"12310"工作计划，再利用两年时间实现更大的突破。

（1）"12310"工作计划。朝阳供电公司将自身发展与朝阳经济社会发展进行对接，以经济、社会、环境综合价值创造为目标，制定了供电"12310"工作计划，全力支持朝阳市实现跨越发展，如表2-1所示。

①售电量超过100亿千瓦时。

②向连续安全生产2000天的目标迈进。

③全口径电网建设投资30亿元以上。基本建成以500千伏为主导，220千伏为支撑的智能型电网；基本实现220千伏及以上变电容量翻一

表2-1　2011~2013年朝阳供电公司"12310"战略目标

战略目标	考核指标	战略意义	具体内涵
"1"	售电量超过100亿千瓦时	支持朝阳地区共享发展	以提高公共服务水平，实现城乡用电高品质服务，推动全市国民经济快速增长，实现地区生产总值年均增长17%以上，人均生产总值超过5万元的目标。预计人均用电量增加910千瓦时，三年累计可增加产值187亿元

战略目标	考核指标	战略意义	具体内涵
"2"	实现安全生产2000天	支持朝阳地区协调发展	以供电安全保障公共安全、经济安全和社会安全，随着电网安全管理水平和公共服务水平的不断提高，朝阳地区供电可靠性和电能质量也将得到明显提高，客户不仅可以更加安心、舒适地用电，同时，客户年平均停电时间也将得到进一步缩短，可创造地区生产总值8260余万元，让广大人民群众切实享受到电网安全稳定运行带来的经济成果
"3"	全口径电网建设投资30亿元以上	支持朝阳地区快速发展	形成朝阳地区东、西部协调、统一的供电网络，重点保障凌钢、鞍凌钢、朝阳县三大有色金属冶金聚集区的用电需要，推动朝阳成为全国重要的精品钢材和有色金属生产基地，冶金业产值实现1000亿元；加强汽车及汽车零部件生产基地、建材机械装备生产基地这两大基地的供电保障，推动全市装备制造业的全面振兴，装备制造业产值实现800亿元
"1"	供电同业对标在辽西北区域争取先进	支持朝阳地区跨越发展	全面实施"三先一进"发展规划，加速推进"三年再造朝阳电网"计划，努力实现公司、电网跨越发展，使全市供电综合管理及绩效水平在辽西北领先，助力朝阳实现突破辽西北战略"五年大变样"的目标
"0"	影响和损害企业形象的供电安全事故、服务事件为零	支持朝阳地区绿色发展	以零目标维护企业和社会稳定，以电网和公司的和谐发展支持社会管理创新和环境建设，促进新能源应用。"十二五"期间，建设智能电网，适应风电、光电等新型能源的接入需要，加快推进充电站、充电桩建设，预计减少二氧化硫排放1949吨，减少二氧化碳排放74000吨。做优秀企业公民，积极沟通好与利益相关方的关系，实现经济、社会和环境综合价值最大化

番，满足 N-1 运行方式要求，变电站分布率、设备容载比、配网互联率达到全省平均水平。

④同业对标综合排序在辽西北区域争取第 1 名。

⑤影响和损害企业形象的安全事故、服务事件、涉稳和违纪事件为零。

（2）五年奋斗目标。

①售电量突破 125 亿千瓦时。

②向连续安全生产 2500 天的目标迈进。

③五年全口径电网建设投资突破 55 亿元，新增 500 千伏变电站 1 座、220 千伏变电站 6 座，形成以利州、燕南 500 千伏主网架结构为支撑，优化的 220 千伏、66 千伏配电网为基础，加强通信信息平台建设，完善电网智能控制手段，把朝阳电网打造成更为坚强的智能电网。

④同业对标实现新突破，全省综合排名进入第6名，跨入全省B段行列。

⑤影响和损害企业形象的安全事故、服务事件、涉稳和违纪事件为零。争创全国五一劳动奖状、省公司经营管理先进单位。

2. 战略重点

一是电网坚强。"十二五"期间将是朝阳500千伏、220千伏、66千伏区域电网发展完善的重要历史时期，将完成朝阳地区第二座500千伏变电站（利州变）建设，加快地区220千伏变电站规划布点，逐步形成以燕南、利州500千伏主干网为主要供电电源，220千伏电网分层分区的主网架结构，逐步形成环形供电的220千伏网络，形成具有一定互带能力的中压配电网络，构建各级电网具有充足供电能力的区域供电体系，建成更为坚强的智能朝阳电网。

二是管理创新。深入落实"三集五大"工作要求，建立健全决策、管理、监督考核的工作机制，形成完善的绩效考评体系、高效的同业对标体系、统一的信息支持体系、全面的风险预控体系。在生产营销专业化管理、城乡供电一体化服务、企业运营集约化发展等方面，积极探索争先。

三是业绩优秀。实现安全、质量、效益协同进步，三个建设水平稳步提升，实现电网安全、员工平安、企业和谐、品牌服务，做到队伍素质高、资产质效优、社会形象好；力争荣获全国五一劳动奖状、省公司经营管理先进单位。

四是区域排头。同业对标省内逐年进位，综合位次由C段升入B段，并始终保持在辽西站排头。2015年，力争A、B两段指标达到80%以上，消灭E段指标，有5项管理指标成为全省标杆。

（三）战略实施

朝阳供电公司多措并举，为实现"十二五"发展战略目标而努力。在战略实施过程中，公司不仅着眼于自身发展，更加注重与朝阳地区经济和社会发展规划的对接，全力服务朝阳全面崛起，如图2-3所示。公司坚持快速发展、协调发展、共享发展、绿色发展的基本原则，促进朝阳地区实现经济社会发展"六大跨越"，即总体经济实力明显攀升、经济发展方式明显转变、群众生活水平明显提高、地区发展能力明显增强、各项社会建设明显进步、美丽城市形象明显提升，携手打造生态朝阳、信用朝阳、文化朝阳、幸福朝阳。

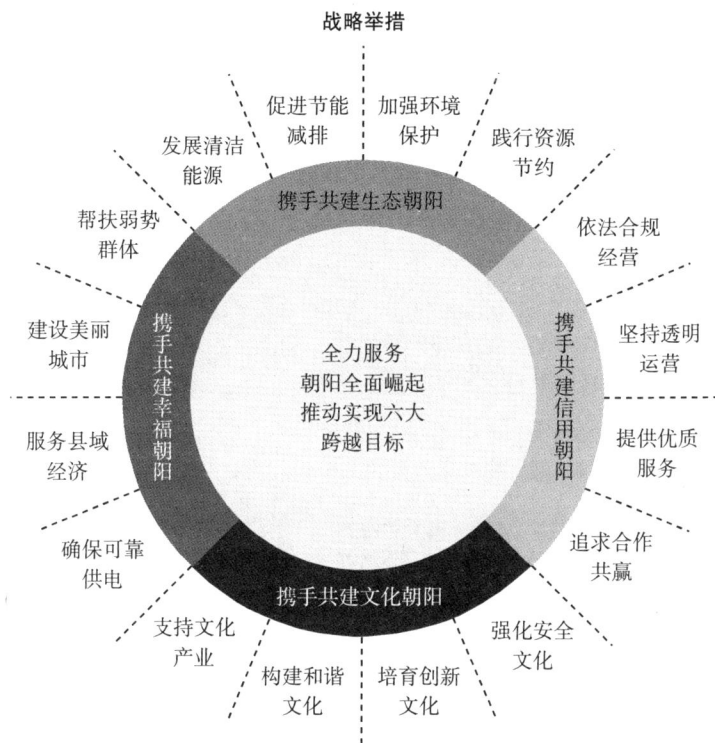

图 2-3 朝阳供电公司服务朝阳全面崛起战略举措

朝阳供电公司全力服务朝阳全面崛起，超前完成电网规划，加快电网建设进度，并积极推进智能电网建设，及时完成重点工程电力设施配套建设，全力满足经济快速发展的电力需求。同时，公司从建设"四个朝阳"入手，分别采取了相应的战略行动，起到了很好的示范和表率作用，如表2-2 所示。在建设生态朝阳方面，公司结合区域特点和网架结构，制定《朝阳电网风电接网规划》，加强电网线损管理，采用绿色施工工艺，减少电网建设和运行中对环境的扰动；在建设信用朝阳方面，公司坚持依法、合规、透明运营，开展依法治企综合专项检查，实施检企共建，构建"四网"社会监督体系，为客户提供优质、高效的供电服务；在建设文化朝阳方面，公司不断强化安全文化，创新政企联动、电企联动保供电机制，定期开展设备安全隐患排查，同时大力倡导创新文化，加强科技创新活动，全面提升信息化水平，并率先探索弃管小区公共设施维护机制，保障社会和谐；在建设幸福朝阳方面，公司加快推进农网改造升级，健全应急管理体系，对接县域经济发展，重点为各县产业集群和主导产业提供电力支撑，主动服务朝阳市政工程建设，并通过定点扶贫、志愿者活动，帮扶弱势群体。

表 2-2　朝阳供电公司服务朝阳全面崛起重点行动

行动目标	重点行动	行动内容	具体案例
服务朝阳全面崛起	加快电网建设	分析社会用电需求，超前完成电网规划 加快电网建设进度，适应经济发展速度 优化电网框架结构，提升电网供电能力 加强多方沟通合作，优化电建设环境	2012年11月28日，国内首座高度集成的智能化变电站——朝阳220千伏何家智能变电站成功投运
	配套重点工程	服务工业五项工程，提升工业化水平 服务设施农业工程，推动农业现代化 服务产业园区建设，促进服务业多元化 服务朝阳新城建设，加速城镇化进程 服务基础设施建设，打造现代宜居城市	积极实施变电站增容工程，提高对大型支柱企业的供电可靠性，全力支持鞍凌钢集团和凌钢集团顺利完成扩建 截至2012年底，累计投资2.64亿元，为设施农业小区配电2495处，为106.7万亩大棚提供了电力支持，使棚户工作效率比原来提高了4倍
服务生态朝阳建设	发展清洁能源	制定风电接网规划 加强调度运行管理 开展相关技术研究 带动电动汽车发展 优化能源消费结构	结合朝阳市地域风电资源分布、电网网架结构、未来负荷发展等综合因素，以结合风电联网建设、同步优化地区电网网架为原则，制定《朝阳电网风电接网规划》
	促进节能减排	加强电网线损管理 积极促进风电并网 加强客户节能管理	"十二五"期间，加大技术降损改造项目投入，总投资达到1.61亿元；计划实现39家风电厂并网，累计风电并网电量达到60.88亿千瓦时；预计可节约电量共计63.96亿千瓦时，支撑朝阳单位GDP能耗降低20%
	加强环境保护	制定电网规划前进行文物和化石勘探 景观设计考虑城市绿化和市容美化需要 建设施工过程中采用绿色施工工艺 尽量减少电网运行造成的环境扰动 实施环境监理机制，修订制度和标准 投身蓝天工程、碧水工程、青山工程	在建设施工过程中，采用绿色施工工艺，在铁塔基础建设中，采用基础掏挖技术，尽量减少基础附近地表环境的破坏 在线路挂线过程中，需要跨越民房和蔬菜大棚时，采用高成本的滑翔伞牵引技术，避免对民房和蔬菜大棚造成破坏
	践行资源节约	全面实施"优化、美化、简化"的设计思路，减少土地占用，减少民房设施跨越，降低电力设施拆迁、转移频率 投身辽宁省千万亩节水滴灌工程，做好电力配套设施建设，促进水资源节约利用 推行绿色办公和绿色生活，向居民倡导资源节约理念，努力构建资源节约型社会	采用高可靠性、小型化和节能型设备，建设与环境相协调的节约型变电站，尽量少占用土地 采用同杆并架双回线路，并采用大截面导线，提高单回线路的输送能力，尽量节约线路走廊，少占土地 推行通用设计、通用设备，推广应用高强钢，减少钢材消耗6%~8%

行动目标	重点行动	行动内容	具体案例
服务信用朝阳建设	依法合规经营	开展依法治企综合专项检查，制定整改方案，限期完成整改，有效防范经营风险 增强法律意识，强化合同管理，有效防范法律风险和合同风险 构建业务部门、风险管理部门和内部审计机构三道防线，不断完善风险管理体系	实施检企共建，预防职务犯罪，与朝阳市检察院共同搭建预防职务犯罪教育平台，共同开展预防职务犯罪宣传教育和咨询，协同开展职务犯罪案件查防等，有效提升公司干部员工的廉洁从业意识和遵纪守法意识
	坚持透明运营	坚持开放、透明运营，及时披露信息 构建"四网"监督体系，聘请观察评议员，主动接受社会监督 实施厂务公开，落实维权机制，主动接受民主监督	制定《行风建设社会监督管理办法》、《行风监督网络管理办法》和《社会责任观察评议工作制度》。聘请观察评议员共计52名，其中政情网19名、舆情网15名、企情网14名、社情网4名。每月定期邮寄简报和内刊，定期召开座谈会，不定期开展明察暗访
	提供优质服务	提供普遍供电服务，基本实现朝阳地区"户户通电" 提供满意供电服务，实现供电服务承诺兑现率100%，力争客户满意度达99.9%以上 提供高效供电服务，提高业扩报装效率，缩短故障抢修时间 提供便捷供电服务，加快营业厅建设改造，提供15种电费缴纳方式，打造城区"十分钟缴费圈"，实现农村缴费"村村设点"	2012年11月10日，朝阳地区遭受30年一遇的暴风雪袭击。95598远程工作站在第一时间启动应急预案，实施全座席运转，确保热线人工接听的畅通。11月10日17时至11月13日17时，95598热线话务总量为4041个，人工受理报修电话2775个，实现供电服务"零投诉" 公司全省首家在农业银行开立了集团电费账户，实现集团三级账户归集电费资金业务，并拓展利用农行惠农卡与转账电话缴费业务，方便了广大农村居民缴纳电费
	追求合作共赢	积极与科研机构、施工单位、供应商、政府部门、发电企业和用电企业等合作伙伴进行沟通，明确共同利益诉求 尊重伙伴合法权益，共同开展价值创造活动，实现合作共赢	与政府建立三级对接工作机制和定期汇报机制，保证双方顺畅沟通；签订政企合作协议和责任状，共同解决施工受阻难题；定期召开电网建设推进会，当好政府决策的参谋和助手 主动走访用电企业，了解用电需求；建立企业客户分类档案，提供定制化服务；制定科学供用电方案，为企业提供节能服务；共同开展用电安全隐患排查，确保企业用电安全
服务文化朝阳建设	强化安全文化	强化队伍资质审查和现场安全管理，严格工程项目标准化建设，确保人身安全 创新政企联动、电企联动供保电机制，加强电网运行风险预警，确保电网安全 定期开展设备安全隐患排查，严厉打击电力设施破坏行为，确保设备安全 组织开展应急预案演练和用电安全宣传活动，确保用电安全	以电力设施安全隐患专项整治行动为契机，推动政府成立了由主管副市长任组长的电力设施保护领导小组，成员包括朝阳供电公司、消防局、林业局在内的15家部门、单位的负责人，建立市、县、乡三级电力设施保护工作领导机构，对社会各界在电力设施保护工作中的责任内容进行了明确，形成了强化政府参与的电力设施安全隐患整改流程

行动目标	重点行动	行动内容	具体案例
服务文化朝阳建设	培育创新文化	加大科技创新投入，加强科技创新活动全面提升信息化水平，全面提升公司生产运行、经营管理和决策分析能力	公司围绕电网安全运行、智能电网建设等关键领域，积极开展科技攻关，马山、何家220千伏变电站相继投产，显著提升了朝阳电网的供电可靠性
	构建和谐文化	探索弃管小区公共设施维护机制，化解社会矛盾创新阶梯电价政策特色宣传方式，形成社会共识普及智能电表科学使用知识，避免供用电矛盾	针对弃管小区公共设施维护难题，主动开展调研，向政府部门建言献策，带动市纠风办、新闻媒体、社区代表、人大代表等利益相关方共同参与，以喀左供电分公司作为首家试点单位，初步探索出"政府补偿、房产牵头、社区主导、供电配合"的实施机制，成功解决了东晟豪庭小区电力设施维护问题
	支持文化产业	大力支持文化旅游产业发展，提供坚强电力保障和优质供电服务	弘扬朝阳古生物化石文化、牛河梁红山文化、佛教文化、三燕文化"四大精品历史文化"，助力旅游基础设施建设、旅游景点开发以及相关文化产业发展
服务幸福朝阳建设	确保可靠供电	加快推进农网改造升级，进一步提高农村地区的供电可靠性和电能质量健全应急管理体系，完善应急管理机制，全面提高电网应急能力和水平推进状态检修，实施带电作业，减少停电检修工作时间和非计划停电时间	多年来，朝阳市北票市桃花吐镇上桃村280户村民一直被低电压问题困扰。2012年，朝阳供电公司为上桃村配电台区投资13万元，彻底改造了该村供电设施。改造后的上桃村用电量增长了近1倍，村民使用家用电器再也不用发愁了，部分村民还添置了脱粒机、饲料粉碎机，生活品质、生产效率得到大幅提升
	服务县域经济	组织基层供电企业深度对接县域经济发展，重点为各县产业集群和主导产业提供电力支撑，打造适应中小城市、小城镇协调发展的供电服务新模式	以凌源市为例，重点服务钢铁精深加工、汽车装备制造、新型建材产业集群建设，打造全国最大石材产业集群、东北最大珍珠岩深加工集聚区、高端特种玻璃生产基地。"十二五"期间，拟新建66千伏变电站4座；扩建66千伏变电站8座；新增变电容量306.7兆伏安，年均增长11.65%
	建设美丽城市	主动服务朝阳市政工程建设，配合道路拓宽改造、美化城市市容、朝阳新城及县城建设、"十二运"场馆建设等工程，积极争取资金，确保电力先行，全力保证配套电力工程如期完成	为了保证"十二运"朝阳分赛区朝阳体育馆的供电可靠性，朝阳供电公司积极向省公司争取资金，新建66千伏麒麟变电站，为朝阳体育馆提供第二电源。同时，对朝阳体育馆供电设备提前进行全面"体检"，以确保"十二运"场馆供电设备安全可靠运行

行动目标	重点行动	行动内容	具体案例
服务幸福朝阳建设	帮扶弱势群体	同步开展配电网建设，高质量完成保障性安居工程的电力配套任务 切实做好定点扶贫工作，计划投入扶贫资金75万元，预计受益人口达到8000多人 成立共产党员服务队和青年志愿者服务队，组织全公司员工开展志愿者活动	组织公司员工走进社区、学校、医院、敬老院等场所，为弱势群体送去生活物资和亲切关怀，并检查用电设施。"十二五"期间，计划组织大规模员工志愿者活动40次，参与人数达到30000人次

（四）战略评估

"十二五"时期，在"振兴东北老工业基地"、"突破辽西北战略"、"辽宁沿海经济带发展规划"等政策推动下，朝阳市迈入了"跨越式"发展的新阶段。受益于国家和地区多项重大政策机遇，朝阳市经济社会发展速度明显加快，直接导致当地电力需求和用电负荷大幅上升。一家又一家大企业的入驻，一个又一个工业园区的兴起，以及一座又一座新城区的建设，都离不开安全、可靠的电力供应。在此背景下，配合振兴东北老工业基地建设、环渤海经济圈建设、朝阳全面崛起等一系列区域发展战略部署，朝阳供电公司启动实施了"十二五"发展战略规划。公司坚持"经济发展，电力先行"的适度超前建设理念，加大电网建设投资力度，加快建设更加坚强的朝阳电网，让市民用上更优质的放心电，让工厂用上更高效的安心电。

在"十二五"前期，朝阳供电公司对接朝阳市"奋战三年、再造朝阳"的战略目标，配套实施了"三年再造一个朝阳电网"的战略行动。2012年5月30日，220千伏马山变电站新建工程送电成功，这是朝阳供电公司"三年再造一个朝阳电网"的重点工程，也是辽宁省范围内唯一一座国网公司首批试点的220千伏智能变电站，标志着"三年再造一个朝阳电网"取得了重要的阶段性成果。2010~2012年，朝阳电网建设投资工程量及投资额均排在全省前列，共争取电网建设投资36.88亿元，实际完成35亿元，新建220千伏变电站5座，实现220千伏及以上电网变电容量翻一番，供电能力提高近1倍，逐步实现了从小规模电网向中等规模电网的转变，供电可靠率、电压合格率和电能质量均有实质性提升，基本形成较为坚强的智能朝阳电网，为全市经济社会发展提供了坚强的电力保障。

2013 年 10 月，辽宁省委、省政府又出台了《关于深入实施突破辽西北战略的若干意见》（辽委发〔2013〕19 号），旨在解决经济基础薄弱、内生动力不足等问题，促进辽西北地区经济社会健康快速发展。相应地，朝阳供电公司在新一轮三年滚动发展规划中提出，利用 2014~2016 年的三年时间，力争实现"38160"发展目标，[①] 全面提升公司安全水平、服务质量、管理效率和运营效益。当前，进入"十二五"的收官之年，朝阳供电公司主要经济指标实现较大幅度的提升，电网建设规模不断扩大，电网网架结构更趋合理，尤其是智能电网建设保持国内领先水平，供电服务质量进一步提升，得到了当地客户的普遍认可。朝阳市"十二五"发展战略规划目标的顺利实现，离不开朝阳供电公司的全力支持和优质服务。

即将进入"十三五"时期，我国政府正在制定完善《全面振兴东北等老工业基地的若干意见》，东北老工业基地已经进入第二个十年振兴阶段。近年来，东北地区经济增速出现较大放缓迹象，经济下行压力持续加大，引起社会各界广泛关注。经济新常态下，有利于东北经济转型升级的各种积极因素在加速形成，新的增长动力正在积聚，经济发展前景依然光明。对于朝阳市乃至辽宁省而言，这都意味着新一轮振兴和崛起的重要机遇期。朝阳供电公司将一如既往地支持朝阳地区发展，力争到 2020 年，公司的整体实力得到明显提升，基本建成坚强智能的朝阳电网，更好地满足朝阳经济社会发展的用电需求，为实现朝阳全面崛起的最终目标提供有力支撑，为振兴东北老工业基地做出重要贡献。

四、支撑国网战略落地的表率者

作为国网战略管理体系中的地市级执行者，朝阳供电公司始终遵循国网公司的统一战略方针，认真贯彻执行国网公司和省公司的各项战略部署。公司在完成上级下达任务的基础上，以创新的思维不断探索和实践，在一些领域成为了国网系统的标杆和表率。近年来，在国网公司创建"两个一流"的宏伟目标指引下，朝阳供电公司立足自身发展实际情况，深入贯彻落实"三集五大"体系建设，使公司综合管理能力和管理效率实现大

---

① "38160"发展目标的内容包括：向连续安全生产 3000 天的目标迈进；售电量年均增长速度保持在 8% 以上；固定资产原值突破 100 亿元，全口径电网投资 20 亿元以上；同业对标综合排名进入全省前 6 名，管理对标进入全省前 5 名，业绩对标进入全省前 7 名，9 个专业争取获得标杆称号；影响和损害企业形象的事件为零。

幅提升。目前，公司各项管理工作更加标准化、规范化、高效化，正朝着一流企业的目标持续迈进。

（一）战略分析

"十二五"期间，是朝阳供电公司加快发展、提升实力的关键时期。国网公司确立了"加快建设坚强智能电网、加快构建'三集五大'管理体系、全面提升队伍素质和企业素质"的重要部署，明确了"建设'一强三优'现代公司，初步建成世界一流电网、国际一流企业"的宏伟目标，并以此作为全网的统一目标和共同任务。这为朝阳供电公司的发展指明了方向、明确了定位。加快构建并逐步完善"三集五大"管理体系，成为公司在"十二五"时期的重要任务，也是提升公司综合管理能力和员工队伍素质的良好契机。

"十一五"末期，从公司自身情况来看，仍然存在一些管理上的困境。一是人才"瓶颈"制约明显。公司用工特点是总量超员与结构性缺员并存、总体年龄比例偏大与高技能人才比例偏低并存，突出反映在人才当量密度指标在省公司内排名靠后。究其原因，主要是人才结构不合理，高素质人才比例较低。随着智能化电网的不断深入，对高端电网管理人才、具有创新精神的专业技术人才和高水平的生产技能人才的需求日益迫切，人才"瓶颈"问题日益突出。二是企业管理水平有待提升。2010 年，省公司同业对标参评指标 81 个，公司 A、B 段指标所占比例为 67.9%，其中有 48% 的指标是并列第一，D、E 两段指标所占比例为 27.2%。与 2009 年同期指标完成情况比较，A、B 段指标提高了 10.1%，D、E 段指标所占比例降低了 11.8%，有 18 个指标不同程度有所进步，有 5 个指标出现退步。由此可见，公司各项管理能力发展不够均衡，在个别领域还有较大的提升空间。

实施"三集五大"体系建设，对公司发展而言具有相当重要的战略意义，是朝阳供电公司实现"三先一进"总体目标的有力保障。朝阳供电公司必将认真贯彻落实"五大"体系建设要求，以"五大"体系建设为平台和载体，加强基础管理，优化组织架构，梳理固化"五大"业务流程，完善标准体系，提高工作效率，提升管理水平，实现朝阳供电公司"区域领先、省内争先、行业创先、管理进位"的工作目标。

（二）战略规划

国网公司于 2010 年底确定了"五大"体系建设总体框架方案，2011 年在江苏、重庆公司试点成功，2012 年在包括辽宁公司在内的 15 家省公司实施第一批推广。为全面推进"三集五大"体系建设，实现建设"一强三优"现代公司的战略目标，根据辽宁省电力有限公司"三集五大"体系建设的要求，朝阳供电公司结合自身实际情况，制定了公司"三集五大"体系建设操作方案。

1. 指导思想

以科学发展观为指导，围绕建设"一强三优"现代公司战略目标，按照国网公司总体部署，建设"大规划、大建设、大运行、大检修、大营销"体系，实现公司运营的集约化、扁平化、专业化管理，做优市公司、做细县公司，全面提高公司管理效率、经济效益和服务水平。

2. 基本原则

按照国网公司要求，总体设计、效率优先、安全稳定、与时俱进，以提高企业发展质量和效率作为改革出发点与落脚点，按照改革方案，兼顾地域差异，制定实施方案，优化设计，有序推进，持续完善，防范和化解风险，确保电网安全和队伍稳定。

3. 战略目标

按照国网公司的要求，"十二五"期间，变革组织架构，创新管理模式、优化业务流程，整合"五大"业务模式，统筹公司内部资源，有效利用社会资源，加强本部管控能力，压缩管理层级，缩短管理链条，建立纵向贯通、横向协同、权责清晰、流程顺畅、管理高效的"三集五大"体系，大幅度提高公司管理水平和运营效率。

4. 主要任务

"大规划"体系建设的主要任务是：变革组织架构、创新管理模式、优化业务流程，实施分级管理，构建包含各专业、贯穿各层级、覆盖全经营区域、内容完整、机构健全、职责明确、流程顺畅、标准统一、信息全面、集约高效的大规划体系，形成统一规划、分级管理、统一归口、专业协同的管理模式。实现"三强化、三提升、四个一"的目标。①

"大建设"体系建设的主要任务是：构建适应坚强智能电网建设要求的大建设体系，提高电网建设安全质量和工艺水平，提升建设管理效率与效益。明确建设职能管理、工程项目管理、参建队伍管理定位，压缩管理层级，优化机构设置，实现建设管理组织架构的扁平化。明晰职责界面，优化管理流程，健全技术规范和建设标准，建立集中管理操作平台，强化建设关键环节的集约化管控，全面提高工程建设质量与工艺水平，提升电网建设管理的效率与效益。加强建设职能管理和工程项目管理，强化技术支撑队伍和参建队伍管理，加强公司建设队伍管理，提升公司电网建设整体能力。

"大运行"体系建设的主要任务是：优化整合公司电网调度和设备运行资源，推进输变电设备运行与省、地、县三级电网调度业务的高度融合，开展变电设备运行集中监控、输变电设备状态在线监测与分析业务，实现"调控一体化"。优化调度功能结构，推进省、地、县三级电网调度业务转型，实施"标准化、一体化建设，精益化、集约化管理"，全面构建集中统一、权责明晰、工作协同、规范高效的辽宁电网"大运行"体系，保障辽宁电网安全、经济、优质、高效运行。

"大检修"体系建设的主要任务是：统筹公司人力、技术、装备资源，有效利用社会资源，实施检修专业化和运维一体化，全面深化状态检修，建立按电压等级由各级检修公司（工区）承担电网设备运维检修任务的生产体系，实现资源集约化、组织扁平化、业务专业化、管理精益化，显著提升劳动生产效率和经济效益，有效提高供电可靠性。

"大营销"体系建设的主要任务是：为适应营销发展新形势，按照"变革组织架构、创新管理方式、优化业务流程"的要求，进一步压缩市、县营销管理层级，实现营销机构扁平化；按照细分客户群体设计营销组织机构和业务流程，实施差异化服务，实现由"业务导向"向"客户导向"转变；实现营销关键业务在线监控，提升营销工作质量和客户服务响应速度。建成"客户导向型、机构扁平化、业务集约化、管理专业化、管控实时化、服务协同化"的"一型五化"大营销体系。

---

① "三强化"：强化规划统筹，强化计划管控，强化技术支撑；"三提升"：提升发展质量，提升管理效率，提升综合效益；"四个一"：规划一个本，计划一条线，管理一个口，信息一平台。

在全面推进"五大"体系建设的同时，继续深化"人财物"集约化管理，协同"三集五大"整体建设，使其他业务与之有机衔接，不断提高公司电网运行和经济运营水平和效率。

深化人力资源集约化管理的主要任务是：以公司人力资源"十二五"规划为指导，以"统筹规划、协调推进"为原则，以"五大体系"建设为导向，以体制机制创新为主线，以"三定"（定编、定员、定岗）、"三考"（考勤、考绩、考试）为总抓手，以高端人才培养、构建人才发展通道和优化人力资源配置为重点，以激励约束为保障，以信息系统为技术支撑，完善人力资源管理机制，构建高效的人力资源集约化管控模式，开创统一规范、管控有效、支撑有力的人力资源管理新局面，促进公司健康快速发展。

深化财务集约化管理的主要任务是：以科学发展观为指导，按照"深化应用、提升功能、实时管控、精益高效"的目标要求，推进财务集约化管理体系的深入应用和常态运行，以标准化、信息化为基础手段，推动财务管理职能转变，促进财务与业务高度协同，创新财务管理机制，优化公司资源配置，强化财务风险管控，为高质、高效完成"五大"体系建设提供坚强有力的资金支持与财务保障。

深化物资集约化管理的主要任务是：以打造与"一强三优"现代公司相匹配的物资供应链管理体系为目标，以全力保障公司"五大"体系建设为重点，以持续深化"三个机制"（集中采购机制、供应保障机制、质量管控机制）为主线，以着力提升"四种能力"（需求掌控能力、集中采购能力、质量管控能力和供应保障能力）为手段，进一步解放思想，转变观念，全面提升物资集约化管理水平，为公司改革和发展提供坚强的物资保障。

（三）战略实施

1. 科学有序推进

（1）健全组织，落实责任。公司成立了以总经理和党委书记为组长的"三集五大"体系建设领导小组，领导小组下设综合协调办公室，同时，按职责设立了5个专业组和11个保障组，明确了职责，细化了分工，为"三集五大"体系建设提供了组织保障。

（2）全员培训，营造氛围。充分利用内部刊物、讲座、网站等形式宣传和学习"五大"体系建设相关知识，及时发布"五大"体系建设的进展情况，营造和谐的氛围。公司共组织培训28期、参与3222人次，发放宣传手册 2000 份。同时，组织问卷调查 2625 人，编制"三集五大"体系建设周报 23 期，培训宣贯达到了全员全覆盖。

（3）深入调研，完善方案。公司各有关部门按照省公司专业部门的指导方案，对公司现有设备、定员、岗位等情况进行了细致的调查和研究。公司"五大"体系建设领导小组连续 8 次组织召开"五大"体系建设座谈会和专题会，对"五大"体系建设方案中存在的有关问题进行了深入研讨。在此基础上，认真做好实施方案的编写，共编制 7 个实施方案和 11 个配套保障方案，以文件形式上报省公司并迅速获得了批复。

（4）规范操作，平稳过渡。公司严格按照省公司对"三集五大"体系建设实施方案的批复意见，规范操作，平稳过渡。自 2012 年 6 月 11 日开始，公司下发了机构设置调整文件，按新机构设置，调整配备了公司中层干部；通过竞聘上岗、内部调整等方式，完成了机关一般管理岗和其他生产单位各岗位的招聘与调整工作。2012 年 6 月 20 日，所有调整人员全部到岗到位，"三集五大"体系建设进入新模式导入阶段。

（5）先立后破，快速导入。公司对照"三集五大"新体制和新模式，对规章制度、职责界面、业务流程进行全面梳理，完成新立、修订、废止的各类规章制度共计 328 项。其中，新立 94 项，修订 136 项，废止 85 项，保留 13 项；梳理工作职责界面 310 条，业务流程 948 项；梳理工作标准、管理标准、技术标准名录 6247 条。同时，完成了 ERP、PMIS 等信息业务应用系统的数据适应性调整和导入工作，共计调整业务流程 95 个、组织机构 168 项、角色权限 714 个、系统功能 315 项、业务数据 12.6 万条，实现了新模式快速导入运行。

（6）多措并举，有效保障。公司制定各项保障措施，明确分工，落实责任，确保各环节紧密衔接。共调整办公场所 165 个，涉及 356 人，调整面积 5706 平方米。根据新的岗位职责，及时修订了各层级安全生产职责规范，与 18 个部门单位签订了安全生产责任状。加强内部审计监督和风险控制，对成建制划转单位资产进行财务监交，确保资产、资金安全。建立健全督导检查机制，对"三集五大"体系建设情况进行督导检查。及时了解和掌握员工思想动态，通过问卷调查，员工满意度达 92.9%。

（7）深化"三集"，提升管理。公司制定了人、财、物集约化管理实施方案。在人力资源集约化管理方面，制定并下发了考试、考勤、考绩方案，完成了"三定"、"三考"工作。在财务集约化管理方面，下发了

《"五大"体系建设期间财务工作相关要求》的通知，全面完成"五大"资产调拨工作，顺利完成了电费集团账户归集电费资金核算工作，电费资金账户由原来的 121 个下降到 47 个；完成营财电价管控系统集成，实现了集成实收电费业务、集成电费发行业务、集成对账业务。在物资集约化管理方面，实现了电子商务平台、ERP、物资辅助系统、经法系统等多个信息化手段的全面支撑。

（8）磨合整改，完善提高。公司结合"三集五大"体系建设进展情况，按照省公司验收标准和评价考核实施细则进行了自检自评，首次自检自评共查出办公场所调整不到位、支撑资料不完善等问题 88 项。在省公司督导组的督导和各专业部门的指导下，经过磨合整改，完善提高，验收前自评达到 99.26 分，达到了"高标准通过验收"水平。

2. 社会责任融入

2012 年 5 月，朝阳供电公司由省级全面社会责任管理试点单位升级为国网公司试点单位，恰逢"三集五大"体系建设全面实施。朝阳供电公司紧抓管理试点和体制创新的双重机遇，探索将社会责任理念全面融入"五大"体系建设之中，实现了机制优化、管理转型、品牌提升，走出了一条责任与管理融合、品质与价值契合、执行与创新结合的管理创新之路。

朝阳供电公司提炼社会责任核心理念和要求，使其全面融入企业愿景、核心价值观、发展战略与企业运营全过程，从而实现经济、社会、环境综合价值创造，如图 2-4 所示。

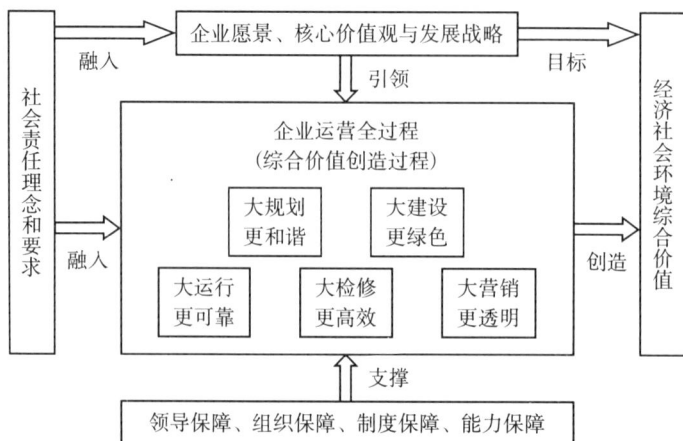

图 2-4 社会责任融入"五大"体系综合价值创造模型

3. 全面保障体系

公司以科学的管理体系保障"三集五大"战略的顺利实施，主要包括完善的绩效考评体系、高效的同业对标体系、统一的信息支持体系、全面的风险防范体系。其中，绩效考核是核心，同业对标是动力，信息支持是手段，风险防范是保障。

（1）绩效考评体系。以绩效考核为抓手，强化考核落实责任。深入研究以业绩和能力为导向的激励约束机制，完善业绩考核指标体系和分级考核体系。分配向关键岗位和一线员工倾斜，激励员工立足岗位成长成才。

（2）同业对标体系。同业对标是促进企业管理提升的重要手段，公司发展和管理的成果，最终体现在各项指标的先进性上。建立内部对标机制，深化对标内涵，开展管理过程对标，抓典型，树标杆，以管理进步带动整体水平提升。

（3）信息支持体系。加快推进企业通信和信息化建设，实现对公司职能战略和各项业务的整体支持，结合智能电网和公司集约化管理的要求，持续提高各个应用系统的综合实用化水平，并建立与信息化相适应的管理机制和运行流程，推进管理创新，实现信息化与公司发展的深度融合。

（4）风险防范体系。坚持依法治企，综合发挥审计、财务、法律、纪检监察等职能部门作用，完善依法决策、依法经营、依法管理、依法办事的制度和机制，建立涵盖公司主要管理专业的风险控制体系，提高防范安全稳定风险、经营风险、法律风险的能力，确保企业规范运营、健康发展。

（四）战略评估

朝阳供电公司高度重视"三集五大"体系建设，严格按照省公司统一部署，科学编制"三集五大"体系建设实施操作方案，统筹协调推进，强化风险防控，初步建立了纵向贯通、横向协同、权责清晰、流程顺畅、管理高效的"三集五大"体系，有效提高了公司管理水平和运营效率。截至2012年底，朝阳供电公司"三集五大"体系建设取得了明显成效，主要表现在以下几个方面：

一是构建了"五大"体系建设新格局。组建了电力经济技术研究所，"大规划"业务支撑更加稳固；集中整合了市、县工程前期和项目前期管理资源，"大建设"职责更加清晰；在全省率先实现调控一体化，优化了地、县（配）两级调度功能结构，"大运行"管理模式更加科学；撤销了双塔、龙城两个城区供电分公司；组建了检修公司，顺利实现了检修专业化和运维一体化的"大检修"格局；重新整合了市客户服务中心，集中管理业扩报装、电费账务和电能计量业务，搭建稽查监控体系，"大营销"业务运作更加高效，初步实现了管理专业化的工作目标。

二是缩短了管理链条，机构人员配置更加优化。"五大"实施后，朝阳供电公司本部职能部门由 14 个精简到 8 个，精简了 43%；二级组织机构由原来的 37 个精简为 19 个，精简了 48.6%。中层干部由原来的 112 人精减到 76 人，精减了 32%，平均年龄下降 0.6 岁；现有全日制专科及以上学历中层干部 53 人，比以前提高了 3.2%。机关本部人员平均年龄下降 2 岁，大专及以上学历比例达 100%。公司一般管理人员由 464 人精减到 260 人，精减了 44%。管理人员队伍更加年轻化、知识化、专业化。

三是"大营销"业务集约化效果明显。朝阳供电公司积极推进业扩报装集约化、客户经理进度跟踪制、绿色通道制，打造"两优一畅"和"阳光业扩"，高压业扩报装接电时间由"五大"前的 51.19 天缩短至"五大"后的 32.95 天，平均接电时间下降率为 35.63%。实现了 139 万客户的电费集中发行、集中核算工作。"大营销"体系运行后首月集中核算发行电量 7.64 亿千瓦时，电费 4.58 亿元，审核业扩工单共计 1.41 万条，整改问题档案 312 件，有效提高了核算发行的正确率，实现电费差错率为零。

四是 95598 协同工作实现提升。"五大"体系建设后，组织架构更加集约化，生产部门统一集中，加上公司建立了有效的营配联络制度，统一管理，岗位职责更加清晰，内外线密切配合，有效缩短了 95598 与各部门的联系时间，提高了工作效率。95598 电话平均接通时间下降 7.6%，人工电话接通率提升 9.12%，故障抢修工单处理平均时长下降 65.6%，电力客户满意度提升率、客户投诉一次解决率、供电服务承诺兑现率均为 100%。

2012 年底，公司按照国网公司统一要求，完成"95598"五项业务上划。次年，完成全部业务上划，由国网公司统一管理。

五是突发事件处置能力大幅提升。"大检修"体系运行后，实现了人、财、物集中管理，输变电专业人员及备品备件由专业工区统一管理，便于人员、材料统筹调配，侧重抢险重点部位，提升了突发事件处置能力和效率。例如，2012 年 8 月 3~4 日为应对 10 号台风"达维"，检修公司迅速召集包括集体企业、社会企业在内的抢险队伍 22 个、人员 1031 人、车辆 132 台，经过 15 小时的连续奋战，设备故障、险情全部处理完毕，电网恢复正常。

六是状态检修管理水平明显提高。强化状态检修管理，建立健全技术标准、管理标准和工作标准，认真开展设备状态信息收集、监测、评价等工作。输变电状态检修水平达到国网公司标准，减少了设备停电次数和时间，设备停运率降低了15.2%，大大提高了供电可靠性。

2013年以来，朝阳供电公司在"三集五大"体系建设取得初步成效的基础上，通过磨合与整改，不断总结经验，实现有效提升。一方面，公司深入开展"三集五大"最佳实践总结、提炼工作，下发了《关于做好"三集五大"最佳实践推广工作的通知》，明确了活动目的、内容、时间及责任分工，制定了最佳实践典型经验和工作动态投稿责任落实表，范围从机关到基层，责任落实到每个部门、每个单位、每个人，实现最佳实践的全面提炼和推广；另一方面，公司认真落实省公司关于加强县公司规范管理的指导意见和市公司相关工作要求，积极推进各专业管理与省、市公司接轨，确保了各项工作无缝衔接。截至2014年底，各县级供电公司"三集五大"体系运转顺畅，成效显著。

展望"十三五"，在国家"一带一路"战略的大背景下，国网公司提出到2025年建成全球能源互联网的宏伟战略。全球能源互联网是基于现代网络产业、控制技术和信息技术，以坚强智能电网为主要载体，由跨洲、跨国骨干网架和各国各电压等级电网构成，连接"一极一道"（北极、赤道）大型能源基地，适应各种集中式、分布式电源，能够将风能、太阳能、海洋能等可再生能源输送到各类客户的，安全性高、可靠性好、配置能力强、绿色低碳的新一代全球能源系统。构建全球能源互联网，对于实施"一带一路"战略，推动能源生产和消费革命，保障国家能源安全，实现中华民族伟大复兴中国梦，具有重大战略意义和现实意义。朝阳供电公司将立足自身战略定位，不断提升运营水平和管理能力，全力支撑全球能源互联网战略的实施，为全球客户提供更清洁、更高效、更安全、可持续的能源供应。

第二节　企业文化

企业文化建设，是公司战略顺利实施的重要保障。只有不断加强企业文化建设，才能为公司可持续发展提供强劲动力，实现基业长青。在国网公司统一价值理念的指引下，朝阳供电公司积极组织丰富多彩的文体活动，不断改善员工福利，帮助员工共同进步。在组织常规的企业文化建设活动基础上，公司还创新开展了"六联六促"、文化养老、一体化健康食堂、"传递信的温暖"等一系列主题活动，取得了良好的效果。公司员工的归属感和凝聚力不断增强，内部环境更加和谐稳定，为公司健康、持续发展奠定了坚实的文化基础。

一、国网统一价值理念

国网公司推行统一的价值理念，就是要坚持以人为本、忠诚企业、奉献社会的企业理念，将公司使命、宗旨、愿景、企业精神和核心价值观贯穿到公司各层级、各单位，形成共同的思想认识和一致的价值取向，如图2-5所示。朝阳供电公司发展战略的制定和执行，都是在这一基本价值理念体系指导下开展的。

（一）公司使命

"奉献清洁能源，建设和谐社会"的企业使命是公司生存发展的根本意义，是公司事业的战略定位，是公司工作的深刻内涵和价值体现。

作为国家能源战略布局的重要组成部分和能源产业链的重要环节，国网公司在中国能源的优化配置中扮演着重要角色。坚强的智能电网不仅是连接电源和客户的电力输送载体，更是具有网络市场功能的能源资源优化配置载体。充分发挥电网功能，保障更安全、更经济、更清洁、可持续的电力供应，促使发展更加健康、社会更加和谐、生活更加美好是国网公司的神圣使命。

（二）公司愿景

"两个一流"的企业愿景是公司的奋斗方向，是国网人的远大理想，是公司一切工作的目标追求。

建设世界一流电网：从中国国情、能源资源状况和电网发展规律的实际出发，坚持以科学发展观为指导，坚持自主创新，赶超世界先进水平，充分利用先进的技术和设备，按照统一规划、统一标准、统一建设的原则，建设以特高压电网为骨干网架，各级电网协调发展，具有信息化、自

使命主张

奉献清洁能源　建设和谐社会

使命内涵

保障更安全、更经济、更清洁、可持续的能源供应
促使发展更加健康、社会更加和谐、生活更加美好

实现使命的路径

建设世界一流电网　建设国际一流企业

公司宗旨
服务党和国家工作
大局、服务电力客户、
服务发电企业、服务经济
社会发展

核心价值观
诚信　责任
创新　奉献

企业精神
努力超越
追求卓越

企业理念
以人为本
忠诚企业
奉献社会

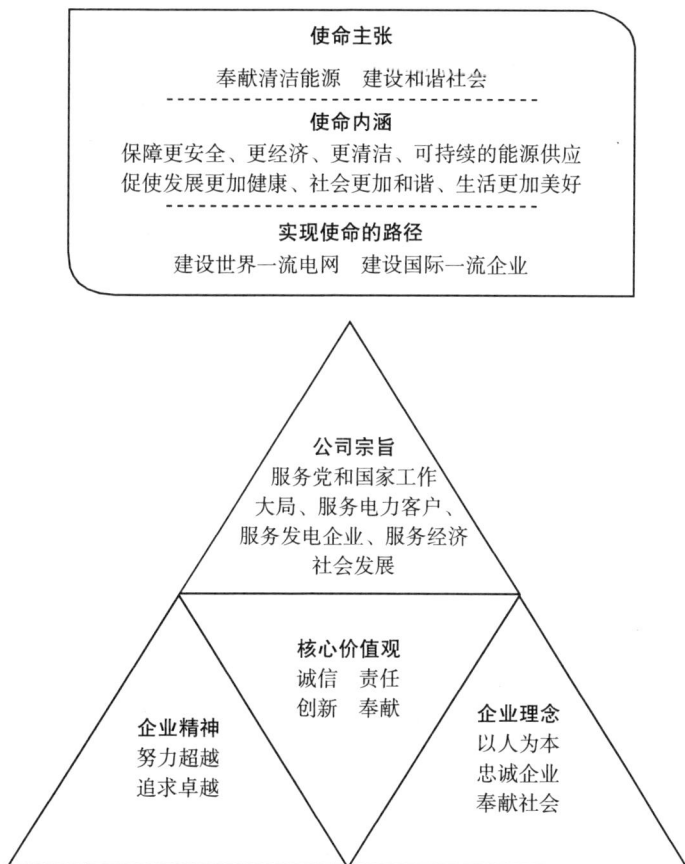

图 2-5　国家电网公司价值理念体系

动化、互动化特征的坚强智能电网。

建设国际一流企业：坚持以国际先进水平为导向，以同业对标为手段，推进集团化运作、集约化发展、精益化管理、标准化建设，把公司建设成为具有科学发展理念、持续创新活力、优秀企业文化、强烈社会责任感和国际一流竞争力的现代企业。

（三）企业精神

"努力超越、追求卓越"的企业精神是公司和员工勇于超越过去、超越自我、超越他人，永不停步，追求企业价值实现的精神境界。

"两越"精神的本质是与时俱进、开拓创新、科学发展。公司立足于

发展壮大国家电网事业，奋勇拼搏，永不停歇地向新的更高的目标攀登，实现创新、跨越和突破。公司及员工以党和国家利益为重，以强烈的事业心和责任感，不断向更高标准看齐，向更高目标迈进。

（四）核心价值观

"诚信、责任、创新、奉献"的核心价值观是公司的价值追求，是公司和员工实现愿景和使命的信念支撑和根本方法。

诚信，是企业立业、员工立身的道德基石。每一位员工、每一个部门、每一个单位，每时每刻都要重诚信、讲诚信，遵纪守法、言行一致，忠诚国家、忠诚企业。这是公司履行职责，实现企业与员工、公司与社会共同发展的基本前提。

责任，是勇挑重担、尽职尽责的工作态度。公司在经济社会发展中担负着重要的政治责任、经济责任和社会责任。每一位员工都要坚持局部服从整体、小局服从大局，主动把这种责任转化为贯彻公司党组决策部署的自觉行动，转化为推进"两个转变"的统一意志，转化为推动工作的强劲动力，做到对国家负责、对企业负责、对自己负责。

创新，是企业发展、事业进步的根本动力。公司发展的历程就是创新的过程，没有创新就不可能建成世界一流电网、国际一流企业。需要大力倡导勇于变革、敢为人先、敢于打破常规、敢于承担风险的创新精神，全面推进理论创新、技术创新、管理创新和实践创新。

奉献，是爱国爱企、爱岗敬业的自觉行动。企业对国家、员工对企业都要讲奉献。在抗冰抢险、抗震救灾、奥运保电、世博保电等急难险重任务面前，公司员工不计代价、不讲条件、不怕牺牲，全力拼搏保供电，这就是奉献；在应对国际金融危机、缓解煤电油运紧张矛盾、落实国家宏观调控措施等重大考验面前，公司上下坚决贯彻中央的决策部署，积极承担社会责任，这也是奉献；广大员工在平凡的岗位上恪尽职守、埋头苦干，脚踏实地做好本职工作，同样是奉献。坚持在奉献中体现价值，在奉献中赢得尊重，在奉献中提升形象。

（五）企业理念

"以人为本、忠诚企业、奉献社会"的企业理念是公司处理与员工、电力客户、合作伙伴及社会之间关系的基本信条和行为准则。

以人为本，是以实现人的全面发展为目标，尊重人、关心人、依靠人和为了人。公司视人才为企业的第一资源，坚持以人为本，共同成长的社会责任准则。公司善待员工，切实维护员工的根本利益，充分尊重员工的价值和愿望，保证员工与企业共同发展；公司善待客户，以客户为中心，始于客户需求、终于客户满意；公司善待合作伙伴，互利互惠，合作共赢，努力营造健康、和谐、有序的电力运营和发展环境。

忠诚企业，是热爱企业、关心企业，为企业尽心尽力，忠实维护企业利益和形象。公司通过建立完善规范有序、公正合理、互利共赢、和谐稳定的社会主义新型劳动关系，为员工发展提供机遇和舞台，充分调动了员工的积极性、主动性和创造性，赢得员工对企业的忠诚。

奉献社会，是关爱社会、服务社会、回报社会，履行社会责任。公司坚持发展公司、服务社会的社会责任目标，以公司的发展实现员工成长、客户满意、政府放心，促进经济发展、社会和谐。公司及员工热心社会公益，遵守社会公德，引领社会良好风尚，树立公司开放、进取、诚信、负责的企业形象。

二、开展"六联六促"群众路线教育实践活动

（一）活动背景

为推动党的教育实践活动的扎实开展，发挥党员干部在企业文化建设中的核心作用，朝阳供电公司认真贯彻落实上级关于党的群众路线教育实践活动的相关部署要求，结合公司实际，积极探索党员干部密切联系群众的有效载体，形成群众路线教育实践的长效机制，策划开展了"六联六促"活动。具体包括："班子联系一线，促工作作风转变"、"机关联系基层，促管理效能提质"、"干部联系员工，促队伍战斗有力"、"党员联系群众，促党群关系和谐"、"窗口联系客户，促品牌形象提升"、"供电联系社会，促社会责任到位"，努力使提高认识与身体力行相统一、解决"四风"问题与保障群众利益相结合、深入开展活动与有效促进企业发展相融合，如图2-6所示。

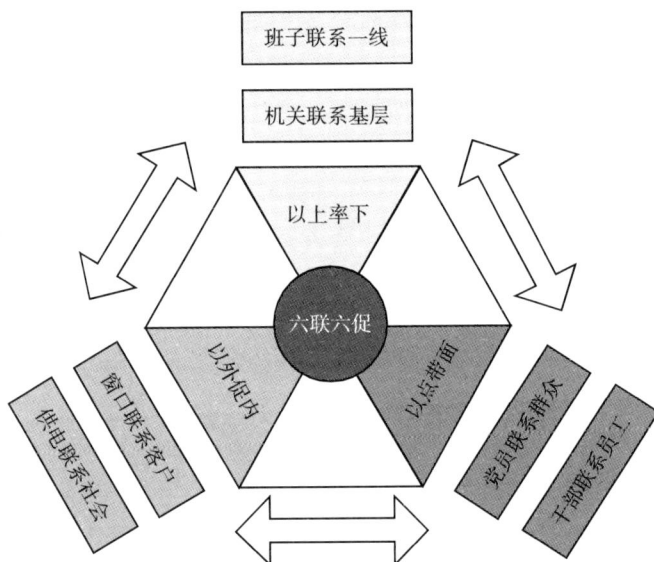

图 2-6 朝阳供电公司"六联六促"活动核心内容

(二) 活动内容

1. 以上率下，转作风

公司各级领导干部率先将社会责任理念融入实践活动，活动范围由内部至外部，由反"四风"拓展至综合价值提升。活动开展以来，领导班子成员对凌钢集团、万华集团、东风朝柴等 9 家企业进行了走访，与客户、一线员工们共同探讨如何提升服务质效、促进公司发展，汇总客户提出的用电难题、员工提出的工作困难 23 个，采用"处理一个销号一个"的推进办法，扎扎实实改问题，让客户员工得到实惠。本部干部选择基层部室 (班组) 结成对子，对应开展"我是一名安全员、营业员"等体验活动，分享工作心得，自上而下指导班组完善工作；参加基层单位座谈会，鼓励员工说真话、提意见，自下而上理顺公司管理中存在的问题，畅通上下沟通渠道。活动中，各部门征集意见 69 条，一一进行了整改，形成了"领导接待日"、"基层难题、机关会诊"等新机制。

2. 以点带面，履责任

社会责任管理与实践活动融合过程中，公司坚持理性认知与情感认同并重、文化涵育与实践涵养并举，特别注重发挥榜样的引领作用，以先进典型激励员工崇德向善，让群众路线和责任担当在公司生根、开花、结果。一是建立典型选树的多方评荐体系。公司组织"亮身份、践承诺、固堡垒、当先锋"活动，将组织推荐、社会评荐、个人自荐结合起来，先后评选出金亮、孟昭勋、杨占生等员工钦佩、客户赞扬的履责先锋。二是探索典型引领的有效途径。通过巡回演讲、实地观摩、通信报道等方式，展现出典型人物的真情实感，让员工们感觉到典型人物不是高高在上、不食人间烟火，而是可亲可敬、可信可学。三是完善典型学习机制。每个典型背后都蕴含着深厚的道德宝藏，每个履责事件背后都可以挖掘出深刻的管理思想，只有学深学透，先进典型才能成为员工心中的长明灯。公司成立了"占生责任工作室"，选取金亮等先进典型所在的 12 个班组（业务部）为履责示范班所，将他们的履责实践作为案例进行分析，编入社会责任管理案例集，建立起典型学习的长期阵地。

3. 以外促内，优服务

公司建立了以利益相关方期望为导向的管理提升模式，开展了供电联系社会"356"活动。在公司领导班子层面每人联系一个市级重点项目、指导一个社会责任议题、包片一个社会责任联系点。公司 9 名领导班子成员全程参与社会责任议题研究，亲自走访联系点。各单位领导班子开展"进五区"和"六个一"活动，即走进社区、厂区、小区、工业园区、设施农业区开展实地调研；每人联系一个当地经济或民生重点工程，在重点工程中当一名高水平的"大客户经理"；组织召开一次利益相关方座谈会，全面了解关键利益相关方的需求和建议；举办一次电力知识讲座，引领全社会安全用电；在每个联系点帮扶一户贫困户，推动社会和谐；建立一个沟通模式，彻底解决与关键利益相关方沟通不畅问题；形成一个常态机制，具体改进一项专业管理机制，提高综合价值创造能力。活动中，各单位领导干部走访利益相关方 84 次，帮扶贫困户 14 户，建立了"农村电诊所"、"人大政协委员走进电力看服务"等多个常态化机制。

（三）取得成效

朝阳供电公司以"六联六促"活动为载体和抓手，使党的教育实践活动横向交叉到社会、客户，纵向贯通至班组、站所，与生产经营等中心工作高度融合，取得了较好成效。

一是工作作风进一步转变。领导班子以上率下，市、县公司两级领导班子开展"一对一"联系活动，每人对口指导一个单位，联系一线班组，积极"找问题、立课题、解难题"。亲自撰写调研报告41篇，解决一线难题13个，促进了工作作风的转变。

二是管理效能进一步提质。9个机关部门分别与基层班组结对子，征求基层单位领导和基层班组长意见及建议17条。安监、运维、营销等管理部门党员干部深入基层20余次，当安全员、巡线员、营销员、值班员，管理效能质量有了新的提高。

三是干部队伍进一步增强。通过实施"三正"主题教育活动，党员干部以"三严三实"为标准，正心修身、正业履职、正品律己，党性修养进一步增强。党员干部撰写体会文章47篇，与基层员工结对162对，分别建立结对互助档案，向着组织信任、群众认可的目标不断努力。

四是党群关系进一步和谐。在"亮身份、践承诺、固堡垒、当先锋"活动中，1600余名党员佩戴党徽上岗，逐一签订岗位承诺，在春检等中心工作中勇当先锋。建设第二批"党建示范点"3个，带动引领广大群众提高工作责任心、事业心和上进心，"朝阳之光共产党员服务队"深入田间地头服务春耕40余次，获赠感谢锦旗1面。

五是品牌形象进一步提升。在100个窗口进行评星竞赛评比，实现"窗口优美、管理优良、服务规范、队伍优秀、技能精湛"的活动目标。创新实施故障报修"一线通"活动，实现"一张工单、一支队伍、一次到达现场，一次性解决问题"的标准化抢修模式。公司优质服务评价指数和营销服务规范率均提升至99.67%，分别位列省公司第三位和第四位。

六是社会责任服务更加到位。以社责"百千万"行动为活动深化平台，实施"356"联系活动，公司领导班子每人联系一个市级重点项目，指导一个社会责任议题，包片一个社会责任联系点。基层单位开展"为民服务进五区"等活动，举办知识讲座12次，现场答复问题113条，发放用电宣传单1300余份，办理用电业务136笔。

三、加强"敬老文明号"建设，践行文化养老

（一）活动背景

截至2014年底，朝阳供电公司共有离退休人员1178人，占员工总数的29.21%，其中离退党员526人，占离退休人员44.65%。多年来，在省

公司的领导和支持下，朝阳供电公司始终秉承尊老敬老的光荣传统，坚持"强责任、重管理、优服务、保和谐、促发展"的工作思路，始终将离退休工作纳入公司工作整体规划，大力开展主题实践活动，各项工作都取得了很好的成绩。

（二）活动内容

1. 积极做好社会敬老工作

朝阳供电公司以优化为老服务环境为目的，以行业、岗位为老服务创优为重点，开展了系列社会敬老服务工作，彰显了国有央企的责任担当。

（1）落实了为老惠老政策。从 2012 年 7 月 1 日起，朝阳供电公司坚持对县级以上民政部门批准的 184 家城乡养老机构执行居民电价，据不完全统计，这些机构年节省电费 400 多万元。同时，大力实施惠及社区为老服务，对 182 个社区委员会、1343 个村委会执行居民电价，年节约电费达 200 多万元。

（2）实施了敬老助老服务。5 个二级以上用电营业厅设立了老年人专用通道，专业引导员协助老年人办理用电手续、交电费。在乡村人口密集村庄和集市设立了 180 多个用电服务站，在城市加快推进 10 分钟缴费圈建设，大大方便了老年人缴纳电费。实施"百千万"行动，对接朝阳市 100 个重点项目，建立 1000 个社会责任联系点，服务 10000 个设施农业户，为城乡老年人的生计兴业、生活幸福创造了良好的用电环境。

（3）开展了个性化服务。在 100 余个用电营业厅放置了老花镜、针线包、雨伞等器具，并建立了包括留守老人、空巢老人、孤残老人等弱势群体档案，业务人员定期入户开展为老服务活动，帮助收缴电费、检查用电安全等。公司党工团组织、离退部门以及各单位经常性深入敬老院等场所，开展尊老敬老助老服务，改善了敬老养老场所的环境，表达了供电人尊老敬老的心意。

2. 持续提升内部敬老服务

朝阳供电公司大力发扬尊老敬老的优良传统，不断强化敬老服务组织建设，积极开展主题实践活动，同时，引导老同志发挥应有作用，丰富离退休人员晚年生活，取得了很好的效果。

（1）强化了思想教育引导。朝阳供电公司充分发挥离退休工作领导小组、离退休自管会、离退休党组织的作用，坚持开展"加强五个建设、争做五个模范"、"弘扬雷锋精神，做优秀离退人"、"和谐庭院"和"情暖夕阳"等主题实践活动，相继组织了"参观赵尚志纪念馆"、"永远跟党走"知识竞赛、"祭奠红山人类共祖"以及党的群众路线教育实践等活动，坚定了老同志的政治信仰和理想信念，促进了离退休人员的思想常新和队伍稳定。

（2）全面提升了生活质量。按规定为老干部订阅发放了报刊，组织了老同志健康体检。启动高龄敬老工作，为 70 周岁以上老同志集体过生日，为 80 周岁以上老同志过生日。坚持看望生活不能自理、鳏寡孤独及家庭有困难的离退休人员，走访家住外地的离退休人员，帮助去世的离退休人员家属料理后事。有效加强志愿者服务队建设，发挥"爱心服务卡"作用，征求离退休人员的意见和建议，消除了他们的疑虑，温暖了他们的心，维护了离退休队伍和公司大局的稳定。

（3）推进了文化养老工作。朝阳供电公司几任领导都高度重视离退"文化养老"工作，在人力、物力、财力方面进行了很大的投入，建有一个集健身、娱乐、活动、会议为一体的离退休多功能活动中心，离退办公楼、家属区、各分公司也都建有离退休人员活动场所，配备了乒乓球、台球、举重床、登山机等多种运动健身器材。精心组织了建党 90 周年知识竞赛、老年节大会、春节团拜会、朝阳市群众文化艺术节演出等大型活动，舞蹈、门球、书画、钓鱼等 17 个协会常年开展活动，器乐合唱参加央视"歌声与微笑"演出获得金奖；柔力球、竞技麻将、彩绸舞等在省公司组织的比赛中获得了第一名，在省运动会上也多次摘金夺银。2015 年，朝阳供电公司经多方筹措，反复酝酿，成立了朝阳供电公司老年大学，并制定了老年大学章程。未来，以老年大学为平台，公司的文化养老活动将进一步走向深入。

（4）引导发挥了积极作用。朝阳供电公司积极引导离退休老同志，在企业发展和社会建设中发挥余热、奉献能量。一是组织老领导、老同志参加公司职代会、党代会、座谈会等重大活动，引导老同志对公司的经营管理、建设发展提出自己的建议和想法；二是动员既有管理能力又有专业技能、身体状况又好的老同志继续投入一定岗位的工作，继续参加生产经营活动；三是选择优秀的离退休人员加入到离退自管会和文体协会组织中，强化离退休人员的自我管理和服务；四是适时引导老同志积极投身社会公益事业，在关心教育下一代、学习宣传传统文化、引领形成文明风尚等方面发挥作用，推进了和谐庭院、和谐社区、和谐城市、和谐社会建设和发展。

（三）取得成效

朝阳供电公司"敬老文明号"建设结出了丰硕的成果，得到了各级领导单位的一致认可。2012年，公司获得国网公司"离退休电网先锋党支部"、全国老龄办等七部委授予的"全国敬老模范单位"称号；2013年，公司获得市、省、全国三级"敬老文明号"称号；2014年，公司获得"省（中）直老年体育工作模范单位"称号，并被省公司推荐为中组部"离退休干部先进集体"，同时获得了省公司多项荣誉。"敬老文明号"的主要成效和重要意义体现在以下几个方面：

一是增强了敬老意识。通过开展"敬老文明号"活动，公司干部职工的敬老意识明显提高，大家更加地尊重老人，主动地为老同志服务，不仅方便了老年群体，更促进了内部和谐。

二是提升了队伍素质。通过开展"敬老文明号"活动，公司党政工青各级组织开展"讲文明、强本领、提素质"等各类竞赛活动，在系统内外的比赛中取得了好名次，创造了好成绩，为敬老服务的进一步提升奠定了更为坚实的基础。

三是展示了企业形象。通过开展"敬老文明号"活动，从城市到乡村、从集体到个人，很多老年人享受到了供电企业优质、方便、规范、真诚的敬老服务，从平常、平凡的过程中感受到了供电企业的责任担当。

四是推动了老年事业。通过开展"敬老文明号"活动，真正发挥了供电企业的基础性作用，从提供动力、减免电费、加强应急、亲近服务等多个方面，为全市老年事业的发展提供了有力的支持。

五是促进了社会和谐。通过开展"敬老文明号"活动，实现了"只要人人都献出一点爱，世界就会变成美好的人间"的美好愿望。供电企业与其他行业联手，解决了老年群体诸多的实际问题和困难，提高了老年人的幸福生活指数，促进了社会的和谐与稳定。

四、集中管理，统一配餐，打造一体化健康食堂

（一）活动背景

食堂工作是后勤服务工作的重要组成部分，朝阳供电公司针对改造前

存在的食堂设置不合理、管理不规范、餐量供给不合理等问题，提出"集中管理，统一配餐，打造一体化健康食堂"的管理策略，并制定相应的服务举措。具体包括：统一全公司职工中午就餐标准，撤销市内所有基层单位自办的职工食堂，成立配餐中心，各基层单位设立就餐点，由综合服务中心综合四室负责统一管理。机关食堂和配餐中心实行一个就餐标准，所有就餐点设备、餐具等全部一致。

（二）活动内容

1. 建立三个体系，推进一体化管理

（1）建立一体化推进体系。健康食堂创建活动开展以来，公司不断加大领导力度、工作力度和推进力度。公司成立了食堂管理委员会，分管后勤工作的工会主席任组长，成员包括人资、财务等部门负责人，下设办公室挂靠在综合四室，按省公司健康食堂创建标准，编制了创建计划，提出打造"一体化健康食堂"的总体目标，明确了各部门、单位的工作任务。建立了管委会季度例会、创建办月例会、综合四室周例会的机制，实现常态创建、动态管控。

（2）建立市区食堂一体化运营体系。撤销市内各基层单位的自办食堂，建立配餐中心为7个就餐点集中配餐，形成"1+7"管理格局，统一午餐标准、软硬件设施和自助就餐模式。配餐中心共有职工38名，日均配餐800多份，建设了冷冻库、冷藏库，购置了压面机等食品加工设施。精确管控送餐份数，由相关单位指派专人统计人数，减少了浪费。不断提高送餐效率，配备两台送餐车，每年送餐2700多车次；精心设计4种方案，根据当天天气、路况调整出发时间和行车路线，确保送餐及时；改进餐车设计，在货箱内设置隔间，将饭菜分类存放在保温槽中，盖上棉被，为就餐点提供加热箱，保证饭菜温度适中。

（3）建立一体化管理体系。统一管理标准，编印《职工食堂规章、制度、文件汇编》，建立健全38项相关的制度、规范，明确岗位职责和各环节工作流程。统一拨付市区内各部门、单位员工就餐经费，避免了效益不同带来的福利差异。统一各县供电公司人均经费标准，采取人员费用承包的方式进行管理。成本、费用分析具体到每一餐，综合四室每周汇总出入库明细，每月汇总就餐情况并召开运营分析预测会，每年编制统计分析报告，并据此制定下年预算。采购过程遵循"供货商报价、采购定价、主管领导审批"的程序，不仅货比三家，而且米、面、油、肉、蛋等都选择大品牌、大厂家、大超市的产品，确保食品原材料优质安全。

2. 完善三个机制，提升工作质效

（1）完善食品安全管理机制。严格原料采购管理，落实采购索证索票规定，确保货源可追溯，购置了农药残留检测仪等检测消毒装置；严格加工管理，做到生进熟出一条龙，确保"过四关"，即"一洗、二刷、三消毒、四冲洗"，制作的食品须在专用留样柜冷藏存放48小时；加强病媒生物防治，做到垃圾日产日清，货物清洁盛放，设施定期消毒，编制了《食物中毒应急预案》。

（2）完善营养健康干预机制。在食堂显著区域张贴营养膳食平衡宝塔，在每张餐桌摆放健康知识宣传牌，滚动电子屏按节气不同介绍养生知识，组织健康知识讲座，引导职工改善饮食习惯。结合年度职工体检结果制定控油、控盐措施，提前制定下周菜谱并在网上公布，做到营养均衡、饭菜可口、每周不重样，午餐搭配水果、咸菜。各县公司还在菜谱中加入特色菜肴、果蔬，更加符合当地员工的饮食习惯。建平县公司建设了自己的副食品基地，让员工吃上了纯绿色的肉、菜、蛋。

（3）完善从业人员管理机制。定期开展从业人员健康体检，保证健康证持有率100%，每天早上由就餐点负责人对从业人员进行身体健康状况检查；针对食堂工作劳务派遣人员多的情况，严把招聘关，统一组织安全、制度、技能培训；倡导责任、争先、奉献精神，举办了2014年公司厨艺竞赛，已有2人取得三级营养师资格证书和食品安全管理师资格证书，涌现出多名模范典型。

3. 开展三个服务，营造幸福乐业氛围

（1）加餐服务。安排抄表催费等工作范围宽泛的岗位工作人员到就近食堂就餐；因会议、培训产生大量集中就餐需求时，由申请单位填写申请表，经主管领导签字后，交食堂按人数加餐；员工子女、劳务派遣人员经审批后，可办理充值卡到食堂就餐，解除了员工的后顾之忧，促进劳务派遣人员安心从业。

（2）送餐服务。2014年，配餐中心为大型施工作业现场集中送餐3次，共计370多份，最远行程100多公里。以海峰变、保国佬变检修作业为例，共有100多名员工到现场作业，配餐中心提前两天充实库存食材，准备了两菜一汤，用一次性饭盒盛装米饭和饼，用保温槽和保温桶携带副食、汤、餐具，服务人员随车到现场服务，为职工全身心投入作业提供了保障。

（3）留餐服务。部分员工因抢修作业不能及时回到单位，在食堂开饭前，将对应份数的饭菜打包好，存入餐车中特意加装的保温箱内，延长供餐时间，确保他们能吃上热的和齐全的饭菜。为拓宽沟通渠道，在各就餐点设置意见簿，编制调查问卷，多次开展就餐人员满意度调查活动，根据员工需求不断改进服务。

（三）取得成效

朝阳供电公司经过两年多的努力，一体化健康食堂建设取得初步成效，集中管理优势十分明显：一是统一了职工就餐标准，避免了职工福利待遇差异的问题；二是解决了职工和子女的就餐问题，从而解决了职工的后顾之忧；三是食谱统一，菜量预估，也避免了资源浪费；四是参加了省公司组织的食品安全管理师、营养师培训，已有两名员工取得三级营养师资格证书。一体化健康食堂建设，为公司日常运营和管理工作，起到了有力的后勤保障作用，得到了广大干部职工的高度评价，在 2013 年荣获省公司"健康食堂"称号。

五、推进"传递信的温暖"活动，弘扬诚信文化

（一）活动背景

2015 年，朝阳供电公司按照《国网辽宁省电力有限公司"传递信的温暖"主题活动实施方案》统一部署，结合公司实际，扎实推进"传递信的温暖"主题活动。公司制定了《朝阳供电公司"传递信的温暖——三信四行五传"主题活动实施方案》，从选树履职尽责、守信践诺的好典型，宣传互助互信、向善向上的好风尚入手，大力弘扬"诚信、责任、创新、奉献"核心价值观和平凡中的"信"的美德，践行服务承诺，履行社会责任，传递企业温暖，焕发激情动力，打造以信履责、以信聚人、以信兴企、以信取信于他人和社会的优秀干部职工队伍，努力创造让职工能力素质得到展示、工作成果得到尊重、事业梦想得到实现的和谐环境，促进职工安宁乐业、舒心敬业，不断提升归属感、荣誉感和幸福感，争做"最美国网人"，汇聚"开放思路破冰、跃起健康发展"的正能量。在活动开展

过程中，公司坚持全面覆盖、全员参与、全年贯穿，创新活动形式，使活动接"地气"、广受认同，确保活动取得开启激情、增进互信、凝聚共识、促进发展的实际成效。

（二）活动内容

朝阳供电公司在落实"传递信的温暖"主题活动中，结合公司特色和中心工作，精心设计了"三信四行五传"特色载体模型，如图2-7所示。围绕这些载体，设计了50项具体工作，内容涵盖省公司提出的所有活动要求，涉及公司生产经营等各个专业，既注重与日常工作的融合，又专项设计了新的活动和载体。同时，运用各种传播媒介广泛宣传，挖掘和展示干部职工中的"信"的闪光点。通过身边"信"的广泛传播，使"重信、守信、互信"内化于心、外化于行。

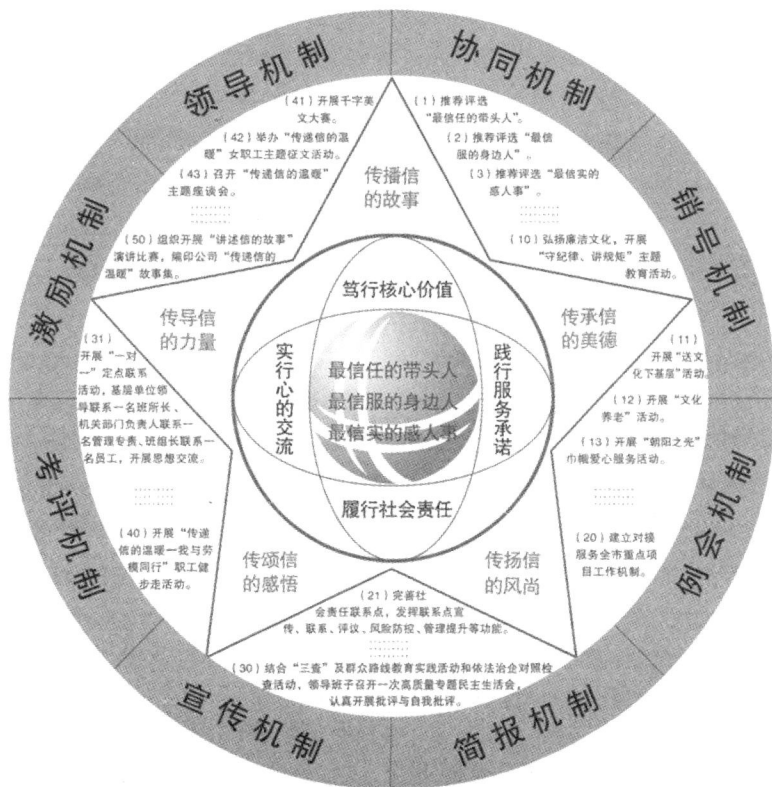

图 2-7　"传递信的温暖——三信四行五传"载体模型

1. "三信"

选树表彰一批干部职工"最信任的带头人"、"最信服的身边人"、"最信实的感人事"，培育优秀团队。通过岗位践行、推荐评选、总结表彰等一系列活动，用鲜活、生动的身边人和身边事，树立做人诚信、做事守信、团队互信的清风正气，倡导恪尽职守、履责践诺的优良作风。通过自下而上、逐级评选和分阶段推进，扩大评选表彰的参与率和覆盖面，使评选表彰过程转化为传递温暖、增进和谐、凝聚力量的过程。

2. "四行"

开展"笃行核心价值、践行服务承诺、履行社会责任、实行心的交流"实践行动，弘扬良好风尚。围绕公司生产经营等中心工作，通过笃行核心价值、践行服务承诺、履行社会责任、实行心的交流，在实际工作中营造互相信任的环境，赢得利益相关方的信赖，打造公司良好的信誉，树立公司责任央企品牌。

3. "五传"

开展"传承信的美德、传扬信的风尚、传颂信的感悟、传导信的力量、传播信的故事"系列活动，营造浓郁氛围。综合运用网站、报刊、微博、微电影等各种媒体，创新开展征文、展览、座谈、讲故事等各种活动，传承信的美德、传扬信的风尚、传颂信的感悟、传导信的力量、传播信的故事，让信的传统美德发扬光大，使信的理念贯穿公司运营，形成全体干部员工自觉遵守的价值观念。

（三）活动进展

朝阳供电公司在落实"传递信的温暖"主题活动中，建立了协同配合的新机制，营造了诚信务实、创先争优的良好氛围，创造了职工能力得以展示、工作成果得到尊重、事业梦想得到实现的和谐环境。在活动中，公司共征集员工意见、建议 140 条，现场解决问题 79 个，促进了公司健康发展。

活动期间，公司走访客户 161 户，对客户提出的 56 条意见、建议全部给予解决。同时，主动对接服务全市 73 个重点项目，特色服务 70300 户设施农业户。通过这些实际行动，公司赢得了利益相关方的认同、参与和支持，实现了合作共赢，也提升了公司品牌的知名度、美誉度和影响力，促进了公司持续发展。

第三章　社会责任

朝阳供电公司成立于 1960 年，作为公用事业企业，公司成立以来一直将履行社会责任作为自身业务运营的重要方面。自 2011 年底被确定为辽宁省电力有限公司全面社会责任管理试点单位以来，尤其是 2012 年 5 月被确定为国家电网公司全面社会责任管理试点单位以来，朝阳供电公司在履行社会责任实践和探索全面社会责任管理模式上开展了大量卓有成效的工作，在理念认知、能力培育、顶层设计、组织建设、管理提升、实践创新和沟通强化等方面都取得了明显进展，为更进一步实施全面社会责任管理打下了良好基础，为同行业地市级供电公司履行社会责任管理工作树立了典范。

第一节　培育责任理念认知

企业社会责任具有国家文化特异性、行业特异性和企业特异性，不同国家、不同行业的不同企业的社会责任不同。对于单个企业来讲，只有明确了自身履行社会责任的内涵、边界、内容、议题等，才能通过系统的工作开展、全面深入的与企业自身运营的融合，结合自身的特点和实际，创造经济、社会和环境的综合价值最大化。

一、正确认识社会责任内涵

朝阳供电公司对于社会责任内涵的理解集中体现在公司的履责宣言、履责愿景和履责目标之中，朝阳供电公司的履责宣言、履责愿景和履责目标构成了公司对于社会责任内涵的理解。

"发展公司、服务社会，以人为本、共同成长"是国网公司的社会责任观。"发展公司、服务社会"，是指以公司的发展实现员工成长、客户满意、政府放心，促进经济发展、社会和谐。"以人为本、共同成长"是指善待员工、善待客户、善待伙伴，真诚服务，共谋发展，实现公司利益、行业利益、社会利益的协调统一；发展自己，确保公司可持续发展；服务行业，推动电力工业可持续发展；做好公民，促进经济社会可持续发展。结合国网公司"发展公司、服务社会，以人为本、共同成长"的社会责任观，朝阳供电公司发布了"朝阳供电，朝阳之光"的履责宣言。该宣言以"动力之光"、"科技之光"、"卓越之光"、"诚信之光"、"希望之光"、"文明之光"、"和谐之光"的"七光"诠释了朝阳供电公司十二个方面的社会责任，寓意朝阳供电公司给朝阳大地带来光明、温暖和动力，体现朝阳供电公司不断创新进取，充满生机和活力。

为了践行朝阳供电公司所确立的"朝阳供电，朝阳之光"的履责宣言，公司确立了"履行社会责任，建设美丽朝阳"的履责愿景，努力践行"生态朝阳，供电引领；信用朝阳，供电表率；文化朝阳，供电先行；幸福朝阳，供电保障"。"生态朝阳，供电引领"是指通过实施绿色电网建设，全力促进节能减排，引领低碳生活。"信用朝阳，供电表率"是指通过坚持道德透明运营，主动接受社会监督，争做信用表率。"文化朝阳，供电先行"要求朝阳供电公司践行优秀企业文化，努力超越，追求卓越，争当文化先行者。"幸福朝阳，供电保障"要求朝阳供电公司为建设美丽幸福朝阳，提供坚强动力支撑，保障可靠供电。

二、科学界定社会责任内容

基于对社会责任内涵的理解，朝阳供电公司构建了"朝阳供电，朝阳之光"的社会责任模型，该社会责任模型以"朝阳供电，朝阳之光"为核心，以"动力之光"、"科技之光"、"卓越之光"、"诚信之光"、"希望之光"、"文明之光"和"和谐之光"的"七光"为重点，集中体现了朝阳供电公司对于自身履行社会责任内容的界定，如图3-1所示。

具体来看，"动力之光"界定了朝阳供电公司履行安全供电、服务朝阳科学发展的社会责任；"科技之光"反映了朝阳供电公司立足全球视野，致力于科技创新，力求科学发展的社会责任；"卓越之光"体现了朝阳供电公司追求卓越管理的社会责任理念；"诚信之光"要求朝阳供电公司通过为朝阳地区客户提供优质服务履行社会责任；"希望之光"进一步明确了朝阳供电公司服务"三农"的社会责任使命；"文明之光"着力体现了

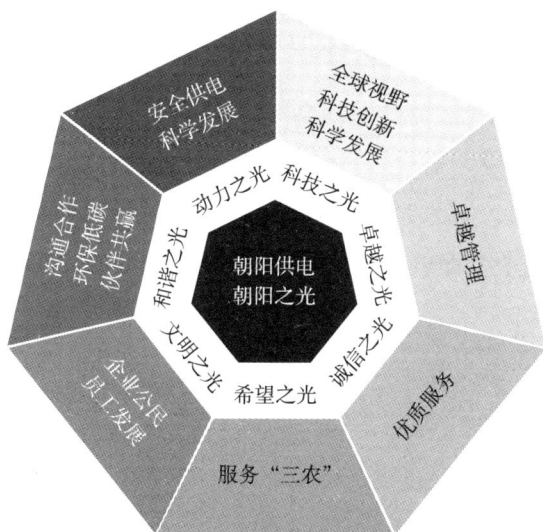

图 3-1　朝阳供电公司"朝阳供电，朝阳之光"社会责任模型

朝阳供电公司争做优秀企业公民、服务社区福利以及促进员工发展的社会责任精神；"和谐之光"要求朝阳供电公司聚焦于与利益相关方沟通合作，追求环保低碳，创造与合作伙伴之间共赢的局面。"七光"内容反映了朝阳供电公司利益相关方对于公司的诉求和期待，是朝阳供电公司履行社会责任的基本内容。

第二节　构建社会责任制度

　　企业开展社会责任管理和实践以及探索社会责任融入日常运营的方式和方法是企业组织变革的过程，保障新型的、体现社会责任精神和要求的组织变革过程成为企业管理和实践的"新常态"，构建完善的社会责任制度体系从而为以社会责任为核心的组织变革提供制度保障，成为企业开展社会责任工作的重要组成部分。自开展全面社会责任管理工作以来，朝阳供电公司不断完善社会责任组织管理体系，制定社会责任工作规划，形成了较为完善的社会责任管理模式，社会责任制度建设不断完善，有效地推进了以社会责任为核心的组织变革。

一、完善社会责任组织管理体系

朝阳供电公司根据实施全面社会责任管理试点的需要，逐步建立和完善全面社会责任管理的组织体系，不断优化组织结构，健全运行机制，为公司深入推进全面社会责任管理和全员履行社会责任提供了有力的组织保障。

（一）建立健全全面社会责任管理领导体系

公司成立了以公司总经理、党委书记为组长的全面社会责任管理领导小组，负责公司社会责任工作的组织领导、决策部署，确定全面社会责任管理总体战略，领导和推进公司社会责任管理体系建设，审批公司社会责任工作方案、报告及评估报告。公司全面社会责任管理领导小组坚持对公司社会责任问题研究部署的常态化工作机制，通过领导小组月例会、总经理办公会定期研究公司的社会责任问题。除此之外，公司领导班子还多次听取社责办的专题汇报，决策部署有关工作，形成了全面社会责任管理试点工作的强大引擎。

（二）建立健全全面社会责任管理工作体系

企业社会责任管理工作体系是企业开展社会责任工作的组织保障。为了推进企业社会责任工作在公司内部全面开展，朝阳供电公司在国网系统首家成立了"全面社会责任管理办公室"。朝阳供电公司"全面社会责任管理办公室"由副总经济师担任主任，实现了社会责任管理定位定向、专人专责。在此基础上，朝阳供电公司组建了各部门（单位）推进小组，指定专人协调推进全面社会责任管理试点工作，从而形成覆盖整个公司范围的全面社会责任管理工作体系（见图3-2）。在完善组织机构的基础上，朝阳供电公司逐步建立了社会责任工作机制，从而形成了有效的工作体系，做到年有计划、季有推进、月有安排、周有重点、检查考核、持续改进、不断提高，实现全面社会责任管理工作常态化。

（三）建立健全全面社会责任管理目标与考核体系

为了使全面社会责任管理组织体系更加有效地运行，公司建立了相应的目标管理体系和考核管理体系。根据社会责任目标管理体系，公司制定总体工作安排，落实主要任务、工作步骤，每年分解重点任务，对目标、时间、

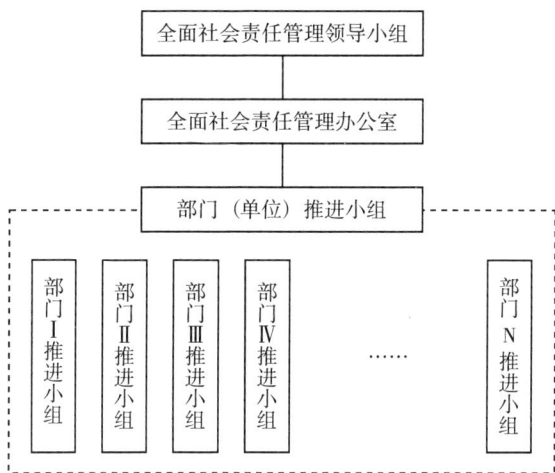

图 3-2　朝阳供电公司全面社会责任管理工作体系

责任、绩效细化分解，采用了"理念化导入、互动式学习、系统性设计、项目流管理、工程类推进、台账法督办"的工作方法，强势推进试点工作。

按照社会责任考核管理体系，公司围绕着综合价值创造目标，对社会责任沟通指标体系、管理指标体系和考核指标体系进行了研究和构建，将10个关键指标、156个责任点层层落实，考核到岗到人。

二、制定社会责任工作规划

"凡事预则立，不预则废"。制定社会责任规划，指导公司的社会责任工作，能够使公司的社会责任工作有章可循，从而助力公司按部就班推进自身的社会责任工作。朝阳供电公司十分重视超前谋划自身的社会责任工作，2012 年 12 月，在对公司的发展基础以及所面临的主要问题进行深入分析的基础上，结合公司发展所面临的形势和机遇，制定了《朝阳供电公司全面社会责任管理中长期规划（2014~2020 年）》（以下简称《规划》），进一步明确了公司全面社会责任管理的总体目标、主要任务和重点工程。

在朝阳供电公司全面社会责任管理的总体目标方面，《规划》要求："到 2020 年，自觉履行社会责任的理念深入人心，全面社会责任管理体系较为完善，成为社会责任绩效领先和广受尊重的地市级供电企业、国家电网公司实施全面社会责任管理的展示窗口。"

在朝阳供电公司全面社会责任管理的主要任务方面，《规划》规定：要

"强化社会责任理念和能力，深化社会责任根植与融合，内化社会责任管理与文化，优化社会责任制度与机制，生化社会责任绩效与成效，精化社会责任沟通与影响。"

在朝阳供电公司全面社会责任管理的重点工程方面，《规划》指出：朝阳供电公司要重点实施"理念能力再进阶工程、融入运营再深化工程、导入管理再优化工程、议题管理再完善工程、责任品牌再提升工程、社会沟通再提质工程、成果推广再提效工程、绩效评价再突破工程"。

朝阳供电公司社会责任规划为公司社会责任管理和实践工作的进一步推进指明了方向，正在并将进一步推进朝阳供电公司的全面社会责任管理工作。

三、形成社会责任管理模式

企业社会责任不仅具有区域特异性和行业特异性，而且也具有公司特异性，即由于不同公司的规模不同，盈利性、成长性和安全性等各异，不同公司的社会责任管理和实践工作也必然不能完全相同，这决定了不同公司开展社会责任工作需要遵循不同的社会责任管理模式。朝阳供电公司开展社会责任管理工作注重建立与自身相适应的社会责任管理模式，经过多年的探索，已经形成了包括管理目标、管理思路、推进原则、推进导向、推进方法、管理标准和管理效应七项内容的社会责任管理模式。

在管理目标方面，朝阳供电公司的全面社会责任管理工作致力于提升全员社会责任意识和能力，提升经济、社会、环境综合价值创造能力，提升社会沟通能力和运营透明度，以及提升品牌美誉度和影响力。从而为公司未来推进管理变革和创新发展积累经验，努力争创地市级公司开展全面社会责任管理的示范窗口。

在管理思路方面，朝阳供电公司全面社会责任管理坚持"顶层设计、理念为先、能力为基、制度为重、根植为要、绩效为本"，努力实现社会责任在各层级、各专业、各岗位的"全员参与、全过程覆盖、全方位融合"，从而促进利益相关方的"利益认同、情感认同、价值认同"，实现积极的"认识改变、行为改变、绩效改变"，努力提升管理绩效、供电品质和服务水平。

在推进原则方面，朝阳供电公司全面社会责任管理所坚持的推进原则可以归纳为56个字，即"规划引领，战略牵动；领导表率，体系推动；

理念导入，愿景驱动；责任根植，岗位发动；全面融入，示范带动；履责实践，载体联动；传播绩效，媒体互动"。朝阳供电公司全面社会责任管理56字推进原则涉及社会责任规划、战略、组织领导、组织体系、社会责任理念、社会责任愿景、社会责任融入、社会责任实践、社会责任沟通等内容，全面反映了朝阳供电公司开展全面社会责任管理的原则导向。

在推进导向方面，朝阳供电公司总结了40字的全面社会责任管理推进导向，即"价值导向，问题导向，优化导向，任务导向，变化导向，品牌导向，示范导向，特色导向，成果导向，模式导向"，促使公司全面社会责任管理推进工作进一步明确和具体化。

在推进方法方面，朝阳供电公司提出包括"理念化导入，互动式学习，系统性设计，项目流管理，工程类推进，台账法督办"在内的6种推进方法。方法的明确为朝阳供电公司推进社会责任工作提供了便利，针对不同的社会责任项目特点，公司可以采取不同的推进社会责任方式和方法，从而提高了公司推进社会责任工作的效率和效果。

在管理标准方面，朝阳供电公司不仅提出了市级公司全面社会责任管理的内涵，而且也提出了全面社会责任管理的职责目标——系统范式。朝阳供电公司全面社会责任管理的内涵明确为"以可持续发展战略为引领，将企业社会责任理念融入公司管理和运营，以组织、流程、制度为保障，实施全过程覆盖、全方位融合、全员参与，追求经济、社会和环境综合价值最大化，实现公司与利益相关方协调发展的管理行为"。朝阳供电公司所提出的全面社会责任管理的职责目标——系统范式，对于识别需求、规划和计划、建立保障机制、融入公司运营等13个方面做出规定，纳入省电力公司《社会责任管理标准》（Q/GDW22001-2012-22005）并发布。

在管理效应方面，通过全面社会责任管理，朝阳供电公司致力于实现"管理理念变革，提升管理效应；运营方式改变，体现民生效应；工作方式改进，维护环境效应；沟通方式完善，打造品牌效应；价值追求提升，彰显社会效应"，从而通过全面社会责任管理的开展，创造在管理理念、运营方式、沟通方式、品牌、价值等10个方面更多的效应。

第三节　开展社会责任实践

无论是形成社会责任理念认知，还是构建社会责任制度，最终都必须落实到企业所开展的社会责任实践。换句话说，企业只有通过开展社会责任实践，才能使企业对于社会责任的认知落到实处；企业只有通过开展社会责任实践，才能使社会责任制度顺利运转。在社会责任理念的指导下，在社会责任制度的引领下，朝阳供电公司不断开展多种形式的社会责任实践。通过开设社会责任大讲堂、构建社会责任指标体系、优化利益相关方沟通和管理、创立"朝阳之光"公益服务品牌、定期发布社会责任报告、探索开展社会责任融入"五大"体系建设、实施社会责任观察评议机制、开展"百千万"履责活动以及推进社会责任议题管理，朝阳供电公司履行社会责任的能力不断提升，社会声誉不断提高，有力地创造了经济、社会和环境的综合价值最大化。

一、开设社会责任大讲堂

开展社会责任培训是培养员工社会责任认知、提高公司履行社会责任能力的重要手段。朝阳供电公司十分注重社会责任的培训工作，着力打造"社会责任大讲堂"的社会责任培训项目，并将该社会责任培训项目列为年度培训的重要内容以及新入职员工培训的重点。通过着力打造"社会责任大讲堂"项目，朝阳供电公司提高了员工对于社会责任理念的认知，提升了员工开展社会责任管理和实践工作的能力和水平，如表3-1所示。

表3-1　朝阳供电公司"社会责任大讲堂"特点

编号	特点	内容
Ⅰ	主讲多元化	朝阳供电公司"社会责任大讲堂"邀请的主讲嘉宾包括专家学者、公司领导、管理人员、技术能手、岗位标兵各层次优秀代表
Ⅱ	形式多样化	朝阳供电公司"社会责任大讲堂"的开展形式包括专题讲座、课题研讨、全员学习以及分级培训等
Ⅲ	效果多维化	朝阳供电公司致力于通过"社会责任大讲堂"项目的开展获得三个方面的效果，即社会责任理念入脑、社会责任工作入心、社会责任管理和实践工作入行

【专栏】

"社会责任大讲堂"创新社会责任管理培训方式

2014年12月11日，由朝阳供电公司全面社会责任管理办公室（以下简称"社责办"）主办了全面社会责任管理大讲堂暨2014年社会责任管理培训会议，对公司各部门、单位的60多名社责工作人员进行培训，并发放了公司《社会责任管理培训丛书》（以下简称《丛书》）。培训为期1天，登上讲台的除了4名社责办人员，还有7名来自基层单位、班所的社责推进者，大家讲理念、讲实践、讲感悟，分享了知识，引发了共鸣，点燃了激情。

在开班动员中，公司社责办主任、副总经济师孙国权以"35219"概括试点历程，3年试点，500万字的材料，20多本专题报告，10多次在网省公司会议乃至国际论坛上发言，9家省级公司来公司调研指导。他说："社会责任管理并不是让我们另起炉灶，而是要我们用社会责任管理的方式去做事，重在方式的转变，不是所有的出发都是为了抵达，有时候方向就是目的。"

孙国权指出，这是公司首次采用这种自助式、互动式、开放式的方法开办社会责任大讲堂，走上讲台的是公司社会责任推进人员，培训的教材是公司自主编制的《丛书》，土生土长，原汁原味。社会责任管理是一项"高大上"的理论，我们的讲堂要尽量让这项理论接地气，努力把讲堂办得有理、有例、有情、有趣，将大讲堂打造成为理念传播的讲台、分享感悟的平台、履责成果的展台、切磋理论的擂台，通过开办讲堂将社责知识传播出去，达到管理人员理解、专责讲解、员工了解。

二、探索开展社会责任融入"五大"体系建设

"社会责任不是一项新的工作，而是以新的方式开展工作"，为了使社会责任理念"落地生根"，实现以社会责任精神为核心的组织变革，探索社会责任融入企业日常运营的方式和方法是关键。为有效服务"三集五大"体系建设，朝阳供电公司不仅从社会责任管理的角度重新审视各项业务，确定融入方式，而且还着力探索社会责任融入日常运营的方式和方法，有效地提升了"三集五大"体系建设质量和效果。

具体来看，为了推进社会责任融入公司"五大"体系建设，朝阳供电公司确定了包括利益相关方识别分析、风险辨析、保证透明度、实施管理改进、落实改进措施在内的融入方式。为了进一步提升社会责任融入"五大"体系建设的效果，朝阳供电公司着力实施"1335"工程和"1463"工程。所谓"1335"工程，即制定1个"五大"体系建设价值传播提升工作方案；实施社会责任管理融入制度、流程、标准的3个固化；加强社会沟通、利益相关方、风险应急3项管理；开展负责任的"大规划"、"大建设"、"大运行"、"大检修"、"大营销"建设。所谓"1463"工程，即在凌源1个分公司开展全面融入示范；在建平、北票、朝阳县、喀左4个分公司分别开展融入安全生产、优质服务、供电所建设、服务地方经济发展示范；选择6个点进行重点根植；争取成功3个。通过"1335"工程和"1463"工程的开展，朝阳供电公司不断提升社会责任融入"五大"体系建设的深度和广度，如表3-2所示。

三、深入开展"百千万"履责行动

2013年，为更好地服务朝阳地区经济快速发展、工业转型发展、农业特色发展，有效解决沟通不畅、资源配置效率不高、客户对供电服务要求日益提高等具体问题，朝阳供电公司立足行业特点、地域特色和产业特征，积极探索社会责任管理融入企业发展、服务地方经济的新途径，提出"供电企业要做地方经济快速发展的支撑者、城乡社会和谐进步的推动者、民生'三农'和设施农业的助力者"，决定并策划了社会责任"百千万"履责行动。

所谓"百"，即对接朝阳市100个重点项目。朝阳供电公司主动融入全市工作大局，对接服务全市及各县（市）、区经济发展和社会民生方面的120个重点项目，其中包括：龙城区41个，双塔区8个，北票4个，凌源13个，建平19个，喀左6个，朝阳县29个。公司逐项跟进，落实责任，配套服务，开辟服务绿色通道，形成长效服务机制，确保重点项目早用电、用好电。

所谓"千"，即建立1000个社会责任联系点。朝阳供电公司以全市2708个惠农卡缴费点为基本平台，面向全市1374个行政村和城镇社区设立社会责任联系点，第一批确立30个试点先行开展。通过联系点的窗口作用，促进公司与客户的良好沟通，收集服务信息，传播用电知识，改进

表3-2　朝阳供电公司社会责任融入"五大"体系建设的要点

"五大"类别	融合要求	融入要点一	融入要点二	融入要点三	融入要点四	融入要点五	融入要点六
"大规划"	更和谐	规划更加注重综合价值，从社会认可要求、从主要考虑经济因素，转向更加注重反映社会诉求及利益相关方诉求	规划不但要保证内部各种衔接一致，而且要与外部的各种相关规划衔接一致	规划设计要充分体现建设"三化"（资源节约型、环境友好型、社会和谐型）	认真研究规划的信息流程管理，明确规划要分别要向内部、外部输入和输出信息	定制"大规划"的沟通策划，积极争取划决策得到各方认同，上级部门批准和地方政府同意	—
"大建设"	更绿色	电网建设过程充分考虑社会和环境因素，立足发挥电网的能源优化配置功能，服务各地实际，科学开展电网建设	电网建设全面落实安全与本质安全管理体系，保证健康管理工作，保证公司员工、社区居民的人身安全与健康	全面落实电网建设项目环境影响评价和项目竣工环保验收制度，最大限度减少项目建设对环境的影响	全面加强与利益相关方的沟通交流，保持和谐的利益相关方关系，积极争取各方对项目建设的理解与支持	妥善开展征地和补偿等工作，切实保证各方合法权益，加强社会和环境风险管理，制定部署相关应急预案	注重打造一流的负责任的电网品牌建设
"大运行"	更可靠	研究解决检修协调时间仓促、变更时间临时对现场勘查不全面等问题	加强电网负荷预测管理	定制"大运行"的沟通策略，让社会各界了解负责任的电网运行的经济和社会价值	用好"安全、高效、绿色、和谐"的社会责任管理目标要求，打造负责任的"大运行"品牌	在推动"大运行"过程中充分考虑社会和环境因素，有效管理运营过程中的社会和环境风险，积极推动利益相关方参与	—
"大检修"	更高效	全面实施状态检修，降低检修成本，提升检修效率、提高供电可靠性	提升重大活动保供电工作质量。综合考虑工作计划、总结、改进、等几个方面，形成闭环电工作	制定合理的检修承诺目标，自觉推动资源、探索实施客户设备有偿服务、修订报修回访等管理制度，提升检修管理水平	在检修过程中优化工作方式，减少对自然环境、公共设施、交通、群众生活等方面的影响，减少环境扰动	策划电力设施保护方面的专题活动，在社会各界中树立"朝阳电网是朝阳人民的电网"的理念	—
"大营销"	更透明	优化服务贯彻落实"始于客户需求、终于客户满意"，"服务承诺有限、服务努力无限"等优质服务理念	优化服务标准：制定符合国情和政府要求的服务标准，力所能及地，有针对性地提升服务标准	优化服务内容：优质服务，自觉推动客户安全用电、放心用电、满意用电、科学用电、环保用电	优化服务沟通：以解读服务方式及定义指标内容，传播服务沟通能力和责任形象的服务，全面展现负责任的服务	优化服务流程：围绕提升服务效率，着眼提升服务客户价值、服务方式意义和透明度，塑造优秀服务品牌，优化优质服务流程	优化服务制度：及时将良好的做法和实践制度化，建立长效机制

供电服务，创新社会管理，促进社会和谐。

所谓"万"，即服务 10000 个设施农业户。朝阳供电公司确定了 20 多个设施农业小区作为示范，包括花卉、蔬菜、大田、养殖等设施农业 72 万亩，大棚 8200 栋，农业户 6000 余户。公司全力保障新建小区电力配套工程及时投运；完善已建小区常态化服务机制，建立服务档案，加强用电宣传，定期巡检用电设施，及时消除安全隐患；为全市现代化农业提供电力支撑，助力农民创效增收。

"百千万"履责行动提出后，朝阳供电公司各层级主动融入全市工作大局，对接全市 100 个重点项目，建立 1000 个社会责任联系点，服务 10000 户设施农业户，并形成长效、常态新机制，以履责行动助力全市工业化、城镇化、农业现代化，推动创新社会管理，形成了社会责任与企业管理深度融合以及经济、社会、环境三位一体的管理提升新格局（见表 3-3）。"百千万"行动实施以来，朝阳供电公司 2013 年对接了 120 个项目，2014 年对接了 67 个。截至 2014 年底，公司建成社会责任联系点 64 个，建成社会责任实践设施农业示范区 21 个，服务农户 2.1 万户。公司社会责任实践与供电服务协同互动，达到了资源集约、服务集中、品牌集成，显著改进了公司服务质效，实现了观念转变、机制优化、管理转型、价值提升。

表 3-3　朝阳供电公司"百千万"履责行动计划

行动类别	行动内涵	牵头部门	主要工作	履责绩效
"百"行动	对接朝阳市及各县（市）、区 100 个重点项目	发策部	梳理全市（包括各县（市）、区）经济发展、社会民生重点项目（特别是招商引资项目），详细掌握项目情况，制定服务措施，建立供电公司与项目方、政府的三方沟通机制，形成常态化服务机制	推动经济发展
"千"行动	建立 1000 个社会责任联系点	营销部	以农村电费收费点为主，纳入各村委会、社区委员会等平台，建立公司社会责任联系点，通过联系点的窗口作用，宣传公司形象，征求社会各界的意见和建议	助力社会和谐
"万"行动	服务 10000 户设施农业户	农电部	详细掌握全市设施农业小区、畜牧养殖小区情况，建立档案，为小区业主提供电力服务，建立常态化服务机制	服务民生"三农"

四、构建社会责任指标体系

为了深化落实全面社会责任管理，推动社会责任工作考核与公司绩效考核的融合，提升社会责任推进管理的完整性，2012 年 12 月，朝阳供电公司构建了"朝阳供电公司社会责任指标体系"，为公司社会责任工作的开展提供指引与考核。

（一）社会责任指标体系框架

朝阳供电公司社会责任指标体系的基本框架具有深厚的理论基础。

首先，总体上确定以经济价值、社会价值和环境价值的三重价值创造模型为基础逻辑框架，其中，经济价值主要表现为保障可靠可信赖的电力供应，社会价值表现为企业与社会的和谐发展，环境价值表现为企业与环境的和谐发展。

其次，合规透明运营是朝阳供电公司开展负责任运营的基础，因此，合规透明运营也成为朝阳供电公司社会责任指标体系框架的重要构成要素。

再次，社会责任理念与战略为朝阳供电公司实现三重价值创造和开展透明运营提供了思想指引，作为朝阳供电公司社会责任指标体系框架的重要构成要素自不待言。

最后，企业内部应建立起社会责任推进体系，以保障各相关方利益的实现和企业自身战略目标的达成，因此明确将社会责任推进管理单独列出，作为朝阳供电公司履行社会责任的重要保障领域，将有效促进经济、社会、环境、透明运营指标的落实。

经过多轮次的论证和推敲，依托企业社会责任基本框架的逻辑推理和理论分析，朝阳供电公司最终确定了公司的社会责任指标体系基本框架。该基本框架包括责任理念与战略、社会责任推进管理、可靠可信赖的电力供应、企业与社会和谐发展、企业与环境和谐发展、合规透明运营和接受社会监督六个方面，六个方面共同构成公司社会责任指标体系的"1+1+4"钻石模型，如图 3-3 所示。

（二）社会责任指标体系内容

以朝阳供电公司社会责任指标体系的钻石模型为基础，基于责任理念与战略、社会责任推进管理、可靠可信赖的电力供应、企业与社会和谐发

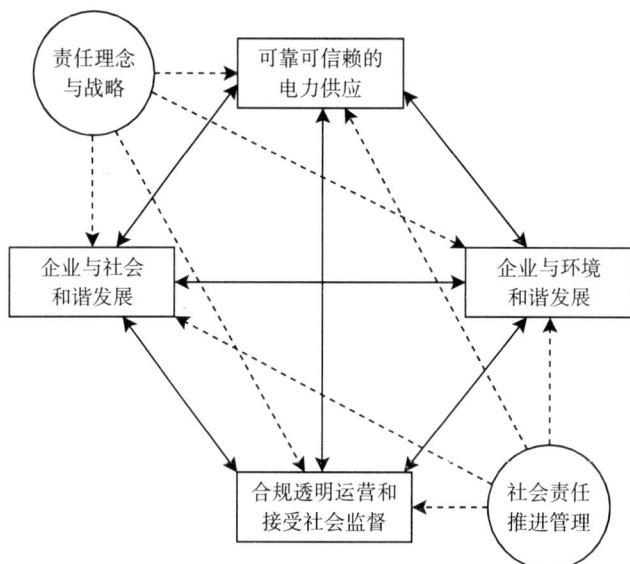

图 3-3　朝阳供电公司社会责任指标体系的钻石模型

展、企业与环境和谐发展、合规透明运营和接受社会监督六个方面，朝阳供电公司对钻石模型所体现的社会责任管理和实践进行了进一步的细化，从而形成包括 30 个二级指标和 269 个三级指标的朝阳供电公司社会责任指标体系。公司社会责任指标体系钻石模型的六个方面构成了社会责任指标体系的一级指标，每一项一级指标之下均有若干项二级指标，每一项二级指标之下也有若干项三级指标，三个层次的指标共同构成了朝阳供电公司社会责任指标体系，如表 3-4 所示。

表 3-4　朝阳供电公司社会责任指标体系指标内容结构

一级指标	二级指标	三级指标
责任理念与战略	2	8
社会责任推进管理	7	27
可靠可信赖的电力供应	4	63
企业与社会和谐发展	8	94
企业与环境和谐发展	5	49
合规透明运营和接受社会监督	4	28
合计	30	269

五、优化利益相关方沟通管理

利益相关方沟通和管理是朝阳供电公司营造良好的外部环境、实现又快又好发展的重要手段，更是朝阳供电公司履行社会责任的重要组成部分。2014年，在前期开展利益相关方沟通管理的基础上，朝阳供电公司对自身利益相关方沟通工作进行了系统的梳理，进一步构建了系统化、规范化、结构化、制度化的利益相关方沟通体系，对利益相关方按沟通对象和沟通议题实施分类管理，增进了与社会各界的利益认同、情感认同、价值认同。

（一）沟通体系模型

公司围绕"加快两个转变，建设'一强三优'现代公司"的总目标构建了企业社会责任沟通体系，将公司同利益相关方沟通分为日常沟通、重大沟通、危机沟通三种机制，按沟通对象与沟通议题寻找利益相关方与公司的共同期望，进而形成目标和对策，如图3-4所示。

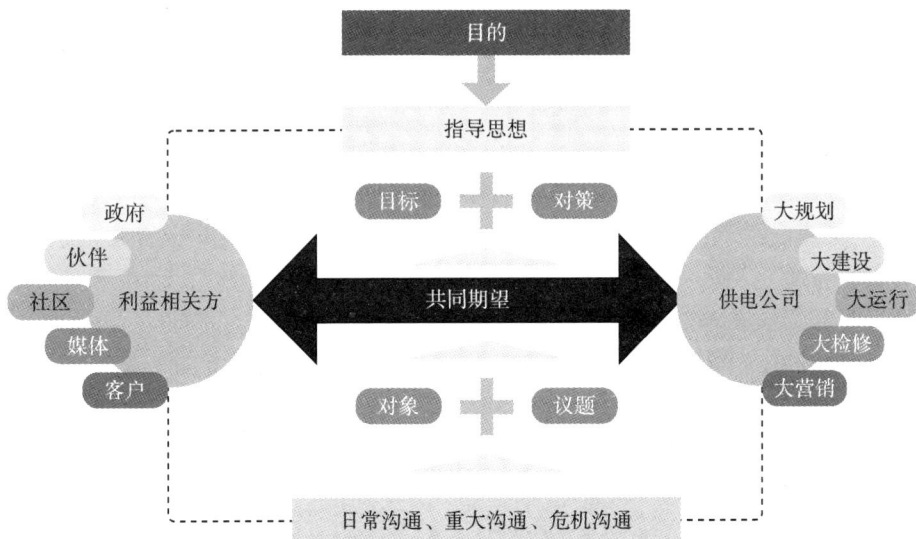

图3-4 朝阳供电公司利益相关方沟通体系模型

（二）沟通议题分类管理

为了提高沟通效率和效果，朝阳供电公司对利益相关方沟通实行分类管理，针对不同的沟通议题，分别采取日常沟通管理、重大沟通管理或危机沟通管理的沟通策略。

1. 日常沟通管理

每年底，朝阳供电公司各部门均会编制下一年度的利益相关方沟通计划，包括利益相关方类别、沟通议题、沟通方式、沟通时间计划、沟通预期效果等。之后，由公司社会责任部门对各部门的年度沟通计划进行初审，并上报公司总经理办公会讨论。通过公司总经理办公会讨论后，年度沟通计划下发到各部门，各部门按照年度沟通计划开展与各类利益相关方的日常沟通，并对计划实施进度进行监控。此后，每年底各部门对年度的利益相关方沟通情况进行总结，并与年度沟通计划进行比较。评估沟通效果是由社会责任部门对各部门的年度利益相关方沟通行动进行考核，包括年度利益相关方沟通计划完成情况和成效。考核的结果反馈到各部门，各部门制定沟通改进方案，并融入下一年度的利益相关方沟通计划编制中，如图 3-5 所示。

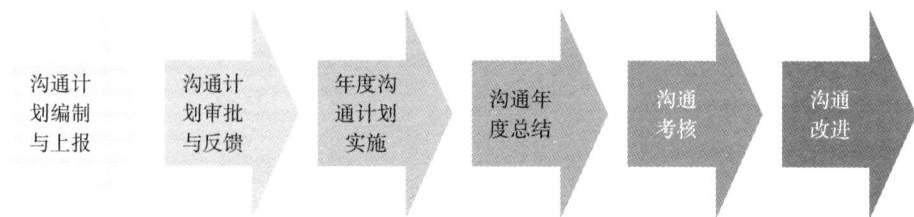

图 3-5 日常沟通管理程序

2. 重大沟通管理

重大沟通管理过程分为五个基本阶段：第一，分析重大活动的性质和内容，明确利益相关方沟通对于达成重大活动目标的作用和意义。第二，确定重大活动的沟通需求，在制定重大活动策划方案的同时，编制重大活动的沟通方案，包括利益相关方的识别、利益相关方的期望、沟通议题、沟通方式、沟通主体、沟通时间计划、沟通预期成效等。第三，依据沟通方案，在重大活动的不同阶段依计划开展针对不同利益相关方的沟通活动。第四，监控沟通方案的执行情况。在重大活动结束后，针对重大活动实施过程中的利益相关方沟通情况进行总结评估，包括沟通方案的执行情况评估、沟通成效评估以及沟通管理过程评估。第五，根据沟通效果评估的结果，发现重大活动实施过程中沟通管理存在的问题及其原因，制定相应的改进计划，并予以实施，实现重大活动沟通管理的持续改进，如图3-6所示。

图 3-6　重大沟通管理程序

3. 危机沟通管理

朝阳供电公司危机沟通管理包括五个方面：第一，发生危机事件后，迅速查清其真正原因，尽快控制局势，随后设定沟通目标，以保障组织有序地应对。同时，利用现有的或及时建立危机沟通部门，将危机的最新变化情况反映给该部门。第二，全面分析危机事件，比如危机产生的原因是什么？恶化的重要因素有哪些？有哪些公众受影响？他们可能采取什么方式解决？第三，在弄清这些问题的基础上，为了有效控制危机局面，朝阳供电公司及时与利益相关方进行沟通，并配合政府的调查工作和媒体的监督，积极主动发布相关信息，引导舆论，稳定公众情绪。第四，在危机后期，若危机产生了不良的社会影响，应通过各种渠道，特别是借助媒体向公众传播正面客观的信息，减轻危机给公众带来的恐慌。在此阶段，公司还要与内部人员（员工和管理人员）之间保持直接沟通，通过他们保持与媒体更密切、更直接的接触。第五，供电公司还应采取各种方式与外部利益相关方（客户、政府部门、媒体、社区等）进行沟通，了解他们对于事情真相的感知程度，传递公司的整改措施，重塑他们对公司的信任。负责危机沟通的部门也应制定周密的计划，防止危机再次出现，如图 3-7 所示。

图 3-7　危机沟通管理程序

【专栏】

社会责任沟通的重要载体——社会责任报告和白皮书

企业社会责任报告是开展社会责任沟通和交流的重要载体和平台。对企业而言，通过编制和发布社会责任报告，不仅能科学、深入地梳理自身的社会责任管理和实践工作，而且能够通过向利益相关方传递自身履行社会责任的信息，获得利益相关方的支持和拥护，提高自身的品牌价值。

朝阳供电公司十分重视通过社会责任报告的编制和发布推进同利益相关方的沟通及交流。从2011年开始，朝阳供电公司连续两年编制和发布社会责任实践报告，有效地提高了同利益相关方沟通和交流的效果，提升了自身的社会责任管理和实践工作的水平。不仅如此，朝阳供电公司还不断深入探索社会责任报告编制和发布的新形式，以期最大限度地提高社会责任报告在同利益相关方沟通交流中的效率和效果。例如，在朝阳供电公司发布的2011年社会责任实践报告中，就创新性地采用了"三篇七光"的结构框架，不仅设计了责任之路、朝阳之光、跨越之行三个篇章，而且还采用"七彩霞光"的逻辑关系和结构框架，全面涵盖了12方面社会责任，引起了利益相关方的热烈反响，收到了良好的沟通交流效果。

2012年，朝阳供电公司将发展战略和重点工作与全市经济社会发展大局紧密对接，在全省首次向社会发布了《服务朝阳全面崛起白皮书》，展示"十二五"期间公司自觉服务经济社会发展全局的重要行动，表达与朝阳各界携手共建生态朝阳、信用朝阳、文化朝阳、幸福朝阳的履责意愿、规划部署、具体措施和履责承诺。《白皮书》的编制与发布，有利于朝阳供电公司营造良好的内外部发展环境，使供电企业在与客户的双向互动中获得共赢。

2013年3月21日，朝阳供电公司组织人员开展向朝阳市双塔区人民法院和朝阳市科技局等单位赠送《2012年社会责任实践报告》、《服务朝阳全面崛起白皮书》活动，并向其介绍《报告》、《白皮书》中的主要内容，积极倡导安全、节约、科学用电。此举得到了社会各界的广泛认可，增进了客户对供电企业的理解与信任，有效提升了公司的品牌形象。活动当天，朝阳市科技局负责人感慨地说："'你用电，我用心'，确实如此，供电公司不仅说到了，也确实做到了，这个报告中的每项服务举措都站在客户角度考虑，办的都是实事，真正体现了国家电网高度的社会责任感。"

六、创新开展社会责任议题管理

社会责任议题管理是创新社会责任管理的抓手，是更具针对性和更有着力点的社会责任管理手段，也是近年来社会责任管理的新兴领域。朝阳供电公司率先在国网公司系统内探索开展社会责任议题管理，是对全面社会责任管理的创新和开拓，有利于更好地推进社会责任根植的质量和效率，更好地提升公司的社会责任绩效，更好地管控公司的社会责任风险，更好地塑造公司的责任品牌形象，树立在地市级供电公司中的履责标杆。

（一）社会责任议题管理的总体目标

社会责任议题管理作为一项新的社会责任管理模式，其管理的方法、流程和工具等都需要实践的检验和改进。朝阳供电公司是首家在国网系统内探索开发社会责任议题管理的企业，其实施社会责任议题管理的目标在于：

一是建立社会责任根植项目库，选择有深刻价值的项目并行推进，长期研究。

二是建立社会责任管理的人才库，以项目研究为契机提高公司上下的社会责任管理素质。

三是建立社会责任管理的工具库，通过项目研究实践，不断开发新的管理工具。

四是建立推进社会责任管理的资源库，以根植项目为引领，对公司内外部资源进行整合。

五是提炼模式，为国网公司推进社会责任管理提供实践样本。

六是坚持成果导向，多出根植成果，提升根植项目的成果质量。

七是以根植项目为切入点，全方位提升公司履责意识和能力、社会责任绩效水平和责任品牌形象。

（二）社会责任议题管理的具体实践

朝阳供电公司从概念、流程、工具三方面构建议题管理体系。

1. 明确相关概念

（1）议题的定义。企业社会责任主题是企业履行社会责任的核心领域。企业社会责任议题是企业社会责任主题下的关键性问题，将主题分解为若干融入点，具体到日常工作。

（2）议题的特征。对经济、社会、环境可持续发展有着重要影响；对利益相关方有重要影响并受到利益相关方广泛关注；是社会责任法律规范或倡议公约关注的核心内容；与企业有密切关联，受到企业影响或给予企业影响。

（3）议题的类型。根据与企业的关联程度和发挥的价值特性，社会责任议题可分为普通议题、价值链主导型议题和竞争环境主导型议题三大类。普通议题一般独立于企业运营环境，既不受企业运营的明显影响，也不对企业的长期竞争力构成明显影响。价值链主导型议题是指会受到企业经营活动显著影响的事件。竞争环境主导型议题是指会对企业竞争力造成显著影响的事件。

（4）议题的生命周期。根据外部经济社会环境的变化和利益相关方关注程度分为潜伏期、发生期、发展期、热点期和消退期。

2. 制定管理流程

朝阳供电公司社会责任议题管理的流程如图3-8所示。

3. 开发管理工具

为使社会责任议题管理能够迅速推进，公司开发出多种议题管理工具。例如：议题重要性判断矩阵，在议题分析环节，以综合价值和企业竞争力价值两个维度判断议题的重要性；议题研究策略选择方法，在议题实施环节，确定了不回应、被动回应、主动预防、积极引导和率先发起五种策略，并设计了根据议题生命周期、综合价值属性确定议题研究策略的方法。

（三）社会责任议题管理的实施成效

1. 构建了议题研究机制

朝阳供电公司建立了覆盖各个专业、共计125人的社会责任议题研究推进网络，并在2013年底召开了国网公司系统内首届地市级供电公司社

层级与职责

| 国网公司和省公司 | 社会责任领导班子 | 社会责任办公室 | 各职能部门和县供电公司 | 利益相关方 |

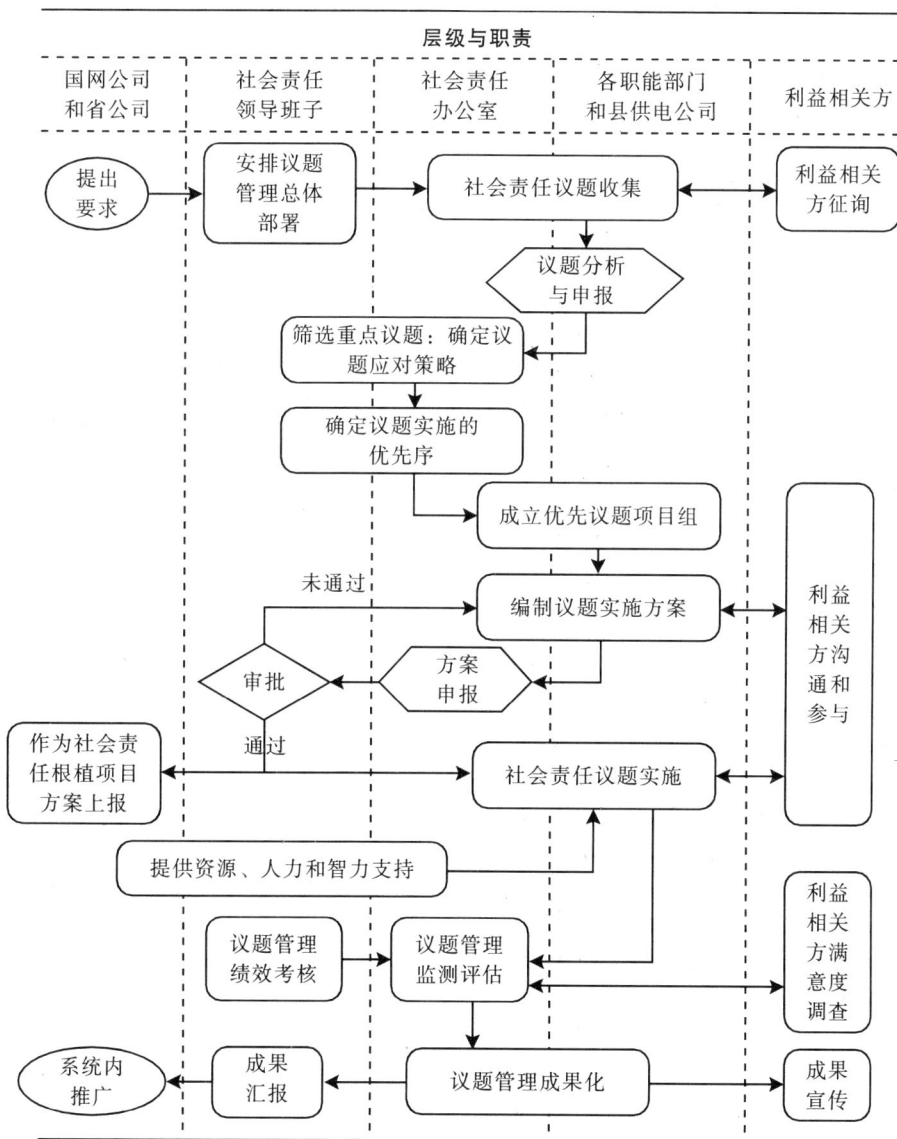

图 3-8 朝阳供电公司社会责任议题管理流程

会责任议题管理发布会，发布议题研究成果 16 项。2014 年底，公司在国网公司系统内开发出首本《供电企业社会责任议题管理手册》，体现了系统性、实践性、创新性，对社会责任议题管理体系进行了全面阐述，包含概念篇、方法篇、实务篇和工具篇四个篇章，厘清了社会责任议题管理的

工具 4-2 议题管理绩效评价工具	工具 4-3 议题管理评价标准	工具 1-1 社会责任标准的议题集	工具 1-2 利益相关方需求调查
工具 4-1 议题实施监测评估工具	议题监测与评价工具包	议题识别与收集工具包	工具 1-3 社会舆情监控工具简介
工具 3-1 议题方案策划分析工具（鱼骨图分析法/SWOT 分析法/5W1H 分析法）	议题策划与实施工具包	议题分析与筛选工具包	工具 2-1 社会责任议题分析框架
	工具 3-2 议题沟通传播工具简介	工具 2-3 议题实施优先序制方法与工具	工具 2-2 重点社会责任议题筛选方法与工具

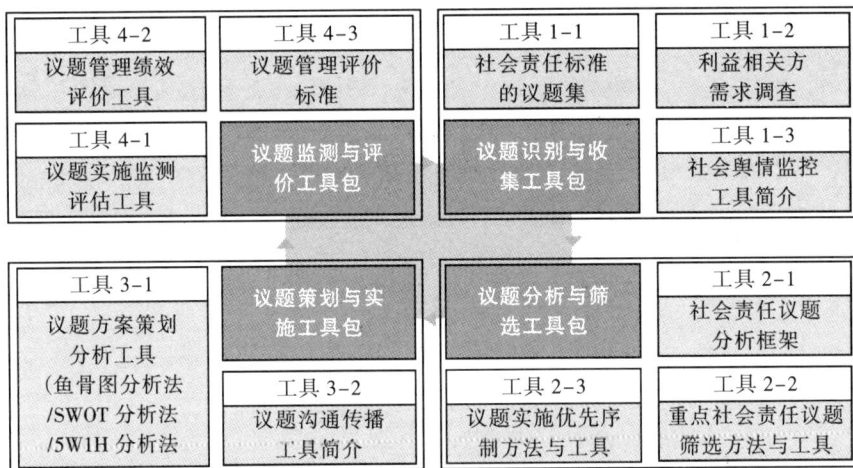

图 3-9 朝阳供电公司社会责任议题管理工具

相关概念及相互关系，系统构建了社会责任议题管理的方法和程序，开发出一系列社会责任议题管理的工具，并以公司为样本对议题管理如何落实进行了解析。

2. 社会责任管理得到深化

社会责任议题研究工作覆盖了公司所有的部门、专业，通过议题研究，明确了各部门、专业的社会责任管理融入点。推进人员在研究议题的过程中，自觉学习并传播了社会责任管理的相关知识，促使公司社会责任管理工作得到进一步深化。

3. 提升了综合价值创造能力

公司对 170 个社会责任议题进行了研究，运用社会责任管理理念和方法，对电力设施保护、电网建设施工受阻、弃管小区电力设施维护、表后电力设施故障维修等问题进行了研究，引入利益相关方参与，协调社会力量解决公司发展难题，形成了多方合作共赢的新机制，取得了良好的成效。

七、创立"朝阳之光"公益服务品牌

朝阳供电公司创立了"朝阳之光"公益服务品牌，制定了《国网朝阳供电公司"朝阳之光"品牌公益活动实施细则》。公益活动在"整体策划、灵活运作、品牌发展"的总体原则下开展，赢得了广泛的社会认同，树立了公司良好的品牌形象。

（一）成立"朝阳之光"志愿者服务队

公司践行"履行社会责任，共建美丽朝阳"的愿景，规范开展公益活动，在"辽电共产党员服务队"、"青年志愿者服务队"、"巾帼爱心服务队"的基础上，成立了"朝阳之光"志愿者服务队，公司所有公益活动统一使用"朝阳之光"品牌。服务队倡导"奉献、沟通、互助、和谐"的奉献精神，自愿无偿服务于社区群众生产生活，如图 3-10 所示。

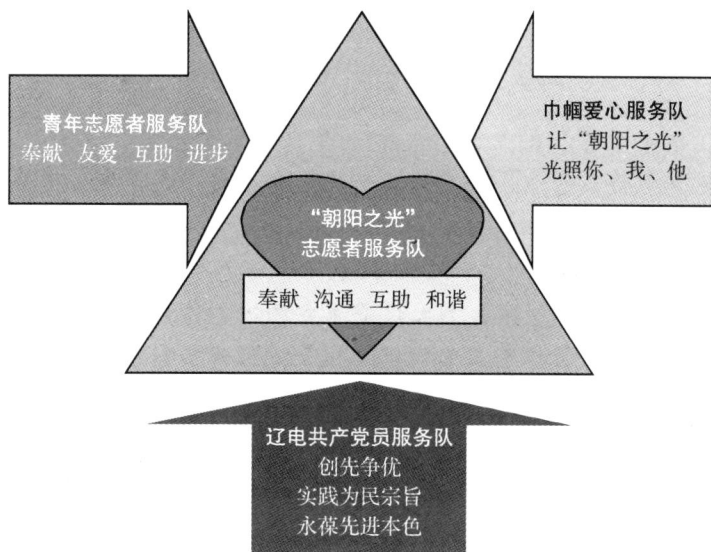

图 3-10　朝阳供电公司"朝阳之光"志愿者服务队构成

（二）开展"朝阳之光"志愿服务活动

"朝阳之光"志愿者服务队设立春耕、秋收、助学、便民等若干专项服务队，志愿者以社会责任联系点、社会责任实践示范区为主要平台，以重点客户和特殊客户为重点服务对象，开展保电、救灾、扶弱助困、宣传便民等志愿服务活动。保电志愿者服务队服务于各个重大活动和重要节日保电工作，每年服务 1000 人次以上。助学志愿者服务队定点帮扶国网爱心希望小学和辽电爱心希望小学，每年捐款捐物 3 万元以上。北票分公司连续12 年爱心接力，资助两名贫困学子，直至两名学生顺利考上大学。助老爱幼服务队以社区、敬老院的老人和留守儿童为重点，为老人儿童提供情感陪护和爱心救助。建平分公司连续 25 年真情奉献喀喇沁敬老院，全体团员为老人献爱心。公司女职工志愿者连续 3 年 36 次进入朝阳市特殊儿童太阳村，为孩子们送去母爱和各种学习生活用品。宣传便民服务队开展电力知识培训讲座 46 场，培训 3000 余人次。志愿者每月为社区提供电力设备巡视检查、检修等服务，主动参与小广告清理、交通协勤指挥等活动。在交通协勤中，公司每天派出 8 名志愿者在两个十字路口执勤 1 小时。

【专栏】

"朝阳之光"服务抗旱保电专项行动

2013 年年 7 月以来，辽宁遭遇 63 年来的特大旱情，辽西尤为严重，朝阳地区受灾面积达 300 余万亩，形势十分严峻。抗旱保电是供电企业义不容辞的责任，朝阳供电公司第一时间召开抗旱保电工作部署会议，组织 91 支"朝阳之光"共产党员服务队，深入田间地头，增加临时变压器，新建临时抗旱线路，加大设备测量频次，密切关注和掌握负荷变化，向农民百姓讲解抗旱用电知识，指导他们安全科学用电，齐心协力抗旱保电，先后开动 14970 眼机电井进行排灌，解决群众燃眉之急。中央电视台、新华社、人民日报社、中央人民广播电台等中央及省级媒体，走进公司抗旱保电一线，对公司抗旱保电工作进行专题采访，收到了良好的社会反响。

第四节　提升社会责任绩效

朝阳供电公司高度重视自身的社会责任工作，不仅在全公司范围内培育形成了对社会责任理念的认知，而且构建了一套行之有效的社会责任制度体系。基于对社会责任的认知，在社会责任制度体系的规范下，朝阳供电公司开展了大量的社会责任实践工作，取得了较好的社会责任绩效，这些绩效集中表现为社会责任意识明显增强、全员履责能力显著提升、组织管理体系日益完善、社会责任融入运营管理得以全面推进、社会责任沟通体系初步建立，公司履责实践取得显著成效。

一、组织管理体系日益完善

企业社会责任组织管理体系是企业顺利推进社会责任工作的组织保障，经过多年的建设，朝阳供电公司逐渐形成包括社会责任管理领导体系、社会责任管理工作体系以及社会责任管理目标与考核体系在内的全面社会责任管理体系。通过建立健全全面社会责任管理领导体系，朝阳供电公司形成了开展全面社会责任管理试点工作的强大引擎。通过建立健全全面社会责任管理工作体系，朝阳供电公司形成了有效的工作体系，做到年有计划、季有推进、月有安排、周有重点、检查考核、持续改进、不断提高，实现全面社会责任管理工作常态化。通过建立健全全面社会责任管理目标与考核体系，朝阳供电公司全面社会责任管理组织体系更加有效运行。全面社会责任管理领导体系、全面社会责任管理工作体系以及全面社会责任管理目标与考核体系的建立和健全，标志着朝阳供电公司社会责任组织管理体系日益完善。

二、社会责任意识明显增强

朝阳供电公司在实施全面社会责任管理试点过程中，坚持理念先导原则，将促进公司及全体员工树立科学的企业社会责任观作为开展全面社会责任管理的起点。通过组织全员参与社会责任培训、编制发布企业社会责任学习材料、开展履行企业社会责任的活动以及进行网络宣传活动，朝阳供电公司有效地推动了全体员工树立、增强和深化企业社会责任理念，实现了全体员工对企业社会责任的认识从"无知"到"略知"再到"详知"和"深知"的转变，为公司进一步深化全面社会责任管理奠定了良好的认识基础，如表3-5所示。

表3-5　朝阳供电公司社会责任意识的形成途径

类别	活动	成　　效
I	组织全员培训	提高了公司领导班子、中层干部、基层员工履行社会责任的理念和意识
II	编发学习材料	实现社会责任理念入脑、责任入心、履责入行
III	开展履责活动	深化各个岗位对于企业社会责任的认识和理解
IV	进行网络宣传	推动了员工对社会责任的广泛参与

三、全员履责能力显著提升

履行社会责任的能力是企业更好地履行社会责任的保障，离开了履行社会责任能力建设，企业开展社会责任工作必然事倍功半。朝阳供电公司多措并举，提升全面履行社会责任的能力，从而更好地推进自身社会责任工作取得更多、更好的成效。

一方面，通过开展社会责任培训与知识的学习，朝阳供电公司逐步使员工建立起自我学习的能力，从而提升了不同层次员工履行社会责任的能力；另一方面，通过制定并实施各项社会责任制度，朝阳供电公司明确了社会责任工作机制，规范了开展社会责任工作的流程，在厘清责任边界、改进沟通效果、提升综合价值等方面起到了良好作用，为全体员工履行社会责任提供了制度依据，提升了他们的履责能力。不仅如此，通过开展履责示范载体建设，朝阳供电公司充分发挥人才榜样的带动作用，对引领自主创新和提升履责能力起到了示范作用。除此之外，通过社会责任案例的梳理和传播，朝阳供电公司进一步强化了全体员工的责任理念和能力，对员工开展履责行动起到了示范作用。公司还不断加大促进全员履行社会责任的资源保障力度，落实专项资金，提供良好办公环境，对人员、资金、环境等各方面需求全力支持。

总之，朝阳供电公司围绕着全员履行社会责任水平的提升，通过多种层次、多种途径和多种方式逐步建立自我学习、持续改进的社会责任能力动态发展机制，为公司全面履行社会责任提供必要的能力保障。

四、融入运营管理全面推进

朝阳供电公司积极探索社会责任管理融入"五大"体系建设的途径和方法。通过开展社会责任管理融入"大规划"体系建设的探索，朝阳供电公司明确了电网规划必须是负责任的规划，特别强调了电网规划与朝阳地区的化石资源、文物保护和青山碧水规划的有机衔接，突出了电网发展满足社会和经济和谐发展的履责要求。通过开展社会责任管理融入"大建设"体系的探索，朝阳供电公司固化了绿色建设的施工理念，强化了"朝阳电网是朝阳人民的电网"等工作理念，优化了电建沟通机制，搭建了政府主导的推动平台，促进了"大建设"的绿色化，赢得了发展的大提速。通过开展社会责任管理融入"大运行"体系建设的探索，朝阳供电公司完善电网调度管理制度和业务流程，及时、准确地披露"三公"调度信息，定期召开厂网协调会，实现电网更可靠的"大运行"以及企业和利益相关方的综合价值最大化。通过开展社会责任管理融入"大检修"体系建设的探索，朝阳供电公司得以在检修专业化和运维一体化建设中融入社会责任管理，从而实现了更集约、更高效的"大检修"。通过开展社会责任管理融入"大营销"体系建设的探索，朝阳供电公司"阳光、责任、高效、透明"的"大营销"体系不断形成，社会责任管理不断根植于日常管理之中，公司营销工作也从业务导向型向客户导向型转变。总之，"五大"体系建设是朝阳供电公司运营管理的核心和基础，公司通过探索社会责任融入"五大"体系建设的方式和方法，实现了社会责任工作融入运营管理的全面推进。

五、社会沟通体系初步建立

朝阳供电公司社会责任沟通体系包括三个有机组成部分，分别为利益相关方沟通机制、社会责任报告信息披露机制以及利益相关方沟通载体和平台建设。朝阳供电公司社会责任沟通体系建设的水平和质量，不仅体现为利益相关方沟通机制、社会责任报告信息披露机制以及利益相关方沟通载体和平台建设的"单项"质量与水平，更体现为三个有机组成部分之间的全面的协调和推进。在利益相关方沟通机制建设方面，朝阳供电公司针对政府、客户、合作伙伴、员工、媒体、公众、非政府组织等利益相关方分别建立系统化、制度化、结构化和规范化的沟通体系。在社会责任报告信息披露机制方面，公司连续两年发布了社会责任实践报告，营造了良好的履责氛围。在利益相关方沟通载体和平台建设方面，朝阳供电公司整合了政情、企情、社情、舆情4个监督网络，建立了社会责任观察评议机制。

通过利益相关方沟通机制、社会责任报告信息披露机制以及利益相关方沟通载体和平台建设，朝阳供电公司在企业运营和管理实践中初步建立了与利益相关方有效沟通的机制，公司与利益相关方沟通的水平和质量不断提升，获得了利益相关方的理解、信任和支持。

运营篇

践行社会责任　提升运营水平

　　2012 年 5 月，朝阳供电公司由省级全面社会责任管理试点单位升级为国网公司试点单位，恰逢"三集五大"体系建设全面实施。朝阳供电公司紧抓管理试点和体制创新的双重机遇，探索将社会责任理念全面融入"五大"体系建设之中，实现了机制优化、管理转型、品牌提升，走出了一条责任与管理融合、品质与价值契合、执行与创新结合的管理创新之路。

　　为了推进社会责任融入公司"五大"体系建设，朝阳供电公司确定了包括利益相关方识别分析、风险辨析、保证透明度、实施管理改进、落实改进措施在内的融入方式。为了进一步提升社会责任融入"五大"体系建设的效果，朝阳供电公司着力实施"1335"工程和"1463"工程。所谓"1335"工程，即制定 1 个"五大"体系建设价值传播提升工作方案，实施社会责任管理融入制度、流程、标准的 3 个固化，加强社会沟通、利益相关方、风险应急 3 项管理，开展负责任的"大规划"、"大建设"、"大运行"、"大检修"、"大营销"建设。所谓"1463"工程，即在凌源 1 个分公司开展全面融入示范，在建平、北票、朝阳县、喀左 4 个分公司分别开展融入安全生产、优质服务、供电所建设、服务地方经济发展示范，选择 6 个点进行重点根植，争取成功 3 个。

　　通过"1335"工程和"1463"工程的开展，朝阳供电公司不断提升社会责任融入"五大"体系建设的深度和广度。朝阳供电公司"三集五大"体系建设取得了明显成效，主要表现在以下几个方面：一是构建了"五大"体系建设新格局；二是缩短了管理链条，机构人员配置更加优化；三是"大营销"业务集约化效果明显；四是客户满意度得到进一步提升；五是突发事件处置能力大幅提升；六是状态检修管理水平明显提高，大大提高了供电可靠性。同时，农网建设与改造工作取得新进展，很好地服务了朝阳地区"新三农"建设。

第四章 "大规划"

电力发展，规划先行。在"五大"体系建设中，"大规划"处于首位，它不仅使"大建设"和"大营销"体系建设富有科学性和前瞻性，而且使"大运行"和"大检修"体系建设有章可循。所以，"大规划"体系建设具有总体引领"五大"体系建设的作用。

为了全面推进朝阳供电公司"大规划"体系建设，在国网公司和省公司的政策引导下，在充分调查研究的基础上，结合朝阳市经济社会发展的特点和自身实际情况，朝阳供电公司重新调整组织结构，理顺工作流程，建立了新的组织管理体系。作为国网公司全面社会责任管理试点单位，朝阳供电公司高度重视将社会责任管理有效融入"大规划"体系建设中，积极建立和优化与利益相关方的沟通机制，开展了负责任的"大规划"实践，取得了明显成效。

第一节 "大规划"体系概览

"大规划"体系建设是一项系统工程，在"大规划"体系之下，不仅原有的组织结构需要做出相应的改变，而且电网规划的管理模式、工作流程、制度等也需要做出相应的变革。按照辽宁省电力有限公司统一工作部署，朝阳供电公司不断加快推进公司"大规划"体系建设，到2012年6月底全面完成了组织机构、管理模式、工作流程、制度标准、信息系统等建设任务，实现了传统规划体系向"大规划"体系的转型。

一、"大规划"的内涵

所谓"大规划"，是国网公司为了克服由于电网系统层级多、链条长而造成的"小而全"、"小而散"等问题，对规划业务进行优化整合，按照"横到边，纵到底"的基本原则，以标准化为基础、信息化技术为支撑，建立起来的包含各专业、贯穿各层级、覆盖全经营区域、涵盖各电压等级，内容完整、机构健全、职责明确、流程顺畅、标准统一、信息全面、集约高效的规划体系。在新的"大规划"体系下，朝阳供电公司形成了统一规划、分级管理、统一归口、专业协同的管理模式。

"大规划"体系强化了规划统筹、计划管控和技术支撑，不仅提升了发展质量、管理效率和综合效益，而且实现了电网规划的"一个本"，电网计划的"一条线"，电网管理的"一个口"以及电网信息的"一平台"的目标，简称"四个一"。①

朝阳供电公司"大规划"体系建设具有两个方面的特殊性。一方面，从纵向角度看，"大规划"是整个国网公司、省公司以及地市级供电公司都在讨论和付诸实施的问题，因此朝阳供电公司"大规划"体系建设和运行必须要以国网公司、省公司的"大规划"为基础，从而使"大规划"在规划内容和规划体系上保持纵向一致；另一方面，朝阳地区极具地域特色，朝阳供电公司有独具特色的企业文化，因此朝阳供电公司"大规划"在坚持与国网公司、省公司保持纵向一致的基础上，还要结合企业自身的特点和朝阳地方经济社会发展的特点推进"大规划"体系建设。朝阳供电公司"大规划"体系涉及内容多，涵盖面广，总共包括 21 个规划，其中公司发展规划、电网发展规划、综合计划、降损节能规划、投资计划是核心组成部分。

1. 公司发展规划

公司发展规划是为建立起适应地区经济社会发展需要和符合本企业特点的企业管理模式，而对公司发展战略、战略目标、工作重点、重要举措、保障措施等方面进行的前瞻性和科学性谋划，对公司未来的发展具有重要的指导作用，是企业稳定发展和实现企业经营目标的行动纲领和指

---

① "规划一个本"是公司规划与电网规划要做到各类、各级规划的有机衔接，实现全公司、全网"一盘棋"，统筹协调一体化规划；"计划一条线"是各专业计划、各层级计划要以综合计划为主线，统一编制上报、综合平衡、下达实施和优化调整；"管理一个口"是各类、各级、各专业规划和计划要纳入总体规划和综合计划，实现发展部门归口管理和综合协调，专业部门协同配合和业务指导；"信息一平台"是建立统一的规划计划管理信息系统和规划设计一体化信息平台，归集和管理公司规划计划数据信息。

南。离开了公司的发展规划，公司的未来发展无章可循，不能利用有限的资源有效率和有效果地开展业务活动，从而不利于公司竞争优势的获得和保持。编制公司发展规划，一方面可以使管理者对未来企业的经营状况有一个宏观把握，另一方面可以为电网规划、投资计划等提供指导，起到企业内部规划的龙头作用。做好公司发展规划工作，是提高企业经营效益，实现国有资产保值增值的有力保障。

公司发展规划是针对其核心业务发展编制的企业规划，是企业战略的具体实现方案和企业制订计划的重要依据，其内容包括企业现状与发展环境的分析、规划目标的制定、发展方案与融资规划的编制、核心业务的损益预测、规划方案的分析评价以及对规划实施的建议等工作。公司发展规划是朝阳供电公司"大规划"的基本内容之一，由朝阳供电公司发展策划部牵头，各相关部门、单位配合编制。公司根据辽宁省电力有限公司要求，结合朝阳地区经济社会发展特点，在把握电网和企业发展规律以及对现状和面临的压力与机遇进行分析的基础上，确立公司未来的发展目标、工作重点、发展思路和保障措施，形成公司发展规划。

2. 电网发展规划

电网是实现电力发、输、变、配、用各环节的载体和物质基础，科学合理的电网发展规划可指导电网建设，合理安排电网建设项目、建设时机、资金投入，满足国民经济发展对电力的需求，保证今后电网安全、稳定、经济运行，获取最大的经济效益和社会效益。提高规划质量，编制出具有合理性、前瞻性、可行性的电网发展规划非常重要。电网发展规划以电网建设现状为基础，根据当地市政建设和总体规划，结合大地区的电网建设规划，通过正确的电力需求预测，制定全面合理的方案，指导地区电网的规划。电网发展规划包括总体规划，主网架规划、配电网规划、通信网规划、智能化规划等专项规划，以及电力需求预测及负荷特性研究、能源电力流向研究和大型能源基地输电系统规划设计等专题研究。朝阳供电公司发展策划部门是电网发展规划工作归口管理部门，统一组织规划的启动、编制、审查、上报、实施和滚动调整，明确规划目标和边界条件。

防止大面积停电，保障客户供电的可靠性，是供电企业的社会责任所在，是电网发展规划的首要目标，电网发展规划的其他目标都应该在满足这个目标的前提下完成。同时，电网发展规划应充分考虑公司资产尤其是核心资产的保值、增值，在保证电网可靠性的前提下，应进行充分的经济效益分析，以全电压等级序列和全寿命周期内资产不断优化以及投资效益最大化为目标，逐渐在规划中引入资产管理的概念，推进资源在更大范围内的优化配置。

3. 综合计划

综合计划以公司发展战略与发展规划为指导，在对市场环境、发展规划、经营状况等形势综合分析的基础上，统筹考虑公司远期、近期发展，对主要计划及指标进行综合平衡优化后，形成综合效益最优的企业计划目标和实施方案。

朝阳供电公司综合计划包括电网发展、资产质量、供电服务和经营业绩等指标，集中反映了公司在电网发展、资产质量、供电服务以及经营业绩等方面的目标和要求。除此之外，朝阳供电公司电网基建、小型基建、生产技改、生产大修、零星购置、营销投入、信息投入、研究开发、管理咨询、教育培训、股权投资、产业投入等专项计划，也是综合计划的有机组成部分。

4. 降损节能规划

降损节能是电网企业的一项重要工作，既对加快建设资源节约和环境友好型社会具有十分重大的意义，又关系到企业的管理水平和经济效益。电力企业要持续发展，必须依靠科技手段，加强线损管控，实施节能降损措施。

朝阳供电公司降损节能规划包括落实国网公司和省公司降损计划、制定线损管理办法以及实施降损措施等。在落实上级单位线损管理规定方面，朝阳供电公司贯彻执行上级单位线损管理方面的规定，根据上级公司下达的线损计划和企业目标，编制企业线损计划，并分解下达至有关单位。在制定企业线损管理办法方面，公司通过进行线损分级、分压、分线统计分析，对线损计划执行情况检查、指导、考核。此外，还制定并组织实施降损措施、计划，定期组织线损理论计算。

5. 投资计划

电力投资项目金额巨大、设备复杂，关系国家安全、人民生活和国民经济持续健康发展。制定科学的投资计划是朝阳供电公司"大规划"体系的重要工作内容。

投资计划包括资本性投资项目建议计划、年度计划、临时追加计划等。在制定公司投资计划方面，朝阳供电公司按照上级单位的统计报表制度要求，编制投资统计报表，上报辽宁省电力有限公司，并开展投资统计分析工作，监督投资计划完成情况。

二、"大规划"体系的组织结构

"三集五大"体系建设实施以来，朝阳供电公司按照辽宁省电力有限公司"大规划"体系建设实施方案，结合朝阳供电公司实际，调整组织结构，优化各专业部门之间的管理界面，明确市、县公司规划计划工作职责分工，形成了"五大"体系领导小组领导、发展策划部门归口管理、经研所提供技术支持、县公司发展建设部从基层支持配合、各专业部门协同配合的"大规划"组织管理体系。

（一）"大规划"体系部门设置与职责分工

1. "三集五大"之前的规划工作组织结构

"三集五大"之前，朝阳供电公司的规划业务只有市级规划计划管理体系，主要由发展策划部负责，但尚未形成电网发展规划的归口管理。规划工作中需要的专业技术支撑，往往采用对外委托的方式进行。"大规划"之前的规划工作主要负责部门及分工如图4-1所示。

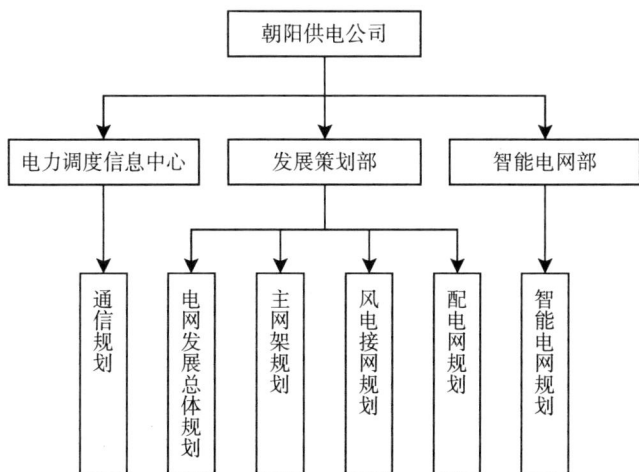

图4-1 "三集五大"之前朝阳供电公司规划工作管理体系

2. "三集五大"之后的规划工作组织结构

"三集五大"之后，朝阳供电公司对"大规划"工作组织结构进行了调整，主要负责规划的发展策划部仍然发挥重要作用，在此基础上增加了负责"大规划"工作的技术支撑部门经研所和县级的执行机构县发展建设部，"大规划"相关的主要部门增至 3 个。部门间的关系及主要工作职责如图 4-2 所示。

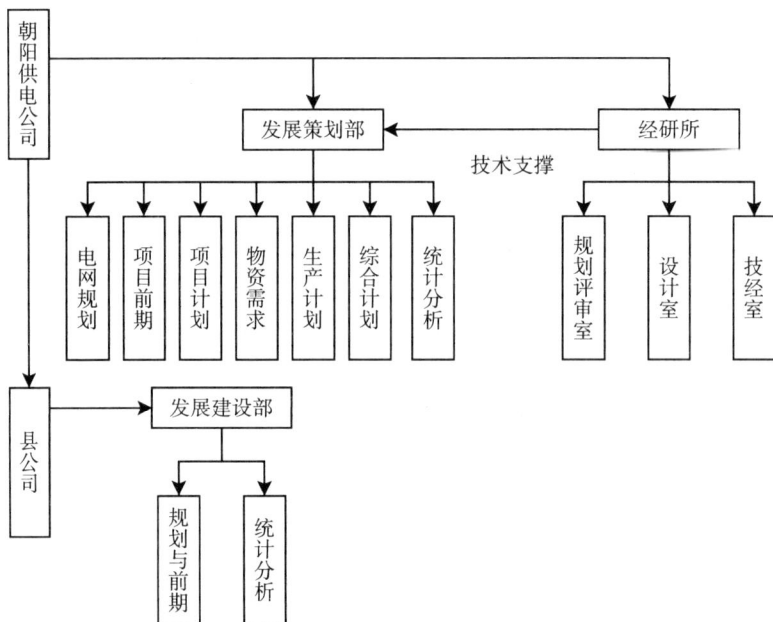

图 4-2 "三集五大"之后朝阳供电公司"大规划"工作管理体系

在部门调整的同时，根据新的机构设置和人员配备要求，朝阳供电公司全面开展人员整合、选调和招聘。截至 2012 年 6 月底，"大规划"体系建设机构和人员选配全部完成，新模式正式导入运行。

3. "大规划"部门的主要职责

（1）发展策划部。发展策划部是朝阳供电公司"大规划"工作的主要归口部门，该部门的主要职责包括电网规划及负荷预测、项目前期工作及科研管理、方案编制与审查、投资计划、统计及小型基建管理、综合统计、线损管理、综合计划、配电管理及建设管理等。

（2）县公司发展建设部。为加强市公司发展策划部规划计划力量，按照省公司建立"纵向贯通"的规划计划体系要求，2012年6月15日朝阳供电公司各县级供电分公司成立发展建设部。新增设的县公司发展建设部在发展策划部指导下，结合县经济社会发展的特点落实发展策划部的各项规划，负责辖区内项目前期、工程前期和年度计划执行情况统计分析工作。对内联系市公司发策部、建设部以及经研所等部门，对外联系县级地方政府部门。

（3）朝阳市电力经济技术研究所。为了更好推进"大规划"体系建设，根据省公司《关于市供电公司全面实施"三集五大"体系建设的指导意见》中关于"市经研所组建工作"的有关要求，朝阳供电公司于2012年6月11日成立了市电力经济技术研究所（以下简称"市经研所"），业务上接受省电力经济技术研究院（以下简称"省经研院"）的指导，负责朝阳地区电网规划和工程设计技术管理，性质为朝阳市供电公司二级机构。

市经研所由原预决算中心与电力勘测设计院两个部门整合而成，下设规划评审室、设计室和技经室3个专业机构。原预决算中心直接纳入经研所技经室，电力勘测设计院受经研所委托为其提供专业技术服务，远期根据发展需要，适时将设计院纳入市经研所，成为经研所设计室。

在"大规划"体系中，经研所是规划设计的技术支撑机构，承担电网规划、设计评审、工程设计和造价审核等职能，具体职能范围如表4-1所示。

（二）"大规划"体系建设中的组织调整

随着朝阳供电公司"大规划"体系建设工作的不断推进，组织机构调整及岗位变动工作相继完成。具体看，在专项规划业务方面，"大规划"体系建设前后，科技信息规划、多经产业规划、精神文明建设规划等专项规划的业务归口部门发生了变化（见表4-2）。科技信息规划原来由生产技术部和信息通信中心负责，现转归运维检修部和信息通信公司负责。运维检修部是"大规划"体系建设之后在原生产技术部的基础上成立的，包括配电运检室、变电运维室、输电运检室、变电检修室、综合室五个室（相当于班组），具有更强的专业技术能力和执行力，与信息通信中心共同负责科技信息规划业务。多经产业规划归口部门由综合产业管理中心转变为综合服务中心综合五室。精神文明建设规划由思想政治工作部转归党群工作部。党群工作部是"三集五大"体系建设之后将团委、工会统一合并

表4-1 "大规划"体系经研院和经研所管理职责分工

	电压等级	编制	内审	评审	批复
规划	220 千伏	省经研院	国网经研院		总部
	66 千伏	市经研所			
	10（20）千伏及以下	省经研院	省经研院		省公司
		市经研所			
可研	220 千伏	乙（丙）级及以上咨询资质单位	省经研院		
	66 千伏	丙级及以上咨询资质单位	省经研院（复核投资估算）		
	10（20）千伏及以下		市经研所		
电厂接入系统设计	220 千伏	乙（丙）级及以上咨询资质单位	省经研院		
	66 千伏	丙级及以上咨询资质单位	市经研所	省经研院	
	10 千伏及以下				
客户接入系统方案	220 千伏	乙（丙）级及以上咨询资质单位	市经研所	省经研院	
	66 千伏	丙级及以上咨询资质单位			
	10（20）千伏及以下	市经研所	市公司		市公司

表4-2 "三集五大"前后专项规划业务归口部门变化情况

序号	专项规划名称	原部门名称	"三集五大"后部门名称
1	电网发展规划	发展策划部	发展策划部
2	人力资源规划	人力资源部	人力资源部
3	财务资本规划	财务资产部	财务资产部
4	市场营销规划	营销部	营销部
5	科技信息规划	生产技术部 信息通信中心	运维检修部 信息通信公司
6	多经产业规划	综合产业管理中心	综合服务中心综合五室
7	精神文明建设规划	思想政治工作部	党群工作部
8	同业对标规划	发展策划部	运营监测（控）中心

注：运营监测（控）中心为新成立部门，"三集五大"体系建设后，同业对标工作由发策部划归运营监测（控）中心。

而成立的机构，职责范围也随着机构的合并而相应扩大。

在综合计划业务归口管理部门方面，"三集五大"前后综合计划业务归口部门变化不大（见表4-3），仅地方电厂上网电量与计划偏差由原来的电网调度中心转归为电力调度控制中心，强化了对上网电量与计划偏差

表4-3 "三集五大"前后综合计划业务归口部门变化情况

序号	综合计划指标名称	原部门名称	"三集五大"后部门名称
1	线损率（地区口径）	发展策划部	发展策划部
2	投资计划		
3	成本三费	财务资产部	财务资产部
4	地方电厂上网电量与计划偏差	电网调度中心	电力调度控制中心
5	售电量	营销部	营销部
6	应收电费余额		
7	应收电费余额比重		
8	当年电费回收率		
9	陈欠电费压降		
10	售电单价		
11	市场占有率		
12	电费及预收电费上缴率		

的控制，增强了管理控制的力度。

在投资计划业务归口部门变化方面，主要是预计划完成率和技改完成的归口单位由生产技术部转归运维检修部。生产技术部原来是机关部室，"三集五大"体系建设后变更为运维检修部，纳入"大检修"体系，成为地（市）公司业务支撑和实施机构，对预计划完成率、限下技改完成和限上技改完成进行更为有效的管理。调通限下技改完成的归口部门则由原来的电网调度中心、信息通信中心变为电力调度控制中心、信息通信公司，管理职能的专业性在"三集五大"之后进一步增强，如表4-4所示。

表4-4 "三集五大"前后投资计划业务归口部门变化情况

序号	投资计划指标名称	原部门（单位）名称	"三集五大"后部门（单位）名称
1	预计划完成率	生产技术部	运维检修部
2	限下技改完成		
3	限上技改完成		
4	营销限下技改完成率	营销部	营销部
5	调通限下技改完成	电网调度中心、信息通信中心	电力调度控制中心、信息通信公司
6	大中型基建完成	基建部	建设部
7	投资计划完成	发展策划部	发展策划部

（三）"大规划"体系的优势

不难看出，无论是从规划内容角度，还是从服务规划的组织结构变革的角度，较原有的规划体系而言，朝阳供电公司新型的"大规划"体系均具有明显的优势。这些优势集中体现在：规划计划管理实现了全覆盖，规划流程更加顺畅；整合了规划的前期工作力量，提升了外部协调的效率；依托于信息平台支撑，规范了数据管理；外部委托项目大幅减少，公司直接效益显著提高；衔接更加紧密，公司间接效益的提升相当可观；核心业务内部化，可持续发展能力进一步增强；等等。具体如图4-3所示。

规划计划管理实现全覆盖，流程更加顺畅	通过对各专项规划和各电压等级电网规划的归口管理，形成规划—计划—统计的闭环管控机制，实现发展业务流程的合理优化，促进公司和电网发展效益整体最优
整合规划前期工作力量，提升外部协调效率	成立县级发展建设部，整合基层单位规划与建设职能，减少重复环节，提升了工程前期和建设手续的属地化管理水平，大幅减少外部协调的工作量
依托信息平台支撑，规范数据管理	规划计划信息管理系统和电网规划设计一体化信息平台的应用，有效整合基础数据，提高公司规划计划和规划设计的信息化水平
外委项目大幅减少，公司直接效益显著提高	公司技术支撑机构直接负责编制电网规划、专题研究和工程设计等工作后，将大幅降低外委项目费用
衔接更加紧密，公司间接效益提升可观	项目建设时序得到优化调整，降低电网建设成本；电网规划得到有效落实，增加了公司投资效益
核心业务内部化，可持续发展能力进一步增强	规划和设计等核心业务内部化，公司发展战略可以得到有效落实

图4-3 "大规划"体系的优势

三、"大规划"的工作流程

在完成"大规划"的部门、岗位设置及人员配备工作之后，朝阳供电公司进一步明确了"大规划"的工作流程（见图4-4），规划工作由对外

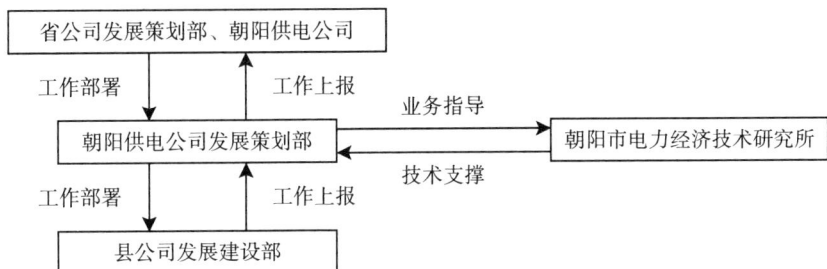

图4-4 朝阳供电公司"大规划"工作流程

委托变为内部编制。

（一）自上而下的指挥系统

"大规划"工作的垂直指挥系统分为三个层次：省公司发展策划部和朝阳供电公司；市公司发展策划部；县公司发展建设部。三者之间是层层指挥的关系。

首先，省公司发展策划部和朝阳供电公司对"大规划"工作进行指导和部署。"大规划"工作是一个从国网公司到省公司再到朝阳供电公司通力合作的系统性工程，省公司发展策划部是朝阳供电公司"大规划"工作的直接领导机构，同时朝阳供电公司"大规划"工作要服从于公司的总体发展战略。因此，"大规划"工作流程的第一步就是省公司发展策划部、市公司层面对朝阳供电公司发展策划部进行工作部署。

其次，朝阳供电公司发展策划部在接到上级的工作部署之后，结合各县区的特点将任务分解到县公司层面，并对下级机构县公司发展建设部进行部署。县公司发展建设部作为基层单位，执行上级布置的任务。

（二）自下而上的上报系统

直线系统是县公司发展建设部—朝阳供电公司发展策划部—省公司发策部和朝阳供电公司的自下而上的工作上报流程。县公司发展建设部是基层执行单位，要及时将执行过程中的各种情况上报给直接上级机构朝阳供电公司发展策划部；朝阳供电公司发展策划部总结汇总各县公司发展建设部的情况，结合市经研所的参谋建议，将情况上报给省公司发展策划部和朝阳供电公司，形成反馈和一个闭环流程，为下一轮上级决策提供参考。

（三）专业参谋系统

除了直线指挥系统之外，朝阳供电公司"大规划"工作还存在一个重要的专业参谋系统。市经研所与朝阳供电公司发展策划部平级，都是朝阳供电公司的二级机构，但不直接进入业务的指挥系统，既不能直接向县发展建设部指派工作，也不向上一级省发展策划部上报工作。其主要作用是发挥专业技能，起参谋作用，为朝阳供电公司发展策划部提供业务指导和技术支持，以其专业性提高发展策划部决策的科学性。

第二节　负责任的"大规划"实践

在"大规划"体系建设过程中，作为国网公司全面社会责任管理试点单位，朝阳供电公司把握机遇，将体制改革与社会责任管理进行了有效结合，全面实施了社会责任管理融入"大规划"体系建设工作，积极探索实践社会责任管理融入"大规划"体系建设的途径和方法，实现了社会责任管理与"大规划"体系建设的互融互促。

一、社会责任融入"大规划"的总体思路

（一）"大规划"与社会责任的关系

1. 坚持社会责任理念是保证"大规划"科学性的关键

思想是行为的先导。"大规划"工作作为朝阳供电公司的一项重要企业行为，其科学性与有效性直接受到决策理念的影响。负责任的社会责任理念是保证"大规划"工作科学性的首要思想基础。

如前所述，"大规划"工作是一个全面、系统的体系，涉及朝阳供电公司和地方政府及其他利益相关方，只有坚持"负责任"的理念，真正设身处地站到利益相关方的立场进行思考和决策，在积极与利益相关方沟通的基础上充分考虑各利益相关方的需求，在此基础上制定电网发展、公司发展、节能降耗等方面的规划，才能保证规划的科学性。

2. 合理有效的"大规划"是企业承担社会责任的途径

对朝阳供电公司而言，实行全面社会责任管理、践行社会责任需要贯穿于企业的所有决策和行为之中。在所有"负责任"的企业实践中，"大规划"工作的重要性更为突出，科学、合理、有效的"大规划"是朝阳供电公司承担社会责任的关键环节和重要途径。

朝阳供电公司"大规划"实践中，在充分与利益相关方沟通的基础上，将社会责任管理纳入公司发展规划；通过深挖基础数据、积极沟通协调，提升电网规划质量；通过开展降损专项规划加强企业节能降耗，促进低碳经济发展；开展小城镇典型规划，服务地方经济发展；等等。这些都是公司通过"大规划"承担社会责任的具体途径。

(二) 社会责任融入"大规划"的闭环控制流程

朝阳供电公司将社会责任融入"大规划"体系建设的总体思路是，在企业高度重视与利益相关方的相互沟通的基础上，综合考虑企业内外部环境因素的影响，树立对社会、对利益相关方负责任的理念，进而将负责任的理念贯穿到"大规划"工作的实践中去，并通过绩效考评来检验"大规划"工作是否真正融入了社会责任理念，根据评价结果进一步修正和完善"大规划"中的社会责任理念。在这个过程中，"理念创新—工作执行—绩效评价"形成了将社会责任融入"大规划"体系的闭环控制流程（见图4-5）。其中，理念是基础，实践是载体，绩效评价是保障。公司在整个闭环流程中高度重视与利益相关方的沟通。

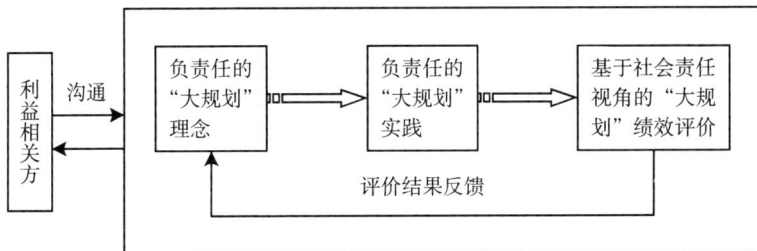

图4-5 社会责任融入"大规划"的闭环控制流程

1. 树立负责任的理念

管理创新首要的是理念的创新。从图4-5可以看出，树立负责任的"大规划"理念是社会责任融入大规划的第一步，是最重要、最基础的一个环节。正确的社会责任理念的树立，要建立在与利益相关方的沟通和企业内外部环境分析的基础上。正确认识公司所处的内外部环境，了解利益相关方的需求，划清责任边界，才能树立起科学、合理的社会责任理念。

从企业角度，要从公司层面加强宣传教育工作，充分利用内部刊物、讲座、网站等形式，宣传和学习将社会责任融入"大规划"体系建设的思想和相关知识，引导"大规划"工作的相关部门和工作人员树立对利益相关方负责任的新理念，营造和谐氛围；同时，树立经济、社会、生态环境综合价值最大化的规划理念，以负责任的理念指导"大规划"工作。

2. 以负责任的理念指导"大规划"实践

在社会责任理念的指导下，朝阳供电公司以"大规划"工作实践为载体，真正将社会责任与"大规划"工作在实践层面上融合起来。公司具体实践包括：引入利益相关方参与机制；将全面社会责任管理纳入总规划体系，融入相关制度体系建设中；规划编制强调人与自然的和谐统一，与生态文明建设理念相融合。

3. 从社会责任视角对"大规划"工作成效进行评价

"大规划"工作是否按照负责任的理念付诸实施，还有赖于基于社会责任视角的监督与控制，这是实现社会责任融入"大规划"工作的重要保障。要基于社会责任的视角对公司"大规划"工作进行绩效评价，分析评价"大规划"实践中是否真正贯彻和融入了社会责任理念，是否实现了二者的有机结合。将绩效评价的结果予以反馈，进一步肯定或修正负责任的"大规划"理念，界定责任边界，在更高的层次上形成新一轮循环。

二、社会责任融入"大规划"的实践

2012 年以来，朝阳供电公司抓住机遇，在"大规划"体系建设实践中，有效融入了社会责任理念，体现综合价值创造、利益相关方期望、沟通合作机制等要求，更好地发挥了电网规划的引领、服务和推动作用。

（一）推动社会责任融入"大规划"的基本原则

朝阳供电公司在开展社会责任理念融入"大规划"工作时，坚持"超前满足用电需求，资源节约、环境友好、社会和谐"的工作原则，在全面细致地做好相关规划工作的同时，重点把握好社会责任理念融入"大规划"的立足点。

1. 超前布局满足用电需求原则

规划要起到引领作用，必须有前瞻性。朝阳供电公司负责任的"大规划"实践着眼于未来，坚持超前满足用电需求的原则，科学预测用电需求，超前规划，合理布局，确保电网建设适应并紧跟经济发展的方向和速度，切实做好供电服务工作。根据朝阳市经济发展态势、政府工作重点和当前电网建设的外部环境，2014年朝阳供电公司开展了朝阳电网"十三五"主网规划编制工作，使新建及改造工程项目的时序性、时效性、先进性更加符合电网实际发展，为朝阳电网的规范有序发展奠定了基础。

2. 资源节约原则

朝阳供电公司致力于提高资源利用效率，最大限度地减少资源浪费，制定出"资源节约"的电网规划。在电网规划过程中，充分考虑与地方规划的相互衔接，考虑土地等资源的约束，减少电网对自然环境和社会环境的扰动。通过电网建设、运行、服务及管理等各个领域系统的全面规划，推进资源节约型电网建设。

在节能降损专项规划方面，朝阳供电公司瞄准国内外先进水平，结合电网现状和发展战略，在辽宁省率先开展节能降损规划，科学规划节能降损"十三五"目标，建立健全强化节能降损工作的长效机制。朝阳供电公司"十三五"节能降损规划贯彻落实党中央、国务院关于节能降损的工作部署，以公司中长期发展战略为导向，推进电力工业结构优化升级和能源优化配置，推动电网发展向更加智能、高效、可靠、绿色方向转变。在朝阳供电公司内部，为了降低自用电损失，所有的办公楼、变电所、供电所全部安装电表，100%投入运行，在定量指标约束下计入考核，超过限额予以罚款。

在消纳清洁能源方面，朝阳供电公司积极促进风电、太阳能发电等清洁能源并网，促进能源结构优化和电网协调发展。公司完成了《朝阳电网风电接网规划》，并通过了朝阳市发改委和省公司的审核。

3. 环境友好原则

朝阳供电公司在"大规划"实践中充分考虑环保、生态等约束，制定出"环境友好"的电网规划。公司本着"兴电网、富朝阳、惠四方"的电网建设使命，采取先进的施工工艺，实现电网绿色发展。朝阳供电公司坚持以提高自主创新能力、推进产业结构优化升级、加强生态环境保护为重点，促进电力工业的经济结构调整和经济发展方式转变。公司积极支持配合"上大压小"方针，坚决执行国家淘汰落后产能政策；通过规划、建设、运行、服务、信息等领域工作的系统推进，打造安全、可靠、节能、环保、高效、与周围环境更加和谐的绿色电网。同时，积极促进生态文明建设，保证电网规划满足资源、环境和人文要求。

4. 社会和谐原则

朝阳供电公司把和谐发展作为发展的根本方式，通过转换视角、转换观念、转换方式，用全面社会责任管理的新要求，全面对接朝阳经济社会发展，充分考虑外部利益相关方的期望和需求，打造和谐电网。公司深刻认识到企业与社会之间相互依存的关系，积极承担企业公民责任，推动和谐社会发展。

朝阳供电公司"大规划"更注重测算综合价值和社会认可要求，从主要考虑技术和经济因素，转向更加注重反映社会期望及利益相关方诉求。在"大规划"制定过程中，积极争取规划决策得到各方认同、上级部门批准和地方政府同意。公司采用周报、月报等形式定期向市政府汇报电网建设情况，并对特殊情况作专题汇报，争取理解和支持。

（二）推动社会责任融入"大规划"的具体措施

1. 积极与地方政府沟通，电网规划融入地方规划

朝阳地区的经济社会发展状况是"大规划"的外部环境，也是"大规划"要服务的目标对象，电网规划和地方规划存在着密切的联系。"大规划"工作大部分都与地方政府和用电客户相交集，涉及规划的制订、实施，前期工作的具体开展，单个工程项目的可行性研究，以及供电方案的编制等多个方面。如果与利益相关方沟通不好就有可能带来较大的负面影响，甚至造成投诉、上访等事件，给企业形象造成不利影响。

朝阳供电公司在"大规划"体系建设中，明确了规划编制要注重测算综合价值和社会认可、内部规划要与地方规划有序衔接和深层融入等要求，建立与地方政府的双向沟通机制，促进和谐电网建设。

（1）建立与地方政府的新型沟通机制。由于电力行业的特殊性，地方政府是朝阳供电公司最重要的利益相关者，"大规划"工作最重要的是与地方政府部门的沟通。在专业咨询机构的指导下，朝阳供电公司将以往按工作开展的松散的沟通机制进行整合，构建了基于共同期望的沟通体系和以价值创造为出发点的合作体系，明确公司与地方政府的沟通

目标（见图 4-6）和沟通模型（见图 4-7），构建了与地方政府部门的新型沟通机制。

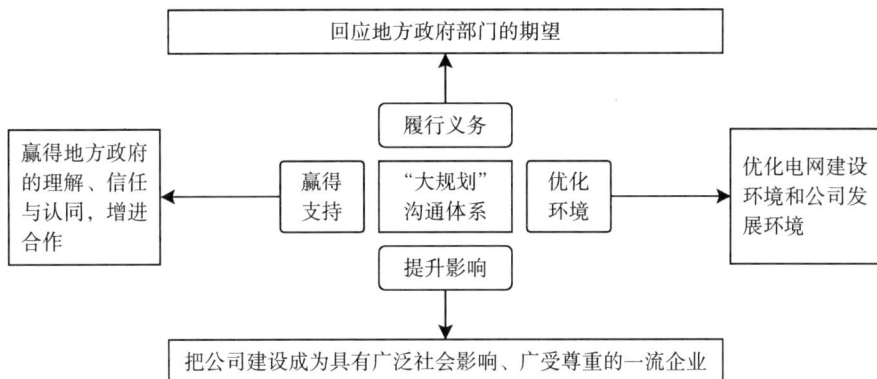

图 4-6 朝阳供电公司"大规划"沟通体系的目标

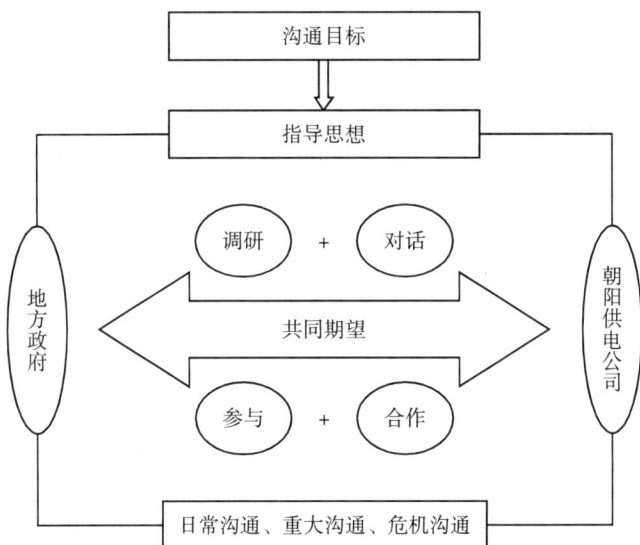

图 4-7 朝阳供电公司"大规划"沟通体系模型

从沟通目标看，朝阳供电公司新型的"大规划"沟通体系，是回应地方政府部门期望、履行透明运营责任的重要内容，是赢得地方政府部门支持供电公司发展的内在要求，是将朝阳供电公司建设成为具有广泛社会影响、广受尊重的一流企业的重要途径，也是朝阳供电公司全面优化电网建设和发展环境的关键举措。

图 4-7 归纳了朝阳供电公司"大规划"工作的沟通体系模型。以寻找地方政府和朝阳供电公司的共同期望为基础，以履行义务、赢得地方政府支持、提升企业影响和优化外部环境为目标，在积极争取地方政府支持的思想指导下，分为日常沟通、重大沟通、危机沟通三个部分，以调研、对话交流等方式积极探寻地方政府与朝阳供电公司的共同期望，在积极沟通的基础上，为"大规划"工作争取地方政府的支持，争取与地方政府开展合作。

朝阳供电公司在"大规划"工作中以负责任的理念为指导，建立了地方政府参与机制，"朝阳人民共同建设朝阳电网"的新模式正逐步形成。在新城区、工业园区配网规划中，朝阳供电公司邀请发改委、经信委、城建、环保等部门专家和客户代表参与设备选型、路径选择、用电方案确定，就电网安全、环境和谐、节能减排、智能服务、客户利益等进行评估，使配网规划更加科学、更加合理。

（2）积极构建与地方政府的沟通平台与制度体系。朝阳供电公司积极构建与地方政府沟通的平台，在朝阳市建立 1000 个联系点作为与政府部门等利益相关方的沟通平台。公司借助这一新平台积极与地方政府沟通，争取获得政府支持。联系点实施"两年规划，五位一体，八个一服务"。其中，两年规划是就制定联系点规划的时间界限而言的；五位一体是就联系点发挥的作用角度而言的，指联系点发挥宣传供电政策、联系城乡客户、评议服务质量、协助公司加强风险管控、提升管理水平五项功能；八个一是指每个联系点均发放一张供电服务联系卡、公布一部供电片区负责人电话、建立一本管理工作记录簿和联系点档案、每月开展一次走访、每月进行一次工作总结、每季度组织一次用电知识培训、半年开展一次帮扶工作、每年组织联系点代表走进一次供电单位。

在"三集五大"体系建设中，朝阳供电公司市区的两个分公司被撤销，公司按全面社会责任管理沟通模式，制定了《朝阳供电公司政府对接工作管理办法》，建立三级对接机制，[①] 各级联系人和政府部门实现了双向沟通。联系人向政府部门汇报"三集五大"体系实施后公司组织机构、业

---

① 三级对接机制指客户服务中心负责与市政府对接，客户服务中心营业及电费管理室、各供电分公司与区、县（市）政府对接，各供电所与乡、镇政府对接。

务流程变化情况，沟通有序用电、用电检查、电价政策执行、报装接电及智能用电、优质服务等工作。这既推进了工作，又赢得了理解，破解了城区分公司取消后政府对接难题。同时，公司采用周报、月报、推进会、专题汇报等形式，与政府及时沟通，明确政府是电网建设主体。

（3）以政府政策为指导，促进电网发展规划与地方规划的融合。朝阳供电公司在积极做好与地方政府部门沟通和联系的基础上，深入研究和高度关注政府的政策导向，做到政策指导规划，努力做到"大规划"体系各项业务运转坚持政策导向，避免与政府政策的冲突，为"大规划"创造良好的政策环境。

在规划业务方面，朝阳供电公司积极协调好地方建设项目与电力设施布局的关系，努力与地方政府进行沟通协商，争取项目建设与电源布点相结合，尽量减少重复性投入，落实与地方经济发展规划的衔接，将电网规划纳入地方发展规划，落实规划通道、站址等工作。公司主动融入朝阳市工作大局，超前服务全市经济社会发展的 100 多个重点项目，认真落实责任，实时逐项跟进，优化配套服务，开辟绿色通道，并形成长效、常态机制，确保重点项目早用电、好用电、用好电，得到了政府及社会各界的认可。

【专栏】

发挥电力参谋作用，服务燕都新城建设

2012 年，朝阳市开展了"5+1"新城建设，即在朝阳市区北部建设一座 30 平方公里的燕都新城，在 5 个县市各建一座新城区，是未来几年朝阳地区发展的一项重点工程。朝阳供电公司鼎力支持朝阳燕都新城建设，在新城电力配套建设中主动发挥电力参谋作用，采取有效服务举措满足用电需求，助推经济发展，受到了地方政府的高度认可和客户的衷心赞扬。

1. 组织保障

为确保按时优质完成燕都新城涉电各项工作，朝阳供电公司专门成立了燕都新城涉电工程领导小组和办公室，统筹协调燕都新城配电工程开展；同时，成立了三个专门的工作组，分别负责燕都新城配电前期工作、拆迁及临时供电、报装接电等任务。朝阳供电公司每周召开工作组

协调会，解决各类问题，部署和催办供电工程进度，并向市政府有关部门及时汇报工作进展情况，确保配电工程进度满足燕都新城建设工程节点时间的要求。公司高度重视与政府部门等利益相关方的沟通，专门成立了利益相关方代表参与的组织机构，就客户利益、电网安全、环境和谐、节能减排、智能服务等事宜进行专项评估。

2. 超前规划布局供电网架

为了推进燕都新城建设，服务地方经济发展，朝阳供电公司认真履行社会责任，超前开展燕都新城建设供电服务工作，加强硬件服务设施建设和软件服务支持，确保燕都新城电力基础设施高标准建设，满足燕都新城建设线路迁移及配套用电需求。

为满足新城区规划项目的近期和中远期用电需求，朝阳供电公司结合新城区整体规划同步启动了新城66千伏及以上电网规划工作。经全面、深入、细致的论证，规划建设一个网架脉络清晰、结构科学合理、用电方便容易、负荷承载能力高、供电可靠性高的供电网架。朝阳供电公司2012年12月将66千伏凌北变2台16千伏安主变增容改造为40千伏安，满足新城基础建设施工用电需求。2013年开工新建66千伏燕都变（什家河变），安装40兆伏安主变2台，满足新城区政府及相关企、事业单位供电需求，并作为新城区的永久电源。2013年开工新建66千伏他拉皋变（工业变），满足新城工业园区新增负荷需求。通过3座变电站的建设，可满足燕都新城起步区可靠性供电需求。

3. 重视社会责任管理融入

朝阳供电公司在服务朝阳燕都新城电力配套建设中，全面履行社会责任，统筹兼顾相关各方的利益诉求。经综合各方意见形成的燕都新城配网规划，做到了与朝阳市城市规划、土地规划、交通规划以及朝阳电网整体规划的有效衔接；在朝阳县新城建设中节约二次安装施工、设备费用约200多万元，实行线路、变电设备集中合建方案后，节约客户投资近100多万元，节省变电设备占地、线路走廊用地等10多亩，实现了经济、社会、环境综合价值的最大化。

【专栏】

喀左分公司助力喀左城镇化建设

在朝阳市政府的积极推动下，喀左县政府因地制宜地提出"城市牵动"战略，开展创建卫生城、园林城、文明城、生态城和环保模范城"五城联创"活动，通过推进以"五城联创"为标志的城市综合建设，加速推进喀左城镇化进程。朝阳供电公司喀左供电分公司对此高度重视，着力于优质服务的完善、创新和延伸，不断提高服务能力和水平，构建便利有效的服务体系，助力喀左县"五城联创"工作顺利开展。具体采取了如下措施：

1. 加强电网规划，保障电力供应

喀左县政府坚持把扩张县城规模和完善县城功能摆在"五城联创"项目的突出位置，把城区规划面积从原来的 10 平方公里扩展到 70 平方公里。喀左供电分公司紧密围绕喀左县城镇化进程发展需求，高度关注城镇化进程发展趋势，超前谋划电网规划与建设，加强规划及前期管理，将电网规划与城镇化发展规划相衔接，构建了科学、坚强的网架结构。科学合理、适度超前的电网规划，在为喀左城区提供充足电源供应的同时，也拓展了未来城镇化发展的空间。

2. 提升服务质量，优化业务流程

为加快县城内城镇化建设进程，喀左供电分公司加强城镇化进程中涉及的各类业扩报装流程的统一管理，规范业扩报装工作的每个环节，加快流程相关节点的处理，最大限度压缩业扩报装时间。分公司受理相关用电申请后，指定专人负责代理全程相关手续的办理，实行"内转外不转"的工作方式，并对工程进度进行催办、督办，实时跟踪工作进展情况，及时沟通、解决出现的各种问题，使业扩报装工作更加高效、便捷，明显提升了供电服务质量和客户满意度。

3. 开辟绿色通道，加强沟通协作

按照县委、县政府城镇化发展规划，喀左供电分公司细化各类项目的管理，加强对重点项目及重点工程的预介入服务，对这些项目和工程开辟绿色通道，同时建立了详细的项目、工程档案和针对性服务措施。涉及的重点项目均由主管领导亲自协调，全力加快项目的业扩报装速度，保证项目顺利进行。此外，还积极开展需求调查和科学用电指导，建立重点项目的日常联络制度，构建多方位的高效沟通机制，保障了城镇化建设重点项目的顺利实施。

2. 推动社会责任管理融入企业发展规划

社会责任融入"大规划"除了体现在将电网规划融入地方经济发展规划之外，还体现在将全面社会责任管理融入朝阳供电公司发展规划中。2013 年 9 月，朝阳供电公司启动"三年发展规划"编制工作，确定将全面社会责任管理融入规划编制，明确了"三个转换"，即从内部视角转换为外部视角，从单纯追求经济效益转换为追求经济、社会和环境综合价值最大化，从单纯注重公司快速发展转换为与利益相关方和谐发展、共赢发展，构建了服务朝阳全面崛起的特色模式。公司将全面社会责任管理融入公司发展规划主要体现在以下几个方面：

（1）以和谐发展的社会责任理念指导企业战略规划。朝阳供电公司在企业发展战略上强调和谐发展，全面对接朝阳经济社会发展，充分考虑外部利益相关方的期望和需求，推动企业与社会和谐可持续发展。规划更加注重测算综合价值和获得社会认可，系统测算规划项目的经济、社会和环境的综合价值，从规划主要考虑技术和经济因素，转向更加注重反映社会期望及利益相关方诉求，争取获得社会认可。

《国网朝阳供电公司三年发展规划（2014~2016 年）》提出，三年内推动全市节约电量 60 亿千瓦时，相当于节约标准煤 78 万吨，减排二氧化硫 2 万吨，支持朝阳单位地区生产总值能源消耗降低 20%；推动全市清洁能源消费占比达到 50%，风电接入电网规模达到 200 万千瓦，太阳能发电接入电网规模达到 20 万千瓦，完成 1 座电动汽车充放电站、62 个充电桩建设，完成电能替代示范工程建设和大型智能充换电网络建设，体现了企业秉承可持续发展的社会责任理念。

（2）社会责任管理融入企业发展规划编制过程。朝阳供电公司在企业发展规划编制过程中，将社责办纳入编制工作组，并引入利益相关方参与机制，凝聚社会合力，共同推进可持续发展；朝阳供电公司分别开展了内外部两次千人问卷，将可持续发展、绿色发展、透明沟通、利益相关方参与、员工幸福指数等 154 个内部和 94 个外部调研信息点纳入问卷，共收集有效问卷 1897 张，有效信息 25 万组，并用问卷结果指导规划编制；在规划评审阶段，公司邀请关键利益相关方、有关专家参与规划评审，进一步提高了规划质量。

（3）全面社会责任管理规划纳入企业规划内容体系。在规划内容方面，朝阳供电公司将全面社会责任管理规划作为子规划之一，纳入公司总体规划。社会责任管理全面融入企业发展战略规划，形成规划、计划和措施相衔接的融入链条，将服务朝阳全面崛起、促进人民生活品质提升、共建和谐发展环境、深化"百千万"行动等举措列入总规划。

（4）规划目标体现社会责任理念。在规划目标设计上，朝阳供电公司发展规划充分体现了社会责任理念，全面对接朝阳经济社会发展，确立了"1345"发展思路，即：一个愿景，基础稳固、管理进位、省内争先，对接朝阳市突破辽西北战略；三个重点，抓基础、抓管理、抓队伍，提升公司综合价值创造能力；四个着力，着力转型升级、科技进步、提质增效、依法治企，树立责任央企品牌；五个发展，科学发展助力朝阳全面崛起，安全发展助力幸福朝阳建设，创新发展助力文化朝阳建设，内涵发展助力信用朝阳建设，友好发展助力生态朝阳建设。

【专栏】

《朝阳供电公司电网规划工作管理办法》修订中体现社会责任理念

朝阳供电公司结合"大规划"制度修订工作，对《朝阳供电公司电网规划工作管理办法》进行了全面梳理和修订，共涉及社会责任理念融入点20余处，文字内容千余字，新增社会责任管理要求十七条，包含了电网规划从立项、编制、实施到调整、评估的全过程，明确了电网规划必须是负责任的规划，特别强调了电网规划与朝阳地区城乡规划、土地规划、交通规划、化石资源、文物保护和青山碧水规划的有机衔接，突出了电网发展满足社会和经济和谐发展的履责要求。

第一章"总则"中，把电网规划关系百姓生产生活、关系社会资源利用最大化、关系地方经济发展、关系省公司战略执行的编制思路体现在文字表述中，并专门增加了第三条作为电网规划承担社会责任的一项具体要求。

第二章"电网规划工作原则"中，把电网规划工作如何体现社会价值最大化、如何体现对社会发展的促进作用以及强化沟通与监督落实到文字表述中，重点强调了利益相关方的参与，强调了与地方政府的衔接。

第三章"电网规划工作体系"中，引入了新的电网规划编制理念，即建立规划专家委员会，在原有公司电网规划领导小组和工作小组的基础上，建立了由利益相关方代表组成的专家委员会，既涉及公司内部员工，又涉及政府相关部门专家和重点客户代表，突出体现了规划要反映各方综合价值和综合利益的管理理念，并明确了专家委员会的工作职责分工。

第四章"电网规划工作内容"中，重点强调了近期、中期、远期规划与社会发展的关系和反映的现实需要，即：近期规划突出解决当前直接关系人民生活品质提升的电网发展问题，如供电瓶颈、电压质量和供电可靠性等；中期规划偏重安全、环保、健康的主题思路；远期规划注重绿色能源的利用、资源的节约，以及可持续健康发展。

第五章"电网规划纳入地方发展规划"是一个专题性章节，专门阐述了纳入的方式、方法、范围、过程和内容等，同时结合朝阳地区特点，对地方具体规划做了进一步明确，如文化遗产保持规划、生态规划等。

第六章"电网规划滚动调整和后评估"中，强调电网规划的滚动调整应三级联动，即根据上级主管部门和公司领导的要求、根据内部管理机构的调整意见、根据外部利益相关方的用电需要，分别征询意见和建议，适时启动规划调整工作，体现各方的综合利益最大化，强调规划调整后的综合价值和社会可接受性。同时，继续发挥专家委员会的作用，在滚动调整和后评估工作中，充分征询专家委员会意见，力争满足各方诉求。在后评估工作中强调传播的重要性，只有做好对电网规划的宣传工作，才能最终体现规划对经济、社会发展和人民群众生活品质提升的贡献。

3. 推动社会责任管理融入企业节能降损规划

电力行业是节能工作最重要的领域之一，在国家建设资源节约型、环境友好型社会的新形势下，电力工业肩负着促进经济发展方式转变，推动产业结构调整，实现节能减排和低碳经济发展的历史使命。朝阳供电公司"大规划"体系建设中，明确了规划编制要积极推广和应用节能环保设备等要求。公司以科技创新和体制创新为动力，积极支持配合"上大压小"

方针，坚决执行国家淘汰落后产能政策；以市场为导向，加强需求侧管理，推广应用先进节电技术，倡导合同能源管理，提高电能终端使用效率；继续深化线损"五分"①精细化管理，进一步提升线损管理水平。通过电网建设、运行、服务及管理等各个领域系统的全面规划，推进资源节约型、环境友好型电网建设。

为了进一步加强企业节能降耗、促进低碳经济发展，有效指导"十三五"期间公司节能降损工作，朝阳供电公司积极响应国家的号召，全面开展节能降损工作。2014年从省公司申请了一批资金，专门聘请国家电网华研（北京）电力咨询公司编写了《朝阳电网"十三五"节能降损规划》和《朝阳电网区县"十三五"节能降损规划》，通过系统总结朝阳供电公司"十一五"及"十二五"节能降损工作实践经验和研究成果，在充分考虑未来几年朝阳电网发展与建设情况、供电企业线损管理工作实际情况下，深入分析节能降损工作面临的形势和存在的主要问题，提出既与"十二五"规划科学衔接，又符合"十三五"节能降损要求的目标规划和切实可行的规划措施，以进一步加强公司对朝阳电网在当前经济体制下的节能降损意识，提高节能降损管理水平，全面掌握电网运行状况，确定开展节能工作的主攻方向。

【专栏】

融合社会责任管理，提高配网规划质量

配网规划是城市总体发展规划的重要组成部分，也是城市配网建设和改造的依据，更是朝阳供电公司开展全面社会责任管理工作的具体内容之一。为实现配网规划综合价值的最大化，朝阳供电公司率先在配网规划工作中提出深挖基础数据、方案现场核对论证、开展降损专项规划、开展小城镇典型规划等一系列提升规划质量管理的工作措施，实现经济价值与社会价值的共赢。

---

① "五分"是指分区、分压、分元件、分台区、分线路，"五分"管理是朝阳供电公司的特色，结合朝阳线路长的特点，在"四分"的基础上增加了分线路。

1. 深挖基础数据，提升配网规划准确性

数据范围包括设备台账、电网运行、负荷特性、客户报装、故障投诉及检修等相关专业信息。经研所对规划收资数据的具体填写口径、标准进行讲解，再由经研所到各分公司做技术支持，最后由发策部、运维部、调度中心对填报数据进行审核。

2. 现场核对论证，提升配网规划可实施性

规划评审室与供电分公司共同提出项目方案后，组织与地方政府部门进行现场核对论证，对地方经济、民生需求进行现场反馈，按反馈意见进行方案优化，实现规划与电力需求有效对接，提高规划方案的可实施性，达到规划方案服务民生的最优化，进而实现了社会价值的最大化。

3. 降损专项规划，提升经济效益

朝阳供电公司聘请国内顶尖规划队伍开展《朝阳供电公司"十三五"节能降损规划》，充分挖掘公司的节能潜力，针对性制定的中期节能发展规划方案，将科学指导公司"十三五"期间节能降损工作，指导调整、优化电网、设备运行方式，以较少投入获得较大节能降损效果，实现多供少损，调高电网经济效益，积极响应了国家节能减排工作号召。

4. 小城镇配电网典型规划，助力小城镇建设

朝阳供电公司先后开展了凌源三十家子镇、北票宝国老镇、喀左公营子镇、建平三家镇四个小城镇配电网典型规划，为小城镇配电网规划树立了典型，使小城镇配电网建设与改造更加科学、合理和规范，避免重复投资、重复建设和不必要的资源浪费，使未来小城镇电网布局更加合理、结构更加优化，助力朝阳市小城镇建设的高效推进。

5. 低电压治理专项规划，服务农村民生

朝阳供电公司通过配网规划对农村配电网低电压问题进行详细摸底排查，对朝阳市存在的低电压问题采取增加电源布点、加装调压器、高压分台、两线换四线及低压换线改造等针对性措施，并制定了逐年解决方案。

（三）社会责任管理融入"大规划"流程、标准和制度体系建设

为保障"大规划"体系正常有序运转，朝阳供电公司主管领导亲自把关，对"大规划"体系管理办法、业务流程、管理标准和工作标准进行了全面梳理，在社会责任管理融入规章制度、流程和标准方面，朝阳供电公

司用流程诠释责任，用标准规范责任，用机制固化责任，和"五大"体系制度、流程梳理工作同步推进，完成了《电网规划管理办法》、《客户接入系统方案审批业务流程》等23个规章制度、流程标准的融入示范。

1. 将社会责任管理融入工作流程中

朝阳供电公司在"大规划"工作流程梳理过程中，融入社会责任管理理念，打破固有习惯，"大规划"工作流程设计目标更加注重以综合价值创造为导向，更加注重考虑外部视角和地方政府的期望，更加注重以人为本；流程设计方式更加注重内外部利益相关方的广泛参与，更加注重提升"大规划"工作的透明度，更加注重考虑企业活动的社会和环境风险，更加注重设置有效的社会沟通策略和利益相关方参与机制。

2. 将社会责任管理融入规章制度中

在对"大规划"相关的规章制度梳理过程中，朝阳供电公司融入社会责任管理理念，立足社会和谐和环境保护的视角修订完善现有制度，同时落实社会责任管理理念，制定并增加新制度。

3. 将社会责任管理融入管理标准、技术标准和工作标准中

在"大规划"体系建设梳理管理、技术和工作三大标准之际，朝阳供电公司全面融入社会责任管理要求，与业务体系建设相结合，与管理实际相结合，与信息化系统相结合，用标准指导实践，用标准落实责任，在管理标准、工作标准和技术标准中体现社会责任融入。朝阳供电公司还积极参与起草了辽宁省电力有限公司《社会责任管理标准》（编号：Q/GDW22001-2012-22005），将公司试点工作实践通过标准进行了固化。

第三节　主要成效和进展

"大规划"体系建设以来，朝阳供电公司对企业发展战略把握更加全面，对内进一步整合企业业务流程，紧密联系生产、运行、营销等部门，对外更加紧密联系政府部门，研究政府宏观政策和社会经济发展战略，使规划与当地的经济社会发展规划衔接更紧密、步调更协调。社会责任理念的融入从根本上改变了员工观念，促进了管理水平提升，形成了常态工作责任化、责任工作专业化的工作方式，为"大规划"体系建设打造了诸多

亮点，"大规划"体系建设取得了良好的外部效果，公司综合价值创造能力不断提高，业务水平得到提升，管理水平也得到进一步提高。

一、取得了良好的外部效果

通过负责任的"大规划"工作实践，朝阳供电公司与朝阳市政府建立了良好的沟通机制与和谐的关系，在市政协调的基础上，朝阳供电公司的"大规划"工作得到了地方政府的认可，实现了电力建设与城市建设的同步，为规划实施得到来自利益相关方的外部支持奠定了良好的基础。在"大规划"体系建设中，明确了规划编制要与地方规划有序衔接和深层融入，建立了与地方政府的双向沟通机制、市政建设联动机制、保供电协作机制和重要利益相关方沟通档案。公司强调电网规划必须是负责任的规划，必须与朝阳地区的化石资源、文物保护和青山碧水规划有机衔接，突出了电网发展满足社会和经济和谐发展的履责要求，得到了社会公众的认可，受到社会各界广泛好评。

【专栏】

北票分公司服务地方经济发展获政府好评

2014年7月10日，朝阳北票市市长一行5人专程来到朝阳供电公司北票供电分公司，看望了为地方经济发展做出突出贡献的北票供电人，鼓励北票供电分公司继续当好电力先行官，做创建文明北票的表率。

北票市政府领导对北票供电分公司在电网建设、供电服务、促进发展中，殚精竭虑破解了许多难以想象的困难，勇于奉献承担了很多急难紧重任务，高效优质地做好了电力保障工作给予了高度评价。来到北票供电分公司，北票市市长明确表示，这次来的中心目的就是看望北票供电分公司全体员工，在经济形势看紧的大环境下，公司班子团结务实，不辞辛苦，带领职工埋头苦干，售电量平均增速达26.88%，在朝阳排名第一，为此特来向北票供电分公司为地方经济发展做出的突出贡献表示感谢。

针对北票供电分公司支持北票市重点项目建设的情况，北票市市长给出了三个评价：一是支持政府重点项目工作到位；二是为政府想办法出主意到位；三是不怕烦琐调整设计到位，帮政府找路子紧跟政府步子。北票供电分公司克服了资金到位不及时、施工受阻等许多困难，在政府新城建设、工业园区建设、产业集群形成过程中保质保工期按时供电。更重要的是北票供电分公司从大局利益出发，积极争取资金、争取项目，北票电网建设力度、推进速度、投资额度前所未有，北票农村、城市电网供电能力实现了质的飞跃。

对于北票供电分公司在工作上的实际困难，北票市政府领导现场拍板：召开专题会议，拿出思路保障供电工作顺畅，做好支持供电工作宣传，消除各种误区，保办电资金、保重点项目、保工程时速；成立维护电网建设专门组织，将公检法部门纳入进来做好后盾，加大对破坏电网设施、无理要求赔偿阻碍电力建设施工行为的打击力度，确保电网建设安全、供电服务安全，企业政府密切合作。

二、不断提升业务水平

1. 业务运转更加顺畅

朝阳供电公司"大规划"体系自2012年成功实现新模式导入后，各级发展部门严格按照新模式要求开展各项业务，历经全面磨合整改，强化流程控制，业务运转取得了明显成效。电网规划、项目前期工作已按照新的业务流程和职责界面要求全面开展专业管理工作，技术支撑单位经研所积极介入电网规划和可研报告的编制工作，充分发挥了经研所的技术支撑作用，新模式运转顺畅有序。

根据机构变动和业务调整情况，朝阳供电公司进一步明确了公司规划和综合计划业务的对口责任单位，保证公司规划和综合计划指标管理的有序衔接；组织召开了线损专责会议，部署线损管理重点，解决高损线路、台区降损工作，确保线损管理取得实效；以研讨会、培训会、短信提示、电话通知等形式和手段开展同业对标工作，确保对标不因机构变动而出现漏洞；加强统计管理，积极组织统计人员参加国家统计资格认证，对基层统计人员提出明确要求，确保统计数据不出现差错；加强对各县级分公司发展建设部人员的转岗、适岗培训，确保了各级人员尽快适应"大规划"体系运作要求，全力投入新模式业务运转工作中。

2. 专业技术能力增强

经研所是"三集五大"体系建设以来朝阳供电公司新成立的专业机构，是"大规划"工作的技术支撑单位。经研所自成立以来，不断积累实践经验，技术能力不断增强。尽管存在人员不足和经验较少的问题，但经研所采取各种措施，如从主网规划到配网、新城区规划，从年度规划到5年规划、10年规划，从电网建设到通信网建设、自动化网建设，从电网的实量实测到设备台账的分类管理，从系统内接网方案到风电、光伏、客户接网方案与远近景规划的结合，规划业务正逐步向科学、全面、细致延伸，已经取得突出成效。经研所内部各专业室相互协同合作，打破专业壁垒，实现资源共享，优化管理流程，增强了跨专业协同能力，避免了各专业互不通气而造成的规划漏项和深度不够等问题，增强了技术支撑力量。

【专栏】

市经研所在"大规划"中发挥技术支撑作用

朝阳市电力经济技术研究所（以下简称"经研所"）是"大规划"工作的技术支撑单位。经研所积极发挥专业技术优势，介入电网规划和可研报告的编制。在接受朝阳供电公司发展策划部委托后，经研所仅用半个月时间就高效率地完成了"2013~2017年电网规划滚动调整报告"的编制工作，与以往编制类似的电网规划报告需要近两个月的时间相比，效率明显提升，同时编写质量也完全达到了报送标准，"大规划"体系的高效运转特性得到了充分展现。

此外，经研所还承担了"2013年10千伏及以下农网改造升级项目可研报告"等的编制工作，完成10千伏及以下可研编制8项，完成10千伏及以下设计编制和设计评审7项，充分发挥了经研所的技术支撑作用，顺利实现了新模式下的规划、计划业务运转。

220千伏京沈高铁、锦承复线电气化铁路、锦白运煤专线三条铁路在朝阳境内接网方案的综合研究工作，是经研所首次承担220千伏电压等级的较大综合项目。经研所经过细致的线路踏勘及开闭站选址，走遍了公司现有的10个相关的220千伏变电站，并对两个方案62条946千米预选线路路径及10个牵引站、5个开闭站站址所在地情况进行了较详细的调查（包括占地面积、性质、可利用情况信息）。结合电网远景规划，综合考虑 10 个 220 千伏电铁牵引站接网方案，并对铁路设计确定的两个牵引站位置提出迁改意见。此项工作受到辽宁省电力有限公司表扬，也为朝阳供电公司长远规划奠定了基础。

3. 电网规划质量提高

朝阳供电公司通过社会责任融入"大规划"工作，保证了电网建设项目的顺利实施，进一步提升了电网建设效率。同时，减少了城市发展过程中电力设施拆迁、转移的频次，提高了供电的可靠性，实现了电力建设与城市建设的协调一致，打造了符合"环境友好、资源节约、社会和谐"要求的电网规划。2015 年朝阳供电公司投资建设的胜利 66 千伏输变电工程、台子 66 千伏变电增容改造工程、东洼—大屯 66 千伏线路改造工程完工后，将极大改善该区域的电能质量，促进朝阳地区工业、农业的规模发展，并解决偏远地区低电压等问题。

4. 社会影响不断增强

在对外影响方面，朝阳供电公司的做法也被作为典型示范加以推广，社会影响逐步增强。2013 年 12 月 23 日，《辽宁电力报》报道朝阳供电公司社会责任管理融入三年发展规划情况；2014 年 1 月 7 日，《中国电力报》报道朝阳供电公司社会责任管理融入三年发展规划情况。公司社会责任管理融入"大规划"的做法获得了国网公司外联部领导的高度认可，并将朝阳供电公司的经验介绍视频剪辑到国网公司社会责任管理专题片中，作为典型经验进行宣传、推广。

三、进一步提升管理水平

1. 组织结构调整和优化

"三集五大"体系建设是朝阳供电公司的战略规划，按照结构紧跟战略原则，朝阳供电公司在组织结构上进行了相应的调整，逐步建立健全了与"大规划"相适应的组织体系（详见本章第一节）。新的组织体系为"大规划"体系建设提供了良好的组织管理保障，从组织结构方面实现了优化，电网规划、项目前期工作完全按照"大规划"业务流程和职责界面的要求开展专业管理工作。

2. 管理层级有效压缩

"大规划"体系建设以来,朝阳供电公司严格按照"大规划"体系要求开展规划、计划工作,业务管理层级得到了进一步压缩,10千伏项目可研等工作由原来的三级管理(即县公司生产部编制、市公司生技部会审、市公司发策部审核)压缩至二级管理(即县公司发展建设部配合经研所编制、公司发策部审核),减少了管理层级,达到了机构精简和节约管理费用两方面的效果。同时,随着经研所技术力量的增强和专业管理优势的显现,更有利于规划、可研报告编写的标准统一,平均工作效率提高30%以上。

3. 管理效率不断提升

通过"大规划"体系建设,项目前期管理工作明显理顺,彻底改变了以往公司各部门各自为政、分头出击的工作方式,极大地削减了原来的重复性工作,进一步明确了职责划分,提升了前期工作效率,使业务流程更加顺畅、高效。发展策划部和建设部密切配合,与各县(市、区)政府就相关工程建设的前期准备工作签订工程规划选址承诺书,提前明确项目前期工作中的各方责任和义务,确保工程前期各项工作的有序高效推进。

4. 管理决策质量提高

通过开展社会责任管理,朝阳供电公司电网规划方案不仅由企业提出,更有地方政府部门等众多利益相关方提出了建议,有效避免了投资盲目性和重复性建设等问题,既高质量地满足了客户的用电需求,又对供电公司建设资金配置进行了优化,做到了每个项目立项成熟、建设必要,以最少的建设资金投入实现最大的社会价值。

【专栏】

社会责任融入决策管理,助力朝阳县新县城建设

作为社会责任融入决策管理的试点单位,朝阳县供电分公司从优化决策管理入手,积极配合协调新县城建设的配电管理工作,将社会责任理念融入决策管理的各个环节,在实现经济价值的同时也创造了显著的社会价值。

1. 完善决策组织

为确保新县城建设顺利推进，朝阳县供电分公司成立了以经理和书记为组长的新县城配电建设决策管理领导小组。领导小组下设新县城配电建设项目办公室，成立了项目宣传组、项目推进组、项目考核组等，各组围绕领导小组决策部署，各司其职，保证了新县城配电建设的顺利推进。

2. 转变决策理念

在新县城配电建设的决策管理中，朝阳县供电分公司把企业的承受力和政府、社会的期望有机结合起来，既考虑朝阳县供电分公司的履责能力，又考虑朝阳县政府及用电客户的建设需求。决策领导小组明确了负责任的工作理念：高起点规划，高强度投入，高标准建设；想政府所需，办政府所想；内部工作外部化，外部需要内部化；保证质量，加快速度，减少环节，尽早送电。

3. 修订决策标准

朝阳县供电分公司在新县城建设过程中的决策标准是：不但要考虑项目的短期效益，还要考虑项目的长期影响；不但要考虑技术可行、经济合理、能力可及，还要考虑社会认可、生态友好、资源节约。在决策标准修订过程中，除了决策领导小组内部充分讨论外，还积极听取利益相关方的意见，反映利益相关方的期望和诉求。

在新县城配电建设上，始终坚持围绕"优质、高效、长远、节约"等原则，真正让政府放心，让客户满意。例如，在安排施工用电过程中，考虑到今后长期用电问题，将临时变压器的选址放在永久性的箱变位置，避免今后出现重复投资，受到政府的首肯和赞扬。

4. 优化决策流程

在新县城配电建设中，朝阳县供电分公司积极优化决策程序，确保决策过程的科学性。同时，在配电建设中，实施特事特办，主动上门服务，紧密联系利益相关方，主动协调施工各环节，简化办事程序，各项工作同步推进，实施无缝衔接，提高了工作效率。决策程序优化以后，服务效率大幅提升，从客户提出用电申请到给客户送电的全过程，以往需要2个月，现在仅用22天。

5. 强化绩效考核

在新县城配电建设决策过程中，朝阳县供电分公司重点考察各环节落实决策的综合价值创造能力、利益相关方满意度和品牌影响力，并以此为依据，建立健全绩效考核机制，有效调动了各层级、各环节人员的积极性和创造性。

第五章 "大建设"

电网是关系国计民生的重要基础设施，也是电网企业最重要的生产资料。电网建设是国网公司"三集五大"体系建设的重要组成部分，直接关系到电网运行和供电质量，是供电企业实现又好又快发展的关键环节。朝阳供电公司在"大建设"体系建设过程中，积极融入社会责任管理元素，充分考虑经济、社会、环境综合价值，努力提高电网建设质量。同时，朝阳供电公司树立和传播"朝阳电网是朝阳人民的电网"这一理念，探索构建多方协同的电网建设推进机制，凝聚各方合力，促进合作共赢。

第一节 "大建设"体系概览

2012年以来，朝阳供电公司依照辽宁省电力有限公司"大建设"体系建设统一部署，结合朝阳地区的经济社会发展特点和朝阳供电公司的实际，重新调整了原有的组织结构和人员配备，进行了规章制度的梳理和业务流程的优化，形成了流程顺畅、管理高效的新型管理系统，健全的"大建设"管理体系逐步建立。

一、"大建设"的内涵

"大建设"体系建设内涵丰富，既包括电网公司系统的建设管理职能的规范，又包括电网建设管理流程、技术规范和建设标准的统一。除此之外，加强建设项目过程管理及参建队伍管理，强化设计评审、参建队伍招标、结算监督等关键环节管控，全面提升电网建设管理水平，进一步加强公司系统设计、施工、监理队伍专业管理，提升队伍建设能力和水平，也是电网设施"大建设"的重要内容。总体来看，电网设施"大建设"工作可以划分为前期管理工作、建设职能管理、工程项目管理和参建队伍管理四个方面。

（一）前期管理工作

前期管理是"大建设"工作的重要内容，包括项目前期管理和工程前期管理。"大建设"与此前相比的一个重要不同之处是将项目前期和工程前期管理工作全部纳入"大建设"体系。项目前期工作包括规划、土地、环评、水保、压矿等可研核准所需的组件，这些组件的质量高低直接关系到工程前期管理的难易程度和费用高低。工程前期工作是对项目进行初设规划和用地审批等开工建设之前的工作。前期工作涉及与诸多利益相关方的沟通，这个环节的工作是否到位，直接关系到工程建设的质量和持续发展性。要保证电网建设顺利如期完成，必须在前期工作中做好可研、风险分析等一切准备工作，为工程项目的顺利进行奠定良好的基础。

"三集五大"体系建设之前，项目前期工作属于发展策划部的职能，工程前期工作则属于基建部的职能（见图5-1），这种分工方式可能造成项目前期工作与工程前期工作之间沟通协调不足，从而导致工程开工后施工受阻和费用增加等一系列问题。

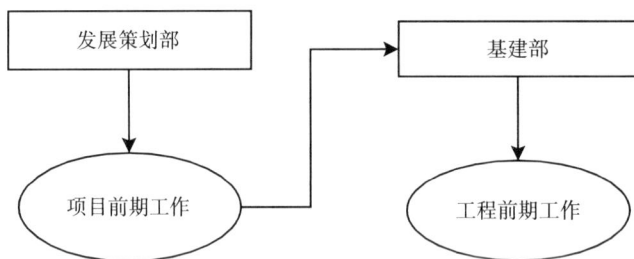

图 5-1 "三集五大"之前建设项目前期工作分工

"三集五大"体系建设之后，"大建设"体系中项目前期工作和工程前期工作统一归纳到建设部，由建设部前期管理人员全程跟踪（见图5-2），避免了潜在的交接上的问题和矛盾。

（二）建设职能管理

建设职能管理是"大建设"体系中最基本的内容，包括执行国网公司

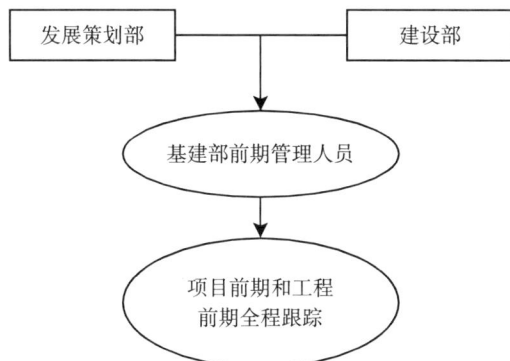

图 5-2 "三集五大"之后建设项目前期工作分工

建设管理制度、标准和要求；执行工程项目建设计划，对所属工程进度、安全、质量、造价、技术等全面负责；对初步设计评审、工程结算等建设关键环节集中管理；工程项目的资金计划管理、合同管理、结算管理、信息与档案管理等；协助各级工程项目管理机构开展所辖区域电网建设项目的属地协调工作等。

（三）工程项目管理

工程项目管理主要是执行建设职能管理要求，对工程项目建设过程的进度、安全、质量、造价、技术进行控制；以业主项目部为执行单元，组织、协调、推动工程项目建设。朝阳供电公司层面具体负责 110（66）~ 220 千伏（含城郊区 35 千伏及以下）电网建设项目的建设过程管理。

（四）参建队伍管理

朝阳供电公司建设部（项目管理中心）对所属建设队伍进行专业管理。一方面，通过公开招标，择优选择设计、施工、监理等参建队伍；通过合同管理方式对参建队伍进行管控。另一方面，充分利用公司内部建设队伍资源，通过优化整合、规范管理和培育扶持，提升整体实力和市场竞争能力，为电网建设提供有力支撑。

二、"大建设"体系的组织结构

自开展"大建设"体系建设以来，朝阳供电公司结合自身的实际，不断调整组织结构，优化与各专业部门之间的管理界面，明确市、县公司

"大建设"工作职责分工。通过"大建设"体系建设，朝阳供电公司形成了在"三集五大"体系建设领导小组领导下，由建设部（项目管理中心）归口管理"大建设"工作，经研所提供专业支持，下属县发展建设部和县检修工区基层支持，各专业部门协同配合的职责体系。

（一）"大建设"主要机构部门设置与职责分工

1. "三集五大"之前的主要部门设置与职责分工

"三集五大"体系建设之前，朝阳供电公司电网建设的管理机构比较单一，主要是基建部负责建设项目的管理工作，在发展策划部完成项目前期工作的基础上，基建部负责从工程前期工作开始至竣工验收的建设项目管理工作，如图 5-3 所示。

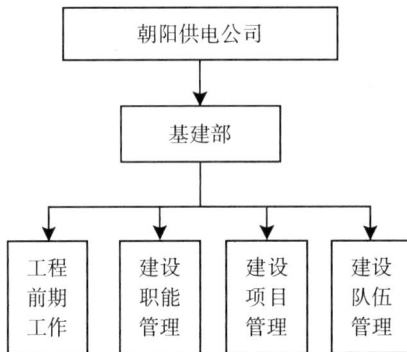

```
        ┌──────────────┐
        │  朝阳供电公司  │
        └──────┬───────┘
               │
        ┌──────┴───────┐
        │    基建部     │
        └──────┬───────┘
     ┌─────┬───┴───┬─────┐
  ┌──┴─┐ ┌─┴─┐ ┌──┴─┐ ┌─┴──┐
  │工程│ │建设│ │建设│ │建设│
  │前期│ │职能│ │项目│ │队伍│
  │工作│ │管理│ │管理│ │管理│
  └────┘ └───┘ └────┘ └────┘
```

图 5-3　"三集五大"之前朝阳供电公司建设工作管理体系

2. "三集五大"之后的主要部门设置与职责分工

"三集五大"体系建设之后，朝阳供电公司"大建设"体系在组织结构上进行了改革，建设部内设立了项目管理中心，并专门配备前期管理人员和工程管理人员；县级层面设置了县发展建设部和检修工区；增设了专业技术机构经研所。因此"大建设"相关部门增至四个，分别为市建设部（包括内设的项目管理中心）、县发展建设部和朝阳市电力经济技术研究所、县检修工区，如图 5-4 所示。

（1）建设部（项目管理中心）。朝阳供电公司建设部是"大建设"的主要归口管理部门，其主要职责包括三个方面，分别为项目前期工作、工程前期工作以及工程相关管理。

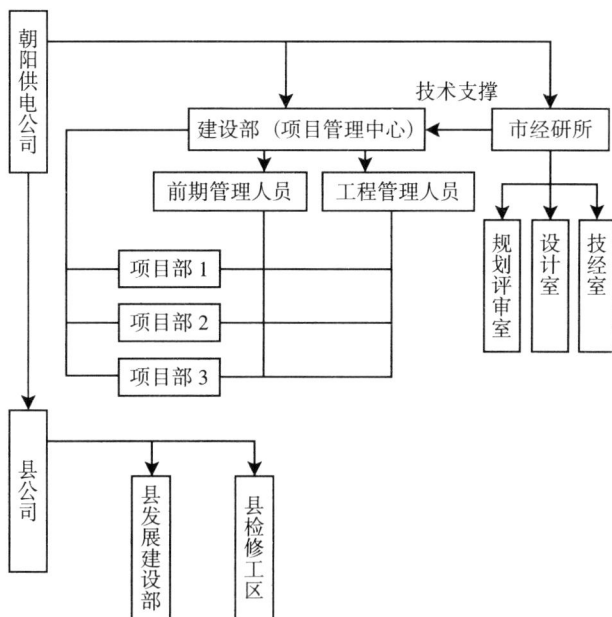

图 5-4 "三集五大"之后朝阳供电公司"大建设"工作管理体系

项目前期工作方面，朝阳供电公司建设部在发展策划部指导下开展项目前期工作，负责项目可研阶段的规划、土地、水资源保护、环保、地质灾害、文物、压矿等项目立项所需的批件的办理工作。

工程前期工作方面，朝阳供电公司建设部负责朝阳市域内 66 千伏及以上电网建设工程前期管理，包括永久征地、地上附着物动迁赔偿、林木砍伐赔偿等工程项目的清障工作，确保工程项目的顺利实施；负责工程项目建设"三通一平"①工程；负责协助施工单位完成临时征占地协调工作；对市域内规划的变电站站址和线路路径履行保护职责。

工程相关管理方面，朝阳供电公司建设部履行朝阳地区电网建设职能管理，负责朝阳区域内 220 千伏及以下基建项目的建设管理及实施；负责贯彻执行有关的电网项目技术、安全、质量、工艺标准，按设计与规范要求经常组织检查和监督施工质量；按时完成配网工程项目投资计划，进行投资综合管理，监督检查工程概预算的执行情况，督促竣工决算的编制工

---

① "三通一平"是指基本建设项目开工的前提条件，包括水通、电通、路通和场地平整。

作；负责域内 66 千伏变电站新建 35 千伏及以下配出工程的设计评审管理、参建队伍选择审核和计算集中监督；负责公司投资的小型基建工程的建设管理。

此外，朝阳供电公司建设部还对县公司发展建设部进行管理，需要与其下属的 5 个县公司发展建设部积极沟通，并对其进行检查监督，保证工程质量。

（2）市经研所。朝阳市电力经济技术研究所（以下简称"经研所"）是 2012 年"三集五大"后成立的新机构，是为朝阳电网建设提供技术支持的专业机构，是与"大规划"和"大建设"都密切相关的专业技术机构，其主要业务涵盖了设计、规划评审、技术经济三个方面。

"大建设"工作中，经研所主要承担三个方面的职责，分别为协助朝阳供电公司建设部完成所辖区域内 10 千伏输变电工程的设计评审工作、协助朝阳供电公司建设部完成辖区内 10 千伏工程的结算审核工作、负责辖区内 10 千伏工程的造价信息管理工作。

（3）县发展建设部。在县公司层面，朝阳供电公司成立了县发展建设部，主要承担县公司层面对电网发展"大规划"和"大建设"体系建设的支持工作。其中，建设管理方面主要职责是协助地市公司建设部负责县域内 35 千伏及以下基建项目的建设管理，协助省、市公司履行建设管理的属地化职能，开展征地、拆迁、内外部关系协调等工作。

（4）县检修（建设）工区。县检修（建设）工区是朝阳供电公司"大建设"组织体系的机构之一，其主要职责是对县域内 10 千伏输变电工程的建设管理。

（二）"大建设"管理职能的调整

为了推进"大建设"体系建设工作，朝阳供电公司在组织架构方面进行了有效变革，最主要的是建设部管理职能范围的扩大。

具体来看，"三集五大"体系建设之后，原来由运维检修部负责的 66 千伏变电站新建 35 千伏及以下配出联网工程的建设管理，改由建设部（项目管理中心）承担；原来由发展策划部负责办理的项目核准所需支持性文件（规划选址、土地、水保、环评等），改由建设部（项目管理中心）承担。同时，将原来电网建设中发策部管理的项目前期、基建部管理的工程前期、运维检修部管理的技改前期，全部归口为建设部前期管理，承担起了朝阳地区所有电网建设的前期工作任务，从可研、环评等项目前期文件、土地证的办理到工程前期征占地手续的实施，全面开展工作，如表 5-1 所示。

表 5-1   "三集五大"前后建设管理职能归属部门的变化

管理职能	"三集五大"前归属部门	"三集五大"后归属部门
66 千伏变电站新建 35 千伏及以下配出联网工程的建设管理	运维检修部	建设部（项目管理中心）
项目前期工作	发展策划部	
技改前期工作	运维检修部	
工程前期工作	基建部	

（三）"大建设"体系优势

朝阳供电公司通过"大建设"体系建设，形成了新型的"大建设"体系格局，与"三集五大"之前的电网设施建设体系相比，"大建设"体系形成了更为清晰的电网设施建设职能边界，权责进一步明确，电网设施建设管理效率得到有效提高。

"三集五大"之前的电网设施建设职能由发展策划部和基建部分别负责，电网设施建设过程存在多头管理、职责边界不清晰的问题。通过部门职能调整，新型的"大建设"体系赋予了建设部（项目管理中心）更全面的管理职能，所有的前期工作都由建设部全程跟踪负责和沟通协调。相比于原来的电网设施建设组织体系分散的职能分工，新型的"大建设"体系下的电网设施建设职能分工能够有效避免业务交接过程中可能产生的各种扯皮现象，使得电网设施的建设职能集中于建设部，电网建设职能边界进一步明晰，电网建设权责进一步明确，能够有效提高电网建设管理效率。

三、"大建设"的工作流程

在电网项目建设管理上，朝阳供电公司依托"大建设"，协同"大规划"、"大运行"，有效地控制了电网建设、运行中的站址及线路路径的保护工作。朝阳供电公司"大建设"工作流程包括四个阶段，分别为项目前期阶段、工程前期阶段、项目建设阶段以及项目移交阶段，其中，项目前期阶段包括立项阶段和可研阶段，工程前期阶段包括初设规划阶段和用地审批阶段，如图 5-5 所示。

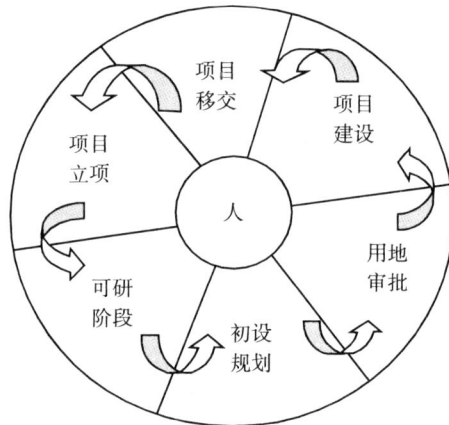

图 5-5　建设项目管理闭环流程体系

（一）项目前期阶段

项目前期阶段即图 5-5 中的项目立项阶段和可研阶段。

项目立项是电力建设项目管理流程的起点，负责规划、土地、水保、环保、地灾、文物、压矿等项目立项所需的批件办理工作。项目前期与工程前期的有效衔接是保证电力建设项目质量和效率的必要条件。

可研阶段主要开展可行性研究报告的编制工作，可行性研究报告中应根据国家有关规定，视工程具体情况落实地质、地震、矿产、文物、电信、军事、民用航空、航道、公路、铁路、石油天然气、草原行政、林业行政、风景名胜区、自然保护区、河道、水利等主管部门对工程建设的意见及供水协议等，这些支持性文件是可行性研究报告的重要组成部分。

（二）工程前期阶段

工程前期阶段包括图 5-5 中的初设规划和用地审批两个环节。

1. 初设规划阶段

在发展策划部指导和协调下，朝阳供电公司建设部（项目管理中心）联系当地规划部门会同设计院进行所、站及线路规划，出具规划图、选址意见书，由规划部门进行复审。上述工作完成后，由设计院报辽宁省电力有限公司进行初步设计，出具初设批复，同时可以依据规划图纸由建设部联系当地国土部门和环保部门进行地质勘探、地灾、压覆矿、环评报告等工作；此外，建设部配合发策部和设计院联系当地政府部门做好所站、线路保护工作，由政府出具线路补偿意见、线路保护意见等承诺函。

2. 用地审批阶段

用地审批阶段，朝阳供电公司建设部协调国土局测绘大队进行定界，出定界图；国土局信息中心出向量图；建设部负责协同国土局征地服务中心去现场所在地乡村户公示。根据立项批文、可研报告、可研批复、可研预审意见、初设批复意见、规划图纸、定界图、向量图、地质勘探报告、地灾报告、压覆矿报告、环评报告等要件，包括本单位法人身份证明、企业营业执照、组织机构代码证和有关红头文件，由建设部负责协同土地部门进行土地预审工作（组卷）。待获得土地预审批复后，办理土地证。

按照"五大"体系属地化管理要求，500千伏电网项目变电站、开关站等站址用地预审需经辽宁省国土厅初审后，报国土资源部审批。220千伏、66千伏电网项目用地预审需经朝阳市国土部门初审后，报辽宁省国土厅审批。

（三）项目建设阶段

完成前期工作之后，进入实质性的项目建设阶段。朝阳供电公司负责110（66）~220千伏（含城郊区35千伏及以下）电网建设项目的建设过程管理。

在项目建设阶段，项目经理是落实现场管理职责的第一人，全面负责项目部各项工作：组织《建设管理纲要》、《项目创优策划》、《安全文明施工总体策划》等管理策划文件的实施；编制施工单位的实施细则；参加上级组织的定期或随机的安全、质量专项检查工作；参加工程安全事故和质量事故的调查；编制工程变更和技术方案；全面落实"三通一标"①等标准化建设要求；参加项目外部协调及政策处理工作，重大问题上报建设管理单位，组织项目开工；上报月度用款计划、工程措施费使用计划。

（四）项目移交阶段

项目竣工后，朝阳供电公司建设部（项目管理中心）负责组织朝阳市属项目工程的中间验收、竣工预验收、参与竣工验收、配合项目达标投产

---

① "三通一标"是指通用设计、通用设备、通用造价和标准工艺。

和创优工作；组织和配合 66 千伏及以上项目管理流动红旗检查、工程项目达标投产和工程质量创优工作的自检和复检；配合完成市属项目工程参建单位的评价；项目投产后，组织对本项目管理工作进行总结和综合评价，报送建设管理单位。

"项目立项—可研—初设规划—用地审批—项目建设—项目移交"构成了朝阳供电公司"大建设"的整体流程，整个"大建设"流程的各个环节都强调以人为中心，强调人性化管理；一个周期结束后会通过评价反馈的形式为新一轮的"大建设"流程提供参考，在更高层次上实现新的循环。

第二节 负责任的"大建设"实践

朝阳供电公司以社会责任理念为指导，积极探索负责任的"大建设"模式，将电网工程建设管理工作纳入朝阳市经济社会发展大局，将社会责任理念融入"大建设"。公司主动加强与政府、居民、施工单位的沟通与合作，在破解施工受阻难题、推进工程建设管理方面取得了重大进展，积累了丰富的经验，有效满足了朝阳市经济社会发展对电力安全、可靠供应的现实需要。

一、社会责任融入"大建设"的总体思路

"五大"体系中，"大建设"是关键环节，前期工作涉及与诸多利益相关方的沟通协调，项目建设质量直接影响电网对当地经济社会发展的服务质量。"大建设"工作必须将社会责任理念融入，才能真正体现电力建设服务地方经济社会发展的作用。

（一）"大建设"与社会责任的关系

一方面，社会责任理念是保证"大建设"质量和效率的关键。"大建设"是决定工程质量的关键环节，必须以对利益相关方负责任的理念去指导"大建设"实践，将社会责任管理融入"大建设"之中，考虑对客户、对利益相关方、对自然环境的社会责任，才能保证电网建设的质量和效益。

另一方面，"大建设"是电网企业承担社会责任的途径。电网企业的核心功能是为客户提供供电服务，为客户提供安全、经济、清洁、可持续电力供应是电网企业社会责任的核心内容。而要真正承担起这些社会责任，负责任的电网建设是关键环节和有效途径。

（二）社会责任融入"大建设"的闭环控制流程

与社会责任融入"大规划"体系建设的总体思路一致，朝阳供电公司构建了社会责任管理融入"大建设"的闭环系统，该闭环系统包括"形成理念创新—工作执行—绩效评价"的整个循环过程，如图5-6所示。

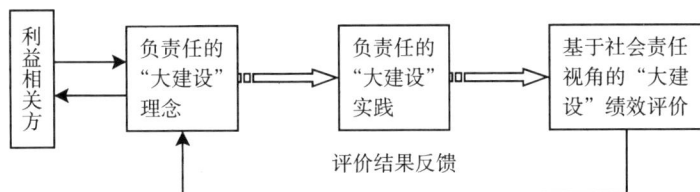

图5-6　社会责任融入"大建设"的闭环控制流程

1. 树立负责任的"大建设"理念

朝阳供电公司加强面向"大建设"部门和施工队伍的宣传教育工作，多渠道宣传和学习将社会责任融入"大建设"体系建设的思想和相关知识，引导"大建设"工作的相关部门机构和工作人员树立对利益相关方负责任的新理念，营造和谐氛围；同时，树立经济、社会、生态环境综合价值最大化的建设理念，以负责任的理念指导"大建设"工作。

2. 以负责任的理念指导"大建设"工作

在社会责任理念的指导下，"大建设"工作要积极与利益相关方沟通，厘清企业与利益相关方的责任边界，引入利益相关方对"大建设"工作的参与机制；电网建设强调人与自然的和谐统一，与生态文明建设理念相融合，保证质量，精细施工，文明施工，夯实电网建设基础，加速电网建设进程。

3. 从社会责任视角对"大建设"工作绩效进行评价

在对"大建设"工作进行绩效评价时，要将社会责任作为一个重要视角，分析评价"大建设"实践中是否真正贯彻和融入了社会责任理念，是否实现了二者的有机结合。同时，将绩效评价的结果予以反馈，进一步结合企业实际肯定或修正负责任的"大建设"理念，明确与利益相关方的责任边界，在更高的层次上形成新一轮循环。

二、社会责任融入"大建设"的实践

朝阳供电公司坚持以社会责任理念为指导，以服务地方经济发展、社会和谐为己任，克服电网工程建设任务重、环境保护要求高、建设施工难度大等问题，积极尝试将社会责任管理融入"大建设"过程中，提高"大建设"的质量和效率。

（一）重视与企业内外部利益相关方沟通

全面加强企业内外部的社会责任沟通，保持和谐的利益相关方关系，积极争取各方对项目建设的理解与支持，是社会责任融入"大建设"的关键环节。为了实现有效的社会责任融入，朝阳供电公司重视整合沟通资源，建立了与"大建设"相适应的内外部沟通体系，如图5-7所示。

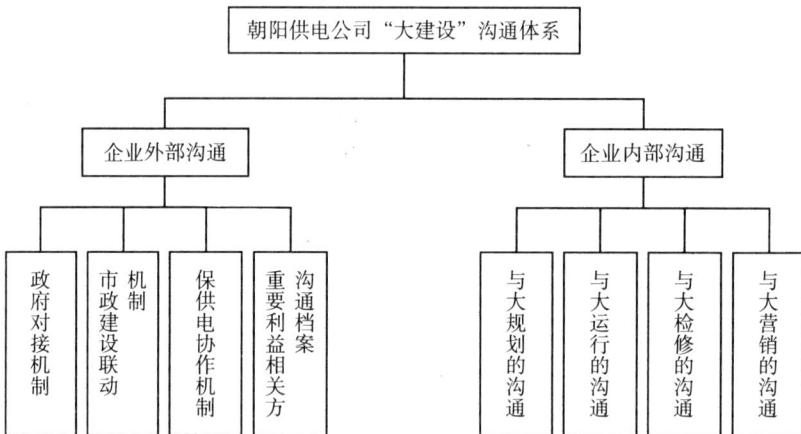

图5-7 朝阳供电公司"大建设"沟通体系

1. 建立与企业外部利益相关方沟通机制

为了推进"大建设"工作，朝阳供电公司整合沟通资源，建立了政府对接机制、市政建设联动机制、供保电协作机制和重要利益相关方沟通档案，取得了良好效果。

（1）建立政府对接机制。为了提高"大建设"的质量和效率，朝阳供电公司积极加强与地方政府部门的沟通，建立政府对接机制。2012年末，在朝阳市副市长的推动下签发了朝电网建发【2012】一号文件，明确了电网建设项目申报主体为各县（市）、区人民政府及燕都新城管委会，电网建设征占地主体由电力部门转变为以地方政府为主导。朝阳供电公司依据一号文件的规定建立与政府对接的新机制。

依据一号文件，朝阳供电公司在与政府部门协调沟通的基础上成立了朝阳电网建设领导小组，由主管副市长任组长。要求电力建设项目立项必须持有政府及相关部门的承诺函和相关文件作为保障和依托，以确保该项目站址及线路走廊具备如期开工建设条件；成立以各县（市）、区发改委牵头的各地区电网建设组织机构及具体的每个项目专项领导小组，以明确责任、便于协调；明确了电力部门依据现场实际核量，按照文件标准将补偿资金一次性拨付县（市）、区政府，由政府负责组织实施补偿工作。一号文件明确了职责，规范了流程，对电网建设起到了促进、保障的作用，也是破解施工受阻问题的一次开拓创新。

在新机制下，项目初设完成后，对手续的推进和占地补偿工作以政府为主体，朝阳供电公司依据一号文件和责任状，协调政府开辟绿色通道；在占地补偿工作的实际操作中，由朝阳供电公司与政府签订《电网建设占地补偿委托协议》，将占地补偿工作全权委托给属地政府，充分发挥政府权威。

（2）建立市政建设联动机制。为了推进负责任的"大建设"工作，朝阳供电公司跳出企业自身的思维框，充分考虑与道路、排水等市政建设的配合与联动，优化电网建设的外部环境。

在以往的市政工程建设中，有时由于资金不到位，造成架空线路拆改滞后，电杆立在新扩道路中间，被群众戏称为"立棍"（强势、霸道之意），误会供电企业是电霸。实施市政工程建设联动机制后，朝阳供电公司主动沟通、积极配合政府部门开展工作，争取资金早到位，并通过《朝阳日报》、《燕都晨报》发布电力设施拆改进度，及滞后原因，赢得了各方理解，"立棍"变"立信"，极大改善了公司形象。在城网运维施工中，朝阳供电公司新建公共设施保护机制，与公用事业局等部门主动沟通，对电力施工可能破坏煤气管网、供水设施等的风险进行预控，负责任地对待每一个利益相关方，在全市树立了责任品牌。

（3）建立保供电协作机制。朝阳供电公司高度重视保供电工作，在梳理分析电网运行、重要客户、外部环境等变化条件的基础上，落实各项措施，确保电网稳定运行。公司加强与政府、气象部门、活动组织方等保供电相关方的沟通合作，制定协同保电方案，并协助相关方编制预案。公司在保供电过程中积极交换信息，明确保供电工作薄弱点，引入利益相关方参与，共同增强保供电力度，确保安全、稳定供电。

（4）建立重要利益相关方沟通档案。为了改善对外沟通效果，朝阳供电公司根据沟通对象的特点，对大客户、部分政府机构等重要利益相关方建立沟通档案，梳理为推进"大建设"而与其进行的沟通过程，总结归纳沟通过程中的主要问题和难点，在此基础上结合实际，抓住沟通重点，解决关键问题，改善沟通效果。

2. 优化企业内部沟通机制

朝阳供电公司对内加强工程管理，整合公司内部资源，强化各专业间工作沟通，形成链条化无缝连接。

发展策划部项目立项后，建设部（项目管理中心）提前参与政府调研可行性工作，对变电站站址及线路走廊提出意见，为项目批准后能够顺利开工打下基础。营销部及客户服务中心，实行客户报装接电审批由建设部会签，对施工受阻地区停止办理报装接电手续。运维检修部在初设后提前介入工程，对线路保护区及影响今后安全运行的问题提出建议，确保工程移交时变电站及线路走廊无影响安全运行问题，并开始对变电站及线路走廊行使保护责任。建设部（项目管理中心）定期将电网建设工程受阻情况向发展策划部、运维检修部、电网调度中心、客服中心、营销部进行通报。各部门间形成合力，保障工程建设按计划有序进行，形成电网建设链条化无缝隙管理。

【专栏】

加强与利益相关方沟通，主动服务市政工程建设

近年来，朝阳市政府为改善市内交通状况，对主要街道进行了拓宽改造。朝阳供电公司积极配合市政工程建设，加强与公司内外部利益相关方的沟通与合作，克服种种困难，顺利完成了电力线路改造任务。

第一，成立工作领导小组。朝阳供电公司成立了由公司主管生产的副总经理任组长，由运维检修部主任、副主任任副组长，安全监察部主任、物资供应公司主任、配电运检工区副主任任组员的朝阳供电公司城市道路建设配电线路改造工作领导小组，负责工程组织机构建立、批准相关方案、工程进度控制和工程管理监督工作，重大事项的决策、协调工作，以及指导工程建设相关工作。同时，由运检部副主任和配电专工组成办事机构，负责执行领导小组的决定和实施具体工作，并与工程相关部门或单位、市政管理部门开展协调工作。

第二，主动与政府及时沟通。在市政道路建设电力线路迁改工程中，公司与政府建立了定期汇报制度，每周出版一期简报，送朝阳市政府分管市长，及时反映市政工程相关的电力设施迁移改造进度情况、改造过程中遇到的问题与困难，协调解决了大部分施工受阻难题，为工程的快速开展提供了保障。

第三，注重与施工单位沟通。为了加快工程进度，公司在施工期，每周召开一次工程进度协调会，各施工单位提出工程进展存在的问题，工程管理部门针对提出的问题汇总上报或制定解决措施，避免了受阻问题影响工程进度的情况，极大推进了工程进度。进入停电过渡准备期后，为了确保过渡工作万无一失，工程管理部门组织施工单位及相关部门每天召开一次进度协调会，明确过渡前的各项准备工作及过渡期间的任务分配、人员分工等，确保过渡顺利完成。

第四，加强对外宣传力度。通过朝阳市主流媒体，如《朝阳日报》、《燕都晨报》等报纸杂志，报道有关电力设施迁移改造进展情况，说明电力设施改造实施过程中面临的问题与困难，明确电力公司应尽的职责范围，争取周边社区居民的理解和支持，为改造工程的顺利开展营造良好的社会环境。

第五，尽量减少停电时间。由于整个施工过程市政方需要进行大量的土方挖掘，为了避免电力设施遭受外力破坏，保证居民、商铺及企事业单位的正常用电，公司将改造区域内所有地埋高、低压电缆的路径及时向市政方予以告知，并指派相关技术人员全天候在施工现场的重点部位实施轮流看守，有效地杜绝了线路改造过程中由于人为责任而导致的大面积停电事件。为处理好新旧线路的停电过渡作业，在作业前做好了细致的准备工作，勘查作业现场确定停电区域，提前七天发布停电通知，制定详细的作业方案，尽量减少因停电给居民带来的不便。

（二）加强工程项目管理

工程建设项目管理在"大建设"体系建设中占据重要地位，社会责任融入主要体现在项目前期工作和建设过程管理两个环节。在"大建设"实施期间，朝阳供电公司重新梳理了基建工程项目管理流程。朝阳供电公司在2013年初探讨出了"朝阳电建模式"，并在实际工作中紧紧依靠政府为电网建设主体，政企融合采取多项具体措施和办法，全力推动项目建设，实现了项目建设从立项到竣工的全过程管控。

1. 加强前期控制

第一，充分做好项目前期工作，把好立项关。朝阳供电公司建设部(项目管理中心)在发展策划部的指导下，做好项目可研所需的各项资料的准备工作。公司重视抓好电网建设项目源头，严格落实一号文件关于申报项目必要性及承诺函的相关规定，电网建设环境不具备条件不予以立项。

第二，以社会责任理念为指导，做好可研、初设、用地规划工作。基于社会责任理念，朝阳供电公司的电网建设单位已不再是简单地参照图纸施工，而是参与到电网规划的源头，主动走访有关部门和单位，做到电网规划与城乡规划、土地规划和交通规划有效衔接，争取在地方规划建设中预留出线路走廊。在线路走廊规划中，严格按照"沿路、沿河、沿山"、"优化、美化、简化"的设计思路，主动避让文物古迹和化石群，最大限度地减少土地占用，减少民房设施跨越，降低电力设施拆迁、转移的频率。

第三，加强工程项目事前控制。根据国网公司在项目部工作和安全文明施工方面的相关文件，朝阳供电公司组织编制了《基建工程标准化开工管理办法》，对所有参建单位及业主、监理和施工项目部在工程开工前应完成的工作进行了详细规定，明确了各项工作先后顺序和时间节点，并规定各责任单位必须严格遵守，层层把关，只要有一项内容不合格就坚决禁止工程开工，对不按照规定执行并造成不良后果的相关单位要进行相应责任追究。为了预防施工受阻，站址、线路路径交桩后，施工单位要负责巡视。如果发现有抢栽、抢建等问题要报到公司建设部，各县发展建设部要第一时间掌握现场情况，及时取得影像资料，并及时与属地政府取得联系协调解决。工程施工前，必须由政府、施工单位、被占地权属人三方到现场共同进行施工所占土地及地上物的核量工作，并由三方共同签字确认。

2. 强化工程项目建设过程控制和质量监督

尽管上述"大建设"项目前期管理工作为朝阳供电公司建设项目管理扫清了很多障碍，但是项目建设面临的困难仍然很多，例如：基建任务繁重，在建工程数量多；朝阳行政区域广、管理半径长，基建施工地点分散，管理人员去施工现场检查来回路途所占时间长，现场有效工作时间短，工作效能低；项目管理人员对工程项目管理标准理解不一致、新补充人员业务水平还有待进一步提高，在施工现场管理上存在检查内容不全面、执行标准不一致等情况。

朝阳供电公司针对以上问题，依据国家电网公司颁布的《项目部标准化工作手册》等文件，由建设部（项目管理中心）建立了统一组织、规范行为的施工现场管理机制，提高了项目过程管控的效果。

（1）实施标准化的现场检查指导。按照施工计划，建设部（项目管理中心）根据各工程总体进度，结合当前开展的各项专项工作和重点工作，统一安排项目管理人员去施工现场检查指导。建设部（项目管理中心）组织编制了《工程项目管理工作指导卡》，规定所有现场检查工作都按卡执行，执行人员在工作任务结束后将指导卡交给项目经理，项目经理对工程管理情况进行统计分析并定期向建设部主管领导汇报，同时对检查人员的工作给予评价。《工程项目管理工作指导卡》的运用使施工现场检查内容和标准得到统一，对管理人员的检查行为进行了有效的规范，避免了项目管理人员重复检查、管理重叠的现象，在提高管理人员工作效率的同时，工程项目管理水平得到进一步提升。

（2）及时通报在建项目情况。在项目建设期内，电网建设领导小组要对项目建设的情况实施全过程监控。朝阳供电公司采取的办法是，将正在建设的项目推进情况每月以《简报》形式进行通报，《简报》包括项目的工程概况、进度情况、受阻进展情况、重要性及紧迫性、下一步解决措施建议五个部分。《简报》报送给属地政府主要领导和电网建设领导小组各成员。

（3）积极破解施工受阻难题。对于施工受阻难题，朝阳供电公司坚持依法、合规原则，通过与政府部门的积极沟通争取问题的有效解决，保障建设项目的顺利进行。朝阳供电公司在项目建设过程中对施工征占地受阻的解决流程如图5-8所示。

第一，要以政府为主与当事人进行会谈。朝阳供电公司在工程施工过程中及时了解和掌握施工受阻情况，一旦出现受阻问题，不直接面对当事

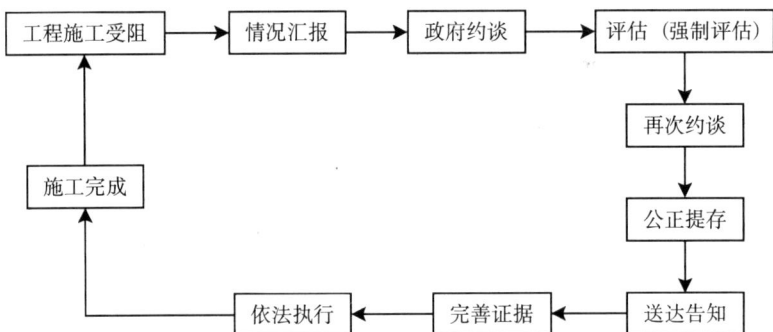

图5-8 施工受阻问题解决流程

人，及时与政府联系，以政府为主与当事人进行会谈，协调解决。各县分公司发展建设部与施工单位共同对会谈内容做好详细笔录，并由政府人员、当事人、朝阳供电公司人员签字。为了保留依据和管理规范化，每次的会谈内容都要录音，条件允许情况下要进行录像。当事人不签字的，需写明原因。

第二，要依据不同情况以不同方式解决施工受阻问题。对施工受阻情况的解决视具体情况而定。受阻超过1天的，施工单位及时上报各县分公司发展建设部，由属地分公司汇报属地政府协调解决；受阻超过3天的，各县分公司发展建设部及时上报公司建设部，建设部协同朝阳市电网建设领导小组协助解决；对受阻超过7天仍然处理不了的问题，由政府指定有资质的评估单位进行评估，并出具评估报告。对阻挡施工且不让评估的，朝阳供电公司建设部协同政府进行强制评估。报告出具后，要与政府人员共同送达当事人，送达后和政府沟通再与当事人协调，仍无法做通工作的，由政府为主体按照评估价格将补偿费提存，形成书面材料上报属地政府，协同政府及相关部门强制施工。

【专栏】

政企合作破解施工受阻，全力支持电网项目建设

2014年7月14日下午13时30分至17时，三十多摄氏度的高温下，朝阳凌源市副市长利用半个工作日时间，协调凌源市工业园区、凌源市规划局、国网凌源市供电公司、凌源日凯电建公司以及朝阳电力设计院 5 家单位，共同对凌源 66 千伏八间房送电线路进行现场勘测。

凌源 66 千伏八间房送电线路设计全长 15 公里，计划组立铁塔 40 基，建成投运后主要负责 66 千伏八间房变电站 80 千伏安主变的电源供电。届时，凌源市小城子地区供电线路瓶颈将被彻底打破，电压质量也将得到大幅提升，该地区工矿负荷增长需求也会因此得到全面满足。同时，线路建成后将与 66 千伏万元店变电站连接，实现环网运行，凌源市热水汤开发区以及小城子镇工矿企业都将得到可靠的双轨供电保障。

由于此线路在设计上部分跨越凌源市工业园区地段，与该园区远景规划存在一定冲突，造成项目工程受阻。对此，国网凌源市供电公司积极联系有关各方，并与凌源市政府沟通，在副市长的协调下，组织 5 家单位，联合对相关地段线路进行重新定点勘测。

在新路径的勘测中，各相关单位充分发表意见，本着互利共赢的原则，融市长带领大家从十几个不同的场地角度着眼，召开现场分析会，深入路径实地调研。期间，副市长特别强调，线路的建成投运与小城子镇 1.8 万乡民、与地方经济产业发展息息相关，希望相关单位从民生、发展、长远利益出发，最大限度地给予此项目支持，确保线路早日建成贯通。

通过 3.5 个小时的现场勘测，相关各单位对路径选择问题达成了重要共识，为下一步工作开展奠定了基础。

3. 加强建设项目事后控制

为了保证电网建设项目控制的连续性，在项目结束后，要对整个项目效果进行评析，找出建设项目管理中的不足和成功经验，以便于及时地进行调整和吸取经验教训。通过事后评价，对积极的、肯定的、有利于项目建设发展的经验进行总结交流，以供日后的建设工程所借鉴和发展，使今后的新建项目得到有效的全过程管理，为以后的建设项目管理决策提供经验依据，进而科学合理地利用建设资金，降低工程成本，提高项目建设的经济效益和社会效益。评价的内容包括项目目标是否达成，成本控制情况，经济、社会、环境方面的影响，以及项目的可持续性等。

（三）优化占地补偿机制

占地补偿工作直接涉及利益相关方的经济利益，是负责任的"大建设"体系的一项重要内容，也是建设项目管理的一个难点。"三集五大"后征占地补偿方式有了积极的变化，有利于建设工程施工受阻问题的解决。

1."三集五大"之前的征占地补偿机制

在占地补偿方面，"三集五大"之前的占地补偿工作以企业为主，由施工企业或者建设企业直接与权属人进行谈判，具体补偿机制如图5-9所示。

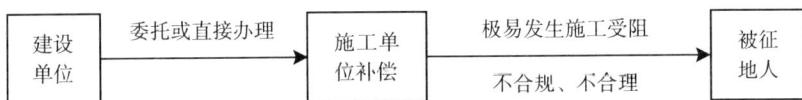

图5-9　"三集五大"前电网建设占地补偿机制

图5-9中施工单位直接和被征地人约谈的方式非常不规范，随意性强，被征地人往往不信服，双方很难达成一致。即便达成一致，约谈的价格也不规范，很多时候都大大超出补偿标准，超出了工程概算，造成操作偏差，引起民事纠纷。这种直接约谈方式也极易造成资金流失，不能正确反映工程造价。区段施工受阻，造成停工、窝工，导致次生工程费用，无责任单位承担。朝阳供电公司经过调研，在2012年上半年以前，仅征占地补偿这一项，每一个工程基本上都超概算，只能压缩工程成本。

2."三集五大"之后电网建设补偿机制

"三集五大"之后，朝阳供电公司通过与政府部门的积极沟通，在电网建设过程中实行以政府为主体的占地补偿机制，如图5-10所示。

相较于图5-9的占地补偿机制而言，图5-10中新的占地补偿机制由于引入了政府部门，并采取以政府为主体的占地补偿流程，有如下明显好处：

第一，充分发挥政府部门公信力和号召力。政府部门比较能够让群众信赖，在占地补偿过程中介入并发挥主导作用能够避免建设单位（施工单位）和被征地人的直接冲突，加上政府部门由于工作上的关系和所属地的群众一般都比较熟悉，因此双方沟通更为顺畅，更能提高约谈效果和高效推进占地补偿工作。

第二，充分发挥政府部门的执行权限减少施工受阻。如果发生补偿纠纷，政府部门能够发挥作用，运用执行权限减少或避免施工受阻情况发

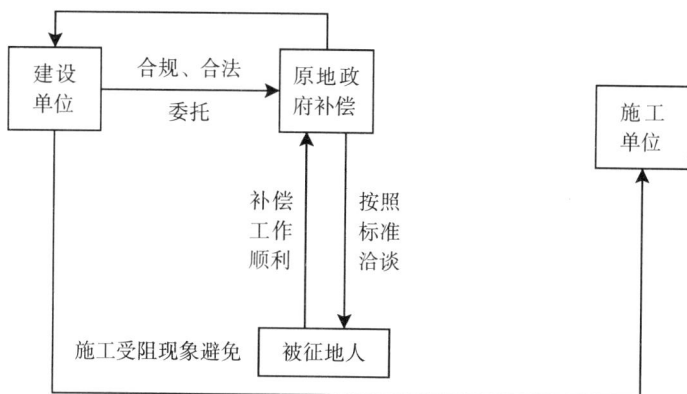

图 5-10 "三集五大"后电网建设占地补偿机制

生，保证工程建设顺利推进。以政府为主体的电网建设补偿机制减少了许多因工程建设与民事工作的冲突因素，工程前期的工作人员有法可依，条理清楚，补偿有法可依，有规可循，可操作性增强。

在管理措施方面，与新的占地补偿流程相配套，朝阳供电公司与属地政府签订了电网建设委托协议书，明确占地补偿所执行的补偿文件标准、占地补偿范围、双方的责任和义务、约定项目建设开工时间、手续办理约定等；对正在建设中的项目实施跟踪制，以周报、月报形式向属地政府汇报，使政府各层级和供电公司及施工单位形成立体三维管控。项目结束后进行检查总结，在持续改进的基础上循环运作。

【专栏】

以政府为主体的电网建设补偿机制效果显著

实践证明，朝阳供电公司实施以政府为主体的电网建设补偿机制，是符合当前形势的有效途径，占地补偿工作比以前更加顺畅，大大减少了公司与当地居民的矛盾冲突。经济发达区域施工无阻挡，经济欠发达区域户主无争议，支持民事协调工作，施工顺利推进。

2013 年 7 月以前，由于施工受阻造成的无法按时推进的工程有 17 项，朝阳供电公司采取以政府为主导的办法后，仅仅用了 5 个多月的时间，有效地破解了施工受阻难题 16 项，保证了线路工程的施工和按期

投运。2013年基建在建、续建工程总计48项，含变电工程16项、小型基建2项、线路工程30项。截至2013年底，公司已经完成了共计48项工程的所有前期工作推进及手续办理，有效地保障了工程项目依法按期开工，确保了按照里程碑计划开工投运。同时，采取以政府为主体的电网建设补偿机制，也有效地控制了工程造价。

（四）着力发挥施工队伍和项目经理的工作积极性

人力资源是"大建设"的重要生产要素，朝阳供电公司充分加强人力资源管理，加强对施工队伍管理和项目经理的激励。

1. 加强施工队伍管理

为保证在"大建设"体系下的工程建设质量，切实承担起企业对社会的责任，朝阳供电公司把管理重心放在对施工队伍的管控上。通过对当前工程管理存在问题的分析，找出施工队伍在标准化工艺应用、基建管控、数码照片采集、现场文明施工等方面存在的不足，并制定了相应措施。

（1）强化施工人员的培训。施工队伍进场前，建设部组织对项目部管理人员进行统一考试，考试成绩公开，人员考试合格后方可进场施工。施工过程中建设部根据情况组织抽考，并将考试成绩在月例会予以公布，各项目部人员的考试成绩将作为对项目部考核的依据。

（2）签订补充合同。通过补充合同明确施工单位在安全、质量、信息管控、数码照片等方面的管理责任，并缴纳抵押金（包括所属全部工程），作为对工程各项监督检查结果的奖惩费用。

2. 加强对项目经理的业绩考核

为强化队伍管理，适应"大建设"体系深入开展的需要，朝阳供电公司将提升施工项目经理管理水平作为一项重要工作。为了强化对施工项目经理的管理，不断提升项目经理的业务水平，朝阳供电公司对施工项目经理管理机制做了进一步创新，建立了施工项目经理激励与约束机制，使施工项目经理的业绩考核同工程管理水平直接挂钩，充分调动施工项目经理的工作积极性、主观能动性。朝阳供电公司建设部组织编制了《朝阳供电公司施工项目经理考核管理办法》，对施工项目部工作关键节点进一步细化，对施工项目部的各项工作指标做了量化，通过阶段评比和工程总评对施工项目经理的工作进行评价。通过对项目经理的考核评价，促进了项目管理的科学化和规范化。

（五）承担生态环境保护的社会责任

电网建设工作不可避免地要涉及土地的征用、河流的跨越、居民区的穿越，同时受地质、水文的干扰，可能还会对自然保护区和文物保护地造成一定影响。另外，由于电力设施投运，还会产生一定程度的电磁辐射和噪声污染，这些都会给自然环境和人类生活造成不利影响。朝阳供电公司充分考虑到这些因素，在"大建设"工作中将社会责任理念融入，不拘泥于经济收益的束缚，积极履行生态环保社会责任。同时，公司高度重视电网建设对生态环境和人居环境的影响，大力实施环境监理机制，实现了朝阳电网建设与当地自然环境的和谐共生。

1. 树立生态环保目标

朝阳供电公司高度重视环境保护工作，以环保理念指导工程项目建设，将生态环保方面的指标纳入电网建设的总体目标：通过三年的专业发展使建设项目环评率保持在100%，植被恢复率、噪声污染防治、电磁环境影响防治、水土保持、生态保护等指标水平大幅提高，环境污染事件为零。

朝阳供电公司注重环境保护，严格遵守噪声、污水、粉尘等排放标准，要求噪声符合《建筑施工界噪声限制》的要求；生产及生活污水经沉淀后排放，达到《污水综合排放标准》（GB8978-2002）的规定；控制粉尘排放，施工现场道路硬化，达到现场目测无扬尘；达到ISO14001环保认证及《绿色施工管理规程》（DB11/513-2008）的要求，达到"零污染"的目标；全面落实电网建设项目环境影响评价和项目竣工环保验收制度，最大限度减少项目建设对环境的影响。

2. 转变施工模式

为贯彻落实建设工程节能、节地、节水、节材和保护环境的技术经济政策，建设资源节约型、环境友好型社会，朝阳供电公司秉持"以资源的高效利用为核心，以环保优先为原则"的指导思想，通过采用先进的技术措施和管理手段，最大程度地节约资源，提高能源利用率，减少施工活动对环境造成的不利影响，改变以往高投入、高消耗、高污染、低效率的施工模式，积极向绿色施工模式转变，承担起可持续发展的社会责任和义务。公司在保证施工质量、安全等基本要求的前提下，通过科学管理和技术进步，最大限度地节约资源与减少对环境的影响，实现"四节一环保"。[①] 公司采用绿色施工工艺，在铁塔基础建设中，采用基础掏挖技术，尽量减少对基础附近地表环境的破坏。同时在线路挂线过程中，架空导线需要跨越民房和蔬菜大棚时，采用高成本的滑翔伞牵引技术，避免对民房和蔬菜大棚造成破坏。

3. 设立绿色施工指标体系

在绿色施工模式下，朝阳供电公司建立了电力建设项目绿色施工总体框架，包括施工管理、环境保护、节材与材料资源利用、节水与水资源利用、节能与能源利用、节地与施工用地保护六个方面，每个方面设置具体的指标，构建了绿色施工的指标体系，如图5-11所示。指标体系的构建与应用，使公司的环境保护工作更加有的放矢，取得了显著效果。

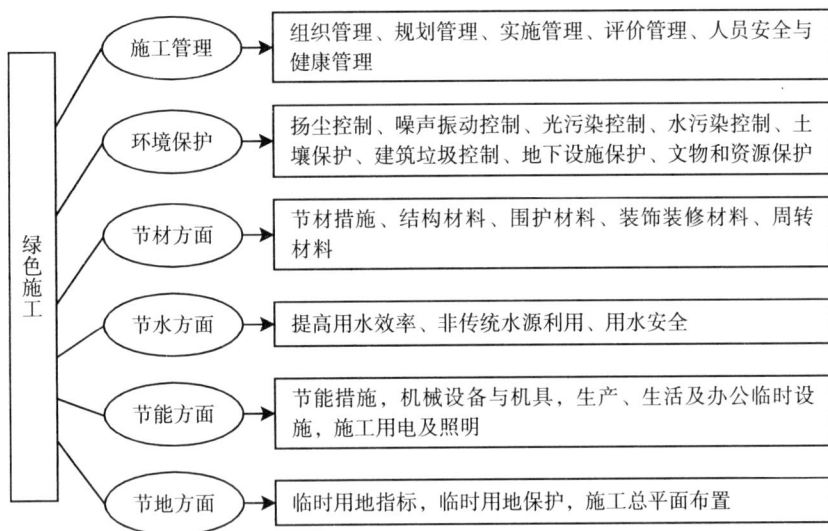

绿色施工	施工管理	组织管理、规划管理、实施管理、评价管理、人员安全与健康管理
	环境保护	扬尘控制、噪声振动控制、光污染控制、水污染控制、土壤保护、建筑垃圾控制、地下设施保护、文物和资源保护
	节材方面	节材措施、结构材料、围护材料、装饰装修材料、周转材料
	节水方面	提高用水效率、非传统水源利用、用水安全
	节能方面	节能措施，机械设备与机具，生产、生活及办公临时设施，施工用电及照明
	节地方面	临时用地指标，临时用地保护，施工总平面布置

图 5-11　绿色施工的指标体系

---

① "四节一环保"指节能、节地、节水、节材和环境保护。

第三节　主要成效和进展

朝阳供电公司在加强与各利益相关方的沟通与合作的基础上，通过负责任的"大建设"实践，在提高工程项目管理质量和效率方面取得了明显进展，特别在破解施工受阻难题方面取得了重大突破，困扰公司多年的问题在短时间内得到了解决。同时，由于更加重视电网建设全过程的环境影响，实现了朝阳电网建设与当地自然环境的和谐共生。

一、电网建设实现质量与规模的双重提升

（一）电网建设规模不断扩大

经过"大建设"与其他专业部门的协作，朝阳供电公司近几年，电网建设规模不断扩大，已经实现了从小规模电网到中等规模电网的跨越。2008~2013 年，朝阳电网累计投资 45.9 亿元，在辽宁省排名第三位，仅低于大连、沈阳，投资额度超过之前 50 年的总和。电网规模实现总体翻番，电网发展实现多项重大突破，彻底扭转了朝阳电网发展滞后的被动局面，基本解决了困扰多年的拉闸限电问题，满足了朝阳地区经济社会发展的用电需求。电网建设投资力度之大，项目建设推进之快，项目智能化、科技化水平之高，实现了前所未有的突破。

（二）电网建设质量不断提升

近年来，朝阳供电公司电网建设质量不断提升，多项工程获得国网公司和省公司高度认可。2013 年，220 千伏海丰—保国老线路工程代表省公司参加了电网公司区域流动红旗竞赛，并取得了质量管理流动红旗；220千伏何家变电站工程代表省公司参加国网公司优质工程核检。公司通过以上创优夺旗工作总结了大量优秀的工程质量管理经验，并在此基础上进行了"全面创优"管理创新，为今后电网建设质量的持续改进创造了条件。

随着"大建设"实践的开展，朝阳供电公司智能电网建设快速推进。2012 年，投运的马山 220 千伏智能变电站被评为国网公司典型设计样板试

点工程；220千伏何家变电站作为省公司智能变电站重点科研项目，保护测控系统高度集成化开创了国内先河，部分技术填补了国内智能变电站技术空白，引领了国内新一代智能变电站技术的发展方向。

二、电网建设管理质量和效率明显提高

"大建设"体系运行后，朝阳供电公司建设管理能力迅速增强，项目管理中心的设置和前期工作的整合大大提高了电力项目管理效率，在更清晰的"大建设"职责基础上，形成了政企协作和公司内部联动机制。通过理清责任边界，明确责任主体，建立了属地负责、地方申报、政府考评的电网立项及建设新机制，在转变电网建设方式上取得了实效，电网建设管理同业对标取得了良好的成绩。

（一）提高了工程项目管理的质量和效率

1. 加强前期管理工作的专业性

"大建设"将原来分别由发展策划部和建设部负责的项目前期和工程前期进行了整合，由建设部（项目管理中心）全面承担前期工作。将具体项目责任落实到个人，岗位职责更加清晰，工作任务更加具体。同时，实行前期管理责任制考核，本着"谁主管、谁负责"的原则，工作产生竞、比意识，使员工的工作积极性、主动性加强，提高了朝阳供电公司的前期协调力度，有效地破解了前期衔接不畅的问题。

2. 提高建设项目的计划性

"大建设"之后，前期工作归口管理，建设部全面掌握项目前期工作开展情况，按辽宁省电力有限公司持证开工的要求，能够更加切合实际地制定工程开工日期，制定合理的项目进度计划，防止工程无序开工、竣工后手续不全补办批件等情况发生。同时，建设项目计划性的增强，也能够降低由于前期问题带来的管理难度和管理风险。

3. 属地协调提高项目管理效率

从县级层面看，按照市县公司协同化运作的建设要求，各分公司发展建设部作为朝阳供电公司建设部职能管理的补充，加强新建变电站同期配出10千伏新建线路电网项目的建设过程管理，提升了项目建设管理专业化水平。公司通过强化落实县公司和乡镇供电所属地管理职责，完善外部协调协同工作机制，协助各级工程项目管理机构开展属地协调工作，提高

了项目建设效率。

（二）建设管理同业对标取得好成绩

1. 全省建设管理对标指标成绩排名

2014 年 12 月，在全省 14 个公司中，朝阳供电公司建设管理对标排名第 3，环比提升 3 名，同比提升 3 名（见表 5-2）。完成上报典型经验 4 篇的目标，并且入围省公司典型经验 1 篇。创造了 2012 年 6 月建设管理对标列入同业对标体系以来的最好成绩。

表 5-2　2014 年辽宁省建设管理对标成绩排名对比表

公司	2014 年 12 月		2013 年 12 月		环比变化		同比变化	
	排名	成绩	排名	成绩	排名	成绩	排名	成绩
沈阳	1	56.7	8	45.408	2	1.2	7	11.292
大连	7	51.9	1	50.688	1	2.1	-6	1.212
鞍山	5	54.9	5	47.069	-4	-1.8	0	7.831
抚顺	10	48.3	10	43.340	0	1.2	0	4.960
本溪	7	51.9	11	42.856	0	2.1	4	9.044
丹东	4	55.2	12	42.548	-1	-0.3	8	12.652
锦州	9	49.2	3	48.543	0	0.0	-6	0.657
营口	12	46.8	13	41.932	1	1.2	1	4.868
阜新	10	48.3	14	40.700	2	1.8	4	7.600
辽阳	14	45.6	4	47.894	0	2.4	-10	-2.294
铁岭	13	45.9	7	45.518	-2	-0.9	-6	0.382
朝阳	3	55.8	6	46.156	3	2.4	3	9.644
盘锦	5	54.9	2	48.686	0	0.0	-3	6.214
葫芦岛	1	56.7	9	43.560	1	0.9	8	13.140

2. 建设管理 B 组指标成绩排名

2014 年 12 月，建设管理对标在 B 组 7 个公司中，朝阳供电公司排名第 2，环比提升 2 名，同比提升 1 名（见表 5-3）。公司顺利完成年度 B 组第 2 的目标，建设管理实现 B 组专业管理标杆，为公司在 B 组获得管理标杆和指标进步标杆起到了举足轻重的作用。

表 5-3　2014 年辽宁省建设管理对标 B 组成绩排名对比表

公司	2014 年 12 月		2014 年 11 月		2013 年 12 月		环比变化		同比变化	
	排名	成绩	排名	成绩	排名	成绩	排名	成绩	排名	成绩
丹东	3	55.2	2	55.5	6	42.548	-1	-0.300	3	12.652
锦州	5	49.2	5	49.2	2	48.543	0	0.000	-3	0.657
阜新	6	48.3	7	46.5	7	40.700	1	1.800	1	7.600
铁岭	7	45.9	6	46.8	4	45.518	-1	-0.900	-3	0.382
朝阳	2	55.8	4	53.4	3	46.156	2	2.4	1	9.644
盘锦	4	54.9	3	54.9	1	48.686	-1	0.000	-3	6.214
葫芦岛	1	56.7	1	55.8	5	43.560	0	0.900	4	13.140

3. 建设管理对标单项指标全省排名

2014 年 12 月，在建设管理对标单项指标排名方面，朝阳供电公司基建信息化应用指标与 8 个公司并列第 1 名，基建安全管理指标与 3 个公司并列第 1 名，基建质量管理指标第 1 名并代表省公司创优，如表 5-4 所示。

表 5-4　2014 年辽宁省建设管理对标单项指标全省排名对比表

指标名称	沈阳	大连	鞍山	抚顺	本溪	丹东	锦州	营口	阜新	辽阳	铁岭	朝阳	盘锦	葫芦岛
工程造价控制指标	1	1	8	8	3	8	8	3	8	3	8	8	3	8
项目储备与初设评审按期完成率	1	10	1	10	1	1	1	13	9	13	1	12	1	1
输变电工程设计质量指标	4	2	7	4	7	13	13	6	7	12	7	2	1	7
项目管理指标	1	5	5	5	9	1	9	9	9	9	9	5	1	1
基建信息化应用指标	10	10	1	1	1	1	1	1	1	1	10	10	1	10
基建安全管理指标	1	1	5	12	7	5	9	12	7	9	12	1	9	1
基建质量管理指标	4	12	2	13	5	5	8	10	11	8	14	1	3	5

三、电网建设与生态环境达到和谐共生

"大建设"体系建设以来，朝阳供电公司更加注重电网建设过程的环境保护，针对朝阳地区"山多、土薄、植被不易恢复"的特点，"大建设"工作综合考虑电网建设影响，实施了环境监理机制，修订了《基建项目管理实施细则》等 5 个专业管理制度和 11 个岗位工作标准，固化了绿色建设的理念。

（一）践行资源节约理念

朝阳供电公司在电网建设过程中，全面实施"优化、美化、简化"的设计思路，减少土地占用，减少民房设施跨越，降低电力设施拆迁、转移频率。具体措施包括：采用高可靠性、小型化和节能型设备，建设与环境相协调的节约型变电站，尽量少占用城区土地；采用同杆并架双回线路，以及大截面导线，提高单回线路的输送能力，尽量节约线路走廊，少占土地；积极投身辽宁省千万亩节水滴灌工程，做好电力配套设施建设工作，促进水资源的节约利用；推行通用设计、通用设备，推广应用高强钢，减少钢材消耗6%~8%。

（二）保护自然生态环境

朝阳供电公司高度重视生态环保，对电网建设项目建立环境监理机制，实施绿色施工机制，减少环境扰动。具体做法包括：在500千伏利州变220千伏联网送出工程和220千伏何家输变电工程中，改变了大面积开挖的传统工艺，采用掏挖基础42基、高塔设计146基，节约土地13亩，减少植被破坏21亩。在建设施工过程中，采用绿色施工工艺，在铁塔基础建设中，采用基础掏挖技术，尽量减少基础附近地表环境的破坏；施工中采用高塔设计，减少线路走廊植被破坏。在线路挂线过程中，需要跨越民房和蔬菜大棚时，采用高成本的滑翔伞牵引技术，避免对民房和蔬菜大棚造成破坏。这一系列举措得到了当地居民的一致认可。

同时，为正确、高效、快速地处置朝阳供电公司基建领域环境污染事件，最大限度地预防和减少环境污染造成的影响和损失，朝阳供电公司于2012年发布了《环境污染事件处置应急预案》，指导和组织公司系统开展环境污染预警、防范、抢险、抢修和电力供应恢复等工作。

（三）美化城市公共环境

在美化市容市貌方面，朝阳供电公司实施了电力设施美化行动，对城区428基电杆、25座环网柜、43座箱变上的小广告及围栏内杂草进行了清理；清洗和更换污垢、损坏设备96套，撤出市内公路杆塔108基，电缆入地17公里，通信光缆清理和入地7公里，改善了市容市貌。

第六章 "大运行"

　　"大运行"体系是保障电能安全、稳定、可靠传输的组织管理过程，是供电企业履行社会责任的重要保障。但是，庞大的电网相对于供电企业来说很难做到高频次、全方位的巡查。在"大运行"体系建设过程中，朝阳供电公司一方面引入了新技术，加强远程监视控制，另一方面优化管理方式，科学配置内部运行管理资源，同时，推动政府加强电力设施保护的行政执法力度，促进"群众护线队"等利益相关方参与，取得了明显的效果，电网运行的可靠性大幅提高。

第一节 "大运行"体系概览

　　"大运行"不仅致力于建立新型的国调、省调和地（县）调三个层级的纵向职能分工，而且还着力打造国调、省调和地（县）调三个层级内部不同部门的组织架构变革、组织过程变革和制度变革等，有效地提高了电网运行的效率。

一、"大运行"的内涵

　　电网"运行"是对电源从发电侧到需求侧的组织管理过程，它是保障电能安全、稳定、可靠传输的关键。长期以来，我国电网运行体系分为调度运行和变电运行两个层面，调度运行模式采取"国网省地县"五级调度机构。随着电网装备水平和自动化程度的不断提高，将电网调度和变电设备运行监控功能实施集约融合、一体化运作的调控一体化运行模式成为必然选择。为此，基于自身发展所遇到的新形势以及电力生产的基本特点和技术水平，国家电网公司提出建立"大运行"体系的战略。所谓"大运行"体系，是以提升电网运行绩效为目标，坚持集约化、扁平化、专业化方向，整合公司调度运行与设备运行相关业务，着力调整调度体系功能结构，变革组织架构、创新管理方式、优化业务流程，构筑电网的新型运行体系。

显而易见，从"大运行"体系建设的目标来看，需要通过统筹公司电网调度和设备运行资源，着力推进输变电设备运行与电网调度运行的业务融合；通过开展变电设备运行集中监控、输变电设备状态在线监测与分析业务，着力实现调控一体化。同时，压缩调度管理层级，推进国调、分调运行业务一体化运作，地调、县调运行业务一体化运作，省调标准化建设、同质化管理，形成集中统一、权责明晰、工作协同、规范高效的"大运行"体系，提高驾驭大电网的调控能力和大范围优化配置资源的能力。

从"大运行"体系建设的主要任务来看，一方面，"大运行"体系要实现国（分）、省、地（县）三级调控体系的一体化；另一方面，"大运行"体系要按不同电压等级的变电站划分，将变电设备运行集中监控、输变电设备状态在线监测与分析业务纳入相应调度机构统一管理，实现各级调度的调控一体化运作。不仅如此，"大运行"体系还要深化调度功能结构调整。同时，"大运行"体系要将县调改为地调的分中心，由地调统一开展专业管理，统筹地（县）调业务，实现一体化运作，构建国（分）、省、地（县）三级调控体系。

二、"大运行"体系的组织结构

朝阳供电公司是地市级供电公司，位于国网公司"大运行"三级调控体系的第三层级，直接承担着地（县）调的建设和实施工作。

（一）朝阳供电公司"传统"的"运行"组织

为了保障电网正常运行，朝阳供电公司形成了较为完善的地县调组织架构（见图6-1）。其中，地调包括方式计划（水电及新能源）、继电保护、调度中心、综合技术和自动化等专业技术岗位，负责调度和自动化运维；县调主要包括继电保护、方式计划等专业技术岗位以及调度中心，负责县级电网调度。省级电科院和地级信通公司发挥了技术支撑作用。

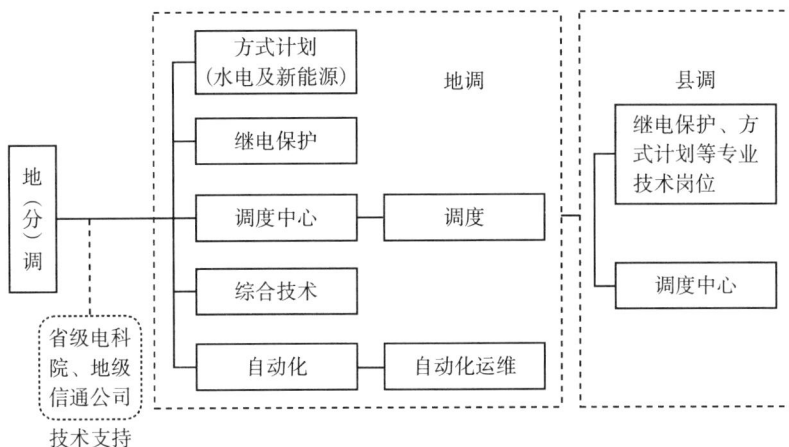

图 6-1 朝阳供电公司"传统"的"运行"体系组织架构

(二) 朝阳供电公司"大运行"组织调整

为了更好地履行职能,按照国网公司建设"大运行"体系的要求,朝阳供电公司结合地市级供电公司的实际,对"传统"的组织架构进行了调整,形成新型的"大运行"组织体系和功能架构。

具体来看,按照建设"大运行"体系的要求,朝阳供电公司对自身地(县)调组织架构进行了相应的调整。2012 年 6 月 11 日,朝阳供电公司正式下发文件《关于朝阳供电公司组织机构设置的通知》(朝电人【2012】97号),成立地市级公司电力调度控制中心和县级分公司电力调度控制中心,从而将地调①和县调②融为一体,除了发挥省级电科院和地级信通公司技术支撑作用之外,地(县)调新增了四项业务,分别为属于地调的继电保护、配网调控、配网故障研判抢修指挥以及属于县调的配网故障研判抢修指挥。不仅如此,地(县)调还对调度控制进行了改组,如图 6-2 所示。

---

① 地调负责地区电网调控运行和城区配网调控运行。其中,地区电网调控运行包括承担地区电网调度运行、变电设备运行集中监控、系统运行、调度计划、继电保护、自动化、水电及新能源等各专业管理职责;受省调委托调度管辖地域内部分 220 千伏电网、直接调度管辖 66 千伏电网和地域内非统调电厂;承担地域内 66 千伏、220 千伏变电设备运行集中监控、输变电设备状态在线监测与分析业务。城区配调运行包括直接调度管辖城区内 10 千伏配电网络,负责城区内 10 千伏配网自动化相关设备运行集中监控业务。

② 县调负责县域电网调控运行,直接调度管辖县域内 10 千伏配电网络,负责县域内 10 千伏配网自动化相关设备运行集中监控业务。

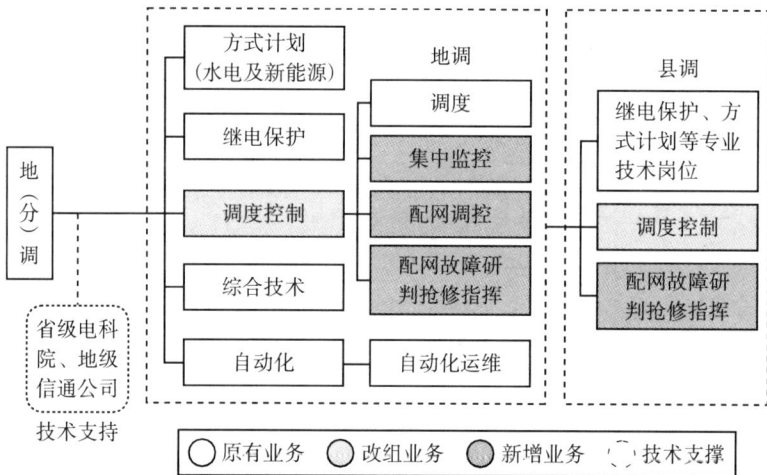

图 6-2　朝阳供电公司"大运行"体系地（县）调组织架构变革

具体来看，在市公司层面，原来负责电力调度的电力调度中心更名为电力调度控制中心，属市公司本部机构编制。根据调度范围扩大，变电设备运行集中监控、输变电设备状态在线监测与分析业务拓展和履行调控专业管理职能需要，扩充调控业务功能，增设相应的管理职能。设置方式计划组、调度二次组、技术综合组 3 个管理组以及地区调控班、配网调控班、自动化运维班、配网抢修班 4 个班组。信息通信中心为电网运行提供通信业务支撑，如图 6-3 所示。

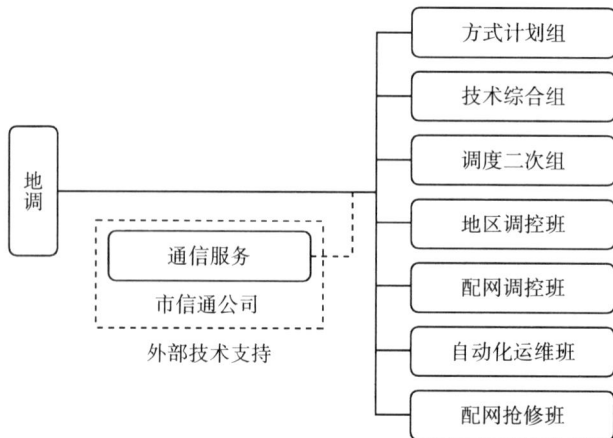

图 6-3　朝阳供电公司"大运行"组织变革市公司层面组织架构

在县公司层面，原来负责电力调度的电力调度中心更名为电力调度控制中心。县公司层面电力调度控制中心下设调控运行班和继电保护、运行方式和自动化运维等综合性管理岗位，如图6-4所示。

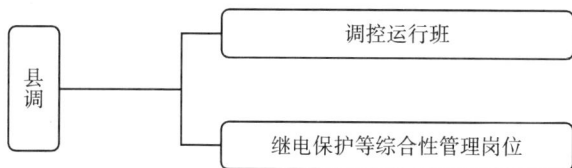

图6-4 朝阳供电公司"大运行"组织变革县公司层面组织架构

（三）"大运行"组织优势

1. 充分优化了电网"运行"的岗位设置，提高了工作效率和管理效能

朝阳供电公司"大运行"体系组织架构调整实现了配网调度地县一体化，配网调度人员配置数量大幅减少。市级供电公司不再设置通信运维人员，朝阳供电公司人力资源进一步得到整合，从而实现了"减员增效"的目标，提高了朝阳供电公司的调度工作效率。不仅如此，组织结构调整之后，调度工作实现了地县一体化，主网和配网调度人员均在调度控制中心的统一管理模式之下，调度人员可以有效地交流沟通，并在业务流程上实现了优化畅通，从而提高了管理效能，推进了朝阳供电公司电网安全稳定运行。

2. 形成了集中统一、权责明晰、工作协同、规范高效的"大运行"体系

朝阳供电公司"大运行"组织架构的变革进一步明晰了地（县）调之间的权责。其中，地调负责朝阳地区电网调控运行；配调负责朝阳市城区配网调控运行；县调负责县域电网调控运行，朝阳供电公司地调、配调和县调的工作进一步协调。同时，通过对已有业务进行改组并新增若干业务，朝阳供电公司集中统一的"大运行"体系不断形成，调控业务更加规范高效。总之，通过对"传统"的"运行"组织架构进行变革，朝阳供电公司形成了集中统一、权责明晰、工作协调、规范高效的"大运行"组织体系。

3. "大运行"体系组织架构调整为实现"调控一体化"创造组织条件

"调控一体化"不仅要求电网调度职能与控制职能集中统一，而且要

求电网调度和设备运行资源整合、输变电设备运行与地（县）电网调度业务融合。朝阳供电公司"大运行"体系组织架构调整将原来的调度中心整合为调度控制中心，并新增集中监控、配网故障研判、抢修指挥等业务功能，优化了朝阳供电公司电网调度和设备运行资源，进一步推进了输变电设备运行与地（县）电网调度业务的融合，并开展变电设备运行集中监控、输变电设备状态在线监测与分析业务，实现了朝阳供电公司"调控一体化"。

三、"大运行"的工作流程

"调控一体化"运行模式是"大运行"体系建设的核心内容，这种新型的"大运行"模式将电网调度运行与设备监控运行集中融合，实现了调度业务模式转型。

在原有的电网运行工作流程中，当电网发生故障或者异常的时候，隶属于运行工区的监控中心首先会向调度中心进行汇报，调度中心了解情况之后，再向监控中心下达指令，监控中心接到指令之后，再向操作队下达操作命令，操作队只有在接到命令之后才能进行现场操作。原有的"调度"和"监控"分离的电网运行模式层级冗长，不利于在最短时间内排除故障，如图 6-5 所示。

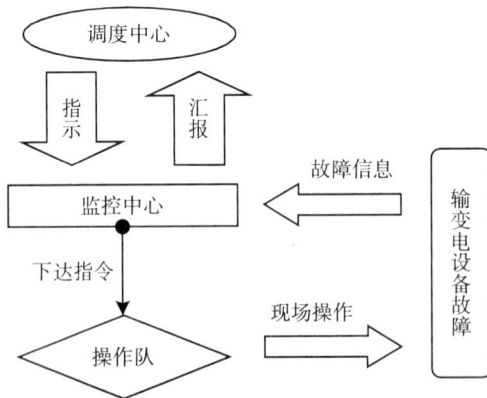

图 6-5　朝阳供电公司原有的电网"运行"调度、监控流程

随着朝阳供电公司电网的快速发展以及智能电网建设的迅速推进，传统的调度和监控相分离的电网运行管理模式已经不能适应现代电网集约化

管理的需要，将调度和监控合二为一的"大运行"模式——"调控一体化"被引入，并成为朝阳供电公司开展"大运行"体系建设的重点。"调控一体化"剥离了电网运行的监控任务，集约了操作队的工作量，不仅使各部分职能更为明确和清晰，而且通过缩短管理链条，有效地提高了电网运行的效率，如图6-6所示。

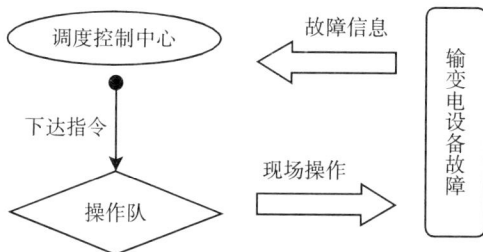

图6-6 朝阳供电公司新型的电网"大运行"调控一体化流程

第二节 负责任的"大运行"实践

供电企业担负着将发电侧的电源通过电网系统，配送到千家万户、各行各业的基本职责，电网运行的安全、稳定、可靠对于民生、经济、社会和环境均发挥着至关重要的作用。为了保障电网安全、稳定、可靠运行，朝阳供电公司积极开展"大运行"体系建设，不断探索和实践社会责任融入电网"大运行"的方式和途径。经过多年的探索和实践，朝阳供电公司对"大运行"体系建设与企业社会责任之间的关系理解得更加深刻，对社会责任融入"大运行"体系建设的实践更为全面，有效地满足了社会、经济、民生需求，创造了经济、社会和环境的综合价值最大化，如图6-7所示。

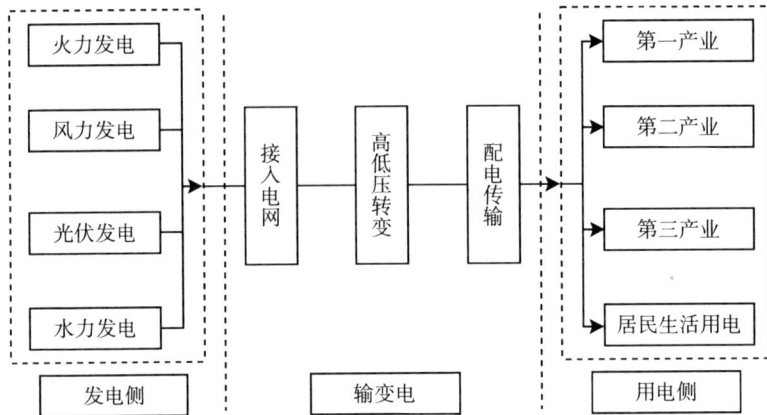

图 6-7　电能输送过程

一、社会责任融入"大运行"的思路

(一)"大运行"与社会责任的关系

1. 履行电网企业社会责任是朝阳供电公司"大运行"体系建设的最终目标和归宿

朝阳供电公司"大运行"体系涉及发电侧电力调度、输电侧电力监控以及需求侧负荷预测，最终目标是为需求侧提供安全、稳定、可靠、绿色的电能资源，服务于人民生活水平的提高和地方经济社会发展，从而为社会创造经济、社会和环境价值。具体来看，在发电侧方面，通过开展"大运行"体系建设，朝阳供电公司能够有效地开展绿色调度，积极消纳风电资源，优化入网能源结构，打造清洁发电格局，履行环境保护责任。在输电侧方面，通过加强停电管理、开展智能电网建设以及开展树障治理，朝阳供电公司有效地提高了供电的安全性、稳定性，降低了停电次数，减少了停电时间，最大限度地满足了客户对于安全、稳定电能资源的需求，较好地履行了客户服务责任。同时，在输电侧方面，通过"大运行"体系建设，朝阳供电公司提高了线损管理的质量和效果，有效地降低了电能资源在传输过程中的消耗，最大限度地发挥了电网对于节能减排的促进作用。在需求侧方面，通过开展"大运行"，朝阳供电公司进一步加强了电网负荷预测管理，有效地保证了需求侧电力的稳定性，较好地履行了客户服务责任。除此之外，通过开展"大运行"体系建设，朝阳供电公司不仅实现了与"国调"和"省调"之间明确的职能分工，而且进一步梳理了朝阳供电公司和县级供电公司之间的职能定位，实现了调控一体化，提高了电力调度和监控的效率，这实质上是自身企业管理效率提高的重要组织变革过程。通过这种旨在提高自身运行效率的组织变革，朝阳供电公司提高了自身资源的使用效率，能够为股东创造更大的经济效益，这也是创造股东价值的重要行动。显而易见，朝阳供电公司积极履行社会责任本身是开展"大运行"建设的重要目标和归宿。

2."大运行"体系建设是朝阳供电公司履行社会责任的重要保障

电力是个人日常生活和企业生产运营均不可或缺的要素，随着我国经济社会的发展，电力对于经济、社会和环境的影响较以往任何时候都更为深远。将电源从发电侧输送到需求侧是一项系统工程，在这项工程中，电网运行发挥着举足轻重的作用，它不仅决定着发电侧的电源入网结构，而且还决定着电网输送的环境和社会效益，以及电力需求容量和质量的满足程度。然而，随着朝阳供电公司服务辖区经济社会的发展，需求侧电力需求的容量不断增多、电力需求的质量不断提高，朝阳供电公司原有的电网运行体系不能很好地满足朝阳地区经济社会发展需要。为了更好地服务于朝阳地区经济社会发展，按照国网公司的统一部署，朝阳供电公司不断深入推进"大运行"体系建设，较好地发挥了朝阳供电公司"大运行"体系为朝阳地区经济社会民生提供安全、稳定、可靠、绿色的电力的作用，成为朝阳供电公司履行社会责任的重要保障。

3.通过"大运行"体系建设开展社会责任管理和实践工作是朝阳供电公司社会责任工作的有机组成部分

朝阳供电公司是国网公司全面社会责任管理的试点单位，经过多年的探索，朝阳供电公司社会责任管理和实践不仅成为国网公司内部的一道"风景线"，而且也成为地市级电网公司开展社会责任管理和实践的典范。朝阳供电公司不仅形成了完整的社会责任管理体系、社会责任沟通体系、社会责任制度体系以及特色性社会责任实践，而且通过社会责任宣贯和培训，朝阳供电公司员工不断转变工作理念，形成负责任的行为规范。按照国网公司的统一部署，朝阳供电公司通过开展"大运行"体系建设，有力地推进了自身的社会责任管理和实践工作，进一步实现了公司履行社会责任与业务运营的融合。朝阳供电公司通过"大运行"体系建设所实现的履行社会责任行动和成效，也成为公司社会责任管理和实践活动的有机组成部分，从而进一步丰富了朝阳供电公司全面社会责任管理的内涵和外延。

（二）社会责任融入"大运行"的重点

按照《朝阳供电公司社会责任管理融入和服务"五大"体系建设工作方案》的部署，朝阳供电公司社会责任融入"大运行"体系的工作由朝阳供电公司调度控制中心具体负责实施。为了有效管理朝阳供电公司"大运行"对于利益相关方、社会和环境的影响，保持"大运行"行为的透明和道德，积极推进利益相关方参与"大运行"，从而实现经济、社会和环境综合价值最大化的社会责任管理要求，朝阳供电公司认为，应当从五个方面重点推进社会责任融入"大运行"工作。

第一，研究解决检修协调会时间仓促、检修时间临时变更、检修单位对现场勘查不全面等问题。

第二，加强电网负荷预测管理。

第三，定制"大运行"的沟通策略，让社会各界了解负责任的电网运行所创造的经济、社会和环境价值。

第四，围绕"安全、高效、绿色、和谐"的社会责任管理目标和要求，打造负责任的"大运行"品牌。

第五，推动"大运行"过程充分考虑社会和环境因素，有效管理运营过程中的社会和环境风险，主动了解和回应利益相关方的期望和社会诉求，积极推动利益相关方参与，凝聚各方合力。具体融入点包括：确保电网安全稳定运行，杜绝大面积停电事故；确保供电质量，最大限度减少停电时间；最大限度地贯彻落实"资源节约、环境友好、社会理解、各方和谐"的和谐发展要求，推进节能环保调度，保证资源的高效利用，淘汰高能耗技术、工艺与设备，加强环保治理，并支持可再生能源发展；坚持厂网协调制度，加强与发电企业的沟通，严格执行"公开、公平、公正"调度与交易合同；开展透明运营，及时了解用电需求，定期向社会发布电力生产相关信息，自觉接受社会监督；加强与政府部门合作，共同防止电力设备外力破坏。

二、社会责任融入"大运行"的做法

朝阳供电公司不断探索社会责任融入"大运行"的方式和方法，依法合规开展三公调度、重点开展绿色调度、着力进行优质调度、持续提升经济调度、积极推进安全调度、不断深化科学调度，较好地实现了电网调度的公开、公平、公正，实现了电网并网能源结构的优化，保证了民生用电的优质、稳定，强化了电力输送过程的能源节约，提高了电网运行的掌控能力，保障了输电线路的安全，提升了负荷预测的科学性。

（一）开展三公调度

三公调度即电力的公开、公平、公正调度，指电力调度机构遵循国家法律法规，在满足电力系统安全、稳定、经济运行的前提下，按照公平、透明的原则，在调度运行管理、信息披露等方面，平等对待各市场主体。朝阳供电公司开展"大运行"体系建设以来，严格按照国家有关法律法规的要求，开展三公调度，不断贯彻国家能源政策、环保政策和产业政策，认真执行国家和行业的有关标准、规范。这不仅保证了电力系统的安全、优质、经济运行，最大限度地满足了朝阳地区的电力需求，而且较好地维护了电力生产企业的合法权益。

从电网的结构来看，辽宁省和内蒙古自治区之间已经建立起了输电线路，为了发挥内蒙古自治区电源对于辽宁省电网的支撑作用，按照三公调度的要求，朝阳供电公司不断从内蒙古自治区消化、吸纳外购电量。由于内蒙古自治区外购电源的吸纳，朝阳地区电厂的发电小时数往往较低。为了给朝阳地区的电厂创造公平、公正、公开的入网环境，朝阳供电公司结合朝阳地区电网实际，按照国家工商总局和国家电监会联合下发的文本，依法签订《购售电合同》和《并网调度协议》，并按照公平合理的原则，科学合理安排朝阳电网运行方式，维护并网电厂的合法权益。不仅如此，朝阳供电公司还主动加强调度信息的披露工作，通过信息发布网站，统一规范向并网发电厂发布信息。

（二）开展绿色调度

朝阳风能资源丰富，风能丰富区和较丰富区占全市面积的52%左右。但受电网调峰能力及网架结构影响，风电接纳能力不足。为此，朝阳供电公司科学制定风电接网规划，开展相关技术研究，加快朝阳风电并网，优化能源消费结构，显著地提高了清洁能源发电在朝阳电网所占的比重，推进了朝阳清洁能源的发展。

在风电接网规划方面，公司结合朝阳市地域风电资源分布、电网网架结构、未来负荷发展等综合因素，以结合风电联网建设、同步优化地区电网网架为原则，制定《朝阳电网风电接网规划》，对朝阳电网风电接网做出了前瞻性的规划。在清洁能源调度运行管理方面，朝阳供电公司积极开展风电功率预测、风电场集中监控和风电调度计划管理系统建设，构建常规电源网厂协调控制平台，建设大规模风电的协调控制系统。在开展技术研究方面，朝阳供电公司积极开展风电、光伏发电、生物质能发电等相关技术研究工作，包括风光互补、高压储能、区域性保护技术研究，以及光伏发电控制与并网、风光一体储能技术研究及推广应用，建设大规模储能基地，如表 6-1 所示。

表 6-1　朝阳供电公司支持风电发展的七大举措

编号	举措	具体内容
I	建设坚强智能电网，提升消纳风电能力	投资 4.79 亿元建设两座总容量 72 万千伏安的智能变电站
II	促进风电建设和电网协调发展	完成了《朝阳电网风电接网规划》并通过市发改委、省电力公司审核
III	有效保障风电送出电网配套工程建设	公司在涉及施工队伍、物资供应、资金落实等方面开辟绿色通道
IV	全面加强风电并网等关键技术破解	开展风电功率预测、风电协调优化调度与常规电源关键技术攻关
V	全额收购并网风电电量	公司 2014 年累计收购并网风电电量 15.2 亿千瓦时
VI	组织专项研究	完成《朝阳电网消纳风电能力研究》、《朝阳电网"十二五"风力发电场介入系统设计》
VII	培训风电技术人员	2014 年举办风电技术人员培训班 3 期，培训 120 人次

朝阳供电公司积极消纳风电的举措，有力地促进了风电的发展，风电厂并网数量和风电并网电量均稳步提高。在风电厂并网数量方面，由 2011 年的 7 家增加到 2015 年的 39 家，如图 6-8 所示。在风电并网电量方面，也由 2011 年的 6.66 亿千瓦时，增加到了 2015 年的 20.1 亿千瓦时。

除了积极消纳风能之外，为了进一步优化能源结构，助力清洁能源的发展，朝阳供电公司积极支持水电和光伏发电。[①] 2012~2016 年，在朝阳市

---

① 光伏发电是直接将太阳光转换为电能的一种发电形式，对优化能源结构、推动节能减排、实现经济社会可持续发展具有重要意义。分布式光伏发电是指位于用户附近，所发电能就地利用，以 10 千伏以下电压等级接入电网，且单个并网点总装机容量不超过 6 兆瓦的光伏发电项目。

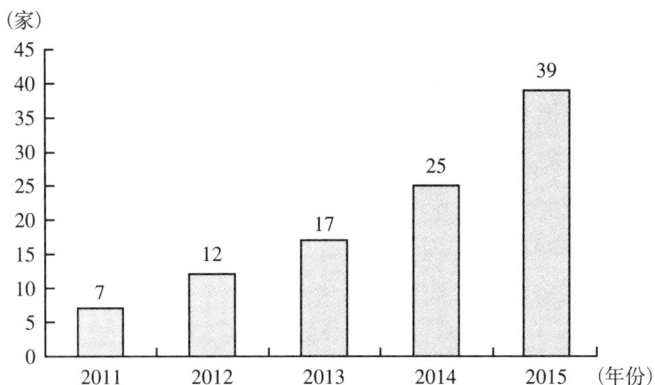

图 6-8 2011~2015 年朝阳地区风电厂并网数量

电源投产规模中，水电规模保持稳定，风电规模和和光伏发电规模均保持快速增长态势。可以预计，随着朝阳市绿色能源电源投产规模的不断扩大，绿色调度势必成为朝阳供电公司调度工作的重点之一。

（三）开展优质调度

所谓优质调度，是指朝阳供电公司为了向客户提供优质稳定的电源，着力开展停电管理工作。随着朝阳一大批重大基础设施、产业项目、民生工程的正式启动，客户对供电服务要求日益提高，朝阳供电公司清醒地认识到，公司在保障全市电力供应、服务经济社会发展中承担着重大责任。为此，朝阳供电公司不断加强停电管理，开展优质调度，不仅通过自身业务变革，做到少停电，而且在停电发生时，最大限度地降低停电给客户造成的影响。

为了最大限度地减少停电的次数，朝阳供电公司变电运维部门提出"提高运维水平，减少停电时间"的停电管理理念，千方百计确保电网安全可靠运行。朝阳供电公司深入推进状态检修，加大实施带电作业，建立配电带电作业属地化管理新机制，配备先进带电作业设备，全面提升带电作业水平，从而减少停电检修工作时间和非计划停电时间，减少因停电给客户带来的损失和不便。

为了降低停电对客户可能造成的重要影响，朝阳供电公司还积极加大同客户的沟通交流，停电发生前，对所有涉及的客户通知到位，最大限度地降低停电对客户造成的负面影响。

【专栏】

规范停电信息发布，履行供电服务承诺

为不断提升服务水平，强化服务意识，让广大客户能够及时、准确、有效地了解到停电信息，尽量避免因停电给工作、生活带来的不便和困扰，凌源供电分公司始终履行供电服务承诺：供电设施计划检修停电，提前7天向社会公告。除了通过凌源电视台向全社会发布停电信息外，还有营业厅滚动电子屏、公示板、小区张贴告示、集市发放通知单等多种宣传渠道。

此外，凌源供电分公司全面加强内部管控，首先，要求工作人员必须使用标准规范的服务用语发布信息；其次，每一次停电前，都要认真核查停电区域内的所有客户，尤其是所涉及的政府机关、部队、医院以及重要企业，必须电话通知到位；最后，发布的通知要注明停电原因、停电时间、停电线路、停电范围，标注具体街路、标志性建筑、小区和重要客户名称，使广大市民最关注的停电信息内容不留死角。

2014年全年，凌源供电分公司共发布停电信息59次261条，既履行了供电服务承诺，又方便了客户及时调整生产、生活安排，得到了广大电力客户的一致好评。

（四）开展经济调度

所谓经济调度，是指朝阳供电公司通过开展计划管理、技术管理、运行管理、用电管理、营业管理、计量管理等工作，最大限度地降低线损，[①]提升电力资源传输效率的调度过程。经济调度极大地提高了电力传输的经济性，降低了电力传输过程中的能耗。降低线损率不仅是国家考核供电企业业绩的重要技术经济指标，而且也是供电企业管理水平的综合反映，它一方面衡量了供电企业的计划管理、技术管理、运行管理、用电管理、营

---

① 线损又称网损，是指电能在传输过程中以热能的形式散发的能量损失，它不仅是电网企业的一项重要的技术经济指标，而且是电力系统规划设计、生产运行、经营管理和企业经济效益水平的综合体现。通过加强线损管理不仅能够有效地降低生产成本，提高电网企业的经济效益，而且透过降低线损的节约能源效果，电网企业落实了国家能源政策。

业管理、计量管理等方面的水平，另一方面也衡量了电网结构与布局是否合理，运行是否经济，所采取的措施是否有效等。不仅如此，由于线损的降低节约了大量的电力，直接增加了可资利用的电能资源，所以，供电企业开展线损管理，降低线损率，能够显著促进能源的节约，也成为履行环境责任、创造企业和生态环境共享价值的重要举措。

线损管理涉及面广，电网的发、输、变、配、用等各个环节的运行情况，都与线损有联系。为了提高电能在发、输、变、配、用等各个环节的效率，降低线损率，"十二五"期间，朝阳供电公司不断加大技术降损改造项目投入，更换 S7 及以下高耗能配电变压器 3200 台，改造 10 千伏高损线路 48 条，改造 10 千伏线路 325 千米，低压线路 266 千米，安装无功补偿设备 10750 千伏，改造客户电能计量装置 33740 户，显著地降低了公司系统线损率。公司近年来降损改造项目投入情况如图 6-9 所示。

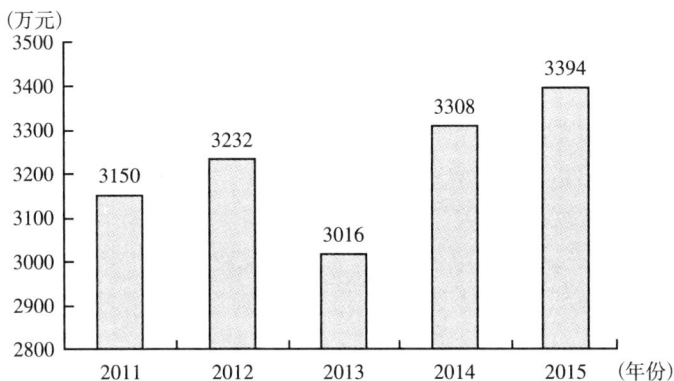

图 6-9　2011~2015 年朝阳供电公司降损改造项目投入

随着朝阳各县电网线损管理力度的加强和技术降损工作的深入，朝阳供电公司及下属各市县供电分公司综合线损率逐步下降到较为合理的水平。为了进一步降低线损率，创造企业与生态环境的共享价值，2014 年，朝阳供电公司制定了《朝阳电网区县"十三五"节能降损规划》（以下简称《规划》）。《规划》要求朝阳供电公司各区县公司进一步优化电网结构，支持新能源开发利用；优化电源结构，促进常规能源与新能源平衡发展；努力降低输配电损耗，减少温室气体排放；全面实现节能发电调度，积极推进经济调度；执行和配合完善国家节能降损电价政策；继续深化"绿色行动"，不断丰富完善客户节能服务内涵；坚持走科技创新与技术进步道路，适应低碳经济发展。公司针对各区县电网现状，确立了"十三五"期间综合线损率目标控制值。

（五）开展安全调度

所谓安全调度，是指朝阳供电公司为了保障高低压输电线路安全传输电能，积极开展树障的治理工作。树障是高低压线路安全传输电能的重要隐患源，它不仅能够造成线路跳闸，而且还会导致线路因接地而停电，极大地威胁着用电可靠性，给人们的生产、生活造成了负面的影响。为了提前防范树障安全隐患给高低压线路输电可靠性带来的影响，朝阳供电公司积极履行社会责任，要求基层单位积极开展主干线两侧的巡视检查，不断开展钊针对输电线路"走廊"树木的清理，在加强线路通道治理工作上把握重点、创新方式、克服困难，树立长期工作的信心，从而确保线路通道治理工作取得显著成效，保证了客户用电的可靠、安全。

（六）开展科学调度

科学调度是指朝阳供电公司为了加强电力需求侧管理，所开展的电网负荷预测管理活动。具体而言，电力需求侧管理（Demand Side Management，DSM）指在政府法规和政策支持下，采取有效的激励和引导措施以及适宜的运作方式，通过电网企业、能源服务企业、电力客户等共同协作，提高终端用电效率和改变用电方式，在满足同样用电功能的同时减少电力消耗和电力需求，为达到节约资源和保护环境，实现社会效益最优、各方受益、成本最低的能源服务所进行的管理活动。

作为电力需求侧管理的核心内容，加强电网负荷预测管理，对电网供电能力、主变利用率、线路负荷率等运行数据定期、定性排查，成为朝阳供电公司开展需求侧"大运行"建设的重要举措。它不仅能够及时发现电网运行过程中存在的薄弱环节，便于运行方式安排与调整，而且有利于反事故措施预案的编制。基于此，朝阳供电公司建立了《朝阳电网运行负荷预警系统》并编制相关管理办法。在此基础上，建立定期会议协商机制，建立政府通报流程闭环管理，为方案会签提供了技术手段。各职能部门通过预警系统均能直观掌握电网运行现状、供电能力等信息，将客户业扩报装受限报批由定性管理过渡至定量管理，加快了业扩报装速度。除此之外，朝阳供电公司电力负荷预测管理制度的建立和实施，还进一步规范了负荷预警情况下的分级管理，提高了客户服务质量，实现了供电公司与社会客户的双赢。负荷预警系统管理工作流程如图 6-10 所示。

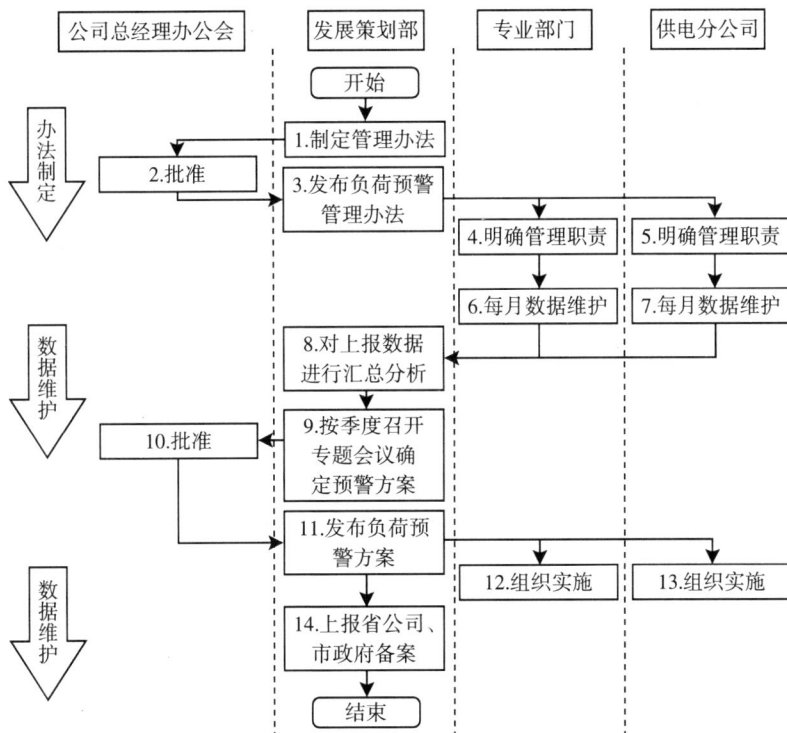

图 6-10 朝阳电网负荷预警系统管理工作流程

第三节 主要成效和进展

朝阳供电公司"大运行"体系建设以来，不仅形成了新型的"大运行"体系，而且创造了良好的外部绩效和内部绩效。

一、"大运行"体系建设外部绩效

(一) 创造了良好的竞争环境,保护了发电企业的合法权益

在调度运行管理、信息披露等方面,朝阳供电公司对不同的发电企业一视同仁,平等对待不同的市场主体。朝阳供电公司在保障电力系统安全、稳定、经济的前提下,按照公平、透明的原则,着力开展"三公"调度,为发电企业创造了公开、公平、公正的竞争环境。除此之外,朝阳供电公司还积极同发电企业进行交流沟通,积极向发电企业开展信息披露工作,倾听发电企业的需求。通过与发电企业交流、互动,朝阳供电公司最大限度地满足了发电企业的需求,较好地保护了发电企业的合法权益。不仅如此,在该过程中,朝阳供电公司也获得了发电企业对于朝阳供电公司的支持和拥护,从而形成了发电企业与供电企业之间和谐的合作伙伴关系,创造了朝阳供电公司与发电企业合作共赢的局面。

(二) 清洁能源并网稳步推进,创造了良好的生态环境效益

朝阳地区风能、太阳能资源丰富,近年来,朝阳市风力发电及太阳能发电迅速兴起。为了响应国家节能减排、应对气候变化的政策号召,朝阳供电公司不断加强对清洁能源的消纳。2013 年,朝阳电网并网风电装机台数和装机容量分别达到 604 台和 916.8 兆瓦,4 年时间增加了 10 余倍。2014 年,朝阳电网并网风电装机台数和装机容量保持稳定,如图 6-11 所示。

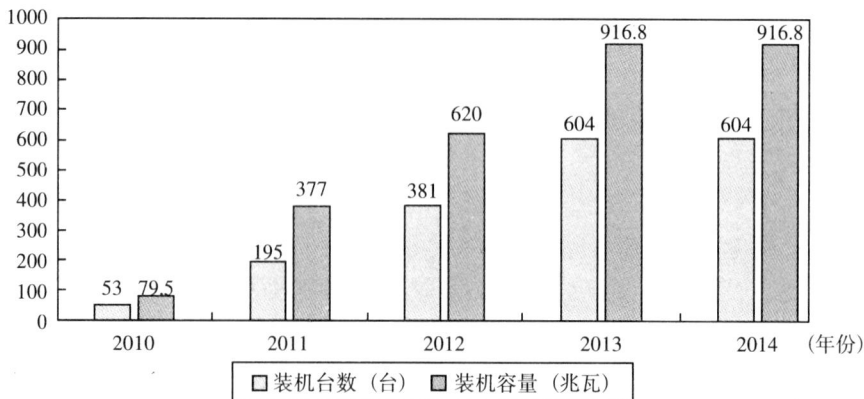

图 6-11　2010~2014 年并网风电装机台数及装机容量

不仅如此，朝阳供电公司消纳光伏发电从无到有，截至 2014 年，共消纳 20 兆瓦的光伏发电装机容量。与此同时，朝阳供电公司积极消纳水力发电。2010~2012 年，并网水电装机台数为 17 台，装机容量为 13.55 兆瓦；2013 年和 2014 年，并网水电装机台数增加到 18 台，装机容量也提高为 13.75 兆瓦。如表 6-2 所示。

表 6-2　2010~2014 年并网水电和光伏发电装机台数及装机容量

类型		2010 年	2011 年	2012 年	2013 年	2014 年
水电	装机台数（台）	17	17	17	18	18
	装机容量（兆瓦）	13.55	13.55	13.55	13.75	13.75
太阳能	光伏电池阵列（组）	0	0	0	10	20
	装机容量（兆瓦）	0	0	0	10	20

整体来看，2010~2014 年，朝阳供电公司清洁能源占电力总装机的比重保持稳定并小幅提升，由 2010 年的 40.4% 提升到 2014 年的 41.2%。朝阳供电公司通过消纳清洁能源，较好地履行了生态环境责任，有效地节约了资源、保护了环境，创造了生态环境价值。

（三）供电可靠性稳步提升，创造了良好的社会价值

朝阳供电公司着力进行优质调度、积极推进安全调度、持续推进科学调度，较好地履行了客户责任。

通过开展停电管理，朝阳供电公司辖区内户均停电时间大幅降低。2010~2015 年，朝阳供电公司辖区内农村户均停电时间由 17.71 小时/户·年降低到 9.46 小时/户·年；城市户均停电时间由 4.73 小时/户·年下降到 3.24 小时/户·年。由于电力是经济社会价值创造的重要投入要素，所以，停电时间的降低使得朝阳供电公司创造社会价值的能力提升。

通过智能变电站建设、配电网自动化建设、智能调度系统建设、智能电网建设以及积极推进安全调度、持续推进科学调度，朝阳供电公司提高了电力调度的自动化水平，最大限度地降低了外力对于电网设施的破坏，增强了发电侧和需求侧之间电力的匹配，朝阳电网供电可靠性不断提升。2010 年，农村和城市供电可靠率分别为 99.80% 和 99.95%，2015 年，农村和城市的供电可靠率分别提升为 99.89% 和 99.96%。通过提升供电可靠性，朝阳供电公司最大限度地降低了供电的不可靠给经济社会带来的负面

影响，如图 6-12 所示。

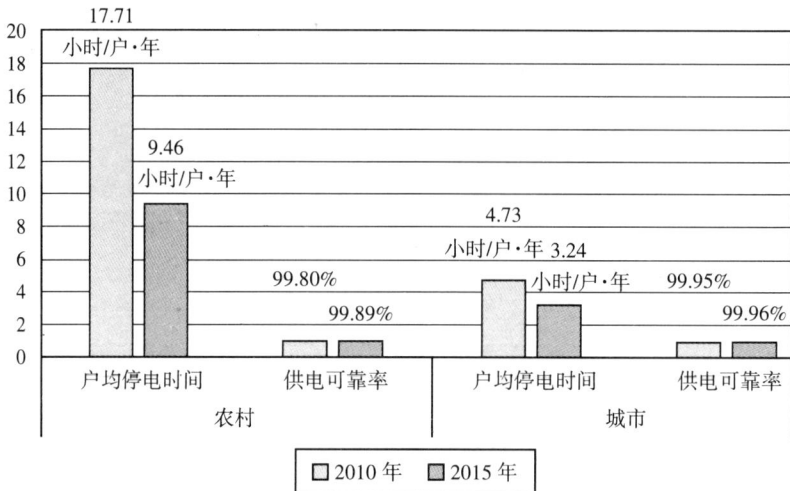

图 6-12　朝阳电网供电可靠性（其中 2015 年为规划可靠性）

二、"大运行"体系建设内部绩效

（一）电网线损不断降低，最大限度地降低了传输能耗

线损涉及电网的发、输、变、配、用等各个环节的运行情况，线损一直以来是电网企业能源损耗的重要方面。基于"大运行"体系，朝阳供电公司不断加强线损管理，通过更换高耗能配电变压器、改造高损耗线路、安装无功补偿设备、改造客户电能计量装置等实践，不断降低电网线损。从朝阳供电公司下属分公司降低线损的成效来看，2008 年以来，七个县（市）、区线损呈现整体下降趋势，朝阳供电公司较好地减少了电能在传输过程中的浪费，最大限度地降低了传输能耗。如表 6-3 所示。

从朝阳供电公司整体降低线损的成效来看，随着"大运行"的深入开展，朝阳电网综合线损率呈现出下降趋势，由 2010 年的 6.28% 下降到2014 年的 5.1%，证明公司在降低线损方面取得了较为明显的成绩。如图6-13 所示。

表6-3 2008~2014年朝阳市区供电分公司综合线损率

单位：%

年份	龙城区	双塔区	朝阳县	建平县	喀左县	凌源市	北票市
2008	7.26	10.12	5.08	5.65	5.22	1.92	5.15
2009	7.26	8.07	5.03	5.49	4.05	1.96	4.26
2010	7.49	7.35	4.41	5.38	3.97	2.23	3.65
2011	7.69	2.96	3.57	5.34	2.24	1.49	4.54
2012	6.05	4.34	3.26	4.76	2.33	1.32	3.23
2013	6.47	4.21	4.17	5.02	2.84	1.28	2.99
2014	6.37	4.60	4.07	5.27	2.98	1.29	2.92

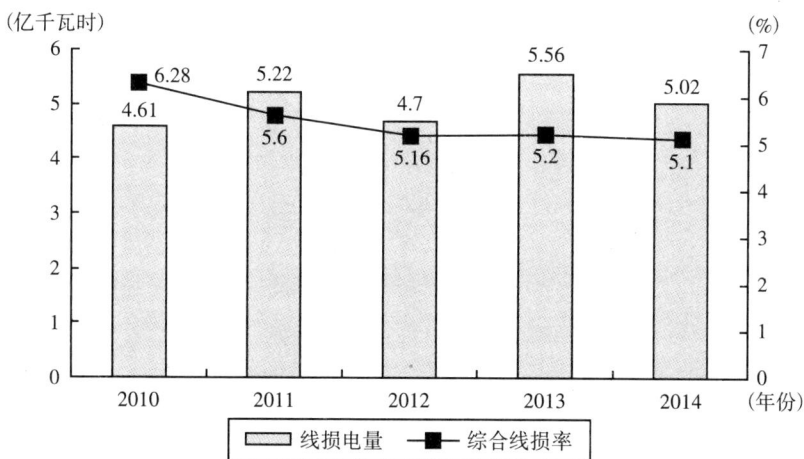

图6-13 2010~2014年朝阳电网线损变化情况

（二）应急反应能力大幅提升，事故处理时间不断缩短

在"大运行"体系下，当电网发生故障时，调度人员可以在第一时间与监控人员面对面进行沟通和交流，共同研判故障信息，分析故障性质，迅速做出处置方案，快速恢复客户供电。例如，2012年8月18日，在柳城变因不可抗拒的雷电灾害造成的全停事故处理过程中，调度人员与监控人员一起研判故障信息，分析故障范围，仅用5分钟即恢复了重要客户——鞍凌钢公司的供电，仅用13分钟即恢复了市区停电客户的供电。客户对于稳定电力的需求是朝阳供电公司基本的职责，更是朝阳供电公司基本的社会责任，通过提高应急反应能力，压缩事故处理时间，朝阳供电

公司在履行基本使命的同时，较好地履行了客户责任，创造了自身和客户的共享价值。

(三) 优化了业务流程，提高了工作效率

推行"大运行"体系后，继电保护专业管理职责划入调控中心，优化了业务流程，减少了跨部门沟通和协调环节，缩短了检修票和运行方案的会签时间，更便于对电网运行中出现的问题进行会商，快速确定解决方案，提高工作质量和工作效率。毋庸置疑，"大运行"体系建设本身是对朝阳供电公司电网运行的一个组织变革过程，"大运行"体系使朝阳供电公司运行效率提高，进一步提高了朝阳供电公司的经济效益，较好地促进了国有资产的保值增值。

第七章 “大检修”

　　“大检修”体系是保障电力设备安全稳定运行、减少电力设备故障发生次数的专业化管理过程。“三集五大”体系建设以来，朝阳供电公司认真落实网省公司要求，立足于减少停电时间的社会责任，整合内部资源开展“大检修”体系建设。建设过程中，公司成立了专业工作组，建立了相应机制，实施了提高装备水平、加强场地配置规划等举措，“大检修”体系建设顺利推进，检修质效稳步提升，使供电可靠性得到有力保障。

第一节 “大检修”体系概览

　　对电网设备进行“大检修”是电网管理的重要组成部分，按照国网公司和省公司的整体部署，基于“做优市公司”、“做精县公司”的总体要求，朝阳供电公司改革了检修组织结构，形成了市公司“一部一公司”的生产组织架构以及县公司“一部一工区”的生产组织架构。按照状态评估、检修计划、检修实施和绩效评价的一般过程，朝阳供电公司分别形成了输变电设备检修和抢修、电缆检修、电缆故障抢修、设备状态检修、配网设备检修等更为精细的检修流程。

一、“大检修”的内涵

　　对电网设备检修是指对架空交直流输电线路、变电（直流）设备、配网、电缆等开展的检修及故障抢修，包括检修计划、检修准备、检修实施、标准化作业、带电作业、故障抢修、安全与质量控制、档案资料管理等内容。对电网设备进行检修管理是电网管理的重要组成部分，电网设备检修管理水平的好坏，不仅在一定程度上决定了电网设备的健康状况和使用寿命，而且更决定了电网设备的运行性能以及电网能否完成安全经济供电的使命。然而，随着电网建设的快速发展，传统的"小而全"、"小而散"的检修模式已经不能适应电网建设和发展的需要，电网检修的特点与传统的以市县为单位的属地化管理体制之间的矛盾日趋明显。为了满足电网持续快速发展的需求，国家电网公司以"三集五大"为核心，开始全面推进公司发展方式转变，其中，"大检修"是"三集五大"的重要组成部分。

"大检修"是一种新型的电网检修模式。国家电网公司"大检修"体系建设的基本思路是，坚持变革方向、顶层设计和效率优先，以确保安全稳定、优质服务和队伍稳定为前提，以构建适应"两个一流"的现代运维检修体系为目标，以有利于安全生产基础更稳固、运检劳动效率更高、单位电网资产运检成本更低为核心，以机构扁平化、资源集约化、运维一体化、检修专业化、管理精益化（"五化"）和统一制度标准、统一业务流程、统一信息平台、统一绩效考评、统一资源调配（"五统一"）为主线，优化组织架构，精益管理方式，完善运作机制，深入推进运维一体化和检修专业化，深化电网设备状态管理，强化全过程技术监督和电网实物资产管理，强化运检业务外包管理和技术装备体系建设，强化各级执行力建设和末端业务协同，健全配套保障措施，实现新体系的全面覆盖、上下贯通、横向协同、运转高效和闭环管理，不断提升运检效率和效益。其中，"运维"指设备状态巡检、分析评价、倒闸操作和维护性检修；"检修"主要是指专业化（工厂化）检修和设备轮换检修以及相应的电气试验；"运维一体化"主要指设备巡检、倒闸操作和维护性检修由同一组人员负责实施。国家电网公司"大检修"体系是一种组织机构精简高效、核心资源集约共享、运维业务高度融合、专业检修全面覆盖、运检管理精益规范的运检体系，它不仅符合电网设备管理的客观规律，而且较好地适应了构建特高压电网和智能电网的战略需要，能够全面提升电网的运营效率和效益。

二、"大检修"体系的组织结构

（一）朝阳供电公司"传统"的"检修"组织

"传统"的朝阳供电公司"检修"组织结构由市公司层面和县公司层面构成，如图7-1所示。在市公司层面，朝阳供电公司的"检修"组织结构由本部职能部门——生产技术部以及生产单位——变电运行工区、修试工区和送电工区构成。在县公司层面，朝阳供电公司的"检修"组织结构由安全监察部、生产技术部和 10 千伏及以下配电运检人员及业务构成。朝阳供电公司"传统"的"检修"组织结构在开展电网设备检修工作中发挥了重要的作用。但是，这种检修组织结构已经不能充分统筹朝阳供电公司的人力、技术、装备资源，需要进一步加强管理和改进提升。

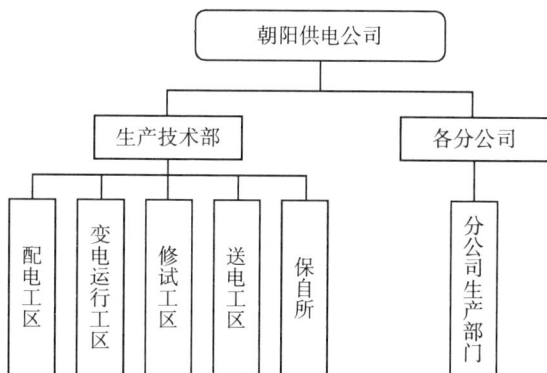

图 7-1　朝阳供电公司"传统"的"检修"体系组织架构

（二）朝阳供电公司"大检修"组织调整

"大检修"体系建设后，朝阳供电公司成立了检修分公司，在各县成立检修（建设）工区，按电压等级承担电网设备运维检修任务，较好地实现了资源集约化、组织扁平化、业务专业化、管理精益化。

按照"做优市公司"要求，朝阳供电公司优化整合内部机构，促进业务流程更加合理顺畅，在朝阳供电公司层面构建"一部一公司"的生产组织架构。一是成立运维检修部，在保留生产技术等管理职能基础上，强化电网实物资产管理、设备状态检修、带电作业管理职责。二是对原输变配电生产人员及业务进行合并重组，成立朝阳供电公司检修分公司，与运维检修部合署办公，作为公司 220 千伏及以下电网运维检修的责任主体。朝阳供电公司层面主要承担计划技术、变电运检、输电运检、配电运检等管理工作，增设了电缆运维班和带电作业班。

朝阳供电公司按照"做精县公司"的工作要求，在县级公司层面形成了"一部一工区"的生产组织架构。一方面，在原安全监察部、生产技术部基础上成立安全运检部；另一方面，整合 10 千伏及以下配电运检人员及业务，组建县检修（建设）工区，实施 10 千伏及以下电网工程建设、设备专业化运检管理。朝阳供电公司县级公司层面负责县域内 35 千伏输电线路和未集约至地（市）检修分公司的变电设备的运维检修，县城区 10 千伏及以下配网设备（表箱前）和集约的农村 10 千伏配网设备的运维检修，以及县域内 35 千伏及以下电网建设与改造。乡镇供电所负责农村 0.4 千伏配网设备和未集约的农村 10 千伏配网设备的运维检修工作，乡镇供电所运检业务由检修（建设）工区专业管理；对于规模大（Ⅲ 型及以上）的供电所，可设运检班组；规模较小（Ⅳ 型）的供电所可仅设综合性班组。公司"大检修"体系组织架构如图 7-2 所示。

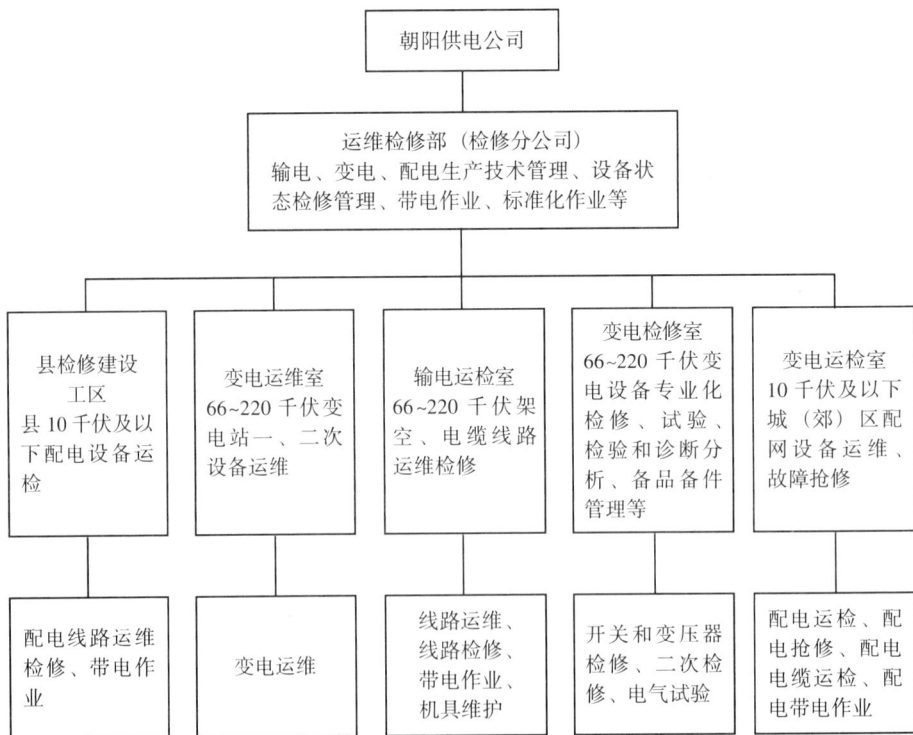

图 7-2 朝阳供电公司"大检修"体系组织结构

具体来看，在市公司所构建的"运维检修部、市检修分公司"生产组织架构中，运维检修部是在原来生产技术部的基础上成立的。与生产技术部相比较，运维检修部进一步强化了电网实物资产管理、设备状态检修和带电作业管理职责。运维检修部不仅负责市公司生产技术管理工作，而且也是市检修分公司的管理部门。市检修分公司是对原输电运检、变电运行、变电检修、二次检修、配电运检专业人员及业务进行重组的结果，实施电网设备的检修专业化和运维一体化管理，如图 7-3 所示。

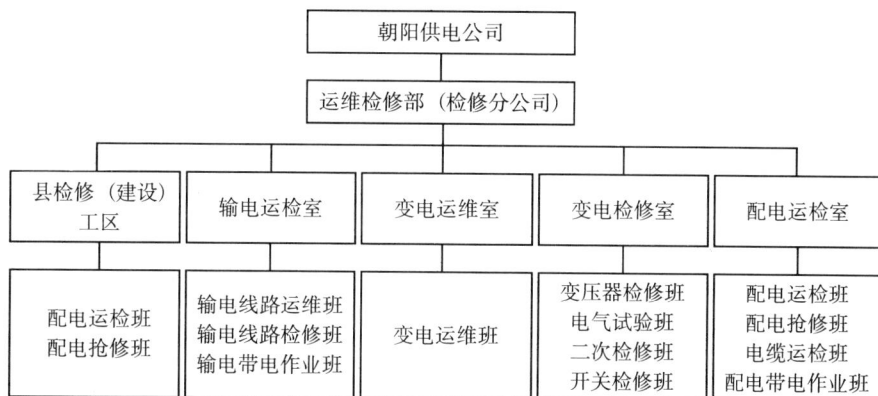

图 7-3　朝阳供电公司"大检修"组织变革市公司层面组织架构

在县公司所构建的"安全运检部、县检修建设工区"生产组织架构中，安全运检部是在撤销北票、朝阳县、建平、凌源、喀左 5 个县公司生产技术部、安全监察部并整合其资源的基础上成立的。北票、朝阳县、建平、凌源、喀左 5 个县公司组建县检修建设工区，与县公司运维检修部合署办公，下设配电运维班、配电抢修班、带电作业班、信通运检班和供电所，如图 7-4 所示。

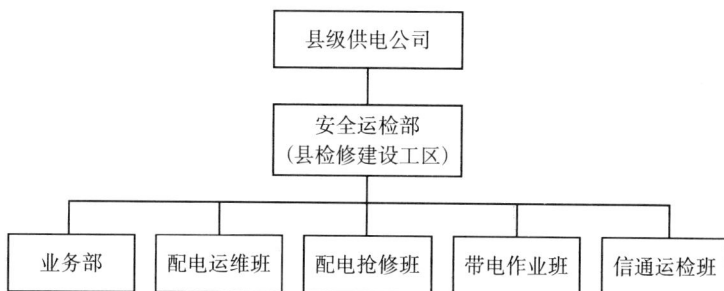

图 7-4　朝阳供电公司"大检修"组织变革县公司层面组织架构

（三）"大检修"组织优势

1. 促使朝阳供电公司组织结构进一步扁平化，生产管理效率明显提升

通过精简规范生产组织架构，朝阳供电公司建立了按电压等级由各级检修公司（工区）负责电网设备运维检修的集约高效生产管理体系，压缩了管理层级，朝阳供电公司检修组织结构进一步扁平化。组织结构的扁平化缩短了管理链条，节省了大量资源。通过建立适应"大检修"要求的组织架构，朝阳供电公司有力地推进了运维一体化工作，生产管理效率明显提升。

2. 朝阳供电公司组织结构变革明显加强了设备全寿命周期管理的能力

通过调整优化生产业务流程，朝阳供电公司强化了生产管理部门的设备全寿命周期管理职能，加强了设备从电网规划、工程可研、初步设计、设备招标、设备监造、工程施工、工程验收至设备运行、状态检测、状态评估、设备检修、设备退役等全寿命周期各个阶段的管控，为电网设备安全运行和运行成本下降创造了体制条件，从而提高了公司开展设备全生命周期管理的能力。

3. 朝阳供电公司组织结构变革有利于状态检修工作的进一步有效开展

朝阳供电公司新型的"大检修"组织结构在运维检修部设置了"状态检修专责"管理岗位，从而实现了状态检修工作的专人专管，状态检修工作在管理上得到了加强。不仅如此，朝阳供电公司新型的"大检修"组织结构还设置了专业化检修班组，这也使班组设备状态评价、状态检修工作水平得到提升。

4. 朝阳供电公司组织结构变革使得自身检修工作质量得到充分保证

通过创新生产管理方式，朝阳供电公司新型的"大检修"组织结构在检修公司内组建了专业化检修班组，该专业化检修班组实施专业化检修，充分利用系统内外资源（特别是 A 类、B 类工厂化检修基地）开展工厂化检修，积极推进主变压器、高压断路器、隔离开关等设备的轮换检修，检修工作质量得到充分保证。

三、"大检修"的工作流程

对电网设备进行检修涉及流程较多，比如设备全寿命周期管理流程、设备状态检修管理流程、技术监督管理流程、工程验收转资管理流程、设备退役处置管理流程、电压质量管理流程、供电可靠性管理流程、设备缺陷管理流程、生产工程管理流程、生产设备维护管理流程等。尽管不同的检修工作具有特异性的检修作业流程，但是，作为一个整体，无论是传统的检修工作，还是新型的检修工作，朝阳供电公司检修工作均具有统一性的检修流程。

任何检修流程均基于检修工作的组织结构设计。在传统检修组织结构设计之下，公司层面的检修作业信息需要传递到生产技术部门。生产技术部门基于这些检修信息，在对信息进行判断的基础上，指示相应的室开展检修作业工作，比如输电运检室、变电运维室、配电运检室、检修试验室等。这些负责检修工作的室在接到检修指示之后，向检修工作班发出检修指令，检修工作班接到指令之后开展检修工作，负责检修工作的室也随时跟踪检修工作班的检修工作进展，并向生产技术部做出汇报，如图 7-5 所示。

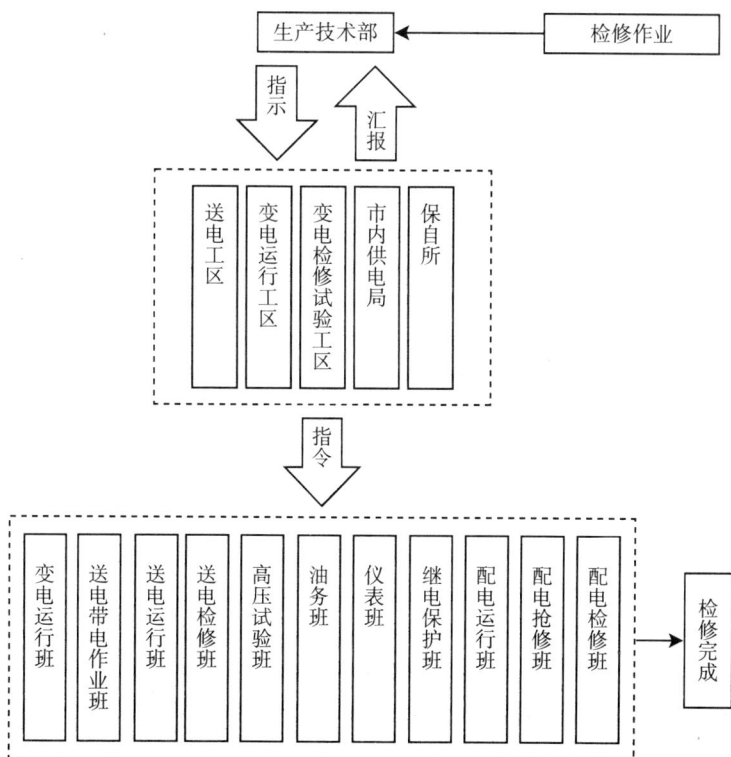

图 7-5　朝阳供电公司"大检修"组织变革之前市公司层面"检修"流程

在"大检修"组织结构设计之下，朝阳供电公司层面构建了"一部一公司"的生产组织架构。即：成立运维检修部，在保留生产技术等管理职能基础上，强化电网实物资产管理、设备状态检修、带电作业管理职责；对原输变配电生产人员及业务进行合并重组，成立朝阳供电公司检修分公司。新的检修机制强化了设备状态检修、带电作业管理等职能，实现了专业化；拓展了实物资产管理职能，实现了集约化；通过合署办公等举措简化了管理流程，实现了扁平化，如图7-6所示。

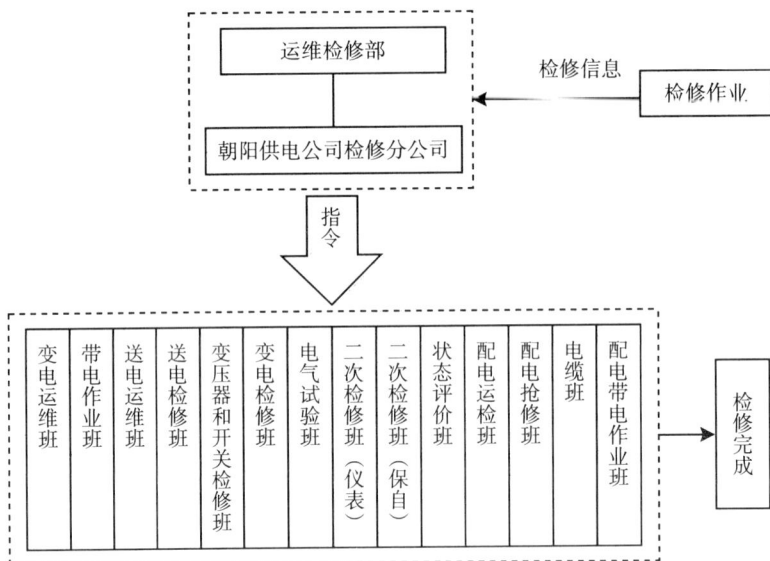

图7-6　朝阳供电公司"大检修"组织变革之后公司层面"检修"流程

第二节　负责任的"大检修"实践

朝阳供电公司不断优化"大检修"组织，提高了"大检修"的有效性；积极开展预防性检修，为防止外力对电力设施的破坏未雨绸缪；着力开展突发性抢修，将损失降低到了最低限度，较好地履行了社会责任，创造了朝阳供电公司与利益相关方之间的共享价值。

一、社会责任融入"大检修"的思路

(一)"大检修"与社会责任的关系

1. 履行企业社会责任是朝阳供电公司"大检修"体系建设和实践的应有之义

朝阳供电公司开展社会责任工作涉及为利益相关方创造共享的经济价值、社会价值和环境价值。作为朝阳供电公司业务活动的重要内容,开展电网检修不同程度地涉及自身与利益相关方之间的相互作用、相互影响,电网的检修工作成为朝阳供电公司开展社会责任工作的重要领域。

为了适应经济社会发展和技术进步对检修工作所提出的新要求,在国网公司和省公司的统一部署和安排下,朝阳供电公司着力开展"大检修"体系建设。朝阳供电公司"大检修"体系不仅能够解决以往检修体系所存在的不顺畅问题,而且也能够解决以往检修工作所存在的不科学现象,符合创造经济、社会和环境综合价值的企业社会责任要求。所以,朝阳供电公司履行企业社会责任是开展"大检修"体系建设和实践的应有之义。

2. "大检修"进一步提高了朝阳供电公司开展社会责任工作的能力和水平,有效地推进了朝阳供电公司社会责任与业务活动的融合

朝阳供电公司"大检修"体系建设以机构扁平化、资源集约化、运维一体化、检修专业化、管理精益化的"五化"以及统一制度标准、统一业务流程、统一信息平台、统一绩效考评和统一资源调配的"五统一"为主线。通过"五化"和"五统一"的建设,朝阳供电公司不仅能够更有效率地开展检修工作,而且能够更好地实现检修工作的效果。这对于客户来说,提高了电能供应的稳定性,较好地履行了客户责任;对于国有资产的保值增值来说,"大检修"提高了设备的使用价值,降低了设备的维修成本,从而提高了企业自身的经济效益,较好地履行了国有资产保值增值的责任。除此之外,规范透明的运维检修业务外包制度和流程是"大检修"体系建设的重要内容之一。朝阳供电公司"大检修"还不断探索社会化电网检修的途径和方式,通过将部分运维检修业务委托系统内外满足资质的专业化维修队伍实施,最大限度地发挥了自身的比较优势,较好地履行了伙伴责任,从而创造了自身与商业合作伙伴之间的共享价值。总而言之,朝阳供电公司"大检修"使得自身的社会责任工作与业务活动更加紧密地结合在了一起,进一步

提高了自身开展社会责任工作的能力和水平。

（二）社会责任融入"大检修"的重点

按照《朝阳供电公司社会责任管理融入和服务"五大"体系建设工作方案》的部署，朝阳供电公司社会责任融入"大检修"体系的工作由朝阳供电公司运维部门具体负责实施。为了有效管理朝阳供电公司"大检修"对于利益相关方、社会和环境的影响，保持"大检修"行为的透明和道德，积极推进利益相关方参与"大检修"，从而实现经济、社会和环境综合价值最大化的社会责任管理要求，朝阳供电公司认为，应当从五个方面重点推进社会责任融入"大检修"工作。

第一，全面实施状态检修。降低运维成本，提升检修效率，提高供电可靠性。

第二，减少环境扰动。在检修过程中，优化工作方式，减少对自然环境、公共设施、交通、群众生活等方面的影响。

第三，制定合理的检修承诺目标，合理利用检修资源，探索实施客户设备有偿服务，修订报修回访等管理制度，提升报修管理水平。

第四，提升重大活动保供电工作质量。综合考虑保电计划、实施、总结、改进、传播等几个方面，形成制度，规范保电工作。

第五，策划电力设施保护方面的专题活动，在社会各界树立"朝阳电网是朝阳人民的电网"理念。

二、社会责任融入"大检修"的做法

（一）优化"大检修"生产管理模式

1. 强化设备全寿命周期管理

在运维检修部设资产全寿命周期管理专工，严格执行《辽宁省电力有限公司电网装备选型实施细则》、《辽宁省电力有限公司"四新"入网管理规定》、《辽宁省电力有限公司设备材料监造管理标准》、《电气装置安装工程电气设备交接试验标准补充规定》、《新投运第一年输变电设备试验暂行规定》、《辽宁省电力有限公司电网装备技术管理规定》、《辽宁省电力有限公司生产实物资产退役管理实施细则》等多项关于设备选型、监造、安装、验收、运行、退役等各个阶段的管理规定，确保电网设备在全寿命周期的各个阶段都能够得到有效的监督与管控，最终实现全寿命周期成本最优。

2. 全面深化电网设备状态检修

在有效执行状态检修有关管理标准、技术标准的基础上，积极拓展状态检修的设备范围，全面深化电网设备状态检修工作；重要输变电设备接入省公司设备状态在线监测系统主站，实现状态信息的实时接入、诊断及预警；配备成熟有效带电测试仪器，邀请省设备状态评价中心对重要输变电设备进行专业化巡检；全面应用生产管理信息系统（PMS）中的状态检修辅助决策模块，实现设备状态的动态评价和诊断；深入开展状态检修技能培训工作，努力提升专业人员素质；全面落实国网公司状态检修工作达标标准，积极推进状态检修绩效评估工作，实现状态检修工作持续改进。

3. 积极推进"运维一体化"

将变电站维护性检修业务与运行业务相融合，逐步实现变电一次、二次设备检修、消缺等工作与运行巡视、操作、日常维护等业务由变电运维人员统一实施的工作模式。实施"运维一体化"对班组人员的综合素质要求比较高，传统的业务流程和职责界面也有很大的调整。因此，公司采取分阶段稳妥推进的方式，先把电网设备的各种维护类检修工作进行细分，结合实际情况确定变电运维班的阶段性维护项目，通过持续培训来逐步扩大维护项目范围，最终达到全面实现"运维一体化"的目标。

4. 稳妥实施"检修专业化"

通过安排现有检修人员进入工厂化检修基地、高压电器设备制造厂接受培训来提高检修专业化技术水平，加强应急处理、缺陷消除、计划检修等方面的工作能力。对于环境条件满足要求的检修工作，做到能够自行完成现场检修工作；环境条件不满足要求的检修工作，与国网公司A级工厂化检修基地、省公司B级工厂化检修基地或高压电器设备制造厂合作完成。

5. 系统利用内外部资源

（1）输电运检。对于输电线路综合检修、杆塔迁改、导地线更换、集中调爬等大型工作和事故抢修工作，杆塔防腐、绝缘子防污喷涂等专项检修工作，可通过外委方式实施。

（2）变电运检。对于变压器、组合电器、断路器、隔离开关等设备的A类、B类检修工作，变电站构架防腐、绝缘子防污喷涂、接地网开挖检查、安保消防、绿化保洁、建筑物修缮、土建施工、大件吊装运输等工作，可通过外委方式实施。

（3）配电运检。对于配电变压器、柱上开关等配电设备的轮换检修工作，配电线路综合检修、线路迁改、导线更换、低压故障抢修等工作，可通过外委方式实施；对于配电线路通道巡视、排障、防外力破坏等电力设施防护业务，可外委或由农村供电所承担。

6.智能电网及组合电器实行专业班组管理

在保护自动化所二次检修班中专设一个班组，主要负责智能变电站二次系统检修、调试及城区配网自动化工作。在开关检修班中专设一个班组，主要负责组合电器检修、维护工作，提高设备的运行维护水平，避免设备异常、障碍及事故发生。

【专栏】
"差异化巡检"促进设备运维提质增效

2015年6月25日下午，按照巡检周期计划安排，朝阳供电公司变电运维人员对柳城220千伏变电站设备进行了特巡。这是公司推行"差异化巡检"，加强设备精益化运维管理，迎战夏季用电高峰的一个实例。

2015年6月，朝阳电网夏天用电高峰负荷已达1148兆瓦，加之市区燕都新城、朝阳县新城区建设、高铁施工等大规模施工建设的影响，电力设备遭受外力破坏风险加大，电网安全度夏形势严峻。

为此，公司推出"差异化巡检"方案。考虑到供电设备性质、所处环境、潜在危险点等因素，对所辖13座220千伏变电站、119座66千伏变电站制定差异化巡视周期表，加强对重点地区、重点设备的监控力度，及时排除安全问题隐患。在恶劣天气、节假日及重要供电期间，公司动态修订巡检周期，全天候监控重载设备，遇有主变油温高、压力异常、主变冷却器故障等情况，运维人员可以立即得到监测系统发出的警示信号，第一时间赶到现场排除故障。同时建立设备"问题档案"，对设备缺陷隐患提出整改措施，列入消缺计划，强化设备的状态管控。

"差异化巡检"增加了对重点设备的巡检频次，而对于刚刚经历"综合大检修"后不久的运行环境好、健康状况好的设备则延长巡视周期、提升巡视质量，一改以往大面积撒网、重复性工作的巡检方式，工作质效明显提升。6月初以来，公司现场运维人员工作时间平均减少6

小时，完成 23 座变电站、132 条线路的全面巡检，发现一般缺陷及隐患 31 项，制定整改措施 38 条，春检按计划得到有效落实，为朝阳电网迎峰度夏打下了坚实基础。

（二）重组生产业务流程

由于以往的流程可能与新型的组织过程不相适应，所以，朝阳供电公司基于"大检修"体系对于生产业务流程的新要求，对电网设备检修过程中所涉及的生产业务流程进行了重组，包括设备全寿命周期管理流程、设备状态检修管理流程、技术监督管理流程、工程验收转资管理流程、设备退役处置管理流程、电压质量管理流程、供电可靠性管理流程、设备缺陷管理流程、生产工程管理流程、生产设备维护管理流程等各个方面。通过对检修生产业务流程进行优化重组，朝阳供电公司建立起与"大检修"相适应的新型生产业务流程，大大提高了检修效率，较好地履行了社会责任，实现了企业社会责任与"大检修"生产业务流程的融合。

（三）开展分段检修工作

分段式故障巡检工作法的基本流程是，将配电运检工区所管辖的 10 千伏城网配电线路分配给各个配电运检班组，同时把运检班人员划分为相应的巡视小组，对应相应的线路及设备区域，即为该段线路的设备专责人。当线路发生故障后，班长立即通知班员开展巡视，各巡视小组接到故障巡视命令，立即奔赴各自负责的线路地段进行故障查找。当确定故障点后，立即实施抢修。具体流程如图 7-7 所示。

与以往的故障巡检方法相比，分段式故障巡检工作法在以下方面做了改进：一是合理调配人员结构。将原来的运行班、检修班整合为配电运检班，实行运检合一。针对运检班组的特点，在编写配电网事故预案时，对每条 10 千伏线路进行了线段划分，同时把运检班人员分成若干巡视小组，对应相应的巡视线段，明确责任人。二是快速查找故障点。当线路发生故障后，巡视小组接到命令，各自赶赴责任地段进行故障查找。由于巡视小组对自己负责的线段熟悉，对线路状况比较了解，因此在查找故障点时针对性会更强，能够快速找到故障点。三是实现巡检转

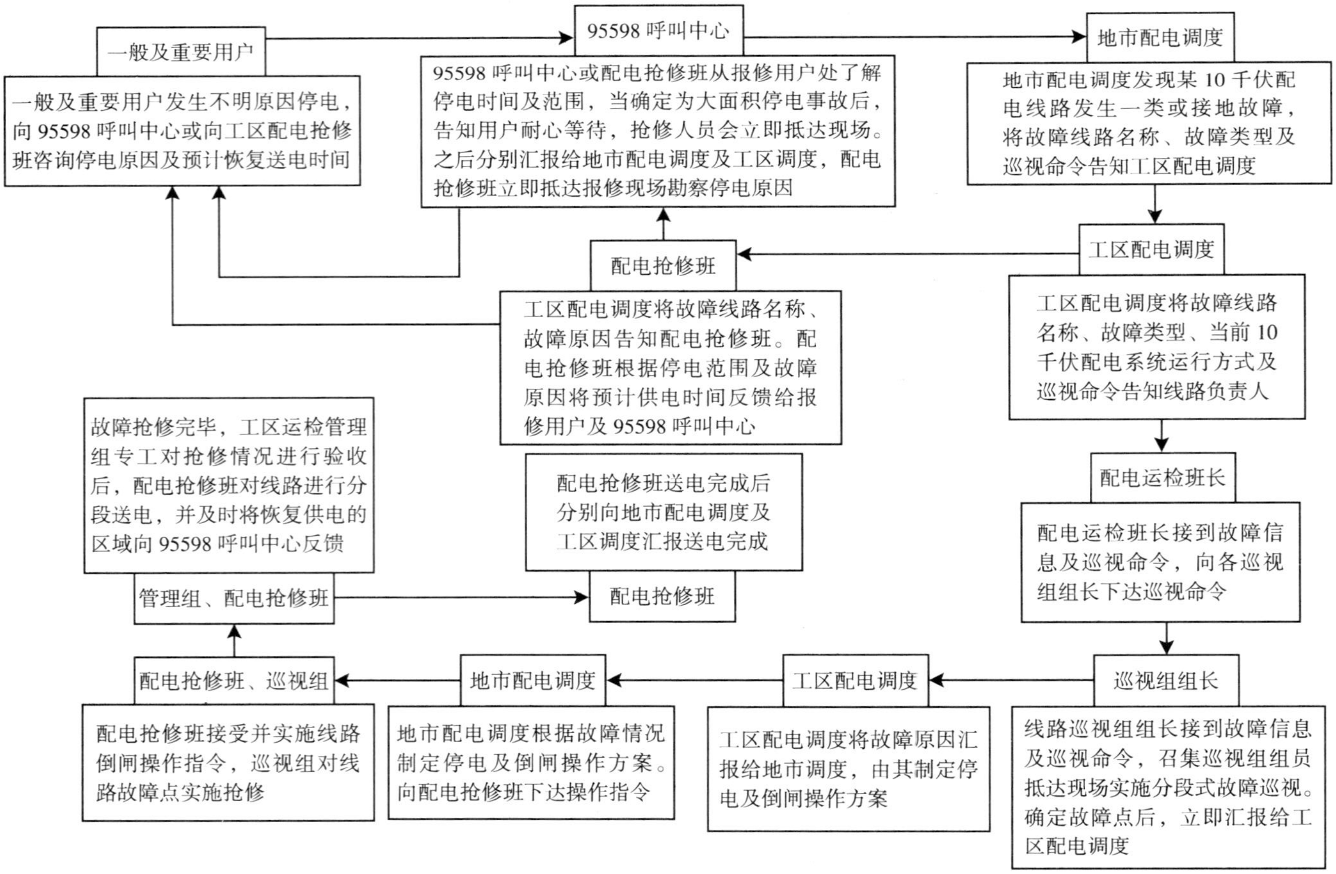

地市配电调度发现某 10 千伏配电线路发生一类接地故障，将故障线路名称、故障类型及巡视命令告知工区配电调度

地市配电调度

工区配电调度将故障线路名称、当前 10 千伏配电系统运行方式及巡视命令告知线路负责人

工区配电调度

配电运检班长接收到故障信息及巡视命令，向各巡视组长下达巡视命令

配电运检班长

线路巡视组组长接收到故障信息及巡视命令，召集巡视组员巡视，抵达现场实施分段式故障巡视，确定故障点后，立即汇报给工区配电调度

巡视组组长

工区配电调度将故障原因汇报给地市调度，由其调度电及倒闸操作方案

工区配电调度

地市配电调度根据故障情况制定停电及倒闸操作方案，向配电抢修班下达操作命令

地市配电调度

配电抢修班接受并实施线路倒闸操作命令，巡视组对线路故障点实施抢修

配电抢修班、巡视组

95598 呼叫中心或配电抢修班从报修用户处了解停电时间及范围，当确定为大面积停电事故时，向 95598 呼叫中心耐心等待，抢修人员立即抵达现场，告知用户分别汇报给地市配电调度及工区调度，配电抢修班立即抵达报修现场勘察停电原因

95598 呼叫中心

工区配电调度将故障线路名称、故障原因告知配电抢修班，配电抢修班根据配电停电范围及故障原因将预计供电时间反馈给报修用户及 95598 呼叫中心

配电抢修班

配电抢修班送电完成后分别向地市配电调度及工区调度汇报送电完成

配电抢修班

一般及重要用户发生不明原因停电，向 95598 呼叫中心咨询停电原因及预计恢复送电时间

一般及重要用户

故障抢修完毕，工区运检管理组专工对抢修情况进行验收后，配电抢修班对线路进行分段送电，并及时将恢复供电的区域向 95598 呼叫中心反馈

管理组、配电抢修班、巡视组

图 7-7　朝阳供电公司分段式故障巡检工作法流程

化。接到巡视命令，巡视组巡视的同时，检修员可以积极备料做抢修准备，一旦发现故障点，现场巡视人员即刻转入检修阶段，就地进行现场勘查，和检修专工共同制定抢修方案，进行故障处理。四是第一时间恢复送电。抢修结束，运检班组自检合格后汇报运行专工，即可恢复送电。

这种方法从根本上改变了以往接到命令统一集合，再由班长进行巡视范围划分，交代巡视路段等传统故障巡查方式。通过合理调配人员分工，既降低了运行维护人员的劳动强度，又缩短了故障点查找时间和故障抢修恢复送电时间，提高工作效率的同时提升了供电可靠性。

【专栏】

实施分段故障检修法，成功应对暴风雪袭击

2012 年 11 月 10 日夜间至 11 日 17 时，暴风雪袭击了朝阳地区，导致配网 28 条 10 千伏线路 49 次发生故障。在此次线路故障巡视抢修中，朝阳供电公司充分运用分段式故障巡检工作法进行故障查找和抢修，圆满完成了暴风雪来袭后的保电任务。

一是城区配电网分段式故障巡检工作法应用。11 日 08 时 03 分，10 千伏造纸线 B 相 100% 接地，由于造纸线担负着市区居民、机关单位供电等重要负荷，因此必须尽快查找到故障点并消除。风雪猛烈，供电半径长，架空与电缆线路混合，为故障点查找带来了困难。运检班人员接到命令后，立即兵分三路，迅速到达预定位置进行故障查找，如此恶劣的天气，只用了 1 个小时就发现了故障点。现场巡视人员向上级汇报后就地转化为抢修人员，在 12 时 20 分使造纸线恢复了正常供电。

二是农村配电网分段式故障巡检工作法应用。10 日 22 时 12 分，66 千伏桃花吐变电所、10 千伏李家窝铺线速断动作，开关跳闸，重合失败，强送失败。10 千伏李家窝铺线分支众多且大部分线路均在山区，车辆无法通行，运检班的人员只能步行扛着抢修材料进山，加上暴风雪能见度低，故障查找十分困难。在故障查找中运检班将班组人员化整为零，2 人一组，各自到达预定巡线路段，全部采用徒步方式进行故障查找，截至 24 时 15 分，共发现线路故障点 11 处，就地抢修处理 9 处，最大限度减少了停电损失。

三是特殊线路分段式故障巡检工作法拓展应用。在 11 日的雪后抢修中，10 千伏孙家湾线的故障查找和抢修，绝对是"一块难啃的硬骨头"。孙家湾线从十二台变电所出口，经十二台乡到达孙家湾乡，主干线和分歧线路遍布孙家湾全乡的每一个村落，并且大部分为山区线路。仅靠一个运检班成员进行故障查找和抢修，人员明显不足，并且雪天单人巡线存在安全风险。工区打破班组界限合理调配技术人员、抢修人员，实现了抢修力量的优化组合，由工区领导亲自带队，2~3 人为一组分别奔赴各自的巡线路段，共计发现线路故障点 16 处，砍剪落在线路上的树木 80 余棵，处理倒杆 2 处，处理断线 3 处，确保了孙家湾全乡及时恢复供电。

在这次抗风雪保供电的过程中，分段式故障巡检工作法得到了实践的检验，取得了显著的成效：第一，分段式巡检工作法在城区配网的应用，极大地缩短了故障查找和抢修时间，至少提前了两个小时恢复正常供电，得到了群众的好评；第二，分段式巡检工作法在农村配网的应用，减少了业务信息多次传递、人员二次召集、车辆二次运输材料等工作环节，至少提前四个小时恢复供电；第三，在 10 千伏孙家湾线的故障查找和抢修中，尽管故障多、难度大，但整个抢修过程紧张有序，至少提前一天将全部故障处理完毕，并送电成功，实现了分段式故障巡检工作法的拓展应用。

(四) 探索输电线运检管理方式

随着经济的快速发展，城乡基础建设越来越频繁，输电线路保护区内的违章植树建房、违章施工作业等行为给输电线路安全稳定运行带来了较大的威胁和隐患。输电运检室在防外力破坏工作中不断摸索总结，创新手段，采取措施，积极应对，做到事前管理，超前预控，做好输电线路防外力破坏工作，实现输电线路安全稳定运行。

1. 挖掘内部潜力，加强运行管理

（1）输电运检室上下统一思想，齐抓共管，建立机制，切实落实责任制，在班组内部形成班组人员高度重视线路防止外力破坏的气氛。通过统一部署，推进输电线路属地化管理，班组人员对线路保护区内安全隐患进行调查统计，建立风险档案，并开展风险管理。班组加强线路的巡视维护，建立线路外力破坏风险档案，对高风险区段安排专人负责跟踪，开展整改工作，直至危险消除。

（2）加强对线行范围内施工工地的监控，在线行保护区内附近各施工地段设立警示牌，标明安全距离、保护范围等信息，增强现场施工人员保护输电线路的意识，发现现场作业行为有可能危及线路运行时，应及时制止或报告责任部门进行整治。加强对线路保护区内树木的检查和清理，根据实际情况调整或增加巡视周期，及时消除超高树木对线路安全运行造成的威胁。

（3）继续加强外力破坏的人防工作，针对线路外力破坏的区域性、季节性及其他不同特点，组织班员进行重点防范。班组持续开展沿线群众护线宣传工作，加强群众护线队伍的组织管理，调动群众护线的积极性。

（4）根据季节特点做好防山火工作，对杆塔附近防火隔离带内树木进行修剪，防止山火对杆塔的安全运行造成威胁。

（5）线路保护区内安全隐患难以解决的，及时向上级主管部门汇报，提高安全隐患的处理力度和效率。

2. 充分发挥护线员力量，协调沟通隐患治理

线路重点区段多包括盗窃易发区、施工作业密集区等易遭受外力破坏的区段。在缩短线路巡视周期的基础上，在业余时间多深入这些线路重点区段去宣传、沟通和交流，再结合已有的义务护线员的情况，继续发展义务护线员，并做好登记，以方便日后随时了解设备现场情况。对于火灾易发区段，要充分发挥护线员的力量，了解设备周围环境，及时联系护线员清理线路保护区内易燃物，保证线路安全稳定运行。

3. 加强隐患排查小组与义务护线员的联系

为了更好地事前管理和超前预控，保证输电线路的安全运行，输电运检室完善隐患排查小组管理制度。护线人员在护线过程中，发现设备周边存在施工作业和矿物堆积等可能的事故隐患时，会及时汇报隐患排查小组。隐患排查小组会立即深入现场了解情况，与施工和堆矿的业主等进行沟通，明确隐患点，并与业主等签订整改通知书。各班组会组织人员不定期去现场，对现场整改情况做进一步检查并做好记录，于每周例会时向输电运检室汇报。

4.发动社会力量，争取各界支持

朝阳供电公司利用各种社会力量，加大电力设施保护力度。具体做法包括：制作专项活动的宣传画册，并利用媒体开展宣传工作，使之深入民心；与当地政府保持紧密联系，与公安、安监、林业等执法部门建立有效的沟通机制，定期组织联合执法，打击线行保护区内危害线路安全运行的违法行为。对线行保护区内的违章施工行为及时纠正，对屡教不改的，将危害情况提交当地经信委、安监局并促使政府相关部门履行管理职责，改善电力设施运行环境；对线行保护区内妨碍电力设施安全运行的树木、建筑物以及人的行为等，经多次纠正仍不能取得效果的，积极利用法律手段，依法保护输电线路的安全运行。

5.设立联络站，协调社会资源共防外力破坏

各班组根据本班组所管辖的线路范围半径设立联络站，由当地有威望的义务护线员担任联络员，发现线路保护区内有堆积矿渣、易燃物、植树等情况及时与各班班长进行沟通，进而由班长向输电运检室领导汇报，输电运检室派隐患排查小组与联络员共同到现场与所有者沟通，并签订整改通知书。对于影响线路安全运行的树木，由隐患排查小组与联络员深入现场，及时沟通，协助砍剪树木。各班班长每周上报联络情况和工作总结，对联络员所反映的情况，要及时反馈给输电运检室，时刻关注施工单位的整改动向并做好记录，如图7-8所示。

6.建立输电运检室协调社会资源共防外力破坏的管理机制

输电运检室建立协调社会资源共防外力破坏的管理机制，将输电运检中协调社会资源共防外力破坏效果和结论纳入输电运检室周例会中。运维班组每周二都须根据下周巡视计划做好下周沟通计划，细化到具体线路区段和地点，并在每周例会上对本周开展的工作进行分析和总结。输电运检室根据各班组实际情况和沟通结果对班组协调社会资源共防外力破坏的效果进行评价，并纳入绩效考核，同时对下周任务进行规划和布置，要求各班组将线路巡视落实到个人，以巡视区段为节点加强社会资源的协调，并与利益相关方进行协调，随时记录协调结果及共防外力破坏的成果，如图7-9所示。

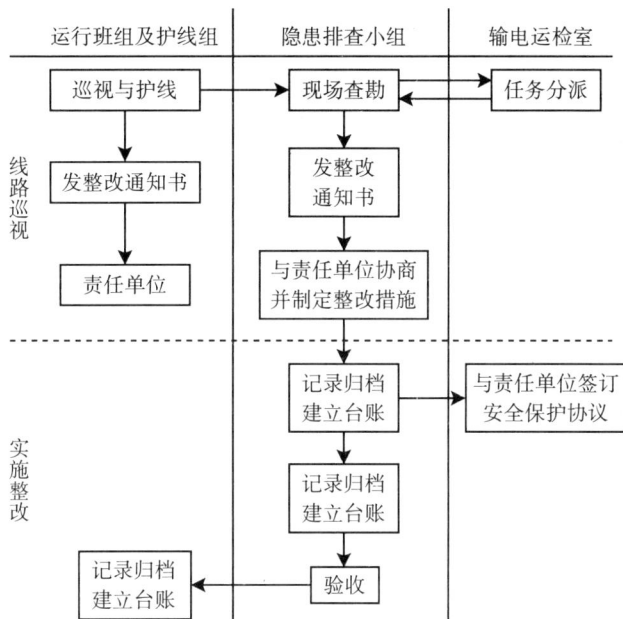

图 7-8　输电线路外力破坏防控流程

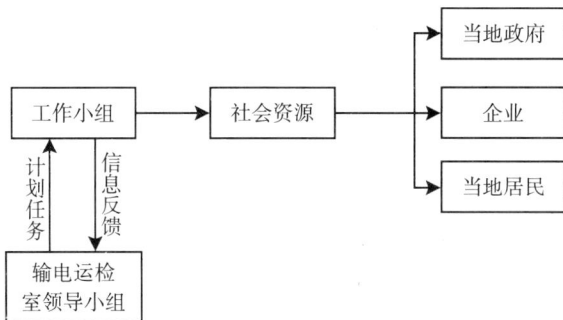

图 7-9　协调社会资源共防外力破坏的管理机制

（五）强化抢修业务与 95598 协同工作

为确保 95598 与供电抢修协同顺畅，公司特别制定了《朝阳供电公司95598 与供电抢修服务工作实施细则》，旨在通过此细则强化 95598 与供电抢修的工作协同。①

————————

① 公司制定此细则是在"95598"上划国家电网公司之前。

1. 明确 95598 电力服务热线要求

建立 95598 与供电抢修服务协同的第一个要求是明确 95598 电力服务热线的工作内容。对于 95598 电力服务热线的要求主要有三个方面：

第一，95598 电力服务热线负责 24 小时受理客户故障报修电话或以其他方式接收客户故障报修申请。

第二，座席服务员接到供电故障报修电话时要详细询问清楚故障情况，包括现象描述、停电范围、故障发生地点及故障地附近显著标志（建筑或场所）等，并根据情况初步判定故障类别，记录客户联系方式。

第三，故障抢修工单按时限派发，通过客户服务应用系统进行催办。

2. 明确抢修现场要求

第一，供电抢修单位及人员要保证与 95598 信息传递的畅通，随时接受 95598 转来的所属供电区域内的故障抢修指令并据此开展故障抢修工作。

第二，故障抢修要配备必要的人员、通信和交通工具，以确保提供 24 小时故障抢修服务。

第三，故障抢修时要严格按照辽电安监〔2007〕14 号《辽宁省电力有限公司配电作业安全管理规定》的要求开展工作。内线故障抢修遵照此规定执行，现场工作使用"配电修理票"。

第四，现场抢修要带有临时抢修工单，当从抢修现场接收到另一故障抢修指令时，应根据指令内容及故障情况现场填写临时抢修工单，待返回后办理正式工作票或修理票，临时工作票附后备查。

第五，故障抢修人员在接到 95598 故障抢修指令后要根据指令内容就抢修责任区划、抢修内容、抢修地点进行初判，非抢修责任区域或非运行维护区域的要及时与 95598 沟通说明情况，属正常抢修维护范围的要立即做好有关准备开展抢修工作，并在到达现场后及时告知 95598，同时说明故障情况。

第六，接到 95598 故障抢修指令后，抢修人员按时限到达故障现场，并在客户服务应用系统中准确填写到位时间。未在客户服务应用系统中准确填写到位时间造成超时的，无论实际工作如何均视为超时。

第七，抢修人员开展现场工作要严格遵守《供电服务规范》和新"三个十条"的有关规定，做好现场宣传解释工作，全心全意为客户服务，树立良好的供电企业形象。

第八，抢修人员要及时将现场情况向 95598 进行反馈，在抢修现场对于人民群众和新闻媒体的提问，要认真解答，对于利益相关方提出的诉求要及时响应，不要刻意隐瞒事实，也不要刻意夸大险情，抢修现场要设立专门"现场发言人"对人民群众和新闻媒体的提问进行解答，充分做到抢修的每一项工作都公开透明。

第九，抢修结束后要做好现场记录并在 2 小时内将故障抢修工单返回95598。若出现同一时段多点故障的，回复工单有困难，一般应在工作单发生日当天内完成工单返回。

3. 明确客户回访要求

第一，95598 呼叫中心负责故障报修的电话回访工作，回访率要达到100%，除客户特别要求外，回访时间为 7：00~21：00，对于特殊客户，除电话回访外，还要进行登门回访。

第二，在回访过程中充分听取利益相关方的意见和建议，并在今后的工作中进行改进，同时做好抢修过程中对于社会责任贡献度的分析研究，做好社会责任贡献度的宣传工作。

第三，供电抢修到达现场时间是国家电网公司"十项承诺"的重要指标，因此现场按时到位率要确保达到 100%，若出现同一时段多点故障的，要做好沟通协调和解释宣传工作，积极组织力量确保及时到达故障现场开展抢修服务。遇到较大供电故障需集中力量进行抢修或其他特殊情况不能及时到位的要备注说明。

第四，要求 95598 工作人员和供电抢修人员要从行动上注重维护公司社会责任形象，牢固树立社会责任观念，充分考虑利益相关方的利益，做到公开透明，为广大电力客户提供优质高效的供电服务。

4. 明确绩效考核要求

对于工作不配合、不能按照相关要求进行供电抢修服务、不能按照要求进行回访的单位和个人，将按照公司综合业绩考核办法进行考核。

【专栏】

3000 个电话　3 个不眠夜——95598 热线暴雪中送温暖

2012 年 11 月 10 日下午，"您好，请问有什么可以帮您？"朝阳供电公司 95598 供电服务热线值班大厅内满座席值守，电话铃声此起彼伏，座席员快速敲击着键盘，信息传递紧张有序。

10 日下午 15 时当暴雪刚刚来临，朝阳供电公司市场及大客户部的领导班子成员、优质服务专工商讨后，决定立即启动应急预案。主任毛永捍、副主任栾玲、专工高扬来到 95598 值班大厅，对暴雪天气、电话量进行科学分析判断，确定"来电必通"的目标，以有效应对措施，确保 95598 电话运行平稳、畅通。

毛永捍主任坚守值班大厅现场指挥应急。栾玲副主任戴着耳麦、拿着两部手机在第一时间传递故障报修、舆情监控等信息，手机没电了，她就边充电，边联系汇报。专工高扬在热线高峰段接听客户电话，负责用值班电话沟通停送电信息，确保全部人工电话畅通。同时，专门增设了一名专职信息联系人员，及时发布停电范围、联系人员等信息。在这持续时间超过 24 小时的迎战暴雪的过程中，毛永捍主任、栾玲副主任、专工高扬连续 24 小时没有休息，在热线岗位上坚守，用沙哑的声音接打着联系电话。负责后勤保障的王教宁送来了热腾腾的盒饭、面包、牛奶、纯净水等应急必备生活物资。牟云霄等 6 名当值座席员连续 30 小时接听电话。到 11 日 18 时，已接听客户电话达到 1537 个，相当于每月话务量的 1/4。

据统计，11 月 10 日 17 时至 11 月 13 日 17 时，95598 热线话务总量为 4041 个，人工受理报修电话 2775 个。在此次应对暴雪的过程中，公司员工用责任和坚守、以"感动"式服务，为寒风暴雪中的朝阳百姓送去了温暖和光明。

（六）持续探索开展带电作业

电气设备在长期运行中需要经常测试、检查和维修。带电作业是在高压电工设备上不停电进行检修、测试的一种作业方法，能够有效减少停电时间，更好地保障经济社会生活的正常进行。

电气设备的"测试、检查和维修"是"大检修"的重要组成部分，"大检修"的目标和归宿是通过对电气设备进行"检修"提高供电可靠性，最大限度地降低电气设备的故障对客户电力需求的影响。朝阳供电公司非常重视带电作业，并将带电作业作为通过"大检修"履行社会责任的重要工作。在对发电厂和变电所电气设备、架空输电线路、配电线路和配电设备进行测试、检查、维修的过程中，公司要求最大限度地做到带电作业。公司通过带电更换线路杆塔绝缘子、清扫和更换绝缘子、水冲洗绝缘子、压接修补导线和架空地线、检测不良绝缘子、测试更换隔离开关和避雷器等项目，较好地实现了对电气设备的带电测试、带电检查、带电维修，最大限度地降低了由于检修所带来的停电时间，较好地履行了社会责任。

（七）优化"大检修"制度体系

1. 首创输配电线路作业"一图一表"

"一图一表"是指针对工程施工涉及运行线路改造，跨越运行线路、铁路、公路施工，现场不确定的安全因素多、施工人员多、危险点多、作业复杂，施工前绘制"线路作业示意图"，将同时多个作业现场的作业内容、作业环境、安全措施、负责人及联系方式等浓缩在一张示意图上（包括一张作业图和一张计划表），做到统筹安排、思路清晰、分工合理，使各级人员一目了然，从而提高作业现场的管理水平。

2. 首创作业现场安全评价制度

按照国网公司风险管控两个《规范》和省公司实施细则要求，为了做好作业现场风险管控工作，朝阳供电公司结合自身实际，制定下发了《作业现场安全评价制度》。按照现场作业流程，跟踪监督各个环节，即时评价、指正问题，附以现场照片下达书面评价报告。形成"作业前计划管控—作业中现场监控—作业后评议整改"的闭环管理，明确现场安全监督工作的流程，提升安全管控工作成效。2012年春检期间，公司共下达了12份《作业现场安全评价制度》，保证了作业全过程安全的可控、在控、能控。

3. 首创城区配电作业现场安全规范

公司针对城区配电作业现场复杂、环境差，不确定的人身安全风险因素多的现状，编制了涵盖所有配电作业的11种作业规范和示意图。"规范"以文字和现场示意图的形式进行表述，全面展示了现场安全技术措施标准，增强了配电标准化作业的实效性，有效地降低了安全风险，填补了城区配电作业安全措施标准化的空白，为确保配电作业现场安全奠定了基础。2012年春检现场，各单位城区配电作业已经全部严格按照该规范执行，有效降低了配电作业安全风险。

4. 首创变电站文明生产抵押金制度

为了规范变电站文明生产管理，促进变电站的维护单位、施工单位文明施工，提高作业现场文明生产管控力度，公司已经制定并开始实施了《变电站文明生产抵押金制度》。即凡是进入变电站作业的人员开工前必须缴纳一定数额的抵押金，用于文明生产抵押，作业结束后，没有遗留问题方可返还抵押金。抵押金由作业人员自己负担，扣罚的抵押金全部奖励给运行人员，这样既提高了作业人员的文明生产意识，也增强了运行人员监督、保护文明生产的积极性。同时，进一步明确了运行人员是文明生产的主体，增加了管控力度和手段，使变电站基础设施得到了保护。

5. 创新电力设施安全防护管理模式

一是警企联手筑起护电坚强铁壁。从依法治企角度出发，公司与朝阳市公安局联合组织召开了"全市打击涉电违法犯罪专项行动推进大会"，全面启动全市打击涉电违法犯罪专项行动，成立电力公安执法大队，执法防护范围包括 500 千伏线路，形成了警企合作、打防并举的长效工作机制，为从根本上解决涉电违法犯罪频发多发问题奠定了基础。

二是实施属地管理措施，推行大保护工作机制。按"属地化防护、专业化管理"的原则，明确了各基层单位对属地化输电线路通道环境变化的信息反馈义务，充分利用属地就近的优越性，强化供电所对输电线路看护的一岗双责职能，签订了《保护电力设施工作责任书》，落实一岗双责，此项措施得到了省公司的认可和好评。2012 年朝阳供电公司未发生 66 千伏及以上供电设施外力破坏事件，电力设施保护工作成效显著。

（八）试点综合大检修工作

综合大检修是辽宁省电力有限公司于 2014 年 12 月提出的一项创新的检修工作思路。所谓综合大检修，是指在省公司的统一部署下，朝阳市供电公司贯彻多设备、多专业、多方位系统设备检修，所推进的符合"两个减少"①和"一停多用"②管理理念的一项重点检修工作。从综合大

---

① "两个减少"指停电次数和重复停电减少。
② "一停多用"指一次停电，公司和相关客户同时开展设备检修工作。

检修的工作思路看，通过平行推进多项电网检修工作，综合大检修实现了"停一次电，将所有涉及检修的工作都做好"的目标。综合大检修提高了检修效率，大幅压降检修作业时间，增强了作业安全性，减少了停电时间，是一种更为科学、高效的检修方式。

自省公司提出综合大检修的工作思路之后，朝阳供电公司积极开展综合大检修的申报工作。2015年2月，公司编制了开展综合大检修工作试点的方案，在2015年3月上旬获得省公司批准之后开展了综合大检修的试点工作。朝阳供电公司在开展综合大检修的试点工作中，积极探索各种创新性方式和方法，通过制定、实施"七三工作法"，[①]最大限度地减少了设备停电时间及停电后的工作量；通过坚持"一停多用"的原则，朝阳供电公司综合大检修做到了工作量的集中开展，实现了生产技术管理水平的提升。不仅如此，在开展综合大检修试点工作的过程中，朝阳供电公司还积极探索先进工具的使用，取得了很好的效果。

从实际效果看，朝阳供电公司所开展的综合大检修试点工作取得了良好的效果，突出体现在：显著地缩短了检修的时间和停电时间，显著地提高了检修效率，如表7-1所示。

表7-1 朝阳供电公司龙城变综合大检修工作优化效果比对表

序号	工程内容	常规检修时间	综合大检修时间	成效分析
1	1号主变更换	45天×8小时=360小时	39天×8小时=312小时	-48小时
2	2号主变更换	45天×8小时=360小时	39天×8小时=312小时	-48小时
3	东母线更换	7天×8小时=56小时	5天×8小时=40小时	-16小时
4	西母线更换	7天×8小时=56小时	5天×8小时=40小时	-16小时
5	旁母线更换	7天×8小时=56小时	5天×8小时=40小时	-16小时
6	1号主二次间隔刀闸、电流互感器更换	4天×8小时=32小时	3天×8小时=24小时	-8小时
7	2号主二次间隔刀闸、电流互感器更换	4天×8小时=32小时	3天×8小时=24小时	-8小时
8	母联间隔刀闸、电流互感器更换	4天×8小时=32小时	3天×8小时=24小时	-8小时
9	66千伏西母电压互感器间隔移位	3天×8小时=24小时	1天×8小时=8小时	-16小时
10	9组断路器返厂大修	27天×8小时=216小时	12天×8小时=96小时	-120小时

---

① "七三工作法"即"七分准备，三分工作"。

序号	工程内容	常规检修时间	综合大检修时间	成效分析
11	28 组 66 千伏隔离开关大修及引线更换	14 天×8 小时=112 小时	7 天×8 小时=56 小时	−56 小时
12	2 号主一次 LW6B−252 型开关大修	3 天×8 小时=24 小时	3 天×8 小时=24 小时	−0 小时
13	变电站电缆沟防火检修,户外动力电缆加装防火阻燃槽盒	8 天×8 小时=64 小时	5 天×8 小时=40 小时	−24 小时
14	变电站主变、66 千伏构支架接地引下线更换	15 天×8 小时=120 小时	10 天×8 小时=80 小时	−40 小时
15	变电站防汛综合治理,库房维修	3 天×8 小时=24 小时	3 天×8 小时=24 小时	−0 小时
16	66 千伏构支架设备基础维修 56 基	5 天×8 小时=40 小时	5 天×8 小时=40 小时	−0 小时
17	CT 端子箱维修 22 个,其中 66 千伏 20 个,220 千伏 2 个	44 天×8 小时=352 小时	22 天×8 小时=176 小时	−176 小时
合计		1960 小时	1360 小时	−600 小时
工作票		256	139	−117
操作票		128/8550	47/2850	−81/5700

【专栏】

220 千伏龙城变电站"综合大检修"有效提升朝阳市区供电能力

2015 年 5 月 19 日 18 时 30 分,增容改造后的朝阳 220 千伏龙城变电站成功投运,也标志着朝阳供电公司 220 千伏龙城变电站"综合大检修"项目圆满结束。

作为公司 2015 年春检综合大检修项目,220 千伏龙城变电站增容扩建改造作业较为复杂,其中包括更换新主变压器 2 台。该项工程始于 4 月 11 日,总体涉及倒闸操作的 220 千伏变电站 3 座、66 千伏变电站 4 座、66 千伏线路 19 条,具有停电设备多、作业单位多、安全措施集中、恢复送电方式变化大等特点。

此次综合大检修本着"一停多用"的原则,统筹输变电设备检修试验、技改、大修、消缺、反措、客户检修等工作,采取区域停电的方式,作业期间多工种、多专业协同,集中有效力量,安全优质地开展综合大检修工作,使电网安全质量、工作效率效益显著提升。

220 千伏龙城变电站始建于 1996 年，1997 年 6 月 4 日投运，主要担负朝阳市区供电任务，原有 2 台 150 兆伏安容量主变压器，是朝阳电网重要的 220 千伏枢纽站，也是朝阳市区主要电源支撑点。

龙城变电站综合大检修后，电网结构得到优化，大大增强了朝阳电网的可靠性和稳定性，相关设备 5 年内不需进行计划检修，主变更换后，基本满足了无人值班变电站"防漏油"等反措要求，主变及 66 千伏系统焕然一新，观感上整齐规范，使用中坚固、可靠，大幅度提高了朝阳市区的供电能力。

第三节　主要成效和进展

朝阳供电公司开展"大检修"以来，全面实施状态检修，降低运维成本，提升检修效率，提高供电可靠性，提升重大活动保供电工作质量，取得了明显成效。同时，在检修过程中，优化工作方式，减少对自然环境、公共设施、交通、群众生活等方面的影响。无论是对于外部利益相关方，还是对公司自身发展，"大检修"都发挥了重要作用。

一、"大检修"体系建设外部绩效

（一）提高了供电可靠性，保障了经济社会生活持续用电需求

一方面，通过"大检修"体系建设，朝阳供电公司进一步完善了对电力设备进行检修的制度规范，通过对相关电力设备进行日常检修，朝阳供电公司设备出现故障的可能性大幅降低，有效地保障了电力设备的安全稳定运行，从而减少了因故障停电次数和时间，保障了供电可靠性，促进了朝阳地区经济社会生活的安全稳定。另一方面，朝阳供电公司在对电力设备进行测试、检查和维修的过程中持续开展带电作业，有效解决了电力设备的检修与向经济社会提供稳定电源之间的矛盾。朝阳供电公司通过"大检修"保障了供电可靠性，保障了朝阳地区经济社会

发展的电力需求，从而为朝阳地区经济社会发展提供持久动力。

（二）最大限度地降低了环境扰动，保护了生态环境

为了降低电力设备的环境扰动，在对电力设备进行"大检修"的过程中，朝阳供电公司成立了专项治理小组，开展对电气设备的排查，不仅保证了新安装和大修后设备做到油气零渗漏，而且使得需要解体处理的设备，保证进行100%油气回收处理，做到零排放。不仅如此，朝阳供电公司还通过定期巡检，保证发现渗漏点及时处理。朝阳供电公司电气设备的"大检修"加强了油气（六氟化硫气体）管理，减少了排放，降低了环境污染，最大限度地降低了"大检修"的环境扰动，保护了生态环境，较好地履行了环境责任。

（三）提高了沟通水平和层次，树立了较好的责任品牌

在开展电力设备"大检修"的过程中，朝阳供电公司非常注重与利益相关方之间的交流沟通。在开展电力设备检修之前，公司通过多种渠道发布检修信息，同电力客户协商做好生产、生活安排。在电力设备检修结束之后，公司也会通过多种渠道发布检修完成信息，从而保障检修的全过程能够与电力客户保持持续沟通。不仅如此，朝阳供电公司还强化检修业务与95598服务热线之间的协同，进一步明确了95598电力热线、抢修现场以及客户回访的沟通交流要求，从而提高了朝阳供电公司与客户交流沟通的层次和水平。通过较高层次的客户交流沟通机制的建立，朝阳供电公司最大限度地满足了客户的检修信息需求，满足了客户的检修需要，赢得了客户的赞誉。

二、"大检修"体系建设内部绩效

（一）人力资源配置更加优化，生产管理效率明显提升

"大检修"体系建设有利于进一步优化组织结构，缩短管理链条，压缩管理层级。公司通过推进带电检测和在线监测等工作的开展，实现真正按照设备状态进行检修的全新模式，有效减少检修人员配置。同时，充分利用公司内外部检修资源，提高工作效率，开展业务外包，将输电线路技术改造、大型事故抢修、杆塔迁改、导地线更换等工作委托送变电工程公

司实施。通过以上举措，公司生产组织机构原有 11 个，现在 9 个，减少 2 个，减少 18.18%。"大检修"体系原中层管理人员 30 人，一般管理人员 132 人，现分别为 10 人、58 人。中层管理人员减少 20 人，一般管理人员减少 74 人。

（二）状态检修工作有效开展，设备运维水平大幅提高

朝阳供电公司在运维检修部设置"状态检修专责"管理岗位，状态检修工作实现了专人专管，从管理上得到了加强；设置专业化检修班组，使班组设备状态评价、状态检修工作水平得到提升。

不仅如此，朝阳供电公司扎实开展春、秋检，开展配电变压器、电力电缆设备质量抽检，强化异常天气设备巡检；开展设备隐患专项治理行动，进一步提升了设备健康水平。同时，严格执行设备验收制度，确保设备零缺陷投运。提升设备运维水平，减少设备异常、障碍及事故发生，实现全年开关、保护动作正确率 100%。

（三）检修工作质量得到充分保证，设备故障率不断降低

朝阳供电公司通过创新生产管理方式，在检修公司内组建了专业化检修班组实施专业化检修，充分利用系统内外资源开展工厂化检修，积极推进主变压器、高压断路器、隔离开关等设备的轮换检修，检修工作质量得到充分保证。

同时，公司通过编写设备异常分析合订本，真实反映设备异常现象和原因，包括送、变、配三大专业，每个专业又分不同设备，主要设备（如变压器）又分不同组件、不同性质、不同类型的故障进行分类、系统分析，生产人员通过学习，可以真正提高技术业务素质，提高解决问题、处理问题的能力，减少同类问题重复发生。经过多项管理改进，公司设备故障率明显下降，设备可靠性大幅提升。

（四）突发事件处置能力大幅提升，抢修时间大幅缩短

朝阳供电公司成立检修公司，实现设备专业化管理，人、财、物集中管理，输变电专业人员、备品备件由专业工区统一管理，便于人员、材料统筹调配，侧重抢险重点部位，提升了突发事件处置能力和效率。

除此之外，朝阳供电公司针对以往 10 千伏线路故障定点难、定位时

间长，故障巡视和故障抢修衔接不连贯等弊端，配电运检工区实施分段式巡检。对每条线路进行线段划分，把运检人员划分为巡视小组。当线路发生故障后，各巡视小组接到故障巡视命令，立即奔赴各自负责的线路地段进行巡检并实施抢修。这种方法打破班组界限，合理调度技术抢修人员，改变以往统一调派、集中巡检的传统方式，实现抢修力量优化组合，提升了抢修质量和效率，抢修时间缩短 40%。

第八章 "大营销"

"大营销"体系是国网公司"三集五大"体系中"五大"体系建设的重要组成部分。作为与客户直接接触的重要一环，供电企业的营销环节直接关系到价值实现和社会形象。为了适应营销工作发展的新形势，朝阳供电公司积极投身于"大营销"体系建设，创新模式、变革组织构架、优化业务流程，实现了营销机构扁平化，推进了由业务导向向客户导向的转变，在省公司的部署下，推进95598客户服务、计量检定配送等业务向上集中，形成营销关键业务在线监控，服务实时响应高效运转的新机制。

第一节 "大营销"体系概览

电力营销是指在不断变化的电力市场中，以电力客户需求为中心，通过供用关系，使电力客户能够使用安全、可靠、经济的电力商品，并获得周到满意的服务。通过对营销体系功能进行重新定位以及对组织体系进行变革，朝阳供电公司"大营销"体系达到客户导向型、业务集约化、管理专业化、机构扁平化、服务协同化和市县一体化，进一步优化了业务报装流程、故障抢修闭环机制、计量检定全生命周期管理、电费抄核收安全监控、营销稽查三级监控体系以及新型业务等流程。

一、"大营销"体系的内涵

"三集五大"体系中的"大营销"体系建设是指，以市场为导向、以客户为中心，以提升市场应变和客户服务能力为目标，进一步创新管理模式，变革组织架构，优化业务流程，建成"客户导向型、业务集约化、管理专业化、机构扁平化、服务协同化、市县一体化"的"一型五化""大营销"体系，建立 24 小时面向客户的统一供电服务平台，形成业务在线监控、服务实时响应的高效运作机制，持续提升供电服务能力、市场拓展能力和业务管控能力，提高营销经营业绩和客户服务水平。

朝阳供电公司为适应营销发展新形势，根据国网公司"三集五大"体系建设总体部署，按照"创新管理模式、变革组织架构、优化业务流程"要求，进一步压缩市、县营销管理层级，实现营销机构扁平化；按照细分客户群体设计营销组织机构和业务流程，实施差异化服务，实现由"业务导向"向"客户导向"转变；实现营销关键业务在线监控，提升营销工作质量和客户服务响应速度。公司基本建成"客户导向型、业务集约化、管理专业化、机构扁平化、服务协同化、市县一体化"的"一型五化""大营销"体系。

二、"大营销"体系的组织结构

朝阳供电公司按照省公司"大营销"体系建设要求，结合自身具体情况，优化调整了营销体系的组织结构，明确了市、县公司营销工作职责分工。

(一)"大营销"功能定位

"大营销"体系中，按照上下协同、指挥通畅、运作高效的原则，国网公司总部为管理决策主体，省、直辖市公司（地市公司）为管理执行主体，地市、县（区）公司为业务执行单元。朝阳供电公司营销部作为职能管理部门，按市供电公司本部部门管理。营销部对市、县客户服务中心履行管理职能，并履行市客户服务中心的内部业务执行管理职责。客户服务中心作为业务执行单位，市供电公司对客户服务中心实行统一的考核管理。市客户服务中心对所辖专业业务部实行内部考核管理。市客户服务中心对县（区）分公司客户服务中心的抄表、收费、计量业务行使监督制约职责。"大营销"体系职责分工情况如图 8-1 所示。

(二)"大营销"组织结构

根据省公司所属地市公司"一部一中心"、县（区）分公司"一中心"的营销组织架构，朝阳供电公司设立营销部、农电工作部、客户服务中心，3 个部门（单位）合署办公。同时，将原营销部、农电工作部、电费

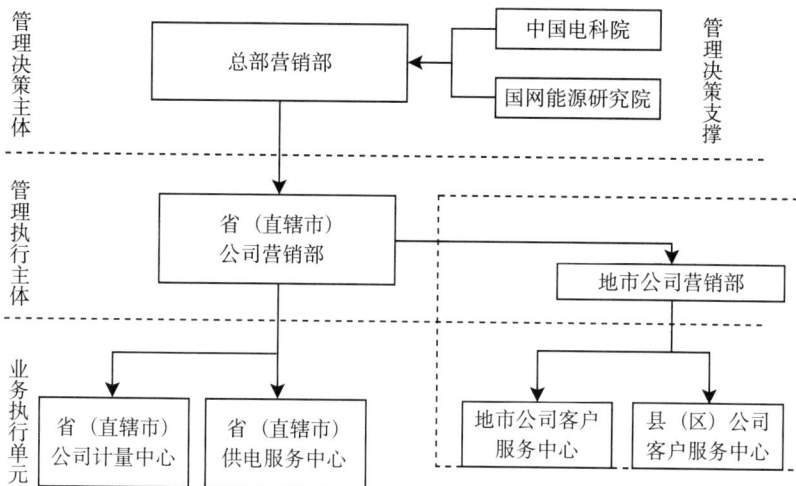

图 8-1 分级营销组织职能管理及业务管理关系

管理中心、客户服务中心、电能计量中心、用电检查大队、双塔供电分公司、龙城供电分公司等部门及单位的管理职能和业务整合到客户服务中心，实施集中运作，如图 8-2、图 8-3 所示。

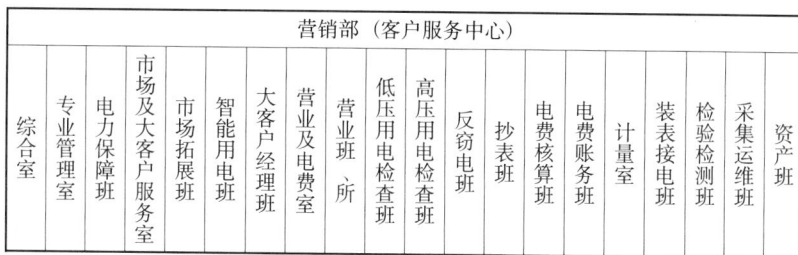

图 8-2 朝阳供电公司"一部一中心"组织架构

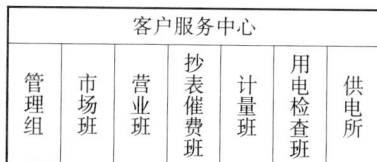

图 8-3 朝阳供电公司县（区）分公司"一中心"的营销组织架构

1. 市公司客户服务中心

市公司客户服务中心负责辖区营销整体运营状况和业务全过程监控及稽查，信息系统运维业务应用；负责城区全部客户及县区315千伏安及以上客户新装增容工作，城区全部客户的变更工作，城区市场开拓、需求侧管理、能效管理和智能用电等业务；负责所辖地区客户电费核算及账务处理工作，城区客户及县公司66千伏及以上客户的抄表收费、用电检查、反窃电等工作；负责城区客户、县域315千伏安及以上客户、辖区内关口电能计量装置和用电信息采集设备的投运前管理及装拆、周期轮换、故障处理、设备现场检验（检测）、资产管理等工作；客户服务中心的人事、财务、后勤等综合事务管理工作，综合业绩和绩效考核工作，党建、纪检、工会和团青等党务工作。

2. 县（区）分公司客户服务中心

县（区）分公司设客户服务中心，由县（区）分公司负责行政管理。县客户服务中心负责所辖区域内315千伏安以下客户新装、增容业扩报装业务，辖区内66千伏以下客户的变更工作，辖区66千伏以下客户的抄表、收费、用电检查、反窃电、市场开拓、用电采集、有序用电工作，315千伏安以下客户装表接电及电能计量装置故障检定等工作，以及农村供电所业务管理。农村低压营销业务由农村供电所负责执行。

（三）"大营销"组织优势

作为地市级供电企业，朝阳供电公司的"大营销"体系建设要求自身的营销组织机构做出相应的变革，新型的"大营销"组织实现了客户导向型、业务集约化和管理专业化，具有明显的组织优势。

1. "大营销"组织结构变革有利于形成朝阳供电公司客户导向型的电力销售格局

随着我国经济进入新常态，电力客户对于营销工作的要求比以往任何时候都要强烈，并对营销工作施加更多的影响。为此，朝阳供电公司遵照国网公司和省公司的要求，积极探索开展了"大营销"体系建设，通过变革营销组织结构、依照细分客户群体设计业务流程等工作，形成了能够提供差异化电力服务的新型营销组织构架。朝阳供电公司市场拓展功能不断凸显，"大营销"组织结构变革也使公司营销工作由"业务导向"转变为"客户导向"。

2."大营销"组织结构变革有利于形成朝阳供电公司集约化的电力配置格局

电力是一种"实时生产、实时消费"的产品，当生产大于消费时，过多的产能限制造成了极大的资源浪费；当消费大于生产时，得不到满足的电力消费必然受制于电力资源的短缺而不能开展正常的活动。较传统的营销体系而言，新型的"大营销"体系要求同质性强、技术标准程度高的业务分层向上集约，从而能够实现业务的跨区域整合以及资源在更大范围内的配置，从而减缓了电力生产和电力消费之间的矛盾。所以，从这个角度看，朝阳供电公司"大营销"组织结构变革有利于形成集约化的电力配置格局。

3."大营销"组织结构变革使得营销管理的专业化水平进一步提高

通过"大营销"体系建设，朝阳供电公司不仅实现了全网不同区域之间营销管理模式、标准制度以及业务流程的统一，而且还实现了城市和农村营销管理模式、标准制度和业务流程的全面统一。在"大营销"体系之下，朝阳供电公司的营销管理工作进一步规范，营销工作的执行也实现一致，进而提高了营销工作的专业化水平。

三、"大营销"体系的工作流程

朝阳供电公司结合管理模式创新及组织架构变革，对业务省级集中、新型业务发展、大客户差异服务、智能用电服务、用电信息采集系统应用、城乡一体化运作、协同服务机制建设等方面所涉及的流程进行全面梳理和优化，重点优化了客户关注度高、与"三集"及其他"四大"交互多的核心业务流程。

（一）业扩报装流程合理优化

在业扩报装流程方面，合理优化35千伏及以上业扩报装流程，将各电压等级相关环节的运作层级与其他"四大"全面对接，明确省、市、县各相关部门业扩管理职能与职责界面，进一步健全业扩协同服务机制；按照核心环节集约化、客户界面属地化的原则，明确业扩流程各环节责任主体，实现业扩报装运作效率和客户服务水平的最优平衡，如图8-4所示。

省公司营销部	地市公司营销部 (客户服务中心)	省公司发展部	省公司经研院	省/地市公司 基建部	省/地市公司 运维检修部	省/地市公司 调控中心	经济法律部
	业务受理 → 现场勘查		拟订接入 系统方案				
	拟订供 电方案 ← 接入系统 方案审查						
供电方 案审批		参与供电 方案审查		参与供电 方案审查	参与供电 方案审查	参与供电 方案审查	
	答复供 电方案						
	业务 收费	参与接入、 受电工程 设计审查	参与接入、 受电工程 设计审查	参与接入、 受电工程 设计审查	参与接入、 受电工程 设计审查	参与接入、 受电工程 设计审查	
接入、受 电工程设 计审查							
	受电工程 中间检查 起草供 用电合同			接入工程 中间检查		起草调 度协议	
接入、受 电工程竣 工检验							
	参与接 入、受电 工程竣工 检验			参与接入、 受电工程 竣工检验	参与接入、 受电工程 竣工检验	参与接入、 受电工程 竣工检验	参与合 同审核
	计量装 置安装						
合同审核							
签订 合同 参与送 电方案 审查		参与送 电方案 审查		参与送 电方案 审查	参与送 电方案 审查	编制送 电方案	
						送电方 案审查/ 报批	
送电 组织							
		参与送电		参与送电	参与送电	参与送电	
	归档						

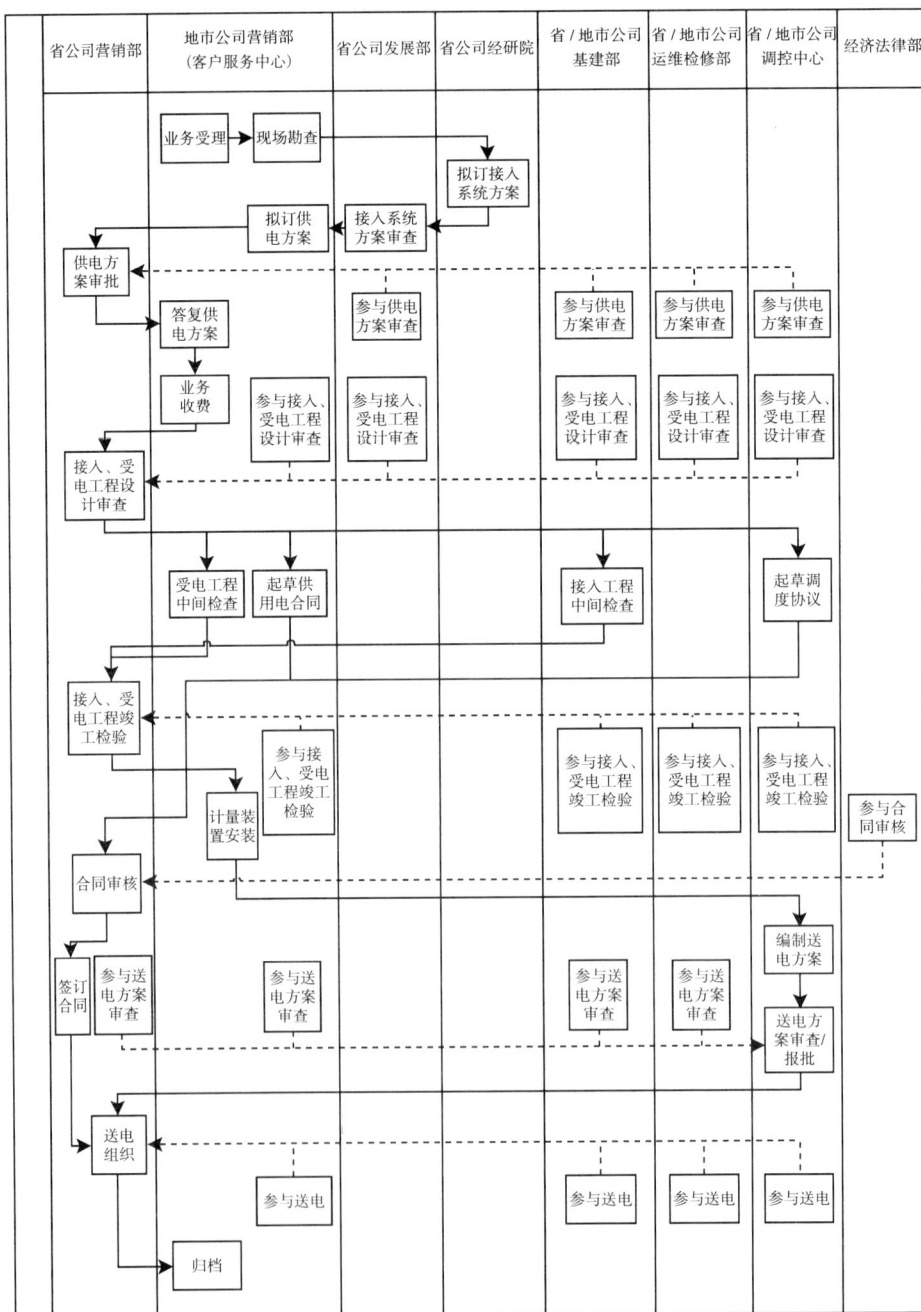

图 8-4 220 千伏及以上业扩报装流程

（二）建立故障抢修闭环机制

在故障抢修方面，结合 95598 电话服务向国网公司集中，将客户故障报修由分区受理改为国网公司统一受理，建立健全故障抢修事中监督、事后评价的闭环工作机制；设立地市、县公司配电抢修指挥中心，进一步强化抢修指挥、组织、协调；提高响应速度，消除分区服务差异。如图 8-5 所示。

（三）计量检定全寿命周期管理

在计量检定方面，将计量器具检定、资产管理由分区实施改为全省集中检定、统一配送，实行计量资产全寿命周期管理，提高检定效率和质量，巩固计量检定授权成果。如图 8-6 所示。

（四）强化电费抄核收安全监控

在电费抄核收方面，实行电费解款确认、到账确认相分离，强化资金安全监控，压缩在途时间。如图 8-7 所示。

（五）建立营销稽查三级监控体系

在营销稽查监控方面，建设总部、省、地市三级营销稽查监控体系，依托营销信息化系统建立营销全业务、全过程实时在线监控，及时发现异常、及时开展稽查、限时落实整改，形成营销工作质量持续改进的闭环工作机制。如图 8-8 所示。

（六）明晰新型业务工作流程

在营销新型业务方面，明晰电动汽车充换电设施建设运营管理、节能服务体系、分布式电源接入、光纤到户与智能小区建设、用电信息采集系统建设及运维等新型业务的职责、工作流程。其中，电动汽车充电设施建设流程如图 8-9 所示。

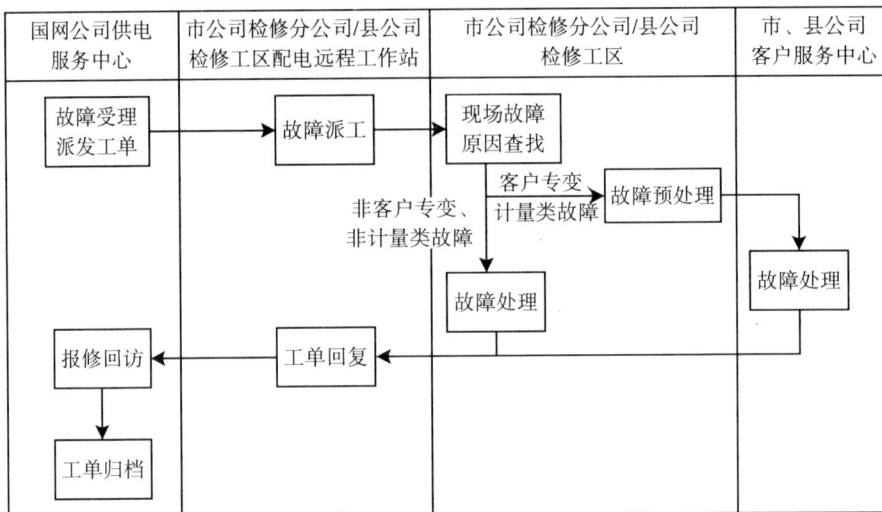

图 8-5　95598 故障报修流程

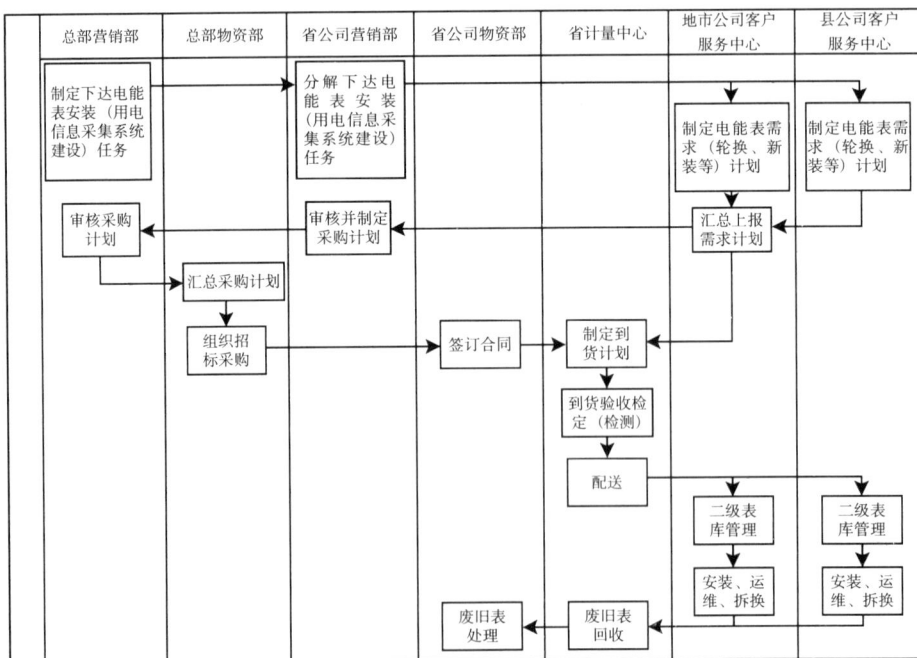

图 8-6　电能表全寿命周期管理流程

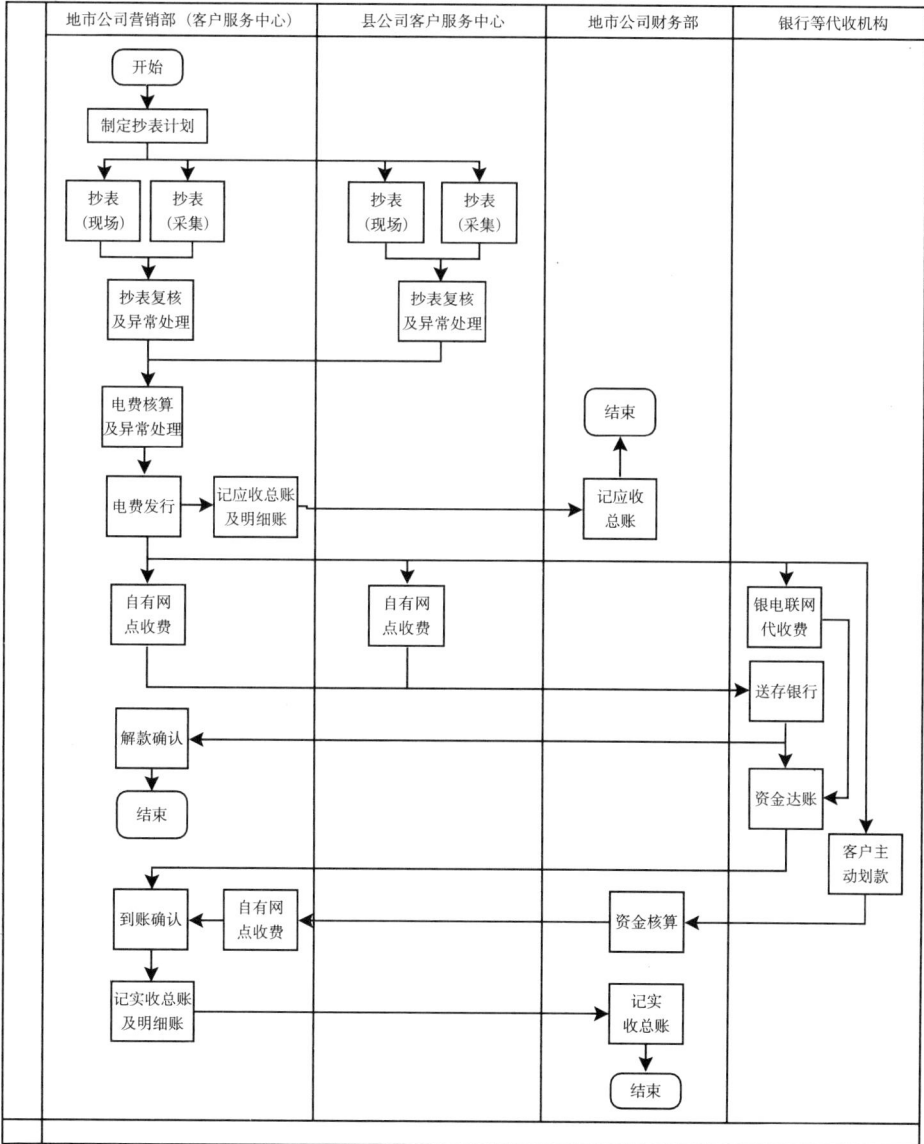

图 8-7　电费抄核收流程

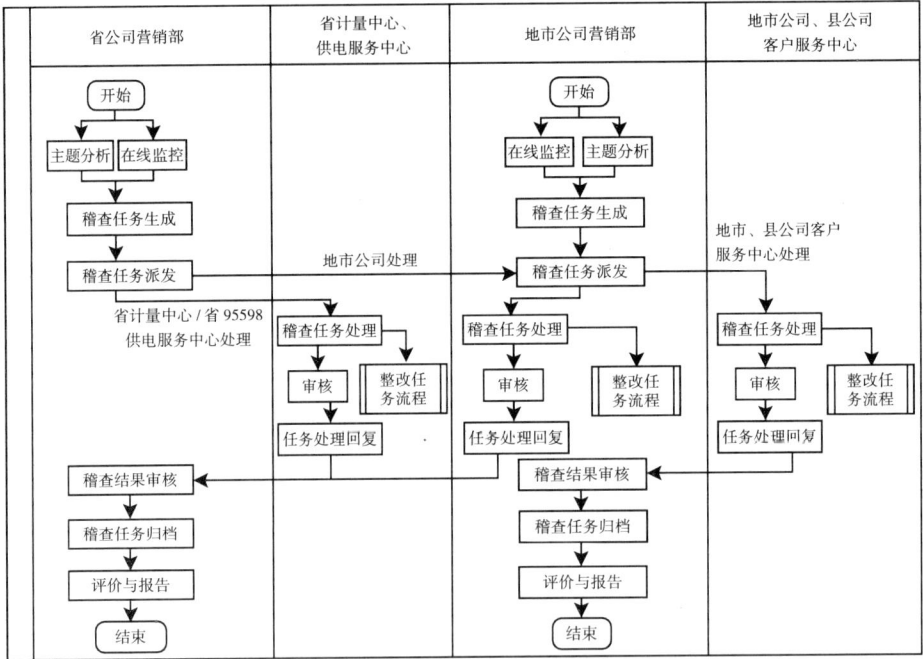

图 8-8　营销稽查监控流程

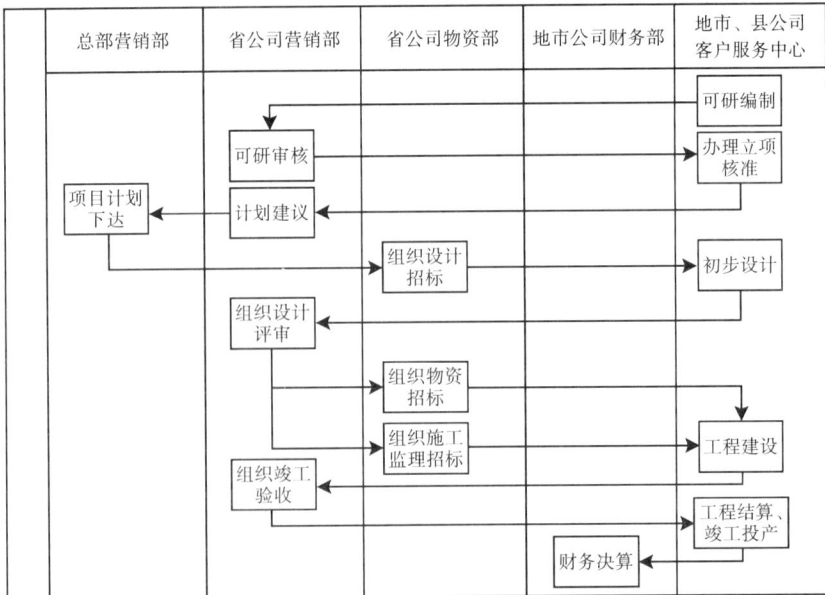

图 8-9　电动汽车充电设施建设流程

第二节　负责任的"大营销"实践

朝阳供电公司积极将社会责任理念和要求融入"大营销",优化服务理念,全面贯彻落实"始于客户需求,终于客户满意"、"服务标准有限,服务努力无限"等优质服务理念,使开展优质服务成为员工的自觉行动。通过不断优化服务标准和流程,积极促进利益相关方参与和沟通,明显提升了服务质量,赢得了客户的普遍认可。

一、社会责任融入"大营销"的总体思路

(一)"大营销"与社会责任的关系

1. 全面社会责任管理有助于"大营销"责任品牌和服务水平的提升

全面社会责任管理,以持续探索、导入、检验、完善科学的企业社会责任观为前提和指导,通过透明和道德的企业行为,有效管理企业决策和活动对利益相关方、社会和自然环境的影响。实施全面社会责任管理,有助于业务集约化、服务协同化、管理精益化,有助于优化客户服务的流程、绩效和沟通的管理,使"大营销"各个环节更加透明、公正,从而提升各利益相关方的满意度。

2. "大营销"组织和流程优化有助于全面社会责任管理的顺利推进

"大营销"是直接面对客户、服务客户的重要环节之一。客户通过营销服务可以感受到企业履行社会责任的程度和力度。因此,"大营销"在组织结构和流程优化方面,如业扩报装流程优化、故障抢修闭环机制建设、计量检定全寿命周期管理、电费抄核收强化监督、营销稽查三级监控体系建设和新兴业务工作流程明晰等环节的建设,会直接影响到全面社会责任管理的顺利推进。

【专栏】

融入责任管理　大营销更透明

（1）优化服务理念：全面贯彻落实"始于客户需求，终于客户满意"、"服务承诺有限，服务努力无限"等优质服务理念。

（2）优化服务标准：制定合乎国情和政府要求的服务标准，力所能及地、有针对性地提升服务标准。

（3）优化服务内容：优质服务过程中，自觉推动客户安全用电、便捷用电、放心用电、满意用电、科学用电、环保用电。

（4）优化服务沟通：以社会和客户能够理解的方式定义和传播服务绩效指标内容，全面开展负责任的服务。

（5）优化服务流程：围绕着提升服务效率、客户价值、服务透明度、服务沟通能力和塑造优秀服务品牌，优化服务流程。

（6）优化服务制度：及时将良好的做法和实践制度化，建立长效机制。

（二）社会责任融入"大营销"的重点

为了实现社会责任与"大营销"体系的深度融合，朝阳供电公司不仅积极探索社会责任融入"大营销"体系的方式和方法，而且通过开展"融入目标理念"、"融入制度建设"、"融入管理实践"以及"融入品牌建设"等领域的重点工作，切实推进社会责任与"大营销"体系的融合，如图8-10所示。

1. 融入目标理念，实现管理理念转变

公司以"强调责任引领，追求合作共赢，坚持服务社会，推动经济发展"为营销管理的基本原则，打造"阳光、责任、高效、透明"的"大营销"体系。一是强调责任引领，在流程、制度、标准中融入社会责任理念和要求，以责任引导营销服务的各个环节。二是追求合作共赢，完善利益相关方的沟通和参与机制，实现政府、企业、客户、社会等各方的"共赢"。三是坚持服务社会，持续改进服务质量，积极探索解决"大营销"体系实施后的各类社会民生难题。四是推动经济发展，有效消除供用电瓶颈，满足供电区域内所有客户的用电需求，促进地方经济发展。

- 强调责任引领
- 追求合作共赢
- 坚持服务社会
- 推动经济发展

- 全员参与特色服务品牌征集
- 深入解读特色服务品牌内涵
- 全面开展四个特色服务活动

融入目标理念，实现管理理念转变

融入品牌建设，塑造特色品牌

注重持续改进实现管理提升

融入制度建设，健全管理机制

融入管理实践，实现管理创新

- 建立业扩报装协同机制
- 建立 95598 联动服务机制
- 建立纵向到底的能效服务机制

- 成立营销创新工作室
- 口诀宣传阶梯电价政策
- 实施业扩报装集约管理
- 建设智能电能表体验室
- 建设电动汽车体验中心
- 加强营配联络机制建设

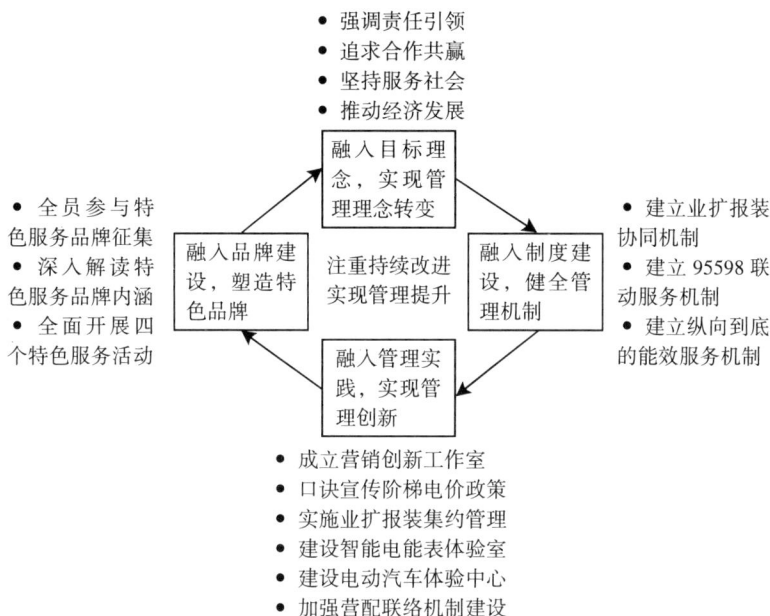

图 8—10 负责任的"大营销"体系建设模型

2. 融入制度建设，健全管理机制

一是建立业扩报装协同机制。从客户利益出发，积极探索解决电网供电能力不足导致的客户负荷受限问题，建立受限负荷接入系统管理机制，并选取企业试点实施，实现市场开拓及企业盈利的双赢。二是建立 95598 联动服务机制。采取立体化、分层级的服务管理机制，建成协同互动、高效运转的 95598 联动服务机制，同时将客户的评价、参与落实到各环节中，使流程更加规范、服务更加顺畅，客户满意度不断提高，收到了良好的成效。三是建立纵向到底的能效服务机制。建立省、市、县区三级能效服务体系，了解企业需求，开展节能宣传，推动自主节能六项措施，实现了社会、企业、客户的共赢。

3. 融入管理实践，实现管理创新

一是成立营销创新工作室。为做好"大营销"体系管理创新工作，建立营销专家人才储备库，成立营销创新工作室以及杨占生工作室，开展营销重点课题研究，通过建立机制、规范管理，提出改进措施，实现了"大营销"体系实施后营销管理水平的提升。二是口诀宣传阶梯电价政策。为了消除客户对阶梯电价政策的误解，营销人员将居民阶梯电价政策内容简化精编成

196字的二十八句口诀，朗朗上口，通俗易懂，取得了较好的宣传效果。三是实施业扩报装集约管理。业扩报装实现集约管理后，可以利用系统实现业务会签及资料共享，避免客户多次往返，缩短业扩业务办理时间3~5天。四是建设智能电能表体验室。通过客户亲身体验，使客户能够清晰直观地了解智能电能表检定过程、方法和流程，解除其比以前使用的电能表走得快的误解。五是建设电动汽车体验中心。建设辽宁首家纯电动汽车试乘试驾体验中心，同时作为青少年绿色能源科普教育基地，推进智能用电发展，促进社会节能减排。六是加强营配联络机制建设。拓展稽查监控职能，加强营配联络机制建设，对内夯实基础，促进了管理提升，对外树立了公司的良好形象。

【专栏】

搭建创新平台，提升供电服务

为进一步提升供电服务质量，朝阳供电公司客户服务中心于2012年8月20日成立了"营销创新工作室"，这是公司建设的第一个职工创新工作室，有核心骨干成员5名，业务助手7名，其中，6人为副高级，1人为研究生学历，1人为国网公司优秀专家人才，1人为省公司优秀专家人才。营销创新工作室秉承"创新、示范、发展"的工作理念，以"科技攻关、成果共享、专业领引"为工作目标，依托原有营销集训室，围绕营销服务管理中存在的重点、难点、热点和关键点问题，开展难题攻关、技术改造、课题研究，破解影响公司发展的瓶颈问题，在国网及省公司实现营销管理创新成果，培养高端的复合型人才。

营销创新工作室成立两年多的时间，共完成创新成果40项，其中破解4项"难题"，实现6个重点"突破"，实施了4项创新举措，完成了4项科技进步成果，2项技术创新成果，发明实用型专利6项，发明专利2项，2项典型经验入选、入围省公司典型经验，1项创新成果获得省公司管理创新二等奖，在"三集五大"体系最佳实践评选中获得1个二等奖、2个三等奖、2个优秀奖，1项成果被评为省公司优秀职工技术创新成果，实现了"大营销"体系实施后的营销管理提升。

同时，营销创新工作室搭建了一个良好的创新平台，公司内涌现出一大批青年人才，1人获得省公司营销管理专家称号，1人获得省公司生产技能专家称号，1人获得省公司劳动模范称号，1人获得省公司优质服务竞赛优秀选手，1人荣获省公司优秀共产党员称号，1人获得省公司优质服务竞赛个人第七名，1人获得省公司计量专业调考电能表专业个人第六名，1人获得省公司稽查信息专业调考个人第八名，1人获得朝阳市五一奖章，1人获得朝阳市五四奖章，1人被评为朝阳市职业道德模范，3人被评为公司2012年度十大杰出青年。

4. 融入品牌建设，塑造特色品牌

一是全员参与特色服务品牌征集。为打造朝阳供电公司服务新形象，公司开展了供电服务品牌及标识征集活动，形成全员参与、上下联动、凝心聚力的活动氛围，共征集作品200余件，经过精筛细选、深度挖掘、广泛提炼，最终凝练出最能体现公司服务理念、服务特色、服务品质的供电服务品牌——"朝阳之光"。二是深入解读特色服务品牌内涵。"朝阳之光"服务品牌，在构思中，力求贯彻国网公司品牌的传播与战略，又与地方传统相协调，与企业文化相协调，与行业文化相融合，与优质服务相贯通，综合了地域特点、行业特征和服务特色。"朝阳之光"从供电服务体现"四光"，即：服务经济发展的动力之光；服务城乡客户的幸福之光；服务和谐社会的文明之光；服务工作大局的希望之光。三是全面开展四个特色服务活动。在"朝阳之光"特色服务品牌引领下，全面开展"普遍服务"、"微笑服务"、"亲情服务"、"超值服务"四项特色服务，不断提升"朝阳之光"的服务品质。①扎实推进"普遍服务"，做好基础服务工作；②愉悦客户、诚心沟通，用"微笑服务"打动客户；③开展供电服务进社区活动，延伸"微笑服务"、"以情动人"打造"亲情服务"；④实施"超值服务"，拓展服务项目，丰富服务内涵。

【专栏】

窗口联系客户，促进品牌提升

在朝阳供电公司党的群众路线教育实践活动中，营销部开展了窗口联系客户活动，促进品牌形象提升。营销部以深入"感动式"服务为抓手，以解决实际问题为着力点，以客户满意为落脚点，开展了窗口评星、故障抢修一线通、业扩报装争点赞和供电温情服务活动，向广大客户提供更加公开、透明、便捷、高效的服务，全面促进朝阳供电公司品牌形象提升。

一是开展窗口评星活动。强化窗口建设，解决"门难进、脸难看、事难办"的问题，提高窗口服务客户的履责质效。

二是开展故障报修一线通活动。实现"一张工单、一支队伍、一次到达现场、一次性解决问题"的标准化抢修模式，以群众满意为落脚点，优质高效完成故障报修任务。

三是开展业扩报装争点赞活动。实施客户经理分级督办、业扩全程代办、业扩进程实时跟踪催办、业扩报装受阻应变、业扩报装服务协同、重点客户先期受理、业扩报装"四段式"①并行服务7项机制。建立客户工程典型设计库，简化业扩流程，探索同城业扩异地受理体系建设，扩大到农村地区高压业扩报装申请异地受理，建立"大业扩"工作格局。

四是开展供电温情服务活动。建立完善3V（VDP：社会上存在困难的弱势群体；VCP：为社会做出突出贡献的群体；VIP：重要的企业客户）客户档案，针对不同的客户群体，实行主动上门服务和各种特色服务。例如：对于弱势群体客户推行预约服务、上门服务和业务代办服务等便民、利民服务措施。

二、社会责任融入"大营销"的实践

朝阳供电公司"三集五大"实施以来，积极推进"大营销"体系建设，有效融入了社会责任管理理念，努力探索管理模式创新，不断优化营

---

① "四段式"指：将高压业扩全流程划分为方案答复、工程设计、工程建设和装表接电"四段"，由原总流程各环节串行改为时段内并行，分段设置考核总时限，由原各环节均需客户配合改成时段工作结束后，统一由营销部门"一口对外"负责联系客户，减少客户往返营业厅次数，即供电方案确定后，运检或建设部门同步开展电网配套工程建设；将营业收费、装表由与合同起草、工程检查、调度协议签订等环节串行改为并行处理。经过"四段式"优化，高压业扩项目压缩业务环节7个，其中35千伏、10千伏业扩项目优化后共18个环节（业务收费、装表、合同签订等5个环节并行）。

销管理和优质服务实践，效果显著。

（一）创新"大营销"管理模式

按照国网公司"四强化"、"四集中"、"三运作"的要求，朝阳供电公司整合营销资源，创新管理模式。

1. 业扩报装

营销部门负责业扩报装的"一口对外"，客户服务中心负责承担具体业务，组织协调发展策划部、运维检修部、建设部、电力调度控制中心等部门，按时限完成业扩报装的具体工作，并对外答复客户。省公司营销部及市公司营销部在相关部门配合下，负责对市公司业扩报装"一口对外"工作进行监督考核。

220千伏及以上新装、增容客户，由省公司供电服务中心进行业务处理。城区新装、增容、变更业务及外县区315千伏安及以上新装、增容业务由客户服务中心处理。外县区315千伏安以下新装、增容客户由属地分公司处理。执行新建住宅供电工程建设费的项目由客户服务中心处理；对未执行新建住宅供电工程建设费的地区，对315千伏安及以上据实结算统建住宅工程用电项目由客户服务中心处理。县区66千伏以下变更业务由属地处理。

【专栏】

业务集约助力业扩报装管理水平提升

按照省公司"三集五大"建设意见要求，朝阳供电公司将外县分公司315千伏安及以上业扩报装业务全部集中到客户服务中心市场及大客户服务室，同时为提升管控水平，提升管理效率，进一步集约业务，将城区所有客户的业扩报装工作全部集中到市场及大客户服务室，彻底打破原市区供电分公司的壁垒，压缩了管理层级，优化了业务流程，真正实现了"业务导向"向"客户导向"转变。具体做法如下：

1. 组织机构及职责

按照省公司"三集五大"要求，客户服务中心市场及大客户服务室作为公司业扩报装"一口对外"和开辟"绿色通道"的牵头部门，为提升业扩报装管理水平，对市场及大客户服务室内部明确了职责，细化了分工，实行客户经理分级督办制，要求客户经理要随时了解和掌握用电客户的状态，发现难点问题及时协调帮助解决，方便客户办理业务。

2. 标准制度建设

一是完善业扩报装流程，重新修订了《朝阳供电公司业扩报装工作实施细则》，明确了各部门职责及建立"一口对外"的内部沟通联系方式，确定了各供电分公司业扩报装联系人，建立了客户服务中心与各分公司之间的沟通网络，实现"一口对外"，加快了业扩报装速度。同时，出台了供电方案编制模板，统一客户服务中心与分中心的资料管理。

二是完成了《网上会签系统》的升级，实现了客户服务中心与各县（市）分中心的网上工程管理，统一并简化了业扩报装资料，改变了原来所有相关业务都需到一级营业厅办理的状态，减少了外县市客户往返市内的时间，每项工程可最少缩短3~5个工作日，大大加快了业扩报装进度。

3. 工作机制建设

一是重点工程开通"绿色通道"。对燕都新城政府办公楼、朝阳市第四人民医院等重要客户和凌钢、北鑫、利鑫等大客户提前介入业扩流程，上门服务，协助客户联系沟通各部门，做到勘查、设计及施工同时进行，有效缩短了业扩报装时间。

二是转变工作观念提前介入现场。"大营销"体系建设完成后，对全市受限负荷进行了梳理，做到提前介入，改变以往客户申请资料齐全后入场勘查的流程，在客户有意向申请准备资料手续的同时，主动与客户联系做好现场勘查及方案拟定，待客户手续齐全后立即进入审批环节，减少受理时间。

4. 关键绩效考核与过程控制

一是严格落实"首问负责制"和"客户经理分级督办制"，强化客户经理作用。进一步细化客户经理工作职责和权限，要求客户经理对用电客户在受电工程供电方案制订的同时，帮助客户与受委托设计单位和受委托施工单位提前沟通，做好施工前准备工作。供电方案一经正式批复即可马上开始施工，如此可以有效缩短业扩时限和客户工程的接电时间。该项工作已列入业扩报装工作的常态管理机制。

二是强化对客户工程的管控。朝阳北鑫矿业有限公司和喀左利鑫有色金属有限公司是朝阳市政府重点关注的工业大户。在这两个客户66千伏供电工程建设中，客户服务中心多次深入施工现场，解决影响工程进度的相关问题，对设计与实际不符的问题，及时督促建设单位与厂家联系，研究解决方案，严格施工建设的中间检查，确保隐蔽工程的施工质量，提高工程施工进度。建设方表示，在供电公司的协调下，至少可以提前1.5个月送电。

2. 计量管理

基于计量装置自然属性，按计量装置分类划分管辖权限。市公司客户服务中心负责城区全部客户、县区315千伏安及以上客户计量装置（Ⅰ类、Ⅱ类、Ⅲ类）装换、检验检测、故障处理等计量管理工作，315千伏安以下（Ⅳ类、Ⅴ类）由属地管理（城区由客户服务中心处理，县（区）由分公司处理）。相应调整职责管理界面，315千伏安及以上业务由客户服务中心负责处理，同时将双塔、龙城供电分公司2个计量班建制划归客户服务中心。

3. 账务业务

以电费管理中心及现有账务人员为基础组建客户服务中心账班。由客户服务中心统一进行业务处理。

4. 核算业务

以原电费管理中心及城区内核算人员为基础组建客户服务中心核算班。由客户服务中心统一进行业务处理。

5. 66千伏及以上客户业务

县（区）分公司66千伏及以上客户的变更类业务、抄表、收费业务、用电检查业务由客户服务中心负责处理。

6. 95598业务

由电力保障班负责95598派发非抢修工单，电力调度控制中心配合抢修，指挥班负责派发抢修工单，内线人员插班到"大检修"抢修班中7×24小时执行抢修任务。

【专栏】

凌源供电分公司"一二三四五"创新管理显成效

自"三集五大"管理模式实施后，凌源供电分公司营业大厅肩负着凌源市区 22 万居民客户和 6.8 万非居民客户的电费收缴、咨询查询、故障报修等工作，并同城异地受理全朝阳市所有客户的业扩报装业务。营业大厅平均每天接待客户 500 人次，工作任务重、压力大，除了广大客户缴费排队的问题外，客户的各种诉求也是多种多样，对营业厅服务的现场管理要求也越来越高。对此，凌源供电分公司把客户满意当成供电服务的工作目标，推出"一二三四五"工作法，不断创新服务手段，提高服务效果和效率。

"一"就是一口对外，并且实现营销业务同城异地受理，建立了"内转不外转"工作机制，统一受理全市客户业扩报装的各项业务，并组织相关部门按职责分工快速办理，积极提升业扩报装服务速度。

"二"就是要求窗口工作人员充分利用好每天 20 分钟时间。提前 10 分钟到达营业厅开早会，进行供电服务规范练习，检查工作设备和物品定位摆放，做好班前各项准备工作，以饱满的精神状态迎接新一天的工作；傍晚，工作人员延迟 10 分钟下班，开班后会，观看当天视频，总结当天工作，举一反三，不断规范服务行为，检查工作场所各类办公设施是否正常关闭，杜绝"长明灯"等资源浪费现象。

"三"就是要求工作中每个前台营业人员尽量做到"三多"，即多问一句，多看一眼，多查一遍。多问一句是在办理业务时多询问一下客户，从中发现客户的需求；多看一眼是在办理业务时多看一下客户的单据，是否有一些小的细节被遗漏；多查一遍是在受理申请时多查一遍客户的资料，避免重复往返。

"四"是指四声服务，"来有迎声、问有答声、唱收唱付、去有送声"，当客户办完要办的业务时问一句"您的业务已经受理完毕，请问您还需要别的帮助吗？"让客户感受到供电公司的热情服务。

"五"就是推出"五星"服务，在交费高峰期，引导客户至自助缴费机、24 小时 ATM 机处缴费，分流客户以减少客户等候时间；客户办理更名过户等业务时，对排队客户进行"预处理"工作，介绍自助办理方式、帮助复印证件，确保客户业务办理所需事项都提前完成。这些措施不但有效改善了客户服务，而且提高了业务办理柜台的工作效率。

几项举措受到了广大客户的一致好评，让客户真正体验到办理业务的便利，感受到公司服务的真诚，也大大减轻了工作压力，实现了"你用电，我用心"的服务理念。

（二）营销管理实践

1. 营销基础管理

朝阳供电公司自 2014 年 8 月 22 日开始，抽调业务骨干 25 人组成 5 个检查组，对 6 个基层单位实地检查，形成市、县、班组三级普查，全员参与的工作格局。截至 11 月末，已检查各类客户 89.42 万户，发现并完成整改 9795 条，清理零度户 62646 户，销户 17873 户；稽查信息工作实施扁平化管理，"三查一报一通一排"工作机制强化营销业务事前、事中、事后管控，提高基础数据可用率，异常数据由年初的 449 条下降到 31 条。同时，加强现场安全及用电检查，检查营销作业现场 45 次，发现并纠正违章行为 2 次；开展防范人身伤害专项隐患排查，治理率达 96.22%；检查重要场所、客户 359 户次，开具并送达《用电检查结果通知书》68 份，整改率82.7%，专题向经信委（局）汇报客户用电情况 9 次。

2. 营销队伍建设

朝阳供电公司依托营销创新工作室、营销实训室等载体，开展多岗位技能培训；通过专家大讲堂、先进事迹报告会等形式，进行全员培训；完成营销人才储备梯队建设，开展营销各专业培训及调考，实现营销整体素质提升；培养员工的职业道德能力、管理创新能力、科技研发能力，打造高素质的营销团队；成立"大营销"体系下的难点课题攻关、重点课题研讨小组，为打造高素质、高质量的营销队伍提供坚实的智力支持。

3. 营销管理信息化

（1）推广"一分双无"抄表催费模式。朝阳供电公司按照"试点先行，全面推开"的思路，在全公司范围内推行"一分双无"抄表催费模式，即对新建小区实施"批量装表、分户接电"的管理模式，对全部客户实行"抄表、催费无人工介入"的"双无"管理模式，减少人为差错。

（2）规范用电信息采集系统运维管理。朝阳供电公司建立集安装调试、故障处理、运行维护和现场补抄为一体的用电信息采集系统运维模式；建立涵盖数据分析、安装派工、故障处理、质量评价、责任追究全过程的用电信息采集系统运维流程，提高采集成功率。

（3）拓展用电信息采集系统，深化应用。朝阳供电公司深入挖掘用电信息采集系统在远程自动抄表、费控功能、线损监测、反窃电监测、分布式电源监测、双向互动服务、市场分析与需求侧管理、辅助故障抢修业务、辅助电能质量监测与可靠性统计等方面的应用。

（4）完成智能表安装工作。朝阳供电公司按计划开展智能表的安装及更换工作；加快农网计量点改造进度，积极向省公司申请农网升级改造、配套计量箱改造资金，对非金属计量箱进行下移改造工程并进行智能表安装调试工作；进一步加快电源侧、专变客户和公变台区的采集建设，努力实现全口径范围的采集全覆盖。

（三）优质服务实践

1. 业扩报装"一口对外"

一是建立"一口对外"服务机制，指定营业班为业扩报装"一口对外"负责单位，指定客户经理为"一口对外"负责人，实现业扩报装流程跨部门、跨层级贯通；二是县公司营销部门负责0.4千伏、10千伏和315千伏及以下供电方案的制定，并牵头业扩工程实施；三是县公司发展建设部门每年初向营销部门提供年度配电网规划方案；四是各县分公司成立了配电抢修班，建立调控、运检、营销等部门协同运作的抢修业务、停电信息发布协同运作机制，按进度完成营配贯通工作，做到营配结合、相互贯通、数据共享。朝阳供电公司客户业扩报装服务时限达标率逐年上升，从2011年的98.11%上升到2014年的99%。

2015年，朝阳供电公司进一步优化业扩报装流程，实行营业厅"一证受理"。减少客户在业扩报装过程中各环节需提交的资料种类及数量：低压居民客户提交的申请资料种类由4种减少为2种；低压非居民客户提交的申请资料种类由6种减少为3种；高压客户提交的申请资料种类由9种减少为4种。实现低压客户"免填单"申请业务，实现业扩申请同城异地受理，简化高压归档资料，由原来的21项归档资料简化到8项资料，提高了工作效率，得到了客户的认可。

2. 拓展多种缴费渠道

朝阳供电公司全力践行"你用电,我用心"的服务理念,以客户为中心,推行多种缴费方式,满足不同群体的缴费需求。朝阳供电公司还拓展了金融及第三方代收渠道,开通银联 POS 机刷卡缴费等新型渠道。公司加大宣传力度,通过电视、报纸等媒体进行宣传。城市地区宣传"自由新选择,轻松交电费",为客户提供多种缴费渠道,轻松缴费;农村地区宣传"电话交电费,方便又快捷",为客户提供农行卡转账电话代收电费的缴费方式,实现农村客户足不出村,轻松缴费。2014 年,公司以北票分公司为试点,实现了社区代收居民电费业务;2015 年,探索通过银联"全民付",开展社区、大型商场代收居民电费业务,进一步开拓缴费新渠道。多元化的缴费渠道建设,实现了电费回收和优质服务的双提升,实现了供电企业和用电客户和谐共赢的目标。

3. 强化供电服务监测

朝阳供电公司为了提升公司服务水平,开展业扩报装流程监测,重点对供电方案答复、设计文件审核、中间检查、竣工验收和装表接电 5 个环节进行效率监测;开展供电质量监测,重点对 10 千伏配网频繁停电实行监测,以减少客户停电时间;开展抢修车辆实时 GPS 监测,重点对故障抢修到达现场时限和抢修流程进行监测,以优化资源配置和流程设置;开展客户缴费行为分析,以优化公司缴费渠道,提高服务质量;开展新建住宅供电工程建设流程效率分析,查找影响工程建设进度的主要因素。

4. 做好大客户保供电

朝阳供电公司时刻关注大客户的发展。如对于凌钢集团的发展,采取定期走访客户的方式,在凌钢集团确定三期扩建项目之初,公司积极向省公司汇报、沟通,申请凌源一次变增容资金。在凌一变增加一台 240 兆伏安变压器的项目后,全公司上下各专业相互配合,开展变电所增容改造工程,并确定时间节点,倒排工期,确保按时完成项目。同时,公司主动服务凌钢集团,开展同步建设,客户服务中心开辟"绿色通道",实施专门经理负责制。2012 年 5 月 26 日,220 千伏凌源一次变 3 号主变增容工程成功投运,满足了凌钢三期工程用电需要,解决了凌源变容载比过低,主变容量不满足 N-1 方式要求的问题,在一定程度上提高了对凌钢的供电可靠性。

5. 建立政企对接机制

朝阳供电公司客户服务中心在"五大"体系建设中，确立了与政府建立三级对接机制的主要思路，即客户服务中心负责与市政府对接，客户服务中心营业及电费管理室、各供电分公司与区、县（市）政府对接，各供电所与乡、镇政府对接。通过实施"三级对接"的创新举措，与政府保持了良好的沟通。"三级对接"科学合理、分工明确、对接及时，既保证了公司与各级政府沟通渠道的畅通，实现了与政府双向沟通的无缝衔接，又积极向政府汇报了工作，争取到政府支持，促进了各项工作的顺利开展。

朝阳供电公司还选派专人跟踪政府重点建设项目，如跟踪"燕都新城"建设工程，每周编制专项汇报，抄送至常务副市长、分管城建副市长、燕都新城管委会主任，当好项目单位用电报装方面的参谋，为其提供最优接入电源点，减少报装办理时间，降低市政工程业扩费用。

【专栏】

开辟"绿色通道"服务政府重点工程和新能源项目

2014 年，朝阳供电公司市场及大客户室对政府重点工程和新能源项目建立重点业扩项目应急响应制和上门服务全程代办制，为客户开辟"绿色通道"，认真履行服务时限，常态开展服务承诺、工作质量和客户满意度评价，较好完成了多个重点项目和新能源项目的用电工程，让客户用上贴心电、满意电。

一是京沈高铁临时用电项目。京沈高铁项目贯穿朝阳市的凌源市、北票市、喀左县以及朝阳县境内，各铁路局 100 多个项目建设点需要使用临时用电。为此，市场及大客户室领导组织各项目段负责人召开了专题交流会议，了解客户的需求和建设情况，为其开辟了绿色通道，专设了受理人员，保证 24 小时开机答复咨询。每个地区都专设客户经理，在客户未提申请前就介入现场，主动进行全程服务，从答复供电方案开始。无论是多偏远的地区，客户经理们都早出晚归，不分节假日地奔波，既保证了施工的顺利进行，又满足了客户的用电需求，得到客户高度认可。

二是电动汽车智能充电站项目。智能充换电站服务网络是智能电网建设的重要内容。朝阳市政府大力发展新能源产业，努力建设动力电池产业集群。为此，朝阳市政府、朝阳供电公司和企业共同推动新能源汽车发展和产业转型升级。公司营销部、市场及大客户室相继走访朝阳市科技局和重点新能源企业，向政府咨询并争取电动汽车充电站配套政策。通过多方面的努力，朝阳市政府核准在朝阳工业新区建设电动汽车充电站，计划购置10台纯电动公交大巴，开辟一条纯电动公交专线。市场及大客户室在未接到该充电项目的临时用电申请前，就特派客户经理到现场跟踪服务，并与相关部门积极沟通，为保证2014年末完成朝阳西部新能源产业园区电动车充电站建设任务做出了重要贡献。

第三节　主要成效和进展

朝阳供电公司通过打造负责任的"大营销"体系和"百千万"活动中1000个社会责任联系点的建设，在解决社会民生问题中起到了引领和表率作用，"朝阳之光"特色服务品牌得到社会认可。

一、优质服务水平持续提升

公司将社会责任管理理念融入到"大营销"体系之中，在完成业务集中、资源整合等"规定动作"的基础上，积极开展管理与技术创新，成功开展营销业务同城异地受理体系，形成"大业扩"工作格局；实施同业对标生产与营销单位统一排名，形成"大服务"工作格局。在"感动式"服务品牌的基础上，提出"阳光服务"的理念，建立了"微笑服务"体系，为客户提供了阳光、舒心的服务，持续提升服务水平。

一是业扩报装"一口对外"效率更高。高压业扩报装接电时间由改革前的51.19天缩短至改革后的32.95天，平均接电时间下降率为35.63%。

二是供电服务协同效果更好。在迎战"11·10"特大暴风雪、"6·28"强雷暴雨、台风"达维"等自然灾害中及重大节日保电中，充分体现了"三集五大"的整合优势和企业社会责任管理的成效。

三是纵向到底的能效服务机制更加完善。公司建立市、县两级能效服务体系，了解企业需求，开展节能宣传，推动自主节能六项措施，实现了社会、企业、客户的共赢。

二、客户满意度显著提高

公司将营销服务工作与社会责任管理工作紧密结合，融入体系建设，融入管理实践，树立"供电服务中没有与履行社会责任无关的人，也没有与履行社会责任无关的事"的理念，在立足企业的实际情况和系统研究利益相关方需求的基础上，以问题为导向，坚持自查整改，改中创新，从外部期望的视角不断完善管理制度，优化业务流程，创新服务举措，提高服务水平，达到客户满意。

一是优质服务评价指数和营销服务规范率双领先。通过议题研究，对营业窗口形成动态的管理机制，在自查、检查、抽查、借鉴和接受监督中不断实现营业厅软硬件管理的全面提升。通过营业厅的评星服务，激发各基层单位对各营业厅的自我管理意识，减少"等、靠、要"的现象，促进供电服务能力的提升。2014 年，公司优质服务评价指数98.99％，排名全省 A 段。

二是百万客户投诉率全省最低。通过议题研究，优化营业厅各项业务办理流程，规范营业服务行为，开展亲情服务，提供特色服务，进而提升服务亲和力，提升客户满意度，为打造和谐朝阳做出应有的贡献，同时树立朝阳供电公司诚信、责任、创新、奉献的品牌形象。2014 年，公司百万客户投诉率为 82.90，全省最低。

三、社会认可不断增进

朝阳供电公司在"大营销"体系建设过程中，开展了社会责任管理融入和服务"五大"体系建设工作，制定了《社会责任管理融入"大营销"体系建设专项工作推进方案》，通过有效的利益相关方沟通与合作机制，打造负责任的"大营销"体系。朝阳供电公司在开展营销服务过程中，始终坚持"以人为本"的社会责任理念，并且将其体现在营销管理的各个环节。通过打造负责任的"大营销"体系，朝阳供电公司成功破解了四项难题，在解决社会民生问题中起到了引领和表率作用，"朝阳之光"特色服务品牌得到社会认可。

一是抢修工作高效开展，灾情面前快速反应，获得政府和市民高度认可。公司在《95598与供电抢修服务工作实施细则》修订时，充分考虑社会、环境等因素，细化管控方式与营配工作职责，实施办结时限管控，设立了抢修现场的"现场发言人"，改进了沟通方式和沟通效果，实施优质、高效、公开、透明服务，缩短了抢修时间，故障抢修工单处理平均时长缩短65.6%。台风"达维"、"布拉万"袭击后抢修工作高效开展，朝阳市委市政府专门发来表扬信，感谢朝阳供电公司在灾情面前快速反应，及时抢修迅速恢复供电。云水家园小区故障停电时，市民王先生通过故障抢修"现场发言人"了解到故障原因及抢修进展，连声称赞"现在的电力服务真真正正是想客户之所想，急客户之所急"。

二是建立对接机制，及时有效沟通，树立负责任、可信赖的企业形象。公司制定了《政府对接工作管理办法》，建立市、县区、村镇三级对接机制，实现双向沟通。公司制定并落实了《燕都新城建设涉电工作管理规定》，每周编发《燕都新城工作简报》，及时沟通、解决出现的各种问题。多个重大项目的临时电源新建工程已顺利送电，树立了负责任、可靠、可信赖的供电企业形象。

三是积极与利益相关方沟通，破解弃管小区管理难题，获得社会各方高度赞誉。面对困扰政府、居民和供电企业多年的弃管小区电力设施维护难题，喀左分公司开展调研，认真了解利益相关方需求后，与政府、社区、居民积极沟通，提出了用住宅维修基金解决弃管小区电力设施维护费的新机制，获得政府、居民等各方的高度赞誉。

四是拓展农村地区多种缴费方式，实现足不出村轻松缴费，获得农户高度认可。公司实现了营销业务应用系统全覆盖，城乡营销工作实实在在做到同计划、同部署、同检查、同考核。在农村地区全面推行远程抄表，并通过推行惠农卡转账缴费、充值卡方式，在1374个行政村布放转账电话3678部，发放惠农卡51万张，全市76万农户实现足不出村轻松缴费，真正实现了"村村"都设缴费点，获得农户高度认可。

【专栏】

破解居民用电难题——弃管小区电力设施维修新机制

20世纪90年代末，部分国企、集体企业、住宅开发单位纷纷建设居民小区。小区的用电设备从供电企业电网接引点以下，由小区建设单位投资建设，居民小区用电设备产权属于小区建设单位。按照"谁产权、谁维护"的原则，小区建设单位负责小区用电设备维护管理。近年来，一些小区建设单位破产、转制或开发单位无维护能力，致使一些居民小区形成了弃管局面，其用电设备也无人维护管理，一些弃管居民小区用电设备相继发生故障，造成一定范围的供电区域停电，严重影响了正常社会用电秩序，给广大用电客户生产、生活带来不便。据统计，朝阳地区共有94个用电设备弃管的居民小区，其中市内25个，外（市）县69个，涉及居民39226户，一般工商业5238户。这类居民小区基本是在2005年4月1日前，也就是居民小区实行供电设施配套费制度之前建设的居民小区。

"三集五大"体系建设后，城区供电分公司撤销，分别成立营业及电费室和配电运检室，跨部门协调解决问题将更加复杂，为彻底解决已弃管居民小区及防止新生弃管小区用电设备无人维护管理问题（目前小区配套费仅在朝阳市内执行，朝阳地区外县尚未执行），提升公司优质服务水平，更好地履行社会责任，朝阳供电公司明确了工作思路，采取了多项措施。

一是积极向朝阳市政府多次汇报：①建议政府部门针对弃管小区物业管理出台优惠政策，引入物业管理，并加以前期扶持。②建议政府部门梳理弃管居民小区建设单位，若建设单位仍然还存在的，在行政管理各环节采取制约措施，使建设单位恢复对弃管小区的维护管理。③据了解供水、供气、供热同样存在类似问题，弃管居民小区在一定程度上已成了社会问题，建议政府成立专门领导机构，列支专项抢险经费，给予抢险单位资金支持，在政府统一领导下，及时解决居民小区用电设备弃管问题。

二是率先在喀左县地区进行居民弃管小区用电管理先期试点工作，与地方政府部门建立一套成熟的联动机制，待成熟后在朝阳地区进行推广应用。

三是通过开展试点推广工作，破解多年来居民弃管小区的用电管理难题，也力争通过朝阳供电公司与地方政府的联动，为全省乃至全国探索出一条适合解决居民弃管小区用电管理的成功之路。

2012年6月4日，东晟豪庭小区发生一起停电故障，经供电分公司配电检修人员现场检查，确定为电缆负荷过大烧坏绝缘导致。该小区属弃管小区，没有物业部门，维修资金无法解决。经过与该小区业主协商，由业主委员会垫付了该项维修资金，经过维修，该小区于当天恢复送电。

2012年6月16日，东晟豪庭小区业主委员会向喀左县房产管理处物业办公室提出了"关于东晟豪庭小区4号楼电路改造经费的申请"，20多个客户履行了签字手续，直到7月下旬一直没有得到房产管理处的答复，垫付资金没有解决，东晟豪庭小区客户相当不满意。

喀左供电分公司在接到试点建设工作任务后，通过协调政府相关部门，7月20日，房产管理处开始启动弃管小区电力设施维修流程，利用物业维修资金解决了该小区垫付的维修费用，使由于弃管造成电力设施维修资金无法落实的问题得以解决，得到了该小区业主的好评。

上述案例是在朝阳供电公司同政府部门联动后，第一个解决弃管小区用电设施维修问题的成功案例，为以后的工作打下了坚实的基础。此后，朝阳供电公司通过流程优化和积极推广，努力使这种新的机制实现制度化和常态化。政府部门实现了为民解忧，供电企业实现了法制化、规范化经营，用电客户利益得到了最大保障，真正实现了政府、企业、客户的共赢。

第九章 农网建设与运营

电力是加快农村经济发展的强大动力，是实现农业现代化的助推器，也是改善农民生产生活条件的重要基础。党的十八大报告中明确指出："坚持把国家基础设施建设和社会事业发展重点放在农村，深入推进新农村建设和扶贫开发，全面改善农村生产生活条件。"农村电网是农村重要的基础设施，是国家电力建设的重要组成部分，关系农民生活、农业生产、农村繁荣。朝阳供电公司自成立以来，始终将服务"三农"放在重要位置，大力推进农网建设和改造升级，加强农网安全质量管理，提高农村供电质量，为朝阳农村地区提供了安全、方便、稳定的用电服务，为进一步改善农村生产和生活条件、服务现代农业产业发展以及社会主义新农村建设创造了良好的必要条件。

第一节 农网建设改造

近年来，朝阳地区农村经济发展增速较快，随着国家一系列强农、惠农政策的出台，以及社会主义新农村建设的全面推进，朝阳地区城乡一体化快速发展。农村的发展布局、经济形态和家庭生活都发生了很大变化，广大农村客户对供电可靠性和供电质量的要求越来越高。为满足农网供电需求，朝阳供电公司全力投入农网改造升级工程建设，努力解决农村电网电能损耗大、网架结构不合理、供电可靠性低和电能质量差等问题，力图建成一个网络比较可靠、布局比较合理、装备比较先进、管理比较科学、通信比较完善和自动化程度比较高的农村电网，真正达到安全、优质、高效和低能耗的目标。

一、朝阳农网概况

朝阳市位于辽宁省西部，全市土地面积 19698 平方公里，市区面积 555 平方公里，耕地面积 684 万亩，占全省总面积的 11%。朝阳是一个农业大市，农业人口达 234.6 万人，占全市总人口的 69.1%。朝阳市农村电网覆盖面积占全市总面积的 95%，担负着 76 万农户的供电任务。

伴随着国家的农电建设与改革进程，以及朝阳自身经济的不断发展，朝阳农村电网在 20 世纪 60 年代开始兴建，70 年代得到大发展，到 80 年代已经形成较大规模的农村电网。朝阳市农电事业的发展欣欣向荣，主要发展历程如表 9-1 所示。

表 9-1 朝阳地区农电发展主要历程

时期	年度跨度	主要事件
国民经济恢复时期	1949~1952	朝阳农电事业开始萌芽。1950 年 2 月建设一台 10 千瓦汽车发动机组，供县机关和部分居民用电；1952 年 11 月建平县柏寿镇铁路发电厂扩建
第一个五年计划	1953~1957	农村自办电、水电站兴起。1957 年喀左县建成第一座水电站（洞上水力发电站）；1957 年凌源县建成西五官水电站
第二个五年计划	1958~1962	重点发展电源建设。以国家投资为主建设地方小火电厂，分别建成凌源新生发电厂、瓦房子锰矿电站、北票桃花吐简易变电所等
国民经济调整时期	1963~1965	农电发展的重要转折时期。1964 年，国家把农电建设工程纳入计划，朝阳兴建第一个输变电工程，1965 年建成投运。这是朝阳电网高压电网建设的开端，是农电系统化建设的新起点
"三五"、"四五"计划时期	1966~1975	农网进入大规模建设新阶段。国家大力投资发展农田水利灌溉设施，建设打井配套工程。截至 1975 年，朝阳农网已经初具规模
"五五"、"六五"计划时期	1976~1985	农电事业步入稳定发展轨道。国家农电事业开始实行管理与建设并重方针，截至 1985 年末，朝阳 2028 个行政村通电 1988 个，通电率达到 98.02%
"七五"计划时期	1986~1990	国家深化改革开放时期，农电建设与管理步入新台阶。朝阳市农电企业改革领导体制，确立局长的中心领导地位。截至 1990 年末，全市农村用电量较 1985 年增长了 25.6%
"八五"计划时期	1991~1995	国家经济体制改革下，全面调整农网布局，农网结构优化迈上新台阶。通过改革农电机构，改革职工养老保险制度，开展农电服务达标活动，朝阳地区农村通电率和电能质量进一步提高。截至 1992 年末，共解决 1408 个无电村屯通电问题

续表

时期	年度跨度	主要事件
"九五"计划时期	1996~2000	全市步入市场经济时期。农网开始积极发展多种经营，1998年计划实施"两改一同价"工作；改革乡电管站管理体制，实行县乡电力一体化管理，全面理顺县级电企与乡电管站的关系。1999年1月1日新体制正式运行。1998年，国家大规模农网一期改造建设开始。朝阳地区1999年初开始一期农网改造，投资总规模5.735亿元，占全省规模11.3%
"十五"计划时期	2001~2005	进入21世纪，农电系统抓住"新世纪、新农电、新发展、新形象"这个工作主题，坚持以发展创新为主线，以农网改造和深化改革为重点，引进新设备、新技术，农网结构更加优化，现代化管理水平进一步提升。管理上实施"四定"方针，引入ISO9000和OHSASI8000"两标一体化体系认证"。"十五"末期，农村总用电量达171700万千瓦时，比"九五"末期增长了260%
"十一五"计划时期	2006~2010	2006年，为切实搞好社会主义新农村建设，国家电网公司出台了"新农村、新电力、新服务"（即"三新"）农电发展新战略。朝阳地区积极推进新农村建设和改造工程，逐步建立农网建设和改造的新机制，全力实施"户户通电"工程，实现农村电气化的普及任务。2010年，朝阳地区农网建设投资金额达到30642万元
"十二五"计划时期	2011~2015	2011年5月，国务院办公厅转发了《国家发改委关于实施新一轮农村电网改造升级工程意见的通知》，明确要求将新一轮农村电网改造升级工作延续到"十二五"。截至2014年底，朝阳地区农网电压合格率达到98.835%，农网供电可靠率达到99.909%。2012年9月1日，朝阳市农村电力服务有限公司正式运营，负责所有农电工的日常管理工作

二、农网改造升级

近年来，随着朝阳地区农村经济的快速发展、人民群众对供电需求的日益增长及城乡一体化和新农村建设的快速推进，农村用电需求大幅增加。通过持续的农网改造升级工程建设，朝阳供电公司不断加大农网建设资金投入，全面提升农村电网的技术装备水平，优先解决制约电网供电能力的农业生产用电问题，切实解决农村电网存在的"卡脖子"、"低电压"等影响农业生产和农民生活用电的突出问题，不断改善农网供电能力，有效治理"电压低、用电难"的情况，为朝阳广大农村地区居民提供了更加优质的电力服务。农网改造升级工程的实施，使朝阳地区农村电网结构更趋合理，设备水平得到较大提升的同时，有效地提高了农村电网供电能力、供电可靠率和电压质量，用电环境进一步优化，更好地满足了农村经济和农民生活的用电需求，为全市农村经济快速发展提供了坚强可靠的电力保障。

一是农村供电质量明显提升。2010 年至 2014 年底，朝阳市农网改造升级工程累计投资 13.2 亿元（见图 9-1），居全省第三位。在地域面积大、施工环境复杂、工程量相对较大的情况下，朝阳供电公司按照上级部门要求，安全、优质、高效地完成了工程建设改造任务，取得了良好效果，赢得了社会的高度评价。朝阳地区新建及改造 66 千伏及以上线路 76.9 千米，新建及改造 10 千伏线路 957.4 千米。截至 2014 年底，建成变电站 98 座，共有变压器 187 台，变压器容量达到 346.2 兆伏安（见图 9-2），10 千伏配电变压器达到 1337 台，容量 713.85 兆伏安（见图 9-3）。供电可靠率由 2010 年的 99.79% 提升至 2014 年的 99.91%，电压合格率由 2010 年的 96.65% 提升至 2014 年的 98.74%（见图 9-4）。朝阳地区的全体农民成为农网改造工程的最大受益者。朝阳广播电视报在采访龙城区村民时，不少人纷纷感叹："现在电压稳了，供电质量高了，多亏供电部门对我们乡进行农网改造！"

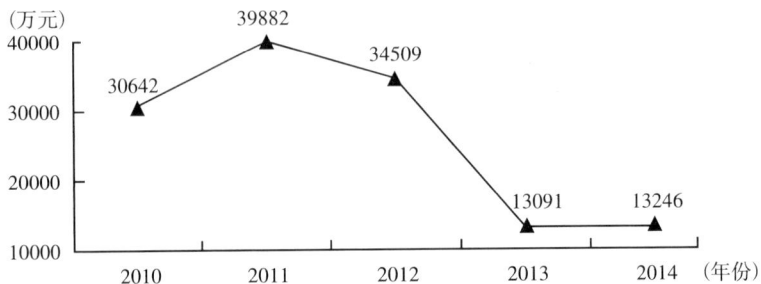

图 9-1　朝阳农网 2010~2014 年投资金额

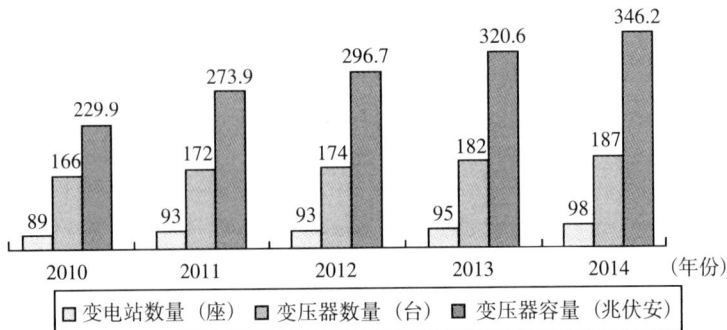

图 9-2　朝阳农网变电站情况（2010~2014 年）

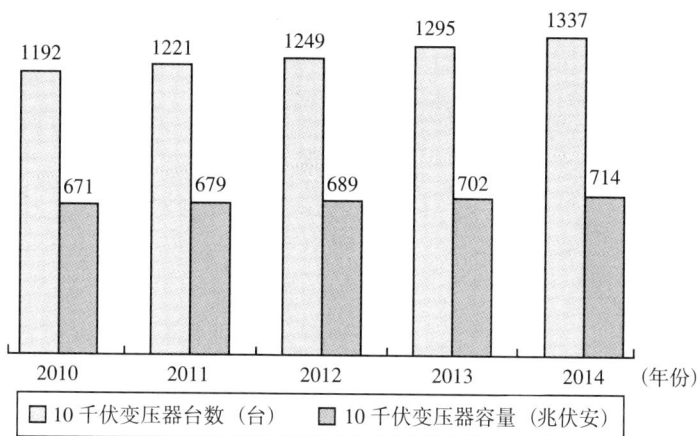

图 9-3　朝阳农网配电变压器情况（2010~2014 年）

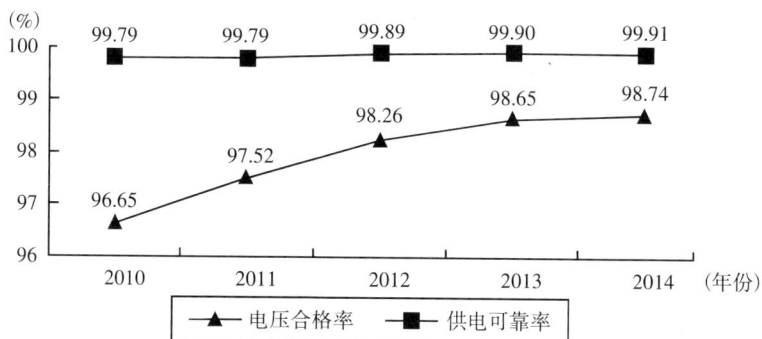

图 9-4　朝阳农网电压合格率和供电可靠率增长（2010~2014 年）

表 9-2　朝阳农网线路建设情况（2010~2014 年）

年份	66 千伏及以上线路数量（条）	66 千伏及以上线路长度（千米）	10 千伏线路数量（条）	10 千伏线路长度（千米）
2010	4 条分歧线	13.395	346	13195.43
2011	8 条分歧线	22.647	354	13375.82
2012	9 条分歧线	28.54	366	13596.27
2013	4 条主线路、12 条分歧线	90.278	378	13882.63
2014	4 条主线路、12 条分歧线	90.278	392	14152.8

　　二是销售电量大幅增长。2014 年，朝阳供电公司售电量为 94.56 亿千瓦时，其中农网改造升级工程起到了重要作用。近几年，朝阳地区经济快速发展，用电负荷逐年提升，电力需求日益增长，在省公司和朝阳供电公

司的共同努力下，逐年加大电网投资力度，电网发展适应了朝阳经济社会发展的用电需求，电网投资和设备增长满足了朝阳地区经济社会发展要求，用电量增长率在近几年始终排在省公司前列。

农网建设和升级改造也推动了朝阳地区农村经济的发展，减轻了农民负担，增加了农民收入。农网改造升级工程使得农村电网覆盖面不断扩展，供电能力、质量和可靠性明显提高，农村生产和生活用电条件得到改善，农村地区用电量大幅度增长，拉动了电力设备和家用电器生产。这对提高农民生活水平、有效启动农村市场、扩大内需、拉动经济增长起到了重要作用。同时，通过农网改造升级，减少了农网线路损耗，为实现同网同价创造了条件，减轻了农网用户的电费负担。据统计，通过多年来的农村电网升级改造，公司直供直管供电范围内的农民生活用电价格从1998年同价前平均约0.92元/千瓦时下降到2011年底的0.588元/千瓦时，平均每年减轻农民电价负担约14亿元。另外，改造后农村的农业生产、排灌、一般工商业及其他用电的电价均比改造前下降了约0.04元/千瓦时，减轻了农村生产和产业发展的电价负担，彻底解决了农村电费"三乱"问题，也大大增加了公司的经济效益和社会效益。以凌源市房申村为例，2012年9月1日，该村农网改造工程完工。在坚强的供电保障下，9月20日，河北省一家集葡萄栽培、深加工、酿酒于一体的企业前来落户，企业投产将有效拉动刘杖子乡2000余户转产，预计年增收1000万元。

三、低电压治理

电压质量直接关系到电气设备的使用寿命，也关系到整个电力系统的安全与平稳运行。随着广大农村地区用电量的急速增长，电网供电压力日趋加大，"低电压"、"卡脖子"等是困扰农村地区的供电难题，影响了广大农村居民的正常用电和日常生活。朝阳地区农村面积广阔，农网线路多、公里数长，低电压问题台区数量较多。2014年，朝阳供电公司有10千伏配电线路542条，15099.6101千米，低压台区15744个，据2014年初各基层单位对全市低电压情况的排查统计显示，有1056个台区存在低电压问题。为了找到有效治理农村低电压的办法，公司首先对造成低电压问题的各种原因进行深入分析和梳理。

（一）朝阳地区低电压问题的形成原因

（1）低压台区供电半径长。主要体现在配电变压器布点不合理，远离负荷中心。既有因地理位置限制，农村居民客户分散的因素，也有供电设施建设不合理的原因。

（2）低压线路线径小。低电压台区中低压线径小的共有 140 个，占比 21.8%。从低压导线型号来看，基本是 JKLGV–25 和 JKLGV–35 两种，且绝大部分为两相制供电方式。距一期网改已有 10 年时间，由于先期设计标准较低，导线截面小，随着居民用电负荷快速增长，导致低电压问题大量出现。

（3）上一级电源问题。部分偏远地区由于负荷较小，无法进行变电站布点，导致部分 10 千伏线路供电半径过长、线路线径过小造成电压低的台区共有 127 个，占总数的 19.78%。

（4）三相不平衡因素。农网低压线路两线较多，配电变压器三相负载不平衡，造成台区重载相部分客户电压偏低，统计的低电压台区中，有 57 个台区由三相不平衡引起，占比 8.88%。

（5）客户侧无功补偿容量不足。低压客户使用的电动机等电器产品很少进行随器无功补偿，无功的缺乏是电压质量不合格的主要原因之一。特别是原有 50 千伏安以下配电变压器无功补偿容量的不足，造成无功电力不能就地平衡，线路电压损耗增大，影响了局部地区的供电能力及电压质量。

（6）低电压问题的易反复。随着人民生产水平不断提升，家用电器数量增加，家庭养殖项目、深加工项目不断增加，用电负荷大幅度增长，导致治理后的新一轮问题出现。

（二）针对农村电网低电压的治理及改造升级措施

针对造成农村电网低电压的问题，朝阳供电公司对症下药，提出了相应的解决方案。

（1）建立健全农村"低电压"客户档案。分类开展低电压客户情况建档工作，如用电负荷性质、特性、用电量等（包括单相电机）。

（2）完善监测手段和方法。明确借助配变数据上传、智能电表、移动式电压监测仪等技术，建立健全"低电压"监测网络，完善监测手段。

（3）开展配变三相负荷不平衡治理。加强低压客户报装接电管理，合理确定装接容量；采取在营销业务系统中标注单相客户所接相别，统计分析分相用电量，辅之以现场测量，及时调整单相客户所接相别的方法，控制三相不平衡度。

（4）加强供电设备运行维护管理。建立电压无功设备运行维护管理制度，加强供电设施运行维护管理，及时处理电压无功设备存在的缺陷，提高设备完好率。加强对客户专用线路及专用变客户的无功补偿考核力度。进一步开展无功优化计算。结合不同季节、不同时段负荷曲线和电压曲线，制定变电站电压控制曲线，确定配电变压器分接头摆放位置，及时投退电压无功设备。建立"低电压"配电台区台账，结合配变停电检修计划，及时在负荷高峰到来前调整配电变压器分接头。

（5）提升公用配变无功集中补偿能力。根据农村负荷波动特点，优化公用配电变压器无功补偿配置，提高电容器投入率。

（6）提升客户侧无功补偿能力。严格执行100千伏安及以上专变客户功率因数考核，督促客户安装无功补偿装置。开展随器无功补偿工作，对低压客户5千瓦以上电动机开展随器无功补偿，降低低压线路无功传输功率。

（三）农村电网低电压问题的治理成效

朝阳供电公司低电压问题经多方面共同努力，治理成效明显，并借此加快推进了新农村电气化建设进程，极大地提升了农民生产和生活质量，保障了农民用电安全，为发展现代农业和新农村建设提供了强有力的支撑。以2014年为例，在低电压治理的管理方面，通过修订低压台区精益化管理考核细则，执行周通报工作机制，合格台区数量由年初的505个提升到1431个，采集全覆盖合格台区比重为83.98%，考核达到省公司A段。

在低电压治理的技术改造和新电站建设方面，2014年公司通过安装7组10千伏调压器、新投66千伏4座变电站、农网工程、低电压专项治理、低维工程等，累计解决1056个低电压台区中的448个，惠及农村客户13554户。如凌源地区，2014年全年新建66千伏河坎子、铜鼎变电站并已投入运行，着力解决了凌源地区10千伏线路过负荷、低电压及设备老化等问题，完成农网技改大修共13项，投入资金总额为2441万元，解决低电压台区 102 个。

在低电压治理的新技术运用方面，成功解决朝阳县 10 千伏根德线部分客户"低电压"现象，2014 年 12 月圆满完成了公司承担的科技项目"柱上动态无功补偿装置在农网低电压线路上的研究应用"，减少了根德线无功传输，降低了线路耗损，功率因数从投运前的 81.3% 提高到了 89.6%。功率因数的提高和线路损耗的下降，也进一步提高了末端电压。

整个朝阳地区，截至 2014 年底，基本实现农村供电区主要以树干式供电为主，重要区域基本实现手拉手接线。0.4 千伏低压配电网形成以箱式配电站与变台相结合、电缆与架空绝缘导线并存的配电网，低电压地区电压质量得到明显改善。朝阳供电公司涉及"低电压"问题的投诉情况明显好转。在低电压治理的同业对标中，朝阳供电公司的农网改造升级工程突出抓工程全过程管理，建精品工程、放心工程，近年来屡获殊荣。例如，2012 年，朝阳供电公司被省公司授予"农网改造升级工程管理先进单位"，北票分公司被省电力公司授予"农网改造升级示范县先进单位"；凌源市铜鼎变 10 千伏出口及联网线工程等 6 项工程被命名为"辽宁省电力有限公司 2014 年农网改造升级优质工程"；2014 年，建平县 66 千伏翼达变电站新建 10 千伏线路出口整理工程等 2 项工程被省公司推荐参与国家电网公司"农网百佳工程"评选。

朝阳供电公司把点、线、面治理相结合与三相不平衡、变压器增容、分容等多项措施作为突破口，计划在 2016 年全部消除现有的低电压台区，使农网"低电压"真正"脱胎换骨"，更好地满足全市农业发展、乡村建设和农民幸福生活对电力的渴求。

【专栏】

打开农网供电瓶颈　畅通农村致富之路
——朝阳供电公司低电压治理纪实

机井涌清泉，旱年不减产。2014 年夏季，辽宁省朝阳市遭受了几十年一遇的大旱，连续两个多月没有降雨，可是大旱并没有影响建平县三家乡五十家子村地里的收成。大旱时，村里 16 眼机井同时灌溉 1500 多亩水浇地，秋收时村里玉米平均亩产达到了 1500 斤，与往年持平。丰收的景象是辽宁朝阳供电公司 2014 年大力推进实施农网低电压改造后的缩影。

商铺林立生意火，盖楼搭屋建设忙，2014 年 10 月 23 日，朝阳县胜利乡政府前的西山村大街上一片热闹的景象。村民刘德田正在忙着建楼，三层小楼的主体已经建起来了。他说，"早就想盖楼了，但是对电有顾虑，想点灯、看电视，就不能用其他的电器。现在好了，线路全部改造了，全部电器一起用都没问题了。我寻思着一楼还经营种子、化肥和农药，二楼准备开个小旅馆，三楼留着自家住"。

西山村支部书记刘国恩说，"10 年前电力部门对我们村进行过一次电网改造，当时看电还够用，可是这 10 年变化太大了，街上做买卖的网点从 30 多家增加到了 50 多家，可是线路还是老线路。2014 年 5 月的线路改造力度真大，线都换了粗的、变压器也换了大的。真是电压升百业兴啊，不到半年的时间，街上做买卖的门市又新增了 20 多家，还有 10 多家正在盖楼，有想开家电销售、汽车修理、浴池的，有想开幼儿园、歌厅、网吧的"。

负责胜利乡供电服务的木头城子农电业务部主任金瑞广说："我们在西山村将一台 80 千伏安的变压器更换成了 315 千伏安的，更换线路 2.5 千米，更新杆塔 45 基。把导线从 35 平方的更换成了 120 平方的，还把两线换成了四线，彻底解决了这条街的低电压问题。改造后的第一个月这个台区的用电量一下子猛增了 60%。"

2014 年，朝阳供电公司对农网"低电压"情况进行了充分调研，摸清了底数，制定了农网"低电压"治理方案，落实了建设改造资金计划，明确了"低电压"治理措施、时间和进度。在治理中，该公司抓住低电压台区专项治理这个关键点，从根源上进行整治，从整体上推进，从年初到 10 月末，专项改造了低电压台区 76 个，解决了 4000 多户农户的低电压问题。

第二节　农网供电服务

农业是国民经济的基础产业，农业的发展必须从实际出发，合理布局农村产业结构。朝阳市地处辽宁省西北部，是典型的低山丘陵地区，光照充足、昼夜温差大是该地主要气候特征。朝阳市充分利用得天独厚的气候资源，积极发展地方特色农业产业，如朝阳小米、大平顶枣、软核杏等。政府大力助推设施农业的发展，为此朝阳供电公司提出"助力三农，希望之光"的口号，开展"朝阳之光传递光明温暖，百千万行动圆梦幸福朝阳"活动，提高农村电气化水平，助力农村产业升级和设施农业发展。

一、全面服务"新三农"建设

朝阳供电公司围绕经济发展和市委、市政府工作大局，立足本职，创新服务方式，实施"新农村、新电力、新服务"农电发展战略，建设省公司标准化供电所，加快新农电气化建设，强化规范化管理，服务地方经济发展、改善民生项目建设，努力提升供电能力、供电质量、服务水平，认真贯彻"优质、方便、规范、真诚"的供电服务方针，努力做到"让政府放心，让客户满意"。

（一）新农村电气化建设

建设社会主义新农村给农电事业发展带来了新机遇，也提出了更高要求。2006 年，国网公司党组从服务党和国家工作大局、助推农村经济社会发展的战略高度出发，对照新农村"生产发展、生活宽裕、乡风文明、村容整洁、管理民主"的建设标准，提出要积极实施新农村电气化建设，实施"新农村、新电力、新服务"农电发展战略，加快建设供电可靠、经济环保的新型农村电网，为更高标准地服务社会主义新农村建设探索经验。

作为国网公司新农村电气化建设先进单位，朝阳供电公司以保障"安全、可靠、经济、和谐"供电为目标，按照"因地制宜、全面推进、政企联合、协调发展"的原则，加快推进新农村电气化建设，通过改造农村电网，强化科技创兴，提高供电服务，满足农村用电需求，开展配电工程典型设计与建设，提高新农村电气化建设县、乡（镇）、村的比率，将新农村电气化建设与小城镇建设、农网改造升级结合实施，使农村供电能力、供电质量、服务水平得到根本提升，为发展现代农业和新农村建设提供了有力支撑，有效推动了农村经济社会发展。

一是网络架构更加合理。朝阳供电公司结合电网发展规划和用电需求，积极开展农村配网线路运行水平和供电能力评估，加大电网建设和改造力度，因地制宜增加电源点，缩小供电半径，提升供电能力。经过多年的农网改造升级，电网结构得到加强，供电半径在规定的范围内，综合线损率下降明显，供电可靠率和电压合格率提高。

二是供电服务显著提升。在农网建设改造的过程中，朝阳供电公司以标准化的管理、创新性的技术、人性化的服务推动电力服务工作的发展，把优质服务着眼点放在提高供电质量和供电可靠性上，努力打造强大、稳定、可靠的电网。通过更换高损耗配变，降低了配变的变损率、线路损耗和电能损耗，减少了供电成本，提高了经济效益和供电可靠性。

三是大力实施"户户通电"工程。公司克服居住分散、山区地形等困难，实现辽西地区无电户通电，并全面开展农村"户户通电"回访活动，了解服务需求，处理设备缺陷和安全隐患。至 2013 年底，朝阳市不存在无电地区。

四是加快农村电气化建设。2014 年，完成建设新农村电气化乡 4 个（凌源市刀尔登镇、杨杖子镇；朝阳县古山子乡、大庙镇），电气化村 21 个（建平县东台村、山嘴村、新城村、七家村；喀左县丛家沟村、桥子村、南山村、魏家庄村；朝阳县大庙村、水泉村、东五家子村、古山子村；凌源市天盛号村、五家子村、牛洞子村；北票市蒙古营村、朝阳沟村、龙潭村、南荒村；龙城区下河首村、北村），完成标准化供电所建设工程 13 个项目的施工，完成 2014 年低维费工程 70 项，共计改造表箱 1528 个。

截至 2014 年底，公司系统电气化工程累计完成投资 1.2 亿元，供电区域内累计建成新农村电气化县 1 个、电气化乡镇 24 个、电气化村 218 个，16.7%的县、20%的乡（镇）、18%的农村达到了新农村电气化标准。

（二）服务设施农业

朝阳供电公司坚持服务设施农业工程，推动农业现代化。公司全力支持设施农业发展，超前建设农业生产基地电力配套工程，加快推进农村电网改造升级工程，提高农村电网可靠率和电能质量，满足农业生产用电负荷快速增长的需求，不断提高农业综合效益，加快推进农业现代化进程。

1. 开展强基固本工程

朝阳是辽宁省重要的粮食生产基地、花卉产业基地、绿色蔬菜生产基地、马铃薯生产基地和水果生产基地。但由于朝阳特殊的地理地形与气候特点，使得朝阳农业的发展受制于水资源的缺乏。朝阳地区属半干旱、低丘陵旱作农业区，辖区雨养旱作的土地占绝大部分。"十年九旱"、"七山一水二分田"是该地区过去经济落后的代名词，农业生产长期靠天吃饭，"雨养农业"。

为改善这一现状，多年来，朝阳供电公司始终坚持开展"你用电，我用心"农村用电安全强基固本工程。随着农民生活水平的日渐提高、家电下乡等惠民政策的实施，以及设施农业的大力发展，对农电电力送电能力、电力稳定性、电力安全性都提出了更高的要求。每年的农忙时节，都是农村用电的高峰，能否按时耕种与秋收直接关系着老百姓的"口袋子"。稳住老百姓的"口袋子"，就是守住老百姓的"心窝子"。针对这一情况，朝阳供电公司提出了"你用电，我用心"的政策，全力保障农民农忙期的生产用电。

在抗旱方面，公司积极、扎实开展各项抗旱保供电工作，全力做好全市抗旱电力供应保障。2014年夏季平均降雨量较历年同期减少53%，全市农田发生大面积严重干旱。公司及时将工作重点转移到抗旱保供电中，采取阶梯更换方式进行变压器调整，共计调整变压器249台，临时架设灌溉用变压器2台。基层班组和供电所人员成立抗旱保供电小组91个，出动人员4084人次，积极开展灌溉线路巡视、消缺工作，消缺373处，有效保障了电力供应。架设低压线路14.54千米，为252眼新打机井、242眼老机井和441台小水泵接电，解决67.2万亩耕地灌溉，较好完成了抗旱保电工作。

在设备专项治理工作方面，公司扎实开展设备隐患排查工作，降低设备跳闸率。2014年全年开展大型设备隐患治理工作5次，分别是输配电线路跨高速公路、铁路、重要公路情况排查，线路走廊树木清理，防开关拒动，开关汇控柜内温湿度控制器排查和县域66千伏变电站二次设备专项检查，提高了设备健康水平。输配电线路共砍剪树木59856棵，清理鸟巢172处、漂浮物源12处，隐患治理15件，消缺226件，线路通道环境和设备健康水平明显好转。

在电力春检和秋检方面，2014 年公司完成春检计划作业 676 项，春检作业量比 2013 年同比增长 6.47%；秋检计划 694 项，完成率 100.7%。春、秋检期间确保 220 千伏智能变电站及 66 千伏联网工程安全、顺利投运，工程生产准备、验收本着"早介入、细要求、抓闭环"的原则，管理部门及生产、建设单位精心策划、密切配合、无缝衔接，克服了任务繁重、作业复杂、专业交叉、工期紧张、征占地协调量大等诸多困难，确保了春、秋季农忙时节的电力供应。

表 9-3　2014 年强基固本工程主要内容

活动名称	活动时间	活动内容
春季农业灌溉配电设施安全检查宣传活动	3~4 月	供电所成立支农小分队、党员服务队 87 支，征求农户意见，宣传农灌用电程序、安全用电常识；合理安排电网运行方式，调整配变及主变容量，确保连续供电和稳定运行；进行设备巡视 126 次及时消缺 98 处；加强技术服务，组织员工深入春耕现场，发放宣传资料 10 万份，帮助解决用电设备出现的问题 77 个，保证春耕期间生产工作的顺利开展
夏季农业生产临时用电及家用电器的绝缘检测示范活动	6~7 月	组织专业人员开展宣传和测试演示活动 87 次；指导农村客户正确使用小型发电机及双电源，向农户讲解、演示剩余电流动作保护器（漏电保护器）正确的使用方法；指导农户正确使用、检测家用电器、农业生产电动机具，避免触电事故发生，正确实施触电急救
秋季学生安全用电宣传活动	9~10 月	供电所对供电区域的学校开展用电安全宣传工作 87 次，制定相应的教学方案、活动计划和涉及范围。发放农村用电安全资料 18 万份，放映安全用电宣传片 80 小时

【专栏】

凌源分公司三项举措确保农户抗旱用好电

2014 年夏季，凌源地区出现持续高温天气，数万亩农田处于干旱状态。凌源分公司实施三项举措，为农民灌溉用电保驾护航。

战高温抢工期，力促农业设施快速接电。如凌源市大河北镇持续干旱，3 万多亩农田急需灌溉，为保证老百姓能及时浇上地，凌源公司刘杖子业务部想尽一切办法，保证抗旱灌溉在哪里，供电服务到哪里。在该业务部已新投运农排变压器 13 台，保障了 21 眼小机井的灌溉用电，使 7000 余亩玉米地旱情得到了有效缓解。

排查隐患，完善预案，确保灌溉安全用电。"老姜，你们浇地用电要注意啊！"7 月 17 日，凌源公司宋杖子业务部党员服务队抗旱保电小分队到宋杖子镇北房申村，帮助农户排查农灌设备隐患，及时掌握村民抗旱浇地的供电情况。该业务部完善应急预案，做好应急抢修物资储备工作，优先保证农灌用电供应，使人员、车辆准备充分，备品备件储备充足，对于灌溉用电故障，严格遵守 24 小时抢修制度，确保通信联络畅通。业务部还深入各村开展现场业务受理，在辖区内各村设立定点服务员，时时了解农户抗旱灌溉浇地的用电情况，在田间地头加强宣传，为农户讲解安全用电知识，确保农灌安全用电。

迅速出击，及时排除线路故障。"多亏了你们呀！不然我们今天的损失可大了……"凌源小城子东远花卉负责人由衷地感谢供电员工为他们排除了用电难题。东远花卉规划面积 3000 亩，其中核心区 1500 亩，年产值 6000 万元。在小城子东远农贸的花卉种植基地和蔬菜种植基地共安装变压器 8 台 420 千伏安，铺设 10 千伏线路 0.7 千米。7 月 17 日一早，小城子东远花卉蔬菜种植基地人头攒动，工人们忙着移苗、栽苗工作，就在他们浇水的时候，水泵突然跳闸，断电就意味着无法浇水。得到消息后，小城子业务部抢修人员快速反应，第一时间帮助其处理了故障。

2. 开展"百千万"惠民、富民行动

2010 年，辽宁省委、省政府投资 10 亿元资金支持朝阳实施百万亩设施农业惠民工程，为朝阳这个资源条件较差的贫困地区找出了一条避灾致富的路子。在百万亩设施农业建设中，朝阳供电公司配合政府的"百万亩设施农业"惠民、富民工程，开展了"百千万"惠民、富民行动，举全公司之力加快农网改造工程，电力配套设施全面跟进。公司动态对接全市重点项目，完成社会责任联系点和设施农业示范区建设，提升管理，改进服务，助力全市农业发展。

对接朝阳市 100 个重点项目，简称"百"。公司主动融入全市工作大局，对接服务全市及各县（市）区经济发展和社会民生方面的 120 个重点项目，落实责任，逐项跟进，配套服务，开辟绿色服务通道，形成长效服务机制，确保重点项目早用电、好用电、用好电。

建立 1000 个社会责任联系点,简称"千"。公司以全市 2708 个惠农卡缴费点为基本平台,面向全市 1374 个行政村和城镇社区设立社会责任联系点。通过联系点的窗口作用,促进供电公司与客户的良好沟通,收集服务信息,传播用电知识,改进供电服务,创新社会管理,促进社会和谐。

服务 10000 个设施农业户,简称"万"。公司面向全市设施农业小区和畜牧养殖小区,保障新建小区电力配套工程及时投运;完善已建小区常态化服务机制,建立服务档案,加强用电宣传,定期巡检用电设施,及时消除安全隐患;为全市现代化农业提供电力支撑,助力农民创效增收。"万"行动采取"重点示范、同时推进"的方式开展。由农电部(农电服务公司)确定 20 个大型设施农业(畜牧养殖)小区或基地作为示范,根据小区特点,为农户提供特色服务。各农电服务分公司以业务部为单位,结合本区域内设施农业分布,主动提供服务。

百万亩设施农业大棚建设初期,农民排队等着用电,朝阳供电公司以强烈的社会责任与舍我其谁的主动担当精神,积极地投入到百万亩设施农业的电力配套施工的建设中。据统计,百万亩设施农业建设中,截至 2013 年底,朝阳供电公司投入资金 21121 万元,完成配电小区 2290 处,完成新建 10 千伏线路 879.23 千米,新增变压器 2294 台,增加供电容量 118.65 兆伏安,为设施农业的快速发展提供了坚强的硬件保障。

有了电力的强大支撑,截至 2014 年 12 月,朝阳设施农业总面积达到 185 万亩,实现了"户均一栋棚",种植作物已由单一的蔬菜延伸到花卉、水果、蔬菜、食用菌等品种,拥有 20 余个年产 10 万吨以上的生产基地,形成了生产、深加工、销售一条龙的多元化发展格局,设施农业成为朝阳市农村经济发展的主导产业。2014 年,设施农业实现产值 158 亿元,农业总产值同比增长 1.8% 以上,主要农作物耕作收综合机械化水平达到 62.6%。农村常住居民人均可支配收入 9754 元,同比增长 10.6%。

截至"十二五"末,朝阳市设施农业规模达 13.5 万公顷,设施农业农产品总量达到 660 万吨,总产值达 230 亿元。设施农业已经成为朝阳市农村经济的重要支柱产业和农民致富的重要手段。《中国电力报》先后以头版头条和整版的篇幅报道公司"百千万"行动情况。新华社、《人民日报》、中央人民广播电台等各大新闻媒体也先后对朝阳供电公司为百万亩设施农业开展电力配套工程建设进行了采访报道。朝阳供电公司被朝阳市委、市政府授予"百万亩设施农业建设优胜单位"的荣誉称号。

【专栏】

"百千万"履责行动　助推新农村经济发展

作为辽宁西部农业大市，朝阳地区传统农业往往靠天吃饭。近些年，朝阳地区开始大力发展现代农业建设，实施百万亩设施农业引导农民走出贫困，奔向幸福之路。现代农业发展离不开电力支持。辽宁朝阳供电公司积极履行社会责任，助力朝阳市设施农业建设快速推进。

大棚建设初期，农民排队等着用电很焦急，朝阳供电公司举全企业之力，加快百万亩设施农业的电力配套建设。3 年的建设中，公司共投入资金逾 2.11 亿元全力支持设施农业建设，完成配电小区 2290 处，为设施农业快速发展提供了坚强的硬件保障。截至 2014 年底，朝阳市设施农业占地面积达到 185 万亩，实现"户均一栋棚"，种植作物已由单一的蔬菜延伸到花卉、水果、蔬菜、食用菌等品种，拥有 20 余个年产 10 万吨以上的生产基地，形成生产、深加工、销售一条龙的多元化发展格局。

如何满足设施农业多元化发展格局对供电服务的需求？2013 年，朝阳供电公司立足行业特点、地域特色和产业特征，启动了社会责任实践"百千万"行动，即对接 100 个重点项目，建立 1000 个社会责任联系点，服务 10000 户设施农业户。

在"百千万"履责行动中，朝阳供电公司与市农经委、财政局、经信委等 23 个部门、单位共同组建了农民专业合作社服务联盟；建立 10 个社会责任实践设施农业示范区，在棚区开展安全用电、电机维护技术培训，协助棚户整理低压示范线路，为棚户用电提供技术支持，为棚户发放《告棚友书》，郑重承诺：始于棚友需求，终于棚友满意。

"百千万"行动实施一年来，朝阳全市 123 个项目供电方案批复时间累计缩短 500 天，为客户节省土地、设备资金及多创造产值 5500 万元；直接服务农户 1.1 万户，助力全市农民增收 1500 万元；联系点协助公司征集各类信息建议 100 多条，帮助公司抢险 270 多次。朝阳供电公司以履责行动助力全市工业化、城镇化、农业现代化，实现了对接提速、联系提质、服务提效。

（三）设立农业产业化经营示范区

目前，我国农业产业化经营已进入创新提升阶段，由数量扩张向质量提升转变，由松散型利益联结向紧密型利益联结转变，由单个龙头企业带动向龙头企业集群带动转变。建立农业产业化示范区正是适应这种发展趋势、深入推进农业产业化发展的客观需要，对于加快转变农业发展方式、促进现代农业建设、统筹城乡发展具有重要的现实意义。

1. "五进"助力"棚友"增收

朝阳县南双庙乡是朝阳市百万亩设施农业示范基地，拥有大棚 3800 多栋。公司在南双庙建立了首个示范区，实施"五进"服务。

一是万份问卷进大棚，公司向农户发放了 1 万份调查问卷，广泛征求意见，并组织召开了利益相关方座谈会，与乡镇政府、棚户代表共同研究设施农业供电服务模式，明晰了大棚供电设施产权边界，优化了停电信息发布等供电服务方式。棚户老张指着棚前便民超市门口张贴的通电通知，高兴地说"这回我可不怕大棚卷帘没电了，供电部门的通知我可以最先知道了"。

二是党员服务队进大棚，公司建立共产党员服务队走进示范区机制，组织党员定期为客户检查线路，帮助处理线路缺陷。

三是安全宣传进大棚，针对棚户安全用电意识薄弱、知识贫乏等问题，公司开展了警示挂图进棚户活动，将农村触电事故案例漫画挂进大棚，起到了良好的警示教育作用。

四是电力技术支持进大棚，公司在南双庙示范区成立了国网农电工配电技能状元"杨占生工作室"，结合实际在田间棚内开展培训，为棚户排查用电隐患，传授电力设备维护知识，研发新技术，帮助农户解决了机械卷帘放帘、卷帘机功率选择、特殊天气下卷帘机的安全使用等问题。电力技术支持有效保障了棚户用电安全，显著提高了棚户生产效率。

五是特色实践进大棚，公司将示范区划分为 5 个网格，将每格 700 多栋大棚用电状况和"棚友"的相关信息录入档案，并逐步为示范区更换智能电表，推动示范区用电管理精细化、智能化。

2. "四对接"助养牛产业发展

2013 年，朝阳市畜牧产业化企业实现产值 160 亿元，形成了产、供、销一体化的产业链条，惠及几十万农户。所属凌源市是国家级现代畜牧业标准化养牛示范基地，三十家子镇宏达牛业公司年产值 55 亿元，带动着

8000 多户从事黄牛养殖。为支持三十家子养牛产业发展，公司开展了"四对接"服务，助力三十家子"牛气冲天"。

一是对接政府规划，建立分公司及基层供电所与政府部门分级对接机制，在充分了解需求的基础上，统筹电网规划，对畜牧养殖基地及养殖业发展快速的乡镇优先开展农网改造升级，为养牛提供坚强动力。

二是对接养殖散户，针对铡草机、粉碎机快速增多，用电需求迅速增加，三十家子个别村组出现了变压器容量不够的"卡脖子"现象，公司积极争取改造资金，优先为养殖户增容和新上变压器 13 台，改造线路 8000 多米，有效解决了养殖散户的用电难题。

三是对接龙头企业，宏达牛业公司牛肉、牛副产品深加工及产业链项目对可靠供电要求很高，公司为其设计了双电源供电方案，协助企业安装了自备发电机，并提供 24 小时专属服务，获得企业的高度赞誉。

四是对接交易市场，三十家子牲畜市场是北方大牲畜交易集散地，辐射 10 多个省（市、自治区），农历每月逢"二"、"七"即为交易集日，交易规模都在 1000 头左右，集市保电实现了常态化，保障了交易顺利开展。

3. "三化"服务现代农业发展

随着现代农业、新型农业的迅猛发展，现代农业的自动化、信息化水平正在快速提高，也对供电质量和供电服务提出了更高要求。喀左茂源花卉基地，是喀左县政府重点扶植的现代农业示范项目，装设有自动化调光、防热、调风、调湿和外部棚顶自动除雪设施，对供电可靠性、电能质量要求极高，一旦停电，温湿度异常将给花卉养殖造成巨大损失。公司认真研究具体情况后，实施了"三化"服务。

一是开展智能化服务，协助企业装备自投发电机，一旦停电立即自动启动，避免了因停电造成的损失。

二是开展信息化服务，与喀左县农业局、气象局联办的信息网同步对接，将每天的供电信息与气象信息、价格信息同时在花卉基地的 LED 大屏幕上滚动播放，使客户能随时了解供电情况，解除了花卉基地的后顾之忧。

三是开展网络化服务，喀左分公司针对花卉基地的特殊用电需求，设立专门的服务小组，对其 66 千伏电源、10 千伏配电线路、低压台区和客户设备组成的供电网络单元增加巡检频率，保证电源可靠；同时定期到基地走访，指导、督促自维供电设施检修维护，宣传安全用电知识，确保了可靠供电，安全用电。

【专栏】

南双庙设施农业示范区的创立与持续发展

2013 年 5 月 9 日，朝阳供电公司首个社会责任实践设施农业示范区、社会责任联系点在朝阳县南双庙乡成立，1 万份征求意见书传向每个设施农业大棚户，1 万份服务满意度调查问卷发到每个客户，技术人员进棚开展农业用电培训，服务人员进村与农户座谈，宣传人员进集市征求农户意见，供电公司发放了宣传供电服务的《告棚友书》。朝阳供电公司在《告棚友书》中承诺：对设施农业示范区将优先建设设施农业电力配套工程，优先推进设施农业农网改造升级工程，优先满足棚户用电负荷增长需求，定期进行棚户用电安全培训，定期为棚户提供电力技术支持。一位参会的棚友感慨道："南双庙供电已经 50 年了，像今天这样政府、电力、农民一起坐下来讨论怎么给农民服务的会还是第一次开。"

南双庙设施农业示范区的创立，创建了供电部门增进与广大农户们沟通联系、提升服务水平的履责新平台，朝阳公司以示范区建设为依托，开展服务"三农"，实现棚户安全用电、科学用电的全新实践，为更好地服务设施农业建设做出积极的贡献。但是如何将这一成果巩固并继续深化，实现管理创新，是摆在朝阳供电公司面前的一个新任务。

通过实地深度调研、标准化管理、规范化打造、常态化沟通和亲情化服务，朝阳供电公司形成了深化南双庙设施农业示范区建设的有效途径，推动了农业示范区和当地经济的持续健康发展。目前，南双庙设施农业示范区的生态旅游采摘区成为重要的经济增长点。园区建观光采摘棚共计 40 栋，其中农业技术推广中心 19 栋；草莓棚 11 栋，每栋年产量 5000 斤，年收入达 10 万元；葡萄棚 10 栋，每栋年产量 6000 斤，年收入达 6 万元。金桥蔬菜批发市场投产后，预计商网销售收入 6268.2 万元，上缴税金 454 万元，利润 166.6 万元；市场及保鲜库年营业收入 1666.8 万元，上缴营业税金及附加 92.6 万元，利润 434.8 万元。可安排当地劳动力 56 人。

(四) 打造服务"三农"联系点

1. 设立大棚小区的电力联络点

为了更好地满足设施农业多元化格局对供电服务的需求，朝阳供电公司 2013 年启动的社会责任实践"百千万"行动中，通过建立 1000 个社会责任联系点，为千家万户的农业户更好地提供优质服务，经过 3 年来的进一步完善和发展，大棚小区的社责联络点得到了更加稳固和完善的发展。

2. 建立偏远山区联系点

朝阳市偏远山区客户相对较多，部分地区供电半径大、服务半径长，山区居民缴费难等问题很突出。针对此种情况，公司依托农行惠农卡缴费点，在偏远山区建立社会责任联系点，开辟供电服务直通车，开展电话转账缴费业务，解决了缴费难问题。公司基层供电所和偏远山区联系点对接，利用联系点整合群众护线员队伍，宣传安全用电及电力设施保护知识，组织触电急救培训，及时传递供电故障信息，提高了农村安全用电水平和应急抢修效率。

二、农电营销服务

农村电力营销服务是农村电网经营与发展中非常重要的一环，也是与客户接触最多的一个环节。电网企业社会责任的实践情况与营销服务紧密相关，决定着客户对企业的满意度。朝阳供电公司定位"大营销"格局，致力于推进城乡一体化管理，立足农村实际，把脉农村居民用电需求，根据市场变化和自身实际制定自己的营销和服务策略，不断提高客户满意度。

(一) 安全用电宣传"心"服务

随着农网改造和农电体制改革的不断深入，如何抓好农村配网安全运行，保障农村居民的安全用电，是摆在供电企业面前的新课题。农村客户居住分散，尤其是偏远地区交通不便，信息不畅，客户安全用电意识淡薄，安全用电知识匮乏，农村家用电器多，安装往往不规范。

朝阳供电公司高度重视农村安全用电管理，创新形式，广泛开展安全用电宣传活动，提高农村群众安全用电意识，普及安全用电知识，健全和完善安全用电宣传管理常态机制，对促进农配网安全管理，服务新农村建设起到了重要的作用。朝阳供电公司本着"你用电，我用心"的服务宗旨，以进集市、进村屯、进学校、进家庭的"四进"方式，卓有成效地开展农村用电安全宣传活动。临近春节之际，持续低温，气候干燥寒冷，电暖器、电热毯、空调等电器使用频率大大增加，给农村家庭用电安全带来了隐患。为增强广大居民客户的安全用电意识，防患于未然，朝阳供电公司组织多名电力"医生"，到村民家中走访，宣传冬季安全用电、节约用电知识，并上门为客户检查室内用电线路、插座、开关和电器设备，"诊断"并消除家庭用电安全隐患，受到居民的欢迎。

通过创新服务形式，朝阳供电公司把用心服务送到大街小巷、田间地头，使农村安全用电宣传走进千家万户，树立了良好的品牌形象。

（二）打造多元化缴费渠道

随着我国电力市场改革的不断深入和稳步推进，优质服务已经成为经济社会的共识，社会对电力营销服务提出了越来越高的要求。为满足用电客户不断增长的个性化和多样化的服务需求，满足不同人群的缴费习惯，朝阳供电公司不断推出多元化缴费方式，科学有效地构建"高覆盖、高便捷、高安全"的电费缴费体系，更好地服务于广大用电客户，树立了"国家电网"履行社会责任品牌形象。

朝阳市供电营业区域涉及 76 万户农村居民客户，农村居民客户电费缴费渠道一直较少，客户交电费经常需要到供电所或逢集设立的临时服务点缴纳。受到服务面积大、地域经济和客户缴费习惯等多方面因素影响，农村客户缴费仍以乡镇供电营业网点缴费为主，距离较远，窗口服务压力大。部分单位农电上划县的居民客户电费缴费渠道薄弱，难以满足缴费需要；个别偏远地区电费收缴仍采用现金走收方式，存在着较大的人身及资金安全风险；部分新型电费缴费方式应用范围小、水平低，难以发挥有效作用。因此，进一步拓展居民客户电费缴费方式，加强缴费渠道建设，尤为必要和迫切。

在 2009 年实现代管县全面上划后，朝阳供电公司一直将城乡一体化作为营销工作重点。针对农村地区实际，公司因地制宜地采取了适合农村客户的多元化措施。针对农村地域广、客户分散，缴费网点分布不均衡，缴费手段单一的实际，公司在加大缴费网点、自助缴费终端投资建设的同时，积极探索无线 POS 机缴费、电费充值卡等缴费方式。公司与朝阳市农业银行合作拓展农行卡与转账电话绑定设立签约客户缴费方式，实现了农村居民客户足不出村缴纳电费。2012 年，公司通过推行"惠农卡"转账缴费、充值卡方式，在 1374 个行政村布放转账电话 3678 部，发放"惠农卡"51 万张，全市 76 万农户实现足不出村轻松缴费，在省内率先实现农村地区缴费"村村设点"。这种"足不出村"的服务模式为农村客户提供了"零距离"服务，大大提升了农村供电服务质量。此外，通过开通网上银行缴费业务，不断规范合作银行网点代收和划转业务，利用手机短信、电话语音催费，实施"不停电催费"服务；在营业厅开展"受理客户电话预约业务"，为客户提供方便、优质、快捷的服务，达到了"大家多服务，客户少走路"的目的。

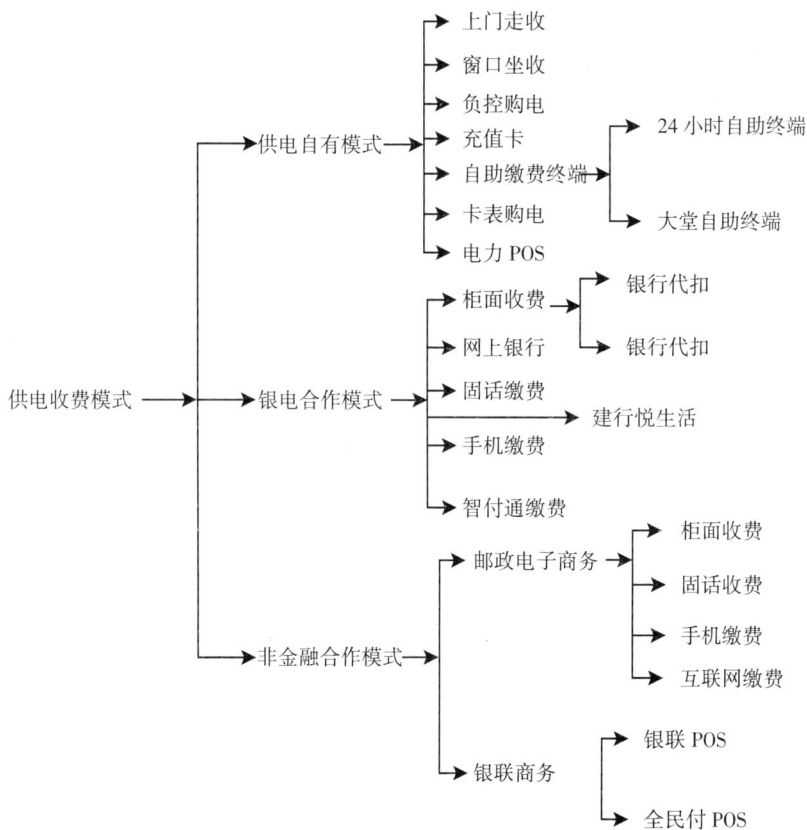

图 9-5 针对农村客户的多元化缴费方式

同时，公司加大宣传力度，通过媒体宣传、进村入户发放宣传单、出动宣传车在大街小巷巡回播放等形式宣传多种缴费方式，在代收网点张贴图板公示《电费代收点须知》、缴费流程、监督电话等，使所有农村客户了解多元化缴费方式。

（三）农电营销信息化管理

随着"三集五大"体系建设的不断深入和营销信息管理系统建设的推进，营销信息管理系统已广泛应用于日常营销经营工作中，基础数据作为营销信息管理系统建设中的信息载体，其重要作用日益显现。朝阳供电公司大力推进农电营销信息化管理，从客户业扩登记，到电费核算汇总统计，从财会部门电费核销、对账，到分类营销账务应收、实收统计，通过信息化和标准化的方式，严格把控营销信息管理系统中的各项业务基础数据的质量。随着农电营销业务系统上线，结合当前农电系统档案中普遍存在的问题，公司业务部门充分利用 SQL 查询工具，将不符合逻辑关系的数据清单搜索出来，有的放矢地开展数据整改工作，从而提高系统内数据的准确率。朝阳供电公司实现了整个营销信息管理系统的信息通畅、程序规范、处理及时和高效运转，大大提高了营销信息传递的速度，这有益于克服朝阳地区农村配电网区域过大、客户较为分散、用电管理工作较为复杂等实际困难。

（四）开展营销工程与配网改造同步实施

朝阳供电公司着力开展营销工程与配网改造同步实施，加强生产、农服与营销之间的协同配合，低压台区改造不留死角，不产生烂尾工程；规范用电信息采集系统应用及运维管理。2014 年，公司完成 35 个台区的智能表更换和农网升级改造工程，台区损失率由原来的 12% 下降到 7.5%。强化 10 千伏出口和专用台区计量管理，追补电量 83.4 万千瓦时。同时，加强计量管理，加大采集系统的覆盖范围，累计安装智能表 65001 只、智能表台区 1063 座，全覆盖台区达 750 座，占比 70.56%，低压抄表成功率98.28%。

第三节 农电基础管理

近 10 年来，国家财政加大了对农村电网的投资力度，农村电网保持了较为快速的发展。农村经济的持续繁荣又激发了农电市场的消费潜力。农电高速发展的背后，农电企业的基础管理工作显得尤为重要。如果基础管理滞后于企业发展速度，就容易造成发展的危机。防范危机的最有效办法就是夯实根基，切实做好农电的基础管理。

一、农电工队伍建设

农电工是连接供电企业与广大农民群众的重要纽带，是农电管理中的重要环节之一。随着农村电网建设投资力度的加大，农网科技含量和运行水平得到根本性提升，这对县供电企业人员素质提出了更高的要求。适应农网升级改造的发展需要，有针对性地开展企业人才培养，造就一支高素质的员工队伍，是有效地服务农网建设和企业发展的可靠保证。

（一）成立农服公司，规范农电工管理

2012 年按照网省公司的统一部署，朝阳市农村电力服务有限公司开始组建，并于 2012 年 9 月 1 日正式运营。截至 2014 年底，农服公司共有在册农电工 1563 人，主要负责业务委托范围的设备维护、抄表收费等工作，维护设备包括 10 千伏线路 1.33 万千米，低压台区 13830 个，0.4 千伏线路 2.37 万千米，抄表收费户数达 92.42 万户。

农服公司成立以来，非常重视与农电工自身利益相关的收入及福利待遇管理工作。在收入方面，2012 年，工资增幅 7.1%，2013 年工资增幅 8.17%，2014 年工资增幅 6.3%。农电工在体检、劳保用品等各项待遇标准上均与供电公司一致，而且各项待遇均较之前有了不同程度的提高。职工保险方面，除为职工正常缴纳五项社会保险之外，又为在岗职工参保了团体意外伤害保险，有效地保障了员工权益。

（二）建立培训基地，强化农电工培训

1. 培训措施

教育培训是提高农电工队伍整体素质，促进供电企业和谐发展的重要手段，也是农电管理工作的重要环节。朝阳市农村电力服务有限公司在充分调研各农服分公司培训现状及农电工综合素质后，在2013年创建了29个农服公司室内培训基地，确立以理论知识学习为基，技能操作演练为实，培训基地为框架的多元化的培训格局，满足农电工理论知识学习和实际操作演练的双重需要，使农电工在培训基地中真正"有所学、有所长、有所用"。2014年，农服公司又建立了室外实际操作培训场地4个，越来越多的农电工投入到岗位培训、技能演练的队伍中来，"比安全、比学习、比技能"的学习氛围浓郁，职工完成了从"要我学"到"我要学"的转变。

按照农电发展要求和员工实际需求，农服公司制定了适合农电特点的培训计划和培训内容，开展形式多样的培训活动，全面提升农电工队伍综合素质与整体水平。农服公司成立2年的时间，共举办各类培训班10余期，培训各类岗位人员千余人次，并举办两次大型岗位技能竞赛比武活动。

农服公司本着"全面培养、树立典型、打造精品、整体提高"的原则开展培训工作，同时要求各农服分公司、各农电业务部制定本单位、本部门的年度培训计划，形成三级培训网络，确保全员参与、统筹规划、分级实施。同时，注重加强培训考核，建立两种模式更好地评估培训效果：一种是培训基地能力标准评价模式，从培训基地建设、开展培训内容、培训达到效果等几方面进行综合评分；另一种是基于工作业绩评价模式，对农服分公司各项业务指标、工作质量完成情况等进行综合考量，具体包括安全生产、经营管理及优质服务等工作方面。两种模式的结合，使评价更加客观，更令人信服。

此外，农服公司把在培训过程中涌现的业务技能高、综合素质强的人才，编入朝阳市农村电力服务有限公司"人才资源库"，建立激励、培养及使用的常态机制，解决了"选人难、用人难"的难题，为公司发展提供人才储备。

2. 培训效果

农服公司通过建立职工培训基地，取得了较好的实施效果。

一是管理效果显著。农电工通过在培训基地的培训学习，无论从理论

知识到操作技能都有明显提高。同时，农电工学习的愿望更加强烈。丰富多彩的培训内容、切合实际的动手操作，使员工参与培训的积极性强烈，极大地带动了员工学知识、学技能的劲头，使员工找准了自身的位置与发展的方向，增加了员工的工作热情与积极性，在农服公司范围内掀起了扎实工作、勤奋学习的热潮，一股"比、学、赶、帮、超"的学习风气蔚然形成。

二是社会效果显著。南双庙示范区成立首家培训基地"杨占生工作室"。实训室负责人技能状元杨占生带领农电工学习小组，结合实际在田间棚内开展用电技术培训，为棚户排查用电隐患，传授电力设备维护知识，研发新技术帮助农户解决了机械卷帘放帘、卷帘机功率选择、特殊天气下卷帘机的安全使用等问题。这些技术显著提高了棚户生产效率，受到了南双庙乡政府及棚户的高度赞扬，还让农电员工提高了技能水平，实现了农电工与客户的"双赢"。

三是特色服务方便快捷。培训基地除正常开展素质培训外，还针对不同供电区域开展特色服务，助力地方经济发展。如朝阳县北四家子培训基地，地处朝阳供电公司设施农业示范区，为了向示范蔬菜大棚棚户提供优质服务，培训基地成立服务小分队定期为棚户检查线路，对检查中发现的隐患和缺陷及时进行整改处理。每年秋冬雾霾天气增多，为提高棚户安全用电水平，培训基地还制定了应急抢修预案，选派精干人员成立棚户电力供应应急小组，在极端天气和突发情况下，迅速开展应急抢险工作，帮助农户解决燃眉之急。

通过强化和创新农电工培训，公司建立了一支思想政治过硬、技能水平较高、综合能力较强的农电队伍，满足了在安全生产、运行维护、经营管理、优质服务等方面的工作需要，提升了农电管理的综合水平。

【专栏】

扎根农村基层　发展农电事业

——记全国劳动模范、朝阳供电公司柳城供电所所长金亮

2015 年 4 月 28 日，庆祝"五一"国际劳动节暨全国劳动模范和先进工作者大会在北京人民大会堂隆重举行。2968 名全国劳动模范和全

国先进工作者接受表彰，其中有一位是辽宁朝阳供电公司的员工，他就是柳城供电所所长金亮。

扎根农电40载，追风逐雨力未竭。他先后获得全国职业道德建设十佳先锋人物、全国工会积极分子、辽宁省学雷锋先进个人、辽宁"五一"奖章等荣誉，被群众亲切地称为最信服的好所长。

1. 未着戎装胜铁军

2005年6月，一场罕见的龙卷风袭击了辽宁省朝阳市朝阳县波罗赤乡。龙卷风所到之处，瞬间房倒屋塌，树木被连根拔起，供电线路倒杆断线，现场触目惊心。灾害发生后15分钟，时任波罗赤供电所长的金亮就带领抢险队伍赶到现场，成为灾民盼到的第一支抢险队伍。金亮用洪亮但略带沙哑的嗓音对群众说："大家伙儿不用害怕，我们一定在最短的时间内，把电恢复上。"金亮带领20多名抢修人员昼夜奋战在抢修现场，一边帮助抢救伤员，搭建帐篷，一边查看被摧毁的供电设施，连续奋战了40个小时，架设了43基电杆、8.3千米高压线路、10千米低压线路，使灾区恢复了供电，为抢救人民群众生命财产赢得了时间，创造了条件。省、市各级领导纷纷赶到受灾现场指导抗灾，当时在场的一位副省长深情地夸赞他们"真是一支不穿军装的铁军"。

2. 背电进山送梦想

波罗赤供电所辖区内的小窝铺村，有19户村民，居住在距离村子10多公里远的三条大山沟里，2006年之前他们一直点着煤油灯过日子。能用上电对他们来说，一直是个遥远的梦想。2006年初，国家电网公司开始实施"户户通电工程"。省公司把这19户作为全省"户户通电工程"的试点，将这个光荣而艰巨的任务交给了金亮所在的供电所。面对任务，金亮毅然决然地在责任状上签了字，打响了进山架线送电的攻坚战。

这19户村民分散在3个沟叉内居住，距离村庄都有十几公里。不但供电半径长，地形复杂，而且都是石质山，架线挖坑都得打眼放炮。这里没有一段像样的路，只能在河道和山间小道上行走，别说通汽车，连骑自行车都难，运送导线和电杆都得靠人抬、肩扛。在这样的条件下，金亮带头吃住在深山里，起早贪黑抢出工期多干些活。当时正值端午节前后，正是合家团聚的时候，他们却自愿放弃与家人在一起过节，在大山深处连续奋战。仅用了 16 天时间，就提前 14 天完成了全省"户户通电工程"试点任务，累计架设高压线 13.026 千米、低压线 0.59 千米，架线杆 153 基，拉线 70 条，安装变压器 3 台。当合闸送电的那一刻，耀眼的灯光照进每一个山区百姓的心里，孩子们欢呼雀跃，老人们流下了感激的泪水，齐声高呼："共产党万岁！供电工人万岁！"中央、省、市各级媒体记者对此进行了采访报道，辽宁日报记者称他们是"把电背进深山的人"。

二、农网节能降损管理

农网损耗是衡量农网运行经济性的重要指标，它在一定程度上决定了农电企业的经济效益。朝阳供电公司按照国网公司和省公司的相关要求，编制下发了公司县级供电企业"十二五"和"十三五"节能降耗规划、工作方案和农电线损"四分"管理工作意见，进一步明确了农网节能降损的实施细节和具体目标。

降损的核心是对线损的控制。线损是供电企业一项重要的技术经济指标，也是低压电网经营能力和综合管理能力的集中体现。农网线损主要指的是配电变压器和农户间的电量损耗，这种损耗占总损耗量的 50%~60%。朝阳农网的节能降损措施可分为三大类：规划降损、技术降损与管理降损。

（一）规划降损

规划降损，是指在农网尚未建成的阶段，在规划设计中提出相应措施，降低未来农网的预期线损率。农网的规划，对线损有很大的影响，甚至有着决定性的影响。因此，必须在规划阶段就确定线损目标，并提出具体的实施手段，确保降损目标的实现。

朝阳供电公司主要通过合理规划网架结构，分流负荷、降低线路的电流密度，调整负荷中心、优化农网结构三方面来规划降损工作内容。

首先，电网结构对电网的整体性具有决定性作用。结构不合理将导致网损增加、电压合格率低、供电安全可靠性差以及建设费用大等一系列不良后果。随着农村地区用电负荷的快速发展和变化，电网结构的变化也在加速。因此，农网改造的规划显得特别重要。朝阳供电公司非常注重对农网改造中电网结构的长期性与合理性规划。

其次，通过分流负荷，降低线路的电流密度。通过新增线路，加强农网结构，尽量将线路负载率控制在50%（单联络）或者67%（两联络）以内，提高线路设备的利用率并降低线路的负载率，从而降低线损。

最后，调整负荷中心、优化农网结构。针对朝阳地区农村10千伏配电网中存在的电源布点少、供电半径过长的问题，采取兴建新站的方法缩短供电半径来解决。针对农村低压配电网，则采取调整负荷中心，采取小容量、密布点、短半径的方式降低线路电流密度，达到节电的目的。同时，根据农忙用电高峰的特点，采取合理规划变压器的运行方式解决，如农业排灌等专用变压器，在设备停运时及时退出运行；对负荷变化较大的变压器，配备相应的备用变压器，适时调整变压器容量，保持高效低耗运行。

（二）技术降损

技术水平对农网降损起着十分关键的作用。公司采取多种方法实现农网技术降损，比如通过合理选择导线型号节能，在农村低压导线型号选择上，逐步采用架空绝缘导线，主干线采用铝芯架空绝缘导线，进户线采用铜芯架空绝缘导线实现降损。

一是末端电压偏低改造降损问题。由于朝阳市地形限制，农村地区地广人稀，造成多数线路长度超长，导致线路末端电压偏低，且农村地区负荷增长缓慢，部分地区新建有变电站。朝阳电网10千伏末端电压偏低线路共182回，其中城网线路21回，农网线路161回，农网线路占比较大。公司通过对末端电压偏低的农网线路在2/3处添加调压器，解决10千伏末端电压偏低情况。

二是农网变压器和配电容量改造问题。配电变压器的损耗对线损的影响起着举足轻重的作用。在农网中造成配电变压器不经济运行的原因主要是产品型号、容量选择不合适，安装位置不恰当。合理选型和调整配变容量，选择合理的安装位置，是配电网降损工作的重点内容。公司要求10千伏配电变压器应按"小容量、密布点、短半径"原则进行配置，一般按照配变负载率不低于60%选择容量，但应结合实际情况，做好负荷预测，具体安排合适的容量。

（三）管理降损

农网管理线损主要是指营销管理中由于计量或抄表的差错、偷漏电等原因产生的电量损失。在综合线损率中，管理线损占了较大的比例。朝阳供电公司重点从三个方面实现农网管理降损。

一是建立健全线损管理机制。线损管理应以降损增效为目的，充分发挥分级管理控制的作用。公司坚持统一领导，分级管理，责任、考核落实到人的原则，实现全方位、全过程的闭环管理，最终实现"管理线损最小"的管理目标。

二是公司为加强管理降损，提出了加强线损的"四分管理"，即"分区、分压、分元件、分台区"管理，实现母线分站日平衡，全力压降高损线路和高损台区，持续加大打击窃电力度，加强自用电、站用电管控。

三是加强农网用电及计量管理。公司针对朝阳农村地区地广人稀、多为山区的特点和农电工抄表收费中出现的种种问题，进一步提升收费率使之达到100%，同时加强信息化手段，实现台区关口表远程抄录。

三、农村供电信息化建设

伴随着县区供电公司农电、供电公司合并，为了能够快速、高效地完成农电、供电信息网、通信网的融合，辽宁省电力有限公司启动"原农电通信网改造"项目，在充分利用两网既有的通信网络资源的基础上，对综合数据网、行政交换网、调度交换网、传输光缆网和配套电源设施进行建设，用最少的投资建成一个一体化、高水平的电力通信网。在供电企业服务社会、履行社会责任的进程中，农村供电业务部是直接面对广大用电客户的最基层单位，其工作效率的高低、服务质量的优劣，直接体现供电企业的形象。办电、收费、咨询、投诉举报等与客户百姓息息相关业务的受理，更体现了社会责任的履行深度。随着企业管理的日益精益化和信息技术的发展，新技术、新设备被广泛应用于供电企业的各个领域，稳定的信息网络是农村供电业务部服好务、履好责重要的一环。

截至2014年底，朝阳供电公司有农村供电业务部89个，所拥有的用电客户达到90%以上，随着国网公司"SG186"工程建设的提出，朝阳供电公司实施了"原农电通信网改造"工程，用以提升农村供电业务部信息化水平，提升服务效率，提升履行社会责任的能力。

（一）朝阳各县市供电所具体做法：以北票市、朝阳县为例

"原农电通信网改造"项目重点解决朝阳地区 5 个县市 89 个农村供电业务部的通信联网问题，同时兼顾通信网的网络容灾，共新建 24 芯 ADSS 光缆 410 千米，接入交换机 99 台，新增 IP 电话 495 部、UPS 电源 99 套，增设动力环境监控 84 套，机房改造 94 处，工程总投资为 5764 万元。

1. 北票市建设情况

（1）主要工作内容。北票地区主要完成 16 个农村供电业务部的光缆覆盖，结合送电线路实际情况，此工程各段落光缆线路采用 ADSS 光缆建设，共新建 24 芯 ADSS 光缆 21.08 千米；每个农村供电业务部各新增 5 台 IP 电话，通过综合数据网上联至 NGN 设备，经统计共新增 IP 电话 100 台；对 20 个农村供电业务部的电源等配套设施进行改造，共新增 UPS 电源 20 套、空调 20 台，改造接地系统 16 处；增设动力环境监控 20 套、动力监控 9 套；对 20 个农村供电业务部和 1 个 66 千伏变电站进行机房改造。北票市工程总投资 959 万元，如表 9-4 所示。

表 9-4　北票市农村通信网络改造工程统计

名称	数量		变化情况
	可研	初设	
光缆（千米）	11.7	21.08	+9.38
数据网设备（台）	21	20	−1
电源（套）	21	20	−1
IP 电话（台）	105	100	−5
监控设备（套）	30	29	−1
空调（台）	21	20	−1
机房改造（处）	21	21	0
接地（处）	21	16	−5
总投资（万元）	964	959	−5

（2）综合数据网工程建设。北票地区主要解决 20 个农村供电业务部综合数据网设备覆盖问题，同时兼顾网络容灾建设，完成地级第二汇聚节点至一级、二级汇聚层的链路补充，并对具备路由条件的 220 千伏变电站实现"双归属"组网，经统计本期共新增接入交换机 20 台。具体组网情况如图 9-6 所示。

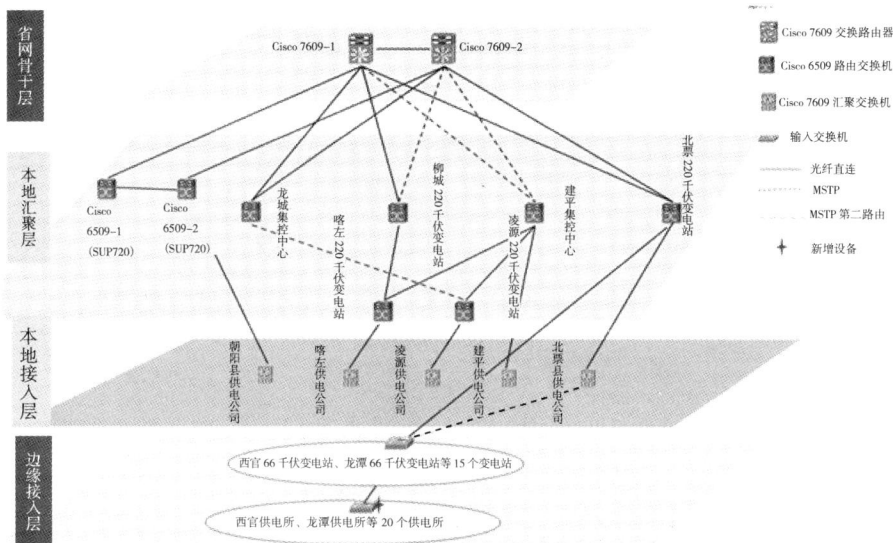

图 9-6 北票电力本期综合数据网网络结构

2. 朝阳县建设情况

（1）主要工作内容。朝阳县主要完成 21 个农村供电业务部的光缆覆盖，结合送电线路实际情况，各段落光缆线路采用 ADSS 光缆建设，共新建 24 芯 ADSS 光缆 53 千米；对每个农村供电业务部各新增 5 台 IP 电话，通过综合数据网上联至 NGN 设备，经统计共新增 IP 电话 105 台；对 21 个农村供电业务部的电源等配套设施进行改造，新增 UPS 电源 21 套、空调 16 台，改造接地系统 21 处，动力环境监控 16 套；对 21 个农村供电业务部进行机房改造。朝阳县工程总投资为 1077 万元，如表 9-5 所示。

表 9-5 朝阳县农村通信网络改造工程统计

名称	数量		变化情况
	可研	初设	
光缆（千米）	53	53	0
数据网设备（台）	21	21	0
电源（套）	21	21	0
IP 电话（台）	105	105	0
监控设备（套）	21	16	−5
空调（台）	21	16	−5

名称	数量		变化情况
	可研	初设	
机房改造（处）	21	21	0
接地（处）	21	21	0
总投资（万元）	1083	1077	-6

（2）综合数据网工程建设。朝阳供电公司综合数据网已覆盖地调、集控中心和 66 千伏以上的变电站，朝阳县地区仍有 21 个农村供电业务部无综合数据网设备，该工程重点解决 21 个农村供电业务部综合数据网设备覆盖问题，同时兼顾网络容灾建设，完成地级第二汇聚节点至一级、二级汇聚层的链路补充，并对具备路由条件的 220 千伏变电站实现"双归属"组网，经统计本期共新增接入交换机 21 台。具体组网情况如图 9-7 所示。

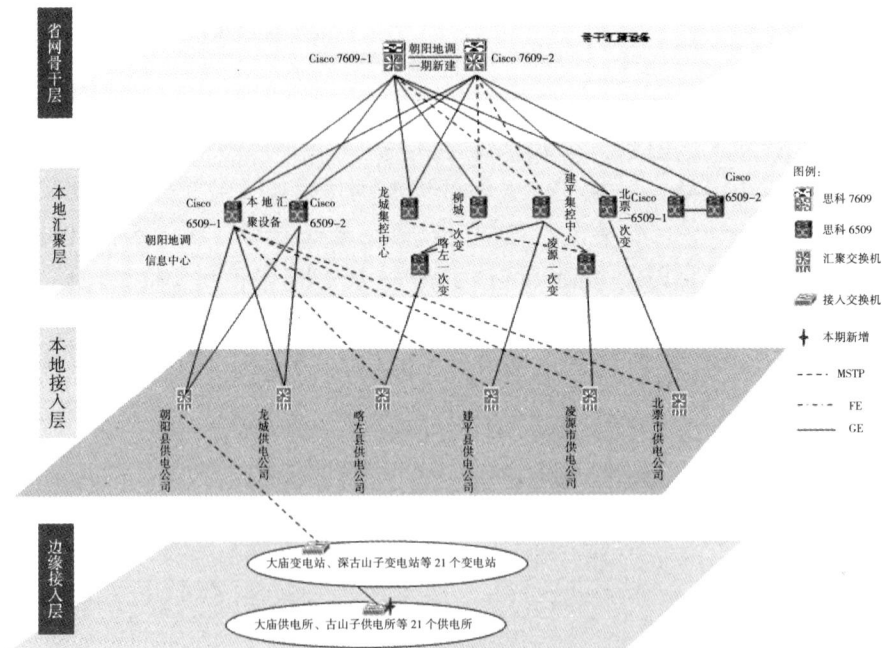

图 9-7　朝阳县电力本期综合数据网网络结构

（二）朝阳农村供电业务部 2013~2014 年信息终端设备更换情况

2013 年以前，共为全市农村供电业务部下发计算机、打印机等信息终端设备 1172 台（套），占公司同期信息终端设备总量的 20.1%。2013 年初到 2014 年底，公司累计投资 168.4 万元，为公司下属农村供电业务部配置各种信息终端设备 332 台（套），其中，微机 244 套，打印机 81 台，多功能一体机 7 台，占公司同期信息终端设备总量的 23.55%，提高了 3.55 个百分点。信息终端设备的更换，提高了农村供电业务部的工作效率，提升了信息化水平。

（三）实施效果

通过"原农电通信网改造"工程建设，更新信息终端设备，朝阳供电公司农村供电业务部信息化水平得到了大幅提升。

1. 完善了通信网络，重点解决了合并后营业所、变电站通信问题

通过本项目的建设，重点解决了农、供合并后，农村供电业务部、变电站的通信问题，满足营业 MIS、调度电话、行政电话、数据传输、图像传输等要求，完成一体化企业级信息集成平台的建设，满足各级机构日常工作需要，通过整合、完善、改建和新建的方式，实现各应用间的数据共享，极大地提高了工作质量和效率。

2. 加强建设一体化信息平台，为智能电网的建设奠定了基础

通过信息化的深入应用，贯通购电、输电、变电、配电、用电和调度各环节，形成一个整体，相互促进、同步提升，达到公司运营管理与信息化的深度融合，实现业务流程全贯通、资产管理全寿命、能量过程全管控、客户服务全方位、企业数据全集中和保障体系健全到位的信息化应用效果。同时，形成基础扎实、数据准确、结构科学的广义信息系统，将信息化应用贯穿企业生产、经营、管理、决策的全部过程，可为企业的战略决策和科学发展发挥重要作用。

3. 进一步提高和保障了公司的信息需求

通过本项目的建设，提高对各类通信业务的承载能力、对各种自然灾害和外力破坏的抵御能力和对信息化资源的调配能力，满足电网发展各个环节、不同领域的信息通信需求，建成技术先进、实用性好、网络结构合理、可靠性高，覆盖范围全、接入灵活，抵御能力强、综合效能高的绿色

环保型电力信息通信网，保证电网安全、经济、高效运行。

4. 进一步提升了农村供电业务部信息化水平

通过实施"原农电通信网改造"工程建设和更新信息终端设备，信息网络稳定、安全、高效运行，大大降低了农村供电业务部网络故障率，提高了网络故障修复能力。同时，提高了农村供电业务部的办公效率，增强了与客户沟通能力，减少了由于网络故障引起客户投诉举报情况的发生，为朝阳供电公司展示责任央企的形象、履行社会责任奠定了基础。

管理篇

融合社会责任　优化企业管理

按照国网公司全面推行"三集五大"体系建设的总体要求，朝阳供电公司对人力资源管理、财务管理和物资管理实施了集约化管理，提升了管理效率和服务水平，取得了良好的经济效益和社会效益。

电网企业是国家发展的基础产业之一，安全生产是直接关系到国民经济发展的大事。作为关系国民经济命脉的公用事业企业，朝阳供电公司"十二五"期间，致力于健全安全管理体系，强化安全文化建设，持续开展安全管理年专题活动，确保人身安全、电网安全、设备安全和用电安全，促进朝阳安全稳定发展。

技术创新是企业持续发展的不竭动力。朝阳供电公司按照国家电网"十二五"科技发展规划要求，推进开放式科技创新体系建设，制定科技创新激励实施细则，不断取得科技创新新突破，为朝阳电网安全、稳定运行提供了有力的坚实的技术基础。与此同时，公司结合"三集五大"体系建设，调整完善公司信息化管理体系，细化公司管理职责，完成了38个国网统推建设的信息系统适应性调整与远程测试工作，提升了信息系统集约化、扁平化、专业化水平，对"三集五大"体系的正常运转起到了重要支撑作用。

基础管理工作是现代企业管理体系的"地基"。朝阳供电公司领导始终高度重视基础管理工作，深刻认识到基础管理是公司发展的重要支撑和基石，只有基础过硬，公司生产经营才能实现精益化管理。2014年，朝阳供电公司全面实施新一轮三年发展规划，稳步实施"一年夯实基础、两年提升管理、三年创新突破"的三步走战略。公司以开展"基础建设年"活动为抓手，全面夯实基础管理，在风险控制、依法治企和班组建设等方面，取得了显著效果，支撑了企业长期健康发展。

第十章　资源集约管理

国网公司提出要创建"世界一流电网，国际一流企业"这一目标，确立了"转变电网发展方式和公司发展方式"的战略途径，全面推进集团化、集约化、精益化、标准化建设。为此，国网公司全面推行了"三集五大"体系建设，即推进人、财、物集约化管理和"大规划、大建设、大运行、大检修、大营销"体系建设。朝阳供电公司的人力资源管理、财务管理和物资管理等是国网公司"三集五大"体系在地市级公司的具体反映，是"三集五大"体系下作为地市级公司提高管理效率、效益和服务水平的典型表现。

第一节　人力资源管理

人力资源是企业诸多生产要素中的核心要素之一，人力资源保障是支持企业发展的最为重要、最为基础的保障与支撑，人力资源集约管控体系是"三集五大"体系中的基础性内容。按照《国家电网公司深化人力资源集约化管理实施方案》的要求，国网公司要围绕"两个转变"的战略路径，坚持集中、规范、高效的原则，以提高效率和效益为导向，以"三定"（定编、定员、定岗）、"三考"（考勤、考核、考试）为抓手，以高端人才培养和优化人力资源配置为重点，以深入推进"六统一"（人力资源规划和计划、机构设置和人员编制、劳动用工制度、薪酬福利制度、绩效考核制度、人才培养和开发）为主线，以激励约束为保障，加快建立制度标准规范、专业分工协作、调控监督有力、机制运转高效的人力资源集约管控体系，这是国网公司构建人力资源集约化管理体系的总体思路和工作要求。朝阳供电公司全面落实国网公司人力资源集约化管理的要求，在人力资源管理体系建设、人员招聘、职工培训、薪酬制度、职工福利和人才开发与管理等方面，做了大量工作，有力地支撑了朝阳供电公司的快速发展。

一、人力资源管理体系

(一) 管理主体与工作职责

根据《国家电网公司人力资源管理通则》的规定，国网公司人力资源工作坚持集约管理、分级负责的原则。公司总部是公司人力资源管理的决策调控中心，省（自治区、直辖市）电力公司（以下简称"省公司"）和各直属单位是本单位人力资源管理的责任主体，省公司所属单位和各直属单位下属单位是本单位人力资源管理的执行主体。各层级人力资源管理部门是人力资源管理工作的归口部门，其他部门是人力资源管理工作的配合部门，并规定了各层级人力资源管理归口部门的主要职责，如图10-1所示。

朝阳供电公司按照国网公司人力资源集约化管理的要求，全面构建了人力资源集约化管理的体系，在组织、流程、制度、人员招聘、职工培训、薪酬制度、职工福利、人才开发与管理、绩效管理等涉及人力资源管理的各个方面执行人力资源集约化管理。

作为国网人力资源管理执行主体的朝阳供电公司，在人力资源管理方面的主要职责包括：贯彻执行国家和上级单位人力资源管理的相关规定及工作部署；按照上级单位要求，编制人力资源规划、计划并组织实施；负责本单位组织机构、劳动定员、劳动用工和劳动关系管理；按照上级单位要求，开展本单位职责、流程、制度、标准、考核"五位一体"机制建设；负责本单位业绩考核、全员绩效管理、考勤管理和员工奖惩管理；负责本单位薪酬福利、社会保险、补充医疗保险、企业年金、住房公积金管理；负责本单位员工培训和人才评价；负责本单位人事档案管理；指导所属集体企业、代管单位的人力资源管理相关工作。

(二) 管理流程与制度体系

朝阳供电公司在具体工作执行过程中，严格按照国网公司人力资源管理业务流程的相关规定（见表10-1），科学分工，有序推进。同时，国网公司在劳动组织管理、员工管理、薪酬福利管理、业绩考核、培训开发和基础管理等有关人力资源管理的各主要方面制定了明确的管理流程，并形

人力资源管理归口部门

| | | 配合部门 | 主要职责 |

决策调控主体　公司总部层面　国网人资部　其他部门

制定公司人力资源管理方面的管理制度；编制公司人力资源计划管理、用工管理；负责公司人力资源规划并组织实施；负责公司人力资源统计、分析工作，推进人力资源信息化建设；负责公司"三定"（定编、定员、定岗）管理；负责本组织职责、全员绩效和考勤管理，归口公司表彰奖励管理；负责公司工资收入分配管理；负责公司福利、社会保险，补充医疗保险，企业年金、住房公积金等薪酬福利保障管理，各类人才培养、指导专业技术职务评价工作；负责公司培训管理、统筹教育培训资源建设以及员工教育培训；负责人才储藏（疆）工作；指导集体企业用工管理

责任主体　省公司层面　人力资源管理部门　其他部门

贯彻执行国家和上级单位人力资源管理的相关规定及工作部署；负责编制本单位人力资源规划、计划并组织落实；负责本单位员工人口管理；负责本单位员工职责、定岗定员，定编，制订建设；负责头组织本单位人力资源职责、流程、制度，推进本单位人力资源信息化建设；负责落实国家电网公司定编、"五位一体"机制建设；负责本单位工资收入分配管理；负责头组织本单位人力资源职责、全员绩效、考勤管理和奖惩管理工作；负责本单位福利、社会保险，补充医疗保险，企业年金、住房公积金等福利保障管理，组织专业技术职务评价工作；负责本单位人才培养和职业技能鉴定管理，各类人才培养和职业技能鉴定管理，代管单位的人力资源管理相关工作；指导所属集体企业人力资源管理相关工作

执行主体　地（市）公司层面　人力资源管理部门　其他部门

贯彻执行国家和上级单位人力资源管理的相关规定及工作部署；按照上级单位要求，编制人力资源规划、计划并组织实施；负责本单位组织机构、劳动定员、劳动用工和劳动关系管理；负责本单位员工职责、流程、标准、制度，推进"五位一体"机制建设；负责本单位薪酬福利、社会保险，补充医疗保险，企业年金，住房公积金管理；负责本单位工培训和人才评价；开展本单位绩效、考勤管理和奖惩管理；负责本单位员工培训；负责本单位人事档案管理；指导所属集体企业的人力资源管理相关工作

执行主体　县公司层面　人力资源管理部门　其他部门

贯彻执行国家和上级单位人力资源管理的相关规定及工作部署；按照上级单位要求，制订人力资源规划、计划并组织实施；负责本单位组织机构、劳动定员、劳动用工和劳动关系管理；负责本单位员工职责、劳动定员，考勤管理和奖惩管理；负责本单位薪酬福利，社会保险，补充医疗保险，住房公积金管理、企业年金，住房公积金管理，负责本单位薪酬管理；补充医疗保险；负责本单位工培训；负责本单位人事档案管理；指导所属集体企业的人力资源管理相关工作

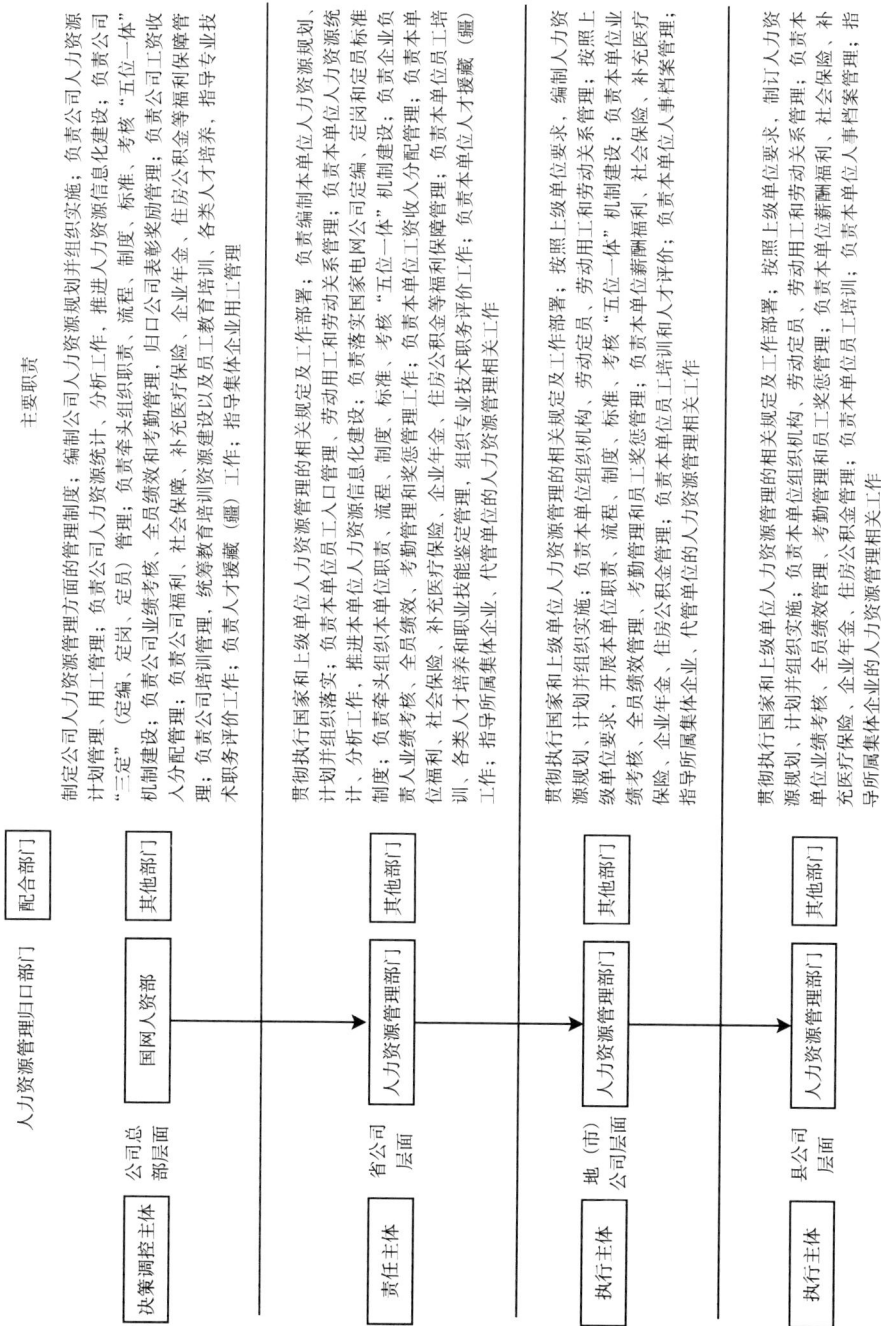

图10-1　国家电网公司各层级人力资源管理主体性质与主要职责

表 10-1 国家电网公司人力资源管理业务流程清单

一级流程	二级流程	具体流程
01 劳动组织管理	01 组织机构	001 供电单位定编管理工作流程
		002 直属单位定编管理工作流程
	02 定员管理	003 供电单位定员管理工作流程
		004 直属单位定员管理工作流程
	03 岗位管理	005 供电单位定岗管理工作流程
		006 直属单位定岗管理工作流程
	04 用工管理	007 农电用工管理工作流程
		008 劳务派遣用工管理工作流程
02 员工管理	01 人力资源规划计划	009 人力资源规划工作流程
		010 人力资源计划工作流程
	02 员工招聘与流动	011 招聘高校毕业生工作流程
		012 接收复转军人工作流程
		013 社会招聘人员工作流程
		014 系统外调入人员工作流程
		015 内部人力资源市场管理工作流程
	03 人力资源信息与统计	016 人力资源信息化工作流程
		017 统计分析与同业对标工作流程
03 薪酬福利管理	01 职工薪酬	018 工资总额预算管理工作流程
	02 福利保障	019 福利计划管理工作流程
		020 住房公积金管理工作流程
		021 企业年金管理工作流程
04 业绩考核管理	01 公司企业负责人业绩考核和薪酬管理	022 国资委对公司业绩考核工作流程
		023 国资委对公司负责人薪酬管理工作流程
	02 所属单位企业负责人业绩考核和薪酬管理	024 各单位企业负责人年度业绩考核工作流程
		025 各单位企业负责人薪酬管理工作流程
	03 全员绩效管理	026 公司系统全员绩效管理工作流程
	04 表彰奖励管理	027 公司表彰奖励工作流程
05 培训开发管理	01 培训竞赛	028 教育培训专项计划管理工作流程
		029 公司总部培训班管理工作流程
		030 岗位业务竞赛管理工作流程
	02 人才开发	031 公司科技领军人才评选工作流程
		032 公司专业领军人才评选工作流程
		033 公司优秀专家人才评选工作流程
06 基础管理	01 规章建设	034 规章制度的制定与修订

成了完整的人力资源管理制度体系（见图 10-2），包括一级规范 1 个，二级规范 1 个，三级规范 2 个，四级规范 37 个。完善的管理制度体系，促使朝阳供电公司人力资源管理更加规范、高效。

（三）管理思路与发展规划

"一条主线、两个推进、四个加强"是朝阳供电公司人力资源管理的基本思路，即以全面加强人力资源基础管理为主线，积极推进职责、流程、制度、标准、考核"五位一体"协同机制建设，稳步推进岗位绩效工资制度改革；加强干部管理，促进各层级干部修炼思想定力，开启激情动力；加强用工管理，落实"三定"，继续规范劳务派遣用工；加强绩效考核管理，促进各项工作提质提效；加强培训管理，提升职工队伍整体能力素质，进一步提升人才当量密度。公司 2014~2016 年的人力资源三年发展规划进度与目标如表 10-2 所示。

（四）管理成效与改进方向

近年来，朝阳供电公司不断强化人力资源管理，取得了较为明显的成效，为企业的长期发展提供了重要的人力资源保障。

一是人力资源管理的内部控制进一步强化。朝阳供电公司从基础管理、机构编制管理等六个方面，对人力资源管理工作进行了自查自纠，对自查的问题认真落实整改，促使人力资源管理更加规范、高效。

二是用工管理更加严格规范。朝阳供电公司针对长期职工、劳务派遣用工、农电用工、集体企业用工这"四类"用工，就用工数量、用工形式、人工成本支出等进行检查、核实，做到了人头清、情况实、数据准。2014 年，公司完成了主业 115 名劳务用工混岗清理、规范工作，通过业务外包转岗 29 人，解决了劳务用工超比例问题，确保劳务派遣用工依法合规。

三是薪酬福利计划有序合规。朝阳供电公司每年编制年度工资预算方案，并确保职工收入稳中有升，建立并推进岗位绩效工资制度，严格执行福利计划。

四是绩效管理不断加强。朝阳供电公司修订印发了公司全员绩效管理实施方案，明确了全员绩效管理工作目标、任务等。公司督导相关部门按时上报企业负责人业绩考核指标，按月考核相关数据并上报省公司。同时，公司选取了变电检修室、信通分公司作为试点单位，建立班组绩效看

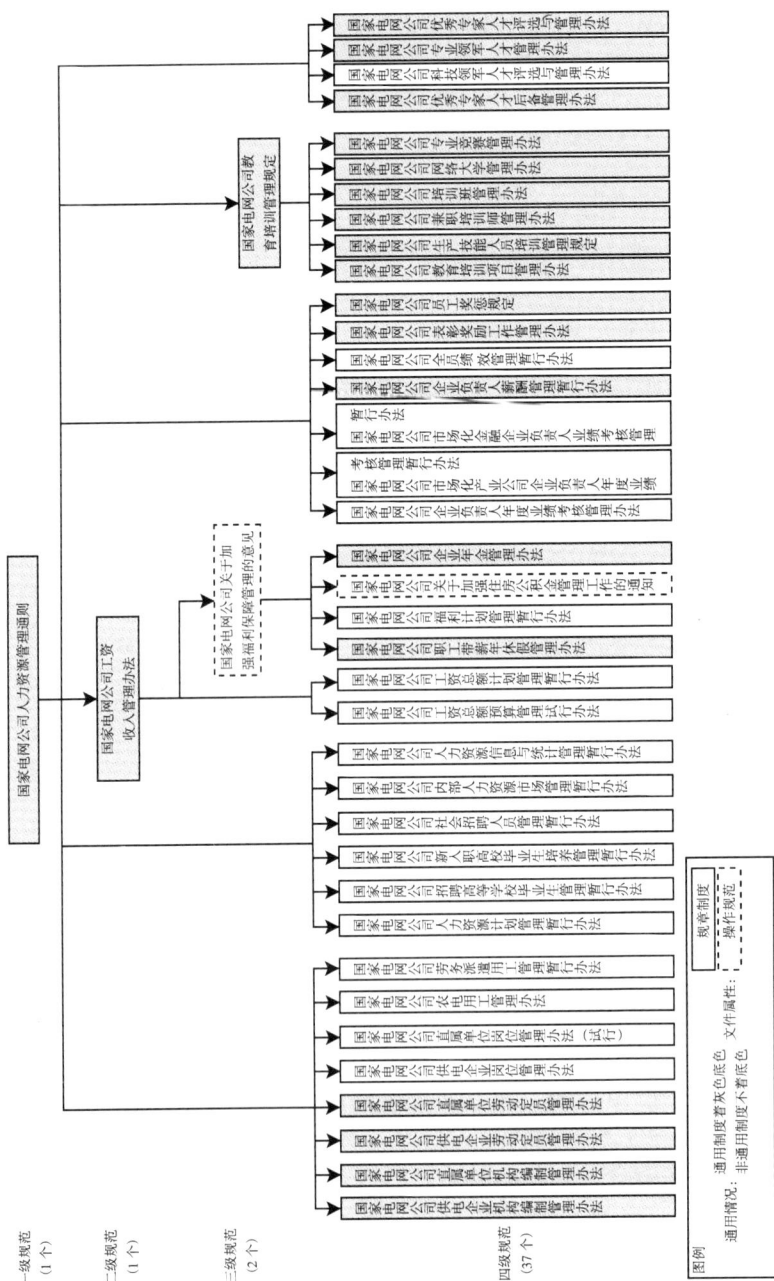

图 10-2 国家电网公司人力资源管理制度体系

表 10-2　朝阳供电公司人力资源三年发展规划总体进度计划

重点工作任务	2014 年	2015 年	2016 年
长期职工期末人数	2014 年末达到 2523 人，估计 2014 年自然减员 72 人，新增毕业生 30 人	2015 年末达到 2490 人，预计 2015 年自然减员 75 人，新增毕业生 38 人	2016 年末达到 2450 人，预计 2016 年自然减员 83 人，新增毕业生 46 人
全员劳动生产率	2014 年末达到 2151594 万元/人·年，增长 6%	2015 年末达到 2280689 万元/人·年，增长 6%	2016 年末达到 2417531 万元/人·年，增长 6%
人才当量密度	2014 年末达到 0.94	2015 年末达到 0.948	2016 年末达到 0.954
同业对标省内排名	2014 年人力资源管理对标省内排名第五	2015 年人力资源管理对标省内排名第五	2016 年人力资源管理对标省内排名第五

板，完善班组考核指标积分库，制定班组积分标准 252 项，推进班组"工作积分制"考核，按月完成绩效信息系统启动、考评、发布等相关流程，按季度组织业绩考核。

五是职工素质持续提升。近年来，通过国网公司统一招聘，朝阳供电公司职工队伍整体素质不断提升，人才结构持续优化。同时，朝阳供电公司高度重视职工培训和人才管理，职工素质和人才当量密度得以不断提高。

在取得成绩的同时，朝阳供电公司人力资源管理也面临着一定的挑战。"三集五大"管理体系对企业人力资源素质提出了更高的要求，目前朝阳供电公司在人力资源方面存在着结构性缺员的矛盾。一方面，现有职工中有些人跟不上智能电网建设的要求，对高精尖技术难以适应；另一方面，在低端业务领域也出现大量缺员现象，比如抄表收费这种最基本的服务，这类岗位基层单位有大量需求，但缺少人员入口。随着服务范围的扩大，服务的客户数日益增长，但服务人员却呈负增长状态，由此导致了较高的劳动强度，不利于优质服务工作的开展。下一步，公司将重点针对结构性缺员等问题加以改进和提升。

二、人员招聘与用工管理

人员招聘是人力资源管理工作的重要内容之一。朝阳供电公司在人员招聘与用工管理方面坚持规范招聘、规范用工，用程序、制度、规范杜绝关系招聘、关系用工、关系调配。

（一）用工结构与原则

根据《国家电网公司人力资源管理通则》规定，朝阳供电公司用工包括职工（长期合同用工）、劳务派遣用工、非全日制用工等形式。公司用工管理坚持控制总量、调整结构的原则，以盘活存量为主，推广业务委托，依法规范劳务派遣和非全日制用工。核心岗位使用长期合同用工，一般和通用岗位依法使用劳务派遣用工或相应业务实施外包。

（二）长期合同用工来源

公司长期合同用工的员工入口包括招聘高校毕业生、接收复转军人等。高校毕业生招聘工作依托国网公司招聘毕业生信息平台，面向国内外高等院校选拔优秀人才，为公司发展提供人才储备。复转军人包括军队转业干部和退役士官。复转军人接收坚持总量递减、分档控制、转换方式、平稳过渡的原则，严格控制接收总量，提升接收质量。

国网公司人力资源部每年底下达次年专项补员计划。国网公司各单位依据专项补员计划组织选拔招聘，确定拟录用人选，经国网公司总部审核后，方可办理入职手续。

同时，国网公司按照专业分类、管理权限和统筹区域，统一制定内部市场运行规则和构建内部资源供需平台，以省公司和各直属单位为主体，通过内部招聘、劳务输出、人才帮扶、对口援助等方式，开展员工优化配置，加强专业协作、单位协作、区域协作，促进内部各类人员分层有序流动，着力解决结构性缺员问题。

（三）人员招聘工作特点

朝阳供电公司在国网公司和省公司的指导下，不断规范和改进人员招聘工作，已经形成了一套相对成熟的管理体系，其特点主要体现在以下几个方面。

1. 统一管控员工入口

朝阳供电公司对招募新员工实行统一管控。一方面，加强了公司用工需求的预测，严格控制新招募人员的数量和质量。另一方面，根据公司对员工的需求结构，调整了人员招募的结构，由以往的本科生为主、专科生为辅转变为专、本科兼顾，提高了电工类专业招聘比重。

2. 合理配置人力资源

实时分析公司用工情况，尤其是超缺员情况及员工供需情况，依据分析结果和定岗、定编、定员情况，在公司内部合理配置人力资源。

3. 逐步推进业务外包

按照国网公司和省公司关于社会化用工管理的要求，严格履行社会化用工审批手续，加强主业、农服公司和集体企业劳务派遣用工的规范管理，逐步推进业务外包工作。

4. 全力保障一线用工

朝阳供电公司坚持制度化用人、配人，保证生产一线用工。公司规定，凡是新进入公司的人员全部充实到生产一线，并规定了各类人员离开生产一线或流动的期限：研究生满 3 年、本科生满 5 年、专科生满 8 年、退役士兵满 8 年才允许流动。

三、职工培训与人才开发

职工培训包括培训计划的制定与落实、经费管理，也包括建立培训师队伍等内容。朝阳供电公司十分重视职工培训工作，采取了多种措施激励员工成才、提高素质，将普遍培养、专业培养与梯队培养结合起来，鼓励员工接受学历教育，支持员工报考土建等方面公司急需的特种专业的各种职业资格证书，取得证书的给予相应奖励；建立各级人才的梯队，对进入梯队的人员进行重点培养。朝阳供电公司职工培训与人才开发的主要做法包括以下方面：

（一）持续加大投入

朝阳供电公司持续加大职工培训投入，2012~2014 年，公司员工年平均培训时间为 80 学时、82 学时、85 学时。2011 年公司投入教育培训经费 503 万元，举办各类培训班 74 期，参加培训 4364 人次，培训完成率达到 100%，培训效果评估优秀率达到 99.8%；2012 年公司投入教育培训经费 612 万元，举办各类培训班 93 期，参加培训 12120 人次，培训完成率达到 100%，培训效果评估优秀率达到 100%，并被省公司评为教育培训工作先进单位；2013 年公司投入教育培训经费约 627 万元，举办各类培训班 83 期，参加培训 7334 人次；2014 年公司投入教育经费约 630 万元，举办各类培训 72 项，参加培训 5887 人次，其中开展"登台讲学"活动 28 期，参加学习 2156 人次。

（二）加强培训管理

朝阳供电公司在加强员工培训的同时，还加强了培训班管理，努力提高培训质量。公司对培训班实施分片负责制，按照综合类、生产一线类、营销类、计算机类，将培训班管理落实到具体人员，由专人负责，并将培训班管理情况纳入培育培训分中心综合业绩考核的内容。同时，严格执行培训流程，对办班单位提出办班申请、制定计划书，到涉及的办班类别、参培人数、教室配备、教学用品数量等认真审核，严格执行培训流程，保证了培训班的管理规范化。此外，完善培训档案，做好培训管理的基础工作。按照公司培训计划，培训班结束后，及时完成 SG-ERP 培训数据同步录入工作以及培训班信息统计上报工作。同时，将培训班学员签到表、评估表和学员反馈表等培训资料集中起来一并进行归档。

（三）组织技术竞赛

朝阳供电公司积极组织员工参加专业技术资格评（认）定及职业技能鉴定工作。多年来，公司组织员工参加国网公司和省公司组织的专业领军人才评选、专业调考和技能竞赛活动。2014 年公司获得多项荣誉，其中，曹英姿被评为省公司专业领军人才，参加省公司竞赛调考团体取得 1 个第一名、2 个第二名、1 个第三名，7 人取得个人全省前十名的好成绩。通过各类技术竞赛，明显增强了公司员工的学习热情和进取意识，全员专业素质和技术水平得到明显提升，很大程度上提升了公司的人才当量密度。

（四）鼓励员工接受继续教育

继续教育是朝阳供电公司进行职工培训、提高人才当量和员工素质的重要路径，公司在时间、经费等多个方面积极支持、鼓励员工接受继续教育，已经取得了可喜的成果。2011 年公司共有 1 人取得研究生学历，68 人取得大学本科学历，5 人取得大学专科学历；2012 年公司共有 1 人取得研究生学历，39 人取得大学本科学历，2 人取得大学专科学历；2013 年公司共有 1 人取得研究生学历，62 人取得大学本科学历，4 人取得大学专科学历；2014 年公司共有 12 人取得研究生学历，26 人取得大学本科学历，11 人取得大学专科学历。

（五）加强培训师队伍建设

培训师是职工培训的主要师资力量。朝阳供电公司现有兼职培训师65人，其中专业管理培训师7人，技能培训师58人，并有2人参与了国网技术学院培训教学工作。朝阳供电公司现有专家41人，其中国网公司级专家4人，省公司级专家7人，地市公司级专家30人。公司结合"登台讲学"活动，充分发挥公司兼职培训师的作用。通过"登台讲学"活动，提高了兼职教师的授课经验，也增加了兼职培训师的师资储备。

（六）强化人才梯队建设

针对公司后备人才不足的问题，朝阳供电公司在2013年开展了"人才梯队建设年"活动，旨在建立适应公司发展的人才梯队管理模式，建立公司后备人才选拔、培养、考核、任用一体化的人才梯队建设管理机制。目标是通过人才梯队建设，形成公司"两类、四级、双通道"的后备人才梯队架构，搭建员工职业生涯发展通道。其中，"两类"即后备人才分为管理型和专业技术型两大类。"四级"即将后备人才按管理型和专业技术型两类分为四个级别，具体为：一级：班组、初级，二级：一般管理、中级，三级：中层副职、副高级，四级：中层正职、正高级。"双通道"即后备人才可按专业技术型或管理型纵向通道发展，也可在专业技术型与管理型间横向相互转换发展，培养复合型人才。人才梯队建设能够带动公司全员能力、素质提升，拓宽各类人才发展通道，满足员工职业生涯发展的需要，激发员工工作的积极性和主动性，为公司发展提供源源不断的人才保障，实现企业与员工共同发展。

【专栏】

"登台讲学"让每个人都成为讲师

朝阳供电公司在职工培训过程中开展了"登台讲学"活动。公司提出了"人人上讲台，个个当老师"的培训理念，开辟"登台讲学"小课堂。自开展这一活动以来，公司每周五下午定期组织培训。培训班的讲师全部来自员工，包括公司领导、中层干部、机关部门专工、一线班组长和骨干。公司的专业技术骨干通过这种人人上讲台的方式传授经验、技能。授课者通过收集资料、制作课件、备课、讲课等，对自己所从事的专业进行了一次系统的学习和提升，听课者学到了经验与技能。

公司在"登台讲学"活动中坚持"干什么学什么，缺什么补什么"的原则，科学设置"培训菜单"，把"登台讲学"培训班作为员工"吸氧、充电"的"加油站"。公司通过培训需求调研，针对不同层次、不同岗位、不同对象设置培训内容，以岗定训，按需施训。公司先后开展财务、依法经营、工程项目安全管理、电费及账务管理培训、朝阳年度电网运行方式培训、配电抢修指挥业务培训、客户服务典型经验介绍等专业课程。为了扩大培训范围，除在机关集中开设培训课堂外，还在各县市区共计开设5个视频分会场开展教学活动。

公司注重满足员工多元化学习需求。通过"登台讲学"活动实现"讲课推动学习，搭建交流平台"。朝阳供电公司教育培训分中心每月底会公布下一个月的培训计划，既要求固定人员参加培训，也方便职工选学，部分基层单位每次参培人员均超过了要求人数。同时，在公司主页开辟"培训课件"专栏，将讲师的课件和视频上传至这一专栏，为员工自学、选学提供资料。

公司坚持一切从实际需要出发。问题导向、互教互学、"密切联系实际，解决实际问题"是"登台讲学"培训活动的重点。"登台讲学"活动的授课题目均源于公司员工在实际工作中遇到的或需要解决的问题，这增强了员工的学习动力，各专业部门、单位的讲师都能克服困难、积极准备，在"登台讲学"活动形成了"干部教员工"、"员工教员工"、"员工教干部"的授课形式，老师与学员的身份可以互换，培训效果得到显著提升。

四、薪酬体系与福利管理

（一）规范薪酬福利制度

1. 规范工资总额管理

工资总额预算管理是公司对工资分配进行调控的重要方式。朝阳供电公司严格执行工资计划"年初预控、季度跟踪、年内调整、年底清算"，严禁超计划发放工资。

每年初，省公司下达年度工资总额预控计划后，人力资源部综合公司安全、生产、经营、基建、精神文明、劳动竞赛、科技进步、综合业绩考核等内容，统一制定公司年度工资总额预算方案，报公司总经理办公会审批后执行，并将年度现金流量预算方案报财务部审批。朝阳供电公司人力资源部按月结合相关部门单项奖励发放申请，编制次月工资现金流量申请，报财务部门安排资金完成月度工资总额发放。

公司建立了工资收入分配领导小组、综合业绩考核领导小组和福利规范管理工作领导小组，形成确保工资总额预算管理流程正常运行的组织体系。这三个领导小组均由总经理和党委书记任组长，各分管领导任副组长。工资收入分配领导小组在人资部下设办公室，负责贯彻落实薪酬相关政策和指导意见；综合业绩考核领导小组成员由副总师和机关本部职能部门负责人组成，主要负责审核考核办法、考核指标目标值和考核结果，负责对机关职能部门的检查和考核；福利规范管理工作领导小组中，公司领导班子其他成员也担任副组长，成员由人力资源部、工会办公室、财务资产部、监察审计部、离退休服务部、后勤服务部、社保部等部门负责人组成，该小组主要负责对福利规范管理工作的组织实施、进展情况进行监督，审议各项制度和月度报告，负责对福利规范管理的重大事宜和出现的重要情况研究决策。

2. 完善管理信息平台

公司 ERP 系统、人力资源信息管控系统平台、SG-ERP 系统和财务管控系统（预算现金流量）构建了薪酬福利管理的高效闭环管控系统，实现了"月现金流量申请—ERP 工资总额发放—SG-ERP 数据和管控报表上报"的基本流程，加强了收入分配等业务的在线管控。员工通过 ERP 自助功能可实时查询本人薪酬保险等相关信息。完善的人力资源管理信息平台是公司实现薪酬集约管理、统计人工成本数据的基础。

3. 评估与持续改进

朝阳供电公司通过员工薪酬福利满意度调查、人工成本效率指标、员工工作积极性和学习自觉性等状况，对公司的薪酬福利制度进行评估。员工薪酬福利满意度调查主要是了解员工对薪酬导向、薪酬水平、薪酬结构、薪酬管理方面的态度、意见和建议，为薪酬制度调整提供客观依据；分析人工成本效率指标、人事费用率等指标，主要评估人工成本效率是否得到提高。

在对薪酬福利制度进行评估的基础上，公司对薪酬福利制度进行持续改进。公司进一步梳理了岗位岗级设置，压缩岗位层级，减少工作之间的等级差别。同时，引入薪点工资制度，以利于员工职位轮换和职业生涯发展；注重薪酬管理体系的公平性，包括内部公平、外部公平与绩效公平；提高薪酬管理体系的有效性，使薪酬管理系统在更大程度上能够帮助公司实现预定的经营目标；保障薪酬管理体系的合法性，企业的薪酬管理体系和管理过程必须符合国家相关法律规定；关注人工成本统计指标分析，以科学方法促进企业人工成本管理效率的提升。

（二）实施全员绩效考核

朝阳供电公司建立了由公司考核部门、部门考核单位、单位考核班组、班组考核个人的全员绩效管理考核评价体系。2014 年，公司根据《国网辽宁省电力有限公司绩效管理工作评价实施方案》（辽电人资部〔2014〕14号），结合公司实际，制定并下发了《朝阳供电公司绩效管理工作实施方案》，对绩效系统员工等级评价、部门（单位）考核结果与员工绩效等级挂钩及全员绩效信息系统操作考评提出了具体要求。综合业绩考核采取年初确定目标，将考核指标体系表层层分解、下达，月度跟踪检查，季度考核重点指标和年度进行全面检查的方式进行。每季度末公司组织开展季度全员绩效考核指标评价，并计算出加扣分值。截至 2014 年底，公司在实施全员绩效考核方面已经取得了初步成效，主要做法和经验如下：

1. 多角度思考，打造绩效协同机制建设

2014 年初以来，公司成立了全员绩效管理课题攻关小组，对打造绩效管理与同业对标协同机制进行探索研究。公司明确了工作思路，召开课题研讨工作会议，制定课题推进方案，逐步深入推广实施。结合公司企业负责人业绩指标修订，将同业对标相关指标考核全部列入绩效管理，实现绩效管理和同业对标体系的高度融合，实现两个体系目标一致化、指标一体化、考核具体化、效率最大化。

2. 试点先行，推进班组绩效管理

公司本着"试点先行，逐步推广"的原则，有效开展班组工作积分制。公司选定信通分公司、变电检修室两个生产班组以及营业和电费室中的两个营销班组作为试点，深入推进班组工作积分制。在各试点班组设置由班长、技术员、绩效考核员、工会组长组成的绩效考核小组，严格执行积分标准。在绩效兑现环节，打破过去按照积分和比例划分 A 档、B 档、C 档、D 档再行兑现的方式方法，用班组月度兑现总额除以班组总积分，计算出每个积分折合多少金额，再用这个金额乘以个人月度积分，即得出班组员工本月兑现金额，对每一分都赋予了内在价值，打破了利用积分进行分档的弊病。各试点班组将每月积分排名情况进行公示，通过公示，使员工能够及时了解工作中存在的优点和不足，并对积分的评定进行监督，确保绩效考核结果公平、公正。

3. 建立绩效管理专栏，加大经验交流和宣传

公司在主页建立了绩效管理专栏，包括绩效管理规章制度、绩效管理工作动态、绩效管理经验交流等信息，将省公司及公司各项绩效管理规章制度、指标体系表及相关办法及时进行发布。公司及时发布绩效管理工作动态，包括绩效考核通报及兑现情况等。各部门、各单位及时总结绩效管理工作经验，人力资源部不定时向各单位、各部门进行约稿，将好的做法和经验进行刊登，以便于进一步学习和交流。

4. 拓展绩效管理应用，提升工作业绩

公司加大绩效薪金发放力度，绩效薪金占员工薪酬总额的 48%。同时，公司将绩效管理考核结果应用在人才选拔、升迁竞聘、评优评先等方面。公司各部门、单位整体绩效考核结果作为年度评选表彰各类先进单位的重要依据；个人绩效考核等级结果与公司各类专家人才评选及"人才梯队建设"实施挂钩，鼓励绩效优秀的员工通过学习和创新，进一步提高岗位工作业绩。

（三）建立长效激励机制

近年来，朝阳供电公司在规范和优化薪酬福利管理方面着眼于构建目标明确、流程约束、监督有力、奖罚严明的长效薪酬福利激励机制，主要包括经济福利激励、绩效考核激励、价值满足激励等。

经济福利激励是从经济福利上激励员工，使其所付出的所有贡献在经济福利上有相应的回报。即通过对薪酬福利总额的预算、核算发放管理（公司薪酬结构和薪酬水平、福利项目管理和工资总额核算发放控制记录），引导、影响员工提高工作业绩。

绩效考核激励是通过公正、公平、客观、准确、全面地评价员工为企业所做的贡献，确定员工业绩，使其在公司内部通过横向比较形成独有的

"人无我有"结构，以实现自我价值，让努力为公司做贡献的人得到更多的认同和尊重，从心理上为员工提供一种激励。绩效考核激励主要包括全员绩效考核管理、加班费管理、单项奖管理、向生产一线人员倾斜的津（补）贴管理等。

价值满足激励是通过对员工尊重、信任、关怀三条路径，为员工提供自我价值实现和价值判断实现两种满足，并由此来激发员工的信心和决心，使之为企业的生存和发展贡献其全部智慧和力量。为了给员工获得自我价值实现的满足提供条件，公司制定了《朝阳供电公司总经理联络员制度》，尽可能吸纳员工参与企业经营管理决策，增强了员工的归属感和参与意识。

（四）严格规范福利费管理

福利管理是人力资源管理的重要内容之一。福利指公司为员工提供的除职工工资、奖金、津（补）贴、职工教育经费、社会保险、企业年金、补充医疗保险及住房公积金以外的待遇，包括防暑降温费、供暖费补贴、医疗费、职工困难补助、救济金、职工异地安家费、离退休人员统筹外费用及其他由公司统一管理的福利项目，不包括因解除与职工的劳动关系所给予的补偿（辞退福利）。

朝阳供电公司严格规范福利费管理，执行福利计划"年初预控、季度跟踪、年内调整、年底清算"，严禁超计划发放福利。福利费预算管理是公司对福利分配进行调控的重要方式。

每年初，省公司下达年度福利预控计划后，公司人力资源部组织相关部门编制本年度福利预算方案，经领导小组审批后下发福利预算指标。各福利项目管理部门按月编制福利支出方案，经公司人力资源部审核后，由各福利项目管理部门具体实施，建立支出台账，并集中到财务资产部履行报销手续。

公司将福利计划执行情况纳入综合业绩考核体系，对各单位福利计划执行、福利基础管理工作、福利规范管理情况进行考核评价。对在福利计划管理工作中弄虚作假、任意违反规定的单位，视情况给予其警示、扣减综合业绩考核得分等处理，以维护福利计划严肃性、增强福利计划执行力。同时，进行福利计划完成偏差率考核及福利计划日常管理工作评价。

第二节 财务管理

2009 年，国网公司开始推行和实施以"六统一"、"五集中"为主要内容的财务集约化管理。"六统一"指统一业务流程、统一组织体系、统一信息平台（标准）、统一会计政策、统一会计科目、统一成本标准。"五集中"指会计集中核算、资金集中管理、资本集中运作、预算集约调控和风险在线监控。预算管理、资金管理、资产管理、内审管理等财务管理的各个方面都是围绕"六统一"、"五集中"开展的。朝阳供电公司严格按照国网公司和省公司财务集约化管理的要求与各项规定、流程，做好预算管理、会计核算管理、资产产权管理、资金管理、工程财务管理、电价管理、稽核内控与风险管理、财税管理、财务信息化管理、财务机构设置和财务人才队伍管理等财务管理工作。

一、财务管理体系

（一）财务管理的基本原则

按照《国家电网公司财务管理通则》的规定，国网公司财务管理坚持集约化、精益化、标准化、规范化和信息化五个原则：集约化原则即坚持战略引领与价值导向，统筹配置资金和资产、投资和成本等公司资源，保证生产经营活动的正常开展，提高资源使用效率和效益；精益化原则即坚持以效率和效益为中心，不断拓展财务管理宽度、高度、深度和细度，持续提高财务决策支持和服务保障能力；标准化原则即坚持以标准化保障规范化、促进集约化、提升信息化，不断健全完善财务管理体系，有效发挥政策标准对财务管理活动支撑作用；规范化原则即坚持公司所有财务管理活动严格遵守国家财经纪律，积极发挥财务风险防控能力，确保依法理财、合规理财；信息化原则即坚持应用集成通用、信息反映多维、系统功能实用的原则，加快信息化建设与应用，强化业务融合与信息集成，以信息化促进财务工作效率提升。

（二）财务管理的主要职责

国网公司遵循"集约高效、管控有力，职责明确、界面清晰，规范流程、防范风险"的原则，界定了各级财务管理部门的职责。国网公司总部履行涉及全局性、战略性、系统性的财务管理职能；省（自治区、直辖市）电力公司或直属单位履行重要财务事项的组织实施、审核控制、监督检查等职能；地市（区、州）供电公司、县（市、区）供电公司则重点履行前端业务的财务控制和监督职能。

作为地市级供电企业，朝阳供电公司财务部门的财务管理职责包括：贯彻执行国家和上级单位有关规定及工作部署；研究拟订本单位资产经营目标并组织实施；负责编制本单位财务预算方案并组织实施，做好业务预算的统筹平衡、优化调整、分析考核和监督检查，收入及成本管理，会计核算、财务决算；负责本单位资产、产权、保险业务管理，银行账户、资金及现金流量管理；负责本单位财务评价与稽核管理，全面风险管理及内部控制工作，会计基础工作管理；负责本单位电价管理，按上级单位要求结算上网电量电费；负责本单位税务管理及发票的购置、发放及缴销；负责本单位基建财务管理。

（三）财务管理取得的成效

一是提升管理水平。朝阳供电公司在多个方面提升了财务管理水平。比如，开展了主数据专项治理，供应商、客户主数据统一率达到100%，设备资产对应率达到100%；开展往来款项清理，公司三年以上长期应收款项压降率达到27.2%；开展会计基础工作创优活动，成为国网公司第一批达标单位。

二是加强资金管理。朝阳供电公司修订了报销业务签字审批流程，加强资金支付审核，电子支付比率达到80%以上；清理整合账户14个，完善公司《电费资金存储、归集运行管理办法》，建立供电所无账户电费资金归集体系；全面实现银企自动对账，实时监控未达账项，确保资金收支安全。

三是资产精细化管理。朝阳供电公司持续开展资产平台数据治理工作，账、卡、物一致率保持100%，资产信息平台数据考核在全省并列第一；土地权属持证率保持100%，非生产性房屋权属登记完成率达到100%。

四是预算管控有力。朝阳供电公司加强对预算执行的控制，确保无预算不开支，严格执行预算外审批，省公司单项考核费用未发生超支；加强月度现金流量预算管理，预算执行偏差控制在2.5%以内。

五是实现规范治企。朝阳供电公司严格按照中央"八项规定"要求，厉行勤俭节约，强化"三公"等重要费用的单项管控；强化日常监督稽核，开展财务专项稽核17次；开展税收自查工作，防范税收检查风险；对审计发现的风险点和"三公"经费等特殊开支项目进行专项稽核治理，"三公"经费支出压降32.91%，消耗性支出压降6.75%。

二、预算管理

朝阳供电公司按照《国家电网公司财务管理通则》的规定，积极建立"目标有预控、项目有储备、支出有标准、过程控现金、结果严考核"的全面预算闭环管理体系，提高预算的调控力、执行力和科学化、精益化水平。

（一）加强预算执行控制

朝阳供电公司严格执行国网公司和辽宁省公司预算管理方面的规定与要求，加强预算执行控制，确保无预算不开支，严格执行预算外审批，省公司单项考核费用未发生超支。同时，朝阳供电公司加强了月度现金流量预算管理，预算执行偏差控制在2.5%以内。

（二）实行全面预算管理

朝阳供电公司编制严格的经费预算、现金流量预算，对项目实行全面预算管理。

一方面，公司编制严格的经费预算，严格执行，并在会计核算体系中体现。在实际执行中一旦出现超预算现象，则无法支付。在现金流量预算方面，改变过去那种只要有沉淀资金即可支付的状况，必须要报月计划、周计划、日计划。同时，公司实施现金流量预算的"双流双控"，建立弹性预算制度，提高现金流量预算的管理水平，提高预算准确性和有效性，持续提升预算统筹调控能力。

另一方面，公司着重加强财务预算统一管理和统筹调控。具体做法包括：将全部业务和收支纳入预算管理，加大预算全过程管控力度，推行精益预算管理，落实全面预算管理；实现工程项目全过程财务管理，推进竣工决算的自动编制工作，实现标准成本与工程决算审批闭环管理；工程项目、营销项目从立项审批、招投标到物资采购、工程施工进展、财务竣工结算等，实行全过程的进度考核。通过实施全面预算管理，公司提高了资金使用效率，加快了工程实施进度。

（三）深化财务集约化管理

深化财务集约化管理，加强预算控制，提高财务管理工作水平，是朝阳供电公司财务管理的重点内容。公司在总结、巩固前一阶段财务集约化管理成效的基础上，不断查找不足，编制提升方案，特别是针对项目预算执行偏差率、工程项目资料库完整率等问题，结合同业对标考核，从业务执行及时性、规范性、准确性、资料提交完整性等方面制定考核细则，明确各部门责任分工，并将完成情况纳入业绩考核；加强预算控制，加强成本支出审核，从严安排非生产性支出；利用 ERP 系统功能，实时关注费用支出情况，严控单项考核费用支出；加强现金流入流出预算管理，遵循无预算不付款原则，预算执行偏差控制在 2.5% 以内；加强相关工程成本管理，按月通报工程进度和财务入账的差异并进行考核，提升工程项目预算执行率。

三、资金管理

2009 年 9 月，农电系统整体上划，朝阳供电公司接收了 6 个农电局及其下辖 89 个供电所、55 个供电服务站。供电营业区域达 2 万平方公里，最远供电所离市公司 245 千米，行车时间长达 3 个多小时。为了方便收费，区县公司及乡镇供电所共计开立了 111 个电费收缴账户，开展电费资金收缴业务。再加上工行电费集团账户 10 个，共计 121 个电费账户。

2014 年，朝阳供电公司针对以前账户较多、存在一定安全风险的问题，实行账户集中管理，形成统一资金池，清理闲置账户，由省公司集中审批并实时监控，资金安全水平进一步提升。公司利用省公司深化应用电费集团账户归集资金管理试点单位契机，结合自身实际现状，开辟多种资金归集途径，实现了供电所（含供电服务站）零账户的管理目标。

（一）清理乡镇供电所电费账户

朝阳供电公司下辖各供电所（含供电服务站）原来全部在农村信用社

开立电费账户，进行电费资金归集、上缴。公司以资金集中管理、完善集团账户管理体系为契机，针对电费账户数量大、账户未纳入财务核算系统和营销业务应用系统、缺乏对乡镇电费账户有效监控、乡镇供电所资金核算未真正形成闭环管理等问题，清理、整合乡镇供电所电费账户，完善账户管理体系，开展了乡镇供电所电费账户清理工作。

（二）优化资金管理和运作流程

朝阳供电公司再造了电费资金业务核算过程，改进营销业务应用系统六大类业务事项，即应收电费管理、实收电费管理、预收电费管理、上缴电费管理、业务费管理和其他业务支付类管理，以及银行代收、代扣电费、退费、充值卡缴费、集团客户统一缴费等28个子业务事项；规范了营销业务应用系统、财务核算系统，实现了电费资金实时归集、电费资金信息实时在线核算，优化了资金管理和运作流程，实现银行资金流、业务信息流动态集成，营销业务应用系统与财务管控电价系统同步核算。公司制定了《朝阳供电公司电费资金归集管理办法》，规范电费归集方式的业务操作，提升电费核算管理水平。

（三）建立多层级资金归集体系

朝阳供电公司为实现电费资金集中管理，建立良好的资金归集体系，结合公司电费资金归集途径和营销业务应用系统、财务管控系统现状，提出资金归集业务需求，分别与中国工商银行、中国农业银行、中国邮政储蓄银行合作，创建集团账户，实现了省公司、地市公司、区县分公司、供电所实时归集电费资金的多层级资金归集体系。根据合作的银行不同，具体资金归集方式也有所不同。

通过清理整合，朝阳供电公司电费资金账户由原来的121个下降到了地市公司3个电费集团账户，且撤销了全部农村信用社账户，改为由中国工商银行、中国农业银行以及中国邮政储蓄银行开立，实现了电费账户的扁平化和集中管理，达到了电费资金集团账户多层级实时归集的目标。在省公司系统内，通过资金的集中管理，实现统一筹集、合理分配、有序调度，降低了融资成本，提高了资金使用效率。

【专栏】

邮储银行归集资金业务运行方式

为实现乡镇供电所零账户管理目标，朝阳供电公司与邮储银行合作，借助邮储银行商务汇款平台，开立省、地市、区县级三级账户归集电费资金。邮政商务汇款是指为客户提供商务客户号，用于统领系统内该客

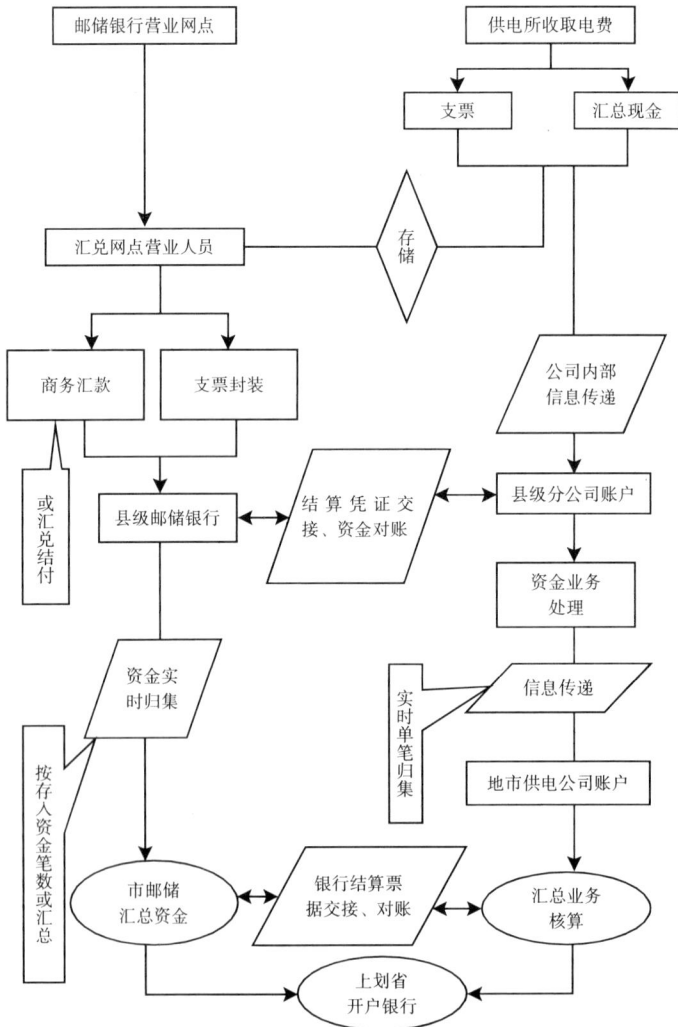

图 10-3 邮储银行电费资金归集流程

户所有的汇兑信息，并实时进行管理，单位汇款人一次性交汇的资金集中汇往指定的收款人。公司根据商务汇款结算特点，提出电费资金归集业务需求，由邮储银行现金管理系统商务结算平台建立区县公司虚拟商务账号，实现乡镇供电所（供电服务站）单笔电费资金实时归集到区县公司虚拟商务账号，同步将单笔电费资金实时归集到区县分公司实名制集团子账户、地市公司集团账户的资金归集功能。邮政储蓄银行根据公司提出的业务需求，打破传统的商务汇款手段，完成了公司电费资金归集结算系统，实现了利用商务汇款和银行账户分段归集，"乡镇供电站（所）—区县分公司—地市公司"自下而上、逐笔实时归集电费的资金管理手段。

邮储银行电费资金归集流程如图 10-3 所示。

四、资产管理

（一）做好资产管理的基础工作

朝阳供电公司通过资产管理与生产、基建、技改等业务的高度集成与协同，实现资产精益化管理和全寿命管理，重点关注固定资产的基础管理工作。公司持续推进资产的标准化、规范化管理，使公司固定资产规模与构成能够满足公司运营和区域经济发展的需求，促进公司资产运营绩效显著提升。

（二）提升资产精细化管理

朝阳供电公司将资产实物、使用价值，用信息化手段进行管理，包括新增、处置、报废物资管理。公司通过持续开展资产平台数据治理工作，账、卡、物一致率保持 100%，资产信息平台数据考核全省并列第一。同时，公司加强资产精细化管理，土地权属持证率保持 100%，非生产性房屋权属登记完成率达到 100%。

（三）强化资产全寿命管理

朝阳供电公司从资产规划、运行、后评估、残值回收等环节入手，进行资产全寿命管理。财务管理部门与设备管理部门共同盘点资产，粘贴移动盘点标签，确保账、卡、物一致。公司依托资产管理信息平台，加强工程项目成本、竣工决算、设备资产对应、资产处置等业务规范性、及时性以及数据真实性的考核，并将考核情况进行通报。同时，加强与保险经纪公司、保险公司协商，做好保险索赔工作。

第三节　物资管理

物资管理，包括物资的计划、采购、合同、质量监督、资金、配送、仓储、应急物资、废旧物资处置、供应商关系等管理，以及工程、服务的计划与采购管理。物资集约化管理是"三集"体系组成内容之一，为公司发展提供坚强的物资保障是物资管理的根本目的和任务。

一、物资管理体系

（一）物资管理的模式、机制、原则与目标

根据《国家电网公司物资管理通则》规定，国网公司物资管理工作遵循"一级平台管控、两级集中采购、三级物资供应"的运作模式，深化"集中采购、供应保障、质量管控、风险防控"四项机制，提升"体系协同运作、业务集中管控、资源优化配置、需求快速响应、队伍专业管理"五项能力，落实"统一标准、统一平台、统一采购、统一监督、统一调配、统一结算"六项原则，实现"集中、统一、精益、高效"的管理目标。

（二）地市供电公司与县公司物资管理职责

地市（区、州）供电公司（以下简称"地市供电企业"）设立物资供应中心，接受省公司物资管理部门的业务管理，开展物资供应服务工作，主要职责有：负责本单位物资计划汇总、审核与上报工作；负责本单位物资供应协调工作；负责本单位物资到货验收、出入库、配送、储存保管、消耗领用等工作；实施本单位物资质量监督与供应商关系管理工作；负责本单位物资的平衡利库、催交催运、配送仓储、移交验收、现场服务等工作；配合省公司做好应急物资和废旧物资处置管理等工作，负责本单位应急物资管理工作；负责非诚信信息的收集、审核与上报；协助省公司对下

属单位物资管理全过程进行指导、督察和考核。

县（市、区）供电公司（以下简称"县供电企业"）发展建设部设物资计划专责、物资合同专责（仅限于子公司性质的县供电企业），接受地市供电企业物资供应中心的业务管理，开展物资管理工作，主要职责有：负责本单位物资计划申报工作；负责本单位物资合同管理工作（仅限于子公司性质的县供电企业）。

县供电企业运维检修部（检修（建设）工区）设仓储配送班，主要职责有：负责本单位物资供应协调和现场收货工作；负责本单位物资质量监督的具体实施和信息上报工作；负责本单位物资仓储配送作业工作；配合发展建设部开展物资计划的收集和审核工作。

（三）朝阳供电公司物资管理的目标

根据朝阳供电公司《2014~2016年三年发展规划》的要求，物资管理的具体目标为：在采购管理方面，国网公司集中管控范围内的物资类需求计划提报率达到100%，服务类物资需求计划提报率90%；在供应保障方面，基本建成符合省公司现代物流体系要求的物资管控机制，物资配送按期到货率达到98%以上，库存周转率达3次/年，实现"零积压"，减少仓库占地面积35%以上；在质量监督方面，质量监督工作完成率达到100%，公司采购物资质量监督范围达到100%，主要设备出厂验收一次合格率达到98%以上；在风险防控方面，加大物资监察和队伍建设力度，实现物资管理风险可控、在控、能控。

朝阳供电公司物资供应中心主要负责物资需求计划提报、合同履约、产品质量监督、供应商关系管理、废旧物资管理等业务。为打造符合国网公司、省公司统一要求的物资管理体系，朝阳供电公司积极配合省公司构建与运转集中统一集团化采购平台和物资调配平台，形成符合省公司统一要求的物资供应链管理体系。这是朝阳供电公司物资管理的主要目标，也取得了很好的成效。2012年，朝阳供电公司首次在全省同业对标中排名第一，获得标杆单位称号，此后一直保持全省领先地位。

二、计划管理

朝阳供电公司严格执行国网公司、省公司要求的"一级平台管控、两级集中采购、三级物资供应"运作模式，即所有采购活动都在电子商务平台开展；实现采购活动全过程一级管控；集中采购分为"总部直接组织实施"和"总部统一组织监控，省公司具体实施"两种模式；三级物资供应指国网公司、省公司、地市公司分级负责、协同运作。

在计划管理中，结合朝阳供电公司工程项目、生产运维等物资需求，提升需求计划提报的准确性和时效性。公司按省公司需求计划提报要求，66千伏及以上工程建设类物资按批次提报需求计划招标采购，10千伏及以下配（农）网工程等物资主要采用协议库存匹配方式。办公用品、劳保用品等物资，主要采用超市化采购方式。2015年公司所有服务计划（除配套费）全部上线，服务计划要接受正式严格审核。

2014年，省公司将非物资类采购纳入省公司统一采购范围，计划管理业务模式已形成由物资类需求计划、协议库存需求计划、超市化采购需求计划、非物资类采购需求计划等多种计划模式并行的局面。2014年，朝阳供电公司物资供应中心累计开展物资需求计划提报国招6批次、省招5批次，提报计划1212条，估算金额4.78亿元；非物资类需求计划提报5批次，需求条目数89条，估算金额3794万元。公司完成同业对标物资需求计划准确率达到100%，为电网建设及运行维护提供了准确的需求计划保障，对主业发展形成了有力支撑。

三、仓储管理

（一）仓储管理的原则

仓储管理是指对公司实体仓库、储备物资、仓库作业的管理，包括仓储规划建设（仓储网络、仓储信息化、仓储标准化）、库存物资管理（入库、出库、退库、保管保养、稽核盘点、报废等）、安全管理等工作。

配送管理是指将物资从仓库运送到指定地点，包括配送需求、配送调度、配送执行、配送交接、配送结算等全过程管理。

按《国家电网公司物资仓储配送管理办法》的规定，物资仓储管理遵循"合理储备、加快周转、保质可用、永续盘存"的原则，物资配送管理遵循"确保安全、准时快捷、服务优质、配送优化"的原则。

（二）各层级单位与相关部门在仓储管理中的职责

国网公司物资部（国网招投标中心）是公司物资仓储配送工作的归口

管理部门。国网物资公司在国网物资部（国网招投标中心）的业务管理下，承担公司物资仓储配送的具体实施工作。省公司物资部是本单位仓储配送工作的归口管理部门。省物资公司在省公司物资部的业务管理下，承担本单位物资仓储配送的具体实施工作。

地市公司物资供应中心的主要职责是：负责本地市仓储配送资源的集中管控和仓储配送管理工作；按照省公司统一规划，建设本地市仓储配送网络，整合仓储配送资源；负责本地市物资需求计划的收集、汇总，平衡利库后形成库存调拨计划，并实施本地市物资配送；负责本地市直接管理仓库的物资验收、出入库、调拨、稽核盘点等作业和仓储配送安全管理；提出本地市物资储备定额、仓储定额配置计划，仓库运维计划；负责审核本地市仓库补库计划和库存物资报废申请；建立本地市配送承运商资质信息库并汇总资质评价信息；开展本地市仓储配送信息统计分析工作；应用物资集约化信息系统仓储配送模块；负责指导、监督和检查地市供电企业和县供电企业仓储配送管理工作。

各级发展、财务等部门在物资仓储配送管理中的主要职责是：各级发展部门负责仓库建设项目的立项审批；各级财务部门负责仓储配送费用的资金管理，审核库存盘点报告和仓库运维计划，进行库存盘盈、盘亏、调拨及处置的账务处理，拨付仓库运维资金；各级专业管理部门负责提出本专业物资储备定额标准，制定库存物资报废原则，开展本专业库存物资报废的技术鉴定；各级信息化部门负责仓储配送管理信息化建设、技术支持、应用集成和运行维护管理；各级物资需求单位（部门）负责提出准确的物资到货需求，组织物资的接收、验收和物资接收后的暂存、保管工作。

（三）朝阳供电公司仓储管理的主要做法与成效

朝阳供电公司多方筹措资金，加强仓储管理，分公司仓库标准化、信息化建设成效明显。2014 年，物资供应中心协调北票分公司、凌源分公司对两个县级仓储点进行标准化改造，按照标准化定置要求，清理仓库堆场，管理制度上墙，规范标识、标示管理。在硬件提升的同时，加强库存物资管理，对库存物资进行了分库、分类的摆放，对于进入注册实体仓库的物资及时录入 ERP 系统，改造后使得仓库面貌得到显著的改观，仓储管理规范性进一步提高。公司仓储管理的具体做法与成效包括：

一是加快建设县区标准化、信息化仓库，提升公司系统仓储管理水平。2015年，物资供应中心发挥组织协调能力，监督、协助北票、喀左、凌源3家分公司有效利用省公司即将批复的仓库改造资金总计100万元，在对必要的仓库硬件设施进行改造的同时，重点在投资少、见效快的"物资分区域管理"、物资"四号定位、五五码放"及标识管理上做文章；朝物资出入库管理、ERP系统规范性操作，账、卡、物相符率达到100%方向上努力，加快完成公司仓储管理标准化、信息化工作目标。

二是加强物资配送管理，依据工程类别建立差异化物资供应模式。基建工程类物资采用"零库存"供应模式，发挥物资配送人员的作用，实现基建类物资准时配送到现场；检修运维类物资采用"定额储备、按需领用"供应模式，发挥仓储配送支撑作用，合理储备物资，及时满足运维检修需要；办公用品类物资采用"超市化采购、供应商配送"到需求地的供应模式，发挥电子商务平台自助采购作用，强化采购集中管理，适时满足办公需要。

三是开展应急物资储备、调拨工作，提升应急状态下物资保障能力。物资供应中心结合自身实际，根据公司应急抢险预案要求，主要采取两种方式储备应急物资：①实物储备，储备物资存放在公司应急库，储备种类50种，物料88条，物料总金额119万元；②协议库存储备，在国网公司、省公司年度协议库中储备应急抢险相关材料设备。

应急物资调拨主要采取直接调拨应急库储备的应急物资、经批准后调拨基建技改等工程在建物资、调拨协议库存储备物资、向省公司物资部申请批准后紧急采购抢险物资四种方式。2014年，朝阳遭受严重干旱灾情，物资供应中心按照应急物资管理预案紧急调拨抗旱物资，为抗旱保电提供了可靠的应急物资供应保障。

四是加大监造抽检力度，加强供应商资质业绩核查管理，确保入网产品质量。朝阳供电公司加强重点设备制造环节质量监督，加大物资监造和抽检力度，推行监造、抽检标准化管理；加强运输环节管理，细化验收检查标准，严把交接验收质量关，落实供应商安装指导责任，提高设备安装质量；应用质量监督信息平台，深化PDA的现场应用，实现监造及抽检过程的"全程、实时"管控。

为确保工程项目物资的产品质量安全，2014年物资供应中心累计编制抽检计划覆盖23个招标批次，共计169项，电子商务平台提交计划169

项；参加重点设备关键点见证 5 次，上报省公司供应商不良行为信息 15 条；组织项目单位专工进行供应商绩效评价 2 次，涉及供应商 189 家，组织相关专家参加省公司供应商资质业绩核实 4 次。

四、废旧物资管理

物资供应中心严格执行国网公司废旧物资管理要求，加强废旧物资退缴、报废、变卖管理，保证电子商务平台处置依法合规。在公司范围内全面推广使用国网公司废旧物资管理制式审批表格，内容涵盖拆缴计划、报废审批、退缴审批、资产评估、处置计划、出入库手续等主要废旧物资管理业务，通过精细化管理，实现了四项工作执行率达 100%。

一是实现拆缴计划执行率 100%。工程管理部门、物资供应中心、监察审计部、经研所分工协作、紧密配合，联手打造监督氛围，督促施工单位严格执行计划。

二是通过电子商务平台处置率 100%。物资供应中心严格执行废旧物资变卖程序的刚性管理，坚持通过电子商务平台处置为唯一通道，杜绝线下暗箱操作行为，降低了管理风险。

三是废旧物资处置资金上缴率 100%。物资供应中心严格执行财经纪律，遵守资金收缴操作流程，执行中标通知书标的总价，坚持一步操作直存财务资产部指定账户，有效规避了履约风险。

四是废旧物资账、物一致率 100%。以废旧物资专责、保管员联动为基础，以月自查、季互查、半年及年终盘点为措施，以每处置一次一稽核为手段，保证了账、卡、物相符。

第十一章　安全管理

朝阳供电公司在"十二五"期间致力于健全安全管理体系，强化安全文化建设，确保人身安全、电网安全、设备安全和用电安全，促进朝阳安全稳定发展。公司制定了健全的安全生产制度，严抓落实，实现了企业的安全发展、和谐发展。公司不断强化安全生产现场规程、措施、工艺和制度及岗位标准的执行，以强有力的制度保障确保人身、电网、设备的绝对安全。在"安全稳定年"活动中，公司不断丰富安全活动内容，先后组织检修、试验、保护自动化专业员工参加安规考试。公司通过多项安全工作和活动，逐渐形成全员"懂安全、要安全"的良好氛围，持续提升安全管理能力，连续多年实现零安全事故运行。

第一节　安全管理体系

安全管理是企业发展不可或缺的组成部分。安全是企业发展的基石，落实全过程安全管理，实现作业现场安全管控，是企业安全、稳定、健康发展的必要组成部分。

一、安全管理定位

2014 年，朝阳供电公司加快推进"两个转变"，"三集五大"体系进入全面磨合、巩固提升阶段，公司和电网发展任务依然繁重。基建、技改工程量大，电网局部网架结构薄弱，智能变电站、配网自动化、新能源、电动汽车等新技术快速发展，这些对安全管理工作提出了新的更高要求，人身、电网、设备风险较大。

新形势下，公司对安全管理的定位是："规章制度齐全，安全职责清晰，执行认真有效，监督制约有力。"

"规章制度齐全"是指从供电设备到使用的工具，做到安全工作规程、检修工艺标准、运行规程、试验标准等齐全、正确。同时，开展标准化作业、规范化管理，其目的是通过标准化作业和规范化管理，提高员工的安全素质和执行安全规程的能力，以应对各种紧急状态情况下的事故处理，减少事故或者把事故损失降低到最小程度。

"安全职责清晰"是指从领导到员工，均有明确的岗位安全职责，有明确的到岗到位标准，落实安全责任，实行分级控制，以制度促管理。

"执行认真有效"是指员工的工作环境优良、安全与健康得到保障、电网和设备安全运行，并且在安全生产上无形式主义、无隐瞒事故。

"监督制约有力"是指安全监督体系机构健全，考核标准清晰，工作态度认真，各级领导支持，加强安全监督。

二、全流程安全管理体系

保障可靠可信赖的电力供应，是朝阳供电公司作为供电企业所应发挥的核心社会功能，是朝阳供电公司最核心和最基础的社会责任。为更好地满足每一位客户的用电需求，公司对客户采取分类管理的措施。

对供电可靠性要求非常高的一类客户，公司分析客户用电特性，从两个电源点甚至三个电源点向客户供电，保证客户在任何需要的时候都不停电。对供电可靠性要求高的二类客户，如一般的工厂企业，公司加强与这类客户的联系，掌握大客户用电特点及信息，努力做到供电设施与大客户的用电设施同步检修，最大限度地控制客户停电次数。在必须要停电时提前通知大客户，以确保客户提前安排好生产和准备工作。

保障可靠可信赖的电力供应，要求朝阳供电公司从服务全市经济社会发展的大局出发，建设满足地方经济社会发展需要的坚强智能电网，提供持续安全、高效、智能的电力供应，为朝阳的全面崛起提供坚强的电力保障。为此，公司构建了覆盖所有业务的全流程安全管理体系，从保障可靠可信赖的电力供应目标出发，设置考核具体指标，促进安全管理工作的全面推进。

保障可靠可信赖的电力供应模块设置了"建设满足地方经济社会发展需要的坚强电网"、"保证安全可靠供电"、"保证集约高效供电"、"保证智能创新供电"4个二级指标，并进一步分解为 63 个三级指标，如图 11-1 所示。

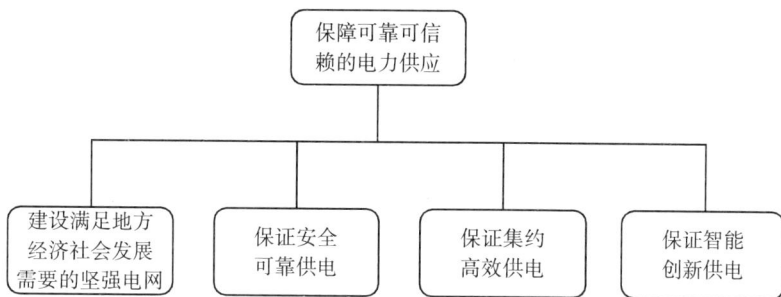

图 11-1　朝阳供电公司电力供应指标结构

公司经过多年实践，构建起如图 11-2 所示的安全管理体系。

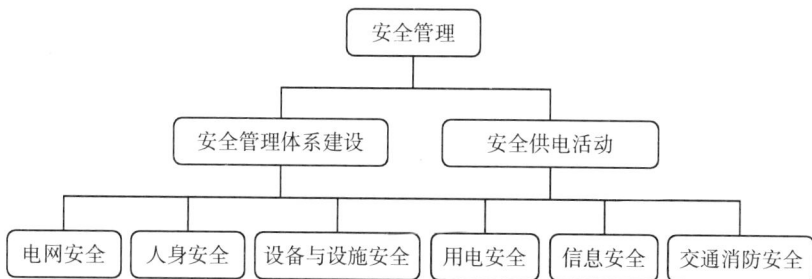

图 11-2　朝阳供电公司安全管理体系

（一）电网安全

1. 电网运行方式管理

一是加强电网正常运行方式计算与安全分析，认真执行电网运行方式会商制度和电网运行方式月复核制度，提高电网运行的可靠性和经济性；二是强化新设备投运管理，严格执行新设备运行方式通知单会签制度，确保继电保护定值与电网运行方式相适应；三是严格执行检修方式的集中性审查制度，确保电网安全运行；四是加强负荷预测和电力平衡分析，优化电网运行方式，提高电网供电能力，最大限度地满足客户用电需求；五是精心组织编制《电网运行方式》，深入分析朝阳电网存在的问题，并制定相应的整改措施，落实责任。

2. 电网调度控制运行管理

一是严肃调度纪律，严格执行调度命令，确保调度指令畅通；二是加强电网运行实时监控和无功电压调整，严禁设备过载运行；三是按责任分区、信息分流原则全面优化调度自动化监控信息，实现地调、县调分别对66千伏及以上变电设备、10千伏变电设备的分级集中监控运行；四是强化变电监控运行分析和监控信息处置闭环管理，确保变电监控系统安全可靠运行；五是加强调度监控系统新设备接入验收工作，严格履行许可手续，确保变电监控职责落实到位。

3. 电网调度监控操作管理

一是严格执行"两票三制"、"四对照"制度，防止发生误调度事故；二是严格执行管理人员到岗到位制度，强化倒闸操作的危险点分析，杜绝习惯性违章现象；三是加强远方遥控操作管理，严格执行"双人双机"操作许可制度；四是对重大的、复杂的停送电操作，认真执行"停送电操作票填写一值负责制"、"操作票三审制"和"恢复送电操作白班负责制"，提高操作的正确性和操作速度；五是超前谋划、精心组织新设备投运方案的编制工作，严格执行新设备投运方案和停电改造过渡方案会签及审批制度，并组织全员培训，提高操作安全管控能力。

4. 电网薄弱环节管控

一是继续执行电网薄弱环节预警机制，强化检修方式、临时方式下的电网薄弱环节分析；二是根据朝阳电网结构变化和电网运行薄弱环节，修订电网事故处理预案，确保预案实用、实际、实效，并对预案组织演练；三是对存在大面积停电风险的电网薄弱环节，形成专题报告向市政府汇报、向重要客户通报；四是全面梳理电网低频、低压切负荷装置，控制负荷数量，实现控制负荷实时监测，提高电网抵御事故能力。

【专栏】

隐患排查推动一线班组树障治理显成效

2014年以来，朝阳供电公司加大防外力专项隐患排查整治工作，多次在月度安全分析专题会议上进行安排部署。要求基层单位在加强线路通道治理工作上把握重点、创新方式、克服困难，树立长期不间断工作的信心，确保线路通道治理工作取得显著成效。

黑水业务部负责的黑水、昌隆和义成功3个乡镇地处老哈河南岸，水力资源丰富，树木繁多，东北防护林纵横交织，树障治理工作任务繁重。

在线路通道治理过程中，黑水业务部结合当地实际，因地制宜、钻研创新、强化执行，彻底解决了在电力系统中多年难以根治的老大难——树障"顽疾"问题，取得了连续8年无树障原因引起的线路跳闸和接地停电事故的成效，对其他单位起到了示范、借鉴作用。他们在工作实践中总结出来的一些治理树障的创新做法和实际效果，得到了朝阳供电公司和省公司的肯定。

①巧妙解决栽树在先、架线在后的树障问题。工作中积极与村民组、村委会、乡镇政府和林业部门协商解决，争取政策，并采取一次性少量砍伐、积少成多的办法，日积月累，线路通道自然逐渐打通。

②重视树疙瘩隐患。线路通道内有许多树疙瘩，极易新生树木，但挖掉树疙瘩不现实。黑水业务部采用树疙瘩扒皮的办法，虽然费时费力，但效果非常好。

③关注线路内侧生长的树权。线路通道两侧的树木安全距离虽然达到5米，但遇到风非常大的天气，树权就可能会碰到线路造成跳闸。面对这种情况，黑水业务部利用冬季树枝脆、地冻不怕压的特点，在采取停电措施后，租用吊车，利用吊车臂刮掉树枝，这项工作方法的安全性和工作效率都非常高。

经过坚持不懈地对线路通道两侧林带树木进行砍剪，黑水业务部辖区内10千伏线路通道内，实现了无树障和0.4千伏线路无树权触线的目标，使线路安全隐患得到了有效控制，解决了树线矛盾，确保了电网安全稳定运行。

（二）人身安全

1. 严格作业计划刚性管理和执行

朝阳供电公司建立月、周工作计划平衡机制，认真制定检修、基建、农网、营销各专业作业计划，各电压等级、各类型作业计划全部纳入"辽宁电网作业现场管理系统"实施统一管理，严格以作业计划管控生产秩序，杜绝无计划擅自作业行为。下属各单位以作业计划为依据，合理安排人力、物力，确保作业任务满足安全承载能力。公司每天通过日安全例会掌握各单位作业安排情况，确保"七清楚"（作业内容、时间、工作负责人、作业班组、管理人员、风险等级、到岗到位人员清楚）。

2. 强化现场作业超前策划和标准化管理

公司实施"七三工作法"（七分准备，三分实施），每周五对下周作业进行全面准备，做到"七超前、七确保"（超前开展专业综合现场勘查，确保防范措施落实；超前进行承载力分析，确保人员合理配置；超前进行安全措施（方案）审核，确保现场措施安全可靠；超前开展"两票"审阅，确保"两票"无差错；超前进行停送电操作演练，确保按时正确完成操作；超前做好设备、材料、工器具准备，确保停电施工高效；超前开展人员安全培训、交底，确保掌握现场危险点及预控措施），以超前预防、超前策划、标准化管理保障作业安全。

3. 突出重点领域安全风险防控

公司深刻吸取开关柜作业事故教训，制定落实开关柜作业"四必须"工作要求，要求开关柜作业"必须进行现场勘查，必须提高安全风险等级，必须在保留的带电部位设置'柜内有电，禁止开启！'专用磁条标示牌，运维人员必须手执电气元件结构图、接线图进行现场交底"。

4. 强化人身安全隐患排查治理

公司持续改进设备安全水平，组织开展开关柜、三角架立杆机、跨越架（脚手架）三项人身专项隐患排查，定期发布"隐患排查治理督办单"，对隐患排查治理不力的单位负责人进行约谈，大力推进设备人身安全隐患整治，强制报废21台存在隐患的设备。同时，强化人员安全意识和行为规范，以"两票三制"执行、作业标准化安全管控为重点，狠抓基层、狠抓基础、狠抓细节，努力使每一位员工按规章制度要求做好本职工作，每一个生产环节、生产流程都能够按照标准执行到位。

5. 加强安全生产正反双向激励

公司成立12个违章稽查组，开展集中循环安全稽查，及时通报、曝光、处罚春、秋检中的违章行为，对违章人员施行违章四级谈话，以恳谈方式，帮助其认识违章危害，提高自觉遵章意识。同时，加强安全生产正向激励，丰富激励考核内容，开展"安全管理流动红旗"和"星级作业现场"评比，培育"安全标准化作业样板间"。

（三）设备与设施安全

1. 设备运维管理

一是开展典型设备事故案例分析。编辑了《设备典型故障案例分析》，对 1989 年以来的 150 起设备事故、事件进行技术和管理剖析，指导编制年度反措项目 32 项，投入资金 1360 万元。二是扎实开展设备消缺。截至 2014 年 7 月底，共排查各类设备缺陷 702 处，处理 694 处，处理率98.86%，保证了设备安全运行。三是"五大"后提升配电管理，实施配网分段巡检工作法，巡视时间缩短 40%。

2. 电力设施保护

电力设施安全关系到社会和谐、经济发展、人民生活，直接或间接影响着整个社会的综合价值创造，是维护公共安全的重要工作内容。2012年以来，朝阳供电公司将社会责任管理融入电力设施保护，注重内外沟通与协调，通过加强利益相关方参与，探索建立了"部门协作、社会联动、齐抓共管、综合治理"的电力设施保护体系，最大限度降低电力设施外力破坏的风险。

第一，政府主导、全社会参与的保护体系。2014 年，朝阳供电公司以电力设施安全隐患专项整治行动为契机，推动政府成立了由主管副市长任组长的电力设施保护领导小组，成员包括朝阳供电公司、消防局、林业局在内的 15 家部门、单位的负责人，建立市、县、乡三级电力设施保护工作领导机构。公司与市公安局联合成立电力公安执法大队，与市经信委联合成立电力行政执法大队，与市综合行政执法局签订《防治飘浮物协作协议书》，建立了政企联合、警企联动的电力设施保护机制。

第二，以点带面、全面覆盖的群防网络。朝阳供电公司于 2013 年初启动社会责任联系点建设，由社会力量负责运营，覆盖了社区、工业园区、农业产业区、偏远山区和服务集中区。在电力设施保护过程中，联系点与群众护线队结合，取得了良好成效。

第三，价值共享、人人有责的舆论导向。朝阳供电公司在电力设施保护宣传工作中，采取"价值分析多维、沟通视角多元、宣传渠道多样"的策略，努力与利益相关方达成利益认同、情感认同、价值认同。

（四）用电安全

1. 用电安全宣传

为了保证用电安全，朝阳供电公司积极加强安全用电宣传，普及安全用电知识，组织开展安全用电进校园、进社区、进家庭、进村户等活动。公司各单位初步形成了电力安全管控的"二十四节气表"，有针对性地开展宣传活动。例如，正值雨季来临，建平分公司开展了侧重留守家庭的"雨季关爱"活动。公司组织管片电工走进留守家庭义务检修用电设备，为他们撑起了安全用电的"保护伞"。同时还发放了《家庭安全用电知识》等安全用电宣传资料，多方面保障用电安全。春耕期间，朝阳供电公司还发动属地业务部在对客户服务时进行电力设施保护宣传教育。安全宣传活动期间，公司与地方媒体加强协作，通过电视、报纸深化电力安全知识的宣传。

【专栏】

电力"医生"进农村进学校　营造安全用电良好氛围

"电暖气上不能覆盖衣物，电源插座不要插过多的插头，电器的电线不要被重物压住，否则可能会造成电线折断或者绝缘外表破损，容易使电线短路或漏电，还容易发生火灾……"2015年1月25日上午，朝阳供电公司共产党员服务队电力"医生"们来到凌北村居民李大娘家中，为老人检查室内用电线路、插座、开关和电器设备，消除安全隐患。

"同学们不能在电线、变压器附近逗留玩耍，春节期间燃放烟花鞭炮时要远离电力线路……"为让学生在假期提高安全用电防范能力，1月25日下午，朝阳供电公司党员服务队走进朝阳市第一高级中学，在教室内为即将进入寒假生活的学生们生动形象地讲解着安全用电常识，精心准备了生动易懂的视频资料，利用多媒体教学把用电知识、事故案例搬进学校课堂，耐心地回答了学生们的疑问，让学生掌握了安全用电知识、触电事故防范常识、破坏电力设施的危害性以及保护电力设施的重要性。课下，服务队还对学校内的线路及用电设施进行了全面检查，保证了整个校园良好的用电环境。

一直以来，朝阳供电公司采取不同形式坚持开展安全用电知识进校园、进社区、进企业、进社会活动，为客户查找和解决用电安全隐患，宣传相关电力法规知识和安全用电常识，促进了广大客户对电力知识及法律法规的学习和了解，增强了客户安全用电意识，营造了安全用电、共保平安的良好氛围。

2. 用电安全检查

为了保证用电安全，朝阳供电公司积极开展高危和重要客户用电安全普查，深化隐患排查治理，按照服务到位、通知到位、报告到位、督导到位的要求，督促和协助客户治理和消除安全隐患。用电检查可以指导和帮助客户安全、经济、合理地用电。通过用电检查可以整顿用电秩序，避免事故发生，保障国家和人民群众的财产和生命安全。

一是政企联合。2014 年 1 月，朝阳供电公司与朝阳市经济和信息化委员会组成的联合检查组对朝阳一家水泥企业进行了用电安全大检查。

二是应急联动机制。组织开展应急预案演练，建立健全与高危和重要电力客户的应急联动机制；组织开展用电安全宣传活动，发放安全用电资料，张贴安全宣传海报，发放并回收征求意见书，对客户提出的意见一一答复。

三是队伍建设。用电检查大队坚持以服务客户为工作目标，全力打造"服务型检查队伍"，努力实现由"单纯维权型"向"维权服务型"转变的目标，由过去的"推门就进、进门就查、查了就罚、罚了就走"的执法行为，改为"查辅一步到位、留下一份建议、规范一户行为、反馈一种评价、赢得一份信任"的工作模式。用电检查大队配合营销部，选派工作骨干 15 人参加 5 个工作小组的检查工作。通过 SG186 营销业务应用系统、稽查监控系统和用电信息采集系统有效筛查和排查，重点对北票、建平、喀左、朝阳县、凌源用电区域内抽取的各类客户电量、电流、电压等数据进行分析，现场检查客户电价、电费、容量、计量装置等方面情况，确保普查工作顺利完成。

3. 用电环境维护

公司充分利用营销管理系统维护和谐用电环境。公司用电检查大队积极探索新形势下的用电检查手段，充分应用客户用电信息采集系统、

SG186营销业务应用系统、营销稽查监控系统、国网辽宁省电力管理线损应用平台进行综合分析，加强内查与外查结合，实行反窃电的准确定位，不仅挽回了企业损失，同时也维护了用电秩序。

一是开展居民大电量客户的专项稽查。按照公司营销部对居民大电量客户的专项检查工作部署，用电检查大队为确保此次稽查有序开展、收到实效，精心组织、迅速行动。

二是对高铁临时用电现场进行专项检查。为保证高铁施工用电安全，用电检查大队对专项检查进行统一部署，精心安排，开展了历时近两个月的专项检查工作，确保了高铁每个施工段点线路的运行安全和施工人员的人身安全。

【专栏】

政企联合安全大检查　拧紧客户用电"安全阀"

朝阳供电公司全面落实"安全第一、预防为主、综合治理"的安全方针，自2014年1月8日起与朝阳市经信委联合开展了为期2个月的用电安全大检查活动。此次检查，根据客户用电级别分为两级检查制，一级重要客户由市级供电公司和市经信委联合检查组检查，二级重要客户由县级供电公司和县经委联合检查组检查，形成上下联动、齐抓共管的良好氛围，展开全范围"地毯式"检查，不留安全死角，彻底消除隐患盲区，防范安全风险。

此次联合检查，经信委发挥政府管理职能，有效促进用电客户安全隐患整改。同时，朝阳供电公司用电管理人员在检查中对客户设备运行管理、安全运行管理及用电应急管理等方面提供技术支持。按照客户隐患"一条不漏抓、一条不放过、条条有交代"的原则，重点对朝阳市委市政府、医院、交通运输、金融、工矿企业、兴隆大家庭等大型商场一二级重要和高危客户供电电源、电工持证上岗、自备应急电源、应急预案制定、自备线路维护、设备定期试验、安全用具方面进行全面、全方位隐患排查，一旦发现存在安全隐患，立即下达整改通知书，并限期整改。

（五）信息安全

2014 年，朝阳供电公司落实信息安全监管责任，签订《信息安全责任状》2251 份。公司规范桌面终端入网流程，实施新客户安全考试制度，开展专项安全治理检查 2 次，检查信息设备 807 台，查出并整改信息安全漏洞 15 项。同时，统一部署了防病毒软件，2049 台内外网终端全部注册安全软件，1508 台内网终端全部安装客户端资源管理插件，杜绝了违规外联事件的发生。

（六）交通、消防安全

公司实施市县两级集中管理、统一调度的车辆管理模式。同时，实行车辆 GPS 系统 24 小时监控，严防违规派车、违规用车、违章行车和违规停车现象的发生，保证了行车安全。此外，公司高度重视消防安全管理，不断提高全员消防安全意识。

（七）开展"安全稳定年"与"安全月"活动

公司将 2012 年确定为"安全稳定年"，扎实开展"安全稳定年"主题活动。强化两票双百考核，加强入网作业管理，开展安全管理流动红旗竞赛活动。建立施工红黄牌警示制度，编制管理人员现场检查指导卡、农网改造工程实用手册，实施反违章连责追溯等 6 个工作法，确保电网安全稳定运行。公司荣获全国"安康杯"竞赛优胜单位称号。

2015 年 3 月 27~30 日，国网公司总部各部门、各分部、各单位按照统一部署，结合自身情况，全面开展"安全日"活动。朝阳供电公司认真落实网省公司部署，各级干部员工全面分析可能存在的安全风险，剖析本部门、单位在安全生产、队伍稳定方面存在的安全薄弱环节和隐患，着重解决安全生产工作中存在的实际问题，制定措施、落实整改、不留死角，共整改问题 24 项。

第二节　应急管理

在现代社会，停电风险已经扩大为社会的公共风险。加强供电应急体系建设，提升应急管理水平，可以防范和降低供电安全事故的危害，减轻事故灾难造成的人员伤亡、经济损失和社会影响，直接或间接为整个社会创造价值。朝阳供电公司探索将社会责任理念融入应急管理，更加注重内外部沟通与协调，通过利益相关方参与，在更大范围内实现社会资源的高效配置，最大限度地降低经济和社会损失。

一、应急管理组织体系

应急组织由朝阳供电公司应急领导小组牵头，下设安全应急办公室和稳定应急办公室，并针对各项应急管理工作进行明确分工（见图 11-3）。同时，公司成立应急专家组，现有"自然灾害、事故灾难"处置应对专家约 20 名，"公共卫生与社会安全事件"处置应对专家约 10 名。

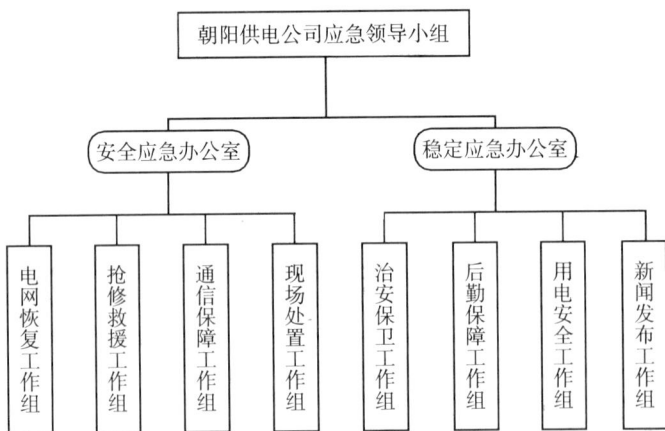

图 11-3　朝阳供电公司应急管理组织体系

二、应急管理制度规范

朝阳供电公司始终高度重视供电安全管理，在遵守各级政府相关法律法规的基础上，依据《国家电网公司应急管理工作规定》要求，结合"五大"体系建设和公司实际，重新梳理了应急管理体系，并将应急管理作为全面社会责任管理试点工作的重点领域，探索通过社会责任理念融入提升公司应急管理能力和水平。公司以社会责任理念为指导，充分考虑社会期望和利益相关方诉求，确定了应急管理改进的主要目标为：全面提升应急管理能力，最大限度地降低经济和社会损失。

公司重新修订了 120 个市县两级应急预案，其中，增加了体现社会责任理念的新要求；制定下发了《朝阳供电公司履行社会责任应急响应工作规定》，创新应急管理机制 12 项；共完善市县两级现场处置方案 1330 个，促使公司应急预案体系更加科学、规范。

三、应急管理沟通机制

公司建立健全内外部信息沟通机制，具体做法包括：在电网应急信息中增加高危区域停电预警信息，将供电设备区域转为社区、街道等政府部门、客户熟悉的地域名称进行告知；对重要客户停电风险进行细致分析，为客户提供充分的分析依据，提出有针对性的措施建议；建立政府三级对接机制，分层次和各级政府有效对接，实现信息高效无缝传递；建立特别客户设备健康档案，全面掌握重要客户设备状况，必要情况下，会同经信委等部门和客户共同召开应急协调会，共同部署停电应对工作；建立特殊群体爱心责任档案，在应急信息中，同时告知民政部门已停电或停电概率较大区域的特殊群体情况，协助有关部门及时救助弱势群体；在突发事件处置过程中，与新闻媒体保持不间断沟通，全面、准确地发布应急预警、应急处置、资源调配、抢险进展等信息，做到公开透明。

四、应急管理利益相关方参与机制

公司积极推动利益相关方参与，建立以政府部门为主导的社会资源协调机制，以提高资源使用效率和效果。公司的重要举措是，完善内部资源需求联络制度，即日常工作中，各部门对应急处置中可能需要的社会资源进行调查了解，与供电企业外部的资源控制部门进行沟通，签订资源应急使用协议或达成有关意向，建立社会资源协调网络；应急处置中，各部门、单位对需要协调的社会资源的种类、数量、时间提出准确需求，汇总到应急办公室，应急办公室立即与市政府应急办沟通，根据已经建立的资源协调网络，指派有关部门和人员用最快的时间，准确协调公司外部资源控制部门、单位，快速协调有关资源迅速到位，充分发挥社会资源统筹优势。同时，建立客户停电应急处置协作指导机制，即利用供电企业自身优势，帮助客户整合应急资源，协助客户制定完善停电应急预案，提升客户应急管理水平，为客户在突发事件中降低损失。

【专栏】

成功举行反事故演练　强化电网应急处理能力

为检验调控人员在电网薄弱运行方式下的事故应急处置能力，2014年5月12日下午，朝阳供电公司在电力调度控制中心地区调控大厅成功举行了《燕山湖电厂1号机组停机，燕南变2号、3号主变故障跳闸》反事故演练。

2014年以来，朝阳地区最大网供负荷在1280兆瓦左右，朝阳电网供电能力满足负荷需求。期间，如果燕南变2号（3号）主变故障跳闸，朝阳电网供电能力将下降至850兆瓦，需拉闸限电减少430兆瓦左右负荷。针对此薄弱环节，为确保朝阳电网安全稳定运行，朝阳供电公司高度重视，及时发布电网薄弱环节预警，制定了燕山湖电厂1号机组停机期间的相关工作要求，编制了事故处理预案，并组织开展了本次演练。

本次演练以"燕南变2号（3号）主变故障跳闸，需及时调整电网运行方式，转带相关负荷"为题。演练过程中，全体参演人员严格遵守事故处理程序，参照燕南变运行主变负荷及网供负荷，结合拉闸序位表进行五轮430兆瓦的拉闸限电，并立即向省调和相关领导进行了汇报，及时联系葫芦岛、赤峰调度调整电网运行方式，转带相关负荷，提高电网供电能力。参演人员沉着应对，信息分析准确，故障点隔离迅速，运行方式调整合理。参演人员还针对演练中存在的问题展开讨论，达到了熟悉预案并灵活掌握的目的。

通过此次演练，有效提升了电网存在薄弱环节的安全管理水平，也有效提升了公司对突发事件的快速处置能力和电网整体协同控制能力，为全力保障电网的安全稳定运行创造了条件。

第三节　安全监督

　　供电企业的安全监督工作在供电企业中具有重要的作用，涉及多个部门的工作，是技术工作和管理工作的基础及保障，对供电企业的发展起到了积极的促进作用。供电企业应根据安全监察工作的特点和供电企业的具体情况，合理地进行安全监察工作，为供电企业的发展创造有利的条件，奠定坚实的发展基础。

一、安全监察制度

　　在供电企业的各项工作中，安全监督不仅起着裁判员的作用，更重要的是担任教练员，其目的不仅是对出现的安全事故进行责任的追究或者是相应的处罚，更重要的是从对安全事故的预防措施着手，避免相似事故的再次发生。可见，安全监督工作是一项复杂的工作，任务艰巨，为供电企业各项工作的开展创造了安全的环境。安全监督工作除了要对各种安全隐患进行检查和排除以外，对安全事故的预防是关键，这需要加强对员工的安全教育和培训，掌握相应的安全措施，利用安全技术，认真地开展安全监督工作。因此，安全监督工作应作为供电企业的一项基本工作。

　　朝阳供电公司坚持"安全第一、预防为主、综合治理"的方针，建立起了一套适应企业实际生产情况的安全监督管理制度。公司安全监察制度体系主要是以国网公司颁布的《国家电网公司安全生产工作规定》等制度为核心，严格开展安全监察工作。

二、安全监督体系

　　公司设有以总经理和党委书记为主任的安全生产委员会，全面领导安全生产相关工作，下设由公司安质部、二级单位安质部（安全员）和班组安全员组成的三级安全网，具体实施安全监督相关工作。公司逐步完善三级安全监督网络，已经组建起234人的专兼职安监队伍，覆盖了生产、基建、农电、营销、集体企业等全部专业。公司对安监人员开展监察绩效考核，提高了安全监察质量。此外，公司创新安全网会议形式，将会场设到作业现场，通过互查、点评，增加了安全分析的针对性和有效性。

（一）安委会组成和职责

（1）安全生产委员会组织机构构成如下：

主　任：总经理、党委书记。

副主任：副总经理、纪委书记、工会主席、总会计师。

委　员：副总师、各部门负责人。

安全生产委员会办公室设在安全监察质量部（保卫部）。

办公室主任：安质部主任。

成　员：安全监察质量部（保卫部）全体人员。

（2）安全生产委员会的主要职责。安全生产委员会的主要职责包括：依据国家、各级政府和上级公司的有关安全生产法律、法规，负责组织建立健全并落实公司各级领导、各职能部门的安全生产责任制；负责审定公司年度"安全技术劳动保护措施计划"和"反事故措施计划"；负责制定朝阳电网突发事件应急预案，组织实施应急演练；负责组织主持生产安全事故调查，根据国家规定，对受伤人员进行工伤认定；每月召开一次安全分析会，综合分析公司安全生产趋势，及时总结事故教训及安全生产管理上存在的薄弱环节，研究采取预防事故的对策。

（3）安全生产委员会办公室的主要职责。安全生产委员会办公室的主要职责包括：负责做好月安全分析会记录，传达安委会会议的决议，对落实情况进行督办；负责对各级人员到岗到位标准进行汇总备案，对各级人员岗位责任制的落实情况进行督办；负责对事故隐患进行汇总备案，对事故隐患的整改情况进行督办；负责对"安全技术劳动保护措施计划"和"反事故措施计划"的执行情况进行督办；负责对朝阳电网突发事件应急预案进行整理、汇总、备案，拟订年度应急演练方案。

（二）安全监督人员职责

安全监督人员职责包括：贯彻执行国家和上级单位有关规定及工作部署；负责制定本单位安全监察、质量监督和应急管理方面的规章制度；负责基建、生产、供用电、农电、信息等安全的监督、检查和评价；负责全面质量监督管理和质量监督关键指标的统计、分析和考核；负责交通安全、电力设施保护、防汛、消防、防灾减灾的监督检查；负责资产全寿命周期管理的归口管理工作；负责公司电力可靠性工作的归口管理；负责公司人武、保卫管理；负责组织协调应急体系建设，负责应急管理日常工作；负责公司安全、质量事件的调查、分析和处理；负责归口管理安全生产事故隐患排查治理工作；配合反窃电工作，负责与公安部门外联工作；负责制定安全技术及劳动保护措施计划并监督落实；负责指导集体企业、农村电力服务有限公司安全监察相关管理工作。

第四节　安全文化

　　企业安全文化是企业全员性的安全价值观或安全理念、员工职业行为中所体现的安全性特征以及构成和影响社会、自然、企业环境、生产秩序的企业安全氛围等的总和。安全文化建设于企业既是一种现代安全管理思想，又是一种有效的安全管理手段，并体现在有形的安全生产中。如何发挥安全文化在供电企业安全生产工作中的重要作用，探索一条安全文化建设的新路子，是一个值得深入研究和实践探索的新课题。

　　近年来，朝阳供电公司以科学发展观为统领，坚持"以人为本、安全第一、预防为主、综合治理"方针，按照公司"十二五"企业文化建设规划部署，紧紧围绕安全生产各项任务目标，优化安全生产的舆论氛围，建设个性鲜明、亮点突出的安全文化体系。公司全面推进安全文化落地工程，为实现本质安全提供精神动力和文化支撑，确保企业的长治久安。

一、营造安全氛围

　　一方面，朝阳供电公司加大安全宣传报道力度，及时利用报纸、杂志、局域网等平台宣传上级关于安全生产的文件法规、安全知识，以及各单位在抓安全生产中的好做法、好经验及涌现出的好人好事，并坚持开展"安全展板活动"等系列安全活动；另一方面，在公司的各个下属单位分专业开展安全生产评比活动，对在安全生产中做出突出成绩的先进单位和个人及时地给予表彰奖励，在公司内部形成了良好工作风气。

　　近年来，朝阳供电公司积极展开多样化的安全教育活动，旨在塑造良好的企业安全文化。例如，在安全生产月期间，在公司走廊等醒目位置摆放了 10 余张以"强化安全基础，推动安全基础"为主题的安全漫画展板，其内容有"一人平安，全家幸福"、"教训避免事故"等，通过漫画中幽默诙谐的语言吸引员工驻足观看，深受班组员工喜爱，提醒广大员工在工作中严格遵守规程，对全体员工进行了潜移默化的安全思想教育，逐步实现了员工从"要我安全"到"我要安全"的转变，形成了居安思危、防微杜渐的良好安全生产氛围。

二、提高安全意识

朝阳供电公司从提高职工安全意识和自我保护意识方面开展工作，经常组织全体员工深刻开展安全知识的学习活动，自觉对照检查，总结以前的经验教训，查找工作上的问题和不足。公司要求职工深刻认识到"安全生产责任重于泰山"的工作理念，要求每个生产职工从意识上、思想上、工作上把安全生产放到一切工作的第一位。公司重视安全生产宣传工作，给每位员工一定的安全生产压力，使得每位工作人员时刻绷紧安全生产这根弦，逐渐形成一种"我要安全"的习惯。例如，公司通过开展"我来挑错"、"挑战对对碰"、专题研讨、组织技能竞赛等多种形式，增强员工安全生产意识。同时，提升干部员工驾驭复杂局面、解决安全管理问题的能力。

三、建立保障体系

朝阳供电公司按照《安全生产法》的要求，高度认识"两个责任主体"，完善三级安全生产保障体系和监督体系，建立一级抓一级、一级对一级负责的安全生产责任体系。公司定期召开安全分析会、生产例会和安全监督网例会，适时宣贯上级安全生产文件，强化定量分析，落实重点安全措施，层层提高执行力。

公司坚持科学发展、安全发展，牢固树立"大安全"理念：一是提升思想认识的高度；二是拓展安全管理的深度；三是深化工程质量的精度；四是加大队伍稳定的力度；五是提高依法治企的强度；六是增强品牌形象的亮度。公司扎实做好安全生产、建设质量、队伍稳定、优质服务、依法治企、品牌建设等各项工作，形成"人人保安全、事事促安全"的"大安全"格局。公司编制了《安全文化手册》，总结提炼了具有公司特色的安全目标、安全理念、安全行为和安全支撑、安全宣传、典型设备故障案例分析等内容。

公司党委将创先争优活动与企业生产实践相结合，在各项活动中将安全工作具体化、常态化。党政工青以实际行动"给力"安全生产，开展了"解放思想、转变观念、科学发展"和"责任心、事业心、上进心"三心主题教育活动。公司通过系列活动增强安全氛围，使安全理念入耳、入眼、入脑、入心，推进了安全文化建设工作，起到"制度育人，文化塑魂"的效果。同时，公司每年都以不同形式开展"忆事故、谈教训"主题安全活动。各单位领导分别参加班组宣誓活动，触动职工心中安全之弦，提高职工安全意识，做到"勿忘安全、从我做起"。

四、强化安全宣传

朝阳供电公司十分重视对安全生产工作的宣传。对内，在公司网站、电视台、内部宣传材料上，积极宣传各单位安全生产工作的好经验、好做法，安全生产工作方面取得的成绩，营造出安全生产的良好氛围；每当公司有关安全生产的文件、规章制度出台，都在公司各类媒体上全面进行宣传，并对其中一些重要内容进行解读，使得安全生产的各项制度深植于职工中间，并入脑、入心，落实在行动上。对外，公司十分重视外部形象，积极组织专兼职通讯员向外投稿，将公司安全生产工作的方方面面反映出去，既提高了公司的知名度、美誉度，又提高了职工的向心力、凝聚力。

此外，公司在生产现场设置固定和临时安全标语，时时提醒一线员工遵章守纪，关注安全。生产单位每月召开安全会议，及时传达上级安全生产会议精神，总结本单位安全生产重点工作。班组每周组织安全活动，学习安全规程、技术规范，分析安全生产过程中暴露出的不安全行为，排查不安全隐患，形成"人人讲安全，时时关注安全"的良好氛围。

第五节　安全教育与培训

安全教育与培训是安全管理的重要环节，企业应为员工搭建成长平台、拓展发展空间，从而实现企业与员工的共同成长。安全教育与培训能够提升员工的安全意识与安全技能，从而保障职工人身安全和公司安全运行。

一、学习机制

为了保证职工安全，公司探索建立了常态化的学习机制。公司开展的安全教育与培训涵盖内容丰富，包括《国家电网公司电力安全工作规程》（线路部分、变电部分）（2009年版）、《国家电网公司安全工作规定》、《国家电网公司事故调查规程》、《电力安全事故应急处置和调查处理条例》、辽宁省电力有限公司执行《国家电网公司电力安全工作规程》(输、变、配电部分) 补充规定（2013年版）等规章制度，并且针对"两票"调考、调阅及"两票"实际填写与执行过程中存在的问题，开展"两票"专项培训，对具备带电作业资格人员开展规程带电部分培训等。

此外，公司结合自身实际情况制定了冬季安全培训工作计划，重点对《国家电网公司电力安全工作规程》、省公司补充规定以及有关安全生产规章制度、安全快报、安全情况通报、事故通报等进行了有针对性的培训。同时，公司结合"三集五大"体系建设要求，加强安全保障宣传工作，强化事故案例学习，加强安全警示教育。

二、员工培训

朝阳供电公司实施"三集五大"体系建设以来，对员工专业知识技能提出了新的更高要求，对培训工作提出了一个新的课题。针对这一课题，公司定期有计划地开展职工安全培训。例如，定期组织开展安全操作规程培训，特种作业人员操作技能培训，车辆交通安全法律、法规培训，消防安全培训教育，电力设施保护培训，安监一体化系统应用培训，应急管理培训，紧急救护培训，应急装备使用培训，电能质量在线监测系统应用培训等。

同时，公司创办了安全警示教育室，将事故影像资料和实物引入课堂，通过鲜活的案例提高员工安全意识。公司将作业环境及设备运行工况拍成影像，进行现场出题考试，提高员工现场勘查能力。并且在公司主页开办"安全管理提升专栏"，设置经验交流、案例学习、警示教育等板块，打造学习交流平台。公司员工在省公司调考中名列前茅。

第十二章　科技与信息化

科技创新是实现现代化的发动机，是一个国家进步和发展最重要的因素之一。唯有不断创新，才能持续进步。社会如此，企业如斯。纵观市场中具有强大竞争力的企业，它们共同的特征是极其重视科技发展和自主创新，不仅从制度上选择创新作为企业的主要发展战略，还从观念上渗透，彻底将创新融入企业发展的血脉之中，进而创造出有利于科技创新的环境，激发企业科技创新的潜能。近年来，国网公司深入贯彻落实科学发展观，以"建设世界一流电网、国际一流企业"为目标，认真落实国家自主创新战略，科技信息工作成果卓越。朝阳电网处于国网创新体系之中，通过自身的努力，实现了科技及信息工作的突破。

第一节　科技创新管理

技术创新是企业持续发展的不竭动力。朝阳供电公司按照国网公司"十二五"科技发展规划要求，推进开放式科技创新体系建设，制定科技创新激励实施细则，不断取得科技创新新突破。公司积极推进创新型企业建设。近年来，公司围绕电网安全运行、智能电网建设等关键领域，积极开展科技攻关，取得了丰富的科技创新成果，为朝阳电网安全稳定运行提供了有力的、坚实的技术基础。

一、科技创新体系

朝阳供电公司作为国网公司的一家地市级子公司，在国网公司整体科技创新体系中属于基层执行单位。公司的主要职责包括：一方面，按照国网公司的统一部署和省公司的年度计划，协调科技创新资源，完成科技创新任务，上报科技创新成果；另一方面，向下属各机构和分公司分配科技创新任务，组织开展科技创新活动，以及申报各级科技创新奖项。

国网公司近年来科技创新体系建设的总体思路是：按照国家的总体要求，以推动能源结构战略性调整、支撑坚强智能电网建设、引领世界电网运行和装备技术发展为重点，打造定位科学、分工明确、产研协同、运转高效的国际一流的企业科技创新体系。主要目标是：完善以直属科研单位为骨干、直属产业单位为重点、省属科研机构为依托、海外研发（检测）机构为延伸、外部科技资源为协同的公司科技创新组织架构；健全科学的战略决策机制、高效的成果转化机制、多元的人才激励机制、开放的协同共享机制、完善的考核评价机制；打通创新链条，激发创新活力，实现科研与产业、科研与生产、科研与公司发展的紧密耦合。

近年来，国网公司着力建设以中国电科院、国网经研院、国网能源院为骨干，省级科研机构为支撑，系统外部科研力量为协同的高效科技创新体系，着力开展电网规划、设计、运营和公司及电网发展战略的重大科技攻关。朝阳供电公司立足自身定位，按照国网公司和省公司的战略部署，按时完成年度科技创新计划，提高科技创新资源配置效率，在智能电网建设等领域取得了多项成果。

二、重点科研项目

（一）全力支持朝阳智能电网建设

发展是永恒的主题，智能电网也是世界电网发展的又一新的阶段。在"三集五大"体系中，"大建设"把构建适应坚强智能电网建设的大建设体系、提高电网建设安全质量和工艺水平、提升建设管理效率与效益、实现电网建设"国际同行业领先、国内各行业领先"目标放在了第一位。在构建智能电网这个大体系中，通信技术又是重要的组成部分。"十二五"期间，朝阳供电公司智能变电站建设实现突破，配电网自动化建设初见成效，智能调度系统发挥作用，智能电网建设揭开崭新的一页。

1. 引领智能变电站建设

朝阳供电公司高度重视智能变电站建设，在国网公司系统内甚至是全国范围内都走在了前列。其中，220千伏何家智能变电站就是一个典型代表。这是国网公司2012年推出的全智能型变电站，智能变电站全无线在线监测系统项目是辽宁省电力有限公司科技项目，也是国家重大专项课题"面向智能电网的安全监控、输电效率、计量及客户交互的传感器网络研发与应用验证"示范工程之一。该工程于 2011 年 9 月开工，2012 年 11 月 28 日一次投运成功。这是朝阳电网建设的功能最强大、自动化水平最高的变电站。何家智能变电站送电成功，标志着朝阳电网建设水平进入一个崭新阶段，标志着朝阳供电公司智能电网建设取得了实质性的新突破。

2012 年，朝阳市政府制定了大力推进工业园区建设的经济发展蓝图，何家变电站位于朝阳县东南部，占地面积 20182.5 平方米，是针对朝阳有色金属工业园区的电力需求而建设的一座 220 千伏智能变电站，建立了一键式控制、可视化监测、智能告警、智能分析决策、全景信息分级共享等特征为一体的变电站高度集成系统，是国内首座集保护、测量、控制、计量为一体的高度集成的变电站，网络连接简洁、系统集成度高，是目前国内先进的智能化变电站。为确保投运顺利完成，朝阳供电公司多次召开专题会议，提出了"必须实现零缺陷验收、一次送电成功"的目标。何家智能变电站的成功投运，有效弥补了朝阳东南部地区供电半径较大的短板，为朝阳有色金属工业园区建设提供保障，同时也进一步改善了朝阳电网的框架结构。该变电站投运后，朝阳供电公司通过智能监视、智能操作、智能辅助的高级应用，实现变电站运维管理新模式。何家变是继马山 220 千伏变电站投运后，朝阳地区投运的第二座 220 千伏智能变电站，也是朝阳地区投运的第 10 座 220 千伏变电站，有利于进一步优化朝阳电网构架，提高供电可靠性。

2. 推进配电网自动化建设

配电网自动化是运用计算机技术、自动控制技术、电子技术、通信技术，采用具有高新性能的配电设备，对配电网进行离线与在线智能化监控管理，使配电网始终处于安全、可靠、经济、高效的最优运行状态。其最终目的是提高供电可靠性和供电质量，缩短事故处理时间，减少停电范围，提高配电系统运行的经济性，降低运行维护费用，最大限度提高企业的经济效益，提高整个配电系统的管理水平和工作效率，改善为客户服务的水平。

朝阳供电公司积极推进城区配电网自动化建设。城区已有 80 台环网柜具备配网自动化功能，实现"三遥"（遥测、遥信和遥控），占全部环网柜的 53%，处于全省领先地位。在近年来的配电网规划工作中，公司通过落实现代配电网规划理念，深化"五协调"配电网规划管理，实现主网、配网规划建设"一条线"，配电网一次、二次发展"一盘棋"，配电网发展质效快速提升，规划项目深度显著加强，规划工作管理经验得到国网公司认可。2014年，公司纳入综合计划的配电网项目达到储备库的71%，有力地推动了辽宁配电网向现代配电网发展迈进。

3. 优化智能电网调度模式

朝阳供电公司积极探索智能电网调度模式创新。经过多年努力，朝阳电网调度和配电调度"调度控制一体化"新模式稳定运行，27座城网变电站全部接入调控系统，调控效率和调度应急反应能力显著提升。朝阳地调一体化平台建设在继承原系统功能的同时，新增责任分区、信息分级、信息分流、三维可视化功能，实现了区分不同监控区域、信息分级管理和三维可视化监控。通过调控中心电网高级应用软件升级，实现了综合各类信息，科学分析电网运行状态数据，进行状态估计、潮流计算等先进功能的应用，提高了电网运行掌控能力，为智能电网建设提供了强有力的技术支撑。

【专栏】

科技创新护光明

—— 记辽宁朝阳供电公司输电运维室运维一班技术员耿雷明

朝阳地区以山地丘陵为主，在绵延不断的大山之上，在一望无际的荒野之中，一座座巍峨的铁塔昂然屹立，直刺蓝天。正是这一座座铁塔连接起了电力输送的一条条"大动脉"，而在背后支撑着朝阳电网"大动脉"安全稳定运行的，却是那一个个跋涉在崇山峻岭之中的输电运维工。

耿雷明，就是他们中的代表和佼佼者。28岁的耿雷明，毕业于河北科技大学电气工程系，自2010年参加工作以来，坚持以提升素质和技能为基础，勤学苦练，尽职尽责。

耿雷明积极进行QC科技成果的研究，通过科学的理论和实践，不断地提高线路故障点的查找效率，积累了大量的实践经验和理论技能，并研究出了《提高220千伏柳左1#、2#线路故障点查找精度的实践》QC成果，将此项研究汇集成文，在省公司QC成果发布会上发布，获得了QC成果的发布奖。此成果以弧垂计算、环境等因素为基础，提出了以导线实际长度代替档距的理论，使计算故障点的精确度得以提高，在输电线路实际运行中取得了明显的工作成效。

在平时工作中，耿雷明深刻体会到输电线路巡视与检测的手段需要进一步完善，才能够使输电线路运行安全可靠，检修成本合理，只有通过科技创新，才能取得技术和技能的进步。他充分发挥能动性，结合理论所学，研究线路路径的图形化区域环境分布、周期化数据汇集以及运行数据分析处理系统，将图形参数和运行数据一体化，能使检测、运行数据更加形象化、具体化，为输电线路安全运行提供良好的支撑，也为提高专业人员的业务水平和综合素质提供了保障。

（二）研究推广清洁能源并网技术

朝阳供电公司积极开展风电、光伏发电、生物质能发电等相关技术研究工作，包括风光互补、高压储能、区域性保护技术研究，以及光伏发电控制与并网、风光一体储能技术研究及推广应用，建设大规模储能基地。

为充分利用朝阳地区丰富的风能资源，朝阳供电公司在风能发电方面进行了深入的研究，也取得了喜人的成绩。

第一，依托仿真模型，优化风电运行方式。公司通过对风电场整体建模的方式建立风电场低压穿越模型，并根据短路试验数据修正模型误差，为现场测试、风电场运行对电网影响研究提供了有力的技术支撑；同时搭建了包含集中无功补偿装置的风电场无功仿真模型。

第二，创新试验方法，保障风电并网安全。公司针对风电并网安全问题开展专题研究，购置了国内外先进的测试设备，建立了完善的风电并网检测体系；不断提高风电低电压穿越的测试能力，保证风电场可靠稳定运行，并创造性地提出通过风电场人工短路试验方式验证风电场低电压穿越能力；在国内首次开展了风电场无功补偿装置和风电场并网特性测试工作，研制出首套移动式风电机组电网适应性测试系统；完善 PMU 测试方法，实现 WAMS 系统的安全稳定运行分析与控制功能；编写了《风电场电能质量监测终端技术规定》，开发了基于 IEC61850 新能源电能质量监测的设备检测平台，对风电场电能质量监测数据进行全面管理；强化风电场安全性评价，督促生产经营单位开展隐患排查治理工作，确保大规模风电接入后的电网安全稳定运行。

三、科技创新成果

朝阳供电公司坚持"自主创新、重点跨越、支撑发展、引领未来"的方针，全面提升科研攻关能力，支撑坚强智能电网建设。近年来，公司在多个领域取得了科技成果，并获得了多个奖项。尤其是 2014 年，公司智能电网建设收获多项科技成果。其中，"高度集成化智能变电站技术研究与实践"获得了辽宁省政府科学进步二等奖，这也是公司承担的科技项目首次获得辽宁省政府科技奖项；"区域性保护测控系统的研究与应用"获得辽宁公司科技进步二等奖，为在 220 千伏及以上电压等级电网中实现区域保护测控进行了可行性探索；"Research and Implementation of Centralized Intelligent Substation Protection and Control System"被收录进 EI，并获得省公司应用理论类二等奖；QC 小组"智能变电站三网合一模式下对时策略的探索与实践"获得省公司一等奖。

何家 220 千伏智能变电站形成的科技成果——高度集成化智能变电站技术研究与实践，被授予国家电网公司 2014 年科学技术进步二等奖。这是公司承担的科技项目首次获得国网公司科技奖项，也是省公司"十二五"期间为数不多的较高等级获奖项目之一。该项目的集中式保护测控技术、保护装置"1+1 无缝切换"技术等研究成果及应用达到了国际领先水平，智能变电站整体技术达到国内领先水平。其在智能变电站二次系统集成等方面取得了较大技术突破以及成功应用，获得国网公司的高度认可，是新一代智能变电站技术发展的方向。

公司近年来省公司获奖的主要科技成果如表 12-1 所示。

表 12-1　朝阳供电公司近年省公司获奖科技成果汇总

项目名称	奖励等级	成果类别
智能化变电站全站动模实验研究	1	科技进步
高度集成化智能变电站技术研究与实践	1	科技进步
智能变电站技术研究及在马山 220 千伏变电站的应用	2	科技进步
基于 Ext.net 及 WEBGIS 下的电网负荷预警管理系统的研究	3	科技进步
电力企业基于惠农金穗卡模式的多渠道缴费系统	3	科技进步
智能变电站运维策略研究	1	新技术应用
用电检查反窃电分析系统	3	新技术应用
带防窃电彩信报警装置电表箱研制与应用	3	新技术应用

项目名称	奖励等级	成果类别
智能电能表体验中心建设与应用	3	新技术应用
自动化技术在朝阳配电网中的应用	3	新技术应用
朝阳电网调控一体化方案研究与开发	3	新技术应用
电力系统单兵应急移动视频指挥系统研制与应用	3	新技术应用
变电站典型操作票和现场运行规程生成系统	3	新技术应用
朝阳电力营销稽查监控平台	3	新技术应用
远程无线抄表用电管理软件设计与实现	3	应用理论
容升电压防护及有间隙金属氧化物避雷器综合试验仪	3	专利奖励
跌落式开关触头	3	专利奖励
国网辽宁省电力公司内网终端信息保护控制系统研究与应用	2	科技进步
区域性保护测控系统的研究与应用	2	科技进步
手动杆塔防盗螺丝破拆器	3	专利奖励
绝缘树木剪子	3	专利奖励
输电线路标示牌万能安装架	3	专利奖励
电力作业连接套件	3	专利奖励
Research and Implementation of Centralized Intelligent Substation Protection and Control System	2	应用理论
Exploration and Study on Reducing Regional Distribution Network Losses	2	应用理论
配电网自动化中 EPON 技术的应用	3	应用理论
云终端远程运维标准化建设应用	3	应用理论
局部放电检测的三维线框模型	3	应用理论
营财数据集成建设与应用	3	新技术应用
配网调度接线图电子化研发与应用	3	新技术应用
多功能用电客户信息采集仪的研制与应用	3	新技术应用
激光对射报警围栏的研究及应用	3	新技术应用

【专栏】

引导青年人才投身智能电网建设

2013 年 5 月 31 日，朝阳供电公司组织来自一线各个岗位的 30 余名青年团员到全国首座高度集成智能型变电站——220 千伏何家变进行实地参观学习，引导广大青年努力学习智能电网新知识，激发他们积极投身智能电网建设的工作热情。

　　为大力推进电网智能化进程，建立起一支适应坚强智能电网建设的人才队伍，朝阳供电公司不断加大全员智能电网知识培训力度，特别是高度重视广大青年队伍建设，积极优化青年成长成才环境，通过开展"十大杰出青年"评选等活动，鼓励青年人立志、勤学，尽快成为懂技术、会管理的专门人才，在岗位上成为行家里手。

　　在何家变培训现场，朝阳供电公司负责智能变电站建设的副总工程师向青年团员系统讲解了智能电网的原理、作用、重要性，变电站的发展和构成，何家变的关键技术、新设备的应用等相关知识内容，使广大青年现场感受现代电网设计的新理念和该公司智能型变电站建设的新成果，开阔了眼界，鼓舞了干劲，感叹时代的发展脉络和高科技的神奇力量，纷纷表示不虚此行，收获很大。

第二节　信息化建设

　　朝阳供电公司结合"三集五大"体系建设，调整完善公司信息化管理体系，细化公司管理职责，完成了38项国网统推建设的信息系统适应性调整与远程测试工作，从组织机构、角色权限、业务数据、系统应用等方面解决了信息系统适应性调整过程中存在的问题，提升了信息系统集约化、扁平化、专业化水平，对"三集五大"体系的正常运转起到了重要支撑作用。

一、信息化建设总体目标

　　"十二五"期间，朝阳供电公司以服务和支撑智能电网与信息化企业建设为宗旨，加强信息一体化平台建设工作，建立信息安全体系、运维体系、过程管理体系和监督考核体系，推动信息化深化应用的升华和跨越。公司的工作目标是：到"十二五"末期，初步建成数字化地区电网和信息化企业，核心业务领域信息化应用达到省内供电企业领先水平，全面提升公司生产运行、经营管理和决策分析水平。2014年专业对标结果显示，公司"信息系统事件"、"信息系统运行指数"和"信息安全指数"全省排名第一；"信息系统综合应用指数"全省排名第四。2014年公司未发生信息系统设备事件、信息安全事件和有人员责任的信息系统障碍，未发生违规外联事件，信息系统运行率 100%，通信系统运行率 100%，通信系统安全运行天数 949 天。

二、信息化建设职能分工

（一）电力调度控制中心

电力调度控制中心主要职责是：负责地（市）公司及其所属县公司信息通信专业管理。负责地市县公司信息通信系统建设和运维管理；负责地市县公司网络与信息安全、深化应用和对标考核等工作。

（二）运维检修部（检修分公司）

运维检修部主要职责是：负责管辖范围内随线路架设的电力特种光缆、站内通信机房设备的日常环境巡视；OPGW 线路的检修组织以及其他随线路架设（敷设）光缆、站内通信设备的检修配合工作。

（三）信息通信分公司

信息通信分公司主要职责是：负责信息通信项目建设管理并组织实施，负责地（市）公司及其所属业务支撑和实施机构信息通信网络、系统、设备、终端的运行监控、维护检修、应急处置和运行保障；负责信息安全保障。信息通信分公司下设综合室、网络控制室、信息运检班、通信运检一班、通信运检二班等班组级内设机构。其中，综合室负责信息通信运行方式、检修计划和安全质量等生产管理；信息通信工程项目组织实施，参与通信网规划编制；行政、党群、后勤等综合事务。网络控制室负责所辖信息通信系统运行监控，受理上级调度指令，协调开展信息通信系统运行检修。信息运检班负责信息通信机房的运行维护；信息的网络及相关设备的运行维护；本单位计算机终端及相关设备的运行维护；信息安全系统及设备的运行维护；安全运行维护；推进业务系统深化应用。通信运检一班负责管理范围内通信线路、设备设施的运行检修工作。通信运检二班负责管理范围内行政电话、调度电话（台）等终端设备的运行维护工作；电视电话会议系统设备的运行维护和会议保障工作。

三、信息化应用管理体系

朝阳供电公司"SGERP项目"信息系统实用化应用于2010年10月正式实施,目前已经在公司所属单位广泛推广。该体系实现了实际业务的集中管理,涵盖了生产、营销、物资、资金全过程的业务要求,业务流程实现了合理有效的制约,整套体系层次清晰,功能齐全,技术先进,在运行过程中满足了公司对实际业务现代化管理的实际需求。朝阳供电公司根据信息化深化应用要求,以业务需求为导向,推动深化应用为目标,通过信息系统实用化指标评价考核,切实促进业务系统应用,及时解决深化应用出现的问题,为公司生产、经营及管理提供信息技术服务。公司以省公司评价考核指标为主要依据,结合公司信息系统实用化的实际情况,建立对公司信息系统实用化责任部门评价考核机制,主要考核范围为公司相关管理部门,具体对基层二级单位的考核由责任部门自行实施。

信息系统深化应用由国网公司统一组织、统一标准、统一实施,最终建立国网公司统一的业务管理模式。内容涵盖ERP、营销管理、生产管理、协同办公及综合管理5个大项,覆盖了生产、经营、物资、财务、人力资源等业务的全过程。根据信息化指标的动态特征,在不同的发展阶段对指标有不同的要求。随着信息化工作的深入,要求不断更新考核标准,不断提高数据质量,以适应信息化快速发展的需要。朝阳供电公司信息化考核机制实施后,在管理方面,做到职责清晰、任务明确,促进信息化发展及管理方式转变,实现管理集约化、精益化、标准化;在业务方面,实现业务一体化运作,业务规范、流程优化;在数据方面,实现业务数据的标准化、规范化和透明共享;在技术方面,统一架构设计、统一软硬件平台、统一数据结构、统一数据编码,功能体系涵盖公司各业务全部功能节点,以先进、开放、灵活的功能架构支持信息化发展。

朝阳供电公司的信息化管理体系如图12-1所示。公司成立了信息系统实用化工作领导小组,组长由公司总经理及党委书记担任,常务副组长由公司分管信息副总经理担任,成员由运维部、发策部、财务部、建设部、安质部、办公室、营销部、信通公司及物流服务分中心主要负责人担任。朝阳供电公司信息化评价考核工作由公司信息化工作领导小组领导,信息化工作办公室负责信息化评价考核办法的制定、实施和监督工作。

信息化工作办公室负责制定并下达信息工作计划、项目及资金费用计

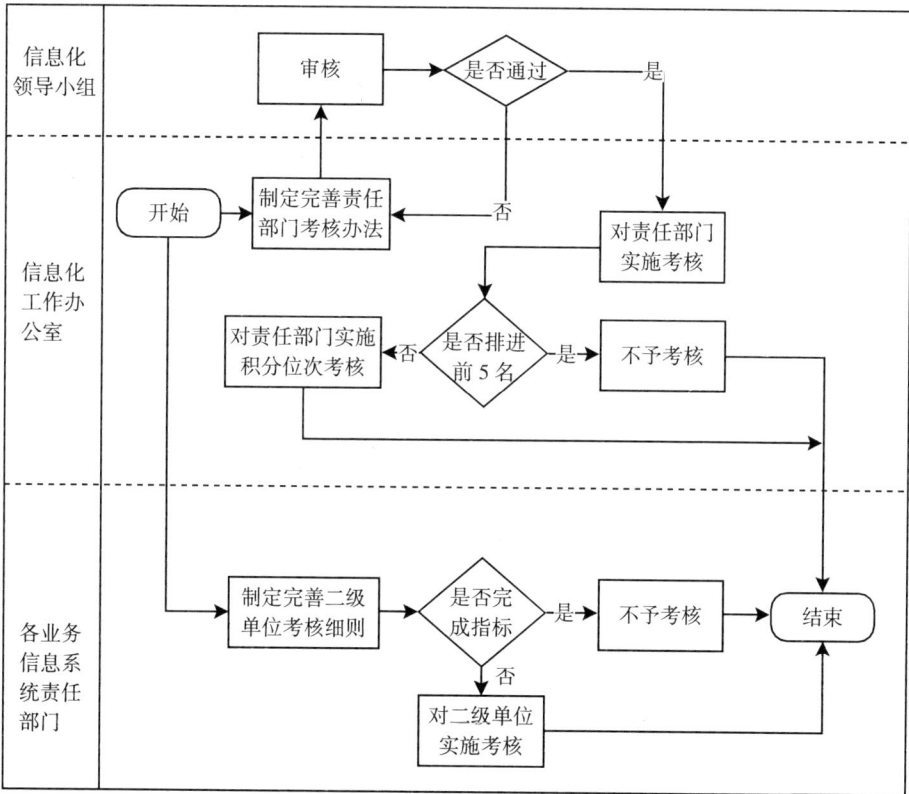

图 12-1 朝阳供电公司信息化管理体系

划并落实指标管理和监督考核；各业务信息系统责任部门的、指标考核及质量监控管理；各项业务信息系统执行情况、工作质量管理；构建公司信息化应用考核体系，为公司信息化应用业绩考核的责任主体，实时跟踪ERP 系统指标完成情况，对 ERP 系统应用情况进行监督、检查；将省公司信息化工作考核内容细化、分解、落实到各责任部门，并对各业务系统责任部门进行业绩考核。

　　列入考核范围的责任部门包括办公室、运维部、安质部、营销部、财务部、人力资源部、发策部、建设部、物资供应公司、信息通信公司。各业务系统责任部门是公司信息化应用业绩考核的责任主体，负责本部门业务信息化评价考核办法的制定，对本部门负责的业务系统应用情况进行监督、检查，对本部门负责的业务系统的应用单位按月进行业绩考核。各责任部门主要领导为信息系统深化应用工作的第一责任人，并指定具体分管领导、专责及信息化评价考核联络人。

四、信息化建设发展重点

(一) 一体化平台建设

"十二五"期间,朝阳供电公司重点完成信息网络基础设施建设、信息网络扩容和扩展信息网络覆盖范围;全面部署信息安全网络隔离装置,提升信息内外网数据交互安全性,满足智能电网环境下内外网安全交互需求,支持移动办公和移动作业;建成满足智能电网建设需求,实现集中管理、统一平台、集中数据、创新展现和可持续优化的信息一体化平台。

公司完善了网络结构,积极调整了信息系统运行方式,在完成省公司下达的中心机房改造项目的基础上,对非标准机柜进行了统一更换,安装了风口地板,完成了中心机房数字 KVM 系统和线损分析系统小机和磁盘阵列升级工作,改善了中心机房配套环境设施;完成公司七楼、八楼和双塔视频会议系统改造;实现了信息外网互联网出口统一,并以此为契机完成了各县供电分公司、检修公司等主要生产单位外网平台扩建工作,实现了外网客户端的集中统一监管,规范了信息外网接入行为;以通信县供联网工程为契机,逐步对骨干网络通道进行了调整,进一步提高了网络通道的保障能力和应急能力。

(二) 信息化保障体系建设

为保障信息系统顺畅运行,公司深入开展安全防护、标准规范、管理控制、信息运行、技术研究和人才队伍建设六大保障体系的建设工作,重点放在加强安全防护、标准规范、信息运行和人才队伍四个方面,建立稳定的资金投入渠道,保证信息系统运行维护的正常进行;加大信息技术培训,提高信息化管理、运维、应用水平;建立信息化标准体系,完善信息化管理规章制度。

(三) ERP 系统深化应用

为促进 ERP 系统深化应用,公司深入推广六大专业模块主要业务流程应用,重点放在梳理业务流程、加强部门间数据共享、运维体系建设、辅助功能完善等方面。同时,公司加大培训力度,提升运维及应用水平,初步实现业务集成和管理流程化。

五、取得的阶段性成绩

（一）完成"三集五大"体系建设信息系统适应性调整远程测试工作

结合"三集五大"体系建设调整完善公司信息化管理体系，细化县公司管理职责；完成 38 项国网统推建设的信息系统适应性调整与远程测试工作，从组织机构、角色权限、业务数据、系统应用等方面解决信息系统适应性调整过程中存在的问题，提升信息系统集约化、扁平化、专业化水平，全力支撑"三集五大"体系运转。

（二）电网 GIS 信息平台建设达到全省领先水平

电网 GIS 系统平台运行效果良好，一直按省公司的考核指标要求整改数据。朝阳供电公司电网 GIS 平台各项考核指标已连续多年达到 100%，综合情况为 100 分，在省公司 14 家应用单位中排名第一。针对"三集五大"体系人员调整，对 GIS 的组织机构及应用人员权限及时进行重新调整分配，并积极与省公司项目组顾问联系，密切关注指标考核最新异动，已经完成电网 GIS 应用集成工作，目前正在开展信息通信系统、营销系统集成工作。

（三）信息安全管控水平在全省名列前茅

一是通过门户弹窗和培训等方式，加强信息安全宣传；二是举办信息安全培训班，签署信息安全责任状 2148 份；三是在省内率先开展《朝阳供电公司信息安全防护体系运维规范》和《朝阳供电公司终端入网规范》的编制工作，分级分层开展了 5 次信息安全专项治理和 2 次稽查工作。在省公司组织开展的春季和秋季信息安全督查工作中，朝阳供电公司获得高度评价，信息安全评价指数在全省名列前茅。

（四）信息系统运行得到有力保障

一是完成全市 60 个农村供电所信息接入层网络与综合数据网融合工作；二是完成信息主干网应用层与网络层的分区分域工作；三是完成 7910 条 IMS 台账和 7772 条 ERP 资产的信息数据清理工作；四是完成 ERP

流程梳理 738 项，调整协同办公目录 8300 条，调整网络数据 5900 条，视频会议保障 231 次，投入视频会议保障人员 402 人次；五是完成交换机更新 10 台，计算机及外设等终端设备新装 405 台，终端设备更换 413 台，终端设备回收 444 台，对 367 台终端设备履行了报废手续。公司在 2014 年全省信息系统运行方式评审中，取得了全省第一名的好成绩。

（五）职工培训促进全员综合素质提升

公司通过多种培训方式，提升信息管理人员的综合素质。具体形式包括：一是全员参加包括业务技能、形势任务教育、职业道德教育等内容在内的冬训，集中培训 13 天、78 课时，培训率达 100%；二是开设信息安全、ERP 知识、信息通信技术等专题培训班，累计培训课时 15 天、90 课时，参培人数 280 人次；三是抓住班组安全活动日、公司及厂家组织的外出实地培训机会，累计人均培训达 60 课时。在省公司专业工作会议上，朝阳供电公司信息通信分公司做专题经验介绍，各项工作得到省公司及兄弟单位高度评价。在省公司调考活动中，朝阳供电公司荣获团体第二名，个人信息建设管理专业第六名、信息通信调度专业第六名、信息安全督查专业第八名。

第十三章　基础管理工作

基础管理工作是企业在生产经营活动中，为了实现企业的经营目标和管理职能，提供资料依据、共同准则、基本手段和前提条件等所必不可少的工作。做好基础管理工作，是企业发挥其经济功能和社会功能的基础，是完善各项管理工作，特别是完善企业内部管理和制度建设的必要条件。

朝阳供电公司领导始终高度重视基础管理工作，深刻认识到基础管理是公司发展的重要支撑和基石，只有基础过硬，公司生产经营才能实现精益化管理。2014年，朝阳供电公司认真贯彻落实省公司工作部署，编制了公司新一轮三年发展规划和22个专业子规划，稳步实施"一年夯实基础、两年提升管理、三年创新突破"的三步走战略。公司以开展"基础建设年"活动为抓手，全面夯实基础管理，确保各项工作稳步推进。公司通过整合企业资源，强化数据、资产管理，开展电网设备、管理档案、客户资料等专项治理，促进企业综合管理能力的全面提升，支撑企业实现长期健康发展。

第一节　风险管控

朝阳供电公司坚持透明的行为原则，坚持开放、透明运营，及时披露公司信息，主动接受社会监督。在企业内部，公司构建了"上下双向"的内部监督体系，加强内部审计工作，建立规范的全面整改流程，鼓励员工参与公司管理，建立总经理联络员制度。在企业外部，公司注重发挥社会力量，建立基于内外沟通的联合监督机制，与朝阳市人民检察院共同搭建检企共建平台，建立市级"预防职务犯罪联系点"，构建起政（政府）、企（企业）、社（社区）、舆（舆论）"四网"监督体系，形成观察评议机制，促进企业透明运营。

一、构建上下双向的内部监督体系

朝阳供电公司为加强内部监督和风险控制，构建了"上下双向"的内部监督体系。一方面，加强内部审计工作，建立规范的全面整改流程，根据内审结果进行限期整改，使"自上而下"的内部监督更加有力；另一方面，鼓励员工参与公司管理，建立总经理联络员制度，使"自下而上"的民主监督发挥实效。

（一）内部审计：建立规范的全面整改流程

内审工作是加强公司内部监督、风险控制的一项重要工作。近年来，朝阳供电公司加大了审计工作力度，认真履行审计职责，全面监督财务收支的真实性、合法性和效益性，突出重点领域、重点项目、重点资金和重点环节审计，建立迎审报告制度，加大经济责任审计力度。公司重点加强工程项目审计和专项审计，大中型建设项目审计报告编制完成率达到100%。同时，强化审计结果运用，确保资金安全和管理规范，达到依法治企要求，确保公司经营目标的实现。2014年，朝阳供电公司从以下两个方面进一步强化了内审工作。

1. 加强内审，突出重点

朝阳供电公司的常规内审工作主要包括以下几个方面：一是对集体企业财务收支进行审计。2014年，公司对8家集体企业近三年财务状况及经营情况开展了审计，共出具审计记录212个，完成审计报告8份。公司对集体企业内部控制、财务管理、资产管理、职工薪酬管理、工程施工管理、合同管理、工程转分包管理等各个方面进行了详细的审计，并组织各公司逐条分析整改。二是对重点工程抽查审计。2014年继续实行工程决算签证审计制度，对工程结算全部进行签证审计。截至2014年12月底，累计完成了工程决算签证审计208项，送审金额13859万元，审减额93万元。共下发3份审计整改通知书，提出16条整改意见，已全部完成整改。三是对关键环节有重点地开展专项审计。2014年对朝阳正达电力建设有限责任公司施工的六项工程物资使用、拆旧物资回收及上缴情况进行了专项审计。此次审计抽查六项工程，审计调查11人次，形成审计调查记录11份，落实审计记录6份，出具审计报告1份，提出审计建议2条，已全部完成整改。

2. 内外结合，全面整改

2014 年，辽宁省电力有限公司审计部下达《国网辽宁省电力有限公司审计结论和决定》（辽电审决字〔2014〕第 4 号）后，朝阳供电公司领导高度重视，立即召开整改专题会议，迅速落实整改工作任务。按照公司的统一部署，制定了《国网朝阳供电公司依法治企审计整改工作方案》，成立了由公司总经理、党委书记为组长，由副总经理、纪委书记、总会计师为副组长的整改工作领导小组，详细部署整改工作，明确整改任务，落实责任单位、责任人并限期完成整改。为使整改工作取得实效，朝阳供电公司加大审计成果运用力度，实现审计资源共享，构建"横向到边、纵向到底"各专业全面覆盖的审计监督体系。

一方面，根据自查自纠的结果全面整改。2005 年以来，根据省公司要求，朝阳供电公司按照重大决策在九个方面开展自查自纠。公司对省公司下达的自查自纠重点内容提纲进一步细化分解成 100 条内容，落实到责任部门和责任人，并提出 8 条具体要求，限期完成自查和整改，共发现问题 20 个上报省公司。此后，继续开展后续自查自纠工作发现问题 28 个，全部按要求进行了整改。

另一方面，根据外部审计的结果落实整改。2014 年，朝阳供电公司完成了国网公司对公司开展的人力资源管理专项审计、省公司对朝阳供电公司原总经理穆永强同志开展的任期经济责任审计以及省公司对 66 千伏朝阳北票川南输变电工程进行的专项审计。在此过程中，公司积极组织、协调各部门配合审计工作，提供审计所需资料，对审计组提出的问题及时落实整改，制定整改措施并做好解释说明，提升风险管控能力。

朝阳供电公司通过全面开展审计整改工作，增强了广大干部员工整改意识及依法治企意识，健全了内部制度建设，完善内部相关制度 5 个；补充完善了相关手续；有效降低了工程成本，提高了企业经济效益，使审计成果得到了有效运用，取得了较好的整改成效，充分发挥了内部审计的作用，推动公司依法治企工作的进程。公司审计整改流程如图 13-1 所示。

（二）民主管理：落实总经理联络员制度

员工参与公司管理不仅是公司民主管理的应有之义，而且更是保护员工的合法权益，积极履行员工责任的重要方式和手段。为深入贯彻落实全心全意依靠职工办企业的方针，拓宽民主管理渠道，促进公司依法决策、

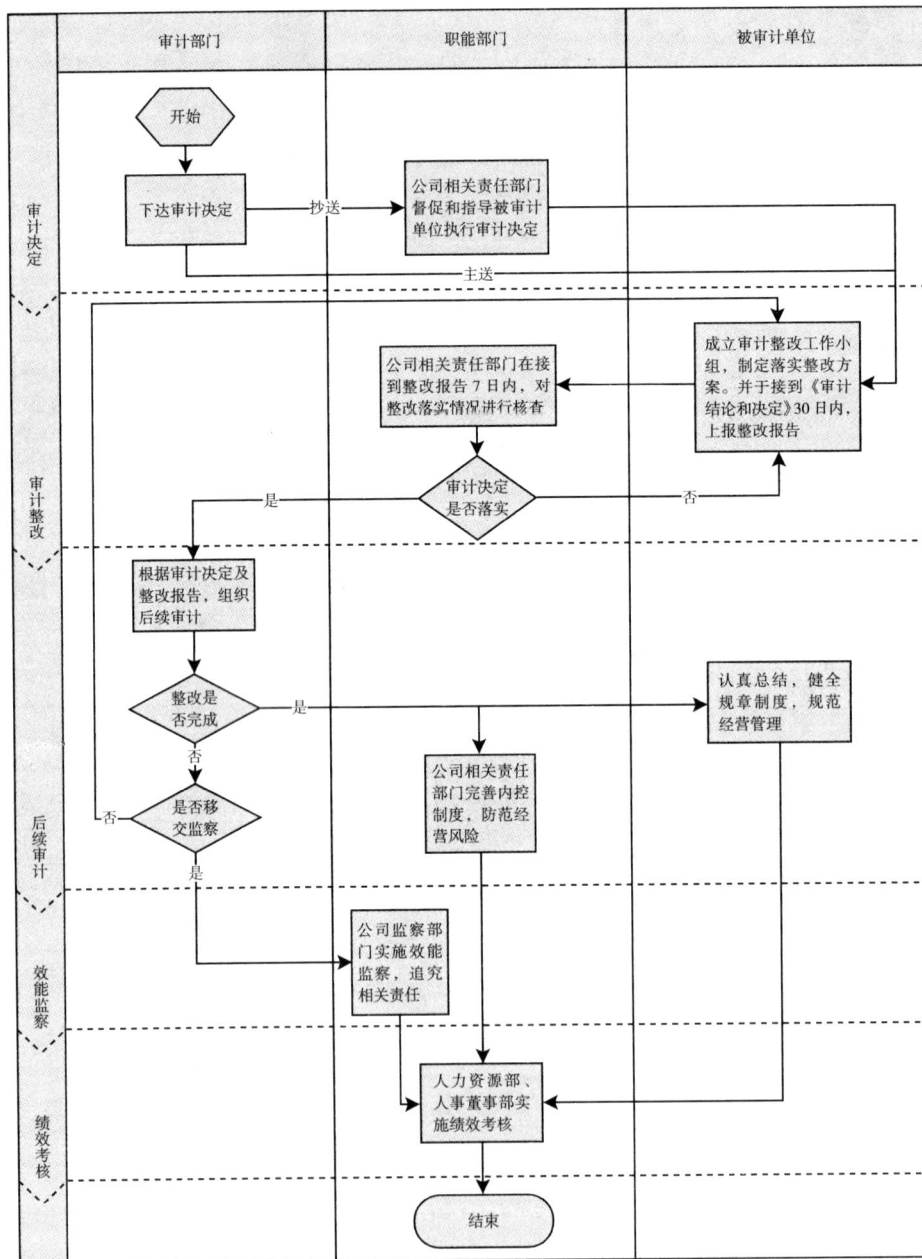

图 13-1　朝阳供电公司审计整改流程

民主决策，根据《国家电网公司职工民主管理纲要》，朝阳供电公司制定并实施了《国网朝阳供电公司总经理联络员制度》。所谓总经理联络员制度，是朝阳供电公司总经理与职工群众联系的桥梁与纽带，是畅通总经理与基层职工之间的信息渠道，是职工直接参与民主管理的重要形式。

建立总经理联络员制度，是朝阳供电公司进一步完善职代会制度、畅通民主管理渠道、实现公司科学管理和科学决策的重要举措。在该制度下，联络员充分发挥"上情下达，下情上传"的桥梁纽带作用。一方面，将公司的决策部署、形势政策、文件精神传达给一线职工；另一方面，充分发挥身处一线、联络职工的优势，倾听职工心声、履职尽责、实事求是地把企业最需要解决的问题和职工最关心的事情反映给公司领导，为公司的科学决策、民主管理发挥重要作用。朝阳供电公司将总经理联络员制度作为完善职工自主参与民主管理的重要途径，公司党政工主要负责人齐步上阵，做到"三个必定"，即定期召开的总经理联络员座谈会必定参加，对总经理联络员收集的意见和建议必定制定措施、及时答复，对总经理联络员反映的情况必定过问、督导落实。在总经理联络员工作推进过程中，公司注重强化制度建设与流程管控，以制度促管理，以流程促规范，提高工作实效。

为更好地落实总经理联络员制度，朝阳供电公司采取了以下措施：

一是健全管理办法。根据公司实际情况，2014年在全面落实《朝阳供电公司总经理联络员制度》的基础上，健全了《总经理联络员日常工作管理办法》、《总经理联络员落实意见建议工作流程》、《优秀总经理联络员评选、奖励细则》三项管理办法，赋予总经理联络员相应的责、权、利，从制度上保证了总经理联络员工作的有序推进。固化两定期，即定期召开总经理联络员座谈会，定期组织开展巡视检查。同时，对联络员收集整理的意见建议，要求相关职能部门现场做出答复或解答，并及时落实整改。

二是健全工作流程。根据公司年度重点工作，编制了总经理联络员年度重点工作计划表，并提前发给各基层单位，便于全年工作的统筹安排。制定了3个层面、6个步骤的意见建议收集与处理工作流程，实现了从提出意见到意见处理的全过程闭环管理。将总经理联络员建议书纳入提案处理范畴，第一时间将意见建议内容及落实情况呈报总经理，再迅速反馈至相关职能部门进行落实与答复，最后由联络员进行评议，确保总经理联络员工作的监督与落实。

三是健全沟通渠道。通过组织召开联络员座谈会、总经理和公司领导走进基层等形式，利用电子邮件、面对面交谈等多渠道沟通方式，保持总经理与联络员之间的近距离沟通。总经理联络员办公室及时将公司最新政策和重点工作传达给总经理联络员，请他们在做好政策宣讲的同时收集广大职工的意见和建议。

实践证明，一次次的座谈与走访、收集与反馈，加强了联络员和职工的联系，增进了同事之间的感情。不少职工真实反映，"今天联络员来了，我们把心里真实想法都向你们倾吐，我们很开心，我们欢迎总经理联络员经常下来巡视检查"。在零距离的沟通交流中，联络员们不仅经常到基层一线了解状况，将基层职工的意见和建议带给公司领导和职能部门，还能将公司领导和职能部门的真实工作情况反映给基层职工，这消除了彼此的工作隔阂，增进了相互理解。现在，不论事关企业改革发展的重大问题，还是涉及职工切身利益的焦点问题，通过总经理联络员这一渠道，都能得到很好的解决。公司上下信赖总经理联络员，企业与职工之间架起了一座民主管理的"心"桥梁，逐渐形成了互利互信、合作共赢的良性循环，确保了公司步入和谐稳定发展的快车道。

【专栏】

健全民主管理制度 畅通"自下而上"监督渠道

为进一步加强民主管理，朝阳供电公司建立了总经理联络员制度，使"自下而上"的民主监督渠道更加畅通。在实践过程中，公司在联络员队伍建设和工作机制方面，总结出一些经验。

1. 以人为本，加强联络员队伍建设

（1）注重选聘。在部分基层单位尝试公推直选的方式，选聘了26位总经理联络员的基础上，2014年公司针对基层单位多、分布面广、各专业不尽相同的情况，又通过公推直选方式产生了3位联络员，这3位同志均是基层单位的高素质、高学历人员，为进一步提升联络员队伍整体素质打下坚实基础。

（2）注重素质。公司总经理联络员平均年龄37岁，其中研究生1人，本科学历15人，大专学历8人。2014年，公司邀请了省总工会的专家教授进行了专题授课，并组织总经理联络员列席公司各类重要会议78人次，有效地提高了总经理联络员的素质。

（3）注重激励。2014年，公司制定了一系列激励措施调动总经理联络员的积极性和创造性。依托公司内网、宣传栏等媒体，报道总经理联络员相关工作情况，相关报道在《辽宁职工报》头版头条进行了宣传报道。

2. 开拓思路，创新联络员工作机制

（1）与职工直接沟通。总经理联络员自主安排深入一线、实地了解职工的生产生活状况，与职工进行面对面的沟通交流，如实反映基层情况和职工心声，准确传递公司决策、制度和改革信息，真正了解普通职工的诉求，搭建了零距离沟通平台。

（2）到现场体验工作。公司工会组织6次总经理联络员巡视检查工作，让总经理联络员亲身感受基层工作现场的工作环境和工作情况，同时也请总经理联络员将一线现场的真实工作情况带给管理层，从而进一步消除了工作隔阂，增进了相互理解。

朝阳供电公司总经理联络员制度实施以来，取得了良好的效果：

一是通过对基层单位进行巡视检查，保障了企业安全生产；二是完善了跨部门沟通和协调机制，推动了公司改革发展；三是及时解决一线调研发现的问题，构建了和谐劳动关系。

二、强调内外沟通的联合监督机制

除加强企业内部监督以外，朝阳供电公司还特别注重发挥社会力量，建立基于内外沟通的联合监督机制。一方面，公司与朝阳市人民检察院共同搭建检企共建平台，建立市级"预防职务犯罪联系点"，有效防范职务犯罪；另一方面，公司构建起政（政府）、企（企业）、社（社区）、舆（舆论）"四网"监督体系，形成观察评议机制，促进企业透明运营。

（一）检企共建：建立预防职务犯罪联系点

2012年9月20日，朝阳市人民检察院与朝阳供电公司搭建检企共建平台，建立市级"预防职务犯罪联系点"。经过检企双方的通力协作，2013年9月25日，喀左等7个县级"预防职务犯罪联系点"成立。市、县两级联系点成立以来，检企双方积极开展共建工作，建立预防职务犯罪工作规范化、系统化、常态化的运行机制，形成了内部预防与外部监督相结合的预防职务犯罪工作新格局，从机制上、源头上预防职务犯罪的发生。

1. 以"联系点"为载体，筑牢廉洁理念

（1）开展预防职务犯罪知识讲座。采取"请进来"的方式，公司邀请市检察院专家进行职务犯罪预防讲座，以案说法、以案明纪，通过鲜活的案例警示广大干部员工远离职务犯罪，提高思想认识，增强遵纪守法意识，公司600余名干部员工接受了教育。朝阳县分公司积极邀请朝阳县人民检察院工作人员到分公司座谈，围绕如何预防职务犯罪展开讨论，从职务犯罪的现象、行为、危害等方面逐一进行剖析，分公司部分领导班子成员、部门主任和供电所所长参加了座谈会讨论。

（2）开展法律知识咨询。采取"走出去"的方式，公司在工作过程中，针对职务犯罪易发多发的关键环节或重点岗位，积极与检察院沟通，进行相关问题的法律咨询，将问题化解在萌芽状态。针对抄表、收费、业扩报装等重点工作领域，营业及电费室多次到双塔区人民检察院，与区检察院主要领导进行交流、探讨，利用"检企共建"平台，检察机关从专业角度提出了切实可行的建议和意见，避免因个别干部员工利用职务之便，造成损害企业利益问题的发生。

（3）开展网络化教育。公司积极利用网络平台，在反腐倡廉网页上"警钟长鸣"等栏目，上传有关职务犯罪典型案例、视频资料等，开展时时教育。北票分公司与北票市人民检察院结合公司反腐倡廉网站，积极组织干部员工观看相关案例，从案例呈现的特点进行分析、从案例的诱因进行预防，多层面多角度开展远程反腐倡廉教育。自县级"检企共建"平台建成以来，分公司受教育人数达1000余人次。

（4）开展预防职务犯罪专题学习。公司与市检察院共同编制《预防职务犯罪手册》，从法律法规、大案回眸、忏悔警示和廉政杂谈四方面进行阐述，为公司党员干部提供了法治教育读本。公司以党委（党支部）为单位，组织广大干部员工进行学习，上报学习体会120篇。建平分公司在建平县人民检察院的大力帮助下，将《预防职务犯罪手册》中的法律知识与实际工作相结合，组织分公司班组长以上人员进行法律知识问答，提醒广大干部员工认识到职务犯罪的严重后果，"不以恶小而为之"，进一步增强了干部员工遵纪守法的自觉性和责任感。

2. 以"联系点"为依托，规范廉洁行为

根据当前的反腐倡廉形势，公司及分公司充分利用"检企共建"平台，深入贯彻落实网省公司关于廉洁廉政等方面的规章制度，以"凡事有人负责、凡事有章可循、凡事有据可查、凡事有人监督"为原则，在节假日等特殊时段、"三公消费"等敏感问题方面规范廉洁行为。

针对节日等特殊时段，公司纪委在春节、劳动节、端午节、中秋节等重大节日，在公司网站上均下发《关于加强党员干部廉政自律要求》的通知，规范廉洁行为，禁止请客送礼、禁止迎来送往、坚持厉行节约、反对奢侈浪费，严禁公款旅游、公款消费娱乐等明令禁止的行为。加强节假日期间车辆管控力度，加强公车管理，严格执行公司车辆集中调度、定点停放和使用审批管理，严禁各种形式的公车私用、滥用行为，杜绝违规违纪行为的发生。

喀左分公司与喀左县人民检察院通力协作，通过设立举报箱、举报电话、明察暗访等方式有效监督分公司广大干部员工的履职行为。配电运检室积极采纳龙城区人民检察院的建议，在节假日供电抢修工作中，有效利用GPS管控系统，对抢修车辆进行技术管控，保证了抢修车辆合理合规使用，同时也提升了抢修人员的供电服务质量。

3. 以"联系点"为平台，强化廉政风险监督

（1）市级联系点开展廉政风险排查与防控。公司以加强党风廉政建设和反腐倡廉建设工作为重点，开展岗位廉政风险点排查活动。结合公司工作实际，对各领域、专业、岗位潜在风险进行全面的排查和评估，在市检察院的支持和帮助下，从源头上做好廉政风险分析和预控管理，注重在"点"上降温、"线"上预控、"面"上协同、"联"上共防，将存在的廉政风险点可能诱发的职务犯罪进行归类，进一步查找重点领域权力运行的"关键点"、内部管理的"薄弱点"和"风险点"，并努力从完善落实预控措施入手，提高干部员工对廉政"风险点"预控措施的执行力度，筑牢拒腐防变的思想道德防线。

（2）县级联系点夯实基层廉政风险防控。在县（区）人民检察院的指导下，各分公司积极开展廉政风险排查与防控工作，未雨绸缪，避免"亡羊补牢"。凌源分公司与凌源市人民检察院合作，在内部进行工作细化，从岗位、人员、工作重点等方面进行风险识别、预测、分析，提出风险补救和控制的对策，进行廉政风险防控，在强化监督部门职能作用的同时，

积极发挥专业部门和职工代表的监督作用，构建"大监督"工作格局，从制度机制上规范管理，强化监督，有效防范、化解和消除廉政风险，进一步夯实廉政风险防控基础。

检企共建平台建立以来，公司及各分公司在市、县（区）人民检察院的大力帮助下，有效地将预防职务犯罪工作与党风廉政宣传教育结合起来，与党纪、政纪教育结合起来，与加强党员干部党性锻炼和思想道德修养结合起来，与推进廉政文化建设结合起来，促进公司党风廉政建设和反腐倡廉建设工作的深入开展，提升了公司的社会形象。

（二）社会监督：构建"四网"监督体系

为了提高利益相关方对于公司业务活动的参与力度和监督力度，从而获得更多利益相关方对于公司业务活动的支持，朝阳供电公司构建了政（政府）、企（企业）、社（社会）、舆（舆论）"四网"监督体系（见图13-2）。在此基础上，又增加了关键利益相关方代表，建立了社会责任观察评议机制。公司通过定期召开会议、邮寄工作简报、开展明察暗访、发放调查问卷等多种形式，定期收集观察评议员对公司的改进建议，并且及时加以整改，反馈整改信息。通过建立社会监督体系和观察评议机制，促使企业运营更加透明、规范。

通过建立社会责任观察评议机制，朝阳供电公司一方面传播了公司的履责意愿、履责行为和履责绩效，另一方面，进一步接受社会的监督，从而推进了自身的透明运营，实现了与政府和社会高效有序沟通。截至2014年底，朝阳供电公司有社会责任观察评议员62名，覆盖了人大代表、政协委员、环保专家、社会代表、企业代表、政府部门代表、媒体代表、各行业知名专家等各个领域。此外，在分公司层面还确立了社会责任观察评议员数百名。这些社会责任观察评议员具有对朝阳供电公司业务活动的知情权、监督权和评议权，通过参加公司组织的观察评议活动，社会责任观察评议员能够有针对性地反映公司业务活动的问题，并提出意见和建议。

三、基于数据挖掘的运营风险监测

企业日常运营过程中，隐藏着各种各样的风险。及时发现这些运营风险，依赖于有效的数据管理和深入的数据挖掘。2014年，按照国网公司和省公司的统一部署，朝阳供电公司全面建成三级运营监测（控）体系，

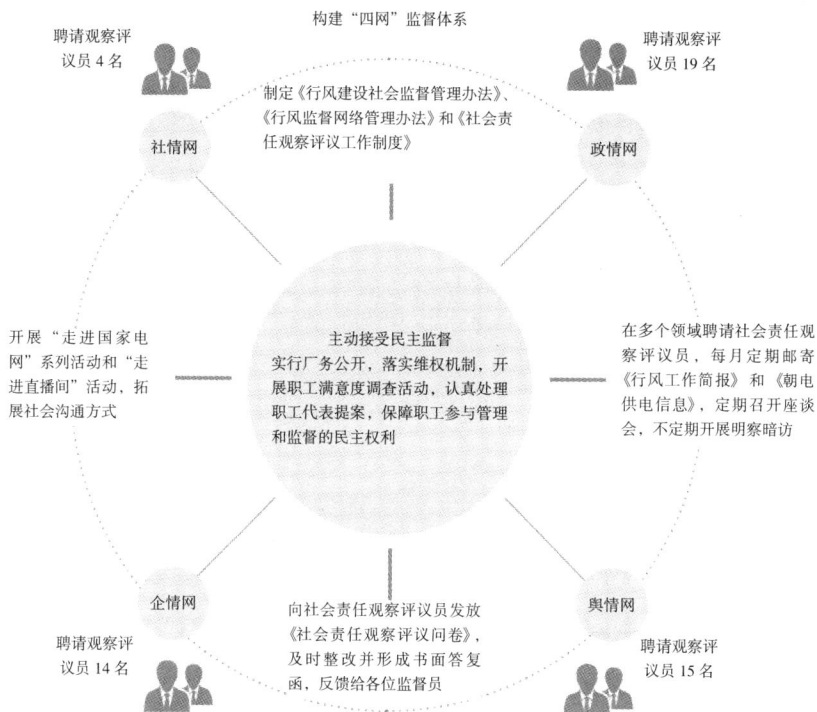

聘请观察评议员 4 名

构建"四网"监督体系

聘请观察评议员 19 名

制定《行风建设社会监督管理办法》、《行风监督网络管理办法》和《社会责任观察评议工作制度》

社情网

政情网

开展"走进国家电网"系列活动和"走进直播间"活动，拓展社会沟通方式

主动接受民主监督
实行厂务公开，落实维权机制，开展职工满意度调查活动，认真处理职工代表提案，保障职工参与管理和监督的民主权利

在多个领域聘请社会责任观察评议员，每月定期邮寄《行风工作简报》和《朝电供电信息》，定期召开座谈会，不定期开展明察暗访

企情网

向社会责任观察评议员发放《社会责任观察评议问卷》，及时整改并形成书面答复函，反馈给各位监督员

舆情网

聘请观察评议员 14 名

聘请观察评议员 15 名

图 13-2　朝阳供电公司"四网"监督体系

加快导入综合计划和全面预算，有效提升主营业务、核心资源、关键流程在线监测分析能力，运营监测（控）中心作用初步发挥。

（一）组建机构：打造运营监测"五个中心"

朝阳供电公司自 2013 年 9 月启动运营监测（控）中心建设工作。朝阳运监中心建设起步较晚，但建设速度较快。截至 2013 年 12 月底，公司基本完成大厅建设，大厅具备对外接待能力，创造了运监中心建设的"朝阳速度"。在机构建设上，公司先后编制了运营监测（控）中心建设方案、营销稽查划转方案，12 月 10 日完成机构建设，12 月 20 日人员全部到位，从生产、营销、财务、发策等专业选拔业务骨干，基本满足运监中心"多元化"工作要求，2014 年 1 月正式开展各项工作。

2014 年是运营监测中心建设转运行的关键之年，运监专业属于全新的专业，没有任何经验可以借鉴。朝阳供电公司认真贯彻落实网省公司各项部署，积极思考，主动探索，在运监运营中提出以"质"为重、以"用"为本工作思路，立足功能定位，将打造运营监测"五个中心"作为工作重点，开展运营分析诊断，运监中心作用初步发挥。

1. 构建形象展示窗口

朝阳供电公司结合公司实际，在统一部署的可视化展示基础上，设计了电力电网、客户服务、社会责任、企业发展 4 个主题的对外展示场景，针对不同的参观检查群体制定六类接待展示方案，固化讲解流程，定期开展应急演练、设备巡视检查，规范化开展运监大厅各项工作。制作文化长廊宣传展板，在公司、省公司及国网公司网站上发布报道 40 余篇，2014 年共接待内部参观检查 6 次，人员 55 人次，已初步成为公司形象展示的新窗口。

2. 构建高效运作平台

公司总结提炼了"4321"数据核查工作法，将运监人员按专业背景划分九大业务"责任田"，采取专业申报与运监核查两种方式，以月、周、日为周期开展运监数据与专业系统对应率核查工作，截至 2014 年底，共完成 8791 条数据核查，修改错误数据 1558 条，对数据错误原因进行分析，提出修改指标统计口径、修订指标内容及阈值、历史数据追录、把控数据源头入口、固化业务模式等建议，并据此协助省公司完成了国网公司营销客服指标梳理、购售电流程优化提升等工作，确保运监数据的准确性。

3. 建立重点监测管理机制

公司建立指标分级监测机制，围绕 95 项重点监测指标，制定安全生产、营销管理、运营成本、故障抢修等 28 项重点监测主题。建立即时专题监测机制，围绕企业运营、领导关注的热点问题，先后开展春检、故障抢修、供电服务整改专题监测。强化周监测机制、日监测机制，征集专业意见，固化日监测内容，将数据核查、重点监测内容整合编制日报，提供专业数据支持。强化营销稽查集成应用，制订关键指标监测计划，按月开展监测。应用统一视频平台对营业场所进行抽查监测，并对统一视频平台的监测范围进行调查，提出改进建议。截至 2014 年底，共编制《监测日报》353 期，《监测周报》53 期。

4. 建立协同督办闭环机制

公司建立部门运监联络协同制度，通过"跨越专业、穿透流程"的线上、线下联动监测，开展以发现问题为目的的异动分析，共下发 96 个协调控制工单，建立"问题发现—协调—处理—反馈—改进—督办"的闭环管理机制，实现运营管理由"事后分析"向"事中监测"再向"事前管控"的转变。定期召开协调督办专题会议解决跨部门、跨环节问题，其中故障抢修管理流程衔接问题的解决，消除了公司运营工作的重大隐患。

5. 构建综合运营分析平台

公司结合运监平台、业绩考核、同业对标工作，强化指标关联分析，开展公司运营综合分析诊断，按照即时分析找问题、专题分析抓热点、综合分析重效益的思路，自 2014 年 3 月起开展运营分析工作，当年共发布运营动态 10 期，编制分析报告及运营诊断 16 份、及时分析 9 份，提出分析建议 57 项，解决跨部门、跨环节问题 12 项。公司重点从四个方面构建综合运营分析平台：一是强化即时分析时效性，根据监测发现的异动和问题及时开展分析；二是强化分析的针对性，已开展的专题分析涉及进度执行、管理规范等"敏感"、"热点"问题；三是注重分析的全局性，运用指标关联量化分析模型，打破原有专业管理条线的"纵向"关系，实现"横向"跨专业的关联，站在全局的视角提出需进行重点关注的影响公司运营潜在的风险，协同专业部门提出解决建议；四是强化分析闭环管理，初步构建了"监测—分析—建议—专业分析—措施落实—效果监测—效益分析的运营监测管理流程，强化分析"成果应用，促进管理提升。

6. 打造高素质运监团队

针对运监中心人员年轻、来自基层、单一专业工作经历等现状，公司提出"打造高素质运监团队"目标，结合国网公司整体培训，对运监平台应用进行系统学习，针对自身不足开展系列培训，提升全面业务能力。公司采取的主要措施包括：一是"人人当老师，人人是学生"，开展会议组织、办公软件、公文写作等办公基础培训；二是编制员工手册，开展岗位互带，促进知识共享，提升岗位业务互备能力；三是主动参加各专业的例会、专题会议和培训，掌握各专业动态和专业知识，提升专业分析能力；四是以周为周期开展自我分析，每周召开部门例会，总结一周工作优点和缺点，提出下周工作重点和改进措施；五是结合年龄特点搭建微信沟通学习平台，既学习行业前沿知识，又作为内部沟通交流平台；六是强化团队培养，组织员工研读《大数据时代》、《超级整理术》等书籍，提升团队素质。

（二）高效运营：实施监测工作"六个结合"

朝阳供电公司围绕重点工作"六个结合"，打造运营监测"五个中心"，持续建设高素质运监团队，扎实推进运监中心工作开展。六个结合，即成果展示与窗口建设相结合、数据核查与比对分析相结合、专题监测与热点问题相结合、网省课题与运营分析相结合、协同督办与闭环管理相结合、团队提升与运监作用发挥相结合。

1. 成果展示与窗口建设相结合，打造"成果展示中心"

一是按照省公司要求，继续做好运监平台建设和功能完善工作，确保工作台系统运转顺畅，保证指标监测工作有效开展；二是制订对外展示完善提升方案，全方位展示公司发展历程、经营业绩和管理成效；三是强化对外接待能力提升，分级开展日常接待演练，打造公司成果展示中心。

2. 数据核查与比对分析相结合，打造"数据管理中心"

继续开展运监数据与各专业系统对应率核查工作，将前期开展的559项指标核查结果，进行再次全面梳理，分析比对，与省公司共同找出数据质量问题，构建真实、全面、准确的运监数据体系，为大数据挖掘、分析奠定坚实基础。与各专业部门共同协商完善日报监测机制，为专业系统提供基础数据支撑。

3. 专题监测与热点问题相结合，打造"在线监测中心"

将专题监测与日常监测、热点问题相结合，发挥专业协同作用，精准定位异常问题，确保运监中心能够发挥作用。一是配合审计及依法治企工作开展业务合规专题监测分析，保障各项要求及制度执行到位；二是配合计划与预算流程部署，结合省公司考核关键指标、公司"二十四节气表"，加强对年度计划与预算安排的监测，确保公司重点计划有效执行、运营稳健有序；三是结合对标落后指标重点监测跨业务、跨部门流程的关键衔接点，提升专业间协同工作能力，保障业务顺畅、高效运转；四是结合公司运营中重点关注的供电服务专项整改等热点问题，制定监测模型，开展专题监测分析。

4. 网省课题与运营分析相结合，打造"运营分析中心"

一是做好国网主题分析课题的编写工作，以调研、分析为载体，以大数据分析为手段，查找挖掘管理问题，提出行之有效的管理建议，确保分析报告的质量和深度；二是继续把握全局视角，深度挖掘数据关联，增强分析深度，提升企业效率效益；三是强化分析的实用性，既要从关键数据、关键问题开展全局性综合性分析，又要通过日常监测、异动告警开展即时分析，为专业管理、领导决策提供准确支撑和建议。

5. 协同督办与闭环管理相结合，打造"协调控制中心"

一是完善异动与问题调查机制，完善部门、单位异动的调查处理标准和流程，增强公司整体监测分析能力；二是完善反馈改进闭环管理机制，运监中心发现的问题，及时反馈专业管理部门，业务管理部门将调查整改情况及时反馈，举一反三制定整改措施落实，确保改进效果；三是继续与专业部门开展数据核查与分析，提升运监平台的实际应用能力；四是利用协同办公系统中的督察管理模块，按照督办的流程要求，推进《风险预控协同督办体系构建与应用》管理创新项目推广应用，实施线上督办。

6. 团队提升与运监作用发挥相结合，打造"高素质运监团队"

一是开展专业专题与公司发展战略培训，完善员工手册，提升站在全局视角开展工作的能力；二是提升团队的创新能力，创新是企业的灵魂，运监专业属于全新的专业，需要从各种角度出发，创新探索开展工作；三是提升团队的协调沟通能力，尤其是与部门沟通协调过程中需要注重的角度，强化团队执行力，提高工作效率；四是量身制定团队文化，从年轻人的特点出发，打造积极、乐观、向上、创新、高效团队，将团队提升与运监作用发挥相结合，实现运监工作与团队建设的双提升。

（三）取得成效：从"事后分析"到"事前管控"

通过构建监测分析一体化工作机制，公司已基本实现运营管理由"事后分析"向"事中监测"再向"事前管控"的转变。截至 2014 年底，中心上报对标典型经验 7 篇，"三集五大"最佳实践 6 篇，特色经验交流 10 篇，申报省公司重大管理创新成果 1 个，发表论文 3 篇，申报发明专利 1 项，《线损监测分析》入选国网公司优秀分析报告，《业扩报装流程效率分析》入选国网公司共享报告，3 篇入选省公司优秀分析报告。同时，朝阳供电公司荣获省公司 2014 年运营监测分析工作先进单位荣誉称号，荣获国网公司先进个人 1 人，国网公司优秀专家后备人才 1 人。

1. 服务公司运营

截至 2014 年底，共有 18 项监测结果转变为分析成果，共编制农网改造工程效益、双月抄表对公司运营影响等 10 份分析报告，编写运营诊断

12 期，即时分析 15 份，提出分析建议 29 项。先后开展营销基础、电费回收等 31 项预警，提出工作建议 57 项，解决跨部门、跨环节问题 12 项，有效保障经营管理平稳运行。

2. 保障安全生产

通过安全生产、春秋检、一体化视频平台等专题监测，共发现违章行为 4 人次。通过电网运行情况分析，对目前影响公司电网安全的 15 个风险点进行逐一分析，制定解决措施，根据风险等级编制应急预案，开展应急演练，为电网安全稳定运行奠定基础。

3. 支撑优质服务

通过供电服务、故障抢修车辆监测，共检查营业厅不规范行为 9 件，业扩时限过短 2 件，抢修不规范行为 10 件。营销部修订完善了"供电服务监督"和"供电服务协同工作"两个考核方案。

4. 夯实基础管理

营销部结合运营动态风险预警对 229 户存在欠费风险的客户分户编制了欠费方案，及时化解了欠费风险。结合量价费损专题监测，针对发现的问题，举一反三，对一类问题进行检查。例如，针对铁矿行业发现的私增容问题，公司组织了铁矿行业的反窃电专项检查；把抄表问题、定比核对列为营销普查大检查的重点，组织专业人员对采集系统与营销系统、现场表字不一致情况进行了分析，开展了专项检查。

【专栏】

深化营销系统应用　保证基础数据质量

随着"三集五大"体系建设的不断深入和营销信息管理系统建设的推进，营销信息管理系统已广泛应用于日常营销经营工作，基础数据作为营销信息管理系统建设中的信息载体，它的重要作用日益显现。从客户业扩登记，到电费核算汇总统计，从财会部门电费核销、对账，到分类营销账务应收、实收统计，各项业务工作已越来越离不开营销信息管理系统中的基础数据支撑。因此，基础数据的质量直接关系到营销信息系统建设的发展和营销基础管理工作的提高。

近年来，朝阳供电公司营销各部门在数据整理方面做了大量的工作，取得了一定成绩，逐步建立起数据工作的长效机制。

（1）制定数据管理的相应制度。根据工作需要，制定了《朝阳供电公司营销业务应用系统管理考核办法》、《朝阳供电公司营销数据提报问责考核办法》，规范了 SG186 营销系统业务应用系统的数据维护管理，实现对营销业务流程的规范操作，提高数据质量，确保了系统数据的完整性、准确性和安全性。

（2）加强对数据质量的监督。朝阳供电公司加强数据采集标准化之外，还加强了对数据质量的监督。建立相应的监督机制，对已录入的数据认真复核，发现错误及时纠正；在数据交换过程中，实时跟踪，认真抽查，避免了交换过程中发生数据的重复、遗失。特别是对新增数据质量的严格把关，从整体上不断提高数据质量。

（3）建立部门之间分工协作的工作机制。数据整理工作不仅涉及营销部门，也涉及各供电分公司及各农村供电所。所以营销基础数据管理需要各部门紧密配合。对于跨部门基础数据，要保证数据的一致性。

公司通过深化营销系统应用，确保了基础数据质量，问题处理工单数量大幅度减少，操作性错误占比大幅下降，对公司优质服务发挥了重要的支撑作用。

第二节　依法治企

在全面推进依法治国的新形势下，依法治企成为企业管理的新常态。朝阳供电公司从理念、制度和行动多个方面入手，通过开展"六五普法"活动、强化合同管理等一系列措施，突出抓好依法治企工作。几年来，朝阳供电公司通过不懈努力，进一步推进了公司法治文化的建立与发展，促进了公司法治化管理体系的不断完善和巩固，极大地提高了公司的核心竞争力和依法治企能力，连续多年荣获辽宁省和朝阳市普法先进单位称号，连续 13 年保持国家级"守合同重信用"单位荣誉称号。

2015 年，朝阳供电公司持续加大依法治企力度，根据省公司指导意见开展法治企业建设工作，编制了法治企业建设实施方案，启动 《"十三五"

法治建设规划》的编制工作，深入落实国网系统全员守法、全面覆盖、全程管控的总体要求，实施依法治理、依法决策、依法运营、依法监督、依法维权，落实职责、流程、制度、标准、考核"五位一体"协同机制，进一步提高依法治企能力和员工的法治素养，将公司建设成为对外依法经营、对内依法治理、具有行业特色的法治企业。

一、开展依法治企综合专项检查

朝阳供电公司始终遵循道德的行为原则，坚持依法治企、合规经营，构建规范、健康、廉洁的现代公司。2014 年开始，朝阳供电公司针对几个重点领域，全面开展依法治企综合专项检查工作。公司首先从与客户联系最为紧密的营销环节入手，开展了营销大普查专项检查工作，已经取得了初步成效。

（一）确定重点领域

为使依法治企工作顺利推进、落到实处，公司确立了依法治企重点突破领域，并且每年针对工作开展情况适时调整。结合发展中遇到的问题和挑战，公司依法治企工作的主要思路和重点领域包括：

一是规范权力运行。把廉洁从业要求融入日常管理，发挥财务、审计、纪检监察等协同作用，实现对权力运行、经营管理的有效监督。严格执行"三重一大"决策制度，规范决策行为，保证依法合规。认真落实"八项规定"和网省公司有关要求，严控"三公消费"，开展公车使用、公务接待、依法治企对照检查活动，集中整治违法、违纪、违规、违章行为。

二是强化重点领域管控。依法加强工程建设领域风险管控，杜绝发生资金管理不规范、违规分包转包等问题。强化经营管理关键部门和岗位监督，加强对重点建设项目的跟踪审计，全过程跟踪问题整改。发挥效能监察再监督作用，开展降低 10 千伏线路跳闸率等效能监察。

三是加强集体企业管理。完善集体企业管控体系和业务应用平台，优化业务流程，加强资金、预算和资产管理。开展审计整改工作，促进企业健康发展。强化基础信息管理，促进经营质效提升。规范集体企业运营，修订完善工程管理、分包管理等 7 个新办法，完成拍卖、典当公司转让，集体企业业务应用平台上线试运行。

四是深化农电管理。修订农服公司管理制度和业务流程，重点加强合同、台账等基础资料管理。强化内部管控，规范委托费用使用，抓好乡镇供电所管理提升工程和对标工作。深入开展县级供电企业及乡镇供电所管理提升工程，围绕 104 项管理提升指标，查摆问题 52 项，落实整改措施 31 项。土地权属持证率保持 100%，非生产性房屋权属登记完成率达到 100%。

（二）开展专项检查

2014 年，朝阳供电公司首先从与客户联系最为紧密的营销环节入手，开展了营销大普查专项检查工作。公司制定了《朝阳供电公司 2014 年营销大普查专项检查工作实施方案》，召开 2014 年营销大普查专项检查动员会议，对此次专项检查成立领导小组和用电普查组，对普查方式方法、时间节点等具体工作进行了详细的安排和部署。

此次开展营销大普查专项检查，是公司进一步夯实营销基础管理，规避并化解经营管理风险，全面提升基层单位营销管理水平，使营销工作长期走上规范化、科学化、常态化健康发展轨道的重要举措。公司通过这次专项检查，形成一套发现问题和分析、处理问题、解决问题的闭环管理举措，确保此次专项检查工作扎实推进，促进公司营销管理水平的有效提升，为高质量完成全年营销各项任务奠定坚实基础。

营销大普查专项检查工作取得了明显成效。朝阳供电公司开展营销专项检查以来，共检查各类客户 89.42 万户，整改电价问题 6215 户、计量问题 631 户、零度户销户 1.8 万户、订正基础信息 2747 户次；更换和修复老旧计量箱 3844 个；查处窃电 145 户、违约用电 101 户，追补违约使用电费 588 万元。开展了高损线路和台区专项治理，高损线路压降 17%，高损台区压降 23.3%，精益化管理台区由 505 个提升到 1431 个。

二、扎实推进"六五普法"活动

2011 年以来，朝阳供电公司高度重视"六五普法"工作，制定了"四个一"工程计划，坚持五项基本原则，结合行业特色，深入落实"六五普法"规划，逐年推进"六五普法"系列活动，使公司普法工作成效得到进一步提高，为建设"法治企业"目标奠定了坚实基础。

（一）思想重视：制定"四个一"工程计划

朝阳供电公司始终秉承依法治企管理理念，把"六五普法"活动作为公司一项最重要的基础性工作来抓，制定了"四个一"工程计划：

一是"一把手"工程。将法制宣传教育工作列入公司年度重点工作任务，作为"一把手"工程"亲自抓"，成立领导小组和工作机构，统一部署、督导公司法制宣传教育活动。

二是全局普法工作一盘棋。以干部法律培训为重点，全员参与，全程控制，不留死角。

三是开展"制度一体化建设"。完善"内部立法"，使日常生产经营活动有章可依、有章必依、执章必严、违章必究，不断巩固全体员工的共同价值理念和行为基础，依靠制度提升执行力，为公司长远发展提供坚强保障。

四是实行一票否决制。对于新规定、文件和重大事项决策的研讨制定，法律部门全程参与，严审合法性，杜绝与法律相抵触的决策决议。

（二）路径清晰：始终坚持五项基本原则

朝阳供电公司推进"六五普法"工作，始终坚持以下五项基本原则：

一是坚持围绕中心，服务大局。紧紧围绕公司"十二五"发展目标，安排和落实法治宣传教育的各项任务，为公司发展服务。

二是坚持以人为本，贴近实际。立足于广大员工的实际情况和公司发展的法律需求，坚持法制宣传与法律服务相结合，使宣传内容更加贴近职工需求和公司发展需要。

三是坚持学用结合，普治并举。坚持法治宣传教育与法治实践相结合，突出宣传法治实践的重要作用，不断提高法治宣传教育的实际效果。用法治宣传教育引导法治实践，在法治实践中加强法制宣传教育，深入推进依法治企。

四是坚持分类施教，注重效果。根据不同岗位、不同专业和不同对象的特点，确定法治宣传教育的重点内容，采取切实可行的办法，增强普法工作的针对性和实效性。

五是坚持与时俱进，开拓创新。树立科学发展理念，把握法治宣传教育工作规律，创新工作方法，拓展工作领域，完善工作机制，体现出法治宣传教育的创新性。

（三）流程规范：推动普法教育有序开展

朝阳供电公司建立健全各专业部门间协调配合机制，理顺工作流程，完善激励机制，形成了由公司宣传部门、法律部门组织实施，各专业部门"专业负责、协调推进、分级落实"，监察部门进行阶段性检查和专项监督的全程闭环管理流程。

2012年以来，朝阳供电公司结合"三集五大"体系建设，按照"先立后破"的原则，全面实行"制度一体化"建设，解决各单位制度不统一、管理差异大等问题，打造"一体化"的通用制度体系，实现管理制度一元化订立的新模式。目前，已完成整编下发5批次496项通用制度，全面覆盖了24个专业，实现了依靠制度管人、管财、管物、管事的合规管理行为。

（四）载体创新：推出特色普法宣传活动

2014年以来，为进一步拓宽法制宣传教育阵地，公司充分利用企业劳动争议调解、法律六深入、电力设施保护宣传月、优质服务宣传等载体，全方位开展普法宣传活动，形成从"学法"、"知法"，到"宣传法"、"用法"的具有行业特色的普法宣传系列活动。

一是举办合同管理专业培训工作，参培人数达600余人次，聘请法律专家讲授《民法》、《合同法》、《公司法》、《企业国有资产法》、国有资产监督管理相关法律法规等课程。全面规范合同管理流程，明确合同起草、谈判、审批、签订等各环节要求，严格履行招投标管理规定，杜绝"三指定"，进一步促进公司合同管理规范化、法治化，在省公司2014年合同管理专业调考中，获得了团体第一名的佳绩。

二是举办"法律六深入"培训班。公司主要领导出席并做动员讲话，邀请双塔区司法局和省公司资深法学专家，讲授"危机管理与突发事件应对"、"企业法律风险防范"等课程，并结合多年的办案经验详细解读了《民法》、《刑法》等法律知识，进一步提高公司广大干部员工的法律素质和依法管理水平，营造了公司"依法管理、合法经营、按章办事"的良好法治氛围。

三是面向社会开展"电力设施保护宣传月"、"安全生产宣传咨询日"

和"供电服务宣传"活动，在办公楼前搭设彩虹门、装设展板、播放宣传片等，几年来向过往群众发放了《电力法》、《电力设施保护条例》、《电力设施保护条例实施细则》等宣传品 10 余万份，现场解答群众咨询，宣传电力设施保护常识、安全用电知识等，推进全社会参与保护电力设施意识不断增强。

四是以"用法"为导向，推行内部劳动争议预防调解工作，成立劳动争议调解委员会，与朝阳市劳动仲裁机构建立工作联席制度。规范劳动争议调解流程和案卷格式，编制劳动争议调解申请书、调解协议书、调解意见书、案件汇总表、卷宗目录等规范的法律文书，以内部调解践行《劳动合同法》等相关法律法规。截至 2014 年底，公司已有 6 人顺利通过了省人社厅组织的劳动争议调解员资格认证考试并取得证书。

五是创办普法宣传联络点，切实履行普法社会责任。按照公司"六五普法"规划要求和普法任务，公司创新普法载体，积极融入社会责任管理"百千万"活动。对接朝阳市 100 个重点项目，在提供优质服务的同时，提供电力法律法规咨询、解答等服务；建立 1000 个社会责任普法联系点，以全市 2708 个惠农卡缴费点为基本平台，面向全市 1374 个行政村和城镇社区设立社会责任普法窗口，积极传播电力法律法规知识；服务 10000 个设施农业户，面向全市设施农业小区和畜牧养殖小区，建立普法宣传档案，加强普法宣传，为朝阳市现代化农业建设提供支撑。

三、全过程管控强化物资合同管理

朝阳供电公司物资供应中心通过对合同起草、审核、履行、签订及监察的全过程管控，实现合同的有效管理，提升管理效率，规避经营风险，在发生合同纠纷时充分利用法律手段维护公司合法权益。

(一) 合同管理的"六统一"原则

根据《国家电网公司合同管理办法》及相关附则规定，物资合同管理遵循"统一归口、统一职责、统一流程、统一分类、统一文本、统一平台"的原则。统一归口，即各级单位的合同由负责经济法律工作的部门统一归口管理；统一职责，即各级单位相关部门涉及合同管理的主要职责由《国家电网公司合同管理办法》统一规定；统一流程，即各级单位合同管理的主要环节和程序按照《国家电网公司合同管理办法》的规定统一执行；

统一分类，即各级单位签订的合同按照公司统一的规则进行分类；统一文本，即在公司颁布的统一合同文本范围内，各级单位签订合同应采用统一合同文本并按其使用要求执行；统一平台，即各级单位采用"经济法律管理业务应用"系统作为统一的合同信息化管理平台。

（二）合同管理组织与各部门职责

朝阳供电公司办公室是公司经济法律事务管理部门，在合同审核中负责审核合同文本的合法性，确定合同条款符合国网公司经济法律部针对物资买卖合同的有关要求，重点针对合同争议解决方式进行相关审核并在经法系统进行合同编号；公司办公室也是公司合同归口管理部门。合同归口管理部门负责参与公司有关物资合同的起草、授权用印以及处理合同纠纷等部门职责；物资供应中心是物资合同管理的承办部门，负责物资合同的发起和承办流转等相关工作，同时物资供应中心作为合同审核部门，需审核其他部门承办的物资合同是否属于招标采购范围，审核合同内容是否与招投标结果一致等事项；合同事项涉及的业务管理部门是项目管理部门，负责在合同管理中审核合同是否符合相关业务管理规定等相关业务；财务部门在合同管理中负责审核合同资金是否纳入预算、财务收支是否符合有关规定等事项，按照合同约定办理合同款项收支与税费缴纳等事项；监察部门在合同管理中负责根据实际需要对合同事项实施监察，提出监察建议或监察决定，组织或参与查处合同签订、履行过程中的违规违纪行为。朝阳供电公司物资合同管理组织机构如图 13-3 所示。

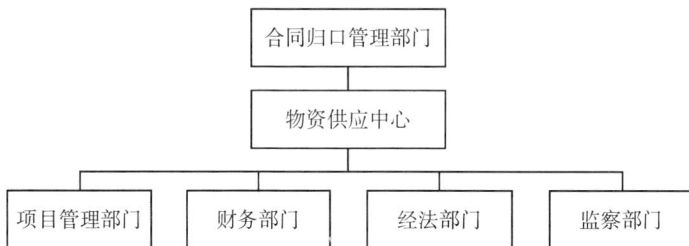

图 13-3　朝阳供电公司物资合同管理组织机构

（三）合同管理流程与绩效考核

朝阳供电公司建立了物资合同管理流程（见图 13-4），还建立了保证

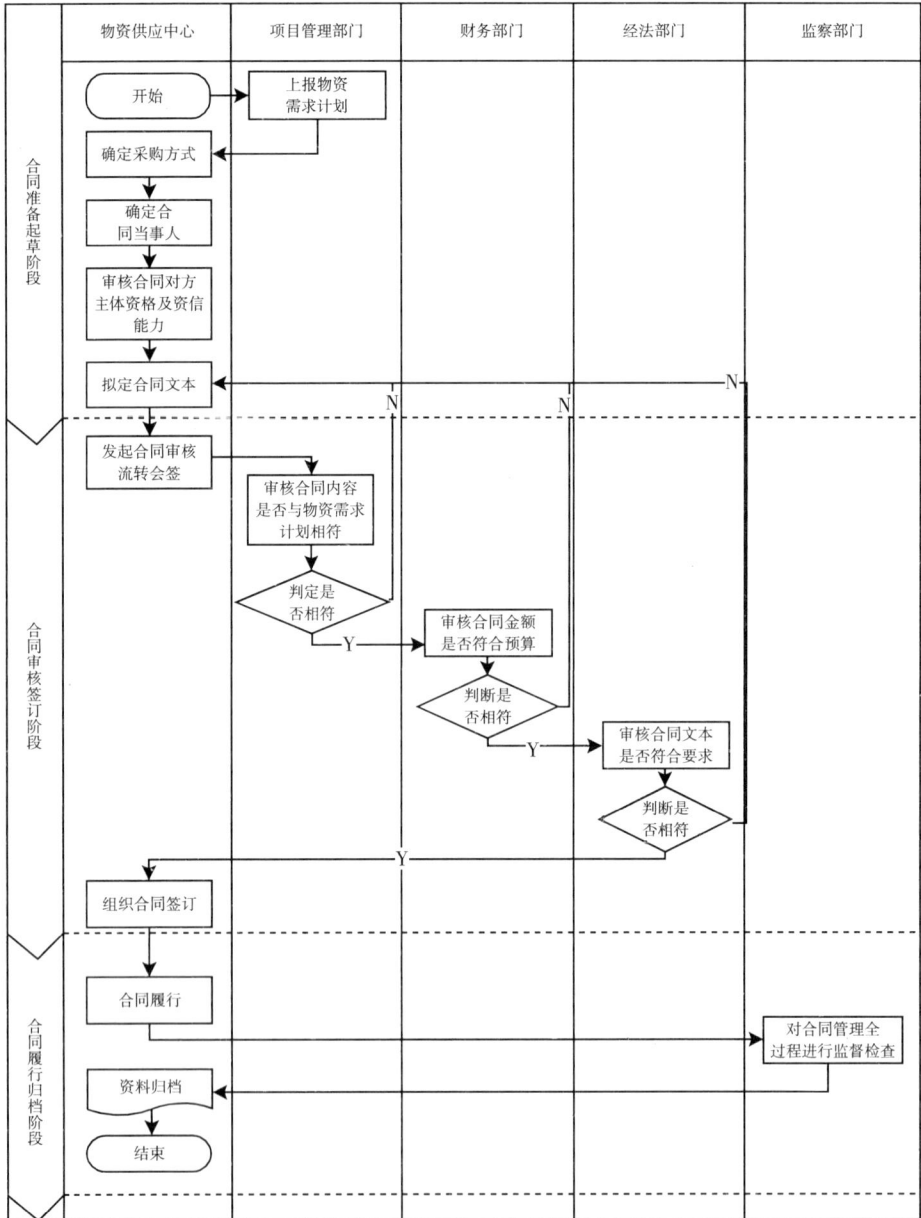

图 13-4　朝阳供电公司物资合同管理流程

合同管理流程正常运行的绩效考核体系与相应的控制手段。合同管理绩效指标主要包括物资合同签订及时率和物资合同签订准确率。

物资合同签订及时率=及时签订的物资合同数/合同总数×100%

物资合同签订准确率=省公司生效采购订单准确的项目数/中标结果条目数×100%

合同绩效考核的流程是：省公司物资部每月下发该月合同管理规范性考核指标，物资供应中心负责按被考核项明细进行拆分，查找并分析扣分原因，落实责任。物资供应中心依据物资合同管理规范性指标情况，结合省公司考核项目情况通报考核成绩。

（四）合同管理评估

合同管理评估主要包括五个方面的内容：一是对中标结果接受时的审核，确保中标结果与需求计划的一致性；二是对合同预算的审核，确保合同后期履行付款过程及工程决算顺利进行；三是对项目单位及供应商的沟通协调，确保物资按期收货并办理货款；四是对国网公司统一合同文本的使用，规范合同条款的法律效力，选择正确的合同纠纷解决方式维护公司利益；五是固化物资合同管理流程，使项目单位、需求部门更加了解物资计划工作各环节间的相互联系，使基层单位的工作有明确的目标。

第三节　班组建设

班组是企业最基层的组织单元，是企业战略实施的基本细胞，是企业不断发展的力量源泉。为夯实公司发展基础，提升核心竞争力，公司坚持不断深化认识，创新思路，突出班组建设的基础地位。近年来，公司认真贯彻落实国网公司和省公司关于加强班组建设的决策部署，按照"以人为本、固本强基、规范减负、创新发展"的工作思路，以深化班组规范管理为主线，以强化班组减负明责为重点，以优化班组正向激励为动力，坚持抓班组、提素质、强基础、增活力，取得了一定成效。

一、规范管理，加强标准建设

2009 年国资委下发《关于加强中央企业班组建设的指导意见》后，国网公司和省公司相继下发了 6 个文件，明确了班组建设管理标准、考评标准和活动要求。按照国网公司"班组建设实行统一领导、分级管理"的规定，作为具体操作落实的地市公司，朝阳供电公司组织力量制定了多项"落地标准"。

一是制定《公司班组建设管理标准实施细则》，以及"标准化班组评价标准"，以此解决工作机制和考评机制的问题。班组建设是一项综合性工作，适用于实行分级管理和分工管理。地市公司需要在国网公司整体规划和省公司策划组织下，制定适合工作需要的实施细则。公司通过制定"实施细则"，解决了工作机制中的具体问题：①明确公司班组建设领导小组、办公室以及各职能部门的职责与工作方法；②明确基层单位负责日常管理，每季对班组检查考核一次，并有评语，上报考评结果；③明确班组建设的内容及班组长的权责利；④明确班组考核评级以及兑现班组长津贴；⑤明确职能部门对班组考核必须符合现行规定，不得随意增减内容、更改标准，如需修订标准必须经班组建设领导小组决定，并以正式文件下发执行。

"标准化班组评价标准"是对《国家电网公司班组建设评分表》的细化。国网公司是按"八项建设"的内容，采取对应扣分的方法进行评分。在分值设定方面，"基础建设"和"安全建设"各占20分，其他六项建设各占10分。为进一步增强"评分表"的针对性和个性化，公司制定了《朝阳供电公司标准化班组评价标准》。"评价标准"分为"通用评价标准"和"专业评价标准"两部分。前者涵盖所有班组，由四个模块组成：安全建设；基础建设和创新建设；技能建设和班组长队伍建设；思想建设、文化建设和民主建设，各占100分。专业评价标准100分，按班组类别制定，共制定出45类班组的专业评价标准。这个考评标准，是站在班组的角度制定，由班组和专业部门反复讨论后形成的，具有较强的针对性和可操作性。

二是印发《班组标准化建设工作手册（范本）》，为班组编制《工作手册》（以下简称《手册》）提供样本。《手册》将班组标准化建设的内容划分为12项，逐项标明了内容、标准和方法，具有"指导书"和"总目录"的功能，并且具有较强的操作性。从应知的角度，将班组职责、岗位设置及工作标准、规程、制度和作业标准以及记录设置等，都以目录形式与文本链接。从应会的角度，将安全建设、专业管理、班组培训、民主建设、思想文化建设、创新活动等，都列出了具体的内容、方法和要求。从应做的角度，要求班组编制标准化创建方案和对标方案等。针对班组做什么、怎么做的问题，通过班组成员之手，明确了内容、方法与责任，成为本班组标准化建设的纲领性文件，也为执行与考核相统一提供了依据。班组依据《手册》范本，组织相关人员进行编制，经基层领导和专工审核后执行。这种自下而上的工作方式，有效地将班组成员引入标准化建设实践当中，认真清理规程、制度、标准、记录等，从而明确本班组标准化建设做什么、怎么做，以及做到什么程度。完成编制工作，等于进行了一次自我培训，同时为转入执行和后续的考核打下坚实基础。

三是采用分批推进、示范推广的方法。班组标准化建设，具有两个方面的含义：①要有标准；②个个达标。这个特点，明显区别于以往的"典型引导"方法。公司在使用这个方法时，牢牢把握住了两点：①按照"标准"组织力量深入班组，培养出符合"标准"的具体的示范样板，从而提早解决实践中的各类问题；②在培养示范样板中，一并解决其他班组在推广中需要得到的帮助。例如，公司在凌源刀尔登供电所做示范时，工作小组与供电所一起，编制记录总目标、分类、编号，设计记录格式、封皮、编写填写说明等。同时，将这一整套的式样打包成"模板"在网上发布，其他供电所可以直接使用，大大提高了标准化班组建设的效率。供电所的基础管理资料也由169种减至125种，生产、营业、安全管理资料盒由50个减至23个。其他各类班组，都按此种方式进行规范与统一。

四是采用多种融入"标准化建设"的方法。标准化变电站、标准化营业大厅、标准化供电所、标准化台区、标准化线路等，都是标准化建设的具体活动，与标准化班组建设密切相关，将其融为一体，会给班组标准化建设提供动力、条件与支持。公司在推进班组标准化建设中，不是独立思考，而是通盘考虑，整体策划，分工协作，齐头并进，由专业部门承担硬件建设部分，由班组建设主管部门承担班组基础管理部分。例如，班组专业管理、记录设置、记录格式、标准化作业指导书、预案等工作，由专业部门负责；验收考核中涉及标识统一、资料整理、基础管理等工作，由班组建设主管部门负责。为了协调各部门之间的工作，公司多次召开跨部门的推进会议、现场观摩会议、验收会议等。

除了这些方法外，公司还在《工作手册》和"活动方案"中，设计了一些"5S管理"、"对标管理"、"同类班组长建立联系组织"等方法。在基础工作完成后，陆续通过培训在班组中推行这些方法。在实际运行中，班组对此反响很好。

二、以人为本，激发成长活力

朝阳供电公司在实践中深刻体会到，必须建立班组长培养和激励机制，强化班组长素质，从基层岗位上选拔干部。针对朝阳供电公司人才当量密度较低的现状，公司积极为提高人员素质开辟通道、搭建平台、拓展空间，从激励机制、成长平台和绩效试点多个方面入手，提高班组长的综合素质。班组实施人才配套政策，使班组人员感到收入有甜头、工作有劲头、发展有奔头，稳定了一线，为完成公司各项任务指标提供了有力保障。

一是完善五项激励机制。2010 年以来，朝阳供电公司建立和实施了 5 项人才激励机制，取得了良好成效。①大学生班组成才激励机制，按学历和工作年限对主要生产岗位上工作的全日制大学毕业生，经年度考核后给予奖励，5 年共为 75 名大学生奖励了 54 万元；②班组长岗位津贴机制，对主要生产班组的班长、副班长（技术员）经年度考核后兑现岗位津贴，5 年为 606 人奖励了 527 万元；③班组长助理制和退出机制；④自我提升激励机制，对取得后续学历和专业技术资格的人员给予奖励；⑤优秀班组长列入中层后备干部管理机制。

二是搭建两大成长平台。朝阳供电公司建立了十大专业竞赛的技术比武平台，由工会牵头，从 2012 年开始，连续组织开展了生产、营销、农电系统的全员大培训、大练兵、大调考，促进了班组职工技能水平的提升。建立了人人上讲台的管理培训平台，创新实施"登台讲学"培训方式，2013 年举办员工登台培训班 72 期，6000 多人次参与互动学习。在2014 年省公司组织的 3 项技能竞赛中，公司获得 1 个团体第二名、2 个团体第三名，在省公司组织的 9 项专业调考中，公司获得 1 个团体第一名、2 个团体第二名、1 个团体第三名，多名选手取得优异成绩。

三是开展四类绩效试点。2014 年，朝阳供电公司选定变电检修室（一次）、信息通信分公司、营业及电费室营业二班及抄表催费二班为班组绩效管理试点单位。工会从班组建设角度，参与了试点启动、制定方案、推进实施等全过程工作。实践表明，推进班组绩效管理，强化了班组目标管理，充分调动了班组员工积极性，促进了班组管理水平提升。

四是推进三项服务创新。①创新员工科技服务，建立了营销创新工作室和生产创新工作室，2014 年完成创新成果 57 项，1 项合理化建议获省公司一等奖；②创新员工文化服务，2013 年开展了劳模宣传月、读书月、文娱健身月等集中活动，3年建设了5个精品职工书屋；③创新员工心理服务，推动管理减负和心理减压，从培养职工"阳光心态"、"快乐工作"入手，开展健康促进活动，开展了职工心理疏导培训、文明礼仪培训、流动书屋到班组、劳动保护监督达标竞赛等活动。公司通过这些服务创新，关注职工身心健康，减轻职工心理负担，促进班组员工在工作中获得成就和快乐，让员工充分感受企业的温暖和关爱。

【专栏】

建立五项激励机制 促进班组人才成长

2010年以来，朝阳供电公司出台了人才培养与激励的5项机制，即大学生班组成才激励机制、班组长岗位津贴机制、班组长助理制和退出机制、自我提升激励机制、优秀班组长列入中层后备干部管理机制。

一是大学生班组成才激励机制。鼓励大学生在班组成才，对在主要生产岗位上工作的全日制大学毕业生，经年度考核后给予奖励，按照研究生、本科生、专科生，在班组工作分别满2年、4年、6年以上，兑现相应的津贴。

二是班组长岗位津贴机制。对主要生产班组的班长、副班长（技术员）经年度考核后兑现岗位津贴，按照班组类型分三等，并与班组考核定级结果挂钩，分为120%、100%、80%、50%和不兑现5个层次。

三是班组长助理制和退出机制。在主要生产经营班组设立兼职班长助理。要求参加工作满3年，年龄35周岁及以下，具有大专及以上学历，高级工及以上职业技能资格，可以聘为班长助理。

四是自我提升激励机制。对在职学历学位教育、专业技术资格评聘、职业技能资格培训等都明确了奖励标准。对由公司委派学习并取得学历学位的，奖励学费的100%；员工自主参加后续学历学位教育取得本科学历的，奖励学费的90%；取得专科学历学位的，奖励学费的70%。

五是优秀班组长列入中层后备干部管理机制。对在主要生产经营岗位工作3年及以上，有多岗位工作经历和基层工作经验，具有电力系统及相关专业知识和管理经验的优秀班组长，进入公司中层后备队伍，并优先聘用。

三、科学减负，开拓发展空间

科学减负是提升班组管理水平、激发班组活力的重要手段。朝阳供电公司在班组建设工作中始终围绕减负目标，坚持高标准起步、高效率实施、高水平运行，综合利用技术手段、管理手段、服务手段、文化手段、激励手段，扎实推进班组建设工作，减轻了班组负担，激发了班组活力，为班组发展赢得了更大空间。

一是创建模板，实现班组记录管理的规范统一。针对班组记录和资料管理中存在的问题，结合一些班组在记录管理上的成功做法，公司组建了一个5人创建小组，专门研发创建了《班组记录一体化操作平台》，这个操作平台采用"树状、三层结构、超链接方式"，将班组"系统应用"、"班组记录"、"资料管理"融为一体，班组只需填写数据，就可实现班组记录"一键式"操作，直观、简洁、效率高，理论上可以实现"无纸化"办公，节约了资源，形成了班组记录管理统一规范的操作模式，从技术层面减轻班组记录负担。公司创建完成了46类《班组记录一体化操作平台》，覆盖了全部上线班组。模板实行后，班组和专业部门反响很好，既减负，又实用，还实现了执行与检查相统一。有的专业部门还启动了邮寄文件夹的方式背对背检查记录，减少了班组迎检频次。

二是打造示范，以"样板复制"法快速推进班组规范减负。示范引导，是公司多年总结出来的经验做法，在创建推广《班组记录管理应用系统》过程中，公司仍然通过示范班组出模板，先行验证和解决遇到的问题。示范班组的打造，由工会牵头组织各级专业部门共同完成，采取了由下至上的倒逼办法，组织基层工会主席推动本级专工完成，然后提请上级专业部门审定。示范班组打造成形后，组织召开各类班组示范观摩会，进行"样板复制"，一次性推广到位，这样既节省时间，又减轻班组负担。

三是强化服务，推动管理减负和心理减负。在加强班组管理的同时，更加注重为班组服务，结合党的群众路线教育实践活动，针对班组反映强烈的"会议多、报表多、材料多、检查多、竞赛多"等班组负担，进行了专题研究，制定解决措施。公司对班组参加会议人员进行了调减，对上报稿件、数据等也做出限制性的规定。同时，开展培训到基层、服务到班组活动，从管理流程上为班组减负。

朝阳供电公司实施工作创新和方法创新，本轮规范减负工作取得了明显成效，集中体现了"助推执行、提升规范、落实减负和节约创效"，班组整体积极性较高，为公司下一步巩固、提升班组减负工作打下了坚实的基础。

四、责任根植，增强履责能力

朝阳供电公司作为国网公司全面社会责任管理试点，率先探索社会责任融入公司运营管理全过程，以社会责任理念指导运营管理工作再上新台阶。2013 年，朝阳供电公司以凌源分公司为试点，探索将全面社会责任管理融入基层班组建设。在朝阳供电公司的精心指导和凌源分公司的实践探索下，社会责任管理根植基层、融入班组的实践实现了"全员参与、全方位覆盖、全过程融合"的工作要求，取得了较为显著的成果。

2013 年，凌源供电分公司共有班组 35 个，其中农村供电所 18 个。公司在深入剖析存在问题的基础上，围绕议题目标制定融入方案：①确立议题目标。社会责任管理全面融入班组建设促使基层员工转变观念，以新的方式开展日常工作，用新的观念规范日常行为，促进班组管理提升、绩效提升。②部门责任分工。围绕目标各部门结合自身职责对社会责任融入班组建设进行深入分析，对班组现状、员工思想状况、社会责任管理融入班组建设面临的困难和问题进行认真思考，给出结论。③形成实施方案。公司以"理念引领、试点示范、提炼模式、全面推进、持续改进"为推进路径，全面实施导入责任理念、提炼履责要诀、建立沟通方案、开展履责活动、推广经验做法 5 项举措。

（1）导入责任理念。公司采取 5 项措施促员工观念转变。①抓全员学习培训，领导带头，部（室）、班（所）依次开展；②编印履行社会责任学习手册；③编写员工履行社会责任承诺书并举行宣誓签字仪式；④开展员工履行社会责任感言征集活动；⑤开展"我与企业社会责任"座谈讨论会。同时，举办社会责任理念知识全员答卷活动，对班组长及以上人员进行考试，强化相关知识的学习、吸收、利用。为了实现社会责任理念全员全覆盖，不留死角，领导班子成员利用各种会议下基层、下班组反复讲，使社会责任管理的理念真正大范围地融入全员中，大容量地融入脑海中。同时，编印员工学习企业社会责任知识手册 600 本，收集员工履责案例 29 件，"感动式"服务故事 40 个，并举办了 1 次故事会竞赛。这些均来源于凌源分公司各岗位的工作实践，展示了通过社会责任管理给员工思想、行为带来的变化。

（2）提炼履责要诀。有价值才有存在的意义，体现价值更能赢得位置与尊重。凌源分公司集全体员工的智慧，提炼农村供电所（业务部）的价值和履责要诀。

供电所价值：国家电网公司是服务"三农"的前沿阵地，农村经济发展的先行动力，广大农民美好生活的光明使者，建设社会主义新农村的履责窗口。

农村业务部履责要诀：坚持科学发展，安全可靠供电；牢记使命宗旨，恪守"双十"承诺；抄收公平透明，报修优质快速；真诚奉献爱心，倡导环保节能；打造和谐团队，争当履责表率。

城内营业大厅价值：国家电网服务客户的一线窗口，客户办理用电业务的主要平台，国家电网用心、规范、透明服务的形象大使，客户感知供电员工服务品质的亮丽场所。

城内营业大厅履责要诀：牢记宗旨使命，真诚规范透明，业务迅捷高效，言清语切笑容，环境优美整洁，客户满意好评，有限供电标准，无限服务真情。

（3）建立沟通方案。责任沟通是全面社会责任管理的重要环节和主要内容，是与政府、客户、媒体、员工保持有效沟通的桥梁和纽带，是赢得利益相关方的利益认同、情感认同、价值认同的前提与保证。只有建立起利益相关方参与机制，才能真正实施透明化运营，只有保持良好的、经常的责任沟通，才能实现合作共赢。为更好地服务于各利益相关方，与利益相关方协调发展，追求经济、社会、环境综合价值最大化，公司分专业建立与利益相关方沟通子方案。与政府沟通，当好政府的"电参谋"；与客户沟通，当好客户的"电保姆"；与媒体沟通，当好媒体的供电信息"供应商"；与员工沟通，当好员工发展的"动力源"。客服中心建立了与大客户沟通方案，党群工作部建立了与媒体沟通方案，农服公司建立了与养殖户、大棚户沟通方案，办公室和发展建设部建立了与政府沟通方案。

凌源分公司30家子业务部创新沟通机制，在小城镇开发建设中，提前介入，主动邀请当地政府、开发商等召开座谈会，介绍办电流程和所需材料，提前设计供电方案。经过有效沟通，公司节省了开发商的办电时间，保证了更为科学、经济、合理的供电方案。以往开发商为了节省资金，自行购买不合格的电能表，最后导致在产权移交时因为供电设施不合格而无法移交，还得重复投入资金，重新购买合格的电能表后再进行移交。这不仅浪费了时间，还拖延了交付使用时间，经过沟通有效避免了上述情况的发生，实现了多方共赢。

（4）开展履责活动。征集员工履责感言；全面社会责任管理"五走进"视频展播竞赛；我为履责献一计、做一事；发出"绿色出行"倡议书，开展"3510"活动；开展"弘扬传统美德，提倡文明节约"活动。

①开展全面社会责任管理"五走进"视频展播竞赛活动。各部室、班组自行确立主题，保证"走进服务"的真实性，用摄像机记录。

②开展"我为履责献一计、做一事"活动，下发实施方案。旨在请全体员工围绕履责议题，结合工作中存在的难点和薄弱环节，提出具有前瞻性、建设性的意见和建议，并做一件有意义的事情，从而推进分公司发展，实现年度工作目标。

③发出"绿色出行"倡议书，开展"3510"活动，做绿色出行的践行者、倡导者和先行者，履行绿色环保责任。倡导分公司员工9月17日当天，不开私家车，采用步行、自行车、公共交通方式上下班，倡导将"绿色出行日"延伸到日常生活中，即3公里以内步行，5公里以内骑车，10公里以内坐公交车出行，为绿色环保做出应有的贡献。

④开展了"弘扬传统美德，提倡文明节约"活动，目的在于倡导个人行为规范、勤俭节约、绿色环保，弘扬企业精神文明，促进社会和谐，树立良好的企业形象。

⑤2013年征集员工履责感言230条，2014年再次征集124条感言，并且质量要好于2013年，说明大家对社会责任的认知理解在深化，源自于本岗位的履责感言更具价值。

（5）推广经验做法。凌源分公司在试点班组30家子业务部召开社会责任管理融入班组建设现场工作会议，对该业务部在营业厅设置"一本账、三块表、五副老花镜"的做法加以推广，从方便客户的视角创新开展服务工作。与会人员就社会责任管理如何融入班组建设进行经验介绍，翔实的事迹和数字，反映了社会责任管理融入班组建设所取得的成效。

①一张温馨卡，也含综合价值最大化。分公司在凌源市内设有两个营业厅，每天来办理业务的客户除了办理用电业务外，还经常问起自来水、液化气、电话费和有线电视缴费地址和联系电话等事宜。针对这一情况，凌源客户服务分中心特印制了温馨提示卡，上面不仅标明了已开通的居民

用电缴费方式和缴费地址，而且把上述单位的缴费地址和联系电话同时印在上面，放置在两个营业厅内免费发放，做到了"小小提示卡，方便你我他，无论分内外，服务做到家"。

②三块电能表，疑惑变明白。随着更换智能表工作的推进，部分客户认为"新换的智能电表比原来的机械表走字快"，有的前来咨询，有的甚至大声吵闹。为了变疑惑为明白，分公司在各营业厅设置了电能表展示台，安装了机械、电子、智能三种电能表，并带有相同负荷，向客户演示在此情况下三种电能表示数完全相同，直观地说明了三种电表计量标准相同，不存在哪种表走字快的说法，从而打消了用电客户的疑虑。为了进一步说明问题，分公司在明显位置张贴《人民日报》"求证"栏目文章《你家电表被调快了吗》，从第三方角度再次说明智能表走字快这一说法是不存在的，真正做到"你用电，我用心"，让客户用上了明白电、满意电、放心电。

③五副老花镜，便民见真诚。针对中老年用电客户办理业务有时看不清楚的情况，分公司在各营业窗口配备了"便民老花镜"。老花镜的度数从100度至300度分5档，即每50度为一档共5副，为用电客户提供了极大的方便。有一位老大爷还特意到业务部主任办公室表示感谢，提出了赞扬。

④表箱下移，电量透明，客户用上明白电。农网升级改造前为了防止窃电行为的发生，大部分台区居民客户表箱都安装在电杆顶端的直视箱，在杆下无法看清表示数，导致客户对电量存在质疑。分公司借助农网升级改造工程将低压电表箱下移，使客户随时看到电能表示数，知道消耗量，增加了用电透明度，让客户用电"更放心、更明白"。2012年分公司共下移表箱6539个。

【专栏】

凌源供电分公司社会责任融入班组建设典型实践

三十家子业务部：社会责任管理五个结合转变员工观念；"五围绕、五走进、五服务"将履责落实处；服务地方政府工作大局，亮化辽西第一镇；创新服务举措，方便客户在感动细节。

凌北供电所：内部测评意在提升电工服务质量；革命传统教育培养

员工勤俭务实作风；为社责联系点办实事取信于客户；成功协调施工受阻，诚显供电人的责任担当和对供电事业的忠诚；多面锦旗的背后饱含多个优质服务的感人故事。

刀尔登业务部：安全用电常识的广泛宣传志在保护人民群众的人身安全；请专家培训提升农电工技能；建立帮扶基金会长期帮扶困难学子和孤寡老人；报装接电电工帮助办电减少客户的麻烦；服务地方项目建设修路保电将困难留给自己。

小城子业务部：专人跟踪服务大项目办电，客户满意、政府赞誉，与利益相关方合作共赢，凸显供电服务责任。凌源东盛选矿厂在小城子业务部辖区，按照规定，总容量超过 630 千伏安需客户自行到朝阳办理用电申请手续，为了客户早用电，小城子业务部派专人全程陪同该客户到朝阳供电公司去办理相关手续，使客户提前一周时间用上了电，增加收入 20 余万元。

客服分中心：努力打造 10 分钟缴费圈；大厅引导员工热情服务，教会客户使用自助缴费程序；非工作日收费，即使是凌晨 3 点也做到有求必应；建立弱势群体档案，主动上门服务；3 次利用周休日走进社区，服务客户；组织大厅人员业务、礼仪培训，实施品牌服务，创优责任价值。

案例篇

开展议题管理　实现责任根植

　　朝阳供电公司以社会责任根植项目为抓手，积极推进社会责任融入运营管理全过程。社会责任议题管理是公司推进社会责任根植的重要抓手。2014年，朝阳供电公司深化"1+X"项目化管理，完善机制，提出了"管理方式项目化、议题研究多样化、预期成果目标化、步骤方式流程化"的总体要求。几年来，共立项实施社会责任议题170个。

　　经过近一年时间的探索实践，公司各部门、各单位积极推进议题研究，运用全面社会责任管理的方式对"低电压"、"表后线路故障维修"、"棚户区供电服务"等民生问题进行了探索，形成了多项便民举措，获得了社会各界的广泛好评。2014年11月，公司对议题研究成果进行了征集，精选其中3项上报省公司，均获奖。其中"践行群众路线　履行社会责任"议题荣获省公司优秀社责议题评选一等奖，并被推荐为国网公司优秀社责议题。

　　2014年底，为广泛传播议题研究的优秀经验，指导各部门、各单位深化责任根植，进一步优化工作方式和管理方式，公司选择了部分传播和参考价值较高的案例集结成册，并在国网系统内全国首家编制《供电企业社会责任议题管理手册》，从概念、方法、实务和工具四个方面进行了全面阐述，对其他企业有较强的学习借鉴意义。

践行群众路线　履行社会责任

——探索党的群众路线教育实践活动与社会责任管理实践相融互促的新常态

2014 年以来，国网公司全面开展第二批党的群众路线教育实践活动，提出了"转作风、优服务、反违章、夯基础"的要求。作为国网公司全面社会责任管理试点单位，朝阳供电公司将教育实践活动作为深化社会责任管理的新机遇、新动力，深刻认识到教育实践活动与社会责任管理目标的一致性、主体的重合性、内容的同质性、载体的融合性、评价的一体性，建立了教育实践活动与社会责任管理相融互促"五星"推进模型。在实施过程中，公司坚持知行合一、行胜于言，在落细、落实、落小上下功夫，将教育实践活动的要求落实到社会责任管理的载体。项目中，以社会责任管理为公司教育实践活动注入新内涵，通过创新机制、透明沟通、优化服务、树立品牌，切实做到群众路线内化于心、外化于行、固化为制、转化为力，实现了群众路线微观化、教育实践务实化、履责服务品牌化，创造了公司管理的新亮点，探索教育实践活动的新模式，二者相融互促取得了良好效果。

一、问题分析

（一）教育实践活动需要创新抓手

实现群众路线教育实践活动的落地生根，关键要设计好抓手，畅通党员干部与员工、客户之间的沟通渠道。供电公司作为没有围墙的企业，外部沟通的难度大于内部。朝阳供电公司供电面积达 2 万平方公里，占全省的 1/7，面对 140 多万户客户，城区服务需求日渐多元化、个性化，农村服务需求趋于多样化、复杂化，个别业务部需要负责 4 个乡（镇）的供电服务，如何能够广泛、系统、清晰地将群众的意见和需求反映出来，是公司面临的新问题。

（二）社会责任管理需要完善深化

朝阳供电公司实施全面社会责任管理两年多来，实现了由理念导入向管理融合的过渡，社会责任管理已经全面融入"五大"体系建设，建立议题研究机制，打造"朝（zhāo）阳之光"责任品牌，优化利益相关方沟通等机制取得实效。试点过程中，不断形成新的管理思路和工作亮点，呈现出由融入阶段向创新阶段迈进的趋势。如何抓住群众路线教育实践活动这一机遇，将公司与社会的联系更加结构化、与群众的沟通更加精准化、与利益相关方的互动更加常态化，是当前形势下深化公司社会责任管理的关键课题。

（三）企业软实力需要进一步提升

公司完成"三集五大"体系建设后，各项工作进入相对稳定状态。但公司深刻认识到，当前的管理水平并未达到"一强三优"现代公司标准，"三集五大"建设完成标志着新一轮管理创新的开始。在公司软实力建设方面，如何使反"四风"与倡新风并进、接地气与聚人气互动、企业价值与社会期望同向，是群众路线教育实践活动和社会责任管理的共同目标。

（四）经济社会新常态提出新要求

随着经济社会的发展，从总体上看，客户对供电质量提出了刚性的本质要求，对供电服务提出了人性的品质要求。同时，供电公司作为自然垄断企业，受到社会各界的高度关注。回应社会期望，树立负责任的、可靠可信赖的企业形象，营造和谐的外部环境，是公司实现又好又快发展的必要条件。

（五）教育实践与社责管理融合需要固化载体

当前，宏观上正面临经济换挡期、社会转型期和服务风险叠加期，公司只有不断增强与职工群众和广大客户的密切联系，才能正确认识企业的定位、目标和发展方向。这要求建立教育实践与社责管理相融合的常态化载体，围绕"我是谁、为了谁、依靠谁"的主题，将群众期望与企业发展目标相结合，将管理提升与解决群众反映强烈的问题相结合，将群众监督与社会评议相结合，使群众路线走得扎实、走得深入、走得持久。

二、主要措施

公司针对教育实践活动和社会责任管理相融合中遇到的五方面问题，根据教育实践活动与社会责任管理在目标、主体、载体、内容、评价上的内在联系，设计了"五星"模型：一是实施六联六促活动；二是加强社会责任联系点建设；三是深化社会责任实践百千万行动；四是建设"朝阳之光"责任品牌；五是开展"走改办建"履责服务。如图1所示。

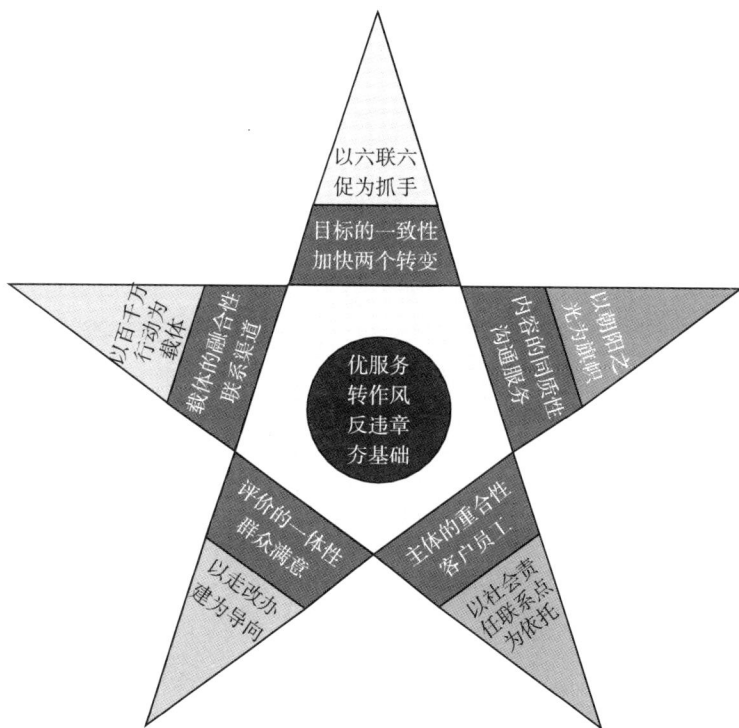

图1　群众路线教育实践活动与社会责任管理相融互促"五星"模型

（一）以六联六促为抓手，建立责任沟通长效机制

公司在群众路线教育实践活动中，积极探索党员干部密切联系群众的有效载体，形成群众路线教育实践的长效机制，策划开展了"六联六促"活动，包括"班子联系一线　促工作作风转变"、"机关联系基层　促管理

效能提质"、"干部联系群众 促队伍战斗有力"、"党员联系群众 促党群关系和谐"、"窗口联系客户 促品牌形象提升"、"供电联系社会 促社会责任到位",努力使提高认识与身体力行相统一、解决"四风"问题与保障群众利益相结合、深入开展活动与有效促进企业发展相融合。"六联六促"不仅使实践活动深入开展有了重要依托,而且为全面社会责任管理试点工作的创新发展奠定了坚实基础,如图 2 所示。

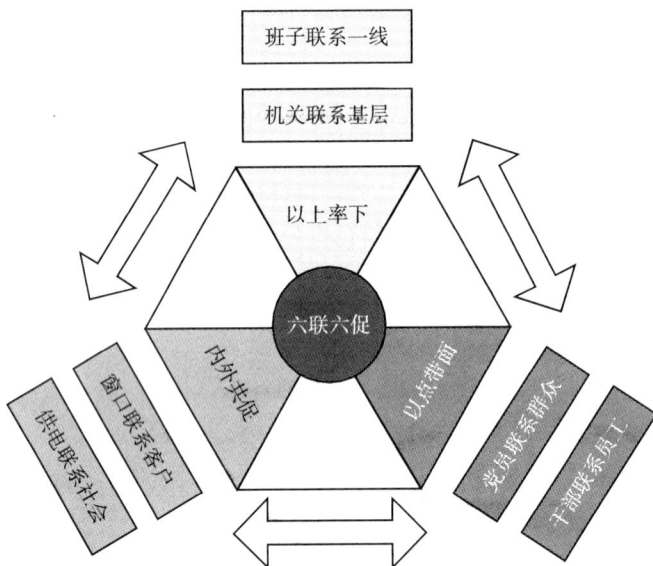

图 2 朝阳供电公司"六联六促"活动核心内容

1. 以上率下,转作风

公司各级领导干部率先将社会责任理念融入实践活动,活动范围由内部至外部,由反"四风"拓展至综合价值提升。活动开展以来,领导班子成员对凌钢集团、万华集团、东风朝柴等 9 家企业进行了走访,与客户、一线员工们共同探讨如何提升服务质效、促进公司发展,汇总客户提出的用电难题、员工提出的工作困难 23 个,采用"处理一个销号一个"的推进办法,扎扎实实改问题,让客户、员工得到实惠。本部干部选择基层部室(班组)结成对子,对应开展我是一名安全员、营业员等体验活动,分享工作心得,自上而下指导班组完善工作;参加基层单位座谈会,鼓励员工说真话、提意见,自下而上理顺公司管理中存在的问题,畅通上下沟通渠道。活动中，各部门征集意见 69 条，一一进行整改，形成"领导接待日"、"基层难题、机关会诊"等新机制。

2. 以点带面，履责任

社会责任管理与教育实践活动融合过程中，公司坚持理性认知与情感认同并重、文化涵育与实践涵养并举，特别注重发挥榜样的引领作用，以先进典型激励员工崇德向善，让群众路线和责任担当在公司生根、开花、结果。一是建立典型选树的多方评荐体系。公司组织"亮身份、践承诺、固堡垒、当先锋"活动，将组织推荐、社会评荐、个人自荐结合起来，先后评选出金亮、孟昭勋、杨占生等员工钦佩、客户赞扬的履责先锋。二是探索典型引领的有效途径。通过巡回演讲、实地观摩、通信报道等方式，展现出典型人物的真情实感，让员工们感觉到典型人物不是高高在上、不食人间烟火，而是可亲可敬、可信可学。三是完善典型学习机制。每个典型背后都蕴含着深厚的道德宝藏，每个履责事件背后都可以挖掘出深刻的管理思想，只有学深学透，先进典型才能成为员工心中的长明灯。公司成立了"占生责任工作室"，选取金亮等先进典型所在的 12 个班组（业务部）为履责示范班所，将他们的履责实践作为案例进行分析，编入社会责任管理案例集，建立起典型学习的长期阵地。

3. 以外促内，优服务

公司建立了以利益相关方期望为导向的管理提升模式，开展了供电联系社会"356"活动。在公司领导班子层面每人联系一个市级重点项目、指导一个社会责任议题、包片一个社会责任联系点。公司 9 名领导班子成员全程参与社会责任议题研究，亲自走访联系点。各单位领导班子开展"进五区"和"六个一"活动，走进社区、厂区、小区、工业园区、设施农业区开展实地调研（见图 3）。每人联系一个当地经济或民生重点工程，在重点工程中当一名高水平的"大客户经理"；组织召开一次利益相关方座谈会，全面了解关键利益相关方的需求和建议；举办一次电力知识讲座，引领全社会安全用电；在每个联系点帮扶一户贫困户，推动社会和谐；建立一个沟通模式，彻底解决与关键利益相关方沟通不畅问题；形成一个常态机制，具体改进一项专业管理机制，提高综合价值创造能力。活动中，各单位领导干部走访利益相关方 84 次，帮扶贫困户 14 户，建立了"农村电诊所"、"人大政协委员走进电力看服务"等多个常态化机制。

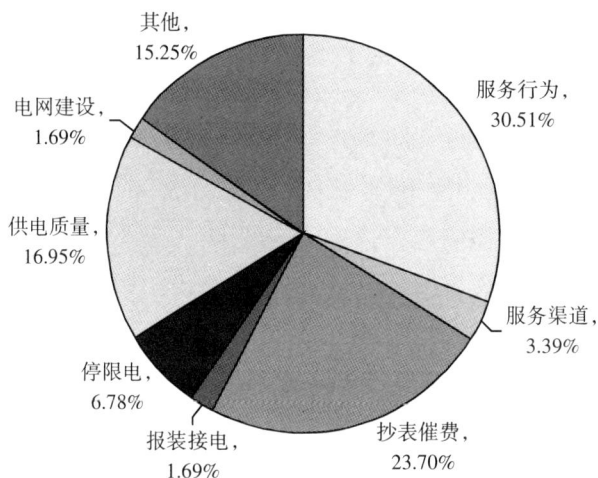

图3 "进五区"征集客户意见分布

（二）以社会责任联系点为依托，创新社会治理平台

社会责任联系点是公司对接政府社会治理创新的重要举措，拓展了服务半径和管理范围，实现了内部工作外部化，覆盖了社区、工业园区、农业产业区、服务集中区，由公司与外部利益相关方共同运营，具有宣传供电政策、联系城乡客户、评议服务质量、协助公司加强风险管控、提升管理水平5项功能。联系点均发放一张供电服务联系卡、公布一部供电片区负责人电话、建立一本管理工作记录簿和联系点档案、每月开展一次走访、每月进行一次工作总结、每季度组织一次用电知识培训、半年开展一次帮扶工作、每年组织联系点代表走进一次供电单位。

1. 重点项目联系点，解决"最先一公里"问题

电网建设是公司服务全市发展、助力项目落地的"最先一公里"，是提供其他供电服务的基础。公司选取相关政府部门、工业园区管委会或大型重点项目为联系点，与市县政府及项目业主建立了双向循环沟通机制，对沟通方式、沟通对象、沟通内容、沟通效果都实行了结构化设计，采取了定期报送工作简报、即时沟通重大问题、随时收集意见建议、快速反馈公司行动等诸多具体措施，赢得了政府、社会各界的认同（见图4）。公司创办了《重点项目推进工作简报》《市政迁改工程工作简报》，定期反馈京沈客运专线等重点项目电力配套工程推进情况，并提出切实可行的工作

建议。截至 2014 年 9 月底，公司已报送各类简报 62 期，支持政府主管部门协调解决重点问题 16 个。通过有效的责任沟通，公司树立了供电先行和服务大局的示范形象，同时促进了重点项目高效协同推进。

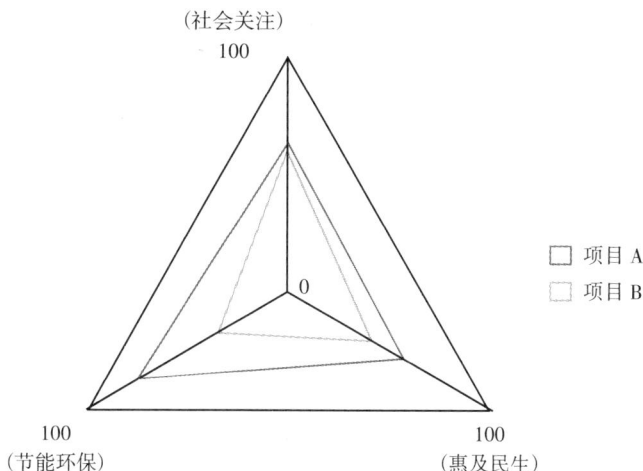

图 4　重点项目三维选择模型

2. 居民社区联系点，解决"一公里"服务半径问题

公司紧密衔接社区网格化管理和市政府 10 分钟便民服务圈建设，在联系点搭建了社区、小区、台区联动服务平台，将供电台区与社区网格同步，将台区抄收员与网格管理员结对，通过社区联系点使用电知识宣传、电力抢修、电力设施保护、客户信息更新、服务监督、特殊群体帮扶等工作得到显著优化。公司依托社区联系点建立了社会责任观察评议机制，聘请了 200 名社区观察评议员，邀请他们参观 95598 工作站、抄核收工作现场，体验供电企业的精细化管理和人性化服务。公司通过联系点将供电信息及时传递给客户，客户通过联系点向公司反映意见和需求，形成了双通道的良好互动。营电室根据居民反映较多的不熟悉办电流程、不会使用自助缴费机问题，拍摄了专题教学片；大客户室在联系点现场办公，解决了新建小区用电过户难题。公司与联系点共同宣传"省电达人 19 招"，"用电设施产权分界规定"，联手组织用电知识讲座，建立特殊客户档案，为 12 户居民送去米面油，传递了"心电"相连的正能量。

3. 农村联系点，解决"最后一公里"问题

朝阳是一个农业大市，农业人口达 234.6 万人，占全市总人口的

69.1%。近年来，朝阳市设施农业、畜牧养殖业快速发展，第一产业总产值达 400 多亿元，已成为东北最大的设施农业优质农产品生产供应基地。公司实施三项举措，以社会责任联系点助力农民富、农村美、农业强。①畅通联系农民的"最后一公里"。2014 年 9 月，公司在村委会、村商店联系点的基础上，在朝阳县平房村率先启动"两代表一委员工作室"社会责任联系点，成为全市第一家对接政府教育实践活动载体的公用事业单位，优化了"供电公司—农村管理组织—村民代表"的沟通机制，得到了政府和媒体的关注和好评。②打通农村供电服务的"最后一公里"。公司在联系点开展电话转账缴费、风险预警、停电通知、现场办电等业务，相当于在村里设置了一个"服务窗口"。③贯通沟通农业企业的"最后一公里"。公司与市农经委、财政局、经信委等 23 个部门、单位共同组建了农民专业合作社服务联盟。公司专门发布了"供电服务告棚友书"，郑重承诺：始于棚友需求，终于棚友满意，实行大棚区用电"网格化"管理、畜牧养殖用电"链条式"服务、花卉种植基地"智能型"对接，把握农业设备日渐高端的发展趋势，为农业产、供、销用电提供一条龙服务。

（三）以百千万行动为载体，培育供电服务精品项目

经济发展，电力先行。公司根据朝阳市发展的宏观布局策划了社会责任实践百千万行动，对接 100 个重点项目、建设 1000 个社会责任联系点、服务 10000 户设施农业户，以履责行动助力全市工业化、城镇化、农业现代化发展，实现了对接提速、联系提质、服务提效，为朝阳经济社会又好又快发展做出了贡献。

1. 责任规划，服务朝阳全面崛起

2013 年底，公司编制了新一轮三年发展规划（2014~2016 年）。在编制过程中，引入利益相关方参与，邀请朝阳市"十二五"规划编制组成员来公司授课，介绍朝阳市经济社会发展形势；针对公司员工和外部利益相关方先后开展了两次千人问卷调研，对朝阳市四大班子、大客户、居民代表进行了走访，征集数据 30 万组、意见及建议 480 余条，了解了社会各界对于公司发展的期望。在编制原则上，坚持加快发展原则——把又好又快作为推动公司发展的根本要求；坚持创新发展原则——把创新精神贯穿于公司发展的各个方面；坚持协调发展原则——把统筹兼顾作为推动公司科学发展的根本方法；坚持和谐发展原则——把和谐发展作为公司发展的

根本方式。在规划内容上，以"五个发展"对接朝阳市"四化三大"新战略，以科学发展服务全市新型工业化、农业现代化，以安全发展服务全市新型城镇化、服务业多元化；以创新发展践行大文化战略，以内涵发展践行大民生战略，以友好发展践行大生态战略。

2. 责任管理，引入利益相关方参与

公司秉承"外部需求内部化，内部工作外部化"的责任理念，充分考虑利益相关方的要求和期望，建立了利益相关方参与机制，朝阳人民共同建设朝阳电网等新模式正逐步形成。在新城区、工业园区配网规划中，公司邀请朝阳市发改委、经信委、城建、环保等专家和客户代表参与设备选型、路径选择、用电方案确定，就电网安全、环境和谐、节能减排、智能服务、客户利益等进行评估，使配网规划更加科学，更加合理。为满足客户快捷报装需求，公司实施业扩报装客户经理"一盯一"对接服务，将"您提需求，我们来办"落到实处，做到了"内转外不转"；开通绿色通道，跟踪流程走向，跨部门全程督办，实现了受理快、勘查快、审查快、验收快、送电快的"五快"目标；用电方案制定倡行"超市"理念，制定多套方案供客户选择，帮助客户选用更绿色、更低碳的节能方案。在朝阳市重点工程——燕都新城配电网建设中，公司超前谋划，制订了4种建设方案，经市政府、专家团队和利益相关方评估，确定采用分区电缆入地方案，燕都新城起步区共划分成58个地块，14类负荷，实现了新城配网规划与朝阳市城市规划、土地规划、交通规划有效衔接。

3. 责任价值，实现和谐共赢

公司致力追求工作价值最优化，综合价值最大化。一是滚动修编电网建设规划、电网远景规划，有效保证了经济社会发展用电需求。二是优化流程，高压业扩报装时间由51.9天下降至27.5天，客户早用电，公司多售电，实现双赢。在中贸商业城基建施工用电办理中，从申请受理到方案答复仅用2个工作日，从现场开工到验收送电仅用9天；在燕都新城东街大桥工程项目中，公司主动帮助优化用电方案，为客户节省资金20余万元；公司根据燕都新城项目推进情况，及时启动10千伏燕临线施工电源投运，彻底解决了燕都新城建设电源"卡脖子"难题，为燕都新城项目建设提供电力保障。公司的负责任行动获得各方支持，市政府有关部门也主动与供电公司对接，将电网规划纳入全市总体规划，将电网工程建设推进纳入政府考核，全力支持电网建设，政企和谐、共谋发展成为朝阳市一道亮丽的风景线。

（四）以朝阳之光为旗帜，打造价值沟通责任品牌

公司发布了"朝（cháo）阳供电、朝（zhāo）阳之光"履责宣言，"朝阳之光"体现朝阳供电公司不断创新进取，充满生机和活力。"朝阳之光"以七光诠释国网公司十二方面社会责任，寓意国家电网给朝阳大地带来光明、温暖和动力。公司确立"履行社会责任，建设美丽朝阳"履责愿景，努力践行"生态朝阳、供电引领；信用朝阳、供电表率；文化朝阳、供电先行；幸福朝阳、供电保障"。如图5所示。

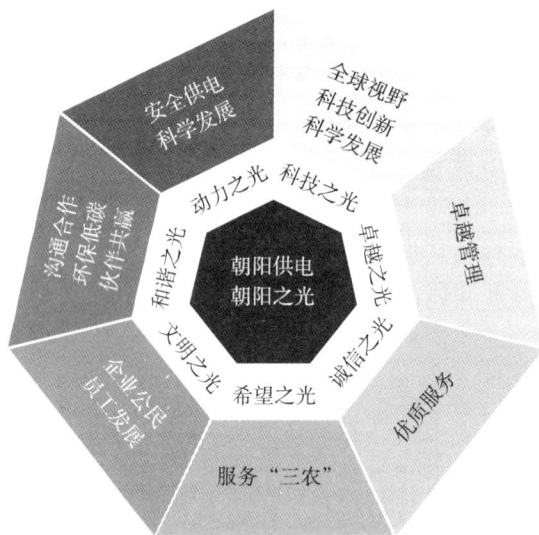

图5　朝阳之光责任模型

公司创立了"朝阳之光"公益服务品牌，制定了《国网朝阳供电公司"朝阳之光"品牌公益活动实施细则》。公益活动在"整体策划、灵活运作、品牌发展"的总体原则下开展，赢得了广泛的社会认同，树立了公司良好的品牌形象。

1. 成立朝阳之光志愿者服务队

公司践行"履行社会责任，共建美丽朝阳"愿景，规范开展公益活动，在"辽电共产党员服务队"、青年志愿者服务队、巾帼爱心服务队的基础上，成立了"朝阳之光"志愿者服务队，公司所有公益活动统一使用

"朝阳之光"品牌。服务队倡导"奉献、沟通、互助、和谐"的精神，自愿无偿服务于社区群众生产生活，如图6所示。

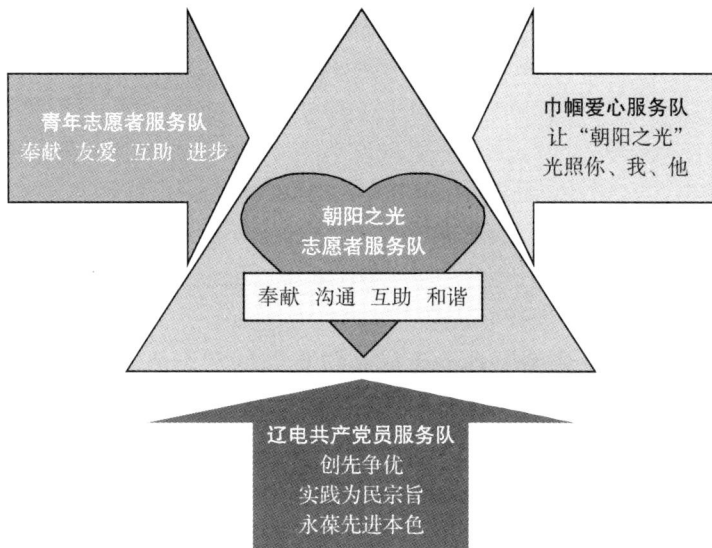

图6 朝阳之光志愿者服务队构成

2. 开展朝阳之光志愿服务活动

"朝阳之光"志愿者服务队设立春耕、秋收、助学、便民等若干专项服务队，志愿者以社会责任联系点、社会责任实践示范区为主要平台，以重点客户和特殊客户为重点服务对象，开展保电、救灾、扶弱助困、宣传便民等志愿服务活动。保电志愿者服务队服务于各个重大活动和重要节日保电工作，全年服务1000人次以上。助学志愿者服务队定点帮扶国网爱心希望小学和辽电爱心希望小学，每年捐款捐物3万元以上。北票分公司连续12年爱心接力，资助两名贫困学子，直至两名学生顺利考入大学。助老爱幼服务队以社区、敬老院的老人和留守儿童为重点服务对象，为老人儿童提供情感陪护和爱心救助。建平分公司连续25年真情奉献喀喇沁敬老院，全体团员为老人献爱心。公司女职工志愿者连续3年36次进入朝阳市特殊儿童太阳村，为孩子们送去母爱和各种学习生活用品。宣传便民服务队开展电力知识培训讲座46场，培训3000余人次。志愿者每月为社区提供电力设备巡视检查、检修等服务，主动参与小广告清理、交通协勤指挥等活动。在交通协勤中，公司每天派出8名志愿者在两个十字路口执勤1小时。

3. 开展朝阳之光服务抗旱保电专项行动

2014年7月以来，辽宁遭遇63年来的特大旱情，辽西尤为严重，朝阳地区受灾面积达300余万亩，形势十分严峻。抗旱保电是供电企业义不容辞的责任，公司以旱情为命令，第一时间召开抗旱保电工作部署会议，组织91支"朝阳之光"共产党员服务队，深入田间地头，增加临时变压器，新建临时抗旱线路，加大设备测量频次，密切关注和掌握负荷变化，向农民百姓讲解抗旱用电知识，指导他们安全科学用电，齐心协力抗旱保电，先后开动14970眼机电井进行排灌，解决群众燃眉之急。中央电视台、新华社、人民日报、中央人民广播电台等中央及省级媒体，走进公司抗旱保电一线，对公司抗旱保电工作进行专题采访。

（五）以走改办建为驱动，形成实践巩固的常态机制

2014年7月，在群众路线教育实践活动第三环节，公司将社会责任管理引入教育实践活动当中，设计了"走改办建"（走现场、改问题、办实事、建机制）专项活动（见图7）。按照PDCA的管理循环，公司深入走访，广泛征求意见，对群众意见进行梳理，分类整改落实，建立常态长效机制。公司在履行社会责任中践行群众路线，在群众路线教育中优化社会责任管理，优化服务质量，提升管理水平，增进和谐共赢。

1. 走现场，"四走进"突出"诚"

"四走进"包括走进项目、走进联系点和示范区、走进基层一线、走进国家电网，实地回访教育实践活动整改情况，促进公司与各利益相关方之间沟通互动。公司相关部门走进67个全市重点项目业主单位，调研了解客户需求，开展对接服务工作。各单位至少回访2个联系点，新建1个联系点和1个示范区，并适时举行新建联系点、示范区的挂牌仪式。公司班子成员、机关干部深入基层一线，指导社会责任议题开展，走进项目、联系点和示范区解决实际问题。公司邀请社会责任观察评议员开展同走输电线路、体验抄表收费等活动，把利益相关方请进来，现场监督意见落实。公司各部门、单位累计走访利益相关方300多户次，发放宣传资料15000余份，征集意见、建议36条。

2. 改问题，"三整改"突出"严"

对照征集的69个集中问题，公司整改落实、立行立改内容92项。公司对群众路线教育实践活动中征集的意见和建议进行了集中整改。对省公

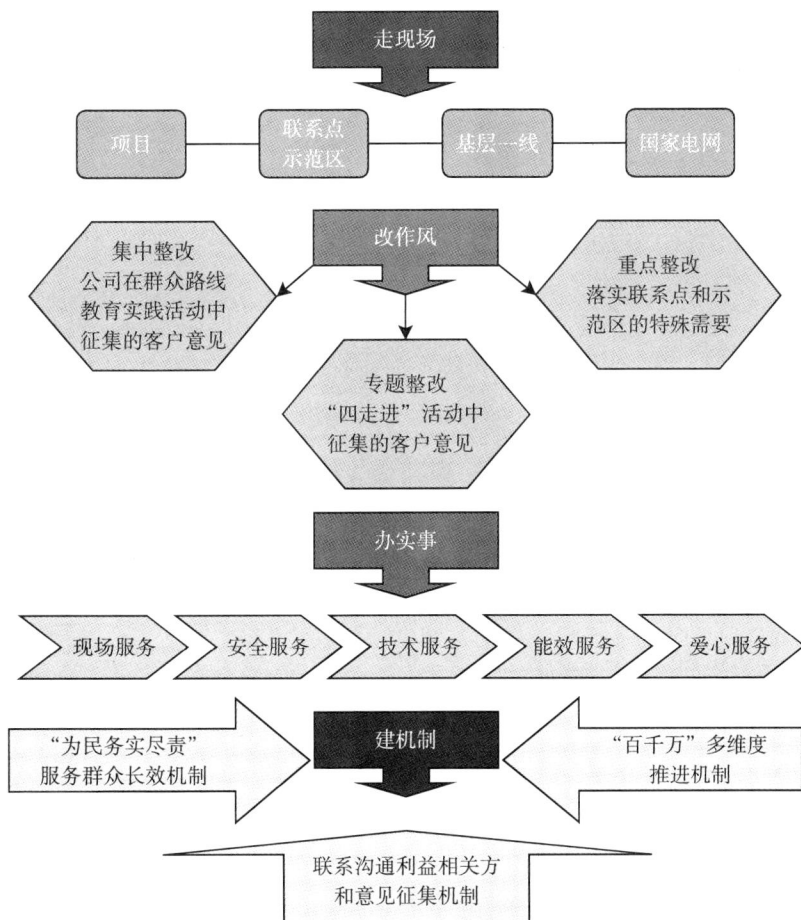

图7 走改办建履责模型

司明察暗访和公司自查情况，以及"四走进"活动中征集的36条客户意见进行了专题整改。集中资源开展点上的延伸服务，进一步完善联系点、示范区的服务机制，对联系点和示范区的特殊需要进行重点整改。公司深化双塔区文化社区联系点、朝阳县平房村社会责任联系点的样本打造，利用联系点、示范区的客户监督和透明沟通作用，实时跟踪问题整改情况，随时反映新问题，对问题整改质量进行严格把关。

3. 办实事，"五服务"突出"实"

（1）现场服务。召开现场会，解决客户难题，为客户办实事。现场办公，窗口单位报装接电人员开展进社区办理用电手续等活动。

（2）安全服务。举办安全用电进企业、进校园、进设施农业区等活动，宣传安全用电知识、95598客户服务热线，引导社会安全用电。

（3）技术服务。走进企业，指导客户安全、科学用电，在设施农业示范区举办电力知识讲座，为农户培训电机使用、修理等知识。

（4）能效服务。了解客户能效服务难题，向客户介绍节能技术，为客户提供节能减排、利用新能源、电能替代等方案，实现共赢发展。

（5）爱心服务。建立完善重点客户和特殊客户的用电档案，在联系点帮扶一户贫困户。开展"共产党员奉献日"、"朝阳之光"志愿服务活动，对特殊客户提供代收电费、检查线路等上门服务。

4. 建机制，"三固化"突出"常"

一是固化了"为民务实尽责"的服务群众长效机制。以"朝阳之光"责任品牌擦亮"你用电，我用心"和"感动式"服务品牌，树立了责任央企形象。二是固化了联系沟通利益相关方和征集意见机制。实现联系、解决、反馈的闭环管理，优化了服务、办电等工作流程，提升优质服务的能力和水平。三是固化了"百千万"多维度推进机制。实现项目动态分类对接和快速有效服务，丰富了社会责任联系点的功能和内涵，发挥了设施农业示范区的服务带动功能。凌源分公司开展了"五个一、五到位"活动，即在业务部设立一个"用电诊所"，促进优质服务到位；每周开展一次"公司领导接待日"活动；各班组、业务部分别推荐1名密切联系群众、优质服务客户的先进典型，做到典型选树宣传到位；建立一支供电企业"联系群众、服务民生"社会监督员队伍，自觉接受社会监督到位。"五个一、五到位"活动使公司更接地气，使教育实践活动落到实处。

三、取得成效

公司以社会责任理念创新实践活动载体，以教育实践活动指导推动社会责任管理，两者相融互促，直接促进了接地气、聚人气、扬正气，推进了了解社情民意、破解发展难题、化解服务风险，实现了转作风、促和谐、优服务，如图8所示。

（一）群众路线教育实践活动务实提质

朝阳供电公司融入社会责任理念，创新抓手和载体，以更加透明、务实、担责的态度和方式，使实践活动横向交叉到社会、客户，纵向贯通至

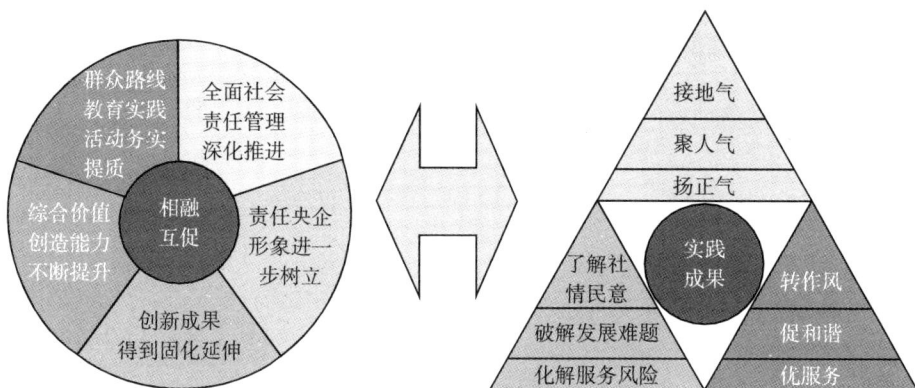

图 8 融合成效

班组、站所，着力解决"四风"问题，密切党群联系，改进供电服务，实现了实践活动开局高起点、推进高标准、成果高质量。实践活动中，4217人（单位）次提出意见建议 328 条，汇总问题 69 个，落实整改措施 92项，解决具体问题 100 多个，活动的广度、深度、精准度均明显提升，"四风"问题得到有效根治，党群、干群关系进一步密切。两级班子走访联系点成为常态，履责转作风成为一种价值取向。实践活动受到了省公司党组和第五督导组的充分肯定，得到了广大客户和全体员工的广泛认同。中央电视台、新华社、人民日报、中国电力报等多家媒体对公司实践活动成果进行了专题报道。

（二）全面社会责任管理深化推进

准确把握实践活动与社会责任管理的契合点，以强化透明、沟通、担责为主要内容的相融互促新平台，对公司实施全面社会责任管理起到了强大的推动作用。实践活动期间，公司领导班子参与、指导重点社会责任议题 9 项；各级领导、本部干部走进社区、厂区、小区、工业园区、设施农业区，对接全市重点项目 80 余个，深入社会责任联系点、示范区、用电客户现场和基层班组 500 多次，召开利益相关方座谈会 60 余次；公司新建社会责任联系点 35 个，打造了沟通利益相关方的连心桥、服务经济社会发展的新阵地、群众路线教育的常态化实践基地，全面社会责任管理在实践活动中强势推进，不断深化。

（三）综合价值创造能力不断提升

公司将实践活动与社会责任管理相融合，促使"服务为民、人人履责、企业担责"的宗旨进一步深化，"社会接受、环境友好、价值综合"的决策理念进一步优化，关注利益相关方期望的运营模式进一步强化，公司整体综合价值创造能力持续提升。实践活动开展以来，公司安全可靠供电能力和优质服务水平大幅提升，电网建设、电能替代、节能推广、降损增效、低电压治理等重点工作取得实质成效；公司与政府及社会各界共谋发展、合作共赢的力度进一步提高；依托政府支持、各方配合，有效解决了施工受阻、电力设施保护、线路通道隐患治理等诸多难题，在为朝阳经济社会发展提供坚强动力支撑的同时，也推动了公司和电网快速发展。

（四）创新成果得到固化延伸

随着实践活动与社会责任管理的深化推进，一系列管理创新成果得到固化推广，多项业务流程、管理制度、工作机制得到优化，推动了公司管理提升。"六联六促"活动常态开展；社会责任议题研究模式、社会责任评议、利益相关方沟通、管理及参与机制、"百千万"行动常态推进机制、联系点走访互动制度等纳入公司综合管理体系，作为公司两级班子转变作风、定点调研、定期征求意见的制度成果，得以硬性固化，成为班子建设和服务基础建设的规定动作，步入长期化、常态化轨道。

（五）责任央企形象进一步树立

2014年3月以来，全国及区域主流媒体宣传介绍公司推进实践活动和社会责任管理的有关稿件300多篇，公司根治"四风"、服务发展、履责为民的理念和做法受到广泛好评。"朝阳之光"责任品牌、"百千万"行动实践品牌的知名度、认可度、美誉度显著提升，赢得了社会各界的利益认同、情感认同和价值认同。公司努力建设可靠、可信赖的供电企业，透明、担责、共赢的责任央企形象在朝阳成为一面旗帜；公司创新党的群众路线教育实践活动和社会责任管理相融互促的新载体，得到社会各界的认可和赞誉。

社会责任指标体系的构建与应用

一、背景及意义

（一）构建社会责任指标体系的实施背景

2011 年底，朝阳供电公司启动全面社会责任管理试点工作，2012 年 5 月被确定为国家电网公司全面社会责任管理试点单位。朝阳供电公司将实施全面社会责任管理试点分为五个阶段有序进行：策划阶段、导入阶段、实施阶段、评估阶段和深化阶段。

自开展全面社会责任管理试点工作以来，朝阳供电公司持续推动社会责任融入发展规划、决策流程、全市发展、机制建设、队伍建设、基层班所、中心工作、责任品牌、社会治理及氛围建设 10 个方面，并取得了系列成果。公司社会责任工作也得到了国网公司、国家相关部门及社会公众的普遍认可。为了深化落实全面社会责任管理，推动社会责任工作考核与公司绩效考核的融合，提升社会责任推进管理的完整性，朝阳供电公司积极构建社会责任指标体系，并组织开展社会责任工作绩效的自我评价，为日后社会责任工作的开展提供指引。

（二）构建社会责任指标体系的重要意义

作为国家大二型企业，朝阳供电公司以建设和运营电网为核心业务，承担着为朝阳市经济社会发展保障安全、经济、清洁、可持续电力供应的基本使命。构建社会责任指标体系、全面履行社会责任是公司适应国内外企业社会责任发展新潮流和新趋势、更好地服务朝阳市经济社会发展的客观要求，对于公司全面提升内质外形、加快建设"一强三优"现代公司具有十分重要的战略意义。

1. 构建社会责任指标体系是贯彻落实国家电网公司深化全面社会责任管理的内在要求

根据国家电网公司 2012 年的部署，地市级供电企业开展全面社会责任管理试点的核心是全面实施"15333"工程，即制定"一个"可持续发展战略、推动社会责任管理融入和服务"五大"体系建设、推动"三项"基础管理（决策管理、流程管理和绩效管理）融合社会责任管理理念、开展"三项"社会责任管理专项工作（公益管理、利益相关方管理、沟通管理）、系统梳理"三方面"社会责任管理提升成果（特色履责实践、社会责任管理实践和社会责任感人故事）。从"15333"工程来看，社会责任指标体系既是社会责任绩效管理的基础，又是利益相关方管理和沟通管理的基本工具，同时也是总结社会责任管理提升成果的主要依据。因此，构建社会责任指标体系是贯彻落实"15333"工程甚至是开展全面社会责任管理的重要抓手。作为国网公司 27 家地市级供电企业试点单位之一，朝阳供电公司探索构建社会责任指标体系，既是贯彻落实国网公司深化全面社会责任管理的内在需要，更是为国网公司探索地市级供电企业社会责任绩效衡量的重要行动。

2. 构建社会责任指标体系是公司提升全面社会责任管理精细化水平的重要抓手

朝阳供电公司的可持续发展战略和社会责任目标必须通过指标分解的方式层层分解，使不同层级、不同单位的管理者和员工都明确自己履行社会责任的要求和目标，提高管理的精细化程度，促进公司整体履行社会责任目标的有效实现。清晰完善的社会责任指标体系有助于公司将社会责任管理纳入企业整体战略管理框架中，将社会责任管理融入到业务运营过程、基础管理、职能管理和管理机制中，使社会责任工作常态化、制度化、流程化和规范化。履行社会责任实践和社会责任管理的长效机制构建要求公司必须建立适宜的激励约束机制，其中最核心的是构建有效的社会责任绩效考核体系，只有拥有科学的社会责任指标体系，才可能实现社会责任绩效考核精细化程度的有效提升。

3. 构建社会责任指标体系是公司全面加强利益相关方沟通和参与的必然要求

朝阳供电公司是一家肩负社会公共利益目标的国有企业和保障社会大众所必需的电力产品的公用事业企业，涉及利益相关方众多。特别是，公司供电服务业务辐射面广、带动性强且影响深远。因此，加强与利益相关方的沟通交流，提升利益相关方参与层次和水平，增进与利益相关方的互信合作，树立并持续提升公司的社会形象，不仅是公司开展全面社会责任管理的重要内容，也是公司提升综合价值创造能力、实现可持续发展的必然要求。无论是提高利益相关方沟通交流的有效性，还是提升利益相关方沟通和参与的系统化、规范化、制度化和结构化程度，都要求建立一套包括各利益相关方在内的逻辑清晰、科学合理的社会责任指标体系。

4. 构建社会责任指标体系是适应国内外企业社会责任发展新潮流和新趋势的客观需要

当前，国内外企业社会责任发展呈现出一些新趋势和新特点，并突出表现在两个方面：一是标准化。近年来，国内外针对企业社会责任的标准和规范不断出台，企业社会责任发展的标准化趋势日益显著。二是管理转型。许多世界一流跨国公司对企业社会责任认识已经发生了根本性转变，其关注的重点已从履行义务、回应利益相关方要求和担当责任，发展到将履行社会责任作为企业经营的新方式、竞争的新规则和核心竞争力塑造的新途径。具体而言，从关注责任内容，进一步转向建立健全有效的责任落实机制；从关注局部的管理改进和加强社会风险管理，进一步转向整体的管理变革和探索实施全面社会责任管理模式。无论是适应标准化趋势还是管理转型潮流，都要求朝阳供电公司通过构建社会责任指标体系来提升社会责任管理水平。

二、主要做法

（一）构建社会责任指标体系的基本思路与方法

1. 构建原则

朝阳供电公司社会责任指标体系的构建，既遵循一般性指标体系构建的原则，又充分考虑企业社会责任指标体系的特殊要求，同时结合公司自身的特点。具体遵循以下六个原则，如图1所示。

一是实质性与完整性相结合原则。实质性，即社会责任指标应涉及公司运营过程中对各利益相关方产生实质性影响的各个方面。在确保实质性原则的前提下，保证社会责任指标体系的完整性，以体现出公司识别并理解其可持续发展中具有实质性的方面，从而确保指标体系的详尽、

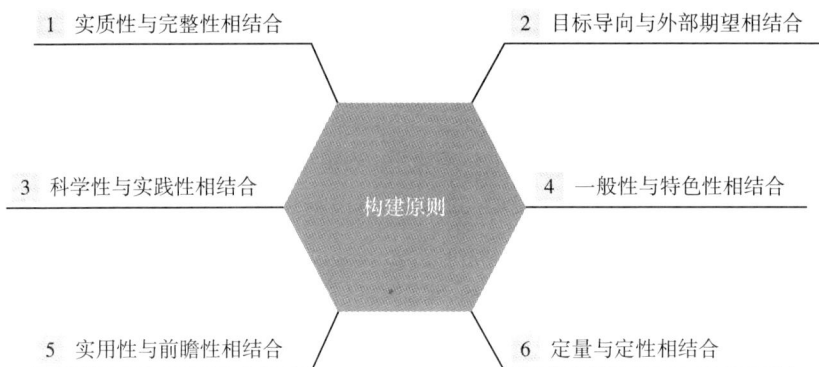

1 实质性与完整性相结合	2 目标导向与外部期望相结合
3 科学性与实践性相结合	构建原则	4 一般性与特色性相结合
5 实用性与前瞻性相结合	6 定量与定性相结合

图1 朝阳供电公司社会责任指标体系构建的原则

具体和准确。

二是目标导向与外部期望相结合原则。指标体系构建的最终目的是推进全员自觉履行社会责任，实现社会责任理念与公司日常运营的全面融合，促进公司的可持续发展。同时，指标体系的构建还必须反映各利益相关方的合理期望和要求，尤其是核心利益相关方的诉求，这将有利于改进公司的运营管理。

三是科学性与实践性相结合原则。科学性体现在科学的理论指导、科学的构建方法、科学的指标选取，在此前提下，应当结合公司的具体实践，结合公司现有运营管理流程和方法，确定指标体系构建的具体方法。

四是一般性与特色性相结合原则。社会责任指标体系的构建必须能够反映公司履行经济责任、社会责任和环境责任的绩效表现，并能与各利益相关方进行有效的沟通。同时，应突出自身在履行社会责任方面的特色功能。

五是实用性与前瞻性相结合原则。实用性，即指标的可得性、可操作性和可比性。公司社会责任指标体系的构建充分考虑指标数据在日常运营中便于获取，数据的采集在技术、投资和时间要求上可行。同时，各项指标具有纵向可比性和横向可比性。指标体系的构建还依据公司发展和内外部环境的变化具有一定的前瞻性。

六是定量与定性相结合原则。除了选取结果性指标以体现公司履行社会责任的绩效外，还选择了制度性指标以反映公司在履行社会责任时的制度保障情况，并选取过程性指标以反映公司履行社会责任的行为表现和具体行动。公司坚持采用定性指标与定量指标相结合的方法，以确保指标体系的完整性和表达的准确性。

2. 构建依据

朝阳供电公司社会责任指标体系是以一系列依据为基础建立起来的,主要包括公司使命与履责愿景、理论依据、标准依据、任务依据和实践依据,如图2所示。

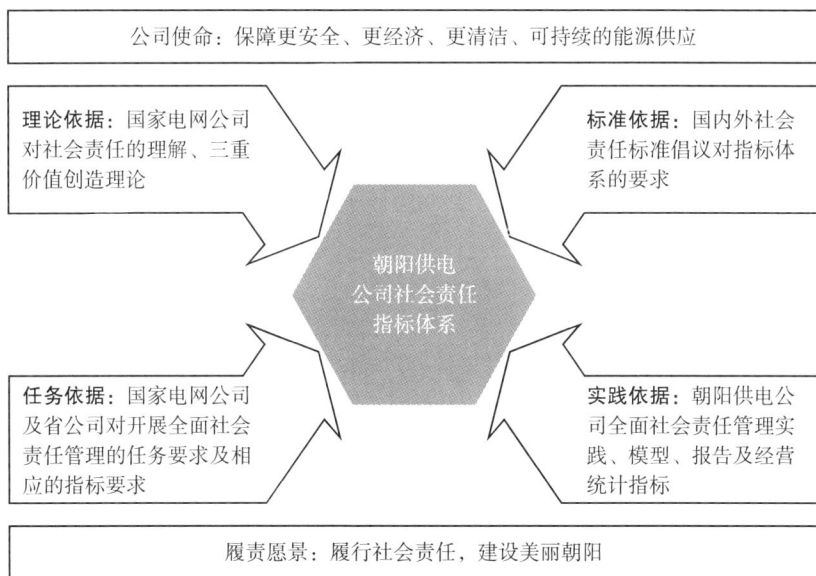

图2　朝阳供电公司社会责任指标体系构建的依据

（1）公司使命与履责愿景。作为地市级供电企业,朝阳供电公司始终贯彻落实国网公司的"保障更安全、更经济、更清洁、可持续的能源供应"的使命,并努力追求实现"履行社会责任,建设美丽朝阳"的履责愿景。

（2）理论依据。一是国网公司对企业社会责任的理解,即认为企业社会责任是企业为实现自身与社会的可持续发展,遵循法律法规、社会规范和商业道德,有效管理企业运营对利益相关方和自然环境的影响,追求经济、社会和环境的综合价值最大化的行为。二是三重价值创造理论,即企业要以最大限度创造综合价值为目标,从传统的履行经济责任、环境责任和社会责任的"三重底线"义务转向全面创造经济价值、环境价值和社会价值的"三重价值"创造。

（3）标准依据。国内外有关企业社会责任或可持续发展的指南和标准,是朝阳供电公司构建社会责任指标体系的参考依据。公司选择了社会责任国际标准 ISO26000、GRI 的《可持续发展报告指南》、国务院国资委的《关于中央企业履行社会责任的指导意见》和《中央企业"十二五"和谐发展战略实施纲要》作为重点参考对象和依据。

（4）任务依据。国网公司及省公司对地市级供电企业开展全面社会责任管理的相关要求，是朝阳供电公司构建社会责任指标体系的重要依据。

（5）实践依据。朝阳供电公司社会责任指标体系的构建遵循"从实践中来，到实践中去"的基本思路，立足于公司生产经营和全面社会责任管理的客观实际。具体来说：一是试点实践为指标体系提供了重要基础；二是公司的社会责任模型为指标体系框架设计提供了最直接的依据；三是公司发布的社会责任实践报告和服务朝阳全面崛起白皮书，为指标体系构建提供了思路指引；四是公司现有的经营统计指标体系和考核指标体系，是社会责任指标体系构建的指标来源。

3. 构建程序

朝阳供电公司社会责任指标体系的构建总体上由三个阶段构成：前期研究阶段、指标体系构建阶段以及指标体系完善阶段，其中每个阶段又分为若干个步骤。在构建的整个过程中，访谈、调研和专家研讨始终贯穿于各个阶段，以使各阶段主要成果都能够尽可能的科学合理，如图 3 所示。

（1）前期研究阶段。前期研究阶段主要包括四部分工作：企业社会责任理论框架模型的研究与选择；国内外重点社会责任标准倡议对指标体系构建的要求研究；对公司社会责任管理及经营管理的现状进行分析；对利益相关方的社会责任期望和要求进行调研和论证。

（2）指标体系构建阶段。这一阶段基本步骤和主要工作内容如下：

框架设计：设计和确定公司社会责任指标体系的框架，包括整体结构设计、一级指标和二级指标确定。

指标分解：对各二级指标进行分解，确定每一个二级指标应该包含的内容以及相应的子指标，形成三级指标，经过这一步骤，公司社会责任指标体系初步建立。

指标验证：对初步形成的指标体系进行科学性和可靠性验证，主要是对社会责任指标体系进行单体测验和整体测验。

指标说明：对指标体系中各指标进行解释说明，包括指标含义、计算方法、指标来源等。

前期研究阶段

| CSR 理论框架模型的研究与选择 |
| 国内外重点 CSR 倡议的指标研究 |
| 国网及省公司对 CSR 指标构建的要求 |

| 各部门职能及运营流程梳理分析 |
| 经营统计与考核指标体系梳理分析 |
| 公司社会责任报告指标体系梳理分析 |

指标体系构建阶段

设计和确定 CSR 指标体系框架

设计和选取 CSR 指标体系各级指标

指标体系可靠性和科学性验证

指标定义

指标分配

指标体系完善阶段

CSR 指标体系的试运行测试

CSR 指标体系的优化和完善

访谈、调研、专家研讨

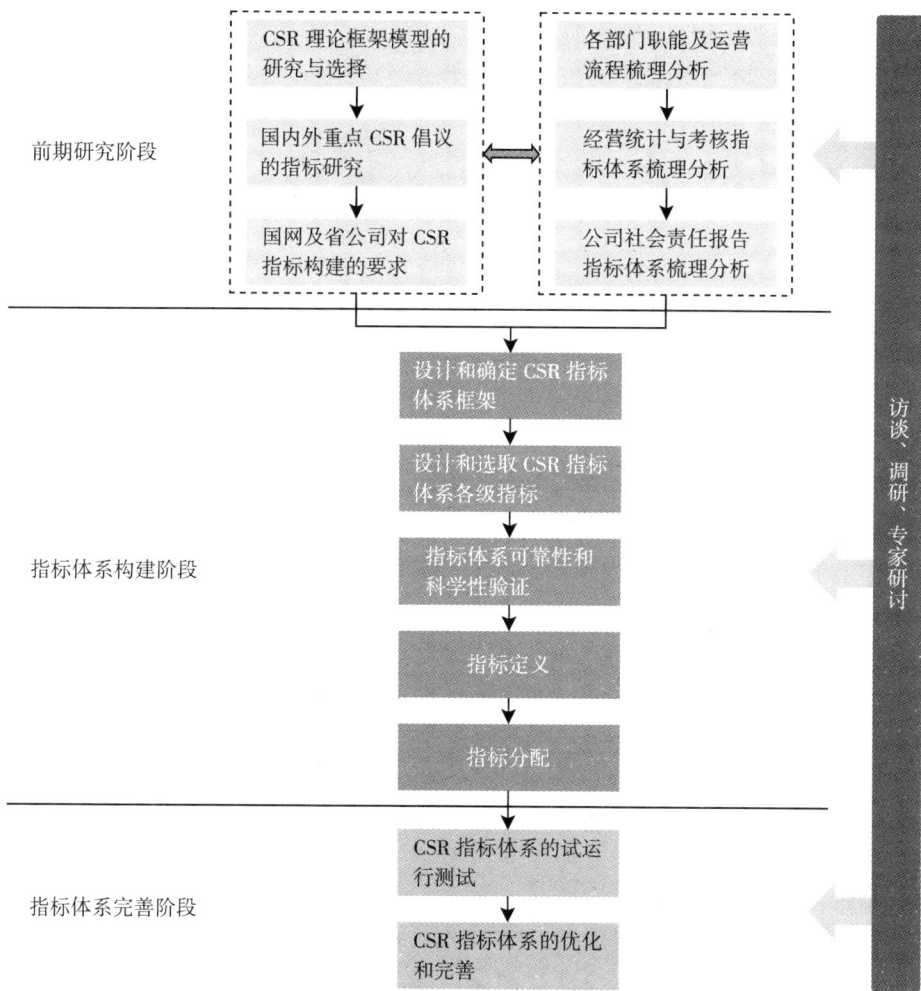

图 3　朝阳供电公司社会责任指标体系的构建程序

明确指标管理部门：根据朝阳供电公司各部门的职责分工，将社会责任指标体系中的指标落实到相应的部门，从而真正将社会责任指标融入到公司的日常运营管理之中。

（3）指标体系完善阶段。对指标体系进行试运行测试，并根据测试结果对指标体系进行优化和完善。

4. 逻辑思路

朝阳供电公司社会责任指标体系的构建采用层级结构，即在构建过程中依次确定一级指标、二级指标和三级指标，其中后一级指标是前一级指标按照某种逻辑分解形成的，如图4所示。

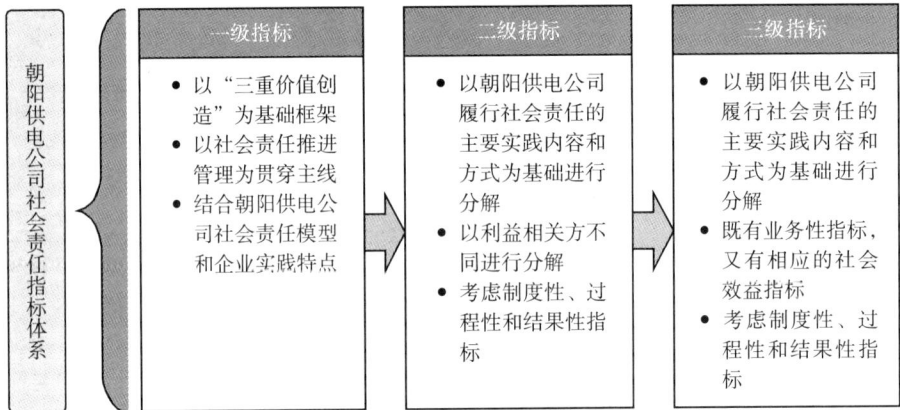

图4 朝阳供电公司社会责任指标体系各层级指标构建的逻辑思路

朝阳供电公司社会责任指标体系的一级指标构成主要基于四个方面的考虑：首先，总体上以经济价值、社会价值和环境价值的"三重价值创造"模型为基础逻辑框架；其次，合规透明运营是公司开展负责任运营的基础，因此是指标体系的重要构成要素；再次，社会责任理念与战略为实现综合价值创造和开展透明运营提供了思想指引，也是指标体系的重要构成要素；最后，将社会责任推进管理单独列出作为公司履行社会责任的重要保障领域，它将有效促进经济、社会、环境、透明运营指标的落实。

经过多轮次的论证和推敲，最终确定朝阳供电公司社会责任指标体系的一级指标包括六项：社会责任理念与战略、社会责任推进管理、保障可靠可信赖的电力供应、企业与社会和谐发展、企业与环境和谐发展、合规透明运营与接受社会监督，构成一个"1+1+4"的钻石模型体系，如图5所示。

二级指标是对六项一级指标的分解，分解的思路按照一级指标所涉及不同领域的特点而有所不同。对于保障可靠可信赖的电力供应，主要根据公司提供电力保障服务的具体履责内容和实践为依据进行指标分解；对于企业与社会和谐发展，主要根据利益相关方进行展开；对于企业与环境和谐发展，主要按照公司开展运营对环境的影响领域进行分解；对于合规透明运营与接受社会监督，主要按照公司开展合规透明运营的实践领域和具

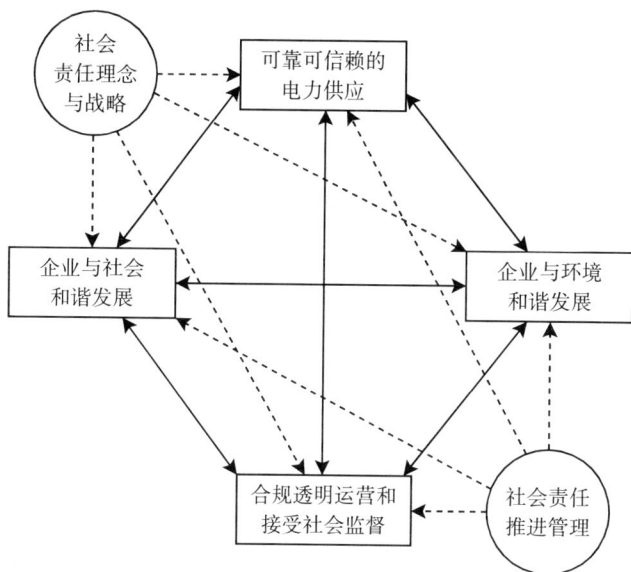

图5 朝阳供电公司社会责任指标体系的钻石模型

体做法进行分解；对于社会责任理念与战略、社会责任推进管理，则引进国际标准化组织（ISO）体系管理的"PDCA"持续改进思路，构建由责任理念与战略、责任治理、利益相关方参与共同组成的管理体系。

构建三级指标的基本逻辑思路是按照朝阳供电公司在二级指标上履行社会责任的内容和方式进行分解。分解形成的指标既有直接的业务指标，也有业务运营所带来的社会影响指标，以全面反映公司通过电力供应服务为地方经济、社会、环境的可持续发展所做出的贡献。

（二）社会责任指标体系的基本结构

1. 指标体系的框架结构

朝阳供电公司社会责任指标体系是由社会责任理念与战略、社会责任推进管理、保障可靠可信赖的电力供应、企业与社会和谐发展、企业与环境和谐发展、合规透明运营与接受社会监督6个方面总计269个指标构成的三级指标体系，如表1所示。

2. 指标来源

朝阳供电公司社会责任指标体系的指标主要有以下几种来源：

一是来源于现有管理指标。该类指标通过对公司现有管理指标进行梳

表 1　朝阳供电公司社会责任指标体系的框架结构

一级指标	二级指标	三级指标
社会责任理念与战略	2	8
社会责任推进管理	7	27
保障可靠可信赖的电力供应	4	63
企业与社会和谐发展	8	94
企业与环境和谐发展	5	49
合规透明运营与接受社会监督	4	28
合计	30	269

理、分类，按照特定的标准挑选出来，占指标总数的大部分。

二是现有管理指标的衍生指标。该类指标是在公司现有管理指标基础上衍生出来的，是公司的运营活动对经济社会的间接影响，是利益相关方对公司履行社会责任的核心关注点，全面反映公司社会责任绩效的重要内容。

三是国网公司与省公司的任务要求。该类指标是国网公司和省公司对地市级供电企业开展全面社会责任管理提出的明确任务要求，这些任务要求需要公司通过指标化方式予以落实。

四是来源于国内外社会责任标准、倡议和指南。通过分析比较，结合公司的战略和业务，挑选出适合在目前或未来采用的指标。

五是来源于公司全面社会责任管理实践的需要。结合公司全面社会责任管理实践的需要，挑选出适合在目前或未来采用的指标。

3. 指标管理部门

朝阳供电公司社会责任指标体系的管理部门，依据职能和在社会责任管理中的作用，可以划分为指标体系管理部门和指标管理部门。

指标体系管理部门，是朝阳供电公司的社会责任推进管理部门，即全面社会责任管理办公室。其主要职责是牵头构建和完善公司的社会责任指标体系，协助各部门和下属单位推进实施社会责任指标体系，解决实施过程中发现的各种问题，并对指标体系进行管理评审和改进。

指标管理部门，包括公司各部门和各下属单位，其主要职责是对分解落实到本部门或本单位的社会责任指标以及由本部门和各下属单位负责填报的社会责任指标，开展数据搜集、评价和改进等具体活动。

（三）社会责任指标体系的管理

1. 总体要求

朝阳供电公司在全面应用社会责任指标体系并对之进行有效管理的过程中，解决了从思想认识到工作流程的多方面的问题，主要做了以下几方面的工作：

一是处理好社会责任指标体系与现有管理指标体系的关系。朝阳供电公司在多年的经营中已经形成了一套非常系统的、行之有效的经营管理指标体系，首先要明确社会责任指标体系与其之间有着怎样的关系：构建社会责任指标体系是全面深化社会责任工作的需要；社会责任指标体系依存于现有的管理体系；社会责任指标体系是对现有管理指标体系的补充和完善。

二是将社会责任指标体系与企业运营进行全面结合。社会责任指标体系来源于管理指标体系，但又有其自身独特性，例如促进利益相关方参与、改善责任沟通、提高社会影响等。这些特性的充分发挥取决于社会责任指标体系是否真正全面融入了企业的运营之中。朝阳供电公司的社会责任指标体系全面融入企业的日常运营后，有效指导各部门、各单位将社会责任的理念和要求体现在日常工作中，更多地考虑利益相关方的期望和要求，改善企业的经营环境，提高内部的工作效率，促进企业的可持续发展。

三是建立科学严密的指标体系管理流程。社会责任指标体系的构建、运行和完善是一个长期的系统工程，由于企业自身的发展和所处环境的不断变化，朝阳供电公司社会责任的内容和范围也需要随之不断调整，与之相对应的社会责任指标也需要不断进行优化调整，如淘汰过时的指标、调整指标的要求、加入新指标等，这些工作需要在全面考虑其对公司的战略、运营和利益相关方需求的影响后有序推进。在实际工作中需要依靠系统的、完善的工作流程，来保证指标体系能够与企业的发展和内外部环境的要求相适应。

2. 分类分步应用

企业社会责任指标体系涵盖了众多具体指标，这些指标既有现有的运营管理指标，也有按照社会责任要求新增的指标，且不同指标的功能重点不同。因此，朝阳供电公司针对不同指标采取分类分步应用的策略。也就是说，在完整的综合社会责任指标体系基础上，分别确定用于管理、沟通和考核的社会责任关键绩效指标（KPI），并加以应用，如表 2 所示。

表 2　朝阳供电公司社会责任 KPI 体系

KPI	类别	指标
社会责任 KPI	管理用社会责任 KPI（30 项）	可持续发展战略
		全员社会责任理念变化
		全社会用电量
		全社会最大负荷
		大面积停电事故数
		城市供电可靠率
		农村供电可靠率
		城市综合电压合格率
		农村综合电压合格率
		销售收入
		利润
		全员劳动生产率
		科技经费投入强度
		新增发明专利数
		客户满意度
		农网改造升级建设投资
		建设新农村电气化县、乡、村数量
		劳动合同签订率
		人均培训投入
		职业病和工伤导致的缺勤天数
		员工流失率
		对外捐赠数
		为合作方创造的价值
		节约标准煤总数
		减排二氧化碳总数
		线损率
		消纳清洁能源总量
		建设项目环评率
		环境污染事件数量
		行风评议结果

续表

KPI	类别	指标
社会责任 KPI	沟通用社会责任 KPI（10 项）	可持续发展战略
		对全市 GDP 贡献率
		城市户均停电时间
		农村户均停电时间
		客户满意度
		对农民人均收入提升的贡献率
		对外捐赠数
		减排二氧化碳总数
		建设项目环评率
		行风评议结果
	考核用社会责任 KPI（30 项）	社会责任推进工作规划
		社会责任培训（人次）
		社会责任信息报送
		电网建设投资
		大面积停电事故数
		城市供电可靠率
		农村供电可靠率
		城市综合电压合格率
		农村综合电压合格率
		全员劳动生产率
		客户满意度
		农网改造升级建设投资
		人均培训投入
		职业生涯规划覆盖率
		职业病人数
		工伤人数
		员工流失率
		纳税
		对外捐赠数
		线损率
		电能在终端能源中的消费比重
		开展节能服务节约电量
		消纳清洁能源总量
		节约资源消耗
		建设项目环评率

KPI	类别	指标
社会责任 KPI	考核用社会责任 KPI（30 项）	环境污染事件数量
		腐败事件数
		因违规被罚款数
		行风评议结果
		在媒体发稿数量

3. 动态优化管理

企业社会责任指标体系的管理和维护是一个动态的、系统性的工作，大致可以分为规范流程、系统培训、评审改进三个方面。

一是规范流程。朝阳供电公司的社会责任指标数量较多，涉及全公司各个运营管理系统。将社会责任指标体系应用于运营中，需要对指标的统计口径、报送流程提出明确要求，在满足现有统计报送体系要求的同时，还要达到社会责任管理的要求。公司的基本思路是，在指标体系应用的初期，尽可能保持现有统计口径和报送流程，以避免工作量的过多增加，未来随着指标体系的运行，逐步对有关指标的统计口径和报送流程进行调整和完善。

二是系统培训。企业社会责任指标体系内容复杂，与朝阳供电公司现有的管理指标体系有一定的差异，需要对相关人员进行全面系统的培训，保证指标体系的顺利实施。公司首先组织各部门和下属单位的相关人员进行培训，了解掌握社会责任指标的报送制度和要求。各单位的骨干人员再结合社会责任指标体系的有关要求对本单位的员工进行培训。通过多层次的系统培训，在落实社会责任指标体系的同时，使社会责任理念变为每一位员工的信念和行动，成为企业文化的有机组成部分，为企业社会责任指标的落实建立坚实的群众基础。

三是评审改进。企业社会责任指标体系具有动态性的特点，需要不断改进以适应企业外部环境和内部管理的变化。朝阳供电公司建立了由公司领导负责的、全面社会责任管理办公室组织的、定期的企业社会责任指标体系评审改进制度。通过评审确定公司社会责任指标体系、指标管理过程和工作流程是否适合于不断变化的内外部环境和社会责任管理的要求。社会责任指标体系的管理评审一般每年进行一次。

（四）实施社会责任自我评价的程序

朝阳供电公司结合国内外先进企业开展社会责任自我评价的经验，明确开展社会责任自我评价的程序，确定计划与部署、指标体系开发、评价实施、反馈改进 4 个工作阶段，并细分为 13 个工作步骤，使社会责任自我评价工作得以有章可循、有序推进。

1. 实施步骤

开展社会责任自我评价的工作程序包括计划与部署、指标体系开发、评价实施、反馈改进 4 个阶段，细分为 13 个步骤，分别是开展评价的决策、组建工作小组、编制评价实施方案、对通用指标体系的研究、指标的二次开发、指标验证、确定指标的赋值规则、确定指标的权重、指标信息收集、绩效评价、编制评价报告、评价结果反馈和社会责任改进。具体如图 6 所示。

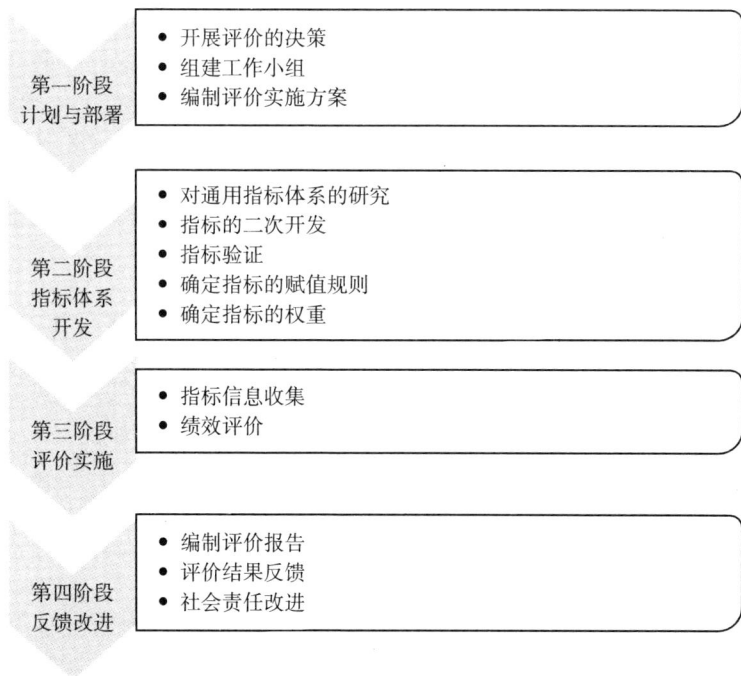

第一阶段 计划与部署
- 开展评价的决策
- 组建工作小组
- 编制评价实施方案

第二阶段 指标体系开发
- 对通用指标体系的研究
- 指标的二次开发
- 指标验证
- 确定指标的赋值规则
- 确定指标的权重

第三阶段 评价实施
- 指标信息收集
- 绩效评价

第四阶段 反馈改进
- 编制评价报告
- 评价结果反馈
- 社会责任改进

图 6　朝阳供电公司实施社会责任评价的步骤

2. 社会责任自我评价工作的计划与部署

在社会责任自我评价工作的计划与部署阶段，朝阳供电公司确定了开展评价的决策、组建工作小组、编制评价实施方案三个工作步骤，为社会责任自我评价工作提供了必要的决策支持和人力保障，并明确了评价实施过程的各项工作安排。

3. 社会责任自我评价指标体系的开发

社会责任自我评价工作小组在对通用指标体系研究的基础上，完成了指标体系的二次开发和指标验证，构建了适合公司实际情况和履责特色的社会责任评价指标体系。另外，工作小组还确定了指标赋值和赋权的原则，为绩效评价提供参考和依据。

4. 社会责任自我评价工作的实施

在工作小组的主持下，朝阳供电公司各部门及下属分公司分头组织指标信息的填报工作。工作小组对各单位信息进行最终的汇总和梳理，并根据指标赋值原则和赋权原则，完成指标信息的绩效评价。

5. 社会责任自我评价工作的反馈改进

工作小组编制了社会责任自我评价报告，对绩效评价的结果进行了集中展示和总结分析。评价报告报送公司领导，同时反馈给公司各部门及下属各分公司。工作小组还针对社会责任相关的日常工作、评价指标体系及评价程序本身，提出改进建议。

三、实施效果

在确立了评价指标体系赋值和赋权原则的基础上，朝阳供电公司计算出社会责任自我评价的最终得分，并进行了近年来社会责任绩效的纵向对比。通过分析评价结果，公司针对日常社会责任工作中的缺点和不足、评价指标体系的合理程度以及自我评价工作的经验教训进行总结，提出日后社会责任工作改进的意见建议。

（一）信息与数据来源

朝阳供电公司在进行社会责任绩效自我评价的过程中，所有信息与数据均来自于公司内部报送。公司社会责任自我评价工作小组具体主持信息与数据的收集汇总工作。

（二）指标权重的确定

在通用指标体系赋权的基础上，工作小组采用专家直接评分法，确定朝阳供电公司社会责任评价指标体系中各级指标的权重，既尊重现有研究的权威性，同时又兼顾公司的实际情况，使评价结果可以充分体现朝阳供电公司社会责任工作的特点和现状。

1. 一级指标赋权

一级指标赋权坚持"责任管理大于责任实践，责任实践各方面并重"的原则。具体赋权方法采用专家直接评分法，如表3所示。

表3　朝阳供电公司社会责任绩效评价一级指标赋权情况

一级指标	指标权重（%）
社会责任理念与战略	5
社会责任推进管理	23
保障可靠可信赖的电力供应	18
企业与社会和谐发展	18
企业与环境和谐发展	18
合规透明运营与接受社会监督	18

2. 二级指标赋权

二级指标赋权以指标本身的重要性为依据。在参考通用指标体系二级指标赋权的基础上，综合采纳专家直接评分结果，最终确定二级指标的权重，如表4所示。

表4　朝阳供电公司社会责任绩效评价二级指标赋权情况

一级指标	总体权重（%）	二级指标	二级指标权重（%）
社会责任理念与战略	100	社会责任理念	30
		社会责任战略	70
社会责任推进管理	100	社会责任组织管理	15
		社会责任能力建设	20
		社会责任制度建设	10
		社会责任信息披露	15
		社会责任文化建设	10
		社会责任推进管理投入	20
		全面社会责任管理试点成效	10

一级指标	总体权重（%）	二级指标	二级指标权重（%）
保障可靠可信赖的电力供应	100	建设满足地方经济社会发展需要的坚强电网	25
		保证安全可靠供电	25
		保证集约高效供电	25
		保证智能创新供电	25
企业与社会和谐发展	100	保障用电品质	20
		服务"三农"发展	20
		助力员工成长	10
		推动合作共赢	10
		共促社区发展	10
		参与社会公益	10
		保护员工权益	10
		社会风险管理	10
企业与环境和谐发展	100	推动节能减排	20
		支持清洁能源发展	30
		促进资源节约利用	10
		加强生态环境保护	20
		环境风险管理	20
合规透明运营与接受社会监督	100	合规经营	30
		保证重大决策透明	30
		主动开展信息披露	40

3. 三级指标赋权

三级指标赋权坚持核心指标大于扩展指标，定量指标高于定性指标，且同类型指标权重相同的原则，综合采纳专家直接评分结果。（具体权重略）

（三）自我评价的结果

总体来看，朝阳供电公司 2013 年（65.33 分）的社会责任工作较 2012 年（54.09 分）有所进步，综合得分涨幅达 20.78%；在社会责任理念与战略方面绩效基本持平，在社会责任推进管理、可靠可信赖的电力供应、企业与环境和谐发展三方面绩效有明显改进，绩效得分增幅均超过 20%；在企业与社会和谐发展以及合规透明运营与接受社会监督两方面进步较为平缓，绩效得分增幅在 10% 左右。

1. 社会责任理念与战略

由于国网公司负责统一制定社会责任理念与战略，且 2012 年、2013 年，国网公司的社会责任理念与战略并未进行重大修改，故两年间，朝阳供电公司在社会责任理念与战略方面的工作成效没有出现很大变化，如表 5 所示。

表 5　朝阳供电公司社会责任理念与战略评价指标得分情况

二级指标	二级指标得分		得分涨幅（%）
	2012 年	2013 年	
社会责任理念	85	88	3.53
社会责任战略	85	88	3.53
小计	85	88	3.53

2. 社会责任推进管理

朝阳供电公司在社会责任推进管理模块得分涨幅达 31.98%，且 4 项二级指标得分增幅超过平均水平。其中，以"社会责任文化建设"指标表现提升最为卓越，"社会责任推进管理投入"进步最不显著，如表 6 所示。

表 6　朝阳供电公司社会责任推进管理评价指标得分情况

二级指标	二级指标得分		得分涨幅（%）
	2012 年	2013 年	
社会责任组织管理	56.5	69	22.12
社会责任能力建设	66.2	74.8	12.99
社会责任制度建设	49.95	69.93	40.00
社会责任信息披露	44.6	64.26	44.08
社会责任文化建设	45	76.5	70.00
社会责任推进管理投入	60	62.5	4.17
全面社会责任管理试点成效	46.8	70.06	49.70
小计	52.72	69.58	31.98

3. 可靠可信赖的电力供应

朝阳供电公司可靠可信赖的电力供应模块得分增幅达 23.37%，且 3 项二级指标得分增幅超过平均水平。其中，"建设满足地方经济社会发展需要的坚强电网"和"保证安全可靠供电"两指标绩效提升最为显著，"保证集约高效供电"绩效改进较为平缓，如表 7 所示。

表 7　朝阳供电公司可靠可信赖的电力供应评价指标得分情况

二级指标	二级指标得分		得分涨幅（%）
	2012 年	2013 年	
建设满足地方经济社会发展需要的坚强电网	46.05	61.9	34.42
保证安全可靠供电	53.11	71.29	34.23
保证集约高效供电	71.68	76.61	6.88
保证智能创新供电	60.00	76.00	26.67
小计	57.90	71.43	23.37

4. 企业与社会和谐发展

朝阳供电公司企业与社会和谐发展模块得分涨幅为 9.65%，其中 3 项二级指标得分涨幅超过平均水平。然而，"助力员工成长"和"参与社会公益"两指标得分出现负增长，需要公司在日后工作中特别注意，如表8 所示。

表 8　朝阳供电公司企业与社会和谐发展评价指标得分情况

二级指标	二级指标得分		得分涨幅（%）
	2012 年	2013 年	
保障用电品质	79	80	1.27
服务"三农"发展	73.5	78.55	6.87
助力员工成长	60.38	57.14	−5.37
推动合作共赢	67.5	81.5	20.74
共促社区发展	35.9	61.5	71.31
参与社会公益	62	47.8	−22.90
保护员工权益	73.26	76.59	4.55
社会风险管理	45	70	55.56
小计	64.90	71.16	9.65

5. 企业与环境和谐发展

朝阳供电公司企业与环境和谐发展模块得分涨幅达 34.80%，其中 3 项二级指标得分涨幅超过平均水平，且"支持清洁能源发展"方面表现卓越，"加强生态环境保护"方面绩效改进较为平缓，如表 9 所示。

6. 合规透明运营与接受社会监督

朝阳供电公司合规透明运营与接受社会监督模块得分涨幅为 10.93%，其中"主动开展信息披露"绩效提升最为显著，而"合规经营"方面改进相对最不明显。如表 10 所示。

表 9　朝阳供电公司企业与环境和谐发展评价指标得分情况

二级指标	二级指标得分		得分涨幅（%）
	2012 年	2013 年	
推动节能减排	62.25	69.75	12.05
支持清洁能源发展	42.75	70.15	64.09
促进资源节约利用	51.4	71.6	39.30
加强生态环境保护	62.4	68.05	9.05
环境风险管理	48	75	56.25
小计	52.50	70.77	34.80

表 10　朝阳供电公司合规透明运营与接受社会监督评价指标得分情况

二级指标	二级指标得分		得分涨幅（%）
	2012 年	2013 年	
合规经营	41.76	44.36	6.23
保证重大决策透明	65	71	9.23
主动开展信息披露	43	50	16.28
小计	49.23	54.61	10.93

（四）评价结果的启示

通过将社会责任工作表现量化为绩效得分，朝阳供电公司更加明确地了解了其社会责任管理和日常工作的绩效表现，加之绩效得分的纵向对比，更可以直观地识别出相关实践的优势和不足。针对此次自我评价的结果，朝阳供电公司得到以下启示：

1. 持续推进社会责任理念与战略融入日常工作

对朝阳供电公司而言，社会责任理念与战略的制定并不与公司的日常工作直接联系。因此，加大社会责任推进管理投入，加深公司员工对社会责任理念的理解，加强社会责任向公司日常工作的融入，对朝阳供电公司能否顺利地实现可持续发展战略落地具有重要意义。日后，公司需注意为社会责任工作提供必要的人力、物力、财力保障，推动社会责任与公司业务的全面融合。

2. 加强日常工作成效的跟踪和记录

开展社会责任自我评价工作，需要针对评价指标体系收集大量的指标信息。因此，朝阳供电公司有必要加强日常工作成效的跟踪和记录，形成长期的、连续的、可比的数据库，为日后社会责任评价提供更丰富的素材。

3. 注重指标体系的动态优化管理

目前，朝阳供电公司社会责任评价指标体系共包括三级指标 269 个。随着业务的发展以及利益相关方期望的变化，可能会出现部分指标与公司的工作目标、日常运营及重要利益相关方的联系不够紧密、实质性变差的情况。因此，公司有必要在一段时期后对指标体系进行修正，删减部分实质性降低的指标，同时降低公司日常工作记录的成本，提高工作效率。

全面社会责任管理在县级供电企业的实践

一、案例背景

国家电网公司作为一家公用事业领域的中央企业，率先垂范履行社会责任，推进社会责任管理。国网凌源市供电公司作为辽宁省电力有限公司首家县级公司全面社会责任管理试点单位，自 2011 年底以来，以"全员参与、全面融入、全程跟踪"为原则，制定实施方案，明确目标和措施，将履行社会责任与实际工作紧密结合，追求经济、社会、环境综合价值最大化，增进了社会各界对公司的利益认同、情感认同、价值认同。

二、实践举措

为了更好地巩固社会责任管理试点成果，按照朝阳供电公司全面社会责任管理工作部署，2014 年初，国网凌源市供电公司在职代会行政工作报告中对社会责任工作提出了具体要求，并将工作任务进行了分解。公司先后召开社会责任推进会议 10 余次，建立和完善了公司履责沟通方案，并开展一系列履责活动。公司领导带头落实"进五区"和"六个一"活动，创新开展"五个一、五到位"主题实践活动。同时，总结、提炼、宣传优秀履责案例，促进社会责任管理与各项工作的深度融合。此外，结合党的群众路线教育实践活动，继续开展"百千万"行动，发挥联系点、示范区作用，深入探索全面社会责任管理 4 个议题，取得了一定成效。

（一）创新实践，开展"五个一、五到位"活动

为了深化全面社会责任管理工作，探索完善县级供电企业全面社会责任管理的实践模式，突出试点单位的社会责任管理成效与特色，结合朝阳供电公司"六联六促"活动，国网凌源市供电公司制定了"深化全面社会

责任管理实施方案",持续开展理念导入、责任根植和履责实践等系列活动。公司将全面社会责任管理与党的群众路线教育实践活动相结合,创新开展"五个一、五到位"主题实践活动,即:"在19个业务部各设1个'用电诊所',通过关注民生、延伸服务,及时解决客户用电故障,实现排忧解难优质服务到位;每周设立1天公司领导接待日,认真倾听员工和客户的意见与建议,为员工和用电客户办实事解难题,实现联系群众接地气到位;每个业务部选树1名密切联系群众、优质服务客户的先进典型,做到联系群众、服务民生典型选树宣传到位;建立1支'联系群众、服务民生'社会监督员队伍,做到倾听社会呼声、自觉接受社会监督到位;每个业务部至少办1件符合民生用电需求、解决客户用电难题的实事,确保供电服务工作创新到位"。截至2014年底,用电诊所出诊482次,为客户解决用电疑难问题22件;领导周接待日完成26次,现场解答客户用电咨询、建议38件;共选树34名优质服务先进典型,建立了密切联系群众服务民生的先进典型群体;自觉接受监督,聘请数名"联系群众、服务民生"社会监督员。

(二)搭建桥梁,完善"四个沟通"机制

一是与政府沟通,当好政府的"电参谋"。公司与政府部门建立常态沟通机制,针对专项保电工作、特殊事项处置、电力设施保护联防等事项向政府汇报,请示求得支持。自2014年8月起,公司每周向凌源市电网建设领导小组上报一篇关于电网建设重点项目(220千伏榆州输变电工程、66千伏八间房输变电工程)情况简报,抄送的单位为新建线路途经的各乡镇,截至2014年底已报送9篇简报。公司定期向市政府领导汇报供用电形势、重点电网建设项目进展情况、存在的困难和问题,并提出建设性意见和建议,当好政府的"电参谋"。66千伏八间房输变电工程是2014年公司电网建设重点项目,此项工程的完工将会解决周边用电负荷受限问题并带动地区经济发展。但在施工前受到阻挠,致使工程无法正常施工。公司将此情况如实汇报凌源市政府,得到市政府的鼎力支持,最终在政府的协调下,工程顺利开工。

二是与客户沟通,当好客户的"电伙伴"。政策性电价调整及涉及客户利益的政策出台时,公司不仅在电视台发布公告,还利用集市及在营业大厅发放宣传单进行宣传。如在推行双月抄表期之际,公司连续在电视台

播放 15 天公告，同时在各小区、村庄张贴宣传单，并在大型小区设立宣传点，让客户了解自己居民用电表属于哪类抄表。公司制订客户走访计划，经理亲自带头按层次进行走访，帮助重点企业分析涉网安全及用电情况，帮助企业解决用电难题，指导客户办理暂停或减容，减少基本电费，从而减少客户生产成本，受到客户一致好评。京沈高铁 TJ-2 段整体工程开工在即，为了减少停电时间，公司经过多次协调，以带电作业方式进行京铁高速电源接引，为该项目开通了报装"绿色通道"。

三是与媒体沟通，当好媒体信息的"供应商"。公司开展重要活动时，主动将有影响力的外界新闻媒体请进来，通过全面、客观、透明的沟通，塑造可靠、可依赖的供电企业形象。公司组织各界媒体采访团深入供电所实地采访，让记者亲眼目睹供电员工投身供电事业、服务地方发展建设的感人场景。公司按照贴近实际、贴近生活、贴近群众的原则，积极向电力系统内部媒体传递本企业各角落涌现出的先进事迹、感人故事，激励员工与企业共成长。同时，建立日常沟通机制，定期邀请资深记者指导员工新闻写作知识。截至 2014 年底，公司对外宣传稿件达 900 余篇，对树立良好的责任央企形象起到了积极有效的作用。

四是与员工沟通，当好员工发展的"动力源"。公司结合党的群众路线教育实践活动，认真开展"六约一谈"，公司领导班子成员安排 20 多天的时间深入开展谈心谈话活动，共与各类员工约谈 55 人次，共采集批评意见 70 余条。公司设置"领导接待日"，为员工答疑解惑，结合党的群众路线教育实践活动，共接到员工诉求 10 余件，均已回复。同时，充分发挥职工书屋作用，培养员工爱读书、读好书的兴趣，共有 80 名职工参与了借阅式学习。对于基层班组采取图书漂流和送书下乡活动，为边远供电所送去各类书籍 200 多册。此外，加强培训，公司先后组织社责知识、普法教育、健康讲座、防火知识培训等活动，提高员工的认知能力，为员工提供学习"福利"。

（三）责任根植，全面社会责任管理融入班组建设

一是践行社会主义核心价值观，开展了"班组的岗位价值与责任"大讨论活动。通过讨论提炼履责价值和要诀，使员工找准岗位价值与责任，履职尽责。如抄表班履责价值：站在电表前，把表字看清记准是我的责任，我们的责任价值是两个字"公正"；履责要诀：电表两端代表着两种利益，

一端是国家，一端是客户，有国才有家，客户是上帝，不叫国家利益受损，不让客户利益受侵，双重的利益维护，公正的责任担当。水表、电表、天然气表，百姓生活离不了，百姓心中谁更好？电业员工素质高，真诚服务形象好！

二是多措并举，促进社会责任在班组扎根。开展提炼履责案例活动，如开展"履责三联手、五走进"社会责任主题实践活动，以及节能减排、低碳发展、保护环境主题宣传日（周）活动等。针对班组工作性质，鼓励倡导员工立足岗位、开拓创新，如电网检修以最小影响客户用电为目标，开展"零点作业、错峰作业、低谷作业、带电作业、一停多用组合作业"等，尽量缩短停电时间，为客户提供优质的供电服务。

三是热心公益，当好企业公民。发挥共产党员服务队和青年志愿者作用，组织干部职工对贫困村帮扶点、敬老院、困难职工、困难学子等进行走访慰问，为他们送去米面粮油、慰问金、学习用品等，展示责任央企良好形象。截到 2014 年底，已开展走访慰问 10 余次，参与人数达 30 余人。2014 年 9 月 16 日，公司 20 名"我爱公益"志愿者走上街头，摆放自行车、清理小广告、疏导车辆……大家从身边讲文明的小事做起，从抵制不文明的现象抓起，积极开展公益行动，为凌源创争省级文明城市、共建美丽家乡出力。

四是保护环境，人人有责。开展团员青年骑自行车环城宣传活动，倡导节能减排、绿色出行，共发放宣传单 500 余份。此次活动不但锻炼了员工的身体素质，对保护环境也起到了积极引导作用，而且充分体现了公司对实现经济、社会、环境综合价值最大化的决心。

（四）助力发展，落实"百千万"行动

一是项目对接，电力先行。在朝阳供电公司确立的 67 个项目业主单位中，公司的项目业主单位为 7 个。通过走访各项目单位、了解企业的用电需求、检查客户的用电线路、宣传安全用电知识等活动，指导企业科学用电，深入开展对接服务工作，共发放宣传单 300 余份，征求意见 4 条。同时，建立与利益相关方沟通和征集意见机制，实现联系、解决、反馈的闭环管理，切实做到为企业办实事、办好事。

二是站在客户视角，做好优质服务。2014 年，公司对所有变电所客户、2000 千伏安及以上的 24 家大企业进行了走访。另外，安排各业务部

对其他的专台客户进行走访调查。在对企业走访过程中，了解到部分企业因生产困难、变压器不能满负荷生产而导致用电平均单价较高问题，工作人员根据实际情况指导客户办理暂停或减容，减少基本电费，从而减少了生产成本，此举受到客户的一致好评。在对高铁供电服务过程中，客户经理多次利用周休日组织人员现场勘察并确定供电方案，在现场具备送电条件而 SG186 流程没有结束情况下，多次与朝阳供电公司协调沟通，提前为客户送电 3 处，保证客户工程如期开工。同时，开展"金秋惠农"系列活动，为农民提供 24 小时全方位服务。各业务部对乡村公路沿线的线路进行拉网式巡查，并对沿线安全警示牌进行维护，消除警示盲区。公司员工深入田间地头发放安全用电宣传单，对农民进行用电技术指导、架设秋收临时用电线路、安装用电设备开辟"绿色通道"，在保证安全的基础上简化办理手续，助力农民做好秋收。

三是以点带面，履职尽责。公司共有社会责任联系点 11 家，社会责任实践设施农业示范区 4 家。社会责任联系点分布在 9 个农电业务部，其中村委会、社区 7 家，花卉、木业、农贸、型材公司大客户 4 家。2014 年 9 月 15 日，随着社会责任联系点在凌源市天元椿社区的挂牌，标志着公司在 11 家社会责任联系点、4 家社会责任实践设施农业示范区各项工作全部开始运营。相关业务部对联系点和示范区进行电力政策、法律法规、双月抄表等宣传，并发放宣传单 2000 余份。公司领导班子成员及业务部党员服务队多次走进联系点，了解客户需求，征求对公司供电服务的意见和建议，为客户解决用电难题。各业务部深入联系点检查、维修线路，义务为客户处理电力隐患 12 处。对属于自维线路的联系点，无偿为其提供维修服务，减少停电时间，助其提高生产效率。

三、取得成效

一是业绩上的收获。在凌源市委、市政府和省市公司的正确领导下，公司紧紧围绕全市工作大局，以满足经济社会发展为己任，服务功能不断拓展，电网建设日新月异，综合实力明显增强，有效支持了凌源市发展战略，为凌源市经济社会发展提供了坚强的电力保障。几年来，公司获得"辽宁省精神文明建设标兵单位、国家电网公司文明单位、中华全国总工会模范职工书屋示范点、辽宁省国防教育百优企业、省公司先进集体"等多项荣誉称号，连续多年保持省级"文明单位"、朝阳供电公司

"文明单位标兵"荣誉称号。

二是思想上的收获。开展全面社会责任管理使公司干部员工转换视角，对科学发展、低碳发展、和谐发展、可持续发展有了更深刻、更具体的理解与认识，明白了个人的岗位价值在于与利益相关方合作共赢、节能减排、优质服务、关爱社会公益事业等方面做出贡献，因有了社会责任的担当，从内心产生了驱动力，给行为和绩效都带来了变化。"送人玫瑰，手留余香"、"利人利己"、"天人合一"等深刻的哲理，在企业社会责任实践中都有实实在在的体现。

三是形象上的收获。公司开凌源市所有企业、事业单位先河，两次发布企业社会责任实践报告，在凌源市各界产生了积极反响，得到了凌源市委、市政府领导高度评价。有的大企业负责人在座谈会上讲："供电公司真是了不起，敢于发布社会责任报告，证明你们做得好，发布报告既是宣传自己的企业，同时也是让社会监督评价企业，值得我们学习。"2014 年 5 月 28 日，朝阳市政协、民盟委员代表到凌源分公司走访，并积极与公司领导进行座谈。来访者一致认为，国家电网公司作为行业的先行者、"领跑者"，为各行业乃至全社会发展注入了强劲动力，国网凌源市供电公司更是以斐然的业绩树立了系统的典范，为推动凌源经济社会发展做出了重要贡献。供电公司负责任、讲大局、服务社会经济民生的良好形象已深入民心，特别是工作中积极履行社会责任，特事特办、急事急办，高质量完成地区建设和重大政治保电任务，以及在抗风雪、暴雨保供电工作中表现出的无畏精神，是全市的楷模。

对接服务重点项目　助力地区经济发展

一、背景及意义

朝阳供电公司在 2013 年系统实施社会责任"百千万"行动取得的成绩基础上，2014 年继续深入研究全面社会责任管理，继续发挥实施全面社会责任管理优势，对已对接全市重点项目开展服务工作，以开展全面社会责任管理试点工作为契机，实现电力企业与利益相关方双赢为目标，提升管理服务质量，完善服务机制和服务措施，改进沟通效率和质量，提高内外资源配置效率，更好满足利益相关方需求，完善电网结构，推动朝阳经济快速、平稳、健康发展。

二、具体实践

作为国网公司全面社会责任管理试点单位，朝阳供电公司将社会责任管理全面融入企业运营、融入中心工作中，坚持创新载体、创新实践，在立足企业实际情况和系统研究利益相关方需求的基础上，准确定位、科学策划，对内以管理、效率、协同为重点，对外以沟通、联系、服务为主旨，通过"百千万"行动，探索社会责任实施新方法。

（一）制定方案

2014 年初，公司就新一年全面社会责任管理工作制定了《国网朝阳供电公司开展"供电联系社会　履行社会责任"系列活动实施方案》，明确工作目标及思路，确定活动内容，细化工作要求。公司领导班子每人负责一个市级重点项目，秉持全面对接、及时跟进的服务理念，详细了解客户需求，协调政府支持，督导公司各专业部门优化机制、改进管理、落实措施、提高质效，此项活动为公司社会责任管理工作开展注入了新动力。

（二）责任融入

1. 利用对接平台，发挥参与能效

行动一：启动对接机制，建立年度实施方案。在公司 2014 年"百千万"活动中，发策部按照公司总体部署，年初启动了对接机制，完成了与朝阳市发改委、经信委对接工作，通过相关责任单位与政府、客户之间的分层联络机制，与市相关部门及各属地责任部门配合，对燕都新城、北票市、朝阳县、凌源、建平、喀左等重点项目企业进行了走访调研，完成企业情况摸底工作，第一时间了解企业用电需求信息，并编制了《深化服务全市百个重点项目实施方案》，初步建立服务重点项目 67 项，并采取属地化管理，各分公司选取 1~2 个项目作为特色服务对象，为深化创新服务奠定基础。

行动二：实现服务转变，建立服务新模式。公司积极落实实施方案，内部部门相互配合，主动对接朝阳市重点项目，在服务方式上实现了三个转变：一是由模糊向具体转变；二是由分散向系统转变；三是由跟进式向超前式转变，创建了服务全市重点项目的新模式，由发策部牵头统筹，各部门系统配合。公司分类对项目服务流程各环节进行梳理，各级人员根据工作职责主动深入项目现场，将服务由"粗、简、难"向"细、详、易"转变。例如在京沈客专涉电工程建设过程中，公司领导在知晓项目的第一时间里，主动与朝阳市政府有关部门和中铁集团对接，主动提供用电服务，主动协调相关问题，提出供电方案批复"化零为整"的新思路，并设立专人专责跟踪服务。通过此方法，将原本高铁涉及的 122 个供电方案整合为 13 个整体供电方案，不仅合理简化报装接电流程时间、大大加快报装工作进度，并且节约客户电力配套设备投入资金近千万元，节约土地占用约百亩。

2. 完善制度建设，优化管理流程

公司大力推进流程变革，以满足利益相关方需求为导向，让利益相关方参与到用电方案批复工作中，推动公司内部流程的变革。公司把满足地方政府等利益相关方的需求作为规划业务流程的一项重要内容，并体现在流程运转过程中，明确电网规划与地方各级规划的相互关联性，确立将电网规划纳入地方国民经济和社会发展规划的有效性。公司优化沟通方式，与市县政府及项目业主建立了双向循环沟通机制，对沟通方式、沟通对

象、沟通内容、沟通效果都实行了结构化设计，采取了定期报送工作简报、即时沟通重大问题、随时收集意见建议、快速反馈公司行动等诸多具体措施，赢得了政府、社会各界的认同。

3. 重视远期发展，超前布局网架

为满足新城区规划项目的近期和中远期用电需求，公司结合朝阳县新城区整体规划同步制定了新城 10 千伏配网规划工作，经全面、深入、细致的论证，规划在县城新址由 66 千伏青龙山变、郭家变新建 10 千伏线路 3 回，环网柜 8 座，采用双环网结构，满足新城区 27 家政府及相关企、事业单位用电需求，并作为新城区的永久电源。

4. 开展特色服务，推进项目实施

为满足客户快捷报装需求，公司实施业扩报装客户经理"一盯一"对接服务，做到了"内转外不转"；以客户需求为导向，开通绿色通道，跟踪流程走向，跨部门全程督办，实现了受理快、勘查快、审查快、验收快、送电快的"五快"目标；方案制订倡行"超市"理念，制订多套方案供客户选择，帮助客户选用更绿色、更低碳的节能方案。针对国家重点工程——辽西北供水项目，公司超前谋划，制订了三种建设方案，经政府部门、专家团队和利益相关方评估，确定采用 66 千伏上园变主变增容改造方案，将 2000 千伏安主变增容为 5000 千伏安，直接为客户节约新建变电站占地约 4 亩，节省设备投入资金约 700 万元。

三、取得成效

（一）实现了经济、社会、环境综合价值最大化

一是高效率办事，增加电量，多创产值。公司处处以客户需求为导向，开通绿色通道，跟踪流程走向，跨部门全程督办，实现了受理快、勘查快、审查快、验收快、送电快的"五快"目标，提高了报装效率。京沈客专 66 千伏侯杖子临时变电站 20 余天就完成送电，创造了近年来的 66 千伏变电站建设投运的最快纪录，累计提前为客户送电 20 余天，增加售电量约 960 万千瓦时。

二是多方位统筹，节约土地，降低投入。通过统筹电网规划，协助客户优化供电方案，有效减少了线路走廊用地。截至 2014 年底，在已完成送电的项目中，共节省土地占用 61.5 亩，为客户节省各方面资金约 1200

万元。通过"百千万"活动的开展，公司供电服务更加贴近客户需求，更加贴近客户实际，真正做到了让客户满意，使企业增效。

（二）建立了新的沟通机制，实现多方共赢

一是提高职工认知社会价值意识。通过开展社会责任管理工作，提高了职工社会责任意识，由此促使员工服务水平的提高，沟通意识的完善。每一位员工都清楚地认识到，公司的发展离不开广大用电客户，服务好客户用电安全、可靠、高效是对客户负责、对公司负责、对社会负责。

二是建立了互相协作、多方共赢的新平台。通过开展社会责任管理工作，建立了多方交流平台，做到信息、技术等资源融合，深入诠释综合价值最大化的理念。①利益相关方通过对接平台资源整合、优势互补，最终促成了企业提前投产，降低了投资成本；②降低了占地面积，使社会资源利用率更合理；③提高了供电可靠性，增加了售电量，提升了公司社会形象，赢得了客户利益认同、情感认同、价值认同，社会各界对公司的认可程度明显提升，推动了和谐社会建设。

（三）引入利益相关方参与，电网规划更加科学合理

一是引入利益相关方参与电网整体规划。公司秉承"外部需求内部化，内部工作外部化"的责任理念，充分考虑利益相关方的要求和期望，建立利益相关方参与机制，朝阳人民共同建设朝阳电网的新模式正逐步形成。在新城区、工业园区配网规划中，公司邀请朝阳市发改委、经信委、城建、环保等专家和客户代表参与设备选型、路径选择、用电方案确定，就电网安全、环境和谐、节能减排、智能服务、客户利益等进行评估，使配网规划更加科学、更加合理。

二是把社会责任融入电网规划。社会责任融入电网规划是供电企业高质量、和谐发展的要求，也是推进和提升电网规划质量的必要手段。公司坚持以"强调规划引领，突出责任导向，坚持服务地方，推进经济发展"为原则，超前细致地做好电网规划工作，以规划引导计划，在"规划"的前提下有序实施电网建设。通过合理规划和布局，切实解决区域供电平衡问题，有效消除供用电瓶颈，尽最大可能满足供电区域内所有客户的用电需求，有效促进地方经济社会发展。

三是全局性规划，统筹布局，合理建设。在朝阳县新县城建设中，公

司提前介入规划，针对新城区机关、公共事业和住宅工程等 30 多家单位用电需求，集中规划路径，保证临时电源设备按规划布局安装，减少二次安装施工、设备费用约 200 万元；实行线路、变电设备集中合建方案后，节约客户投资近 100 万元，节省变电设备占地、线路走廊用地等 10 余亩。

（四）优化了管理流程

公司通过开展社会责任实践活动，把责任带入工作管理流程中，使工作流程更加人性化、责任化，使工作管理更加有效、快捷，提高了工作效率，加强了部门之间的协作，构筑起公司与政府相关部门、用电企业之间的纽带桥梁，打造出沟通的快速路和信息交换的平台。新的体系和流程使各项业务更加集成、集约，公司各项工作质效明显提升，适应了经济社会新发展的需要。

四、持续改进

一是立足长远科学规划，实现投资收益最大化。结合政府新城建设的长远发展方向，明确电网建设的近期、中期、远期发展规划，做到科学合理投资，减少重复建设。

二是进一步理顺报装接电流程，充分发挥"绿色通道"作用。以推动重点项目用电设施建设为契机，梳理报装接电流程，重点发挥好"绿色通道"的作用，在尽快满足客户用电需求的同时，通过促进客户早用电，为公司增供扩销做贡献，实现公司与客户的双赢。

三是加强宣传和报道，营造供电企业履职尽责的良好形象。在服务地方重点项目建设的同时，发挥社会传播的积极作用，彰显责任央企服务地方经济发展的良好社会形象，推进公司社会责任管理的深化发展。

以"朝阳电建模式"为项目前期提速

一、案例背景

电网建设前期征占地补偿工作是整个电网建设系统一直在研究、探讨和解决的话题，朝阳供电公司以建设坚强电网为主线，以安全与效益并举、速度与质量并重为原则，深化电网建设方式转变，坚持绿色建设，建设项目环评率100%，植被恢复率高，注重噪声污染防治，电磁环境影响防治，水土保持，生态保护，实现环境污染事件为零的目标；公司以全面履行社会责任为己任，并立足朝阳电网发展实际。2013年初，朝阳供电公司为更好、更快、更合规、更合法地推进占地补偿工作，有效解决施工受阻难题，探讨出了"朝阳电建模式"，并在实际工作中紧紧依靠政府为电网建设主体，政企协作采取七项具体措施和办法，全力推动项目建设，实现了项目建设从立项到竣工全过程管控的历史性突破。

二、主要做法

（一）工作阶段详细说明

节点1：开始。

节点2：政企协作，出台了《关于做好朝阳市电网建设项目申报工作的通知》（朝电网建发〔2012〕1号）。有需求才有动力，公司抓住机遇出台文件，推动项目建设。一方面，朝阳市政府对电力的迫切需求，主要是朝阳市近几年的经济增长迅速，随着经济的增长，对电力需求十分迫切，当地老百姓的供电不足也十分明显；另一方面，朝阳供电公司也充分考虑到社会责任、民生和支持地方经济的发展，希望项目尽快建设。综合上述两个方面，政府和企业"一拍即合"，政府对电力建设动力非常强。朝阳供电公司抓住此契机，为最大限度地减少施工受阻，从机制上、责任主体上进行调整、规范。2012 年末，在朝阳市副市长武永存的推动下签发了朝电网建发〔2012〕1 号文件，明确了电网建设以政府为主导的方式，使项目建设变被动为主动，明显加快了电网建设速度，电网建设环境得到了极大的改善。在文件中，首先，明确了电网建设项目申报主体为各县（市）、区人民政府及燕都新城管委会，申报项目需充分论证建设必要性，同时出具项目建设承诺函，以确保该项目站址及线路走廊具备如期开工建设条件。其次，要求成立以各县（市）、区发改委牵头的各地区电网建设组织机构及具体的每个项目专项领导小组，以明确责任、便于协调。最后，明确了电网建设征占地主体由电力部门转变为以地方政府为主导，电力部门依据现场实际核量，按照文件标准将补偿资金一次性拨付县（市）、区政府，由政府负责组织实施补偿工作。该文件明确了职责，规范了流程，对电网建设发挥了促进、保障作用，也是破解施工受阻难题的一次开拓创新。

节点 3：签订《电网建设责任状》，加强对地方考核。朝阳供电公司依据 1 号文件，配合政府成立了朝阳电网建设领导小组，由主管副市长任组长；同时，将电网建设纳入地方综合业绩考核中。此责任状的签订，保证了项目建设的开竣工时间，为电网建设顺利推进奠定了坚实基础。

节点 4：把好项目立项关，签订《电网建设承诺函》。公司抓好电网建设项目源头，严格落实 1 号文件关于申报项目必要性及承诺函相关规定，对于电网建设环境不具备条件的，不予以立项。按照省公司要求，大中型储备的项目每年 7 月之前对具备条件的要进行申报，朝阳供电公司的做法是：依据 1 号文件协调电网建设领导小组牵头，召集发展策划部、建设部、设计单位、属地县（市）、乡政府组成联合组，对项目拟确定的现场进行初步核实，与政府相关部门的承诺情况进行核定，对具备条件的储备项目列入上报计划，对不具备条件的项目暂缓上报或取消。这样就抓住了项目的源头，为项目的初步设计提供了先决条件。

该节点主要考虑两个方面的问题：一是项目必要性，二是项目可行性，满足这两个条件才可以立项。项目立项前，必须持有政府及相关部门的承诺函和相关文件作为保障和依托，方可立项。

节点 5：加强可研审核关，编制了"可研、初设阶段需要审查的要点和重点"，把住可研、初设关。对这两个关，朝阳供电公司的主要做法是：一是以文件作为支撑，主要是政府对电网建设项目的会议纪要和市发改委的项目核准文件，考虑项目的核准能否通过和按期完成，手续推进情况能否合法合规。二是现场取证，对项目可研之初，要做到初设深度，充分考虑变电站站址的土地类型，是否为建设用地；进出线是否符合技术要求；附近的地形地貌特点是否符合要求；当地的人文状况、社会矛盾和电网建设对整体环境的影响，必须关注民生、民俗和环境影响；等等。这些都要进行拍照、录像，同时由政府、建设单位和属地权属人确认，减少和避免了抢栽、抢种、强建情况的发生，为电网建设提供了保障。三是做好项目调查情况的专题汇报，汇报的主要内容包括站址和线路的房屋拆迁、坟地拆迁、大面积砍树、林地性质和跨越的公路、铁路、高速等情况以及项目附近的环境影响等。通过这三个方面的细致工作，充分保障了项目建设的可行性。

节点 6：初设阶段完成，积极签订《电网建设占地补偿委托协议》。在项目初设完成后，对手续的推进和占地补偿工作以政府为主体。对手续推进工作，公司依据 1 号文件和责任状，协调政府开辟绿色通道；而在占地补偿工作的实际操作中，由供电公司与政府签订《电网建设占地补偿委托协议》，将占地补偿工作全权委托给属地政府，这样可以充分发挥政府的主动性和权威性。

节点 7：实时掌控建设状况，以《周简报》或《月简报》形式通报。在项目建设期，电网建设领导小组要对建设状况实施全过程监控。朝阳供电公司采取的办法是，将现在正在建设的项目推进情况每月以《简报》形式进行通报，简报中明确项目的工程概况、进度情况、受阻情况、重要性及紧迫性、下一步解决措施建议共计 5 个部分，报送至属地政府主要领导和电网建设领导小组各成员。

节点 8：依法合规对受阻情况进行"评估、公正送达、提存"，保障项目推进。

（1）站址、线路路径交桩后，由施工单位负责巡视，发现问题（如抢栽、抢建）报公司建设部，各县发展建设部要第一时间掌握现场情况，及时取得影像资料，并及时与属地政府取得联系协调解决。工程施工前，必须由政府、施工单位、被占地权属人三方到现场共同进行施工所占土地及地上物的核量工作，并由三方共同签字确认。

（2）工程施工过程中，要及时掌握施工受阻情况，一旦出现受阻问题，不能直接面对当事人，要及时与政府联系，必须以政府为主与当事人进行会谈，协调解决。各县分公司发展建设部与施工单位共同对会谈内容做好详细笔录，并由政府人员、当事人、分公司人员签字。另外，每次会谈内容要有录音，条件允许情况下要进行录像。当事人不签字的，写明原因。

（3）对施工受阻超过 1 天的，施工单位及时上报各县分公司发展建设部，由属地分公司汇报属地政府协调解决；受阻 3 天的各县分公司发建部及时上报公司建设部，建设部协调朝阳市电网建设领导小组协助解决；如果项目受阻超过 7 天，仍然处理不了问题，由政府指定有资质的评估单位进行评估，并出具评估报告。对蛮不讲理阻挡施工还不让评估的，公司建设部协调政府进行强制评估。报告出具后，要与政府人员共同送达当事人，送达后和政府沟通后再与当事人协调，仍无法做通工作的，由政府为主体按照评估价格将补偿费提存，形成书面材料上报属地政府，共同协调政府及相关部门强制施工。

（4）施工单位在施工结束后，必须做到场平、场净，将现场恢复原貌，在确定不再需要进场后，以书面形式告知属地乡镇、村政府，由政府负责告知村民，以此避免下次施工被占地人无理阻挡现象的发生。在占地补偿实施中，占地补偿工作补偿标准也不可能达到完全满意，势必要造成工程局部受阻。朝阳供电公司所采取的措施是，边做通思想工作，边考虑借助司法手段，对蛮横无理行为人，运用补偿工作的评估、公证，然后提存，进行司法干预解决。

节点 9：施工完成。

（二）人力资源保证

公司加强人力资源投入，以保证"朝阳电建模式"正常运行。专业管理的组织体系包括领导小组和工作小组两个部分。领导小组由公司分管基建副总经理、建设部主任、副主任组成，负责联系政府，协调处理工作中的重大问题。工作小组由建设部和各供电分公司机构组成，负责具体工作的协调和组织实施。

（三）管理优势

（1）分析。原占地补偿工作由施工企业和建设企业直接与权属人谈，很难达成一致，即便是达成了，约谈的价格也大大超出补偿标准，超出了工程概算。补偿标准往往是以最低至最高表示和描述，执行人员难以掌握，不容易操作，势必造成操作偏差，引起民事纠纷。此外，极易造成资金流失，也不能正确反映工程造价，区段施工受阻，造成停工、窝工，导致次生工程费用，无责任单位承担。公司经过调研发现，在2012年上半年以前，仅征占地补偿这一项，每一个工程基本上都超标，只能压缩工程成本。

（2）优势。现在以政府为主体进行占地补偿，优势有二。其一，政府部门发挥权威性高、有执行权等优势，高效推进占地补偿工作，政府与所在地百姓熟悉，熟悉的人谈熟悉的事好谈；其二，一旦发生补偿纠纷，政府有执行权限，可减少或避免施工受阻情况发生。

（四）管理措施

（1）与属地政府签订《电网建设委托协议书》，协议中明确占地补偿所执行的补偿文件标准，占地补偿范围、双方的责任和义务；约定项目建设开工时间，手续办理约定等。

（2）对正在建设中的项目实施跟踪制，以周报、月报形式向属地政府汇报，使政府各层级和供电公司及施工单位形成立体三维管控。

（3）项目建设以政府为主导，均实现依法开工。

（4）检查总结，循环运作，持续改进。

三、取得成效

公司2013年基建在建、续建工程总计48项，含变电工程16项、小型基建2项、线路工程30项。公司已完成了共计48项工程的所有前期工作推进及手续办理，有效地保障了工程项目依法按期开工，确保了按照里程碑计划开工投运。2013年7月以前，由于施工受阻造成无法推进的工程有17项，朝阳供电公司采取以政府为主导的办法后，仅仅用了5个多月的时间，便有效破解了施工受阻难题16项，保证线路工程的施工和按期投运。2013年全年的项目推进以政府为主导，有效地控制了工程造价，取得了明显成效。

（1）以政府为主体的电网建设补偿工作执行顺利，以前反映突出的临时占地中土地价格问题得到解决，减少了许多因工程建设与民事工作的冲突因素。

（2）农作物、经济作物补偿实施得当，补偿有法可依，有规可循，可操作性强，符合当地实际情况，顺乎民意，施工无阻挡。

攻克树障治理难关　提高社会用电可靠性

一、案例背景

截至 2014 年初，国网建平县供电公司线路通道树木总计有 389 处、7729 棵，客户自维线路树障 15 处、1300 棵。因防护通道树木砍剪不到位，造成线路跳闸和故障次数增加。2014 年以来，公司加大了全县范围内 10 千伏线路树障清理工作，制定了《建平供电（农服）分公司 10 千伏线路树障专项治理考核实施方案》，合理利用资金，结合春检、秋检和隐患排查治理工作，充分调动各部门积极性，加大树障清理力度，通过专项治理奖惩制度、严肃考核、与政府配合和沟通、签订合理的补偿协议、成立专项治理大队、落实责任等一系列有效措施，树障清理专项工作得以顺利完成，未再发生由树木引起的线路跳闸和故障，达到预期目的，提高了配网供电可靠性。

二、实施措施

（一）明确管理理念和策略

树障清理是降低线路跳闸次数的有效途径之一，公司通过专业管理，坚持预防与治理相结合原则。管理策略应做到"三合理、一善于"，即"计划合理、措施合理、补偿合理"、"善于协调与沟通"。

（二）明确管理范围和目标

管理范围包含全县范围内 10 千伏线路防护通道内的树木清理。管理目标是彻底杜绝树障对线路造成的影响，降低线路跳闸次数，提高配网供电可靠性，实现因树障引起的 10 千伏线路跳闸次数为零的目标。

（三）创新工作方法

1. 制定工作表，加强指标管控

公司梳理了树障治理指标，并确定目标价值，加强指标管控，如表1所示。

表1　建平分公司树障治理指标管控

指标名称	指标说明	目标值（%）
树障清理管理得分率	根据《电力法》和《电力设施保护条例》的相关规定，以制定的流程为依托，对各环节的协调、配合、职责分工、工程检查与验收、管理效能、档案管理等方面进行评判	96
树障清理质量管理及工艺得分率	以《电力设施保护条例》、《配电线路及设备运行规程》为依据，结合《建平供电（农服）分公司10千伏线路树障专项治理考核实施方案》进行检查验收，分区域、分线路对树障清理全过程进行质量控制与工艺达标，保证10千伏线路防护通道畅通	98
树障清理赔偿经济功能指标得分率	以《电力法》、县政府、经信局下发的补偿条款及协议为依据，合理运用资金，不发生重复补偿、协议不清现象	94

2. 加强组织领导，落实工作职责

公司成立了由分公司经理担任组长，分公司生产副经理、农服副经理担任副组长的工作领导小组（见图1）。领导小组是整个治理工作的领导决策机构，负责组织机构建立，批准相关方案，工作安全质量进度控制和管理监督工作，重大事项的决策、协调、指导等。

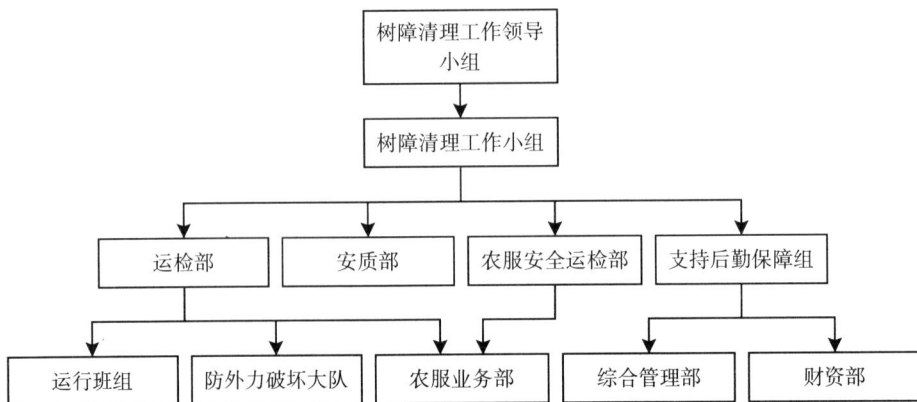

图1　建平县供电公司树障治理组织领导体系

　　根据领导小组的指导意见，公司成立由运检部主任担任组长、运检部副主任担任副组长的工作组。工作组根据 10 千伏线路的实际情况制定《建平供电（农服）分公司 10 千伏线路树障专项治理考核实施方案》。方案中明确工作目标、阶段任务及考核指标。运检部组织召开树障清理工作动员会，对考核实施方案进行宣贯。同时，明确对班组和业务部的任务及激励条件。

　　公司对 10 千伏线路存在的树障进行集中调研，分类进行划分，哪些可以通过政府部门解决，哪些可以通过赔偿协议解决，制定了分公司《树障清理工作计划》、《树障专项治理奖惩制度》，针对施工中出现的各类质量问题进行奖惩。

　　在树障清理实施阶段，根据砍剪清理情况实行滚动调整，重点对反复出现的问题进行持续防治，直到根除。选择砍剪清理效果好的地域创建"样板工程"，在关键阶段派驻运检部专责人员驻地监督指导。及时总结样板工程的先进管理经验，通过组织现场交流和月例会通报等方式，带动其他班组和业务部共同进步，缩小树障清理工作的管理差距。通过组织例行检查和专项检查，及时发现新隐患、新问题；通过每月归纳总结，以通报等方式及时传达给各班组和业务部，做到举一反三，防微杜渐，将各种质量问题控制在初始阶段。

　　在树障清理竣工验收阶段，由建平供电分公司（农服分公司）运检部负责检查验收管理。运检部对各项工程每项检查验收记录进行备案，保证检查工作质量的可追溯性。严格执行班组和业务部自检、农服运检部复查、运检部抽检的检查顺序，各检查组在检查工程实体质量的同时对前一检查工作质量进行评价。对检查质量的评价包括对组织单位的考核和对检查组人员的评价，对考核不达标的检查组将追究组织单位的责任，对评价不达标的检查组人员将执行相关奖惩规定。通过以上措施保证树障清理管理的检查质量。

　　在树障清理自查整改阶段，树障清理竣工后及时组织对砍剪清理情况进行总结，总结好的经验、好的做法，对存在的问题及时进行整改，并制定好防范措施。组织各班组和业务部开展自查工作。按照砍剪清理效果和影像保留、资料存档两部分内容，将每一项内容落实到具体人员，限定检查和整改时间节点。规定在运检部后续抽查中如果发现问题，将同时追究班组和业务部检查人员及整改人员的责任。配合公司检查组对树障清理工作开展复查，对查出的问题进行循环整改，直至每项符合要求。根据公司复查情况对比自查，对各工作组的自查效果进行考核，对树障清理工作进行工作评价，促进树障清理工作的管理提升。

3. 规范流程，提升工作效率

公司为提高树障清理工作效率，进一步规范了工作流程，并明确了分工，如图2所示。

（1）树障清理领导小组由分公司经理担任组长，分公司生产副经理、农服副经理担任副组长，定期听取工作组关于树障清理开展情况的汇报，协调解决各单位的问题。领导小组是整个治理工作的领导决策机构，负责组织机构建立，批准相关方案，工作安全质量进度控制和管理监督工作，重大事项的决策、协调、指导等。

（2）树障清理工作小组组长由运检部主任担任，副组长由运检部副主任、农服分公司主任担任，组员由各部门专责担任。负责建立奖惩制度、计划审核、技术指导、工作验收和效果评估、各部门的协调和督办，收集、整理最新的政府有关电力工程补偿标准文件，掌握补偿政策，按工作方案定期组织检查验收和评比考核，收集和分析活动开展过程中存在的问题，定期通报活动进展情况和现场检查情况，并向领导小组汇报。

（3）树障清理安全督导组组长由安质部主任担任，组员由安质部专责担任，属独立部门，负责树障清理工作的全过程现场安全管控及安全质量管理工作，进行安全检查与监督。

（4）支持和后勤保障组组长由运检部主任兼任，组员由综合管理部、财资部负责人担任，负责车辆调配、物资供应、后勤保障、专项治理工作发生的各种费用报销、审核、发放等工作。

（5）树障工作自查组组长由运行班组和业务部负责人担任，负责树障清理的具体工作和安全管控，对树障清理工作的完成情况组织自查、整改和复查，定期向树障清理工作小组汇报自查开展情况，并配合工作组的抽查。

（6）单独成立防外力破坏大队，负责协调班组处理不了的相关事宜。分公司成立以分管副经理为组长，运检部为考核部门的考核小组，对树障清理情况实施考评。

4. 加强绩效考核，提升工作质量

树障清理工作绩效考核对象主要包括三个方面：一是对工作自查组树障清理情况的考核；二是对各配合、协调单位的考核；三是赔偿合理性的

| 运检部 | 运行班组及各业务部 | 综合管理部及财资部 |

树障清理策划阶段

开始

成立树障清理工作领导小组

制定《树障清理工作方案》

编制树障清理工作计划

办理树障清理相关手续及赔偿协议

计划与手续是否完善符合实际情况　否　是

树障清理阶段

组织开展树障清理工作阶段检查

按树障清理工作计划逐一实施，开展阶段检查并组织整改

开展自查、创建"样板工程"配合上级检查，并开展整改

对树障清理工作进行支持和后勤保障

检查整改结果是否满足要求　否　是

树障清理竣工验收

组织竣工预验收，参加竣工验收

配合上级检查，对发现的问题进行整改

检查整改结果是否满足要求　否　是

树障清理自查阶段

组织对树障清理工作进行检查

开展自检和初检，配合检查组检查并开展整改

检查整改结果是否满足要求　否

向公司申请复查

接受公司复查

对工作班组和业务部进行评价

核销相关费用及赔偿款项

结束

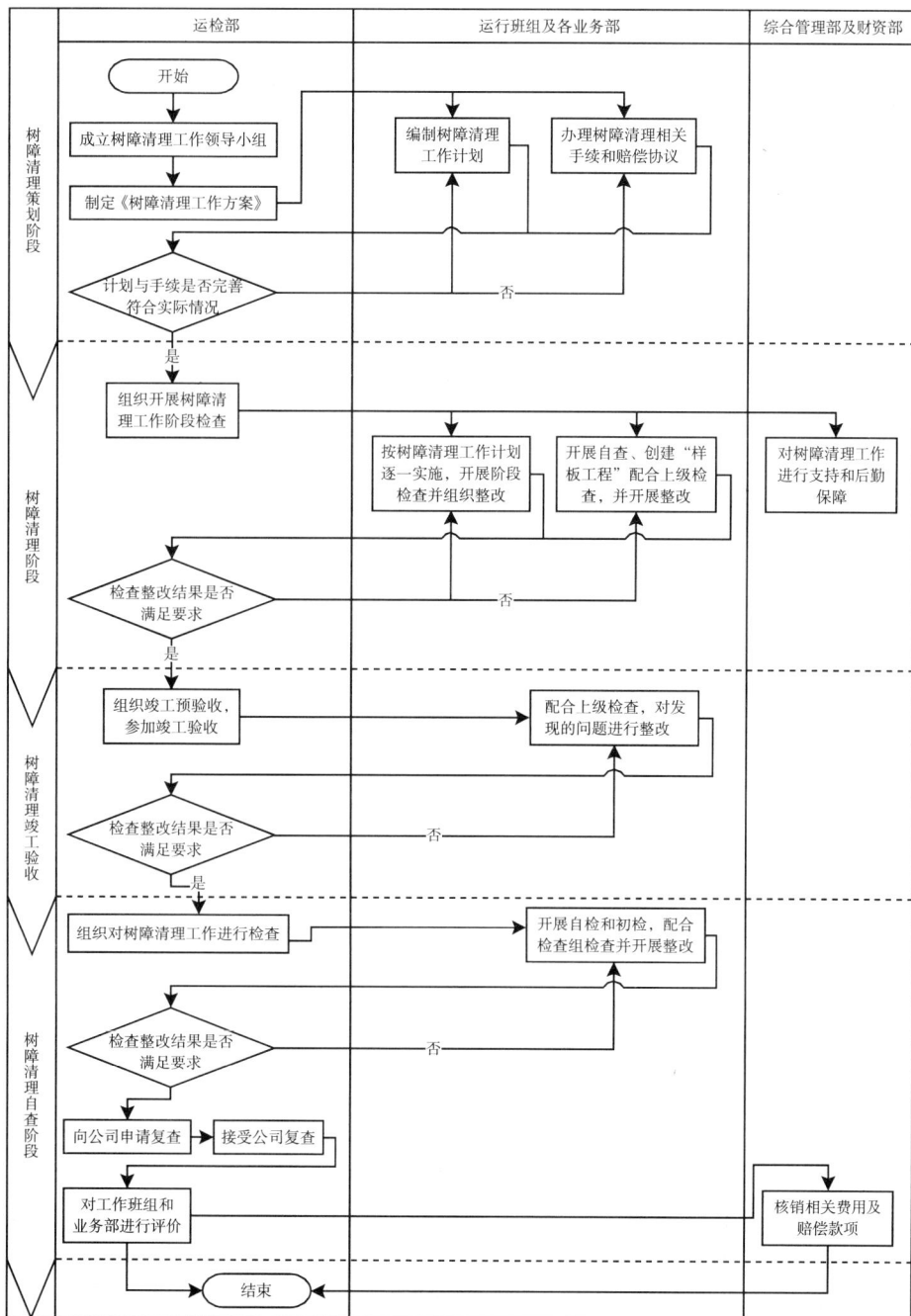

图 2　建平县供电公司树障清理管理流程

考核。考核指标主要包括树障清理工作检查得分率、问题整改完成率，以及是否按计划完成工作的及时率和汇报总结的完成质量、赔偿审核率等。对运检专责和各部门负责人的考核与最终个人的业绩考核挂钩，在绩效奖励中予以体现，如图3所示。

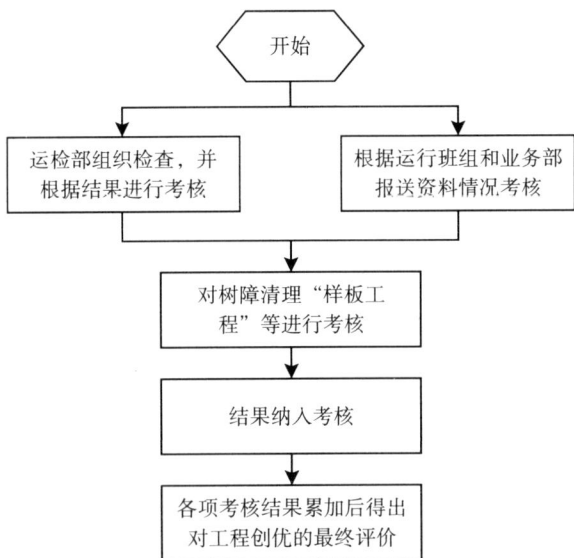

图3　建平县供电公司树障清理绩效考核流程

为完善管理和工作流程，达到预期目标，公司修订完善了《建平供电分公司树障清理工作质量处罚细则》、《建平供电分公司树障清理工作指导卡》。重点强调以下几项工作：

一是认真做好绩效数据的采集。包括运检部及以上单位对树障清理情况检查结果得分；运行班组和各业务部对检查问题整改完成情况；每月运检部月例会对各班组和业务部管理排名；在样板工程评比中的成绩；完工后工作评价得分；检查得分情况。

二是完善绩效的评价方法。采取累计积分，通过排序分为 A、B、C 三级，分别占总数的 20%、60%、20%。对所有检查结果分为四个等级：好、良、及格和不及格，分别对应 5、4、3、2 分，完工后所有检查积分相加即得到该工作的检查评分。对工作情况汇报的评价，考虑上报时间是否及时、报告完成质量等方面，综合给出好、一般、不好三个评判，分别对应 5、3、2 分，完工后分数相加得到此项加分。检查得分换算成百分比后计入总分。创建样板工程的将在总分基础上累加 5%。

三是推进绩效考核的结果应用。将树障清理工作管理的绩效考核作为对各部门负责人、各专责人员的绩效考核依据。考核结果与约束激励机制结合，最终结果体现在树障清理工作总体结算上。

三、实施效果

2014 年初，建平供电分公司线路通道树木总计有 389 处、7729 棵，截至 2014 年底，已清理 387 处、砍剪树木 7575 棵，剩余 2 处、树木 154 棵，处理率 97.37%；清除鸟巢 224 处，处理率 100%。客户自维线路树障 15 处、1300 棵，已全部清理。消除重大设备隐患 1 起。通过以上措施，2014 年全县未发生因树木引起的线路跳闸和故障情况。2014 年建平分公司树障清理工作全部通过验收。

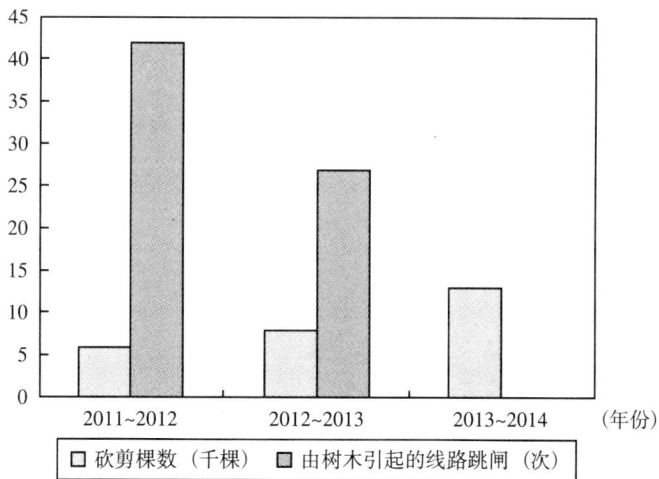

图 4　建平县供电公司树障清理成果对比

建平供电分公司在实践过程中，还形成了一些树障清理"样板工程"，起到了很好的示范作用，总结出可推广的经验。

（1）公司与县政府做好沟通工作，督促县政府依据政府、经信局下发的《关于对危害电力设施的树木建筑物进行砍剪和清理的通知》文件，明确各乡镇（场街）人民政府和林业部门做好配合，把电力设施保护工作纳入各行政区内社会治安综合治理范畴进行管理，并建立长效机制，确保电力设施安全运行。同时，要求各班组（业务部）及营销部门做好宣传工作，并取得当地政府的支持。

（2）积极联系地方政府出面协调。例如，富山供电所维护的线路附近树木影响安全运行，砍剪时客户情绪激动，砍剪工作遭到阻挠。通过协调富山街道，由他们出面对植树客户做思想工作，将矛盾化解，避免与客户直接发生冲突，进而将200多棵影响线路安全运行的树木进行了砍伐，大大提高了线路运行安全可靠性。

（3）树木未到生长期提前沟通、布置、砍剪，减少阻力。黑水业务部针对树障提早布置工作，先通过黑水镇政府、村委会将树木主人召集起来，共同协商树木砍剪工作，通过对客户做思想工作和给予合理的赔偿，达成协议，顺利完成树木砍剪工作，清理了线路走廊附近的树木。

（4）公司抽调两名人员成立防外力破坏大队，积极参与树障清理工作。顺治沟砍剪树木时，班组多次与客户沟通未果，防外力破坏大队通过多次登门耐心讲解相关政策、法律法规、发生事故承担的后果，说明电力设施保护区内种树的危害性，不仅影响正常用电，还对线路和人身造成伤害。最后与客户签订了协议，进行合理补偿，砍去了百余棵树木。

强化窗口服务　提高履责能力

一、实施背景

供电服务窗口是供电公司对外服务的最前沿、第一线，是对外履行社会责任的服务平台。近些年来，朝阳供电公司加强了对供电营业窗口的管理，加大了对硬件设施的资金投入，按照标准化供电营业厅的要求，完善了硬件设施，形成了规范的人员培训机制，每年都有计划地对窗口人员进行业务培训和心理疏导，提高业务素质和服务能力，缓解服务过程中的心理压力。

通过采取一系列的措施，营业窗口的硬件设施和工作标准得到了进一步规范，服务水平也得到了有效提升。从民心网对各地市公司客户满意度调查情况看，朝阳供电公司的满意度指数从 2009 年的 75.19 上升到 2013 年的 82.73，5 年来提升了 7.54 个百分点，2013 年满意度在全省排名第二。

服务工作没有最好，只有更好。随着社会的发展，客户对窗口服务工作又提出了新的要求，使供电窗口服务工作面临新的挑战。从这次党的群众路线教育实践活动征求的意见和建议与自查自纠结果看，供电服务中还存在着一些问题，离客户的要求还有一定差距。针对这些情况，公司营销部结合党的群众路线教育实践活动，坚持"始于客户需求，终于客户满意"的理念，利用强化社会责任管理的有效手段，实行公司营销副总经理主抓推动，将提升营业窗口的服务能力、全面履行社会责任、促进供电服务品牌化作为一项管理议题进行研究和推进，进一步完善营业厅的硬件建设，增强服务软实力，提升服务质效，提高客户满意度。

二、具体做法

公司将营销服务工作与社会责任管理工作紧密相融，融入体系建设，融入管理实践，树立"供电服务中没有与履行社会责任无关的人，也没有与履行社会责任无关的事"的理念，在立足企业的实际情况和系统研究利益相关方需求基础上，以问题为导向，坚持自查整改，改中创新，从外部期望的视角不断完善管理制度，优化业务流程，创新服务举措，提高服务水平，达到客户满意。

（一）多维度分析客户需求内化着力点

朝阳供电公司通过多种渠道，收集整理客户反馈的意见，对如何改进供电服务工作，将客户的需求内化于供电服务中进行分析，找准提升供电服务的着力点。

1. 通过95598投诉工单了解客户诉求点

2014年1~6月，公司共受理国网客服中心转派的投诉工单59件，同比下降42.16%。其中，涉及服务行为投诉18件，服务渠道投诉2件，抄表催费投诉14件，报装接电投诉1件，停限电投诉4件，供电质量投诉10件，电网建设投诉1件，其他投诉9件，如图1所示。

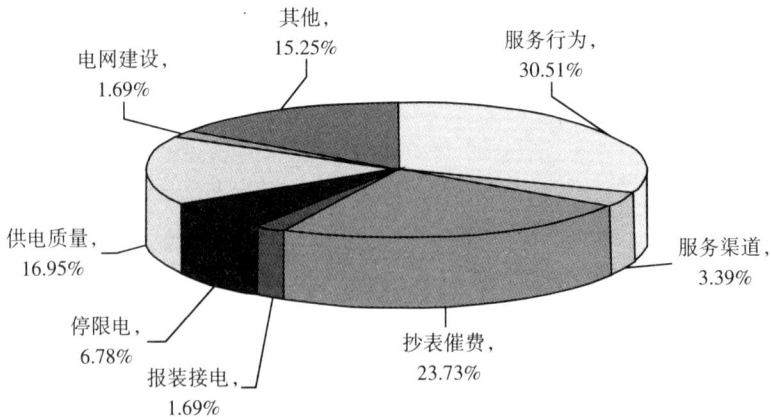

图1　2014年1~6月各类投诉工单比例

由此可见，投诉主要集中在服务行为、抄表催费和供电质量方面。主要突出问题表现在现场服务人员服务行为不规范，服务态度不好；抄表催费人员为客户垫付电费后，客户对其垫付电费不认可；在催缴电费的过程中，未履行正常的工作程序，违规停电；进入雨季后，反映频繁停电工单增多。这些说明客户对供电服务的规范性、服务人员的素质和能力及配网的安全可靠性还存在着不满，急需改进。

2. 通过民心网明察暗访发现服务存在的问题点

2014 年，省公司委托民心网每季度对各地市开展一次暗访。3 月民心网在北票地区进行暗访，共暗访了 3 个供电营业厅，北票分公司二级营业厅 71.5 分，五间房营业厅 70 分，均低于省公司的平均分，说明这两个营业厅有较大的提升空间。大板营业厅 95 分，在省公司排名第一。根据暗访结果在全省排名看，朝阳供电公司平均得分为 78.8 分，排名第五，如图 2 所示。

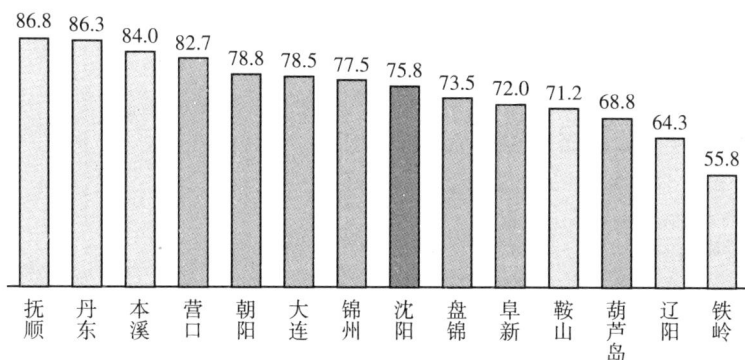

图 2　2014 年第一季度供电营业厅得分比较

注：2014 年第一季度供电营业厅平均得分 75.4 分。

从暗访通报情况可以看出，朝阳供电公司各营业窗口供电服务水平差距较大，在服务礼仪、服务规范和服务硬件建设方面还有很大的提升空间。

3. 通过征求意见寻找供电服务的短板点

在党的群众路线教育实践活动中，公司通过领导班子到一线班组调研、召开座谈会、督导组个别谈话、发放征集意见表（函）、网上调查问卷、设置意见箱、开通内外网意见邮箱、开通热线电话等形式，广泛征集地方党委政府、电力客户、社会各界人士、广大员工对公司领导班子及班子成员、各部门在"四风"问题、优质服务、工作作风等方面的意见和建议。共梳理出意见建议 84 条，其中涉及营销服务方面的问题 21 条，占意见建议总数的 25%。说明供电服务工作受到社会各界和公司干部员工的广泛关注，同时也反映出公司在营业场所标准化、服务处理、业扩报装、电费抄收等方面还存在着急需提升的管理短板。

（二）从利益相关方视角改进提升供电服务

公司在多维度调研的基础上，深入了解利益相关方对供电服务的需求，对供电服务工作进行"把脉、诊断、治病"，以"234"工作思路，完善管理体制，修改管理制度，简化管理流程，改进管理措施，如图3所示。

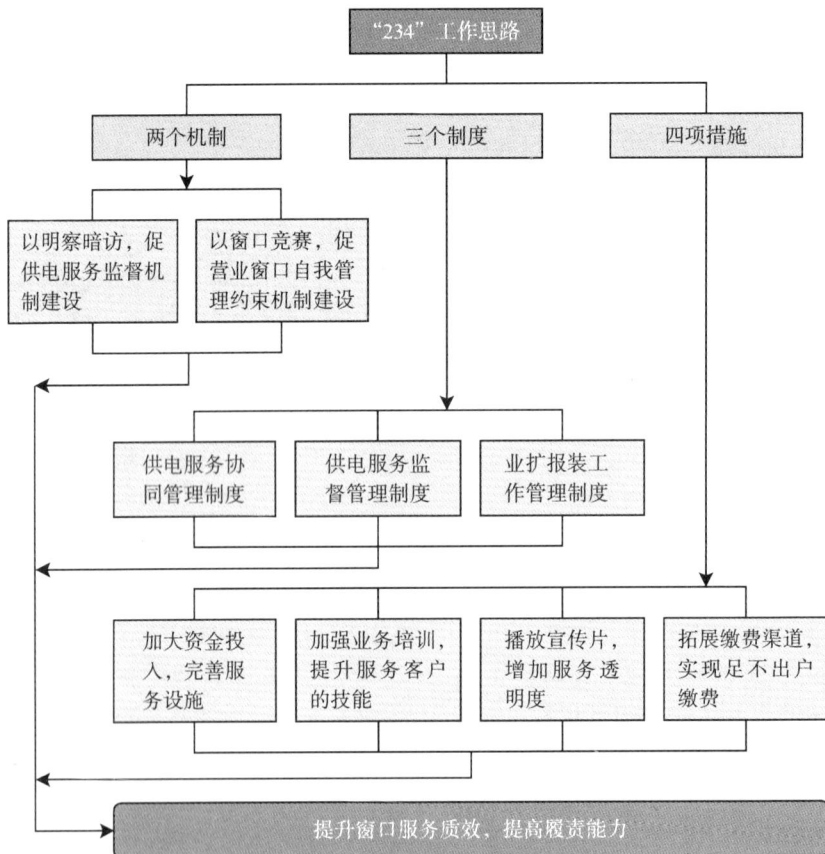

图3　窗口供电服务工作管理流程

1. 促进两个机制建设

（1）以明察暗访，促供电服务监督机制建设。公司在供电服务管理中，建立了实时监督机制，成立了以总经理、党委书记为组长，副总经理、纪委书记为副组长的供电服务监督领导小组，以重大节日及活动期间必检和不定期明察暗访为主要手段，加强对供电服务工作的监督管理。年内营销部、监察部、农服公司共组织明察暗访 108 个厅次，下发检查通报 4 次，下发整改通知书 108 次。

同时，公司开通视频一体化平台，对营业厅服务情况进行实时监督，如发现问题第一时间与营业厅及相关领导进行沟通联系，责令立即整改，进而强化对营业厅的服务管控。

此外，公司结合党的群众路线教育实践活动，在全公司范围内开展供电服务突出问题自查整改工作。对照省公司明察暗访中查出的八个方面 26 类问题和省公司供电服务整改活动方案中提出的 70 条问题，逐条整改，制定整改方案。公司抽调服务、业扩、生产业务骨干，组成 3 个检查组，严肃认真地开展了供电服务大检查工作，并对检查问题点逐一制定了详细的整改措施，明确了责任人和时间节点，全力进行整改。截至 2014 年底，除供电能力和"两率"问题需逐步整改外，其余的 68 项问题已经整改完毕。

（2）以窗口竞赛，促营业窗口自我管理约束机制建设。在公司 98 个营业厅中开展了以"窗口优美、管理优良、服务规范、队伍优秀、技能精湛"5 项为主要内容的星级评比活动。按照国网公司营业窗口标准化管理要求，细化了 5 大项 16 小项 52 条考核细则。

星级评定分为一星、二星、三星、四星、五星、无星六个级别。将公司 A、B、C、D 四级营业厅分成两类进行评比，A、B、D 级营业厅为 I 类，C 级（业务部）营业厅为 II 类。年内结合各种活动或明察暗访等检查结果进行不定期考核、通报制度，年度进行一次评比。获得三星以上的营业厅才有资格参与标杆、先进营业厅评定。公司通过窗口竞赛，充分激发职工积极向上的活力，强化营业窗口自我管理、自我约束能力，进一步增强服务意识，规范服务行为，提升服务水平。

2. 完善三个制度

（1）供电服务协同管理制度。营业窗口是供电服务的前沿，但供电服务工作涉及公司的方方面面，需要各部门、各专业协同配合，共同支撑。为了加强供电服务的协同性，在供电服务中不发生扯皮现象，更快更好地向广大客户提供优质服务，公司制定了供电服务协同工作管理方案，明确了 18 个部门、单位在 9 项供电服务中的责任和义务，并完善了每项内容的管理流程。

（2）供电服务监督管理制度。为进一步规范供电服务行为，提升供电服务质量，保证客户的意见建议得到及时回复和处理，公司制定了供电服务监督管理方案，明确了客户对供电服务的投诉、举报、意见的处理责任分工、处理流程和考核内容及标准，用制度的方式保证了利益相关方的诉求得到快速回复和及时处理，形成闭环管理，促进供电服务管理水平和客户满意度的提升。

（3）业扩报装工作管理制度。公司成立了以总经理为组长的业扩报装专业增供扩销领导小组，建立了客户经理分级督办制、全程代办制、进程实时催办制、受阻应变制、服务协同制、先期受理制和"五加二"创新工作制。按容量将业扩项目分为7级，4万千伏安及以上项目由总经理担任客户经理，2万~4万千伏安项目由副总经理担任客户经理，其他项目分别由副总师、发策部主任、客服中心主任、分公司经理及有关人员担任客户经理，随时了解和掌握用电客户的状态，重点关注大客户业扩报装进展情况，并全程督办。另外，将方案答复、工程设计、工程建设和装表接电"四段"，由串行改为并行，全面提升了报装效率，确保项目尽快送电，实现供用电双赢。

3. 采取四项措施

（1）加大资金投入，完善服务设施。通过对营业厅内设施的排查，2014年公司共投资35.5万元，对桌牌、胸卡、公示牌、垃圾桶、意见箱、石英钟等15类用品进行了补充和完善。还为350名窗口人员制作了工装，解决了人员着装不规范、不统一的问题。这使营业窗口硬件设施更加规范、标准，为广大客户提升清洁、舒适、方便、人性化的业务办理环境。

（2）加强业务培训，提升服务客户的技能。公司创新开展供电服务走基层，深入到供电服务一线，量体裁衣开展培训；开展身边员工登台讲学活动，请来自一线的供电服务领域的排头兵，讲解具体实例开展培训。接地气的培训方式，增强了员工的学习兴趣，促进了服务水平的提升。公司还在营业厅召开现场会，现场讲解标准化营业厅建设要求，对照省公司明察暗访情况通报，通过视频回放，举一反三检查问题点，分析问题存在的原因。

（3）播放宣传片，增加服务透明度。公司从客户需求角度，收集了电价政策、办电须知、缴费方式、故障报修、智能电表、预防催费诈骗等11种业务知识和温馨提示，制作成供电服务知识宣传片，在营业厅进行循环播放。其中，仅节能常识部分就囊括了17种电器的节能方法，既方便客户了解相关政策规定、业务流程、安全节能常识，又加强了业务受理的公开透明度。公司还重新编制业务办理须知及书写示范样本，制作了客户办电须知及回执袋，其中包括新装、增装用电申请单，业扩报装流程，业务办理资料清单，客户业扩报装办理告知书，客户意见评价回执单等，下发到各窗口单位，履行一次性告知义务。

（4）拓展缴费渠道，实现足不出户缴费。公司拓展了中国银行缴纳电费渠道，中行成为继工行、农行、邮政储蓄银行、银联商务、邮政电子商务以外的又一家居民客户电费代收单位。客户既可以到中行营业厅的自助缴费终端缴纳电费，又可以通过中行网上银行缴纳电费，实现了客户足不出户或就近交费的愿望。

（三）解决利益相关方关注的重点问题

1. 解决 IC 卡表业务办理烦琐问题

由于 IC 卡表发生故障时，处理过程涉及单位多，工作流程较复杂，加之因办公环境所限，涉及业务办理单位不是很集中，故给客户带来了不便。公司接收到客户建议后，剖析现有流程，提出深度优化方案，建立客户经理负责制，专项办理 IC 卡业务的沟通协调工作。有关 IC 卡表业务，客户只需到营业厅就可一次办结，实行客户 IC 卡业务一站式服务，拓展了现有营业网点服务功能。

2. 解决因供电质量原因造成客户家用电器损坏、赔偿问题

2014 年，朝阳地区雷雨天气较多，由于供电质量问题导致家电损坏需要维修的随之增多。按工作流程，保险理赔归保险公司办理，朝阳供电公司只负责遇到类似问题后及时报保险公司。但是，经常出现保险公司现场出险不及时、承诺维修后又因价格过高不修复的问题。为保证理赔工作的顺利进行，公司加强部门协同，规范了供电责任险业务流程，上下联动加快修复。例如，2014 年 5 月，建平分公司遇到两个客户的视频监控设备由于打雷烧损的问题，公司报保险公司后，保险公司未及时出险，经反复催促，承诺给修复，后到现场感觉修复额度太大，拒绝修复。公司及时启动保险理赔流程，公司营销部、财务部与省保险公司沟通，解决了设备的修复问题，维护了客户的权益。

3. 解决员工垫付电费问题

电费回收一直是困扰供电公司的一项难题，尤其是居民电费的催缴涉

及的户数多，难度大。为保证电费月末结零，抄收人员往往采取自己垫付的方式，然后向客户收取，存在的弊端是客户不认为自己欠费，容易造成矛盾纠纷，抄收员垫付的电费无法正常回收。为解决这个问题，公司采取居民电费跨月结清的模式，即每两个月结一次电费，为电费催缴工作赢得时间，使催费工作依法合规，从根本上解决了员工垫付电费的问题，也使利益相关方了解了自己的实际欠费情况，使电费收缴工作更加透明。

三、取得成效

1. 管理效益

通过议题研究，对营业窗口形成动态的管理机制，在自查、检查、抽查、借鉴和接受监督中不断实现营业厅软硬件管理的全面提升。通过营业厅的评星服务，激发各基层单位对各营业厅的自我管理意识，减少"等、靠、要"的现象，促进供电服务能力的提升。公司2014年1~5月优质服务评价指数99.65%，全省排名第一；营销服务规范率99.77%，全省排名第一。

2. 社会效益

通过议题研究，优化营业厅各项业务办理流程，规范营业服务行为，开展亲情服务，提供特色服务，进而提升服务亲和力，提升客户满意度，为打造和谐朝阳做出应有的贡献。同时，也树立朝阳供电公司诚信、责任、创新、奉献的品牌形象。2014年1~5月，公司百万户投诉率34.97%，全省排名第一。

解决城区居民客户室内电力报修服务"一堵墙"难题

一、案例背景

按照国家《电力法》及有关法规规定，供电企业与电力客户运行维护管理责任按供用电范围产权归属确认。以城乡居民生活照明用电为例，电表及表前供电设施由供电部门负责建设和运行维护，表后的用电设施由客户自行维护管理。近年来，随着居民生活条件的改善和用电需求的增加，越来越多属于居民自身产权的表后用电故障和用电安全问题凸显出来。在广大居民客户看来，楼房内外电力设施一直是由供电企业维护，甚至有的居民客户认为，自己将电费交给了电力部门，出现故障停电时维修应当由电力部门负责。2013年以来，95598接到过近千个有关家中用电故障或用电问题的求助及咨询电话，其中不少是居民客户打进来的。可见对这部分服务广大居民存在较大需求。居民由于缺少专业知识和技能，无法管好"表后"用电，往往使得居民很多时候在遭遇用电问题时"求助无门"。

国网喀左县供电公司从社会责任管理视角，重新审视城区居民电力报修服务工作，供电公司探索服务新模式，与社区联手打造"用电服务圈"，改进沟通策略，破解城区居民客户室内电力报修服务难题，为政府分忧，为百姓解愁。

二、现状分析

（一）总体情况

喀左县县城内共有居民客户3.8万户，占全县总用电户数的21.11%，2013年售电量达到9294万千瓦时，占全县总售电量的7.49%。2012年10

月至 2013 年 10 月城区电力故障报修 1327 件，其中，故障产权属于供电公司的 699 件，占总报修件数的 52.68%；客户室内故障报修 628 件，占总报修件数的 47.32%。2013 年 10 月至 2014 年 10 月城区电力故障报修 1232 件，其中，故障产权属于供电公司的 683 件，占总报修件数的 55.44%；客户室内故障报修 549 件，占总报修件数的 44.56%。具体如图 1 所示。

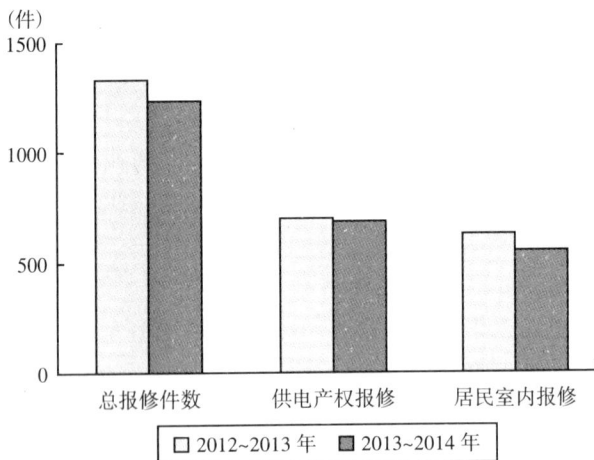

图 1　喀左县城区电力故障报修分类构成情况

（二）问题根源分析

从表面看，电力报修服务"一堵墙"问题产生的根源是一个社会问题，解决这些问题不能单纯依靠供电企业。由于与利益相关方沟通不足，造成了社会的不理解。喀左县供电公司经过分析认为，供电企业应在加大产权宣传的同时，通过改进沟通策略，赢得利益相关方的理解和支持，激发利益相关方共同参与，凝聚解决问题的合力，才是从根本上解决电力报修服务"一堵墙"问题的关键。

三、主要做法

2014 年 4 月 22 日，县公司邀请朝阳市十届人大喀左代表团走进供电企业，座谈时代表提出城镇居民室内电力故障报修"一堵墙"问题。县公司高度重视，积极开展调研，掌握第一手资料，开展议题研究。

5月7日，县公司主动联系县人大，牵头组织召开了探讨城镇居民室内电力故障维修问题的专题会议。街道、社区、供电公司共同探讨解决方法，并初步形成维修意向。

6月13日，县公司与利州街道、社区代表共同协商开展"用电服务圈"活动，探索方便、快捷的服务机制，建立供电公司、社区、小区、客户电力服务维修网络，制定管理办法与报修流程，并确立建设社区为试点单位。

县公司积极探索履责服务新模式，搭建三层对接体系。县公司与县人大、建设社区所属利州街道多次沟通，亲自到社区指导联系点建设工作，实现了政企对接。县公司客服中心与社区组建联合推进小组，研讨具体措施，实现了社企对接。抄核收人员与该社区下辖各小区的片长、楼长协同服务，按网格组建用电服务联络组，实现了民企对接。经过多方协作，开展"用电服务圈"活动，初步形成由"供电公司+社区+小区+客户"网格化电力维修管理新模式。

（一）组建用电服务联络组

在县公司积极推动下，成立了由供电公司、社区成员组成的领导小组，下设管理办公室，统筹指导居民电力维修服务工作。同时，组建服务网络，划分服务网格，在社区下辖的各小区建立由社区干部、在职党员、社区党员、供电公司人员组成的用电服务联络组，按客户数在每个联络组设置5~8人，包括1名供电服务人员和该区域片长、楼长等联络人员。通过分片管理，对小区的线路情况、客户用电情况有了深入的了解，可及时满足居民用电服务需求，为居民提供零距离服务。

（二）明确用电服务联络员"一岗四责"

一是用电安全宣传员，定期组织安全用电知识讲座，宣传安全用电知识，及时发布停电信息。

二是用电故障协调员，故障发生时按线路权属协调维修工作，联系配电班或物业、社会电工。

三是用电设施维护员，定期巡视用电线路，防止外力破坏。

四是用电服务监督员，收集居民的意见和建议，组织社会责任观察评议活动。

（三）形成电力故障报修流程

当居民客户发现家里发生用电故障停电时，一种情况是客户联系社区用电联络员，判断是客户产权范围内的直接联系社会电工处理，无法判断的联系供电公司维修人员；另一种情况是客户拨打 95598 服务热线，供电公司维修人员到达现场，判断线路故障责任属于供电公司产权范围的直接进行维修，属于客户产权范围的，与社区用电服务联络员沟通，由社区联系社会电工予以解决。故障处理完毕恢复送电后，从到达时间、服务质量、意见建议等方面征求客户意见，由社区用电联络员进行回访。居民客户电力故障报修流程如图 2 所示。

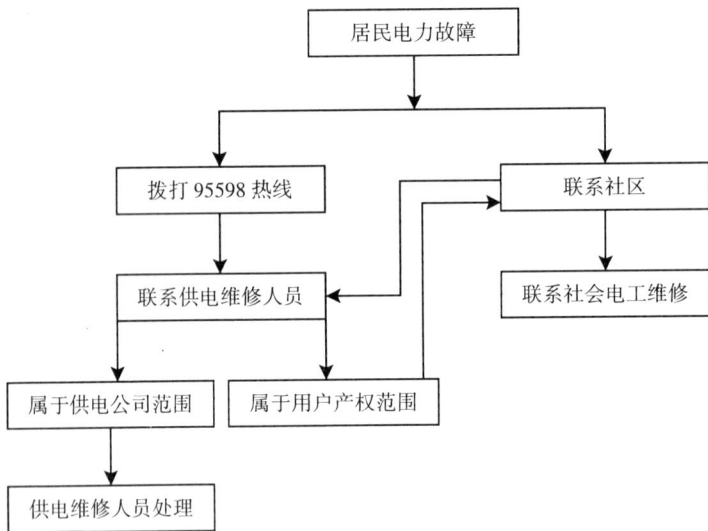

图 2　喀左县城区电力故障报修流程

（四）加强供电服务宣传，提升服务水平

一是组织人员对 2 个街道办事处、9 个社区、53 个物业小区进行走访，发放、讲解宣传手册。在人口密集区设立宣传站点，悬挂"电力报修服务'一堵墙'宣传活动"横幅，发放宣传单，接受民众咨询。2014 年 6 月 28 日，县公司与建设社区联手在喀左县陶然欣苑小区举办大型宣传活动，召开"用电服务圈"启动仪式，并就居民广泛关注的用电产权、用

电常识、电价政策等方面进行认真的宣传、讲解，得到居民的一致认可。

二是针对产权分界点很多居民在用电过程中不十分了解的情况，在营业厅醒目位置摆放"故障报修指南"宣传手册，提升民众对于"居民客户与供电企业的产权及维护责任分界点"的认知度，大幅度降低 95598 供电服务热线受理客户抱怨和投诉工单。这使客户能够方便、清楚地了解和认知相关内容，对供电企业的工作给予理解与认可。

三是县公司开展了由社区领导及居民代表参加的"电力服务进社区"座谈会，围绕安全用电、停电信息发布、故障报修产权分界点、电费缴纳等热点问题进行了深入的探讨，增进了解，加强互动，掌握供电服务方面存在的短板和不足。同时，就用电政策、服务举措、故障报修、居民安全用电等热点问题分专业、分岗位进行详细讲解，将供电服务实实在在传递到百姓身边。

四是在小区设立用电服务宣传橱窗，发放用电服务便民服务卡，大力宣传安全用电常识及居民客户电力故障维修办法，以便更好地为客户服务。

四、取得成效

一是成功解决了城区室内电力故障报修"一堵墙"难题。县公司努力探索突破电力故障报修服务"一堵墙"方法，制定了城区居民电力故障维修"政府监督、社企联合、市场运作"的实施机制，初步解决了城区居民室内电力故障报修难题，并在建设社区成功实施。据统计，建设社区2014 年客户室内故障报修由用电联络员联系社会电工有偿服务 26 件，联系供电公司报修人员处理的电力故障 33 件。

二是赢得客户认可，提升了供电企业品牌价值。"大家都没电，打95598 找供电公司；就咱家没电，拨打社区电工协会电话"已成为建设社区居民日常生活中的共识。截至 2014 年底，喀左县城区居民客户报修投诉为零。通过与利益相关方之间良好的沟通与合作，解决了城区居民室内故障报修"一堵墙"难题，帮助供电企业赢得客户认可，减少客户投诉，改善服务质量，提升了企业品牌价值。

五、未来展望

一是继续加强与外部利益相关方有效沟通，积极了解各方期望和要求，完善政府沟通协同机制，参与社区活动，广泛征求意见建议，探索方便、快捷的服务机制，建立电力服务维修网络，彻底解决居民客户电力维修问题。

二是借助公司建设社会责任联系点的契机，在喀左城区内推广服务经验，建立用电知识培训机制，完善利益相关方参与机制，落实投诉响应机制，规范客户回访机制，固化城区居民电力报修服务机制。

三是优化服务流程，继续做好机制的落实工作，强化各责任部门的协同管理，确保城区居民电力故障报修服务工作取得实效。

四是加大宣传力度，增强居民电力设施产权意识，巩固社区居民服务项目及供电企业、社区、小区、客户服务网络。

棚改"网格化"供电服务助力民生工程

2013 年，国网北票市供电公司创新实施"电亮棚户区"社会责任专项行动，积极探索社会责任管理融入服务民生工程的新途径，服务北票市国有工矿棚户区改造工程，搭建沟通平台，整合内外资源，形成了供电社会责任管理新模式，具有示范意义和推广价值，使社会责任管理这一前沿课题在县级供电公司落地化、结构化、品牌化。公司实现了对接提速、联系提质、服务提效，得到了政府及社会各界的认可，取得了显著的安全、经济、管理和社会四大效益，有力助推了北票市经济社会发展和人民生活品质提升。

2014 年，北票市供电公司为更好地服务北票市经济快速发展、工业转型发展及民生工程建设，将这一创新工作载体实施了持续的深化，创新实施"网格化"供电服务，完成了上级公司——朝阳供电公司提出的"供电企业要做地方经济快速发展的支撑者、城乡社会和谐进步的推动者、民生工程的助力者"这一全面社会责任管理的目标和任务，实现全面社会责任管理在县级供电公司落地实践的升华。

一、实施背景

棚户区改造实质是对煤矿棚户区的改造，由中央下放地方煤矿棚户区和国有工矿棚户区两个部分组成。北票市棚户区分布在公司所辖的 6 个管理区内，涉及居民 5.3 万户。其中，中央下放地方煤矿棚户区涉及居民 4.1 万户，国有工矿棚户区涉及居民 1.2 万户。在市委、市政府的直接领导下，按照国家、省市有关文件精神和北票市城市总体规划，公司采取了政府主导和市场化运作的方式，自 2005 年启动实施以来进展顺利。通过举全市之力的艰苦努力和辛勤付出，已经搬迁安置棚户区居民共 4.7 万户（含纳入台吉新区的居民）。2014 年有近 6000 户棚户区居民实现搬迁改造，百年矿区形成的棚户房彻底消失。

在这样的背景下，依据过去的工作经验积累，服务棚户区改造工程的重点已经由电力设施建设为主，转变为优化供电服务为主。为此，北票市供电公司及时调整战略目标，重新确定服务计划，出台《服务棚改工程"网格化"服务实施方案》等具体举措，以负责任的行动，深化棚户区拆迁改造电力配套及供电服务。

二、内涵和做法

在全面社会责任管理工作的推动下，北票市供电公司积极探索棚户区电力服务的务实创新。经过广泛开展调研，立足企业实际情况，系统研究社区管理模式，积极寻找棚改新区建成后社会管理与供电服务上的契合点，创新引入"网格化"服务模式，在故障报修、用电需求、供电质量上满足了各利益相关方的需求。

公司在北票市棚改工程集中的冠山、城关、双河三个管理区，已建成了"网格化"的先进管理模式，形成了以"网格单元"为中心，集约化、组团式服务的新模式。在供电服务中，公司专门派出人员，详细调研走访管理区、社区和居民户，将其引入供电服务中，形成了一整套的供电"网格化"服务模式，与管理区、社区的管理模式有效对接，实现了供电服务水平的大幅提升。

（一）建成"四级联动"的"网格化"服务模式

根据居民楼、社区、管理区、市政府的四级管理模式，北票市供电公司对应建立了抄收员、生产营销班组、管理部室、分公司"网格化"工作领导小组办公室的"四级" 网格服务管理中心。在网格中，网格责任人（抄收员）对接社区、小区的客户及楼管会，生产营销班组长对接社区主任，管理部室负责人对接管理区，分公司"网格化"服务管理中心对接市政府，形成"四级联动"快速服务网格和流程，实现上下联动的全方位、接地气的供电服务格局，如图1所示。

在服务过程中，各层级人员和部门依托SG186营销管理系统、生产管理系统建立用电客户服务台账，准确收集居民及企业客户的用电需求信息，及时解决处理。不能处理解决的，上报生产营销班组协调解决；生产营销班组不能解决处理的，上报管理部室网格管理服务中心协调解决；管

```
┌─────────────┐    设立台账     ┌─────────────┐
│  分公司网格   │  ══════════>   │   分公司     │
│ 服务管理中心  │                │  协调解决    │
└─────────────┘                └─────────────┘
      ↕ 筛选上报／信息反馈
┌─────────────┐    设立台账     ┌─────────────┐
│ 管理部室网格  │  ══════════>   │  管理部室    │
│ 服务管理中心  │                │  协调解决    │
└─────────────┘                └─────────────┘
      ↕ 筛选上报／信息反馈
┌─────────────┐    设立台账     ┌─────────────┐
│ 生产营销班组网 │  <═════════>   │  班组协调    │
│ 格服务管理中心 │                │   解决      │
└─────────────┘                └─────────────┘
      ↕ 采集信息／信息反馈
┌─────────────┐    设立台账     ┌─────────────┐
│  网格责任人   │  <═════════>   │  现场协调    │
│  (抄收员)    │                │   解决      │
└─────────────┘                └─────────────┘
      ↕ 采集信息／信息反馈
┌─────────────┐
│  居民客户     │
│  企业客户     │
└─────────────┘
```

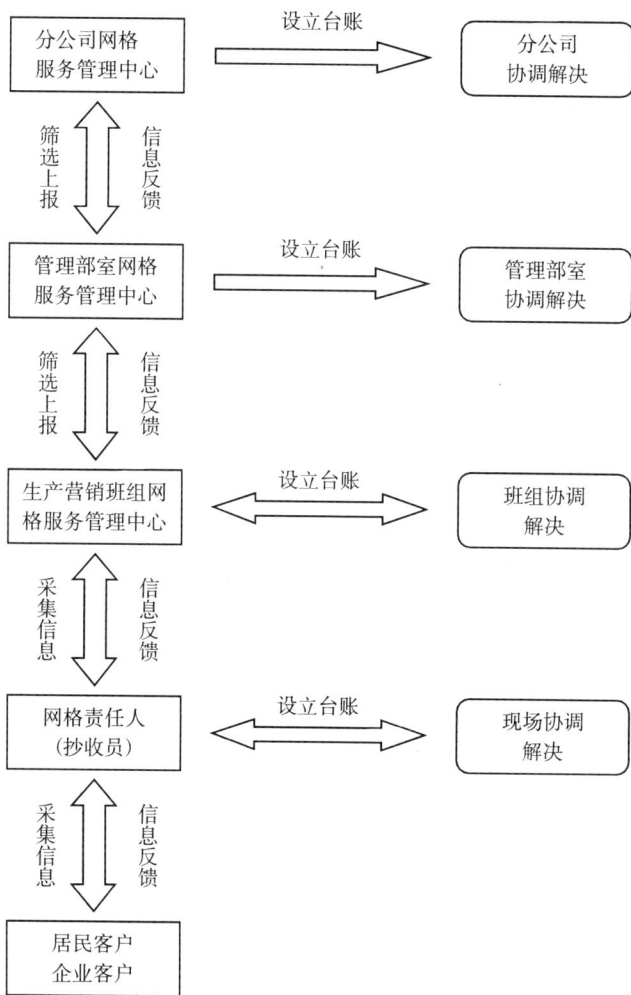

图 1　北票市供电公司"网格化"服务棚改工作流程

理部室不能解决处理的，上报分公司网格管理服务中心协调解决。每一个层面确立服务责任人，实行"限时办结"和"首问负责制"，严肃责任管理和责任追究，提升服务效率和质量。

（二）深化棚改工程民情民意办理

为了集中体现国有企业维护社会和谐稳定的社会责任管理职能，北票市供电公司积极优化用电客户民情民意办理流程，如图 2 所示。

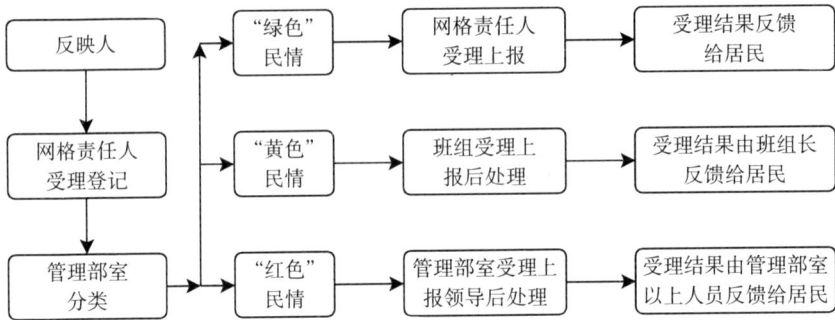

图2　北票市供电公司服务棚改民情民意处理流程

公司将客户诉求分成三个级别，分别为绿色、黄色和红色。绿色代表表扬、建设性建议，黄色代表客户急需处理（包括报装接电等）的诉求，红色代表含敏感信息的利益诉求。通过严格筛选、仔细区分来划分诉求级别，并对照相应等级进行诉求办理。同时，按照95598工单办理的时限、要求，对诉求的办理加以考核，确保诉求办理的效率和质量。

（三）实施"网格化管理、组团式服务"新举措

棚改搬迁后，新区的建设形成绝对集中的局面，居民、商业、企业客户来自6个管理区，总数为5.3万户、14.5万人，接近城区总人口的60%。这样，与原居住区的环境、条件形成显著差别，环境变优、条件变好，进而对供电服务的要求越来越高，需要进一步深化服务的内涵和质量。为此，北票市供电公司在"网格化管理"的基础上实施了"组团式服务"，如图3所示。

在"组团式服务"中，依托建成的"网格化"服务体系，组成班组、管理部室、分公司三个层面的服务团队，以"上下联动、分级对待、重点推进"的工作模式，对不同层面的利益诉求进行区别处理，减少中间环节，集中力量办实事、办好事，重点提升电压质量、供电可靠率、营销服务等工作水平。在每一项服务结束后，立即开展供电服务"网格化"管理双向点评，以检验网格划分是否合理，流程设计是否恰当，责任划分是否明确，考核奖惩是否到位，工作作风是否扎实，工作实效是否显著，客户是否满意，在充分总结的基础上实现循环上升、逐步提升的效果。

通过细致具体的工作，北票市供电公司"网格化"供电服务新举措，成功对应了北票市39个社区、102个网格。各专业对准北票市1229名社

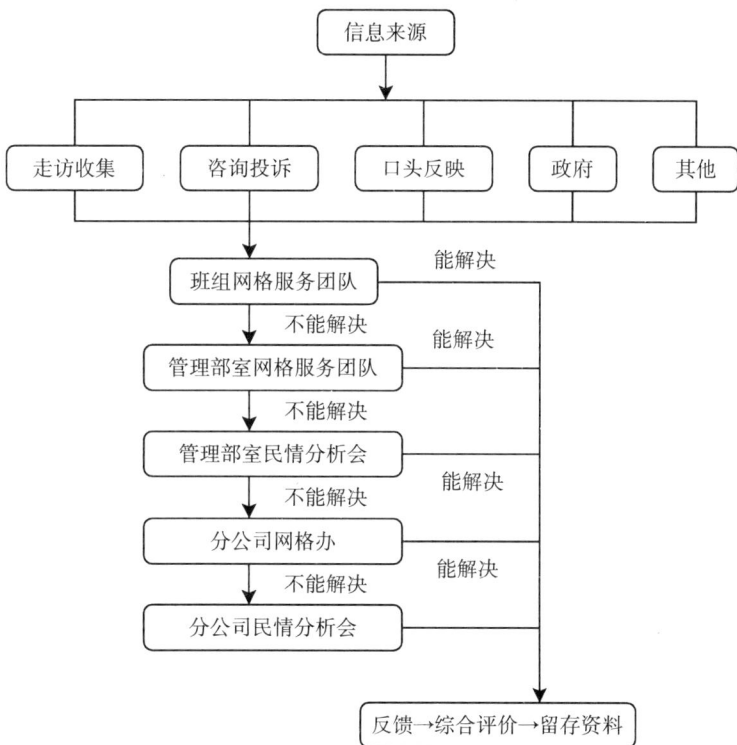

图 3　北票市供电公司服务棚改"组团式服务"工作流程

区"网格"工作人员，2552 名"楼管会"成员，打造了"十分钟便民服务圈"，定点联系单位 908 个，发放便民服务联系卡 5.3 万张，针对 5.3 万户居民开展便民利民的供电服务工作。截至 2014 年底，公司为居民办好事实事 3228 件，得到了北票市各级政府的充分肯定，在居民安居乐业等方面发挥了重要作用，受到广大居民的一致好评。

三、典型案例

随着棚户区改造工程的逐渐推进，棚改拆迁的大项工程均已接近尾声，为此，北票市供电公司将工作的重点转移到"善小"方向上，通过细致入微的"网格化"供电服务，全面履行社会责任。

（一）一线网格单元见实效：实现无人工催费服务

53 名抄收员形成 53 个网格单元，走街入巷、进家入户、开展"客户信息订阅工作"，共计走访用电客户23万余户，更正登记用电客户姓名、地址、联系电话等信息近百万项，并录入SG186营销管理系统，使每一个用电客户都能及时收到催费短信息，提醒客户及时续缴电费，尤其避免了当下流动性很强的棚改拆迁户因事务繁忙漏缴、迟缴电费而产生违约金的损失。

（二）班组网格化服务管理中心：促进服务工作"善小"

对于供电企业员工来说，空开跳闸停电是一件小得不能再小的事了，但对于一位71岁的老人来说却是一件大事。北票市供电公司用"善小"的行为，全心全意践行党的群众路线教育实践活动，了却了老人的大事。

2014年3月21日，公司配电抢修班接到一张报修工单，可是当工作人员和工单上的客户手机号码联系时，对方却提示"你所拨打的电话已关机"。工作人员马上意识到一定是客户的手机没电了。怎么才能和客户联系上呢？客户一定很着急！细心的值长灵机一动："调取报修录音信息，再和营销管理系统核对，也能找到客户的地址，咱们直接去！"

经过反复听录音和比对营销管理系统上的用电地址，得知报修客户的家住在棚改区域，值长和同值人员立即赶往客户家中。一进门，才知道报修的客户是一位71岁的老人，打完报修电话后，还不知道手机没电了，正在焦急地等待着，看到报修人员的到来，一脸的愁云立即烟消云散。

经检查，原来是客户家中一插座电源绝缘不良，造成空气开关跳闸，很快故障被排除，用电恢复了正常。这时，老人才知道自己的手机没电了，是供电职工的细心让他的报修过程完成得如此迅速。

（三）管理部室网格管理服务中心：及时处置险情作用大

2014年7月17日，南山管理区合兴社区居民李先生的紧急求援电话打到了北票市供电公司运维检修部："我家凉台窗户护栏带电，你们快来给看看！"

"护栏带电，危险！"公司生产网格管理服务中心、运维检修部负责人立即启动"网格化服务"响应机制，一边向主管领导汇报，一边安排运行检修人员去现场查看。到达现场后，发现李先生的家是1楼，凉台顶是彩钢板与窗户护栏相连，顶上横过楼房单元的进户线。进户线被暖房工程中施工用的升降篮两端钢丝绳磨破，引起了漏电。

对故障点采取初步安全防护后，工作人员专门上门把情况反映给社区、房产处等相关单位，得到的答复是需要上报才能处理，也就意味着需要等一段时间才能消除隐患。可是群众的安危不能等，必须立即行动。现场工作人员的想法得到分公司领导的支持——公司自备材料，更换破损的进户线，彻底消除危险。

酷热难耐的天气，未能阻碍工作人员换线作业，4 小时后，李先生所在的单元进户线全部更新，漏电危险彻底消除。

（四）分公司"网格化"服务管理中心：大爱无疆赢赞誉

2014 年 8 月 7 日，北票市残疾人联合会理事长、书记亲自将一面写有"群众路线楷模、助残志愿使者"的锦旗，送到北票市供电公司党委书记手中，表示对该公司无私援助的衷心感谢。

北票市残疾人联合会位于北票市人民公园东侧，是为北票市 3.84 万残疾人服务的机关团体。残联办公楼建成后，门前台阶处一直有一根电杆斜拉线，给广大棚户区残疾人来残联办事带来了很大的不便。8 月 4 日，公司网格化服务管理中心主要负责人得知这一情况后，立即上报朝阳供电公司，得到上级批复和支持后，立即派出专业技术人员带领施工人员，对斜拉线进行改造。

为了立刻解决问题，公司责成生产管理部室网格化服务管理中心亲自把关现场，把改造的设计和施工工作压缩到了 1 天时间。8 月 6 日，气温达到 33℃，设计和施工人员顶着高温，在不到半天的时间里，完成了斜拉线的改造，解决了残联多年的困扰。网格化服务模式使原本设计批复需要 5 天时间的事情，缩短为 2 天半，赢得了这面珍贵的锦旗。

四、实施效果

北票市供电公司通过探索实施棚改"网格化"供电服务模式，在安全、经济、社会和管理四个方面均取得了明显成效，如图 4 所示。

（一）安全效益明显

在新区建设中，积极推广使用电缆入地、箱式变、环网柜等供电方式，线路规划设计标准高，施工标准要求严。"网格化"服务模式加强了电力设施保护，电压合格率完成 99.88%，供电可靠率完成 99.92%，安全生产水平大幅提升。

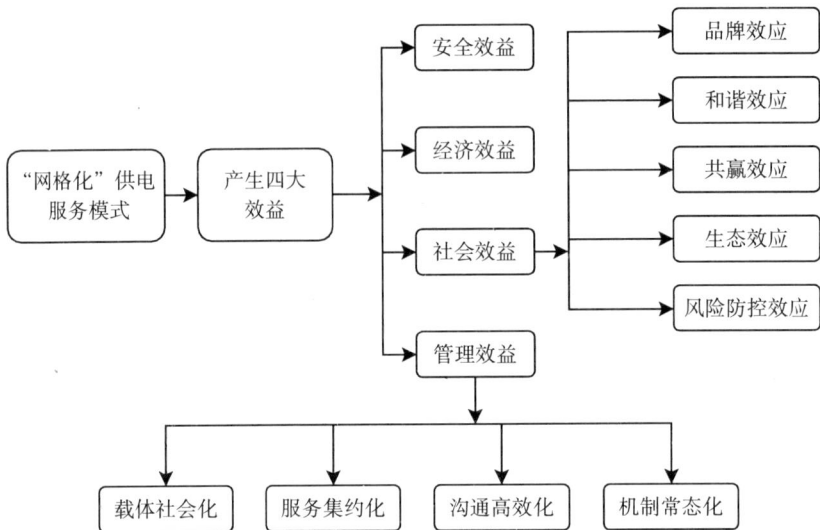

图4 "电亮棚户区"专项行动"网格化"供电服务实施效果

(二) 经济效益突出

截至 2014 年第三季度末，公司售电量累计完成 139190 万千瓦时，同比增长 21792 万千瓦时，增长率 18.56%；综合线损率为 2.90%（剔除居民双月抄表因素影响，实际完成 2.26%），同比下降 0.49 个百分点；售电平均单价考核口径完成 597.11 元/千瓦时，同比下降 9.93 元/千瓦时；电费实收率、上缴率完成 100%。

(三) 社会形象产生"五大"效应

品牌效应："网格化"服务模式实现了供电企业的透明运营，在沟通上更加顺畅，沟通面扩展到覆盖全体客户，合理诉求得到 100% 处理，不合理诉求取得 100% 谅解，向全社会生动展现了供电企业努力关注利益相关方的期望和需求，引入利益相关方参与机制等一系列务实举措，展现了责任央企品牌形象。

和谐效应："网格化"供电服务模式的实施，与当地政府的社会管理方式相融合，突出民主，赢得了当地政府、棚改居民的利益认同、情感认同、价值认同，推动了和谐社会建设。尤其是棚改工程供电服务零投诉，得到了社会各界对北票供电公司的一致好评。

共赢效应："网格化"供电服务模式，增进了民企双方的沟通理解，实现了互利共赢。一方面，提高了解决客户用电需求的速度，优化了业扩报装流程，简化了办事手续，业扩报装项目平均设计周期和施工周期分别缩短 86.18% 和 45.56%，居民客户从受理到接电时间缩短至 2 个工作日，"门难进、脸难看、事难办"一去不复返；另一方面，锻炼了各专业队伍的协同合作能力，实现了人才成长呈梯队建设。截至 2014 年底，公司技师、高级技师增加到 37 人，专家队伍人才倍出，2 人被朝阳供电公司评聘为生产技能专家，1 人被省公司、国网公司评聘为生产技能专家。

生态效应：供电设施质量的提高，促进了客户多用电、少用煤，推动节能减排，通过实施能效服务，促进减排二氧化硫 1325 吨。当初烟雾缭绕的煤城北票今朝旧貌换新颜，蓝天拱卫、绿树掩映、碧水环城。

风险防控效应：一线网格单元通过社区网格、楼管会、社区工作人员，协助公司宣传安全用电知识、产权分界情况、低电压治理计划等，得到了客户的理解和配合。班组、部室及分公司领导等管理层面按照依法治企的相关政策，依法依规办理客户诉求，彻底解决问题，不留隐患、不留死角，化解了多起社会矛盾。

（四）企业管理实现"四化"

载体社会化：通过与北票市社区管理模式相融合，使服务载体与社会管理活动联系更加紧密，深入推动了公司从单纯追求经济效益的内部自转，向充分考虑利益相关方需求与追求经济、社会和环境综合价值最大化的外部转变，并形成了全社会参与电力建设与发展的齐抓共管机制，使供电服务的发现、处置、协调、评价机制更加具备全面性，助力北票市建设生态之城、信用之城、文化之城、卫生之城、森林之城、幸福之城、文明之城等多城联创。

服务集约化："网格化"供电服务模式是"电亮棚户区"专项行动的再升华，在 2013 年专项行动的基础上，改进了各专业具体服务点上能力分散的不足，从实际发生的业务上发起，到最后解决实际问题收尾的全过程闭环管理，使各项服务更加集成、集约，各项服务质效明显提升，充分适应了经济社会新发展的需要。

沟通高效化："网格化"供电服务模式呈现出多点互动的特点，多方式、多途径的负责任的沟通，没有了"门槛"，消除了界限，使居民客户的合理合法诉求发起于实际生产生活，能够直达分公司领导层面，进而通过各层级负责任的行动，快速高效解决问题，为客户多办好事实事，并获得各方支持。尤其是以群众满意为目标的考核评价机制，促进了各层级人员能沟通、会沟通、沟通效果好。

机制常态化："网格化"供电服务模式作为常态化机制被固定下来，促进供电服务按照制度要求把服务范围向表后延伸，服务手段向客户合理需求延伸，服务方式向细节延伸，服务网点向社区延伸，深化了"一口受理、一网协同、限时办理、首问负责"等各项机制，固化了"特殊化窗口、电话预约窗口、一柜通窗口"等可持续发展的新方式、新模式、新途径，体现了供电服务在经济、社会、环境中的综合价值创造能力。

构建利益相关方参与的电力设施保护体系

电力设施安全关系到社会和谐、经济发展、人民生活，直接或间接影响着整个社会的综合价值创造，是维护公共安全的重要工作内容。2012年以来，朝阳供电公司探索将社会责任管理融入电力设施保护，更加注重内外沟通与协调，通过加强利益相关方参与，建立了"部门协作、社会联动、齐抓共管、综合治理"的电力设施保护体系，最大限度降低电力设施外力破坏的风险。

一、问题分析

据统计，2011年以来，全市共发生外力影响电力设施正常运行事件1000多起，其中构成案件的102起，停电330小时，直接经济损失248万元；树障造成10千伏线路跳闸1000余次，造成经济损失2000余万元。每次跳闸事件发生后，公司都要组织巡检、调度、继保、送电、变电、配电、检修各专业累计派出人员上万人次，出动车辆2000多台次，耗费了巨大的人力、物力。另外，巡检时的天气、道路状况复杂，威胁着巡检人员的人身安全，电力设施保护形势严峻。为此，公司对保护中存在的问题进行了深入分析，找出问题根源所在。

（一）相关制度存在缺陷

当前，电力设施保护遵循的主要法律依据为1996年颁布施行的《中华人民共和国电力法》、1998年国务院发布的《电力设施保护条例》、2006年国务院办公厅印发的《关于加强电力设施保护工作的通知》。随着电力体制改革日益深化及社会经济形势的变化，其中的立法缺陷以及与其他相关法律法规之间的冲突或不协调日益显现出来，并直接影响到具体实施的效果。

（二）责任边界不够清晰

电力体制改革后，供电企业不具备行政执法权，电力设施保护的行政执法主体缺位。同时，电力设施保护涉及公安、园林、市政等部门，各方面在保护电力设施方面的责任不明、范围不清。依据《电力设施保护条例》，"任何单位和个人都有保护电力设施的义务，对危害电力设施的行为，有权制止并向电力管理部门、公安部门报告"。但由于相关法规政策的宣传不够，群众对此较为陌生，对保护电力设施的责任和义务知之甚少，群众监督的力量没有得到充分的发挥。

（三）复杂环境带来困难

近几年，朝阳供电公司大力推进朝阳电网建设，实现了"三年再造一个电网"的目标，电网规模翻一番。由于朝阳地区具有面积大、丘陵多等特点，很多线路分布在山区、林区，不易防护。同时，政府大面积开发城市建设和设施农业建设，大型车辆、机械数量多，电力设施被侵害的问题日趋严重。随着市场经济发展，一些废旧物资回收店为不法分子提供了销赃渠道，收购被盗电力线路及器材，助长了偷盗势头。

二、主要措施

（一）明确责任，构建政府主导、全社会参与的保护体系

2014 年 6 月，朝阳供电公司以电力设施安全隐患专项整治行动为契机，推动政府成立了由主管副市长任组长的电力设施保护领导小组，成员包括朝阳供电公司、消防局、林业局在内的 15 家部门、单位的负责人，建立市、县、乡三级电力设施保护工作领导机构，对社会各界在电力设施保护工作中的责任进行了明确。同时，形成了强化政府参与的电力设施安全隐患整改流程，如图 1 所示。

（1）市经信委负责各类专项行动的组织、协调和监督检查；供电公司每月向市经信委上报电力设施安全隐患排查治理情况，对严重危及安全的隐患要及时形成书面报告上报市经信委，由市经信委牵头协调有关部门进行治理，并定期将电力设施安全隐患治理情况进行通报，对重大隐患的治理实行社会媒体跟踪报道；市经信委负责电力设施保护区内施工作业许可

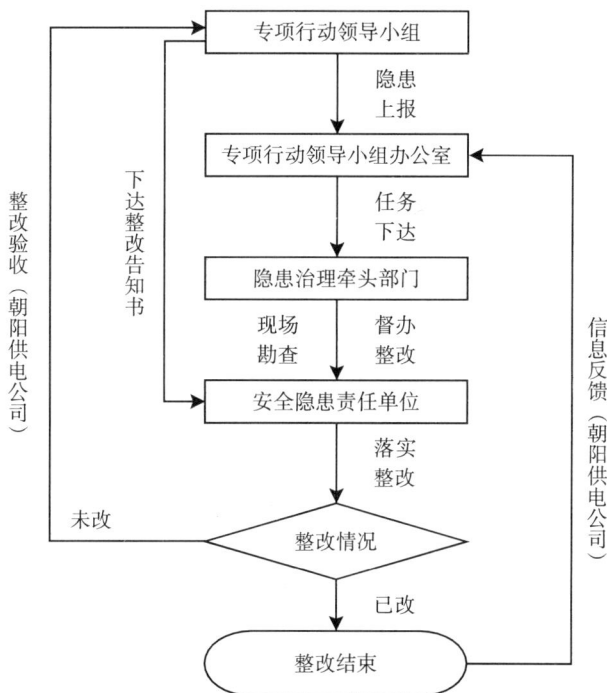

图 1 强化政府参与的电力设施安全隐患整改流程

办理和电力行政执法，规范各类企业安全用电。

（2）规划部门负责将电力设施保护规划纳入城市总体规划，做好协调工作，避免因电网建设与城市、交通、通信规划不一致给电力设施带来的破坏；规划审批部门在项目建设规划审批阶段要增强电力设施保护意识，及时通报电力部门参与，形成联动机制，实现从规划设计、项目审批、建设施工各个环节提前预控。

（3）住建委牵头，规划局、国土资源局、公安局、综合执法局配合，负责治理电力设施保护区内的违章建筑、违章施工作业隐患。拆除违章建筑，整改违章施工作业。

（4）林业局牵头，公用事业局、交通局、公安局配合，负责线路保护区内树木隐患的治理。原则上树服从线，树在先、线路在后的按国家有关规定给予一次性补偿后进行砍伐或修剪；线路在先、树在后的按有关法律、法规规定进行砍伐或修剪。

（5）由国土资源局牵头，公安局、安监局配合，负责线路保护区内非法采矿和尾矿堆积隐患的治理。打击非法采矿行为，清除尾矿堆积物，恢复原样。

（6）由农委牵头，规划局配合，负责治理线路保护区内设施大棚隐患。拆除棚顶距导线安全距离不足 7 米的大棚，其他大棚应采取加固措施，清除线路保护区内堆积的易燃物和易飘物。

（7）公安部门要深化电力设施保护群防群治工作，积极探索并建立新形势下防范盗窃、破坏活动的"大防控"网络，打击处理盗窃、破坏电力设施违法犯罪分子，配合相关部门依法清理取缔在沿线地区从事违法收购被盗电力设施的废旧物品收购站（点）等。

（8）由质监局牵头，公安局、交通局配合，负责电力设施周边施工作业现场大型车辆、起重机械的排查和治理。对黑车进行查封，对其他大型车辆、起重机械进行查验和宣传教育。

（9）由综合执法局牵头，公安局、安监局、公用事业局配合，负责线路保护区内有堆积物隐患的处理。彻底清除堆积物，恢复原样。

（10）供电公司负责加强电力设施的源头管理，建立保护电力设施的内部协调制约和外部协作监控机制，全面配合各类线路隐患治理工作。

（11）各县（市）、区政府，在各自的行政区内按市统一部署开展电力设施安全隐患专项治理行动。同时，对所在行政区内的 10 千伏及以下电力设施安全隐患进行排查整治。

（12）司法部门要将《电力法》、《电力设施保护条例》等法律法规作为全民普法教育的重要内容。

（13）安监部门要发挥协调、监督职能，把电力安全宣传教育纳入安全监管和考核的重要内容。

（14）宣传部门要指导新闻媒体将电力安全宣传纳入社会公益宣传范围，普及电力安全常识，开展电力事故警示教育。

（15）教育部门要在中、小学校法制、德育教育中增加电力安全内容。

（二）加强沟通，建立以点带面、全面覆盖的群防网络

朝阳供电公司于 2013 年初启动社会责任联系点建设，由社会力量负责运营，现已建成联系点 62 个，覆盖了社区、工业园区、农业产业区、偏远山区、服务集中区。在电力设施保护过程中，联系点与群众护线队结合，取得了良好成效。

一是畅通沟通渠道，形成区域覆盖的群防网络。朝阳供电公司在每个联系点聘任一名联系点负责人、若干名社会责任观察评议员。每个联系点对应一个供电所（业务部）或营销班组，由对应班所为联系点人员培训电力设施保护知识、相关的政策法规，并为联系点提供宣传材料。联系点依托社区、村委会平台向辖区居民进行宣传。同时，公司在联系点公布了班所相关人员的电话，群众在发现电力设施被破坏时可以第一时间与供电公司或联系点进行联系。

二是民企结合，提升电力设施故障排除的效率。当电力设施受到外力破坏时，联系点人员除告知公司故障信息外，还负责提供当地的自然环境、道路状况等信息。2014 年 6 月 28 日，朝阳县遭遇暴雨，面临倒杆危险，联系点人员及时与公司人员沟通，提供最为便捷的路线，避免了事故的发生。

三是奖惩分明，提升群众护线的积极性。朝阳供电公司将电力设施保护工作质量作为联系点建设成效的重要评估指标。对于积极参与电力设施保护工作，积极向群众宣传电力设施保护工作的联系点负责人，或是在电力设施保护工作中及时报送信息避免事故损失的人员给予奖励。对于忽视电力设施保护工作，辖区内发生电力设施破坏，辖区内线路走廊有违规建房、植树等情况却知情不报的联系点负责人，撤销其资格。2014 年，公司评选出 12 名优秀护线员，并撤销了一个联系点。

（三）广泛宣传，树立价值共享、人人有责的舆论导向

朝阳供电公司在电力设施保护宣传工作中，采取"价值分析多维、沟通视角多元、宣传渠道多样"的策略，努力与利益相关方达成利益认同、情感认同、价值认同。

一是开展多维度的价值分析。朝阳供电公司跳出供电企业视角，站在朝阳市经济与社会发展、百姓生活的角度，重新审视电力设施保护工作的价值，强调每一个公民在电力设施保护工作中所承担的义务以及破坏电力设施所要承担的法律责任。长期以来，居民在北票世纪广场放风筝给周边电力线路和变电站带来了安全隐患，朝阳供电公司员工组织过现场劝阻，但由于缺少行政执法权，劝阻效果往往成了"一阵风"。此次，北票市供电分公司向北票市政府反映问题，由北票市经信局发布了《北票世纪广场禁止放风筝的通告》，发放宣传资料 3000 余份，劝阻并制止放风筝人员 25 人次，辅之以电视宣传、橱窗提示、现场执法，有效控制了世纪广场

放风筝现象。

二是开展多视角的沟通。在 2014 年的电力设施保护宣传工作中，公司将"理"与"情"结合起来，编写了《电力设施防护告知书》、《致全市大型车辆机械驾驶员的一封信》和《致全市设施农业大棚客户的一封信》，将《电力设施保护条例》以通俗易懂的语言介绍给群众。同时，拍摄了温馨提示宣传片，以保护自身安全、保护社会安全、保护电网安全的角度阐述电力设施保护工作的意义。在大型车辆现场检查过程中，吊车司机王师傅向公司电力安全宣传员反映："你们在电视上播的节目我们全家都看到了，我的妻子、孩子都在督促我认真学习安全知识，保护好自己，也保护好电网。"

三是开展多渠道的宣传。公司在《燕都晨报》刊登"一封信"、在朝阳电视台黄金时段播放电力设施保护宣传片、电力设施防护告知书和宣传字幕。在各县（市）、区组建了由供电人员、经信局、公安局、园林处、城管局、电视台组成的执法、宣传联合工作组，有效加强了宣传力度。开展电力设施保护知识讲座，进入校园、社区、村委会、大型作业施工现场，广泛传播了电力设施保护知识。

三、履责绩效

（一）优化电力设施保护体系，提升公司履责能力

建立了"责任清晰、多方联动、全面覆盖"的电力设施保护体系，加强了利益相关方参与，有效控制和减少了人为外力破坏引起输电线路跳闸事件，提升了公司防外力破坏的管理能力和水平。

（二）减少外力破坏隐患，实现综合价值最大化

2014 年以来，通过政企协同清理树障 5821 处，拆除彩板房 30 处，制止线路保护区内建房 42 处，对 500 名工程车辆进行登记，对 300 多处施工现场进行实时管控。

（三）宣传成效显著，赢得利益相关方的认同

发放宣传材料 10 万份，开展电力设施保护讲座 200 多次，连续 75 天在朝阳电视台播放电力设施保护信息，广泛传播了"朝阳电网是朝阳人民的电网，需要朝阳人民共同维护"的理念。

参考文献

［1］《朝阳供电公司"三集五大"体系建设资料汇编》，内部资料，2010 年。

［2］《朝阳供电公司"十二五"发展规划（2011~2015 年)》，内部资料，2011 年。

［3］《朝阳供电公司 2013 年社会责任议题成果汇编》，内部资料，2013 年。

［4］《朝阳供电公司管理制度汇编》，内部资料，2012 年。

［5］《朝阳供电公司贯彻落实十八大精神　推进全面社会责任管理（员工学习手册)》，内部资料，2012 年。

［6］《朝阳供电公司全面社会责任管理履责案例集》，内部资料，2012 年。

［7］《朝阳供电公司全面社会责任管理中长期规划（2013~2020 年)》，内部资料，2013 年。

［8］《朝阳供电公司三年发展规划（2014~2016 年)》，内部资料，2014 年。

［9］《国家电网公司 2012 年社会责任报告》，2012 年。

［10］《国家电网辽宁朝阳供电公司 2011 年社会责任实践报告》，2012 年。

［11］《国家电网辽宁朝阳供电公司 2012 年社会责任实践报告》，2013 年。

［12］《国家电网辽宁朝阳供电公司服务朝阳全面崛起白皮书》，2012 年。

［13］《国家电网辽宁省电力有限公司服务富庶文明幸福新辽宁建设白皮书》，2013 年。

［14］《国网辽宁省电力有限公司绿色发展白皮书》，2014 年。

［15］《辽宁省朝阳市国民经济和社会发展统计公报》（2007~2011)，朝阳市人民政府网，http://www.zgcy.gov.cn/zwgk/tjgg.aspx。

［16］朝阳电业局局志编辑办公室：《朝阳电业局志》（1926~1985）（上

册），内部资料，1987 年 12 月。

[17] 朝阳电业局局志编辑办公室：《朝阳电业局志》（1926~1985）（下册），内部资料，1987 年 12 月。

[18] 朝阳电业志编纂委员会：《朝阳电业志》（1986~2008），内部资料，2013 年 9 月。

[19] 陈阳：《雷厉风行护光明——记辽宁朝阳供电公司输电运维室运维一班技术员耿雷明》，《中国电力报》2014 年 3 月 21 日第 7 版。

[20] 窦靖波、吴暇：《辽宁朝阳供电公司"百千万"履责行动　助推新农村经济发展》，《国家电网报》2014 年 2 月 27 日第 7 版。

[21] 荆永玲、于日强：《强中强，看金亮！——记全国劳动模范、辽宁朝阳供电公司柳城供电所所长》，《中国能源报》2015 年 5 月 4 日第 28 版。

[22] 于日强：《打开农网供电瓶颈　畅通农村致富之路——国网朝阳供电公司低电压治理纪实》，《中国新闻报》2014 年 12 月 31 日第 6 版。

后　记

　　本书是中国社会科学院国情调研课题"国网辽宁朝阳供电公司考察"的最终成果，该项目是中国社会科学院国情调研课题"中国企业调研"的一个子项目。"中国企业调研"项目是中国社会科学院经济学部组织的重大国情调研项目之一，项目的总负责人是陈佳贵研究员和黄群慧研究员。

　　朝阳地处辽宁省西北部，是一座有 1700 多年建城史的历史文化名城，拥有世界上独一无二的化石文化、民族特色鲜明的三燕文化、鉴证古代文明的红山文化、推动文化交融的佛教文化。在朝阳这片富有深厚历史文化底蕴的辽西大地上，朝电人率先播撒下一颗社会责任的种子，历经近 60 年的不懈耕耘和辛勤劳作，终于绽放出充满希望的"朝（zhāo）阳之光"，赋予了这片沃土全新的生机和活力。朝阳供电公司作为国家电网公司的一家地市级子公司，在国家电网公司和辽宁省电力有限公司的部署和引领下，率先探索，勇于实践，形成了"社会责任+"的实践新模式，为朝阳地区经济社会全面崛起发挥了重要的支撑和示范作用。其在全面社会责任管理与实践方面的经验，具有重要的研究和推广价值。

　　按照项目研究计划，课题组先后两次赴朝阳供电公司进行实地调研。2015 年 3 月 9~13 日，课题负责人黄速建研究员率领课题组一行 8 人，对朝阳供电公司开展了一次全面、系统的调研工作。期间，课题组访谈了公司 9 位领导班子成员、2 位副总师，以及 20 个部门、单位的主要负责人，并走访了调控中心、运营监测（控）中心，考察了朝阳县分公司中山营业厅、古山子业务部等基层单位。通过第一次实地调研，课题组对于朝阳供电公司的发展历程、业务运营、职能管理和社会责任等工作，形成了整体认识和初步了解，并收集了丰富的文字材料。在此基础上，双方共同拟定了调研报告的写作提纲。

　　2015 年 7 月 6~9 日，课题组一行 6 人前往朝阳供电公司开展补充调研工作。期间，课题组分别对公司 1 位副总师以及 12 个部门和单位的相关负责人进行了访谈，并考察了220千伏何家变电站。通过第二次调研，课题组对调研报告初稿征求意见，并进一步补充写作素材，优化总体框架，完善报告内容。此后，双方经过多次反复讨论、修改，最终形成了共计四篇、50余万字的调研报告。在调研和写作过程中，课题组深切感受到朝电人的责任文化、务实作风和创新精神，尤其被社责办成员的坚持不懈、踏实苦干的精神所折服和鼓舞。

本书的研究框架和写作提纲由黄速建、李东、刘志伟和钟凤华提出，全体课题组成员反复讨论后确定。其中，总论由黄速建、肖红军共同执笔；第一章、第二章、第十三章由王欣执笔；第三章、第六章、第七章由许英杰执笔；第四章、第五章由蒋秀兰执笔；第八章由李鸿磊执笔；第九章由邱晔执笔；第十章由胡叶琳执笔；第十一章、第十二章由孙婧执笔；案例篇由褚佳峰、王小溪、孙国权、窦靖波、张世伟和孙伟共同执笔。全书由黄速建、肖红军、王欣共同审阅、定稿。

在本课题开展过程中，得到了辽宁省电力有限公司和朝阳供电公司各级领导的大力支持。特别感谢辽宁省电力有限公司外联部主任钟凤华、处长褚佳峰，朝阳供电公司总经理李东、党委书记刘志伟，以及社责办主任孙国权、副主任窦靖波等对公司调研、课题研究和书稿写作给予的极大帮助，社责办孙伟承担了最为烦琐的资料搜集和整理工作，为课题组提供了大量翔实的数据资料和鲜活的案例素材。在课题组调研期间，公司各部门、单位的领导和员工均积极配合，在紧张忙碌的工作中抽出时间接受访谈，甚至牺牲了个人的休息时间。在此，对所有接受访谈的人员一并表示感谢，他们认真负责、一丝不苟的做事风格，时刻激励着课题组的每一位成员。最后，要衷心感谢经济管理出版社陈力先生，正是因为他的专业水平、敬业态度和奉献精神，才使得本书在极短的时间内得以顺利出版。当然，书中难免存在疏漏和不当之处，一切责任由笔者承担，并恳请读者批评指正。

黄速建　王　欣
2015 年 12 月